Josef Stammhammer

Bibliographie des Sozialismus und Kommunismus

1. Band

Josef Stammhammer

Bibliographie des Sozialismus und Kommunismus
1. Band

ISBN/EAN: 9783744642750

Hergestellt in Europa, USA, Kanada, Australien, Japan

Cover: Foto ©Suzi / pixelio.de

Weitere Bücher finden Sie auf **www.hansebooks.com**

BIBLIOGRAPHIE
DES
SOCIALISMUS UND COMMUNISMUS.

Bearbeitet und herausgegeben

von

Josef Stammhammer,
Bibliothekar des juridisch-politischen Lese-Vereins in Wien.

Jena,
Verlag von Gustav Fischer.
1893.

BIBLIOGRAPHIE
des
SOZIALISMUS UND COMMUNISMUS

Josef Stammhammer

Vorrede.

Das Werk, das ich der Oeffentlichkeit übergebe, ist das Ergebniss vieljähriger mühevoller Arbeit. Ich habe darnach gestrebt, eine vollständige Bibliographie der socialistischen und communistischen Literatur in allen ihren Richtungen und Verzweigungen zu bieten. Hierbei war mein Augenmerk nicht nur auf die selbständigen Literaturwerke, ihre Uebersetzungen und Bearbeitungen, sondern auch auf die gerade auf diesem Gebiete wichtige Flugschriftenliteratur und die in den Zeitschriften, zumal in den socialistischen und communistischen Parteiorganen, zerstreuten Abhandlungen, Programme, Manifeste u. s. w. gerichtet.

Es sind zu diesem Zwecke nicht nur alle mir zugänglichen speciellen Vorarbeiten benützt, sondern auch die viele hundert Bände umfassenden allgemeinen bibliographischen Werke Deutschlands, Frankreichs, Englands und Italiens und die Kataloge zahlreicher Büchersammlungen, insbesondere der socialökonomischen Fachbibliotheken, einer genauen Durchsicht unterzogen worden. Nichtsdestoweniger würde ich, bei der Mangelhaftigkeit der bisherigen Vorarbeiten und der Eigenart der socialistischen und communistischen Publicationen, mich kaum an die Veröffentlichung dieses Werkes gewagt haben, wenn mir nicht zugleich der günstige Umstand zu statten gekommen wäre, die grossen socialökonomischen Bibliotheken der Herren Professoren Anton Menger und Carl Menger benützen zu können, von denen insbesondere die Aufnahme der Bibliothek des Herrn Professor Anton Menger — auf dem Gebiete der socialistischen und communistischen Literatur wohl die reichhaltigste, die überhaupt besteht — mir von unschätzbarem Werthe für diese Publication gewesen ist. Es ist mir hierdurch ermöglicht worden, die gerade auf dem Gebiete des Socialismus und Communismus überaus reiche privativ veröffentlichte Literatur in umfassender Weise zu berücksichtigen und die in den socialistischen und communistischen Zeitschriften (Globe, Organisateur, Peuple, Phalange, Phalanstère, Producteur, New Moral World etc.) enthaltenen Abhandlungen und die Inhaltsverzeichnisse dieser Zeitschriften der Bibliographie einzuverleiben.

Bei der äusseren Anordnung des Materiales und der inneren Oekonomie des Werkes war ich darauf bedacht, die Auffindung und genaue Bestimmung jedes einschlägigen Werkes und durch einen angefügten Realkatalog die Uebersicht über die Literatur der verschiedenen Probleme des Socialismus und Communismus auch dem minder Geübten zu ermöglichen.

Das vorliegende Werk bildet den ersten Theil einer umfassenden Bibliographie der socialökonomischen Literatur. Ich hatte ursprünglich die Absicht, dieselbe als Ganzes zu veröffentlichen. Rücksichten der Zweckmässigkeit haben mich indess bestimmt, das durch mehr als 15 Jahre gesammelte, geradezu überwältigende Material nach Theilgebieten zu sondern, da ich auf diese Weise dem immer dringlicher hervortretenden Bedürfnisse der Gelehrtenwelt, der Praktiker und des Lesepublikums nach einer umfassenden Bibliographie der socialökonomischen Literatur am besten zu entsprechen glaubte. Die folgenden Bände, die im Laufe der nächsten Jahre in rascher Aufeinanderfolge zur Veröffentlichung gelangen sollen, werden die Bibliographie der Socialpolitik, der theoretischen Nationalökonomie, der Volkswirthschaftspolitik und der Finanzwissenschaft bringen. Ich habe mit der Veröffentlichung der Bibliographie des Socialismus und Communismus begonnen, weil ein Werk dieser Art, bei der hohen und actuellen Bedeutung des Gegenstandes und mit Rücksicht auf die mangelhaften Vorarbeiten, mir einem besonders dringenden Bedürfnisse zu entsprechen schien.

Ich gedenke mit aufrichtigstem Danke der Unterstützung, welche mir bei Abfassung dieses Werkes und bei der Vorbereitung für die übrigen Theile einer Bibliographie der socialökonomischen Literatur durch das österreichische Unterrichtsministerium zu Theil geworden ist; es sind mir hierdurch die Mittel zur Anschaffung des kostbaren bibliographischen Materials und der sonstigen unentbehrlichen Behelfe geboten worden. Ganz besonders fühle ich mich aber den Herren Professoren Carl Menger und Anton Menger verpflichtet, die durch viele Jahre hindurch in aufopferndster Weise mich durch Rath und That unterstützt haben.

Wien, im September 1893.

Josef Stammhammer.

A.

A. Vide: Ordre révolutionnaire.

Aaberg, A., Ferdinand Lassalle. Biographie. 8⁰. Leipzig, Polytechn. Buchh., 1883.

Abbruch und Neubau, oder Jetztzeit und Zukunft, von Michael.... (Nach Adler von Ch. Fr. Grieb.) 8⁰. Stuttgart, Franckhsche Buchh., 1846.

Abeille, Louis Paul, Effets d'un privilège exclusif sur les droits de propriété. 8⁰. Paris, 1764.

Abelous, L., Le christianisme et le problème social. Rapport présenté à la Conférence nationale évangélique du midi, réunie à Cette, le 30 oct. 1872. 8⁰. 32 pp. Alais, Martin.

About, Edmond, 1. A. B. C. du travailleur. 12⁰. Paris, Hachette, 1868. 5. édit. 18⁰. ibid. 1888.

— 2. Le capital par tous. Plus de prolétaires, 38 millions de bourgeois. 16⁰. Paris, Hachette et C¹ᵉ. 1869.

Ab. Tr., vide: Phalanstère I. et II. (articles).

Accusateur (L') révolutionnaire, journal des ouvriers. Propriét. gér.: Douhet-Rathail. 1ʳᵉ série. 12⁰. Paris. Nr. 1: 2 avril 1848 (Démocratique et socialiste. Hatin).

Achelis, Th., Zur Entwickelungsgeschichte der Familie. (Gegenwart, Bd. 31, 1887.)

Acollas, Emile, 1. Philosophie de la science politique et commentaire de la Déclaration des droits de l'homme de 1793. 8⁰. Paris, Maresq ainé, 1878.

— 2. La propriété. 18⁰. Paris, Delagrave, 1886.

— Vide: Wiede, D. F.: Kritische Darstellung.

Acte constitutionnel, précédé de la déclaration des droits de l'homme et du citoyen. 8 pp. 8⁰. le 24 juin 1793, an II de la République.

Action (L') politique et sociale. 1. Année. Nr. 1, 15 décembre 1882. Pet. fol. Paris.

A. D. Vide: Pauperisme (Du).

Adams, Francis, The labour movement in Australia. (Fortnightly Review, August 1891.)

Adams, John. Vide: Publicola.

Address 1. tho the sovereigns of the holyalliance united in congress at Aix-la-Chapelle. 1818. — Adress to the european governements. 1818 (vide Owen, Robert).

— 2. to the labourers on the subject of destroying machinery. 8⁰. London, Ch. Knight, 1830.

— 3. from the working mens association, to the working classes, on the subject of national education. 8⁰. London, Cleave, s. a.

— 4. to the officers and members of the third annual session of the National Labor-Union. 1869.

— 5. of the Council of the People's International League. 16 pp. 8⁰. London, Palmer and Clayton, 1847.

— 6. (An) from the working mens associations to the people of England in reply to the objections of the press. 8⁰. London, Cleave, s. a.

— 7. (An) to the socialists, radicals, tradesunions and the working classes generally being an exposition of the relative situation, condition and future prospects of the working people in England, Scotland and Ireland. 48 pp. 8⁰. London, 1839.

Addresses (The) of Robert Owen (as published in the London Journals) preparatory to the developement of a practical plan for the relief of all classes without injury to any. gr.-8⁰. London, Stephen Hunt, 1830.

Adickes, F., Die Bestrebungen zur Förderung der Arbeiterversicherung in den Jahren 1848 u. 1849 nach K. Rodbertus-Jagetzow. (Zeitschr. f. d. ges. Staatsw. 1883.)

Adler, Felix, The recent strikes. (North American Review 1877.)
Adler, G., 1. Anarchismus. (Handw. d. Staatsw. Jena 1889.)
— 2. Die Entwickelung des sozialistischen Programmes in Deutschland. (Jahrb. f. Nat.-Oek. u. Stat., Bd. 56, 1891.)
— 3. Die Geschichte der ersten socialpolitischen Arbeiterbewegung in Deutschland mit besonderer Rücksicht auf die einwirkenden Theorien. Ein Beitrag zur Entwickelungsgeschichte der socialen Frage. gr.-8°. Breslau, Trewendt, 1885.
— 4. Die Grundlagen der Karl Marx'schen Kritik der bestehenden Volkswirthschaft. Kritische und ökonomisch-literarische Studien. gr.-8°. Tübingen, Laupp, 1887.
— 5. Die Lehren der Anarchisten. (Nord und Süd, 1885, März.)
— 6. Das Recht auf Arbeit. (Gegenwart, Bd. 25, 1884.)
— 7. Rodbertus, der Begründer des wissenschaftlichen Socialismus. Eine social-ökonomische Studie. gr.-8°. Leipzig, Duncker u. H., 1883.
— 8. Rodbertus' „Kapital". (Gegenwart, Bd. 25, 1884.)
— 9. Ein vergessener Vorläufer des modernen Socialismus (Jean Meslier). (Gegenwart, Bd. 25, 1884.)
— Vide: Baustein zur Lösung d. socialen Frage.
Adresse à l'Assemblée nationale pour sauver le droit du pauvre, et pour rétablir le calme et la tranquillité publique. 32 pp. 8°. Paris (c. 1790).
Adresse des Bildungsvereines in London an die deutschen Proletarier. 8°. Brüssel, Vogel, 1846.
Advielle, M. Victor, Histoire de Gracchus Babeuf et du Babouvisme d'après de nombreux documents inédits. 2 vol. gr.-8°. Paris, chez l'auteur, 1884.
Advocate to the Working Classes, 1826—27. (Journal.)
Aeolus, Sur la dissémination de la propriété en petits lots, avec appendice. 40 pp. 12°. Saint-Julien, imp. Cassagnes et Mariat, 1869.
Affamé (L'), organe des revendications sociales. Nr. 1: 28 déc. 1883. 4°. Paris, impr. Biolay.
Affamé (L'), organe communiste anarchiste. Paraît tous les quinze jours. Nr. 1: 15 mai 1884. Pet. in fol. Marseille.
Agitation (Die) unter den Bauern. Jahrb. f. Socialw., hrsg. v. Richter, 1. Jahrg., 1880.)

Agitation socialiste. Propagation et réalisation de la science sociale. 24 pp. 18°. Paris, 8. Sept. 1848.
Aguès, Jean Alfred, De la propriété considérée comme principe de conservation, ou de l'hérédité. 2 vol. 8°. Paris, Videcoq etc., 1840.
Agricola, Fel., Die Poesie in der Arbeit. Ein Beitrag zur Lösung der Arbeiterfrage. gr.-8°. Leipzig, Lievien, 1884. 2. (Titel-) Ausg. gr.-8°. Ebd. (1890).
A. H. Vide: Systeme (geschichtl., philos. u. socialist.).
Ahlfeld, Frdr., Armuth und Gesellenstand. Fünf Reden, bei Vereinsfesten in Leipzig gehalten. 8°. Halle, Mühlmann, 1861.
A. H. M. Vide: New Moral World VII.
Aimel, Henri, La république démontrée par la science sociale. (Revue socialiste, Nov. 1887.)
A. J. N. S. Vide: Frage (Die soc.) und ihre Bedeutung.
Aiton, Rev. John, Mr Owen's objections to Christianity and new view of society and education refuted by a plain statement of facts. With a hint to Archib. Hamilton. 8°. Edinburgh, Robertson and Cie, 1824.
Ajasson de Grandsague, J. B. Fr. Etienne, avec Delaveleye, Aug., Necessité et moyen d'occuper les ouvriers qui manquent d'ouvrage en France. Mémoire présenté au roi et aux chambres. 8°. Paris, impr. Decourchant, 1831.
A. L. Vide: Arbeitseinstellungen (Die).
— — Communisme et propriété.
Alarm. — Chicago 1886. (Journal.)
Alarme (L'). — Lyon 1884. (Journal.)
Alary, Catéchisme républicain, avec additions et modifications. 16 pp. 32°. Alger, impr. Garaudel, 1871.
Albertus, J., Die Socialpolitik der Kirche. Geschichte der socialen Entwickelung im christlichen Abendlande. gr.-8°. Regensburg, Pustet, 1881.
Albrecht, 1. Der Aufruf an die Frauenwelt 1842. (Adler.)
— 2. Herausforderung der Priesterwelt 1843. (Adler.)
— 3. Die Wiederherstellung des Reiches Zion. 1842. (Adler.)
— 4. Das baldige Wiedersehen am Altar der Freiheit. (Festgedichte.) 1842. (Adler.)
— 5. Das Ziel im Rosenlichte, eine Mahnung an die Wilhelm Tells unserer Zeit. 1842. (Adler.)
Alciator, B., La meilleure des républiques ou

le bienêtre moral et matériel des populations laborieuses réalisé: 1) par une caisse officielle et universelle de prévoyance; 2) par le plus riche des budgets sans impôts; 3) par une vraie représentation nationale; 4) par l'éducation et la justice gratuites et par d'autres réformes importantes. 179 pp. 8°. Marseille, Bellue, 1872.

Alexander, Jas. W., Three ways of making a happy world. 12°. London, Nelson, 1856.

Alexejew, Leo, Durch Socialismus und Anarchie zum Menschenthum. Schlagschatten zu Fr. Stackelbergs Socialrevolutionären Lichtstreifen über Ehe und Familie. kl.-8°. Paris, J. Baillière et H. Messager, 1883.

Alfieri, Giovanni, Considerazioni sulle questioni sociali contemporanee. 8°. Milano, 1873.

Alfred, The history of the factory movement from the year 1802 to the enactment of the ten Hours Bill in 1847. 2 vol. gr.-8°. London, Simpkin, 1857.

Algérie (L') sociale, organe officiel de la fédération des travailleurs socialistes de l'Algérie. Paraît le samedi. Nr. 1: 23 janvier 1887. fol. Alger, Lavagne-Maçon.

Alibert, Hippolyte, L'édifice social, reforme électorale, ou de l'influence de la propriété territoriale, industrielle ou commerciale. 8°. Paris, Chatet, 1840.

Allais, Nicol., et Phil. Jacq. Fargès, Réflexions sur la nécessité d'assurer au peuple ses subsistances. Adressées à la Convention nationale le 13 messidor an III° de la République française une et indivisible. (Paris) 1795.

Allard, Des moyens d'améliorer le sort des travailleurs industriels et agricoles, suivis d'un projet de déclaration de leurs droits et de leurs devoirs et d'un projet de décret sur l'amélioration de leur sort. 8°. Paris, Guillaumin, 1848.

Allard, A., La question ouvrière à Berlin. 8°. Bruxelles, Berqueman, 1890.

Allart, Mad. Hortense, La femme de la démocratie de nos temps. 8°. Paris, Delaunay, 1836.

Alleau, Th., Question ouvrière. Travail et travailleurs, essai de conférence. 8°. Villeneuve-sur-Lot, Leygnes, 1884.

Allen, Grant, 1. Individualism and Socialism. (Contemporary Review, May 1889.)
— 2. Plain words on the women question. (Fortnightly Review, Oct. 1889.)

Alléon, Manuel de morale et d'économie politique à l'usage des classes ouvrières. 18°. Paris, Guillaumin, 1847.

Alletz, Edouard, 1. De la démocratie nouvelle, ou des mœurs et de la puissance des classes moyennes en France. 2 vol. 8°. Paris, Lequien, 1837.
— 2. Die neue Democratie oder die Sitten und Macht der Mittelklassen in Frankreich. Von der Academie gekr. Preisschrift. Im Auszuge bearb. von Prof. Dr. F. J. Buss, nebst einem Sendschreiben des Letzteren an den Verfasser über die gegenwärtige Weltlage u. die Grundansicht seines Werkes. gr.-8°. Karlsruhe, Groos, 1838.
— 3. Maximes politiques, à l'usage de la démocratie nouvelle. 18°. Paris, Delloye, 1840.
— 4. Máximas politicas para el uso de la democracia nueva. Traducidas de las que acaba de publicar en francés. Sevilla 1841.
El traductor es D. Santiago de Galvez Padilla.

Allhusen, Volkskalender 1850.
Allhusen, G. Vide: Wendel-Hippler.

Alliance (L') de la démocratie socialiste et l'association internationale des travailleurs. Rapport et documents publiés par ordre du congrès international de la Haye. 8°. Hamburg, O. Meissner, Londres, A. Darson, 1873.

Allier, J. Vide: Producteur, t. II.

Allix, Jules, Socialisme pratique. La commune sociale. Ordre du jour de Belleville. 8°. Paris, Le Chevalier, 1869.

Almanach de la Communauté, réd. par Théod. Dezamy, J. J. Navel, J. Gay, pour 1843.

Almanach de la Démocratie 1843. Collaborateurs: G. Sand, J. Gilbert, Laponneraye etc.

Almanach de la France démocratique, réd. par Victor Bouton, pour 1845. Collaborateurs: A. Hubert, Brige, René Didier, Noiret, F. V. Raspail, A. Esquiros, P. Lachambeaudie, P. Vincard.

Almanach démocratique, réd. par Pagnèrre, depuis 1834. En 1842 sous le titre: Almanach populaire de France. Collaborateurs: Armand Carrel, Garnier Pagès, L. Blanc, Arrago, Bastide, Altaroche, Cormenin, Duboty, Joly, Lammenais, Marast, Pyat.

Almanach des Opprimés veillées de Simon le Pauvre, par Hippolyte Mayen. I—V année 1850—54. 8°. Paris, chez l'éditeur.
L'Almanach pour 1852 porte pour le titre: „Almanach de la vérité (deuxième Almanach des Opprimés)".

Almanach phalanstérien pour 1845 et pour 1846. 32°. Paris, libr. sociétaire.

Almanach de la révolution française pour

1870. Publié par Jules Claretie. 32⁰. Paris, Librairie centrale, 1870.

Alonso y Rubio, D. Francisco, La muyer bajo el punto de vista filosófico, social y moral: sus deberes en relacion con la familia y la sociedad. 8⁰. Madrid 1863.

Althaus, Friedr., Die politisch-sociale Lage Englands. I. Die Parlamentsreform v. 1867. II. Die Arbeiter und die Fenier. I. Die Parlamentssession v. 1868. II. Das neue Parlament und die irische Kirchenbill. (Unsere Zeit, N. F. 4. Jahrg., 1: 1868, N. F. 6. Jahrg., 1: 1870.)

Alvarado de la Peña, Santiago de, Pensamientos de Juan Jacobo Rousseau ciudadano de Ginebra, ó sea el espíritu de este gran hombre en sus obras filosóficas, morales y politicas; traducido del francés al español. 2 tom. 8⁰. Madrid 1824.

Alvarez, D. Cirilo, Individualistas, socialistas y comunistas. — Academia matritense de jurisprudencia y legislacion. Discurso inaugurale 1873.

Alvarez, Serafin, El credo de una religiona nueva. Bases de un proyecto de reforma social en todas las manifestaciones de la vida. 8⁰. Madrid 1873.

A. M. Vide: Barbari (I nuovi).

Amabile, L., 1. Fra T. Campanella, la sua congiura, i suoi processi e la sua pazzia. 3 vol. 8⁰. Napoli 1882.

— 2. Fra T. Campanella ne castelli di Napoli, in Roma ed in Parigi. Narrazione con molti documenti c. 10 opuscoli del Campanella inediti. 2 vol. 8⁰. Napoli 1886.

Ami (L') du peuple, par Marat. 12 sept. 1789 — 14 juillet 1793. — in-8⁰.

Le 1er N⁰ du Journal de Marat est daté de Versailles, le samedi 12 sept. 1789. Il commença a paraître sous le titre de:
Le Publiciste parisien, journal politique, libre et impartial, par une société de patriotes, et rédigé par M. Marat, auteur de l'Offrande à la Patrie, du Moniteur et du Plan de Constitution, etc. Nr. 1—5: 12—15 sept. 1789. Avec un prospectus de 4 pages, portant le même titre. Les Nos 3 et 4 sont tous les deux datés du lundi 14.

C'est seulement à partir du N⁰ 6 qu'il donna à sa feuille le nom sous lequel elle devait rester connue:
L'Ami du peuple, ou le Publiciste parisien, etc. Nos 6—685: 16 sept. 1789 bis 21 sept. 1792.

A l'avénement de la Convention, Marat, qui est membre de la nouvelle assemblée, interrompt sa publication, et comme s'il eut voulu faire peau neuve quand il la reprend, quatre jours après, c'est sous un nouveau titre et avec une nouvelle devise; il l'intitule:
Journal de la République française,

par Marat, l'Ami du peuple, député à la Convention nationale. Nos 1—143: 25 sept. 1792 — 11 mars 1793. Avec un prospectus intitulé: Oeuvres politiques et patriotiques de Marat. Après quelque hésitation sur l'épigraphe, dont la place demeure vide dans ces quatre premiers numéros, il adopte celle-ci: „Ut redeat miseris, abeat fortuna superbis."

Un décret de la Convention, du 9 mars 1793, ayant déclaré incompatibles les functions de député et celle de journaliste, Marat se borne à faire disparaître du titre de sa feuille le mot Journal, espérant que par „cette suppression la Convention sentira, qu'elle doit revenir sur un décret dérisoire", décret d'ailleurs qui ne peut regarder l'Ami du peuple, auquel on ne saurait faire l'injure de le confondre avec „ces indignes députés qui passent leur vie à rediger des séances pour vendre leurs manuscrits aux journalistes". Sa feuille s'appellera donc désormais:
Le Publiciste de la République française, ou Observations aux Français, par Marat. Nos 144—150: 14—22 mars 1793.

Les Nos 151—155: 25—29 mars sont intitulés: Observations à mes commettants par Marat.

Le N⁰ 156 est remplacé par une Profession de foi de Marat, l'Ami du peuple, député à la Convention, adressée au peuple français en général, à ses commettants en particulier. 30 mars 1793.

Il reprend en suite le titre de:
Le Publiciste de la République française, ou Observations aux Français, par l'Ami du peuple, auteur de plusieurs ouvrages patriotiques. Nos 157—242: 1er avril bis 14 juillet 1793. Le N⁰ 242 et dernier parut le lendemain de la mort de Marat, tué, comme on le sait, le 13 juillet 1793, par Charlotte Corday (Hatin).

(A propos des grandes irrégularités de ces publications voyez les détails, les plus minutieuses chez Hatin.)

Après la mort de Marat, son journal fut continué, jusqu'au N⁰ 271 au moins, par J. Roux sous le titre de:
Publiciste de la République française, par l'ombre de Marat, l'Ami du peuple.

Une autre continuation est:
L'Ami du peuple par le club des Cordeliers, société des droits de l'homme et du citoyen, N⁰ 243 et 244 (faisant suite, dit une note, au dernier N⁰ de Marat, 242). De l'imprimerie du club des Cordeliers, rue de la Harpe N" 171.

La longue interruption de l'Ami du peuble, du 22 janvier au 18 mai 1790, avait donné lieu à plusieurs continuations apocryphes:

1) L'Ami du peuple, ou le Publiciste parisien, journal politique et impartial Nos 106—116: 30 janv. — 14 févr. 1790. Impr. de Rivet et Roux.

2) L'Ami du peuple, ou le Publiciste parisien, journal politique et impartial, par M..... Nos 106 —147: 7 févr. — 26 mars 1790. Impr. de Rozé, de Momoro, de J. Carol, de Marat. Rédigé par Guignot. Le titre du N⁰ 139 porte: par M. Marat, auteur .....; celui des N⁰ 140—146: par M. Mara., et celui du N⁰ 147 par M. Marat.

3) L'Ami du peuple, ou le Publiciste parisien, journal politique, libre et impartial, par une société de patriotes et rédigé par M. Ma..., Nos 106 —161: 9 mars — 21 mai 1790. Impr. de Rozé.

de Marat. Dès le N° 107 les titres portent le nom de Marat en entier.

4) L'Ami du peuple, ou le Publiciste parisien, journal politique et impartial, par Marat, auteur. Nos 103—169: 9 mars — 5 juin 1790. Impr. de Marat. Les Nos 105 et 106 ne diffèrent que par la numérotation. Cette série, d'ailleurs, présente une inextricable confusion.

On peut encore rapprocher de la feuille de Marat: L'Ami du peuple, ou le Publiciste parisien, journal politique et impartial. 22 janv. — 19 avril 1791. 65 Nos in 8°. Sans nom d'auteur et d'imprimeur, mais avec l'épigraphe de Marat (Hatin).

Ami du peuple. Lithogr. et gratis. 1840. (Max.)

Ami (L') du peuple en 1848. An Ier de la République reconquise, par F. V. Raspail. Dieu et patrie. Liberté pleine entière de la pensée. Tolérance religieuse illimitée. Oubli du passé. Vigilance pour l'avenir. Suffrage universel. 21 Nos in fol. 27 févr. — 14 mai 1848.

(Interrompue au 28 février, la publication de l'Ami du peuple fut reprise le 12 mars et continuée jusqu'au 15 mai.)

Ami (L') du peuple de Marseille, organe hebdomadaire des travailleurs du comité socialiste. Nr. 1: 6. déc. 1884. 4°.

Ami (L') du prolétaire. Entretiens familiers sur différens sujets de morale, de politique, d'économie, d'industrie, de beaux-arts et particulièrement d'histoire générale. Ouvrage destiné à vulgariser les principes généraux du Saint-Simonisme. 2 livr. 8°. Paris, G. Biard, 1832.

Amigues, Jules, La France à refaire. I. La Commune. Dédié aux ouvriers et bourgeois de Paris. 8°. Paris, Lachaud, 1871.

Amis (Les) de la Constitution 1789 et 1849. (Journal de la vraie république, Nr. 17.)

Amis (Les) des ouvriers par l'auteur de la vie de B. Pierre Fourier. 4. édit. Tours, Mame et fils, 1881.

Ammon, Otto, Der Darwinismus gegen die Socialdemokratie. Anthropologische Plaudereien. gr.-8°. Hamburg, Verlagsanst. u. Dr. A. G., 1891.

An (L') deux mille quatre cent quarante. Rêve s'il en fut jamais, suivi de l'homme de songe (par Lemercier). Amst. 1771. 8°. Londres 1772. Nouv. édit. avec figures, 3 vol. 8°. s. l. 1786.

Deutsche Uebersetzung vide: Jahr 2440. English traduct. vide: Memoirs of the year.

**Análisis del socialismo y exposicion clara, metódica e imparcial de los principales socialistas antiguos y modernos, y con especialidad los de San Simon, Fourier, Owen, P. Leroux y Proudhon, segun los mejores autores que han tratado esta materia, tales como Roybaud, Guepin, Villegardelle etc. 8°. Paris, 1852.

Analyse de la doctrine de Babeuf, tribun du peuple, proscrit par le Directoire exécutif pour avoir dit la vérité. 8°. 1796.

Analyse der Lehren Babeuf's. (Deutsches Bürgerbuch für 1846.)

Analysis (An) of human nature: a lecture delivered to the members and friends of the association of all classes of all nations. By one of the honorary Missionaries to that institution. 8°. Leeds, J. Hobson, 1838.

Anarchismus (Der) und seine Träger. Enthüllungen aus dem Lager der Anarchisten von ⊿, Verfasser der Londoner Briefe in der „Köln. Ztg.". 8°. Berlin, Neufeld u. Mohring, 1887.

Anarchismus und Communismus, seine Stärke und Zukunft im Gegensatz zu den christlichen Jungmänner-Vereinen. Von einem Gerichtsbeamten. 1. Heft: Ueber den Anarchismus und Communismus und einige Schäden der Gesellschaft. gr.-8°. Stuttgart, Roth in Comm., 1890.

Anarchist, Organ der autonomen Gruppen der J. A. A. Chicago 1886.

Anarchist (The), socialistic revolutionary Review. Boston 1881.

Anarchist (The). London 1885—87. (Journal.)

Ancelin, Const. Franç., A tous et pour tous les agriculteurs, industriels, commerçants, travailleurs et des abus dont ils sont frappés. — Du travail, son influence sur le présent et sur l'avenir. 8°. Lille, Beghin, 1859.

Ancona, A. d', Opere di Tommaso Campanella scelte, ordinate ed annotate. Torino 1854. (Discorsi politici ai principi d'Italia. Vol. II.)

— 2. Della vita e delle dottrine di T. Campanella. 8°. Torino 1854.

Andelarre, Jules de Jacquot marquis d, 1. De la democratie en Franche-Comté. 8°. (Besançon; Roblot) Paris, Dentu. 1867.

— 2. Les principes de la révolution française et le programme de 1789. 8°. Paris, Dentu, 1873.

André. Vide: Geheimbundprocess.

André, Marius. Vide: Droit (Le) au travail à l'assemblée nationale.

André père, (Aimez-vous les uns les autres. Tous les hommes sont frères. Toutes les nations sont soeurs). Qu'est-ce que la république, la monarchie, les lois, l'égalité, la liberté, la fraternité? Catéchisme républicain, suivi des conseils pour faire fortune et la science du Bonhomme Richard par Franklin. 18⁰. Paris, chez tous les libraires, 1833—48. 4ᵉ édit. 32⁰. à Paris 1833—48.

André, Pierre, 1. Extinction du paupérisme matériel, intellectuel et moral. 8⁰. Marseille, impr. Sénés, 1860.

— 2. Le monde nouveau et la trinité humaine. Régénération de la société par la morale et la capital. Plus de paupérisme. Nouv. édit. 8⁰. Marseille, impr. Arnaud, 1865.

Andreae, J. Val., Reipublicae christianopolitanae descriptio. 12⁰. Argent. 1619. Uebersetzung: D. V. A. Reise nach der Insel Caphar Salama und Beschreibung der darauf gelegenen Insel Christiansburg, nebst einer Zugabe von moralischen Gedanken in gebundener und ungebundener Rede, hrsg. von D. S. G. 8⁰. Eßlingen, 1741.

Andrieux, Souvenirs d'un préfet de police. 8⁰. Paris, 1885.

Anecdotes (biographical) of the founders of the french republic and of other eminent characters, who have distinguished themselves in the progress of the revolution. 8⁰. London, Johnson, 1797.

Auge, baron d' (Bisson, J.), La nouvelle république sociale, étude pratique du socialisme. 8⁰. Paris, Chaudron, 1887.

Angelpunkt (Der) der socialen Frage. Eine antikapitalistische Gedankenreihe. (Oesterr. Monatsschr. f. christ. Socialreform, 1886.)

Angerer, Dr. Joh., Ueber Socialismus im Allgemeinen und die Socialreform in Oesterreich. Vorträge, geh. im Constitutionellen Verein zu Innsbruck. I. Thl.: Rückblick auf die Geschichte der Proletarier. 8⁰. Bozen (Innsbruck, Wagner), 1885.

Angerstein Wilh., Frauennoth und Abhülfe. Eine Erörterung der Frauenfrage, hrsg. von Dir. Carl Janke. gr.-8⁰. Berlin, C. Janke in Comm., 1877.

Anglade, l'abbé, L'abîme social, ou pendant les deux sièges de Paris 1870—71. 8⁰. Paris, F. Curot, 1871.

Anglais et français, Réligion Saint-Simon. Vide: Saint-Simonisme: Mesnilmontaut Nr. 16—19.

Angot des Rotours et Turquan, V., Les grèves, leur statistique, leur causes et leurs résultats. (Réforme sociale 1890.)

Anlass (Aus) der Fabrikemeuten. Von W. M. (Dtsch. Vierteljahrschr. 1844₄.)

Anmerkungen über die wichtigsten Gegenstände, wovon die Ruhe und der Wohlstand des Staates und der Kirche abhängt. 8⁰. Augsburg, Rieger, 1789.)

Annales du congrès de Genève (9—12 sept. 1867). Préliminaires; Les quatre séances; Appendice. Publié sous les auspices du Comité central permanent de la ligue international de la paix et de la liberté et par les soins du comité de Genève. gr.-8⁰. Genève, Vérésoff et Garrigues, 1868.

Annecke, F. Vide: Heere (Im preußischen).

— — Tendenzprocess (Dor 1. politische).

— — Zeitung (Neue Kölnische).

Année (l') socialiste. La conférence internationale de Paris. Rapport de la fédération socialiste du centre au conseil national du parti ouvrier. 4⁰. Paris, Henry Oriol, s. a. (1884).

Anonymus Veritas, Acht Jahre hinter Schloss und Riegel. Skizzen aus dem Leben Johann Most's. 8⁰. New York, 1886.

Anschauungen (Sociale) bei den Völkern des Orientes. (Jahrb. f. Gesellschafts- und Staatsw. v. Glaser, Bd. 4, 1865.)

Ansichten über die Arbeiterfrage. Ein Beitrag zur Lösung derselben von einem Klostergeistlichen. 8⁰. Wien, J. Dirnböcks Buchh., 1872.

Ansichten (Freimüthige) über die materielle Noth der Bediensteten. gr.-8. Augsburg, v. Jenisch u. Stage in Comm., 1861.

Anthony, C., 1. Social and political dependence of women. 5. ed. 8⁰. London, Longmans, 1880.

— 2. Popular sovereignty: thoughts on democratic reform. pet.-8⁰. Longmans, 1880.

Antidote, Réponse à une compilation anonyme intitulée: Le monde phalanstérien. gr.-8⁰. Besançon, impr. de Sainte-Agathe, 1841.

Anti-Guizot oder der neue sociale Frieden. 8⁰. Leipzig, Weller, 1849.

Anti-Mammon; or, an Exposure of mammon. post-8⁰. London, Nisbet, 1837.

Anti-Rouge (L'), Almanach anti-socialiste anticommuniste, coutenant: Histoire du communisme — Doctrines des principaux chefs des écoles socialistes et communistes — Mélanges — Variétés — Anécdotes — Poésies — Pensées etc. publié par un ami de l'ordre. — 16⁰. Paris, Garnier frères, 1851.

Antisemitismus und Socialdemokratie? (3. Aufl.). (Brennende Fragen, Nr. 13, 1887.)

Anti-war mass meeting (Great). (Pamphlet.) 8⁰. New York 1870.

Antonelle, P. A., 1. Le contrast des sentiments,

ou le citoyen Delacroix en présence d'un démocrate. 8°. Paris, Pluviôse, an III de la république.
— 2. Au corps municipal de Paris. 8°. 76 pp. 28 oct. An I de la république française.

Antworten (Zeitgemässe) auf brennende (sociale) Fragen. Von einem Volksfreunde. Vier Vorträge, gehalten vor katholischen Kern- und Biedermännern aus allen Ständen. 8°. Erfurt 1869.

Anzeiger des Westens. St. Louis 1881 und 1886.

Aperçu sur la condition des classes ouvrières et critique de l'ouvrage de M. Buret sur la misère des classes laborieuses, par D... S... prince. 8°. Paris 1844.

Aphorismen über die socialen Phänomene des Tages. (Histor.-polit. Blätter f. d. kathol. Deutschl., Bd. 69.) 8°. München 1872.

Apôtre (L') **du peuple**, journal socialiste, politique. 2 N°ˢ in fol. Paris, 4—6 juin 1848.
(Il y a un N° spécimen du 30 mai, ayant pour sous-titre: „Liberté, justice, vérité et charité pour tous". Hatin.)

Appeal 1. to the men of Great Britain in behalf of women. 8°. London, J. Johnson, 1798.
— 2. (An) to the working classes and to all true reformers in behalf of one of their tried friends and most efficient public advocates. 4 pp. 8°. s. l. s. a.
— 3. to the working men of America. 8°. New York 1872.

Appel (L') Chant, par un ouvrier Saint-Simonien. Vide: Saint-Simonisme: Mesnilmontant No. 8.

Application de l'œuvre des cercles catholiques d'ouvriers à la campagne. 2. éd. 12°. Paris 1881.

Arago, Franç. Domin., Ueber Maschinen in ihrem Verhältnisse zu dem Wohlstande der arbeitenden Klassen (nach C. F. Grieb's Uebersetzung). 8°. Wien, Gerold, 1848.

Arago. Vide: Colin, A., Phalange, 3ᵉ série, tome III.
— Considérant, V., Contre M. Arago.

Arald, T., Le déficit social de la Prusse. Situation morale et sociale de Berlin d'après la presse et les documents officiels allemands. Traduction seule autorisée. 8°. Paris, Ghio, 1872.

Arbeit (Die). Köln, April bis 23. Juli 1848. 12 Nrn. (Ztschr.)

Arbeit. — Villach 1887. (Ztschr.)

Arbeit (Die). — Graz u. Marburg 1885—86. (Ztschr.)

Arbeit (Die) und ihr Entwicklungsgang in der Geschichte. (Gegenwart, Bd. I, 1848.)

Arbeit und Capital. Vorschlag zur Verbesserung der Lage des Arbeiters. (Als Mscr. gedr.) gr.-8°. Cöln, W. Greven in Comm., 1865.

Arbeit und Geld. Von einem Arbeitgeber. gr.-8°. Leipzig, Jurany, 1848.

Arbeit und Kapital. Socialpolitische Gedanken eines Volksfreundes. gr.-8°. Zürich, C. Schmidt, 1888.

Arbeit und Lohn. (Sociale Fragen und Antworten, Heft 9, 1880.)

Arbeiter (Der). — St. Gallen, Juli 1848 bis Juli 1849, wöchentl.

Arbeiter (An die). Brod, Arbeit, Wahrheit. (Aus dem Franz.). 8°. Strassburg, Berger-Levrault, 1848.

Arbeiter (An die social-demokratischen) (von Wichern.) 16°. Hamburg, Agentur d. Rauhen Hauses, 1872.

Arbeiter (Der deutsche). Stimme aus einer preuss. Provinz, als Beitrag zur Aufklärung und Verbesserung der Verhältnisse der Arbeiter in Deutschland. 8°. Berlin, Dümmler, 1848.

Arbeiter (Der) auf dem praktischen Erziehfelde der Gegenwart. Hrsg. von J. D. Georgens u. Jeanne Marie von Gayette. gr.-8° Glogau, Flemming, 1856. 52 Nrn. 2. u. 3. Jahrg., gr.-8°., ebd. 1857 u. 58 à 12 Nrn.

Arbeiter (Die ländlichen). Bericht über die Verhandlungen der 5. Generalversammlung des Hauptvereines für innere Mission in Sachsen, hrsg. vom Vereinssecretariate. 8°. Dresden 1872.

Arbeiter (Der Pariser) Traum und Erwachen. Ein Wort der Warnung an die Deutschen. gr.-8°. Stuttgart, Metzler, 1848.

Arbeiter! (Was will der). Zur socialen Frage. 8°. Berlin, Lorentz, 1881.

Arbeiter (Der deutsche). Zeitschrift. Chicago 1870.

Arbeiter und Arbeitgeber (An die). Ein wahres Wort in ernster Zeit, von einem Arbeiter. gr.-8°. Berlin, Hofmann u. Co., 1848.

Arbeiterbewegung. (Jahrb. f. Gesellschafts- u. Staatsw. v. Glaser, Bd. 10, 1868.)

Arbeiterbewegung (Die deutsche) unserer Tage von K. B. (Arbeiterfreund, 1. u. 2. Jahrg., 1863—64.)

Arbeiterbewegung (Die). Auch ein Wort zunächst an die sächsischen Arbeiter, zugleich ein Beitrag zur Hebung des Arbeiter-

standes überhaupt. 1.—4. Aufl. 8⁰. Leipzig, Rossberg, 1363.
Arbeiterbewegung (Die internationale) in der Gegenwart. (Monatsschr. f. christl. Soc.-Ref., Jahrg. XI, 1889.)
Arbeiterbewegung (Zur socialen) in Oesterreich. (Christl.-soc. Blätter, Jahrg. XXII, 1889.)
Arbeiterbewegung (Die) in Argentinien. (Neue Zeit, Jahrg. VII, 1889.)
Arbeiterfrage (Die). 1. (Jahrb. f. Gesellschafts- u. Staatsw. v. Glaser, Bd. 8, 1867.)
— 2. (Die) in ihrer Beziehung zu den periodisch wiederkehrenden Geschäftsstockungen. Beitrag zur Lösung der socialen Frage. Nach mehr als 50-jährigen Beobachtungen bearbeitet von einem Ungenannten. (Aus der „Rheinisch - westphäl. Post".) 2. Aufl. gr.-8⁰. Barmen, Wiemann, 1878.
— 3. (Die). Ein Friedensvorschlag, dargelegt mit Rücksicht auf die Tendenzen der Communisten und Socialisten, sowie die Ideen von Lassalle und Schulze-Delitzsch, Ketteler und Schäffle, Mill und Mohl von A. B. gr.-8⁰. Pest, Heckenast, 1871.
— 4. (Die). Auf Grund statistischer Materialien beleuchtet. Hrsg. vom Verein f. pommersche Statistik (von E. Rahm). gr.-8⁰. Stettin, Saunier, 1850.
— 5. (Die) im Frankfurter Parlament. (Die neue Zeit, 1. Jahrg., 1883.)
— 6. (Die) bei den Griechen. (Jahrb. f. Gesellchafts- u. Staatsw. v. Glaser, Bd. 2, 1864.)
— 7. (Die) und ihre Lösung. Von C. B. R. 8⁰. Karlsruhe, Geggus, 1869.
— 8. (Die) vom Standpunkt der Geschichte. (Jahrb. f. Gesellschafts- u. Staatsw. v. Glaser, Bd. 2, 1864.)
— 9. (Die) aus dem Standpunkte der Praxis, nicht theoretischer Träume. gr.-8⁰. Stuttgart, Neff, 1848.
— 10. (Die) in Zunftreaction, Arbeiterbewegung und Genossenschaft. (Jahrb. f. Gesellschafts- u. Staatsw. v. Glaser, Bd. 1, 1864.)
— 11. (Die ländliche). Beantwortet durch die bei dem Landes-Oeconomie-Collegium aus allen Gegenden der preussischen Monarchie eingegangenen Berichte landwirthschaftl. Vereine über die materiellen Zustände der arbeitenden Classen auf dem platten Lande. Hrsg. von A. v. Lengerke. Berlin 1849.
— 12. (Die sociale) der Gegenwart. Ihre Entstehung und ihre gründliche Lösung.

A. u. d. (Umschlags-) T.: Die Völkerbewegungen der Gegenwart auf socialem, religiösem und politischem Gebiete und unsere Aufgabe. Ein ernstes Wort von einem Laien an alle Stände und Klassen. gr.-8⁰. Basel, Riehm in Comm., 1871.
— 13. (Ueber die) in Bayern aus Anlass der Preisfrage des Königs. gr.-8⁰. München, Henzel, 1849.
— 14. (Ueber die), die Versuche zu ihrer Lösung und die Möglichkeit der Gütergemeinschaft. Fragen, Bedenken u. Vorschläge eines Zuschauers. gr.-8⁰. Nürnburg, Zeh in Comm., 1873.
— 15. (Ueber die). Rundschreiben Sr. Heiligkeit Papst Leo XIII. an alle Patriarchen, Primaten, Erzbischöfe und Bischöfe der katholischen Welt, die mit dem apostolischen Stuhle in Gemeinschaft stehen. 12⁰. Paderborn, Bonifacius-Druck., 1891.
— 16. (Zur). gr.-12⁰. Berlin, Stargardt, 1848.
— 17. (Zur). (Dtsch. Vierteljahrsschr. 1857_3.)
— 18. (Zur). Vier zeitgemässe Aufsätze (aus der Linzer theol.-prakt. Quartalschrift). gr.-8⁰. Linz, Danner'sche Buchh., 1869.
— 19. (Zur). Von einem Landpfarrer für Landpfarrer und für Alle, welche es lesen wollen. 8⁰. Halle, Pfeffer, 1870.
Arbeiterfreund (Der). Zeitschrift des Central-Vereins in Preussen für das Wohl der arbeitenden Klassen. Im Auftrage des Centralvereines und unter Mitwirkung des Vorstands-Ausschusses und korresp. Mitglieder etc. hrsg. von K. Brämer. — 1.—4. Jahrg. 1863—66 à 4 Hefte. gr.-8⁰. Berlin, Janke. 5.—8. Jahrg. 1867—70 à 4 Hefte. gr.-8⁰. Halle, Buchh. d. Waisenhauses. 9—10. Jahrg. 1871—72 à 6 Hefte, unter Mitwirkung der Mitglieder: Baumstark, R. Boeckh, R. Gneist etc. hrsg. von R. Brämer. gr.-8⁰. Ebd. 11.—20. Jahrg. 1873—82 à 6 Hefte, hrsg. von V. Böhmert und R. Gneist. gr.-8⁰. Berlin, Simion. 21.—29. Jahrg 1883—91 à 4 Hefte: Arbeiterfreund. Zeitschrift für die Arbeiterfrage. Organ des Central-Vereins etc. gr.-8⁰. Ebd.
Arbeiterfreund (mit hebräischen Lettern gedruckt). London 1885—86. (Zeitschr.)
Arbeiter-Freund (Der) für den Industriebezirk Crefeld. Organ für den christl. Arbeiter und seine Familie. Red. Joh. Hoffmann. 1. 2. Jahrg. 1890/92 à 52 Nrn. gr.-fol. Crefeld, Hoffmann u. v. Anken.

Arbeiterglück und dessen Klippen. Ein Büchlein fürs Volk von einem Volksfreunde. 8°. Düsseldorf, de Haen, 1862.

Arbeiterhalle (Deutsche). Wochenschrift für die arbeitenden und besitzlosen Volksklassen, red. von L. Stechan. Jahrg. 1851. 52 Nrn. gr.-4°. Hannover, Pockwitz.

Arbeiterin (Die). Zeitschrift für die Interessen der Frauen und Mädchen des arbeitenden Volkes. Organ aller auf dem Boden der modernen Arbeiterbewegung stehenden Vereinigung der Arbeiterinnen. Red.: Emma Ihrer. Jahrg. 1891. 52 Nrn. fol. Hamburg, Jensen u. Cie.

Arbeiterkongresse (Die internationalen) des letzten Jahrzehnts und ihre Bedeutung für die Arbeiterschutzreform. (Jahrb. f. Gesetzg., Verwalt. etc. 1890$_4$.)

Arbeiterleben (Aus dem). 2. Aufl. 8°. Neukirchen u. Langenberg, s. a.

Arbeiternoth (Die). Von H. H. (Dtsch. Vierteljahrsschr. 1863$_4$.)

Arbeiterpartei (Die deutsche), ihre Principien und ihr Programm. gr.-8°. Berlin, A. Jonas, 1868.

Arbeiterpartei der Vereinigten Staaten. Verhandlungen des Einigungskongresses, abgehalten zu Philadelphia den 19.—22. Juli 1876. 8°. New York 1876.

Arbeiterstimme (Die). New York 1877. (Ztschr.)

Arbeiterstande. Was thut dem A— heut zu Tage Noth? Von E. K. Fortsetz. d. Flugschrift: „Was wollen und was können die Socialdemokraten?" gr.- 8°. Rathenow, Haase in Comm., 1877.

Arbeiterunruhen (Die) in Swarow im Tannenwalder Bezirke in Böhmen Ende März 1870 (deutsch u. böhmisch). 8°. Reichenberg 1870.

Arbeiterverbindungen (Ueber). Verhandlungen der St. Louiser Gesammtgemeinde vom 24. Mai, 31. Mai und 6. Juni 1886. 8°. St. Louis. Mo. (Dresden, H. J. Naumann) 1886.

Arbeiterverhältnisse (Die) in Frankreich. Von R. D. (Gegenwart, 10. Bd., 1876.)

Arbeiterverhältnisse (Nordamerikanische), von R. A. R. in New York. (Arbeiterfreund, 1887.)

Arbeiter-Wacht (Deutsche). Organ zur Wahrung und Förderung der Interessen des Arbeiterstandes. Hrsg. von P. Saget. 1. Jahrg. April 1890 — März 1891. 52 Nrn. gr.-4°. Aachen, Schweitzer.

Arbeiterwohl, Organ des Verbandes kathol. Industrieller und Arbeiterfreunde. Red. von Gen.-Secr. Fr. Hitze. 1. Jahrg. 1881 4 Hefte, 11. Jahrg. 1891 12 Hefte. gr.-8°. Köln, Bachem.

Arbeiterzeitung. New York 1873 und 1874.

Arbeiterzeitung (New York). Vide: Leser (An die) und Theilnehmer der Arbeiterzeitung.

Arbeiter-Zeitung (Deutsche). Red. Dr. F. Salomon. 1.—3. Jahrg. 1888—90 à 52 Nrn. gr.-4°. Berlin, Salomon.

Arbeiter-Zeitung (Leipziger). Red. von A. Büttner, L. Kirsinger und O. Strobeck. 1. Jahrg. 1848, Mai — Decbr., 35 Nrn. Imp.-4°. Leipzig, Schreck in Comm. (Fortsetzung siehe: „Verbrüderung".)

Arbeitgeber (Der) in seinem Wesen und in seiner socialen Stellung. Eine socialkritische Erörterung. (Aus: „Baugewerkszeitung".) gr.-8°. Berlin, Fr. Schulze in Comm., 1873.

Arbeitgeber (Der). Centralorgan für die Arbeiter und Unternehmer aller Stände, hrsg. von Max Wirth. 1.—15. Jahrg., Okt. 1856 — Sept. 1870, à 52 Nrn. gr.-4°. Frankfurt a. M., Expedition.

Arbeitgeber (Der). Unabhängiges Organ für die wirthschaftlichen Fragen der Gegenwart, insbes. zur Bekämpfung der gemeingefährlichen Bestrebungen der Socialdemokratie. Hrsg. u. Red. C. Behrens. 1. Jahrg. Mai — Decbr. 1890, ca. 34 Nrn. gr.-4°. Berlin, Verl. des Arbeitgebers.

Arbeitseinstellung und Arbeiterrevolution. (In deutscher und böhmischer Sprache.) 8°. Reichenberg, Schöpfer, 1870.

Arbeitseinstellungen (Die) oder der Kampf zwischen Kapital und Arbeit und die Mittel zur Versöhnung. Von A. L. 2. Aufl. gr.-8°. Berlin, Grieben, 1872.

Arbeitseinstellungen und Fortbildung des Arbeitsvertrages. Berichte von E. Auerbach, W. Lotz und F. Zahn, im Auftrage des Vereins f. Socialpolitik hrsg. u. eingeleitet von L. Brentano. (Schriften d. Ver. f. Socialpolit., Bd. 45, 1890.)

Arbeitsrecht (Das). Social-politische Abhandlungen hrsg. von Jos. Schings. 1. Jahrg. 1873 10 Hefte. gr.-8°. Würzburg, Woerl, 1874.

Arbousse-Bastide, Les vertus républicaines. 8°. Paris, J. Bonhoure et Cie, 1880.

Arcès-Sacré, Les lois du socialisme. Conférences faites à la bourse du travail en 1889—90. Ier livr. Ire conférence: Les lois du travail d'après la doctrine socialiste. 8°. Paris, impr. Allemane, 1891.

Archenholz, Die Jakobiner. Eine historische Beschreibung nebst genauer Kenntniss derselben. kl.-8°. s. l. 1793.

Archer, Thom., The terrible sights of London and labours of love in the midst of them. 8°. London, Stanley Rivers and Cie, 1870.

Architecture (Social): or, reasons and means for the demolition and reconstruction of the social edifice. By an exile from France. gr.-8°. London, Sam. Tinsley, 1876.

Archiv für sociale Gesetzgebung und Statistik. Vierteljahrsschr. zur Erforschung der gesellschaftlichen Zustände aller Länder. In Verbindung mit einer Reihe namhafter Fachmänner des In- und Auslandes hrsg. von Dr. Heinrich Braun. 4 Hefte pro Jahr. gr.-8°. Tübingen, Verl d. H. Laupp'schen Buchh. 1. Bd. 1888, 4. Bd. 1891.

Archives des sciences morales et politiques, revue du progrès social. 2 vol. 8°. Paris 1834.

Arenal concepcion. La cuestion social. Cartas á un obrero y á un señor. 2 tom. Avila 1880.

Argent (L') des prolétaires et M. Gambetta. Avis à messieurs les bourgeois, par la commission de propagande des groupes d'économie socialiste. 8°. Paris, Camille Adam, 1878.

Aristides, Modern tyranny. 58 pp. 8°. London 1835.

Aristocratie (De l') et de la démocratie; de l'importance du travail et de la richesse mobilière, par August B. (Brunnet). 8°. Paris 1819.

Armand, C., Questions sociales. Étude historique et critique du communisme. Conférences faites au Grand-Orient de France. 8°. Paris, imp. Claye, 1873.

Armand, E., De l'influence des machines à coudre sur la moralité publique et sur la santé générale. 11 pp. 16°. Grenoble, impr. Dauphin et Dupont, 1879.

Armée (L') guerrière et l'armée pacifique (Religion Saint-Simon.) Vide: Saint-Simonisme Mesnilmontant Nr. 16. 5.

Armengol y Cornet, D. Piedro, Algunas verdades á la clase obrera. Ensagos laureados con el accessit. Madrid 1874.

Armennoth (Keine) mehr! (Von Sutermeister.) 8°. Langenthal 1845.

Armknecht, Frd., Der Communismus nach seinem Ursprunge, Wesen u. einzig untrtgl. Heilmittel geschildert. Eine Zeitrede in der Generalversammlung des Linerhaus-Vereins zu Celle, am 5. Okt. 1848 vorgetragen. gr.-8°. Celle, Schulz u. Co., 1848.

Armknecht, Past. Otto, Katechismus und Socialismus. Vortrag auf der Pfingstkonferenz in Hannover, Mai 28, 1891. gr.-8°. Hannover, H. Feesche in Comm., 1891.

Armstrong, W. Jackson, Siberia and the Nihilists; why Kennan went to Siberia; with introduction by Leigh H. Irvine. 12°. Oakland (California), Pacific Press Publication, 1891.

Army (The) and the democracy. (Fortnightly Review, March 1886.).

Arnaud, Camille, Le livret d'ouvrier. 12°. Marseille, Camoin frères, 1856.

Arnaud, J. F., Liberté. Solidarité. La révolution économique et sociale. Solution radicalement démontrée et d'exécution facile, sans aucune intervention de l'état et en respectant complètement la liberté et la fortune de tous. 12°. Paris, chez l'auteur, 1869.

Arnaud de l'Ariège. Vide: Droit (le) au travail à l'assemblée nationale.

Arnaudo, G. B. 1. Il nihilismo: come è nato, come si è sviluppato, che cosa è, che cosa vuole. 16°. Torino, Fr. Casanova, 1879. 2. ediz. con lettere di Ivan Turghenef e Alessandro Herzen (figlio), 8°. Tourino 1879.

— 2. Le nihilisme et les nihilistes. Ouvrage traduit de l'italien par Henri Bellenger, avec annotations du traducteur et deux lettres adressées à l'auteur par MM. Ivan Tourgueneff et Herzen fils. 18°. Paris, Dreyfous, 1880. (Bibliotheque moderne.)

— 3. El nihilismo. Cómo ha nacido. Cómo se ha desenvuelto. Qué es. Qué quiere. Con cartas de Ivan Turghenef y Alejandro Herzen (hijo). Vertido directamente al castellano de la segunda edicion italiana, con notas y observaciones por Siro Garcia del Mazo. Sevilla 1880.

— 4. El nihilismo. Su origen. Su desarrollo. Su esencia. Su fin. Traduccion directa de la última edicion italiana, aumentada con una reseña de los últimos acontecimientos, y con interesantes notas aclaratorias, por D. Enrique Danero y D. Miguel Toro. Madrid 1880.

Arnault, Louis. 1. Le droit, l'économie politique et l'insurrection du 18 mars 1871. 8°. Toulouse, Privat, 1873.

— 2. Le socialisme et la commune — insurection du 18 mars 1871, étudiés au point de vue du droit et de l'économie politique. 8°. (Toulouse, Privat.) Paris, A. Picard, 1873.

Arnd, Karl, 1. Die naturgrmässe Vertheilung der Güter gegenüber dem Communismus und der Organisation der Arbeit des Louis Blanc. 8°. Frankfurt a. M., Brönner, 1848.
— 2. Die naturgemässe Volkswirthschaft gegenüber dem Monopoliengeiste und dem Communismus mit einem Rückblicke auf die einschlägige Literatur. gr.-8°. Hanau, Fr. König, 1845.

Arnold, A., Socialism and the unemployed. (Contemporary Review, April 1888.)

Arnold, M., Culture and anarchy; an essay in political and social criticism. 3. ed. 8°. London, Smith and Elder, 1882. n. ed. 1889.

Arnold, Wilh., Zur Geschichte des Eigenthums in den deutschen Städten. Mit Urkunden. gr.-8°. Basel, Georg, 1861.

Arnoul, Albert, Études historiques sur le communisme et les insurrections au XVIe siècle. 8°. (Melun, Thomas) Paris, Garnier, 1850.

Arnould, Arthur. 1. L'état et la révolution. 8°. Genève, libr. socialiste, Bruxelles, Kistemaeckers, 1877.
— 2. Histoire populaire et parlementaire de la commune de Paris. 3 vol. 8°. Bruxelles, H. Kistemaeckers, 1878.

Arouet, Echos de l'ésprit moderne. Emancipation humaine; Peine de mort; Guerre; Séparation des églises et de l'état; Socialisme; Communisme. 8°. Paris, décembre, 1882.

Arribas Baraya, D. Julian, Reseña de los sistemas sociales. Discurso inaugurale. 8°. Valladolid 1872.

Arrivabene, le Comte J., De l'état des travailleurs dans la commune de Viro-Magadino, Tessin, Suisse. 1840.

Arrondissement (Le quatrième), organe de la démocratie socialiste. Nr. 1: 2 févr. 1887. (hebdomadaire). 4°. Paris.

Arsac, J. d', La guerre civile et la commune de Paris en 1871, suite au mémorial du siège de Paris. 4e édit. 8°. Paris, F. Curot, 1871.

Article (The) on Machine breaking. (In Answer to „Swing".) (Reprinted from the Westminster Review, Nr. XXVII, January 1831. 22 pp.

Aschieri, Luigi, 1. Progresso, ricchezza, miseria; studii sociali. 8°. Bologna, 1870.
— 2. Della questione sociale, con appendice: pensieri. 8°. Bologna 1877.

Aschinasi, M., Ferdinando Lassalle. 8°. Milano, Ambrosoli.

Ashworth, Henry, 1. An inquiry into the origin, progress and results of the strike of the operative cotton spinners of Preston, from Oct. 1836 to February 1837. Read before the Statistical Section of the British Association at Liverpool in Sept. 1837. Manchester 1838. (Stat. Soc. Rep. 8°. 1835—41.)
— 2. The Preston strike: An inquiry into its causes and consequences. Read before the Statistical Section of the British Association at Liverpool. Sept. 1854. Manchester 1854. (Tracts SV. vol. 28.) 1854.

Asmussen, P., 1. Socialdemokratie und Socialistengesetz. (Gegenwart, Bd. 35, 1889.)
— 2. Das Wachsen der Socialdemokratie. (Gegenwart, Bd. 37, 1890.)

Association internationale des travailleurs. Compte-rendu du IV Congrès international, tenu à Bâle, en sept. 1869. 18°. Paris, impr. de Désiré Brismée, 1869.

Association internationale des travailleurs, section française de New-York. 8°. New-York 1871.

Association of all nations; or more fully: The association of all classes of all nations to form a new moral world; and three dialogues upon it. (The New Moral World, vol. 1.)

Associations ouvrières. (Le Nouveau Monde, Ire année, Nr. 10.)

Associations ouvrières (Aux). Nécessité absolue de la solidarité. (Le Nouveau Monde, Ire année, Nr. 4.)

Associations ouvrières (Des) et des associations en général. Rapp. de Lefebvre-Duruflé. Propos. de MM. Nadaud Morellet etc. Rapp. de M. L. Faucher. (Journ. des Econ. 1850, mars.)

Associations ouvrieres (Les) en Angleterre. (Trades-Unions.) 2 éd. 8°. Paris 1869.

Asti, Victor Alfierida, Von der Tyranney. Uebersetzt von Heinrich Schweizer. 2 Bändchen. 8°. Zwickau, Gebr. Schumann, 1822.

Aston, Louise, 1. Meine Emancipation, Verweisung und Rechtfertigung. 12°. Brüssel, Vogler, 1846.
— 2. Aus dem Leben einer Frau. 8°. Hamburg, Hoffmann u. Campe, 1847.
— 3. Lydia. Roman. 8°. Magdeburg, Baensch, 1848.
— 4. Revolution und Contre-Revolution. Roman. 2 Bde. 8°. Mannheim, Grohe, 1849.
— Vide: Freischärler (Der).

2*

A. T. Vide: Phalanstère, Ire année, Nr. 4.
At le R. P., Saint-Joseph ou la question ouvrière d'après l'Évangile. Nouv. éd. rev. et augm. in-18. XXIV et 370 pp. Paris, Vivès, 1879.
Atelier (L'), organe des intérêts moraux et matériels des ouvriers. 4⁰. Sept. 1840 — septembre 1850.
Sous la direction de MM. Buchez et Corbon.
(Prêchalt l'association volontaire de l'industrie.)
Atelier (L'). Vide: Cabet, Refutation.
Athéisme (L') et le péril social par Mgr. l'Évêque d'Orleans. gr.-8⁰. Paris, Ch. Douniol, 1866.
Atheismus (Der) und die Socialdemokratie. Zeitgemässe Betrachtungen über einen Vortrag des Prof. Dr. Fricke in Leipzig. 1.—3. Aufl. gr.-8⁰. Leipzig, Findel, 1890.
Atkinson, E., 1. Labour and capital allies, not enemies. (Harper's Half-hour Series 122.) 32⁰. New-York 1879.
— 2. The margin of profits: How it is now divided, what part of the present hours of labour can now be spared. An address delivered before the Central Labour Lyceum of Boston on Sunday evening, Mai 1, 1887. 8⁰. London, Putnam, 1887.
A Tous, Avril 1832. (Relig. Saint-Simon.) Vide: Saint-Simonisme Mesnilmontant, Nr. 1.
Attente (L'), Angers, sept. 1832. (Religion Saint-Simon.) Vide: Saint-Simonisme Mesnilmontant, Nr. 11.
Atzrott, Otto, Socialdemokratische Druckschriften und Vereine, verboten auf Grund des Reichsgesetzes gegen die gemeingefährlichen Bestrebungen der Socialdemokratie vom 21. Okt. 1878. Im amtl. Auftrage bearbeitet. gr.-8⁰. Berlin, C. Heyman's Verl., 1886. — Nachtrag. gr.-8⁰. Ebd. 1888.
Aubrey, W. H. S., 1. Labour disputes in America. (Fortnightly Review, August 1890.)
— 2. Social problems in America. (Fortnightly Review, June 1888.
Audace (L'), Paris 1885. (Journal.)
Audebrand, Histoire intime de la révolution du 18 mai 1871. 8⁰. Paris 1871.
Audiffret, G., A MM. les membres du Congrès ouvrier de Marseille. 8⁰. Paris, imp. Masquin. 1879.
Audiganne, A., 1. De l'agitation industrielle et de l'organisation du travail. (Revue des deux mondes, 1 mars 1846.)
— 2. Mémoires d'un ouvrier de Paris 1871—1872. 8⁰. Paris, Charpentier et Cie, 1873.

— 3. De l'organisation du travail. 12⁰. Paris, chez Garnier fr., 1848.
— 4. Organisation der Arbeit und Industrie. kl.-8⁰. Leipzig, E. Schäfer, 1848.
— 5. Les ouvriers d' à présent, ou la nouvelle économie du travail. Paris, Eugène Lacroix, 1865. 1 vol. in 8⁰. de 464 pag. (Publications scientifiques industrielles de E. Lacroix.)
— 6. Les ouvriers en famille, ou entretiens sur les devoirs et les droits de l'ouvrier dans les diverses relations de sa vie laborieuse. 1. éd. Paris, Mathias, 1850. 3. éd. 32⁰. Paris, Lecoffre, 1852. 6. éd. 32⁰. Paris, Mathias, 1867. 8. éd. 18⁰. Paris, Capelle, 1878.
— 7. Le travail et les ouvriers sous la troisième république. 12⁰. Paris, Garnier frères, 1873.
Auerbach, Alb., Der Kaufmann und die Socialdemokratie. gr.-8⁰. Berlin, O. Berger, 1891.
Auerbach, E. Vide: Arbeitseinstellungen.
Auerbach, Heinr. Berth., Die sociale Frage im 15. Jahrhundert mit besond. Bezugnahme auf das Voigtland. Vortrag in der Hauptversammlung des Voigtländischen altertumsforsch. Vereins zu Hohenleuben am 21. Aug. 1889. (Aus: Jahresber. d. Vereins.) gr.-8⁰ Gera, Kanitz in Com., 1889.
Auerbach, H. M. Vide: Blatt des Volkes.
Auerswald, Pfr. O. Th., Offener Brief an Herrn Reichstagsabgeordneten August Bebel. gr.-8⁰. Leipzig, Hinrichs' Verlag, 1891.
Aufruf zur Bildung eines allgemeinen Vereines. 8⁰. Langenthal 1843.
Augenzeuge (Ein) der Schleuderwirthschaft in Frankreich; über die Verderblichkeit der Werkstätten auf öffentl. Rechnung und der französ. Nationalwerkstätten insbesondere, und über die Unmöglichkeit einer Gewährleistung der Arbeit von Seiten des Staates. gr.-8⁰. Stuttgart, Neff, 1848.
August, Otto, Die sociale Bewegung auf dem Gebiete der Frauen. gr.-8⁰. Hamburg, Hoffmann und Campe, 1868.
Aulard, F. A., La société des Jacobins. Recueil de documents pour l'histoire du club des Jacobins de Paris. 2 vol. 8⁰. Paris, Noblet, 1890—91.
Aulas de Courtigis, La vraie réforme sociale pour assurer immédiatement et sans secousse les plus grandes progrès humanitaires et matériels possibles. 8⁰. Paris, Paulin, Buchard-Huzard, 1847.
Aulnis de Bourouill, d', Het hedendaagsche

socialisme toegelicht en beoordeeld. Roy. 8°. Amsterdam, van Kampen, 1886.

Ausbeutung (Die) der Arbeiter und die Ursachen ihrer Verarmung. Ein Beitrag zur socialen Frage. 2. Aufl. Preisgekr. m. d. gold. Medaille auf dem internat. Wettstreit zur Verbesserung der Lage der Arbeiter zu Köln a. Rh., 1890. gr.-8°. Kiel, Lipsius und Tischer, 1891.

Auspitzer, Dr. Emil, Die Arbeiterfrage und ihre Gestaltung in England. In: „Ausblicke nach dem Westen." Lex.-8°. Wien, Hölder in Com., 1891.

Aussichtslosigkeit (Die) der Socialdemokratie. (Die neue Zeit, 3. Jahrg., 1885.)

Ausstand (Der) der Londoner Dockarbeiter u. Kardinal Manning. (Christlich-soziale Blätter, Jhrg. 22, 1889.)

Auswanderung nach Hoch-Texas. 1.—3. Theil. 8°. Zürich, Orell, Füssli u. Cie, 1855. 1. Thl.: Beschreibung des Landes am obern Trinity-Fluss aus eigener Anschauung (Bericht an seine Freunde) von V· Considerant. Aus dem Französ. übers. von Karl Bürkli, Gerber und Kasp. Bähr. 2. Thl.: Was wir in Texas wollen. Andeutungen über Organisation der Arbeit v. Herm. Studer. 3. Thl.: Statuten der europäisch-amerikanischen Colonisationsgesellschaft in Texas. Aus dem Französ. übers. von der Schweizer-Phalanx in Zürich.

Autonomie, anarchistisches, kommunistisches Organ. London 1887—89.

Aveling, E. B., Christianity and capitalism. (To Day, Nr. 1 and Nr. 3, 1884.)

Aveling, E. and E. Marx, The woman question. 8°. London, Sonnenschein, 1886.

Aveling, Edw. und Eleanor Marx-Aveling 1. Die Arbeiterbewegung in Amerika. (Die Neue Zeit, 1887.)
— 2. Die Lage der Arbeiterklasse in Amerika. (Die Neue Zeit, 1887.)
— 3. The labor movement in America. 8°. London 1888.
— 4. Shelley als Socialist. (Die Neue Zeit, 1888.)
— 5. The working class movement in America. 2nd edit. enlarged. 8°. London, Swan Sonnenschein, 1891.

Avènement (L') de la république affirmé par des chiffres ou l'Assemblée nationale de février 1871 devant le suffrage universel. Mouvement des esprits en France depuis 1870. Lettre-préface de Louis Blanc. 8°. Paris, Le Chevalier, 1874.

Avenir (L') social, journal radical pour la défense du travailleur, paraissant le samedi. Nr. 1. 3 janv. 1885. pet. in fol. Marseille, impr. Martin.

Avenir (L') social, journal hebdomadaire, organe de la démocratie sociale. Nr. 1, mai 1886 (prairial an 94). pet. in fol. Toulouse.

Avenir (L') des travailleurs. Signé: Lambert. 2 N^{os}. gr. in 4°. Paris, 18—22 juin 1848.

Aventures (Les) de Jacques Sadeur, dans la découverte des terres australes, ou Nouveau voyage de la terre australe, contenant les coûtumes . . . par Jacques Sadeur (Gabriel Foigny). 1. Ausg. Genf 1676. In engl. Uebers. London 1693.

Averbeck, Heinr., Die soziale Frage und ihre Lösung. 8°. Bremen, Schünemann, 1877.

Avertissement aux propriétaires, ou Lettre à M. Considérant sur une défense de la propriété. 12°. Paris, Garnier frères.

Avis, Ier juin 1832. (Religion Saint-Simon.) Vide: Saint-Simonisme Mesnilmontant, Nr. 3.

Avogadro, Emilio, conte della Motta, Saggio intorno al socialismo e alle dottrine e tendenze socialistiche. Vol. 1. 8°. S. Pier d'Arena. 1879.

Avril, Victor, La communauté c'est l'esclavage et le vol, ou Théorie de l'égalité et du droit. 8°. Paris, Guillaumin, 1848.

A. Z. Vide: Socialdemokratie (Die) in Deutschland.
—: Ursachen und Heilung der Arbeiternoth.

Azcárate, Gumersindo de, Ensayo sobre la historia del derecho di propriedad y su estado actual en Europe. 3 vol. 8°. Madrid 1879—83.

Azzali, Luigi, 1. Mali e rimedi. Opuscoli socialisti: Milano, Ambrosoli.
— 2. Organizzazione collettivista. Opuscoli socialisti: Milano, Ambrosoli.
— 3. Principii socialisti. 16°. Milano 1879. Propaganda socialista, opusc. Nr. 4.

B.

B., August. Vide: Richter's (Eug.) soc. demokr. Zerrbilder.

Baader, Franz v., 1. Gedanken über Staat und Gesellschaft, Revolution und Reform. Aus sämmtlichen Werken mitgetheilt von Johs. Claassen. 8°. Gütersloh, Bertelsmann, 1890.
— 2. Grundzüge der Societätsphilosophie. Ideen über Recht, Staat, Gesellschaft und Kirche. Mit Anmerkungen und Erläuterungen von Frz. Hoffmann. 1. Ausg.: Gesammelte Schriften, Bd. 5 und 6. Hrsg. von Frz. Hoffmann. gr.-8°. Leipzig, Bethmann, 1854. 2. verb. und erweit. Aufl. gr.-8°. Würzburg, Stuber, 1865.
— 3. Ueber das dermalige Missverhältniss des Vermögenslosen oder Proletairs zu den Vermögen besitzenden Klassen der Societät in Betreff ihres Auskommens, sowohl in materieller, als in intellektueller Hinsicht, aus dem Standpunkte des Rechts betrachtet. gr.-8°. München, Franz, 1835.
— Vide: Demokrat (Der).

Baal, or Sketches of social evils: a poem. 12°. London, Freeman, 1862.

Babbage, Chas., 1. On the economy of machinery and manufactures. 8°. London, Ch. Knight, 1832. 2. ed. 12°. London 1833. 4. ed. London, Murray, 1846.
— 2. Ueber Maschinen- und Fabrikwesen. Aus dem Engl. übersetzt von G. Friedenberg. Mit einem Vorworte von K. F. Kloeden. Mit 1 Bilde. gr.-12°. Berlin, Stuhr, 1833.
— 3. Tratado de mecánica práctica y economia politica, que con el titulo de Economia de máquinas y primeras materias escribia en inglés. Traducido de la tercera edicion, y ampliado con notas por D. José Diez Imbrechts. Madrid 1835.

Babeuf, Gracchus, 1. Adresse du Tribun du Peuple à l'armée de l'intérieur. (Extr. du Nr. 41 du Tribun du Peuple.) 8°. Paris, 10 germinal l'an IV de la république.
— 2. Affaire de la commune de Davenécourt, district de Mondidier, département de la Somme, contre Philippine de Cardevac, veuve de Gabriel Lamire, et ci-devant dame de Davenécourt; cause à ranger encore parmi celles qu'on nomme célèbres. Dans l'exposé de laquelle on démontre combien sont encore formidables les restes de la puissance féodale, et où l'on indique aux législateurs ce qui leur reste à faire pour renverser ce vieux colosse. à Noyon, chez Devin. Se trouve à Mondidier chez Leroux fils, relieur 1791. 76 pp. in-4°.
— 3. A Messieurs du comité des recherches de -l'Assemblée nationale. Roye, 10 mai 1790. 4 pp. 8°. s. l. s. a. Signé: Babeuf, soldat citoyen, à Roye en Picardie.
— 4. L'archiviste — terriste, ou Traité méthodique de l'arrangement des archives seigneuriales et de la confection et perpetration successives des inventaires, des titres et des terriers d'icelles, des plans domaniaux, féodaux et censuels. Prospectus. Un feuillet in 4°, daté du 30 oct. 1786 et signé: Babeuf, commissaire à terriers à Roye en Picardie.
— 5. F. M. Babeuf, citoyen français, habitant de Roye, à tous les citoyens des municipalités, que ces présentes verront. Avis important pour toutes les campagnes frères. Signé: Un aristocrate. Mscr. 1790 (cité par Advielle).
— 6. Babeuf ex-administrateur du département de la somme et successivement du district de Mondidier. Aux comités de salut public, de sûreté générale de législation de la convention nationale et à Gothier ministre

de la justice. 56 pp. 8°. Paris, de l'imper. de Prault, s. a. (1793.) (Extrait de ma défense générale.)
— 7. Babeuf, tribun du peuple à ses concitoyens. 8 pp. 8°. Paris, impr. Franklin, rue du Sentier N. 30. (Paris, 21 prairial an II.)
— 8. Cadastre perpétuel, ou démonstration des procédés convenables à la formation de cet important ouvrage, pour assurer les principes de l'assiette et de la répartition justes et permanentes, et de la perception facile d'une contribution unique tant sur les possessions territoriales, que sur les revenus personnels. Avec l'exposé de la méthode d'arpentage de M. Audiffred, par son nouvel instrument dit graphomètre-trigonométrique, méthode infiniment plus accélérative et plus sûr, que toutes celles qui ont paru, jusqu'à présent et laquelle, par cette considération, servit plus propre à être suivie dans la grande opération du Cadastre. Dédié à l'Assemblée nationale. 8°. à Paris, chez-les auteurs, Garnery et Voland, l'an 1789 et le premier de la liberté française. LXVI et 192 pp.
— 9. Le comité insurrectionnel; Salut public au peuple. Acte d'insurrection. Egalité, Liberté. Bonheur commun. 8 pp. 8°. s. l. s. a.
— 10. De la constitution du corps militaire en France dans ses rapports avec celle du gouvernement et le caractère national. 112 pp. 8°. s. l. 1786.
— 11. Correspondance de Babeuf avec Dubois de Fosseux, secrétaire perpetuel de l'Académie d'Arras. 1785—1788.
— 12. Le correspondant Picard et le rédacteur des cahiers de la séconde législature. Journal dédié aux habitants des cantons, villes, bourgs, villages, hameaux et municipalités, du département de la Somme qui comprend les districts d'Amiens, d'Abbeville, de Doulens, de Mondidier et de Peronne, du département de l'Aisne, qui renferme les districts de Château-Thierry, Chauny, St. Quentin, Vervins, Laon et Soissons, et du département de l'Oise, composé des districts de Beauvais, Breteuil, Chaumont, Chermont, Compiègne, Crépi, Grandvilliers, Noyon et Senlis. Par F. N. Babeuf, auteur de la Petition sur les Aides, et Gabelles, du Cadastre perpétuel et de plusieurs autres ouvrages patriotiques. 8 pp. 8°. Noyon, chez J. F. Devin, 1790 (prospectus). 40 N°s. 1790—91.

— 13. Le cri de l'indignation du peuple français contre les véritables conspirateurs. 8°. Prairial l'an IV.
— 14. Le cri du peuple français contre ses oppresseurs.
(„On n'a pas pu trouver cette piece." Buonarotti I 129.)
— 15. Défense générale de Gracchus Babeuf devant la Haute-Cour de Vendôme. Mscr.
(Impr. dans: Advielle, Hist. de Gr. Babeuf, t. II.)
— 16. Dénonciation à Monsieur l'accusateur public du tribunal de Montdidier et réfutation d'un libelle infâme intitulé: Affaire de la commune de Davenescourt etc., souscrit par 19 individus de cette commune, en faveur des assassins de la dite dame, dont quatre sont détenus dans les prisons de Montdidier. 67 pp. 8°. Amiens, impr. de Caron, 1791. Signé: Gouy de la Myre, mais rédigé par Babeuf.
— 17. Discours des accusateurs-nationaux près la Haute Cour de justice, prononcé par le citoyen Bailly d'un d'eux, à la suite du débat, dans l'affaire du représentant du peuple, Drouet, de Babeuf et autres, accusés de conspiration contre la sûreté intérieure de la république. 8°. à Vendôme, de l'impr. de la Haute-Cour. An V.
— 18. La nouvelle distinction des ordres par M. de Mirabeau. Chez Volland, libr., quai des Augustins. 8 pp. (y compris le titre). 8°.
— 19. Doit-on obéissance à la constitution de 1795. 12 pp. 8°. Daté de Paris, 24 germinal an IV.
— 20. L'éclaireur du peuple, ou le défenseur de 24 millions d'opprimés par S. Lalande, soldat de la patrie. 12 N°s. 8°. 12 ventôse — 8 floréal an IV.
(Attribué par les uns à Babeuf, par d'autres à Simon Duplay. Hatin.)
— 21. Éloge funèbre de Louis-Florent Masson, avocat à Roye et membre du directoire du départem. 23. nov. 1760. 6 pp. 4°.
— 22. Extrait des registres aux délibérations de la municipalité de la ville de Roye. Du dimanche 17. octobre 1790 trois heures de relevée. 32 pp. (rédigé par Babeuf.)
— 23. C. Fournier (américain) à Marat. 8 pp. 4°. Paris, 14 mars, l'an II. de la république française, de l'impr. de Mayer et Cie.
— 24. Fréron démasqué, denoncé et mis en jugement par le peuple par S. Maurice. 24 pp. 8°. (Paris 1794.)
(Après devise est Babeuf l'auteur. Advielle.)

— 25. Histoire des conspirations et des conspirateurs du département de la Somme. 51 pp. 4°. à Paris, de l'impr. de . . . . l'an II de la république. Mscr. (cité par Advielle).

— 26. Histoire nouvelle de la vie de Jésus-Christ. 10 pp. 4°. Paris, an II. Mscr. (cité par Advielle).

— 27. Histoire de la république française, depuis la révolution de 1789. Mscr. inédit (cité par Advielle).

— 28. Inventaire des livres de ma bibliothèque. Vers 1790. Mscr. (cité par Advielle).

— 29. Journal de la confédération. 2 N°s. in 8°. de l'impr. de Laillet et Garnery. Nr. 1. s. d. Nr. 2. daté du 3 juillet 1790.

— 30. Journal de la liberté de la Presse par Gracchus Babeuf. Nr. 1—22 in 8°. 17 fructidor an II — 10 vendémaire an III de la république.

— 31. La légion de police à elle même, à tous ses frères d'armes et au peuple. 4 pg. 8°. s. l.

— 32. Lettre de Franc-Libre, soldat de l'armée circo-parisienne, à son ami La Terreur, soldat de l'armée du Rhin. 8 pp. 8°. s. l. 24 germinal an IV.

— 33. Dernière lettre de Gracchus Babeuf, assassiné par la prétendue Haute-Cour de justice à sa femme et à ses enfants, et l'approche de la mort. 7 pp. 8°. Paris, impr. de l'Ami du peuple (R. F. Lebois). s. a.

— 34. Les masques révolutionnaires, ou la vierge bigame, par Babeuf. 3 vol. 4°. Mscr. inédit. (cité par Advielle).

— 35. Mémoire peut-être important pour les propriétaires de terres et de seigneuries, ou idées sur la manutention des fiefs. 30 pp. 4°. s. l. s. a. (1786). Signé: Babeuf, commissaire à terriers à Roye en Picardie.

— 36. Mémoires sur les chemins de la province d'Artois. 1785.

— 37. On veut sauver Carrier. On veut faire le procès au Tribunal révolutionnaire. Peuple prend garde à toi. 15 pp. 8°. s. l. s. a. (an III).
(Cette brochure, à peine connue aujourd'hui, est rarissime. Advielle.)

— 38. Opinions sur deux constitutions, soumise au jugement de ceux qui décretèrent, présentèrent à la France, et jurèrent l'un et l'autre. 12 pp. 8°. s. l. daté de Paris, 23 germinal an IV.

— 39. Le patriote Brabançon. Journal libre critique et moral par un français citoyen. 1790. Mscr. (cité par Advielle).

— 40. Pensées, préceptes et discours sur différents sujets de morale. 20 pp. 4°. An V pluviose et ventose. Mscr. (cité par Advielle).

— 41. Pétition (à l'Assemblée nationale) sur les fiefs, seigneuries, cens et champarts, par les commune et municipalité de Mery, canton de Leplantier, district de Clermont, département de l'Oise. 15 pp. 8°. s. l. s. a. (6 février 1791.) Rédigée par Babeuf.

— 42. Pétition sur les impôts, adressée par les habitans d . . . . en . . . . à l'Assemblée nationale dans laquelle il est démontré que les aides, la gabelle, les droits d'entrée aux villes etc. ne doivent et ne peuvent plus subsister, même provisoirement chez les Français, devenus libres. 38 pp. 8°. s. l. 17 avril 1790.

— 43. Le peuple éclairé sur ses vrais intérêts, ou exposition de la politique captieuse des privilèges de tous les ordres dans les circonstances présentes. 1789.
(„Nous ne retrouvons que le titre écrit de la main de Babeuf." Advielle.)

— 44. Pièce historique sur M. l'abbé de Lartique chanoine de l'église royale de St. Quentin, décédé le 11 sept. 1790, par M. Neret, ancien majeur de la ville de St. Quentin le 30 sept. 1790. 4 pp. 4°. s. l. (Noyon, Devin) 1790.

— 45. Précis d'un projet de cadastre perpétuel par F. N. Babeuf, citoyen français, avec l'exposé de la méthode d'arpentage de M. Audiffred. Se vend à Amiens 1789.

— 46. Procès de Babeuf. 10 vol. 8°. Paris et Vendome, s. a.

— 47. Proclamation de la municipalité de la ville de Roye en 1790.

— 48. Réclamation de la ville de Roye relative au remplacement de l'impôt des aides, et à l'exécution des décrets de l'Assemblée nationale, qui prononcent que tous les impôts doivent être répartis, sur chaque citoyen, en proportion de ses facultés, imprimée par ordre de la commune de la dite ville et sur la demande de qualité d'autres communes pour l'appuyer de leur adhésion. 32 pp. 8°. s. l. octobre 1790.

— 49. Réponse à une lettre signée M. V. publiée et adressée le 30 pluviôse dernier à Gracchus Babeuf, tribun du peuple. 12 pp. 8°. s. l. Signée: P. B. Paris, 28 germinal an IV.

Babeuf, 50. Soldat, arrête encore. 4 pp. 8°. s. l.

— 51. Du système de dépopulation, ou la vie et les crimes de Carrier; son procès et celui du comité révolutionnaire de Nantes: avec des recherches et des considérations politiques sur les vues générales du décemvirat dans l'invention de ce système: sur sa combinaison principale avec la guerre de la Vendée et sur le projet de son application à toutes les parties de la république. Par Gracchus Babeuf. à Paris, se trouve à l'impr. de Franklin. An 3e de la république. Portr. de J. B. Carrier. 194 pp. 8°.

— 52. Le Tribun du peuple, ou le défenseur des droits de l'homme par Gracchus Babeuf. En continuation du Journal de la Presse. No. 23—43. 14 vendémiaire l'an III — 5 floréal l'an IV de la république.

Nos 23—26 chaque numéro est paginé à part, depuis No 27 = No 5 la pagination commence de pag. 209. — No 32 = p. 338. Pour No 28 il avait été fait un supplément au titre: Supplément au Tribun du peuple; Placard, in fol. 4 colonnes. No 33 n'a point paru, parce que le manuscrit en a été saisi par l'inquisition. Nos 34: Nouvelles dispositions, nouveaux préparatifs de combat du Tribun du peuple; nouvelle pagination.

— 53. La vérité au peuple par des patriotes de 89, du 14 juillet, du 10 août et du 13 vendémiaire. Placard, in fol. s. l. s. a.

— 54. Voyage des Jacobins dans les quatre parties du monde. 8°. 16 pp. de l'impr. de Franclin, rue de Clery, No. 75. s. a.

Babeuf. Vide: Liberté, égalité ou la mort.
— — Opinion d'un homme.
— — Paris sauvé.
— — Peuple (Le) sans-culotte de Paris.
— — Peuple (Au). Des vérités terribles.
— — Soirées (Les trois) d'un aristocrate.
— — Souvenirs (Les) d'un démocrate.

Procès **Babeuf**, 1. Acte d'accusation dressé par le directeur du jury d'accusation contre les nommés: Gracchus Baboeuf, Philippe Buonarotty, Charles Germain, Augustin Darthé, Jean-Bapt. Didié, Charles Nicolas Pillé, Fion, Jean-François Ricords, Jos.-François Laignelot, Robert Lindet, Guill.-Alex. Vadier, Antonelle et autres prévenus de la conspiration du 18 floréal, an IV de la république.

— 2. (Haute-Cour de justice.) Copie des pièces saisies dans le local que Babeuf occupoit lors de son arrestation. 2 vol. 8°. Paris, de l'impr. nationale, nivôse, an V. Une autre édit. gr.-8°. Paris, de l'impr. nat., frimaire, an V.

Cont.:
1e	llasse	Partie militaire.
2e	"	Legion de police, et autres corps armés.
3e	"	Régiment de Flandre, bataillons de ligne et autres.
4e	"	Bataillons intra et extra muros.
5e	"	Bataillons des invirons de franciade.
6e	"	. . . .
7e	"	Travail général.
8e	"	. . . .
9e	"	Habitans des départemens sejournant à Paris.
10e	"	XIIe arrondissement. Panthéon, Finistère, Jardin des plantes, Observatoire.
11e	"	XIe arrondissement. Théatre français, Luxembourg, Pont-Neuf, Thermes.
12e	"	Xe arrondissement. Fontaine de Grenelle, Ouest, Invalides, Unité.
13e	"	IXe arrondissement. Fidelité, Fraternité, Arsenal, Cité.
14e	"	VIIIe arrondissement. Quinze-vingts, Indivisibilité, Popincourt, Montreuil.
15e	"	
16e	"	VIe arrondissement. Gravilliers, Lombards, Temple, Amis de la patrie.
17e	"	Ve arrondissement. Bondy, Bonne-Nouvelle, Nord et Bon Conseil.
18e	"	IVe arrondissement. Halle au bled, Museum, Gardes-françaises, Marchés.
19e	"	IIIe arrondissement. Brutus, Contrat social, Mail, Poissonnière.
20e	"	IIe arrondissement. Lepeletier. Buttes-des-Moulins, Mont-Blanc, Fauxbourg, Montmartre.
21e	"	Ie arrondissement. Tuilleries, Piques, Champs Élysées, La république.
22e	"	VIIe arrondissement. Réunion. L'homme-armé. Droits de l'homme. — Arcis.

Procès **Babeuf**, 3. Haute-Cour de justice. Copie de l'instruction personnelle au représentant du peuple Drouet. 8°. Paris, impr. nat., frimaire, an V.

— 4. Copie de la procédure commune à Babeuf et co-accussés prévenus de conspiration contre la sureté intérieure et extérieure de la république. 111 pp. 8°. à Vendome.

— 5. Débats du procès instruit par la Haute-Cour de justice contre Drouet, Baboeuf et autres. Recueillis par les sténographes. Première séance du 2 ventôse, an V. 4 vol. 8°. à Paris. Tom I à l'impr. nat., t. II et III chez Baudouin, impr. du corps législatif, t. IV. sous le titre: Discours des accusateurs nationaux, défenses des accusés, et de leurs défenseurs, faisant suite aux débats du procès instruit contre Drouet, Baboeuf et autres.

Procès **Babeuf**, 6. Défense de Félix Lepeletier par Amédée Lepeletier, adressée aux jurés et juges de la Haute-Cour, séante à Vendôme. 16 pp. 8°. à Paris, impr. R. Vatar, an V de la république.

— 7. Haute-Cour de justice. Exposé faite par les accusateurs nationaux près la Haute-Cour de justice, Viellart, portant la parole dans la séance du 6 ventôse de l'an V au sujet des accusations portées tant contre le représentant du peuple Drouet, que contre Baboeuf et autres. 8°. Impr. de Baudouin.

— 8. Haute-Cour de justice. Extrait du jugement rendu par la Haute-Cour de justice, le premier pluviôse an V de la république. 3 pp.

— 9. Haute-Cour de justice. Extrait du procès verbal de la séance publique de la Haute-Cour de justice du 29 brumaire an V de la république pour la formation du Haut-Jury. Tableau des Hauts-Jurés sortis par la voi du sort. 3 pp.

— 10. La Haute-Cour de justice, séance de Vendôme département de Loire et Cher, a rendu le jugement suivant. 5 pp. 8°.

— 11. Jugement rendu par la Haute-Cour de justice. Le premier pluviôse an V. 10 pp.

— 12. Jugement de la Haute-Cour de justice qui statue sur la validité de la procédure instruite contre G. Babeuf et cinquante-trois de ses co-accusés. 19 pp An V.

— 13. Jugement de la Haute-Cour de justice qui ordonne un remplacement de cinq Hauts-Jurés. 16 pp.

— 14. Jugement de la Haute-Cour de justice, qui rejette la demande de Babeuf, afin d'audition de 4 témoins par lui indiqués. 20 pp. 27 brumaire, an V.

— 15. Haute-Cour de justice. Jugement du 20 nivôse, an V, qui, sans s'arrêter à la protestation des accusés, ordonne l'éxécution de celui du dix du même mois. 14 pp. à Vendôme, an V.

— 16. Haute-Cour de justice. Pièces lues dans le cours de l'exposé fait par l'accusateur national à l'ouverture des débats. Séance du 6 ventôse an V. 8°. Impr. Baudouin.

— 17. Haute-Cour de justice. Procès verbal de la formation du tableau du Haut-Jury. Du 29 brumaire de l'an V. 61 pp. 8°. à Vendôme.

— 18. Protestation motivée des citoyens accusés d'avoir pris part à la prétendue conspiration du 21 floréal, par laquelle ils récusent et déclinent la Haute-Cour de justice, comme incompétente pour procéder contre eux dans cette affaire. 107 pp. 8°. Paris, impr. R. Vatar. Signé : 13 fructidor, 15 fructidor, 21 fructidor l'an IV de la république.

Procès **Babeuf**, 19. Rapport sur les excuses proposés par plusieurs Hauts-Jurés fait à l'audience du 27 brumaire an V. 24 pp. 8°. à Vendôme, l'an V de la république.

— 20. Recueil des actes d'accusation des prévenus dans l'affaire de Drouet, représentant du peuple, Babeuf et consortes. 139 pp. 8°. à Vendôme, an V.

— 21. Requisitions des accusateurs nationaux près la Haute-Cour de justice sur les excuses proposées par vingt trois Hauts-Jurés. Le citoyen Bailly portant la parole. 27 brumaire, an V. 19 pp. 8°. à Vendôme.

— 22. Résumé du président de la Haute-Cour de justice, à la suite du débat, dans l'affaire du représentant du peuple Drouet, de Baboeuf et autres. accusés de conspiration contre la sûreté intérieure de la république. Séances des 2, 3 et 4 prairial. (An V de la république.)

— 23. Haute-Cour de justice. Tableau du Haut-Jury formé en conséquence de trente récusations sans motifs. 3 pp.

Baboeuf's Process von P. (Deutsches Bürgerbuch für 1846.)

Babeuvisten (Die). (Die Zukunft, 1. Jahrg., 1877/78.)

Bacci, P. A., La missione sociale della donna. 2. ediz., accresc. dall' autore. 16°. Prato 1878.

Bacheler, Origen. Vide: Owen, Rob. Dale.

Backhaus, Wilh., Schutt und Aufbau. Vier nationalökonomische Abhandlungen. 8°. Leipzig, Renger, 1886.

Bacon, Francis, Baron of Verulam. New Atlantis. A work unfinished. fol. 1635. Reprinted fol. 1639. fol. 1662. 8°. 1660, continued by R. H. wherein is set forth a Platform of monarchical government. Trad. en franç. 12°. Paris, J. Musier, 1702.

— Nova Atlantis. (In der Ges.-Ausg. der Werke Baco's, London, fol. 1753. Bd. III.)

Bacon. Vide: More, Bacon etc.

Bacque, P., Quelques mots sur la démocratie et le socialisme au village. 8°. Paris, Draguignan, Giraud et C¹ᵉ, 1879.

Baerenbach, Friedr. v., Das Eigenthum in seiner socialen Bedeutung. (Unsere Zeit, Jahrg. 1880₂.)

Baerareither, Dr. J. M., 1. Die englischen Arbeiterverbände und ihr Recht. Ein Beitrag zur Geschichte der socialen Bewegung der Gegenwart. 1. Bd. gr.-8°. Tübingen, Laupp, 1886.
— 2. English associations of working men. 8°. London, Sonnenschein, 1889.
— 3. Die Statistik über Arbeitslose in England. (Archiv für sociale Gesetzgbg., 1. Jahrg. 1888.)

Baggio, Ch., 1. Entretiens populaires sur le socialisme, ou le socialisme expliqué aux ouvriers. Iᵉʳ entretien: Coup d'oeil sur le socialisme. 4°. Carvin (Pas - de - Calais), Plouvier-Cardon, 1886.
— 2. Entretiens socialistes. Explication populaire du socialisme et de son établissement graduel. 8°. Carvin (Pas-de-Calais), Plouvier-Cardon, 1887.

Bähler, Sam. Die Entstehung der Arbeitslosigkeit und das zerstörte Handels-, Gewerbe- und Verkehrsleben mit gründl. Darlegung ihrer Folgen und Vorschlägen zu vollständiger Abhülfe. Oder: Die Völker am Vorabend einer dreifachen fürchterlichen Erschütterung. Praktisch und unparteiisch dargestellt. gr.-8°. Bern, Jenni Vater, 1849.

Bahr, Herm., 1. Die Einsichtslosigkeit des Herrn Schäffle. Drei Briefe an einen Volksmann als Antwort auf „Die Aussichtslosigkeit der Socialdemokratie." gr.-8°. Zürich, Verlags-Magazin, 1886.
— 2. Ueber Rodbertus. Vortrag im „Deutschen Klub" zu Linz a. D. am 1. Oct. 1884. 8°. Wien 1884.
— 3. Rodbertus' Theorie der Absatzkrisen. Ein Vortrag. gr.-8°. Wien, Konegen, 1884.

Baignoux, P. Ph., Histoire philosophique de la réformation de l'état social, en France, dans ses rapports avec l'inégalité des conditions, la propriété, les lois, les mœurs et l'esprit général de la nation. 8°. Paris, Fournier jeune, Charles Béchet, 1829.

Bailleul, Jacq. Charl., Nécessité d'éclairer les classes ouvrières sur leurs véritables intérêts par la connaissance de leur position sociale. 8°. Paris, Renard, 1830.

Bain, F. W., Occam's Razor: the application of a principle of political economy to the condition of progress, to socialism, to politics. 12°. London, Parker, 1890.

Bakounine, Michel, 1. La commune de Paris et la notion de l'état. (Le Travailleur, 1878.)
— 2. Dieu et l'état. 8°. Genève, impr. jurassienne, 1882.
— 3. Gott und der Staat. Dieu et l'état. Uebers. von Moritz Bachmann. 8°. Philadelphia, Verlag der Gruppe II J. A. A. (H. Grau), s. a.
— 4. God and the state. With a preface by Carlo Cafiero and Elisée Reclus. Translated from the french by Benj. Tucker. 8°. Boston, B. R. Tucker, 1883.
— 5. L'empire knouto - germanique et la révolution sociale. 8°. Genève, chez tous les libraires, 1871.
— 6. Russland, wie es wirklich ist! Der 17. Jahrestag der polnischen Revolution. Eine Rede, gesprochen in der zu Paris am 29. Nov. 1847 zur Feier dieses Jahrestages geh.Versammlung.Ins Deutsche übertragen. 8°. Mannheim, H. Hoff, 1848.
— 7. Il socialismo e Mazzini: lettera agli amici d' Italia. 16°. Ancona 1868.
— 8. La théologie politique de Mazzini et l'internationale. Première partie. 8°. s. l. Commission de la propagande socialiste, 1871.
— Vide: Complot (Ein) gegen die internat. Arb.-Assoc.
— — Golovine J.: Der russ. Nihilismus.
— — Grün: Bakunin.
— — Hirsch: Die angebl. soc. Theorien.

Bakunin, Mich. und der Radikalismus. (Deutsche Rundschau, Bd. 10—12, 1877.)

Baldachini, M., Vita di T. Campanella. 2 vol. Napoli 1840—43; n. ed. Napoli 1847.

Ballanche, Pierre Simon, 1. Essai sur les institutions sociales dans leur rapport avec les idées nouvelles. 8°. Paris, Renouard, 1818.
— 2. Essais de palingénésie sociale. Tomes I et II. 8°. Paris, 1827—28.

Ballin, Paul, Der Haushalt der arbeitenden Klassen. Eine socialstatistische Untersuchung. 1. Thl. gr.-8°. Berlin, Luckhardt, 1883.

Balsillie, D., The lesson of the revolution. 8°. London, Black, 1890.

Baltisch, Frz. (pseudon. für Hegewisch), 1. Armuth und Reichthum. gr.-8°. Kiel, Schwers, 1859.
— 2. Eigenthum und Vielkinderei, Hauptquellen des Glücks und Unglücks der Völker. gr.-8°. Kiel, Schwers'sche B., 1846.

Baltzer, Aug., Ferd. Tönnies: Gemeinschaft und Gesellschaft. Zur Erläuterung der

3*

socialen Frage dargestellt. gr.-8°. Berlin, Mayer und Müller, 1890.

Baltzer, Ed., 1. Von der Arbeit, oder die menschliche Arbeit in persönlicher und volkswirthschaftlicher Beziehung. gr.-8°. Nordhausen, Förstemann's Verl., 1864. 2. verm. Aufl.: Das Buch von der Arbeit etc. gr.-8°. Ebd. 1870.
— 2. Fünf Bücher vom wahren Menschenthum. Ein Hausfreund. gr.-8°. Leipzig, Oscar Eigendorf, 1880.
— 3. Ideen zur socialen Reform. 8°. Nordhausen 1873.

Bamberger, Ludw., 1. Die kulturgeschichtliche Bedeutung des Socialistengesetzes. Vortrag, geh. am 21. Oct. 1878 in der Gemeinnützigen Gesellschaft zu Leipzig. gr.-8°. Leipzig, Brockhaus, 1878.
— 2. Deutschland und der Socialismus. 1. und 2. unveränd. Aufl. gr.-8°. Leipzig, Brockhaus, 1878.
— 3. Die socialistische Gefahr. Ein Nachwort zu den Verhandlungen des Reichstags vom März und April 1886. (Volkswirthschaftl. Zeitfragen, 59. Heft, 1886.)
— Vide: Studien (Demokratische).

Bamby, John G. Vide: New Moral World, 3. Series, Vol. II.

Bamford, Samuel, Passages in the life of a radical. 2 vol. 8°. London 1814.

1841. (What to read. Fabian Tracts.)

Bancal, Henri, Du nouvel ordre social. 8°. Paris 1792.

Bannister, J. T. Vide: Campbell, Alex.

Banquet (Le premier), des associations ouvrières. Discours prononcés avenue de Saint-Mandé, le 19. septembre 1869. 8°. Paris, au journal „Le travail".

Banquet social (Le), journal du XII. arrondissement. Redacteur en chef: Georges Olivier. 25 Nos in fol. Paris, 24 mars 1848.

Barbari (I nuovi), Elementi di socialismo positivo d. A. M. 8°. Milano, Ambrosoli (1881).

Barbare, Degli operai nel secolo XIX libri IX. 196 pp. 32°. Milano, Maglia, 1869.

Barbeck, Hugo, Die sociale Frage und das Programm Bebel's. Vortrag im Verein Freisinn zu Nürnberg am 14. Juli 1890, erweitert dargelegt. gr.-8°. Nürnberg, Heerdegen-Barbeck, 1890.

Barberet, J., 1. Les grèves et la loi sur les coalitions. 189 pp. 32°. Paris, lib. de la bibl. ouvr. 1873. 2e édit. 32°. Paris, libr. de la bibl. ouvr., 1873.

Barberet, 2. Le mouvement ouvrier à Paris de 1870 à 1873. Tome I. 32°. Paris, Bibliotheque ouvrière, 1874.

Barbès, A., Deux jours de condamnation à mort. (La vraie République, Nos 36, 37 et 38.)

Barbès, Ad., La république devant la question sociale. Discours prononcé au banquet royaliste ouvrier du faubourg Saint-Antoine. 18°. Paris, Palmé, 1880.

Barbet, Aug., 1. Le dogme ou la loi au dix-neuvième siècle. gr.-8°. Paris, Garnier frères, 1849.
— 2. Rôle et place des viellards dans une société démocratique. (Revue indépendante, 1847, novembre.)
— 3. Système social et responsabilité de l'homme. 8°. Paris, Paulin, 1845.

Barbet, Mme Virginie, Réponse d'un membre de l'internationale à Mazzini. 16 pp. 8°. Lyon, imp. Regard, 1872.

Barbier, Olivier Alex., Notice bibliographique sur Ch. Fourier. Imprimée dans le feuilleton de la „Bibliographie de la France" de la fin de 1837, et avec des additions dans le journal „le Phalanstère", No du 1 janv. 1840.

Barclay, Joan., Argenis, figuris aeneis adillustrata suffixo clave, hoc est nominum propriorum explicatione atque indice locupletissimo. 8°. Noribergae, J. Andreae et Wolfg. Endter, 1673.

Bareste, Eug. Vide: La République, journal du soir.

Bark, E., 1. Das Aktionsprogramm der spanischen Socialdemokratie. (Neue Zeit, 9. Jahrg., 1890—91.)
— 2. Der Socialismus in Spanien. (Neue Zeit, 1889.)

Barker, J. Vide: Christianity triumphant.

Barnett, S. A., 1. Sensationalism in social reform. (Nineteenth Century, February 1886.)
— 2. Practicable socialism. (Nineteenth Century, April 1883.)
— Vide: Brabazon Lord.

Barnett, Rev. and Mrs. S., Practical socialism: essays on social reform. 8°. London, Longmans, 1888.

Barnett, Samuel A. and Henrietta O., Practicable socialism. Essays on social reform. 8°. London, Longmans, Green and Cie, 1889.

Barni, Jules, La morale dans la démocratie. 8°. Paris, Germer Baillière, 1868. 2e édit. avec notice par D. Nolen. 8°. Paris, Alcan, 1885.

Barns, W. E. Vide: Labor problem (The).
Baron, L'idée de la commune. Paris 1879.
Baron, J., Das römische Vermögensrecht und die sociale Aufgabe. (Jahrb. f. Nat.-Oek. und Stat., N. F. Bd. 19, 1889.)
Barraquier, G., La grève des typographes parisiens. 15 pp. 32⁰. Paris, impr. Barthier, 1878.
Barrault, Émile, 1. Le droit des inventeurs. Réponse à M. Michel Chevalier. 8⁰. Paris, E. Lacroix, 1863.
— 2. Encore un mot sur la religion Saint-simonienne. 8⁰. Paris, impr. David, 1831.
— 3. Des trois familles. Paternité selon l'esprit. ; Paternité selon la chair. La famille sacerdotale nouvelle. Le Globe, 1832, N°ˢ 67, 72, 79.
— Vide: Enfantin.
— — Le Globe, 1831 et 1832.
— — Saint-Simon, Oeuvres, vol. 43—45.
— — Saint-Simonisme: Prédications.
— — Saint-Simonisme: Mesnilmontant, 14.
— — Saint-Simonisme: Missions 23.
— — Toscins des travailleurs.
Barre, Ch., Comte de la Garde, De l'organisation sociale, ou Théorie sur les passions ou les institutions humaines, l'économie politique, les récompenses, les délits et les peines. 8⁰. Paris, Cosse, Marchal et Cⁱᵉ, 1868.
Barré, Louis. Vide: La Phalange, 3ᵉ serie, t. II etc.
Barrère, Rapport fait au nom du comité de salut public sur l'exécution du décret du 11 brumaire et sur la publication des tableaux du maximum, des denrées et marchandises soumises à la loi du maximum, dans la séance du 4 ventôse. 8⁰. Imprimé par ordre de la convention nationale.
Barricaden-Lieder (Deutsche). gr.-8⁰. Leipzig, Schreck, 1848.
Barrikade (Die), von A. Peters. Meissen, 14. Juni—20. Dec. 1848. (Zeitschr.)
Barrikade (Die wandernde), oder: Die württembergische, pfälzische und badische Revolution. Wohl geleimt und wohl gereimt in drei Aufzügen, mit der ganzen türkischen Musik. Von einem Schock ungehenkter Hochverräther. gr.-8⁰. Bern (Basel, Fischer) 1849.
Barrikadenkämpfer (Die) an die National-Versammlung. (Gedicht.) Lex-8⁰. 1 Blatt. Berlin, Hirschfeld, 1848.
Barry, Rev. Alfr., Lectures on christianity and socialism delivered at the Lambeth Bath in Febr. and March 1890. 8⁰. London, Cassel, 1890.
Barry, P., 1. Wealth and Poverty considered. pst-8⁰. 1869. 2. ed. London, Longmans, 1871.
— 2. Workman's wrongs and the workman's rights. 2. ed. pst-8⁰. London, Longmans, 1871.
Barsanti, Pio, La socialità nel sistema della proprietà privata. Studio. 8⁰. Lucca 1880.
Bartels, A. Vide: Débat social.
Barth, Thdr., 1. Die socialdemokratische Gedankenwelt. (Neuer Abdruck aus: „Der socialistische Zukunftsstaat".) gr.-8⁰. Berlin, Simion, 1890.
— 2. Der socialistische Zukunftsstaat. Beitrag zur Kritik des heut. socialist. Staatsideals. Hrsg. vom Centralverein für das Wohl der arbeitenden Klassen zu Berlin. gr.-8⁰. Berlin, Simion, 1879.
Barthe. Vide: Droit (Le) au travail à l'assemblée nationale.
Barthelemi. Vide: Process der Juni-Insurgenten.
Barthels, P. Vide: Roussel E. F.
Bartholdy, G. W. Vide: Elend (Ueber gesellschaftliches).
Bases de la politique positive. Manifeste de l'école sociétaire fondée par Fourier. 8⁰. Paris, Bureau de la Phalange, 1841. 2ᵉ édit. 32⁰. Paris, Bureaux de la Phalange, 1842. 3ᵉ édition: avec une Note sur l'application des principes de la politique rationnelle à l' anéantissement de l'esprit révolutionnaire et une Note sur l'organisation du ministère du progrès. 16⁰. Paris, Libr. phalanst., 1847.
Bassignac, A. de. Vide: Queue de Robespierre.
Bastiat, Frédéric, 1. Maudit argent. (Journal des Économistes, 1849, avril. Oeuvres complètes de Fr. Bastiat, 6 vol., 1854—55. Vol. V.)
— 2. 1) Der Staat. 2) Das verwünschte Geld. Aus dem Französ. 32⁰. Berlin, Schneider u. Cⁱᵉ, 1849. (Verein zur Verbreitung volkswirtschaftl. Kenntnisse, 3. Heft.)
— 3. „Maldito dinero." Traducido del francés. Madrid 1857.
— 4. Baccalaureat et socialisme. 32⁰. Paris, Guillaumin et Cⁱᵉ, 1850. (Oeuvres de Fr. Bastiat, 6 vol., 1854—55. Vol. IV.)
— 5. Der classische Unterricht und der

Socialismus. Nach dem Französ. bearbeitet. gr.-8⁰. Hannover 1858.
Bastiat, 6. Gratuité du crédit, discussion entre M. Fr. Bastiat et M. Proudhon. Paris, Guillaumin et Cⁱᵉ, 1850, 1 vol. in-16⁰. (Oeuvres complètes de F. Bastiat, 6 vol. Paris 1854—55. Vol. V.)
— 7. Propriété et loi. 16⁰. Paris, Guillaumin et Cⁱᵉ, 1848. Extr. du „Journ. d. Écon., 1848, mai. (Oeuvres de Bastiat, 6 vol., 1854—55. Vol. IV.)
— 8. Propriété et spoliation. 16⁰. Paris, Guillaumin, 1850. (Oeuvres de Bastiat, 6 vol., 1854—55. Vol. IV.)
— 9. Propriedad y luz, justicia y fraternidad. Extractado del Diario de los economistas. Folleto traducido al castellano por D. J. S. Y. S: Madrid 1851.
— 10. Protectionnisme et communisme: lettre à M. Thiers. 16⁰. Paris 1849, 32⁰. Paris, Guillaumin, 1850. (Oeuvres de Bastiat, 6 vol., 1854—55. Vol. IV.)
— 11. Protection and communism. 12⁰. London, Parker and Son, 1852.
— 12. Proteccion y comunismo. Traducido del francés. 8⁰. Madrid 1857.
— Vide: Droit (Le) au travail à l'assemblée nationale.
— — Lassalle: Herr Bastiat - Schulze - Delitzsch.
— — Peuple 114.
— — Proudhon et Bastiat.
— — Proudhon: Intérêt et principal.
Baszynski, J., Radicale Lösung der socialen Frage für ganz Deutschland. 8⁰. Berlin, Selbstverl. des Verfass., 1848.
Bataille (La). Paris 1883—84. Journal.
Batbie, Anselme, 1., Grèves et coalitions. 12⁰. Paris, Cotillon, 1867.
(C'est la réunion de plusieurs articles publiés dans la „Revue des Deux Mondes".)
— 2. La question des salaires et des grèves. (Revue des Deux Mondes, 15 juin, 1867.)
Baude, J. J., Les ouvriers. (Revue des Deux Mondes, 1 mai, 1848.)
Baudeau, l'abbé, Lettres sur les émeutes populaires que cause la cherté des grains et sur les précautions du moment. Paris 1768. 8⁰.
Baudet-Dulary, M., 1. Crise sociale 1834. 8⁰. Paris, impr. Boudon, 1834.
— 2. Essai sur les harmonies physiologiques. s. a. (Stein.) 8⁰. 1835—45 (Vapereau).

Baudet-Dulary. Vide: Le Phalanstère, Iᵉ année, Nᵒˢ 15, 25, 26; IIᵉ année, Nᵒˢ 5, 20, 24.
Baudisch. Vide: Scheu, H.: Der Hochverrathsprocess.
Baudrillart, Henri, 1. Communisme. (Dict. de l'Écon. polit., 1853.)
— 2. Le congrès des ouvriers à Genève. (Journ. des Écon., 1866, nov.)
— 3. Études de philosophie morale et d'économie politique. 2 vol. 8⁰. Paris, Guillaumin, 1858.
(Cont.: J. J. Rousseau et le socialisme moderne. — Principes et historiens de la révol. franç. — Du principe de propriété. — De la solidarité économique des rapports du travail et du capital.)
— 4. Les idées économiques et sociales de la révolution. (Journ. des Écon., 1866, déc.)
— 5. La liberté du travail, l'association et la démocratie. 18⁰. Paris, Guillaumin et Cⁱᵉ, 1865.
— 6. Du principe de propriété. (Journ. des Écon., 1855, déc.)
— 7. La propriété. Conférences populaires faites à l'asile de Vincennes. 18⁰. Paris, Hachette et Cⁱᵉ, 1867.
— 8. Des rapports du travail et du capital. (Journ. des Écon., 1853, mars.)
— 9. Le salariat et l'association. Conférences populaires faites à l'asile de Vincennes. 18⁰. Paris, L. Hachette et Cⁱᵉ, 1867.
Bauer, Bruno, Der Aufstand und Fall des deutschen Radicalismus vom Jahre 1842. 2. Ausg., 2 Bde. gr.-8⁰. Berlin, Hempel, 1850.
— Vide: Engels und Marx: Die heilige Familie.
Bauer, Dr. Edgar, 1. Das Kapital und die Kapitalmacht. Grundsätze und Thatsachen zum Verständniss der socialen Frage. 8⁰. Leipzig, Grimm, 1884. N. Aufl 1888.
— 2. Geschichte der constitutionellen und revolutionären Bewegungen im südlichen Deutschland. 3 Bde. 8⁰. Charlottenburg, Leipzig; Voigt, Fernau, 1845.
— 3. Der Streit der Kritik mit Kirche und Staat. 8⁰. Bern, Jenni Sohn, 1844. Pressprocess (wegen dieses Werkes). 8⁰. Bern, Jenni Sohn, 1844.
— 4. Die Wahrheit über die Internationale. gr.-4. Hannover, Bauer, 1872.
— Vide: Weill, A.
Bauer, Frdr., Kaiser und Arbeiter. Aufruf zur Bildung einer kaiserlich-socialistischen Partei. gr.-8. Bonn, Hanstein, 1891.

Bauernkrieg (Mecklenburgischer). Andeutungen über die politische Bedeutung der Vererbpachtung der Domanial-Bauerhufen im Grossherzgth. Mecklenburg-Schwerin. 8⁰. Leipzig 1869.

Bauernkrieg (Der) im Jahre 1653 oder der grosse Volksaufstand in der Schweiz. Aus handschriftl. Chroniken und Berichten der Zeitgenossen, aus Rathsbüchern, Tagsatzungsabschieden und anderen bisher meist unbenutzten Quellen treu dargestellt in 4 Büchern. 2. Aufl. 8⁰. Aarau, J. J. Christen, 1831.

Baumann, F. L., 1. Akten zur Geschichte des deutschen Bauernkrieges aus Oberschwaben. Hrsg. von F. L. Baumann. gr.-8⁰. Freiburg i. Br., Herder, 1877.
— 2. Die oberschwäbischen Bauern im März 1525 und die 12 Artikel. gr.-8. Kempten, Kösel, 1871.
— 3. Quellen zur Geschichte des Bauernkrieges in Oberschwaben. (Bibl. des Stuttgarter Literar. Vereines. Bd. 129, 1876.)

Baumler. Vide: Code de la patrie.

Baumstark, Dr. E., 1. Zur Geschichte der arbeitenden Klasse. Eine Rede zur Feier des a. h. Geburtsfestes Sr. Maj. d. Königs von Preussen Friedrich Wilhelm IV. am 15. Oct. 1853 auf der Universität zu Greifswald gehalten. gr.-8⁰. Greifswald 1853. (Bamberg.)
— 2. Das Kapital, die Arbeit und die Grundherrlichkeit. (Arbeiterfreund, Jahrg. 4, 1866.)

Baustein (Ein) zur Lösung der socialen Frage. Als Ms. gedruckt. (Von G. Adler.) 8⁰. Buchholz, 1871.

Baveux, Évariste, Du communisme en Allemagne et du radicalisme en Suisse. 8⁰. Paris, Cosme, 1851.

Bax, E. Belfort, 1. A french economist on collectivism. (To Day, Nr. 9, 1884.)
— 2. The ethics of socialism: being further essays in modern socialist critism. 8⁰. London, Sonnenschein, 1889.
— 3. The religion of socialism; being essays in modern socialist criticism. 8⁰. London, Sonnenschein (1887).
— 4. The modern revolution. (To Day, Nr. 7, 1884.)
— 5. Unscientific socialism. (To Day, Nr. 2, 1884.)

Bazard, St. Amand. Vide: L'Organisateur.
— — Le Producteur, t. I. etc.
— — Rupert, D. J.: Das sociale System Bazard's.

Bazard. Vide: Saint-Simonisme: Crises Saint-Simoniennes.
— — Saint-Simonisme: Missions 4.

Bear, W. E., The strike of the farm labourers. (Fortnightly Review, 1872.)

Beauchery, Auguste, Économie sociale de P. J. Proudhon; ou principe de la loi universelle, théorie et pratique de l'économie sociale, et liquidation du vieux monde. 8⁰. Paris, chez l'auteur, 1867.

Beauclair, P. L. de, Anti-contrat social, ou réfutation du Contrat social. 8⁰. La Haye, 1764. 8⁰. Leipzig, 1764.

Beaumont, La grève des tailleurs et l'industrie du vêtement sur mesure à Paris. (Journ. des Économistes, 1885.)
— 2. Histoire authentique de la commune. Paris 1871.

Bebel, A., 1. Der deutsche Bauernkrieg mit Berücksichtigung der hauptsächlichsten socialen Bewegungen des Mittelalters. 8⁰. Braunschweig, Bracke, 1876.
— 2. Der Bericht der österr. Gewerbe-Inspectoren über ihre Amtsthätigkeit im Jahre 1887. Ebenso pro 1888. (Die Neue Zeit, 1888 und 1889.)
— 3. Die Entwicklung Frankreichs vom 16. bis gegen Ende des 18. Jahrhunderts. Eine culturgeschichtl. Skizze. 8⁰. Leipzig, Genossenschafts-Buchdr., 1878.
— 4. Die deutsche Fabrikinspection vom Jahre 1887. (Die Neue Zeit, 1888.)
— 5. Festrede zum IV. Stiftungsfest des Fachvereins der Tischler zu Dresden. 8⁰. 1886.
— 6. Ch. Fourier. Sein Leben und seine Theorie. 8⁰. Stuttgart, Dietz, 1888. (Internationale Bibl., Heft 17.)
— 7. Die Frau in der Vergangenheit, Gegenwart und Zukunft. gr.-8⁰. Züricher Verlagsmagazin, 1883.
— 8. Die Frau und der Socialismus. 9.—10. gänzlich umgearb. Aufl. von „Die Frau in der Vergangenheit etc. gr.-8⁰. Stuttgart, Dietz, 1891.
— 9. La femme dans le passé, le présent et l'avenir. Ouvrage traduit de l'allemand par H. Ravé. 8⁰. Paris, G. Carré, 1891.
— 10. Woman: in the past, present and future (transl.). 8⁰. London. (Modern Press, 1885.)
— 11. Das Gesetz über die Invaliditäts- und Altersversicherung im Deutschen Reiche. (Die Neue Zeit, 1889.)
— 12. Die österreich. Gewerbeinspection im Jahre 1889. (Neue Zeit, 9. Jhrg., 1890—91.)

Bebel, 13. Die neue Gewerbenovelle. (Neue Zeit, 9. Jahrg, 1890—91.)
— 14. Glossen zu Yves Guyot's und Sigismond Lacroix' Schrift: Die wahre Gestalt des Christenthums. Nebst einem Anhange: Ueber die gegenwärtige und künftige Stellung der Frau. 8°. Leipzig, Genossenschafts-Buchdr. 1878. 2. Aufl. Hottingen-Zürich, 1887.
— 15. Die mohammedanisch-arabische Culturperiode. 144 pp. 8°. Stuttgart 1884.
— 16. Zur Lage der Arbeiter in den Bäckereien. 8°. Stuttgart, Dietz, 1890.
— 17. Zu den Landtagswahlen in Sachsen. 8°. Berlin, Verl. des „Vorwärts", Berliner Volksblatt, 1891.
— 18. Staatliche Lohnregulirung und die socialreformatorischen Bestrebungen der Gegenwart. (Neue Zeit, 1886.)
— 19. Das Papstthum und die sociale Bewegung. (Neue Zeit, 1886.)
— 20. Zwei Reden, zum Reichshaushalts-Etat, geh. am 9. u. 11. Decbr. 1890. 8°. Berlin, Verl. des „Vorwärts", Berliner Volksblatt. 1891.
— 21. Das Reichsgesundheitsamt und sein Programm vom socialistischen Standpunkte beleuchtet. 8°. Berlin, Allg. deutsche Associat.-Buchdr., 1878.
— 22. Die Sonntagsarbeit. Auszug aus den Ergebnissen der Erhebungen über die Beschäftigung gewerblicher Arbeiter an Sonn- und Festtagen, nebst kritischen Bemerkungen. gr.-8°. Stuttgart, Dietz, 1888.
— 23. Das allgemeine Stimmrecht. Reichstagsrede. (Socialpol. Zeit- und Streitfragen, Heft 24, 1885.)
— 24. Die parlamentarische Thätigkeit des deutschen Reichstages und der Landtage von 1874—1876. Nebst einem Anhange, enthaltend Winke für die Agitation, Auszüge aus den deutschen Vereins- und Versammlungsgesetzen etc. kl.-8°. Berlin, Allg. deutsche Associat.-Buchdr., 1876. 2. theilw. veränd. u. verm. Aufl. kl.-8°. Ebd. 1878.
— 25. Wie unsere Weber leben. 2. unveränd. Aufl. 8°. Leipzig, Selbstverl. d. Verf., 1880.
— 26. Unsere Ziele. Eine Streitschrift gegen die „Demokratische Korrespondenz". Sep.-Abdr. aus dem „Volksstaat". 2. Aufl. 16°. Leipzig, Exped. d. „Volksstaat", 1871.
Bebel, A., und sein Evangelium. Socialpolitische Skizze von L. C. A. 8°. Düsseldorf, Schwann, 1885.
Bebel. Vide: Auerswald, O. Th.: Offener Brief.

Bebel. Vide: Barbeck, H., Die sociale Frage.
— — Festerhand, Wie es im soc.-demokr. Zukunftsstaate etc.
— — Gang (Ein) durch Bebel's Paradies.
— — Richter, E., Socialdemokr. Zukunftsbilder.
— — Schweitzer und Bebel.
Becdelièvre, M$^{ad.}$ E. de. Vide: Phalange, Ire année, t. I.
Becher, A. J. Vide: Radikale (Der).
Becher, Ernst, Die Arbeiterfrage in ihrer gegenwärtigen Gestaltung und die Versuche zu deren Lösung. gr.-8°. Wien, Hartleben, 1868.
Becher, Lym., Lectures on political and theological atheism. 12°. London, Cassell, 1853.
Bechtle, Otto, Die Gewerkvereine in der Schweiz. (Staatswissensch. Studien, Bd. 2, 1. Heft, Jena 1887.)
Beck, Dr. J., Die Geschichtsbücher der Wiedertäufer in Oesterreich-Ungarn betreffend deren Schicksale in der Schweiz, Salzburg, Ober- und Niederösterreich, Mähren, Tirol, Böhmen, Süddeutschland, Ungarn, Siebenbürgen und Südrussland in der Zeit von 1526—1785, gesammelt, erläutert und ergänzt. (Abhdlgn. der K. Akad. der Wiss. zu Wien; Fontes, Abth. II, Bd. 43.) gr.-8°. Wien, Comm. bei Gerold, 1883.
Beck, Karl, 1. Gedichte. Neue, durchaus umgearb. und verm. Ausg. 8°. Berlin, Voss'sche Buchhandlung, 1844.
— 2. Lieder vom armen Mann. Mit einem Vorwort an das Haus Rothschild. 1.—3. Aufl. 16°. Leipzig, B. Hermann, 1846.
— 3. Nächte. Gepanzerte Lieder. 8°. Leipzig, Engelmann, 1838.
— 4. Der fahrende Poet. Dichtungen. (Ungarn, Wien, Weimar, die Wartburg.) 8°. Leipzig, Engelmann, 1838.
Beck, R. J., Die sociale Frage. Vortrag gehalten im Gewerbeverein Mengen. 8°. Mengen, Ruopp, s. a.
Beck, Theodor, und Lang, Arn., Raffet euch auf! Ein Wort an die Arbeiter. 8°. Bern, Verlag der Verfasser, 1867.
Beckendahl, Frz., Aktenstücke betreffend die Auflösung der Mitgliedschaft der socialdemokratischen Arbeiterpartei zu Fürth zur Information der Parteigenossen im Auftrage zusammengestellt. 8°. Erlangen 1873. (Druck von Jacob.)
Becker, A. 1. Was wollen die Kommunisten? Lausanne, 1844.

Becker, Aug., 2. Die Volksphilosophie unserer Tage. gr.-8⁰. Neumeister, Hess, 1843. (Zürich, lit. Compt.)
— Vide: Botschaft (Die fröhliche).
— — Tag (Der jüngste).
— — Wehr' Dich.
Becker, Bernh., 1. Die Allmeinde, das Grundstück zur Lösung der socialen Frage gestützt auf schweizerische Verhältnisse. 8⁰. Basel, Schweighauser, 1869.
— 2. Die Arbeiterfrage und das Evangelium. Referat in der schweiz.-reformirten Predigergesellschaft bei ihrem Jahresfeste in Schaffhausen den 9. Aug. 1871. 8⁰. Schaffhausen, Schoch, 1872.
— 3. Enthüllungen über das tragische Lebensende Ferd. Lassalle's. Auf Grund authentischer Belege dargestellt. gr.-8⁰. Schleiz, C. Hübscher's Buchh., 1868.
— 4. Das Familienleben in der Fabrikindustrie. 8⁰. Glarus 1862. (Zürich, Meyer und Zeller.)
— 5. Karl Fourier. Nebst einem Anh.: Der Socialpalast oder das Familistere in Guise. Mit Portr. Fourier's und Abbildg. d. Phalanstere. gr.-16⁰. Braunschweig, Bracke jr., 1874.
— 6. Geschichte der Arbeiter-Agitation Ferdinand Lassalle's. Nach authent. Aktenstücken. gr.-8⁰. Braunschweig, Bracke jr., 1874—75.
— 7. Geschichte und Theorie der Pariser revolutionären Commune des Jahres 1871. gr.-8⁰. Leipzig, O. Wigand, 1879.
— 8. Die Reaction in Deutschland gegen die Revolution von 1848 beleuchtet in socialer, nationaler und staatlicher Beziehung. gr.-8⁰. Wien, Pichler's Wittwe, 1869.
Becker, Herm., Monarchie oder Republik in Deutschland. Vertheidigungsrede gehalten vor dem Geschwornengerichte zu Köln am 25. Oct. 1850 (nebst Anklageact). 1.—9. Aufl. 32⁰. Köln, Eisen'sche Sort.-B. in Comm., 1851.
Becker, Dr. Herm. Heinr. Vide: Zeitung (Westdeutsche).
Becker, Joh. Ph., 1. Die internationale Arbeiterassociation und die Arbeitseinstellung in Genf im Frühjahre 1868. 8⁰. Genf, Deutsche Verlagshalle, 1868.
— 2. Wie und Wann? Ein ernstes Wort über die Fragen und Aufgaben der Zeit. 8⁰. Genf, London und Manchester, 1862.
Becker, Joh. Ph., und Chr. Esselen, Geschichte der süddeutschen Mairevolution d. J. 1849. gr.-8⁰. Genf, G. Becker, 1849.
Becker, J. P. Vide: Evolution (Die).
— — Vorbote (Der).
Becker, Past. Wilh., Stellung und Aufgabe der lutherischen Kirche gegenüber der socialen Frage der Gegenwart. Vortrag, bei der allg. luther. Conferenz zu Hannover am 9. Oct. 1890 gehalten. gr.-8⁰. Hannover, Feesche, 1890.
Beckett, Sir Edm., Trades unionism and its results. pst-8⁰. London, Lockwood, 1878.
Beckmann, Jos. Doimo, Capital und Arbeit. Ein Beitrag zur Kritik der Volkswirthschaft. gr.-8⁰. Wien, Konegen, 1890.
Béclard, J., Qu' est-ce que le droit au travail? 8⁰. Paris, Joubert, 1848.
Bedarride, Jassuda, République — monarchie. Aux travailleurs des villes et des campagnes. 8⁰ (Aix.) Paris, E. Leroux, 1873.
Bedeutung (Die) der gewerkschaftl. Organisation der Arbeiter. Referat geh. auf dem Arbeitercongress zu Bern, Pfingsten 1885. 8⁰. Hottingen-Zürich, Schweizer Genossenschafts-Buchdr., 1885.
Bedouch, J. Vide: Réclus, Élie.
Beesly, E. Spencer, 1. The international working men's association. (Fortnightly Review, 1870.)
— 2. The social future of the working classes. (Fortnightly Review, 1869.)
— 3. The trades' union commission. (Fortnightly Review, 1867.)
Beherzigung (Patriotische) des berüchtigten Herrn und Dieners. 8⁰. Frankfurt a/M., Varrentrapp'sche Buchh., 1767.
Behr, A. v. Vide: Lichtputze (Die).
— — Volkszeitung (Anhaltische).
Behrend, Ferd. Vide: Blätter (Fliegende).
— — Volksspiegel.
— — Volkstaschenbuch.
Behrends, A. J. F., Socialism and christianity. 12⁰. New York, Baker and Taylor, 1886.
Behrens, C. Vide: Arbeitgeber (Der). Unabhängiges Organ.
Beischlag, W., und Th. v. d. Goltz, Die sociale Frage im Lichte des evangelischen Christenthums. Referat und Correferat auf der Generalversammlung der evangelischen Vereine Magdeburg 8. Oct. 1878. (Abdr. aus d. „Deutsch-evangel. Blättern".) Zeitz 1878.
Beitrag zur Lösung der socialen Fragen. Prodigt von C. B. 8⁰. Stuttgart 1882.
— (Ein) zur deutschen Strikestatistik von 1890. (Neue Zeit, 9. Jhrg., 1890—91.)

Beiträge 1. zur Besprechung über das Wohl der ärmeren Volksklassen. Die jetzige Bewegung gegenüber dem historischen Recht. 2 Abhandlungen (v. Rud. Schöller). 8°. Aachen, Schulz in Comm., 1848.
— 2. zum Feldzuge der Kritik. Norddeutsche Blätter für 1844 und 1845. Mit Beiträgen von Br. und Edg. Bauer, A. Fränkel, L. Köppen, Szeliga u. A. 2 Bde. gr.-8°. Berlin, Riess, 1846.
— 3. zur Lösung der socialen Frage. (Aus dem Franz.) 8°. Wien (Huber u. Lahme), 1884.
Bekenntniss (Communistisches). (Rheinische Jahrbücher, 2. Bd.)
Beleuchtung und Widerlegung der socialdemokratischen Grundgedanken mit ihren Folgerungen. Von einem alten Reiseprediger. 8°. Elberfeld, Buchh. d. evangel. Gesellschaft, 1878.
Bellamy, Edward, 1. Looking backward. 8°. London, W. Reeves, 1888.
— 2. Ein Rückblick aus dem Jahre 2000 auf das Jahr 1887. Aus dem Engl. übertragen von Alex. Fleischmann. 1.—6. Aufl. gr.-8°. Leipzig, O. Wigand, 1890. — Dass., Meyer's Volksbücher, Nr. 830—33. 8°. Leipzig, Bibliogr. Institut, 1891.
— Vide: Fränkel, Dr. H.: Gegen Bellamy.
— — Laicus, Ph.: Etwas später.
— — Lestrade, C.: Seul de son siècle.
— — Michaelis, R.: Ein Blick in die Zukunft.
— — Utopie (Eine sociale).
Bellamy, H., La question religieuse au point de vue social. 8°. Angoulême, Lugeol, 1884.
Bellée, A. S., De l'ordre social symbolique antique et de l'ordre juif et chrétien. 8°. Paris, Delaunay; Dentu, 1836.
Belleforest, Discours sur les rébellions. Paris 1572.
Bellers, F., On the ends of society. 4°. London 1759.
Belliard, Emmanuel, Le socialisme et l'in- internationale. 16 pp. 8°. Auch, impr. Destout, déc. 1871.
Bellissen, Cyprien de, Études sur la question sociale. 112 pp. 16°. Toulouse, impr. Mélanie Dupin, 1872.
Beluze, Jean Pierre, Lettres icariennes. 12°. Paris, chez l'auteur, 1859—64.
Bemardini, Didaci, Utopia seu Iacobi Bidermani e societate Jesu Sales musici quibus ludicra mixtim et seria litterate ac festive denarrantur. Editio tertia, indice rerum aucta. 12°. Dilingae, Ioa. Casp. Bencard, 1691.

Bemerkungen 1. über die jetzt vorkommenden Eingriffe in die Eigenthumsrechte. Nebst Anhang die Paulskirchen-Verfassung betreffend. gr.-8°. Dresden, Naumann, 1849.
— 2. (Kritische) über die Gerechtigkeit als Grundprincip der Socialdemokratie. (Die Zukunft, 1. Jahrg.)
— 3. zum Rodbertus-Bucher'schen Manifeste. (Stimmen der Zeit, 1861, 1.)
Bemmelen, P. van, Le nihilisme scientifique. I. Dialogue entre le docteur Oudèn et l'étudiant T., son neveu. 8°. Leide, E. J. Brill, 1891.
Bemetzrieder, Essai philosophique sur la société, sur l'éducation et sur le culte de la raison. 8°. Londres, 1791.
Bénard, Th. N., 1. Le livret des ouvriers. (Journ. des Écon., 1867, Août.) 18°. Paris, Guillaumin et Cie, 1867.
— 2. Le socialisme d'hier et celui d'aujourd'hui. 12°. Paris, Guillaumin et Cie, 1870.
Bénédict, Le catholicisme social. 8°. Paris, à la „Revue socialiste", 1886.
Benfey, Rud., Socialismus und Genossenschaft. Rede, gehalten im Berliner Arbeiterverein am 19. Oct. 1868. 8°. Berlin, F. Duncker, 1869.
Benfey-Schuppe, A., Die Frauenfrage und das Christenthum. gr.-8°. Mainz, Kupferberg, 1890.
Bennis, Edward W., Benefit features of America trades-unions. (Political Science Quarterly, June 1887.)
Benne. Vide: Bewegung des Socialismus.
Benoist, Charles, Le congrès de Liège et le catholicisme social. (Journ. des Écon. 1890, oct.)
Benoit, Éd. Vide: Phalange, 3e série, t. IV.
Benoit-Duportal, Note contre les grèves et les coalitions, en réponse au rapport de la commission d'économie industrielle. 8°. 18 pp. Paris, imp. Viéville et Capiomont, 1873.
Ben Saddi, Nathan, The first book of the lamentations of Nathan Ben Saddi, a jew of the tribe of Jssachar, Seer of the kingdom of Atlantis. 8°. London, published by Jacob the Son of Jacob, 1745.
Bensen, Heinr. Wilh., 1. Geschichte des Bauernkrieges in Ostfranken; aus den Quellen bearbeitet. gr.-8°. Erlangen, Palm'sche Verl.-Buchhdlg., 1840.

Bensen, H. W., 2. Die Proletarier. Eine historische Denkschrift. gr.-8⁰. Stuttgart, Franckh, 1847.
Beobachter (Der) der socialen Literatur. Bibliographische und krit. Monatsrevue für die Literatur der Socialwissenschaften und der Propaganda pro und contra Socialismus. Red.: J Franz und Carl Moor. 1. Jahrg. 1877/78. 12 Nrn. gr.-8⁰. Zürich, Franz und Cie.
Béranger, Ch., Le Globe, 1831, No. 34.
— Vide: Saint-Simonisme: Menilmontant, No. 16.
Berathung (Erste) des von der socialdemokratischen Reichstags-Fraction eingebrachten Arbeiterschutz-Gesetzentwurfes. (Nach dem amtl. stenogr. Bericht.) (Socialpolit. Zeitfragen, Heft 17, 1886.)
Berand, J. P. M., Associations et grèves. (L'Association, No. 13.)
Berbrugger, Louis Adrien, Conférences sur la théorie sociétaire de Charles Fourier, faites au palais Saint-Pierre, salle de la bourse, à Lyon en septembre 1833. 8⁰. Lyon, Babeuf, Perret, 1834.
Berfried, Edgar, Der Anti-Socialdemokrat. Zur Aufklärung des Volkes über Irrthümer und Irrwege. 12⁰. Mittelwalde i. Schl., Hoffmann, 1890.
Berg, Alex., Judenthum und Socialdemokratie. Ein Beitrag zur Beförderung der Einsicht in die socialistisch-jüdischen Coalitionserscheinung unserer Zeit. 1.—4. Aufl. gr.-8⁰. Berlin, G. A. Dewald, 1891.
Bernstein, E., 1. Gesellschaftliches und Privat-Eigenthum. Ein Beitrag zur Erläuterung des socialistischen Programms. Mit Benutzung der Schrift: „Le programme du parti ouvrier, von Jules Guesde und Paul Lafargue. gr.-8⁰. Berlin, Verlag des „Vorwärts", Berliner Volksblatt, 1891.
— 2. Lassalle über die Grundidee seines Franz von Sickingen. (Neue Zeit, 9. Jhrg. 1890—91.)
Bergarbeiter-Ausstand (Der) d. J. 1889 im Abgeordnetenhause. Reden der Abgeordneten Dr. Schultz-Bochum, Schmieding-Dortmund, Dr. Ritter-Waldenburg, L. Berger-Witten, März 1890. Nach dem amtl. stenogr. Bericht. gr.-8⁰. Essen, Bädeker, 1890.
Bergarbeiterstrike (Der jüngste) in England. (Christl.-sociale Blätter, Jhrg. 23, 1890.)
Bergenroth, G., Herr v. Bülow-Cummerow unter den Communisten. gr.-8⁰. Berlin (Stargard) 1849.
Berger, L. (Witten). Vide: Bergarbeiter-Ausstand.
Bergeret, Dr., 1. Le gouvernement parfait, ou socialisme pratique déduit du fonctionnement de l'organisme animal pris pour modèle. 18⁰. Dijon, Carré, 1882.
— 2. Sociologie. Parti relative à l'histoire des cent dernières années. 18⁰. Sceaux, Charaire, 1888.
Bergeron, L'avenir des familles. 32 pp. 32⁰. Paris, imp. Lefebvre, 1873.
Bericht 1. und Beschluss des schweizer. Bundesrathes in Sachen der deutschen Arbeitervereine in der Schweiz. gr.-8⁰. Bern (Zürich, Schulthess) 1850.
— 2. über die anarchistischen Umtriebe in der Schweiz. Bern 1885.
— 3. über die Verhandlungen des 1. Vereinstages der deutschen Arbeitervereine, abgehalten zu Frankfurt a. M. am 7. und 8. Juni 1863. Veröffentlicht vom Ausschusse des Vereinstages. 8⁰. Frankfurt a. M. (Boselli) 1863.
— 4. über den 5. Vereinstag der deutschen Arbeitervereine am 5., 6. und 7. Sept. 1868 zu Nürnberg. Hrsg. vom Vorort Leipzig. 2. Aufl. 8⁰. Leipzig, s. a.
Berichte von Augenzeugen über das Münsterische Wiedertäufer-Reich, hrsg. von C. Cornelius. 8⁰. Münster 1853.
Béringuer, F., Les veillées d'un prolétaire. 16⁰. Brignolles, imp. Gassier, 1878.
Berka. Vide: Scheu, H.: Der Hochverrathsprocess.
Berliner-Bluthochzeit (Die). Von einem Augenzeugen. 2. verb. und mit den Namen der Gefallenen verm. Aufl. 8⁰. Leipzig, E. Keil, 1848.
Bernard. Vide: Reply to Mr. Bernard strictures. (New Moral World, IV.)
Bernard, François, Les conditions du travail et les grèves récentes à Marseille. (Journ. d. Économistes, 1884, mars) et 8⁰. Paris, Guillaumin, 1884.
Bernard, Martin, 1. Dix ans de prison au Mont-Saint-Michel et à la citadelle de Doullens. 8⁰. Londres, Jeffes; Bruxelles, Samuel, 1854.
— 2. Vide: Droit (Le) au travail à l'assemblée nationale.
Bernays, Carl Ludw., Die Ermordung der Herzogin von Praslin. Ein Beitrag zur Geschichte des Kampfes der Leidenschaften mit den modernen Gesellschaftselementen. 8⁰. Flawyl, Liter. Verl.-Anst., 1848.

Bernays, Lazarus. Vide: Vorwärts!
Bernhardi, A., Ueber die socialen Nachtheile des gewerbl. Maschinenwesens. gr.-8°. Eilenburg, Schreiber, 1848.
Bernier (de Vincennes), Les vues sociales d'un des membres de la société française. 1) Situation commerciale et française; 2) organisation sociale, force et moralité; 3) principes républicains. 8°. Paris, A. Chaix et C¹ᵉ, 1871.
Bertauld, Alfred, 1. L'ordre social et l'ordre moral. Le droit et le devoir. 12°. Paris, Germer-Baillière, 1874. (Bibliothèque de philosophie contemp.)
— 2. De la philosophie sociale, études critiques. VIII et 171 pp. 18°. Paris, Germer Baillière et C¹ᵉ, 1877. (Bibliothèque de la philosophie contemp.)
Bertheau, Ch., L' ouvrier. 8°. Paris, Chevalier-Marescq, 1889.
Bertheault, Les ouvriers des forges de Montataire et leurs budgets domestiques. (Bulletin de la société d'écon. soc. et des unions de la paix sociale, 2ⁱᵉᵐᵉ série, tome I, livr. 1 et 2, 1886.)
Berthelier, Eugène, La révolution pacifique. Les expérimentistes separatistes universels, ou le socialisme logique, pratique, legal et aboutissant. 8°. Paris, impr. Duval, 1887.
Berthier, le P. Guill. Fr., Observations sur le Contrat social de J. J. Rousseau. 12°. Paris, Mérigot jeune, 1789.
Berti, D., 1. Tommaso Campanella. (Nuova Antologia, Roma 1878.)
— 2. Nuovi documenti su T. Campanella. 8°. Roma 1881.
Berton, l'abbé Charles, Socialismo et charité. Écrit adressé à la jeunesse française. 12°. Paris, Vives, 1855.
Bertrand, A. C., Le socialisme. Discours. 8°. Tours, impr. Bertrand, 1886.
Bertrand, Louis, 1. Les communautés américaines, Oneïda. (La Revue socialiste, 1880, No. 12.)
— 2. De l'influence de l'alimentation sur la moralité. (La Revue socialiste, 1880, No. 12.)
— 3. Qu'est-ce que le socialisme? 8°. Bruxelles 1887.
Bertulus, le docteur Évariste, Économie sociale. L'athéisme du XIXᵉ siècle devant l'histoire, la philosophie médicale et l'humanité. 8°. Paris, Vᵉ J. Rénouard, 1868.
Besant, Annie, 1. Marriage, as it was, as it is, and as it should be: a plea, for reform. 8°. London, Freethought publishing Company s. a. 2. edit. 8°. London, Freethought publishing Company, 1882.
Besant, Annie, 2. Modern socialism. 8°. London, Freethought publ. Co., 1890.
— Vide: Socialism. Fabian essays.
Beschlüsse, 1. des Arbeitercongresses zu Berlin. Vom 23. Aug. bis 3. Sept. 1848. gr.-8°. Berlin, J. C. Fuchs, 1848.
— 2. des allgemeinen deutschen Arbeitercongresses zu Frankfurt a. M. Gefasst in den Monaten Juli, August und Sept. 1848. gr.-8°. Darmstadt, Pabst, 1848.
— 3. über die politische Stellung der Internationalen Arbeiter-Association, gefasst auf dem Congress zu Philadelphia vom 11.—13. April 1874. (Flugblatt, englisch und deutsch.) 8°. Philadelphia 1874.
Beschreibung der in neuerer Zeit entstandenen und noch bestehenden communistischen Ansiedelungen. (Deutsches Bürgerbuch für 1845.)
Beslay, Charles, 1. 1830 — 1848 — 1870. Mes souvenirs. 8°. Paris, Sandoz et Fischbacher, octobre 1873.
— 2. La vérité sur la commune. 1. édit. 1877. 2. édit. rev. et augm. 8°. Bruxelles, Kistemaeckers, 1878.
Besprechungen über „das Eigenthum". Aus dem Ruthenischen. gr.-8°. Wien, Sommer, 1862.
Besser, Dr. Leop. Vide: Ehe (Die).
Best, K. Digby, Why no good catholic can be a socialist? 8°. London, Burns and Oates, 1890.
Beta, H., Die Wahrheit über die Internationale und die jetzigen Proletarier. (Die Gegenwart, 1. Bd., 1872.)
— Vide: Bettziech, H.
Betocchi, A., L'evoluzione nel sozialismo. 8°. Napoli, tip. commerc., 1891.
Bettina. = Arnim, Elisabeth von. Vide: Buch (Dies) gehört d. Könige.
Bettziech, H. (ps. für Beta, H.), Geld und Geist. Versuch einer Sichtung und Erlösung der arbeitenden Volkskraft. 8°. Berlin 1845.
Beuf, Joseph, Aux prolétaires. Des droits et des devoirs des prolétaires. 8°. s. l. s. a. (Lyon, 1832.)
Beugnot, le Comte Arthur Auguste, Réflexions sur les doctrines anti-sociales et leurs conséquences. 8°. Paris, Adr. Le Clère, 1849.
Beust, F. Vide: Zeitung (Neue Kölnische).

Beutner, G. F., Der Preisbegriff und die sociale Frage. (Preuss. Jahrbücher, Bd. 23, 1869.)

Bevan, G. P., The strikes of the past ten years 1870—80. (Journ. of the Statistical Society, 1880.)

Bewegung (Sociale) in Belgien. Grün: Neue Anecdota, 1845.

Bewegung (Sociale) in Oesterreich. (Christlich-sociale Blätter, 1883, Heft 1 und 2.)

Bewegung (Die sociale) und der Socialismus in England. (Die Gegenwart, Bd. 2, 1849.)

Bewegung (Die) des Socialismus und Humanismus unserer Tage. Mit besond. Bezug auf Deutschland und die Literatur der letzten 3 Jahre daselbst. Repertorium der socialen Litteratur. (Von Benno.) gr.-8°. Bautzen, Weller, 1848.

Bewegungen (Die socialen) der Gegenwart. (Die Gegenwart, Bd. 1, 1848.)

Bewegungen (Die socialistischen und communistischen) seit der 3. französ. Revolution. Anhang zu Stein's Socialismus und Communismus des heutigen Frankreich. gr.-8°. Leipzig, O. Wigand, 1848.

Beyer, F., Ein Beitrag zur Lösung der socialen Frage in 6 Predigten über die christliche Familie. gr.-8°. Potsdam (Gropius) 1864.

Beyer) Jul., Ueber den Unterschied der Stände und die Ungleichheit des Besitzes. gr.-8°. Bautzen, Helfer, 1849.

Beyschlag, Dr. Willib., Die evangelische Kirche als Bundesgenossin wider die Socialdemokratie. (Aus: „Deutsches Wochenblatt".) gr.-8°. Berlin, Walther und Apolant, 1890.

Biard, Gustave, 1. Religion Saint-Simonienne. Aperçu des vues morales et industrielles des Saint-Simoniens. 8°. Blois, impr. Dezairs, 1832. Vide: Saint-Simon, Missions, No. 18.

— 2. Warum bin ich Socialist? 8°. Leipzig, Commiss. E. O. Weller, 1849. (Sociale Blätter, 2. Heft.)

Biard, J. B., La propriété ouvrière ou le droit des ouvriers. Le devoir des communes. gr.-8°. Paris, E. Dentu, 1884.

Bibliothèque sociale rédigée par une société d'écrivains sous la direction de M. Cabet. Prospectus. 4 pp. 8°. Paris, 6 juin 1841.

Bicant, M. Vide: Rousseaux.

Biedermann, C., 1. Socialistische Bestrebungen in Deutschland. (Unsere Gegenwart und Zukunft, I. Bd. Leipzig, G. Mayer, 1846.)

Biedermann, C., 2. Socialismus und die sociale Frage in den letzten Jahren in Deutschland. Staatslexikon von Rotteck und Welcker, 1865.

— 3. Vorlesungen über Socialismus und sociale Fragen. gr.-8° Leipzig, Biedermann, 1847.

Bierbower, A., Socialism of Christ. 12°. Chicago, Sergel and C°., 1891.

Biergans, Franz Theod., Brutus, oder der Tyrannenfeind. 32°. 5. Stück. Frei-Köln. Im 3. Jahr der einigen unzertheilbaren Republik.

Bignami, Enrico, L'internazionale. Opuscoli socialisti: Milano, Ambrosoli.

Bignon, M., La conspiration des barbes. Lettre de M. Bignon à M. Méchin. 8°. Paris, Brissot-Thivars, 1820.

Bilder aus dem Arbeiterleben oder: Wie gelangt ein Volk zu wahrer Bildung? Beantwortet durch Zuschriften von 23 engl. Arbeitern an einen schweiz. Handwerkerssohn. Mit einem Vorworte von M. S. E. Kapff. 8°. Basel, Bahnmaier's Buchh., 1852.

Bildungsdifferenz (Die) zwischen Minorität und Majorität als Ursache des socialen Nothstandes. Vortrag. 8°. Berlin 1871.

Billault. Vide: Droit (Le) au travail à l'assemblée nationale.

Binkert, Der Schweizerische Typographenbund. 8°. Basel 1887.

Biographie de M Cabet, ancien procureur-général, ancien député, directeur du Populaire, et réponse aux ennemis du communisme, publiées par les actionnaires du Populaire. 32°. Paris, au bureau du Populaire, février 1846.

Bion, Réalisation du socialisme. 16 pp. 8°. Paris, imp. Rouge, Dunou et Fresné. 1872.

Biondi, U., Individualismo o socialismo? Problemi di legislazione sociale. 8°. Citta di Castello, tip. S. Lapi, 1887.

Birch, Rev. Edw., Remarks on socialism, designed to show the true character and licentious tendency of that system of infidelity. 20 pp. 8°. London s. a.

Birkmyre, Adam, Practicable socialism. 2. edit. 8°. Glasgow, David Bryce and Son, 1885.

Birsfeld. Vide: Noth- und Hilfsblatt (Allgemeines).

Bishop, Daniel, The constitution of society designed by god. 132 pp. 8°. London 1847.

Bitzer, Frdr., 1. Arbeit und Kapital. Ein Beitrag zum Verständniss der Arbeiterfrage. gr.-8⁰. Stuttgart, Bonz u. Cie., 1871.
— 2. Die socialen Ordnungen in weltgeschichtlicher Entwicklung. gr.-8⁰. Stuttgart, Bonz u. Cie., 1877.
Black, Clementina, 1. Some East-end workwomen. (National Review, August 1889.)
— 2. The organization of working women. (Fortnightly Review, November 1889.)
— 3. A working woman's speech. (Nineteenth Century, May 1889.)
Blackburn, Helen., Women and the state in past times. (The National Review, Nov. 1886.)
Blackburn, Rev. John, Marriage, as thought by the socialists considered. 26 pp. 8⁰. London 1840.
Blaeser, C. F., Die Lösung der socialen Frage philosophisch und staatswissenschaftlich entwickelt. gr.-8. Berlin (Springer) 1850.
Blamon, E., Le mouvement social en France et en Europe. (Revue socialiste, juillet 1887.)
Blanc, Julien. Vide: Phalange, II⁰ année, t. II.
Blanc, Louis, 1. Association internationale des travailleurs (6 mars 1872). (Blanc, L.: Discours politiques.)
— 2. Appel aux honnêtes gens. Quelques pages d'histoire contemporaine. 1. et 2. édit. 8⁰. Paris, au bureau central, 1849.
— 3. Le catéchisme des socialistes. 18⁰. Paris, aux bureaux du Nouveau Monde, 1849. 32⁰. Paris 1850.
— 4. Discours politiques (1847 à 1881). gr.-8⁰. Paris, Germer Baillière et Cⁱᵉ, 1882. (Bibliothèque historique et politique.).
— 5. Le droit de primogéniture en Angleterre. (Blanc, L., Lettres sur l'Angeterre, II⁰ série.)
— 6. Durée des heures de travail dans les usines et les manufactures (28 mars 1881). (Blanc, L.: Discours politiques.)
— 7. Effets du droit de primogéniture. (Blanc, L., Lettres sur l'Angleterre, II⁰ série.)
— 8. Exposition ouvrière. (10 novembre 1878.) (Blanc, L., Discours politiques.)
— 9. Histoire de la révolution de 1848. 2 vol. 8⁰. Paris, C. Marpon et E. Flammarion, 1880.
— 10. Histoire de la révolution française. 12 vol. gr.-8⁰. Paris, Langlois et Leclercq. 1847—62.
— 11. Geschichte der französischen Revolution. 2 Bde. 8⁰. Grimma, Verl.-Compt., 1847. — Deutsch von L. Buhl und L. Köppen. 1. Bd. gr.-8⁰. Berlin, Riess, 1847. — 3 Bde. 8⁰. Leipzig, Brockhaus, 1847, 48, 53.
Blanc, L., 12. Histoire de dix ans 1830—1840. 5 vol. 8⁰. Paris, Pagnerre, 1841—44. — 4 vol. 16⁰. Bielefeld, Velhagen u. Klasing, 1844—45. — 5. édit. 5 vol. 8⁰. Paris, Pagnerre, 1846.
— 13. Geschichte der 10 Jahre 1830—40. Deutsch herausg. von Theod. Cramer. 1. Bd. Geschichte der Julirevolution. gr.-8⁰. Nürnberg, Cramer, 1843.
— 14. Geschichte der 10 Jahre 1830—40. Aus dem Französ. übers. von Glo. Fink. Nebst einem Vorwort zur Verständigung der Deutschen und Franzosen, von einem deutschen Publicisten in der Fremde. 5 Bde. Lex. 8⁰. Zürich und Winterthur, Lit. Compt., 1843—45. 2. Aufl. 5 Bde. Lex. 8⁰. Leipzig, Verl.-Bur, 1847.
— 15. Geschichte der 10 Jahre 1830—1840. Aus dem Französ. übersetzt von L. Buhl. 5 Bde. 8⁰. Berlin, Hermes, 1844—45. 2. Aufl. 1848.
— 16. Geschichte der 10 Jahre 1830—40. Im Auszuge. gr.-16⁰. Offenbach, G. André, 1846—47.
— 17. Geschichte der 10 Jahre 1830—40. Anonym übersetzt. 5 Bde. 1852.
— 18. Idées d'un républicain socialiste. 12 pp. 8⁰. Périgueux, imp. Rastouil, 1871.
— 19. La land-tax. (Blanc, L., Lettres sur l'Angleterre, II⁰ série.)
— 20. Lettres sur l'Angleterre. 2 vol. 8⁰. Paris, libr. intern., 1865. 2. série, 2 vol. 8⁰. Ibid. 1866—1867. Réimpression de la Correspondance adressée par Louis Blanc, de Londres, au journal „Le Temps".
— 21. Napoléon, une page d'histoire. 32⁰. Paris, libr. de la biblioth. démocratique. (6. édit.) 1875. (Bibliothèque démocratique.)
— 22. Organisation du travail. Extr. de la Revue du progrès. 32⁰. Paris, Prevot; Pagnerre, 1840. 2. édit. sous ce titre: Organisation du travail. Association universelle. Chefs d'ateliers. Hommes de lettres. 12⁰. Paris 1841. 4. édit. consid. augm. Bruxelles 1845, 5. édit. Paris 1848. 9. édit. refondue et augmentée de chapitres nouveaux. 12⁰. Paris 1850.
— 23. Vorschlag zur Organisation der Arbeit. Nach dem Französischen. (Dies Buch gehört dem Volke, I, 1845.)

Blanc, L., 24. Organisation der Arbeit. Aus dem Französ. von F. B(itzer). 12°. Nordhausen, Fürst, 1847.
— 25. Die Reform der Arbeit. 18°. Leipzig, Ernst Schäfer, 1848.
— 26. Die Reform der Arbeit. (Portfolio des Fortschrittes, Heft 1. Leipzig, Schäfer, 1848.)
— 27. Pages d'histoire de la révolution de février 1848. 8°. Bruxelles, V. Wouters, 1850.
— 28. Le parti qu'on appelle radical, sa doctrine, sa conduite. 31 pp. 16°. Paris, Leroux, 1873.
— 29. Le pauperisme (25 mars 1877). (Blanc, L.: Discours politiques.)
— 30. Petition des ouvriers sans emploi du Staleybridge. (Blanc, L.: Lettres sur l'Angleterre, II. série.)
— 31. Plus de Girondins. 18°. Paris, Ch. Joubert, 1851.
— 32. Proposition de la création d'un ministère du travail et du progrès (10 mai 1848). (Blanc, L.: Discours politiques.)
— 33. La propriété territoriale et les réformes proposées en Angleterre par M. Bright. (Blanc, L.: Lettres sur l'Angleterre, II. série.)
— 34. Questions d'aujourd'hui et de demain. 1. et 2. série: Politique. 2 vol. 12°. Paris, Dentu, 1873—74. 3. série: Politique. 12°. Ibid. 1880. 4. série: Socialisme. 18°. Paris, Dentu, 1882. 5. série: Socialisme politique, littérature. 18°. Paris, Dentu, 1884.
— 35. La révolution de février 1848 (24 févr. 1877). (Blanc, L.: Discours politiques.)
— 36. La révolution de février au Luxembourg. 18°. Paris, Michel Lévy frères, 1849.
— 37. Zur Geschichte der Februarrevolution 1848. Aus dem Französ. 8°. Quedlinburg, Basse, 1850.
— 38. Revue du progrès politique, sociale et littéraire. 8°. Paris, 15 janv. 1839 –42.
— 39. Le socialisme en 1848 (3 déc. 1876). (Blanc, L.: Discours politiques.)
— 40. Le socialisme, droit au travail. 1. édit. Paris, Michel Lévy frères, 1848. 3. édit. 18°. Paris 1849.
— 41. Socialism: the right to labour, in reply to M. Thiers. 20 pp. gr.-8°. London, Campbell, 1848.
— 42. El socialismo. Derecho al trobajo. Respuesta á M. Thiers. Sevilla 1850.
— 43. Le socialisme (26 oct. 1879). (Blanc, L.: Discours politiques.)

Blanc, L., 44. La terre devenue en Angleterre un article de luxe. (Blanc, L.: Lettres sur l'Angleterre, II. série.)
— 45. Travail des enfants dans les manufactures (25 nov. 1872). (Blanc, L.: Discours politiques.)
Blanc, L., und Thiers, Ueber die sociale Frage. I. Rede in der französ. National-Versammlung am 13. Sept. 1848 gehalten von A. Thiers. II. Das Recht auf Arbeit. Eine Erwiderung an Thiers von Louis Blanc. Aus dem Französ. 8°. Breslau, Schuhmann, 1849.
Blanc, Louis. Vide: Arnd, K.: Naturgemässe Vertheilung der Güter.
— — Breynat, J.: Les socialistes modernes.
— — Chevalier M.: L. Blanc's Organisation der Arbeit.
— — Défense du Fourierisme.
— — Droit (Le) au travail à l'assemblée nationale.
— — Faucher, L.: Du système de L. Blanc.
— — Kleinwächter, Dr. Fr.: Lassalle und L. Blanc.
— — Nouveau Monde (Le).
— — Rousseaux: Aux travailleurs.
— — Stimmen (Neue) aus Frankreich.
— — Ward, J.: Louis Blanc on the working classes.
Blanc, Paul, 1. La véritable association ouvrière. (L'Association, No. 1.)
— 2. Le droit naturel de coalition. (L'Association, No 11.)
Blanch, L., De la science militaire considérée dans ses rapports avec les autres sciences et avec le système social. Traduction de Haca. 8°. Paris 1854.
Blanckertz, S., Die sociale Reform durch die Justirung des Geldes und der Waare, oder die Lösung der Arbeiterfrage liegt in der Organisation des Handelsverkehrs, nicht in der Arbeit. gr.-8°. Berlin (Dümmler's B.) 1872.
Bland, H. Vide: Socialism. Fabian essays.
Blandford, Marquis of, The breaking up of the land monopoly. (Nineteenth Century, Febr. 1881.)
Blanqui, aîné Jérôme-Adolphe, 1. Les classes ouvrières en France. 2 vol. 18°. Paris, Didot, 1849.
Cet ouvrage fait partie de la Collection des Petits Traités publiés par l'Académie des sciences morales et politiques.
— 2. Rapport sur la situation des classes ouvrières en 1848. (Journ. des Écon., 1848, déc.)

Blanqui, A., 3. Sur la situation des classes ouvrières en 1848 à Lyon et à Saint-Étienne. (Journ. des Écon., 1849, mars.)
— Vide: Breynat, J.: Les socialistes modernes.
— — Phalange, II. année, t. II.
— — Producteur, t. I.
— — Proudhon: Lettre à M. Blanqui.
— — Proudhon: Qu'est ce que la propriété, II.
Blanqui, Louis Auguste. Critique sociale. 2 vol. 8°. Paris 1885.
(Contient entre autres: Capital et travail. — Le communisme, avenir de la société. — Le communisme primitif. — Les sectes de la révolution. — L'Internationale. — Associations ouvrières au parlament.)
Blatt für Arbeiter. Hrsg. von Christern. Hamburg 1846. (Nur 1 Vierteljahr.)
Blatt des Volkes (Das), von H. M. Auerbach. Breslau, 25. März — Mai 1848. Wöchentlich 3mal.
Blätter der Gegenwart für sociales Leben. Monatsschrift. Hrsg. von Wilh. Marr. Lausanne, Dec. 1844—45. 8 Nrn.
Blätter (Fliegende). Wöchentlich „mehrere Male". Hrsg. von Ferd. Behrend. Breslau 1848. 6 Nrn.
Blätter (Freie). Offenbach, 11. März — 21. April 1848. 12 Nrn.
Blätter (Menschenfreundliche), oder praktische Beiträge zur Volksbeglückungslehre. Hrsg. von Ludw. Gall. Trier 1828. (Nur ein Heft publicirt worden.)
Blätter (Christlich - sociale). Katholisch - sociales Centralorgan., 1. Jhrg. gegr. von J. S. Schings, 1868. Aachen. — 24. Jhrg., 1891.
Blätter (Sociale). Hrsg. vom socialen Klub zu Leipzig. 1. und 2. Heft. 8°. Leipzig, Weller in Comm., 1849.
Blätter der Zukunft. Paris 1846. 8 Nrn.
Bleibtreu. Vide: Industrie und Proletariat.
Blicke auf die Haltung der französischen Regierung in politisch-socialer Beziehung. I. Bis zum 24. Febr. 1848. II. Von Mitte Juni bis Ende Juli 1848. (Blätter für polit. Kritik, hrsg. von Bluntschli. 3.—6. Heft. München 1848.)
Blicke auf den Socialismus und Communismus in Deutschland und ihre Zukunft Von L. S. (Deutsche Vierteljahrsschrift, 1844₄.)
Blind, Karl, England und die „sociale Revolution". (Die Gegenwart, 21. Bd., 1882.)
Bloch, Simon, Le Judaïsme et le socialisme. Extr. de „l'Univers israélite". 8°. Paris, rue des Martyrs, 1850.

Block, Maurice, 1. Associations ouvrières allemandes. Congrès de Stuttgard. (Journ. des Écon., 1865, oct.)
— 2. La question des coalitions et autres questions relatives aux classes ouvrières au congrès d'Eisenach. (Journ. d. Écon., 1873, janv.)
— 3. Le socialisme moderne. 18°. Paris, Hachette et C¹ᵉ, 1891.
— 4. Vom Socialismus der Pariser Kommune. (Vierteljahresschrift f. Volkswirthschaft etc., 1871₁.)
— 5. Ein Streik und seine Folgen. Deutsch von Adf. Schwarz. Autoris. Uebersetzung. 8°. Berlin, K. Siegismund, 1891.
— 6. Les théoriciens du socialisme en Allemagne. Système de M. Karl Marx. — Lassalle. — Les fédéralistes. — Les sentimentalistes. (Journ. d. Écon., 1872, juillet, août.) et br. in-8°. Paris, Guillaumin et C¹ᵉ, 1872.
Blondeaux, O., Les partis et les classes sociales en France. 8°. Paris, Garnier, frères, 1871.
Blos, Wilh., 1. Zur Geschichte der Commune von Paris. Braunschweig 1875. 2. Aufl. 1876.
— 2. Die Revolution zu Mainz 1792—1793. Nach Quellen dargestellt 8°. Nürnb. Genossenschaftsbuchdr. 1875.
Blot, le P., Les deux révolutions, celle qui perd et celle qui sauve. 30 pp. 8°. Paris, Poussielgue frères, 1871.
Blum, Hans, 1. Die Lügen unserer Socialdemokratie. Nach amtl. Quellen enthüllt und widerlegt. gr.-8°. Wismar, Hinstorff's Verl., 1891.
— 2. Unsere Socialdemokratie auf dem Parteitage in Halle. Rede, geh. in der Versammlung des nationalliberalen Vereines für das Kgr. Sachsen zu Leipzig am 24. Nov. 1890. 12°. Leipzig (Moltke) 1890.
Blume, Dr. Th., Der Zukunftsstaat und die Lösung der socialen Frage. Allen Berufsständen, insbesondere den Arbeitgebern und Arbeitnehmern gewidmet. gr.-8°. Hannover, Meyer, 1884. 2. Aufl. gr.-8°. Ebd. 1884.
Blumenthal, A., Le mouvement social en Russie. (La Revue socialiste, 1880, No. 9, 10, 11.)
Bluntschli, Dr. J. C., 1. Eigenthum. (Bluntschli und Brater's Staatswörterbuch, 1858.)
— 2. Die Gefahren der Socialdemokratie und die Juristen. (Die Gegenwart, 14. Bd., 1878.)

Bluntschli, J. C., 3. Gesammteigenthum und Privateigenthum. (Die Gegenwart, 16. Bd., 1879.)
— 4. Rousseau. (Bluntschli und Brater's Staatswörterbuch, 1864.)
— Vide: Kommunismus (Ueber den) in der Schweiz.
— — Kommunisten (Die) in der Schweiz.
B. M. Vide: Malon Benoit.
B. M. T. Vide: Théorie univers. Organisation du travail.
Bobée, Auguste, L'avenir social. République et religion universelles. 8⁰. Paris, libr. internationale, 1871.
Bobin, A., Plan complet d'organisation et d'administration du travail et des travailleurs. 8⁰. Paris, Dumainie, 1848.
Boccardo, G., Il socialismo e l'Italia. (Giornale degli Economisti, fasc. 2., novembre e dicembre, 1878.) 8⁰. Padova, frat. Salmin, 1879.
Bock, Frz., Ueber Missbräuche und Unordnungen der Handwerksgesellen, besonders unter den Hutmachern. gr.-8⁰. Potsdam, Horvath, 1795.
Bocock, K., Tax of the area; a solution of the land problem. 16⁰. New York 1888.
Böddinghaus, F., Die Steuerfrage und die Arbeiterfrage. Den hohen Kammern gewidmet. Im Sept. 1849. gr.-8⁰. Berlin, Schneider u. Co., 1849.
Bodek, A., Socialistische Phantasiestaaten. (Die Gegenwart, 28. Bd., 1885.)
Bodichon, Mrs. Vide: Smith, B. L.
Bodernikin, Peter, Nibilism in Russia. (Fortnightly Review, 1868.)
Boettcher, Friedr., Der socialdemokratische Parteitag. (Die Gegenwart, Bd. 38, 1890.)
Boehmer, Heinr., Christenthum und sociale Frage. Rede geh. in der Versammlung liberaler Wähler zu Eschweiler am 28. Dec. 1873. 8⁰. Bonn, Weber's Verl., 1874.
Bogišic, V., De la forme dite „inokosna" de la famille rurale chez les Serbes et les Croates. 8⁰. Paris, E. Thorin, 1884.
Böhm-Bawerk, Prof. Dr. Eug., 1. Kapital und Kapitalzins. I. Bd.: Geschichte und Kritik der Kapitalzinstheorien. gr.-8⁰. Innsbruck, Wagner, 1884. II. Bd.: Positive Theorie des Kapitals. gr.-8⁰. Innsbruck, Wagner, 1889.
— 2. Capital and Interest (transl. by W. Smart). 8⁰. London, Macmillan, 1890.
Böhmert, V., 1. Bericht über eine schweizerische Conferenz, die Arbeiterfrage betreffend, Zürich den 6. Oct. 1871. Zürich 1871.
Böhmert, V., 2. Die theoretische und praktische Erforschung der socialen Frage. (Arbeiterfreund, Jahrg. 11, 1873.)
— 3. Die sociale Frage im Reichstage und vor dem Reichskanzler. (Arbeiterfreund, Jahrg. 14, 1876.)
— 4. Die Gegenwart und Zukunft des Kleinbetriebes. (Arbeiterfreund, Jahrg. 16, 1878.)
— 5. Der Socialismus und die Arbeiterfrage. gr.-8⁰. Zürich, Schmidt, 1872.
— 6. Der Streik der deutschen Kohlenbergleute vom Mai 1889. (Arbeiterfreund, Jahrg. 27, 1889.)
— 7. Die Verhandlungen der Züricher statistisch-volkswirtschaftlichen Gesellschaft über die sociale Frage. 8⁰. Bern 1872.
— Vide: Arbeiterfreund.
— — Böhmert (Herr).
— — Socialcorrespondenz.
— — Volkswohl.
Böhmert (Herr), Professor der Nationalökonomie am eidgenöss. Polytechnikum in Zürich etc., und seine Fälschungen, begangen in seinem neuesten Buche: „Der Socialismus und die Arbeiterfrage". Anklage vor dem Tribunal der öffentl. Meinung und Widerlegung einiger seiner Hauptirrlehren. Von einem Arbeiter. (J. Franz.) gr.-8⁰. Zürich, Verl.-Magaz. in Comm., 1873.
Boichot, Jean Baptiste, La question de demain; esquisse d'une nouvelle organisation politique et sociale. 12⁰. Bruxelles, Rosez, 1869.
Boileau, La vérité politique et sociale. Lettres aux ouvriers, aux paysans, aux bourgeois. 16 pp. 8⁰. Paris, imp. Vallée, 1872.
Boillet, Ch., Le travail, étude philosophique, morale et. politique. 18⁰. Paris, Lachaud et Burdin, 1874.
Boilley, P., Le prolétariat agricole devant l'impôt. (Revue socialiste, janv. 1887.)
Boisvilliers-Desjardins, Manuel du républicain, ou Esprit du contrat social mis à la portée de tout le monde. 18⁰. Paris 1794.
Bois, Ch., De la question sociale. Extrait, avec des modifications, de la „Revue chrétienne". 8⁰. Paris, Sandoz et Fischbacher, 1872.
Bois-gobey, F., The lost casket; trad. by S. Lee. 8⁰. New York, G. P. de Putnam's Sons, 1881.
(Story of the Russian nihilists in Paris.)

Boissel. Vide: Catéchisme du genre humain.
— — Grünberg, C.: Einige Beiträge.
— — Gruenberg, C.: Quelques contributions.
Boissy, Poésies Saint-Simoniennes et phalanstériennes. 32⁰. Paris, A. Patay, 1881.
Boitard, M., Les 26 infortunes de Pierrot, le socialiste. 8⁰. Paris, Passard, 1853.
Boixe, Prosper, Théorie de l'impôt de M. Proudhon. 8⁰. Paris, Dentu, 1862.
Bolles, A. S., Conflict between labour and capital. N. edit. Philadelphia 1876—77.
Bologne, L., Le triomphe du socialisme. 4 vol. Paris, Libr. du progrès, 1881.
Bolton, Calvin, Rights of labour. 8⁰. New York s. a.
Bonald, le vicomte Louis Gabriel Ambroise de, Essai analytique sur les lois naturelles de l'ordre social. Du divorce considéré au XIX⁰ siècle, relativement à l'état domestique et à l'état public de société. Pensées sur diverses sujets. Discours politiques. 8⁰. Paris, A. Leclère, 1847. (1. édit. anon.)
— Vide: Essai analytique sur les lois naturelles de l'ordre social.
Bonaparte, Louis Napoléon, 1. Extinction du paupérisme. 64 pp. 32⁰. Paris, Pagnerre, 1844. 2. édit. 1844. Nouvelle édition 1848.
— 2. Die Vertilgung des Pauperismus. Nach der 3. Aufl. des franz. Originals übersetzt von P. Str. 2. Aufl. 8⁰. Plauen, Schröter, 1849.
— 3. Des idées Napoléoniennes. 18⁰. Bruxelles, Jules Géruzet, 1839. 18⁰. Paris, Paulin, 1839.
— 4. Napoleonische Ideen. gr.-8⁰. Freiburg i. Br., Herder, 1839.
— 5. Des idées Napoléoniennes. On the Opinions and policy of Napoléon. Translated from the French. gr.-8⁰. London, H. Colburn, 1840.
— Vide: Vertilgung des Pauperismus.
Bondivienne, Louis, 1. L'éducation de la femme et son rôle dans la société. 8⁰. Paris, P. Dupont, 1874.
— 2. Enseignement social. Exposé par demandes et par réponses des droits et des devoirs de l'homme en société. 12⁰. Paris, P. Dupont, 1872.
— 3. La société nouvelle et l'éducation. 18⁰. Lons-le-Saulnier, imp. Damelet; Paris, P. Dupont, 1872.
Boniface, Joseph, à P. J. Proudhon, 8⁰. Bruxelles, Tischer, 1862.
Bonjean, Louis Bernard, 1. Socialisme et sens commun. 18⁰. Paris, Mme Ve Lenormant, 1849.
Bonjean, L. B., 2. Socialismus und gesunde Vernunft. Aus dem Französ. ins Deutsche übertragen und mit erklärenden und krit. Anmerkungen versehen von H. v. Petit. 8⁰. Brieg, Schwartz in Comm., 1850.
Bonnain, P. G., De la société et de ses vices principaux. 8⁰. Paris, Ponthieu; C. Chantpié, 1823.
Bonnar. Vide: Défenseur (Le) des droits du peuple.
Bonnard, Arthur de, 1. Ligue du salut social. Organisation du travail au moyen des bénéfices donnés par le commerce véridique exercé au nom et au profit des travailleurs. Appel à M. le baron James de Rothschild. 12⁰. Paris, chez l'auteur, 1848.
— 2. Organisation du travail. Organisation d'une commerce sociétaire d'après la théorie de Charles Fourier. 8⁰. Boudonville, chez l'auteur, 1845.
— 3. Solutions graduées du problème de la misère. Première solution: Ligue des consommateurs, ou le courtage coopératif. Création de la caisse coopérative des consommateurs unis. Exposé des motifs. 15 pp. 8⁰. Paris, imp. Dubuisson et Co., 1869.
— Vide: Saint-Arroman: Réponse.
Bonnassieux, P., La question des grèves sous l'ancien régime. La grève de Lyon en 1744. Épisode de l'histoire commerciale et industrielle de la France. (Revue génér. d'administration, juin, juillet et août, 1882.)
Bonnetain, Joanny, De la démocratie française et de son avenir. 8⁰. Paris, Joubert, 1841.
Bonnet-Dufrier, Faut-il pendre les propriétaires? Plus de propriété! Plus de loyers! in-fol. à 2 col. 2 pp. Paris, Madre, 1871.
Bonneville, Nicolas, De l'esprit des religions. Nouv. édit. gr.-8⁰. Paris 1792.
— Vide: Bouche de fer.
— — Cercle social.
— — Tribun du peuple (Le).
Bonnier, Ch., Hegel und Marx. (Neue Zeit, Jbrg. 9, 1890—91.)
Bonnin, C. J. B., Doctrine sociale, ou Principes universels des lois et des rapports de peuple à peuple déduits de la nature de l'homme et des droits du genre humain. 1. édit. Paris 1820. Nouv. édit. augmentée de réflexions sur le concordat, et la loi organique des cultes, sur l'établisse-

ment d'une noblesse, et de lettres aux Cortès d'Espagne, au Congrès des États-Unis, à la République d'Haïti, au Parlement des Deux-Siciles, et aux Cortès de Portugal. 8°. Paris, chez Kleffer libr., 1821. 3. édit. 18°. Paris, Kleffer, 1831. 4. édit. 18°. Paris, Paulin, 1833.

Bonomelli, G., Un po di luce sopra sette verità capitali. 16°. Reggio-Emilia, tip. Ariosto, 1888.
(Contiene: Proprietà e socialismo.)
— Vide: Capital et travail.

Booth, Arthur J., 1. Fourier. (Fortnightly Review, 1872.)
— 2. Robert Owen, the founder of socialism in England. 8°. London, Trübner and Co, 1869.
— 3. Saint-Simon and Saint-Simonism; a chapter in the history of socialism in France. 264 pp. 8°. London 1871.

Booth, Charles, Labor and life of the people. Vol. I and II (vol. II in two parts). 8°. London, Williams and Norgate, 1889—91.

Booth, Mme L'armée du salut et ses relations avec l'état. 12°. Versailles, Cerf, 1884.

Booth, Will., In darkest England and the way-out. (International Headquarters of the Salvation Army, 1890.)
— Vide: Day dawn in darkest England.
— — Farrer: In darkest England.
— — Gesellschaftsretter (Ein neuer).
— — Huxley, T. H.: Social diseases.
— — Peck, Fr.: In darkest England.
— — Schirrmacher, K.: Das dunkle England.

Borde, Fréd., 1. Le collectivisme au congrès de Marseille. gr.-8°. Paris, Delaporte, 1880.
— 2. Les dernières grèves et leur signification. (La Revue socialiste, 1880, No. 7.)
— 3. Lettre à M. Victor Hugo sur la question sociale. gr.-8°. Paris, libr. de la science sociale, 1879.
— Vide: Philosophie de l'avenir.

Bordes-Pages, La démocratie et l'église. 8°. Paris, Gluo, 1881.

Borghesia (La) e il socialismo. 16°. Milano 1880. (Propaganda socialista, opusc. n. 25.)

Borgstede, A. v., Die sociale Frage, beleuchtet durch die 10 Gebote. gr.-8°. Berlin, Bibliogr. Bureau, 1891.

Borie, Victor, Travailleurs et propriétaires. 12°. Paris, Lévy frères, 1848. — Avec une Introduction par George Sand. 8°. Paris, Mich. Lévy frères, 1849.

Born. Vide: Stephan.
— — Verbrüderung (Die).
— — Volk (Das). Organ des Centralcomités für Arbeiter.

Börne, Ludw., Briefe aus Paris, 1830—34. 6 Theile. 8°. Paris, Hérisau, 1834—35.
— Vide: Geächtete (Der).
— — Wage (Die).

Bornstedt, Adalbert v. Vide: Brüsseler Zeitung (Deutsche).

Börnstein, Heinr., Fünfundsiebzig Jahre in der alten und neuen Welt. Memoiren eines Unbedeutenden. 2 Bde. gr.-8°. Leipzig, Wigand, 1881.
— Vide: Vorwärts!

Bote (Der) aus dem Katzbachthale. 1845 und 1846. à 12 Nrn. (Bogen). gr.-8°. Liegnitz, 1845—46 (April).

Botin, Le carrier et le maçon. (Religion Saint-Simon.) Vide: Saint-Simonisme Mesnilmontant, Nr. 16—9.

Botschaft (Die fröhliche). Monatsschrift. Hrsg. von Aug. Becker. Lausanne 1845 (April-Sept.). 8 Nrn.

Bottard, E., Du nihilisme et des sociétés secrètes. 8°. Châteauroux, impr. Majesté, 1882.

Bouche de fer (La). De l'imprimerie du cercle social. 5 vol. 8°. 1790. Paris. Par l'abbé Fauchet et Bonneville. 2 séries. 1 janvier à juin 1790, 17 nos. 2 octobre 1790 à juillet 1791, 104 nos. Bulletin dé la Bouche de fer 1790. 2 séries en 1 vol. 8°. Annexe de la Bouche de fer.

Boucher, A., Darwinisme et socialisme. 8°. Agen, Michel et Médan, 1891.

Boucher de Perthes, Jacques, 1. De la femme dans l'état social, de son travail et de sa rémunération. Discours. 8°. (Abbeville) Paris, Derache, 1860.
— 2. De la misère. 8°. (Abbeville) Paris, Derache, 1840.

Boucheselche, J. B., Catéchisme de la déclaration des droits de l'homme et du citoyen. 1793.

Bouchet, F., Solution de la question sociale. Conférence du citoyen F. Bouchet sur le crédit gratuit ou crédit-impôt par le trésor public. Système du citoyen A. Lagrue. 8°. Paris, Marpon et Flammarion, 1890.

Bouctot, J. G., Histoire du communisme et du socialisme. Tome I. 18°. Paris, Ghio, 1890.

Boudignon, l'abbé, L'encyclique sur la question sociale. Commentaire historique et littéral. 12°. Paris, P. Lethielleux, 1891.

5*

Bougeart, Alfr., Tout ou rien, par un homme du peuple. 32°. Paris, Auguste, le Gallois, 1840.

Bouhier de l'Écluse. Vide: Droit (Le) au travail à l'Assemblée nationale.

Bouillier, Francisque, Exposition de la doctrine de Fourier. Du cours de M. Ch. Considérant. 8°. Lyon, Boitel, 1841.

Boulanger und die französischen Socialisten. (Die Neue Zeit, 1888, Juli.)

Boulard, E., Collectivisme intégral révolutionnaire. Organisation sociale, logique, nécessaire, conforme aux lois naturelles. 8°. Paris, Ramolini, 1888. 11. édit. 18°. Paris, Lecourtois, 1889. s. l. t.: Études scientifiques sur une organisation sociale, logique, nécessaire, conforme aux lois naturelles. Collectivisme intégral révolutionnaire.

Bourdeau, J., Le parti de la démocratie sociale en Allemagne. I. Les origines philosophiques, l'agitation politique. II. L'esprit de la doctrine. (Revue des Deux Mondes, 1 mars, 15 avril 1891.)

Bourdon, Émile. Vide: Phalange, série 3., t. V. et t. VI, partie 1.

Boureille, Paul de, 1. Francoeur et Giroflet. Conversations sur le socialisme et sur bien d'autres choses. 12°. Paris, libr. sociétaire, 1850.
— 2. Qu'est-ce que l'organisation du travail. Réponse en deux séances faites à l'hôtel de ville de Metz. 8°. Besançon, impr. de Sainte-Agathe aîné 1848.
— Vide: Phalange. année XV, t. IV.

Bourgeois, C. F., Le christianisme temporel, adressé aux Saint-Simoniens et aux Saint-Simoniennes. 3. édit. revue et corrigée, augm. d'une note sur l'église selon Saint-Jean ou réalisante. 8°. Paris, impr. d'Éverat, 1838.

Bourgeois, J., Le catholicisme et les questions sociales. 8°. Paris, Poussielgne, 1867.

Bourgeois et ouvriers, ou les inégalités de la fortune, par un socialiste et par un homme de bon sens. 18°. Paris, Guillaumin et Co., 1872.

Bousquet, G., Le droit au travail. 16 pp. 16°. Marseille 1872.

Bouterwek, K. W., Zur Literatur und Geschichte der Wiedertäufer besonders in den Rheinlanden. 1. Beitrag. gr.-8°. Bonn, Markus, 1864.

Bouton, Vict. Vide: Almanach de la France démocratique.

Bouvard, Adolphe, La régénération sociale par la révolution morale, instruction sociale, par un vétéran de l'industrie, ou 60 ans d'atélier. 8°. Lyon, Perrellon, 1883.

Bouvet, Francisque, République et monarchie, ou Principes d'ordre social. 8°. Paris, impr. Mie, 1832.

Bower, Samuel, The peopling of Utopia; or the sufficiency of socialism for human happiness, being a comparison of the social and radical schemes. 8°. Bradford, C. Wilkinson, 1838. A sequel to the peopling of Utopia. 8°. Bradford 1838.

Boyer, La cité humaine, principes métaphysiques de philosophie sociale. gr.-8°. Paris, D. Giraud et J. Dagneau, 1851.

Boyer, Adolphe, 1. Les conseils de prud'hommes au point de vue de l'intérêt des ouvriers et de l'égalité de droits. 8°. Paris, Pilont, 1841.
— 2. De l'état des ouvriers et de son amélioration par l'organisation du travail. 2. édit. 18°. Paris, impr. Fain, 1841.

Boyer, Pierre-Denis, Défense de l'ordre social contre le carbonarisme moderne, avec un jugement sur M. de La Mennais considéré comme écrivain et une dissertation sur le romantisme. 2 vol. 8°. Paris, Ad. Le Clère et Co., 1835.

Boyle, John, Account of strikes in potteries in 1834—36. (Stat. Soc. Journ., Vol. 1, 1838.)

Boylesve, Marin de, La question ouvrière. Programme d'action. Les droits de dieu et nos devoirs. 8°. Paris, Haton, 1891.

Brac de la Perrière, J., Le socialisme. 8. Paris, Baltenweck, 1880.

Brace, Ch. L., The dangerous classes of New York and twenty years work among them. 8°. New York 1872.

Bracke, W. jr., 1. Der Braunschweiger Ausschuss der socialdemokratischen Arbeiterpartei in Lötzen vor dem Gericht. gr.-8°. Braunschweig, Exped. des Braunschweig. Volksfreund, 1872.
— 2. Der Lassalle'sche Vorschlag. Ein Wort an den 4. Congress der socialdemokratischen Arbeiterpartei (einberufen auf den 23. Aug. 1873 nach Eisenach). gr.-8°. Braunschweig, Bracke jr., 1873.
— 3. „Nieder mit den Socialdemokraten!" 8°. Braunschweig, W. Bracke jr., 1876. 8°. Berlin, Verlag des „Vorwärts", Berliner Volksblatt, 1891.

Bradlaugh, C., Reform or revolution. An address to the Lords and Commons of England in Parliament assembled. 8°. London, Office of the National Reformer, s. a.

Brake, G., Der christliche Socialismus des Pfarrers Todt. Eine theologische Kritik. gr.-8°. Oldenburg, Ferd. Schmidt's Buchh., 1879.

Brämer, Die Eisenacher Conferenz über die sociale Frage. (Arbeiterfreund, Jahrg. 10, 1872.)

Brämer, K. Vide: Arbeiterfreund. Zeitschrift.

Bramwell, Lord, 1. Economics vers socialism. 8°. London, Lib. and Prop. Def. League, 1888.
— 2. Nationalization of land. A Review of Mr. H. George's „Progress and Poverty". 8°. London 1884.

Brandat, Paul, Les droits de l'homme. 79 pp. 18°. Paris, Bellaire, 1872.

Brandes, G., 1. Ferdinand Lassalle. Ein litera risches Charakterbild. A. d. Dänischen. 8°. Berlin, Duncker u. Humblot, 1865. 8°. Berlin 1877. 2. mit bisher unveröffentl. Briefen und dem Porträt Lassalle's verm. Aufl. Aus dem Dänischen. 8°. Leipzig, Barsdorf, 1888.
— 2., Ferdinand Lassalle. En kritisk fremstilling. 8°. Kopenhagen, Gyldendal, 1882.

Braule-bas (Le) révolutionnaire, socialiste, républicain. No. 1, 14 sept. 1883. (Hebdomadaire, paraît le vendredi.) gr. in-fol. Lyon, impr. Perrellon.

Brants, V., L'ouvrier russe. Étude de voyage. 8°. Bruxelles 1891.

Brasch, Dr. Mor., 1. Socialistische Phantasiestaaten. Ein historisch-politischer Essay. (Aus: Gesammelte Essays und Charakterköpfe zur neueren Philosophie und Literatur.) gr.-8°. Leipzig, Huth, 1885.
— 2. Philosophie und Politik. Studien über Ferd. Lassalle und Joh. Jacoby. gr.-8°. Leipzig, Friedrich, 1889.

Brass, Aug., 1. Der Freiheitskampf in Baden und in der Pfalz im Jahre 1849, seine Ursachen, seine Entwickelung und sein Ausgang, vom politischen wie vom militärischen Standpunkte beleuchtet. 8°. St. Gallen, Scheitlin u. Zollikofer, 1849.
— 2. Geschichte der Demokratie und Reaction in Berlin von Beendigung der März-Revolution bis zur Contre-Revolution des Ministeriums Brandenburg und Octroyirung der Verfassung. 8°. Berlin, Lohmann, 1849.

Brassey, Thom., Trades' unions and the cost of labour. Speech in the House of Commons, 7 July 1869. 64 pp. 8°. London 1870.

Braun, Ad., Die Gewerkvereine in der Schweiz. (Deutsche Worte, 1888, Juni.)

Braun, C. Vide: Demokrat (Der).
Braun, F. Vide: Horen (Pariser).
Braun, Dr. Heinr. Vide: Archiv f. soc. Gesetzgebung.

Braun, Carl, 1. Parlamentsbriefe. 1) Friedliche Briefe über den socialen Krieg. gr.-8°. Berlin, Herbig, 1869.
— 2. Zur Physiologie des Eigenthums und des Erbrechts. (Vierteljahresschr. f. Volkswirthsch. etc., 1865₁.)
— 3. Versuch einer Genesis der Pariser Commune von 1871. (Vierteljahresschr. f. Volkswirthsch., 1891₃.)

Bray, Ch., 1. Outlines of social systems and communities. 12°. London, Longman, 1844.
— 2. The philosophy of necessity or the law of consequences; as applicable to mental, moral and social science. 2 vol. 8°. 1841.

Bray, J. F., Labour's wrongs and labour's remedys. Remedy or the age of might and the age of right. 8°. Leeds, David Green, 1839.

Brehmer, Herm. Vide: Volkszeitung (Schlesische).

Brentano, Lujo, 1. Die christlich-sociale Bewegung in England. (Schmoller's Jahrbuch f. Gesetzgeb., N. F. Bd. 7, 1883₃.) 2. verb. und durch einen Anhang verm. Ausg. gr.-8°. Leipzig, Duncker u. Humblot, 1883.
— 2. Geschichte und Wirken eines deutschen Gewerkvereines. (Schmoller's Jahrbuch f. Gesetzgeb., N. F. Bd. 6, 1882₃.)
— 3. Zur Geschichte der englischen Gewerkvereine. 8°. Leipzig 1871.
— 4. Die Gewerkvereine im Verhältniss zur Arbeitsgesetzgebung. (Preuss. Jahrbücher, Bd. 29, 1872.)
— 5. Die Hirsch-Duncker'schen Gewerkvereine. Eine Replik. (Schmoller's Jahrbuch f. Gesetzgeb., N. F. Bd. 3, 1879₂. ₃.)
— 6. On the history and development of gilds, and the origin of trade-unions. Als Einleitung zu T. Smith's English Gilds. 8°. London 1870.
— 7. Die liberale Partei und die Arbeiter. (Preuss. Jahrb., Bd. 40, 1877.)
— 8. Une nouvelle phase de l'organisation des ouvriers en Angleterre. (Revue d'écon. polit., 1890.)
— 9. Meine Polemik mit Carl Marx. Zugleich ein Beitrag zur Frage des Fortschrittes der Arbeiterklasse und seiner Ursachen. gr.-8°. Berlin, Walther u. Apolant, 1890.

Brentano, Lujo, 10. Une polémique avec Carl Marx. (Revue d'écon. polit., année 4, 1890.
— 11. La question ouvrière. Traduit de l'Allemand par L. Caubert. 12°. Paris, libr. des bibliophiles, 1885.
— 12. Wie Carl Marx citirt. Wie Carl Marx sich vertheidigt. Weiteres zur Charakteristik von Carl Marx. (Concordia, 7. März, 4. u. 11. Juli, 22. Aug. 1872.)
— Vide: Arbeitseinstellungen.
— — Engels, Fr.: In Sachen Breutano's.
— — Hirsch, M.: Die deutsch. Gewerkvereine.
— — Kautsky, K., u. W. Eichhoff: Wie Brentano Marx vernichtet.
— — Smith, J. T. u. Brentano.
Bresson, Léopold. Vide: La Phalange. année XVI, t. V et VI. année XVII, t. VII. année XVIII, t. VIII.
Bretschneider, Carl Gli., Der Simonismus und das Christenthum. Oder: Beurtheilende Darstellung der Simonistischen Religion, ihres Verhältnisses zur christlichen Kirche und die Lage des Christenthums in unserer Zeit. gr.-8°. Leipzig, W. Vogel, 1832.
Brettes, F., Conférences sur la vie sociale. Les principes de 89. 18°. Paris, Gaume et Co., 1890.
Breynat, Jules, Les socialistes modernes. (Ledru-Rollin, Émile de Girardin, Proudhon, Blanqui, Louis Blanc, Cabet, Raspail, George Sand, Pierre Leroux, Pierre Dupont.) 8°. Paris, Garnier, 1849. 4. édit. sous le titre: „Les socialistes depuis fevrier". 18°. Paris, E. Dentu, 1850.
Briancourt, Matth., 1. Lettres à mon frère sur mes croyances réligiouses et sociales. 18°. Bruxelles, C. Muquardt, 1868.
— 2. Notions élémentaires sur la science sociale de Fourier. 1846.
— 3. L'organisation du travail et l'association. 8°. Paris, à la librair. sociétaire. 1845. 2. édit. 18°. Paris, libr. soc., 1846. 18°. à Paris, libr. phalanst., 1848.
— 4. Visite au phalanstère. 18°. Paris, libr. phalanst., 1848.
Bricard, E., La réforme des moeurs par l'organisation du travail et d'une armée nationale. 8°. 32 pp. Paris, imp. Balitout, Questroy et Co., 1872.
Brice, F. Trevethen, The coming of liberty. (To Day, No. 16.)
Bridel, Louis, Étude historique sur la condition des femmes. 8°. Lausanne 1884.
Brief, 1. (Offener) an die Arbeiter. Von einem Freunde derselben. gr.-8°. Brünn (Knauthe u. Brand) 1871.

Brief, 2. (Offener) eines Wiener Arbeiters an Herrn Schulze-Delitzsch. 8°. Schleiz 1868.
— 3. eines Herrn Pfarrers in Basel an einen Communisten in Lausanne, nebst Antwort darauf. 1843. 8°. Bern, Jenni Sohn, 1844.
Briefe, 1. aus England, über die Verhältnisse des Eigenthums in Grossbritannien. Uebersetzung der „Lettres de Saint James. Genève 1820". gr.-8°. Berlin, Duncker u. Humblot, 1821.
— 2. einer Nihilistin. Mit erklärenden Anmerkungen versehen. Aus dem Französ. übersetzt und nebst einer kurzgefassten Geschichte des Nihilismus hrsg. von F. Stolz, Rechtsanwalt in Appenzell. 8°. Schaffhausen, Druck v. Gebr. Meyer, 1884.
— 3. eines communistischen Propheten nebst Anhang von Gedenkversen. Von dem Verfasser der Neutestamentlichen Zeitgedichte. 8°. Leobschütz, Dülfer's Verlag, 1850.
— 4. über Socialismus von einem alten 1848er. 8°. Lippstadt, Rempel, 1877.
— 5. (Socialistische) aus Amerika. 1. u. 2. Aufl. 8°. München, Merhoff, 1883.
Briefwechsel eines Theoretikes und eines Praktikers über Arbeiterorganisation und Streiks. (Preuss. Jahrb., Bd. 66, 1890.)
Brindley, John, A reply to R. Owen's fundamental principles of socialism; proving the free agency of man. 11 pp. 8°. Birmingham, s. a,
Brisbane, A. Vide: Phalange, série 3, t. III.
Brissot, H., 1. Résumé populaire du socialisme. 18°. Paris, H. Oriol, 1883. 9. édit. 18°. Paris, H. Oriol, s. a. (Bibliothèque socialiste). 10. édit. 16°. Paris, au Progrès, 1888.
— 2. Vive la république européenne! Partie I: Un cauchemar de l'empereur Guillaumin I. Partie II: La conspiration républicaine socialiste, l'abolition des frontières etc. 12°. Paris, Oriol, 1884. (Bibliotheque socialiste.)
Brissot de Warville, Jean Pierre, Sur la propriété et sur le vol. Recherches philosophiques sur le droit de propriété et sur le vol considérés dans la nature et dans la société par Brissot. Suivi de: Brissot, sa vie, son oeuvre par Massenet et Marancourt. 8°. Paris, Ghio, 1872.
_{La 1re édit. a été publiée on 1780.}
Briton (The true) of the nineteenth century. Governments aids of chartism, socialism and popery. 8°. London, Walter and Co,, January 1840.
Broadbent, H., Wealth and want: a social experiment made and described. Edited

by the Rever. G. Masherma. 12°. London, W. Scott, 1885.

Brochard, André Théodore, L'ouvrière mère de famille. 18°. Lyon, Josserand, 1874.

Brodrick, G. C., 1. Democracy and socialism. (Nineteenth Century, No. 86, April 1884.)
— 2. The progress of democracy in England. (Nineteenth Century, Nov. 1883.)
— 3. The socialistic tendencies of modern democracy. (Macmillan's Magazine, March 1886.)

Bromiley, Arthur, A social theory, or a brief exposition of the primary law in nature, affecting social developmont, also an Appendix containing an outline of a scheme framed in accordance with the above mentioned law. 26 pp. 8°. London 1851.

Broquet, l'abeé J. A., L' internationale et le liberalisme. 8°, Genève, Grosset, 1872.

Brothier, Léon, 1. Le parti social. 1840.
— 2. Saint-Simon et le Saint-Simonisme. (Extrait de la „Libre Recherche".) gr.-8°. Bruxelles, impr. de E. Guyot, 1859.

Brown, C. O., Talks on the labor troubles. 16°. Chicago, Revell, 1886.

Brown, John, 1. Considérations sur les rapports, qui lient l'homme en société, ou des éléments de l'organisation sociale, trad. de l'anglais sur la trois. édit. par Den. Fr. Donnant avec un Discours préliminaire et des notes. 8°. Paris, Obré, 1800.
— 2. Consideraciones sobre las relaciones que unen á los hombres en sociedad, ó elementos de la organizacion social, obra escrita en inglés, traducida al francés por la tercera edicion, con un discurso preliminar y notas por D. F. Donnant, y al castellano por Don Y. de O. Cádiz 1813.

Brown, T. E., Studies in modern socialism and labor. Problems. 12°. New York, Appleton, 1886.

Brown, W., The labour question. — Thoughts on paper currency and on interest as affecting the prosperity of labour commerce and manufactures. 18°. London, Toronto, 1872.

Brownson, O. A., The labouring classes, an article from the Boston Quarterly Review. 5. edit. 8°. Boston, Benj. H. Greene, 1842.

Bruce-Smith, Trades-unionism in Victoria: or who shall be master? (Victorian Review, March 1885.)

Bruck, Emil, Die Nichtberechtigung der ungleichen Arbeitsentschädigung im Zukunftsstaate. (Neue Gesellschaft, 1. Jahrg.)

Brüder (Für die französischen). I. An das Volk der beherrschten Klasse von Felix Pyat. II. Die Arbeiterdelegationen bei den Weltausstellungen. 8°. Leipzig, Genoss Buchdr., 1876.

Bruderschaftslieder eines rheinischen Poeten. 8°. Darmstadt, Leske, 1846.

Bruère, Martin, Droit au capital. Inviolabilité de la propriété. Extrait d'un projet d'organisation sociale. 8°. Paris, rue Vivienne, 1849.

Brüll, Andr., Die Encyclica über die Arbeiterfrage. (Christl.-soc. Blätter, 24. Jhrg., 1891.)

Brun, Lucien. Vide: Union de la paix sociale.

Bruneau. Vide: Hoart etc.

Brunet, Auguste. Vide: Aristocratie (De l').

Brunet, Ch., Le Père Duchesne d'Hebert. Notice historique et bibliographique sur ce journal, publié pendant les années 1790, 91, 92, 93 et 94. 228 pp. 12°. Paris, librairie de la France, 1859.

Brunialti, A., Libertà e democrazia. 2 vol. 16°. Milano 1879.

Brunnemann, K., 1. Max Robespierre. (Die Zukunft, 1. Jahrg.)
— 2. Maximilian Robespierre. Ein Lebensbild nach zum Theil noch unbenützten Quellen. gr.-8°. Leipzig, Wilh. Friedrich, 1880.

Bruno, Th. (Buchner), Libertas. 8°. Herisau, Schläpfer, 1846.

Brüsseler-Zeitung (Deutsche). Hrsg. von Adelbert v. Bornstedt. Brüssel 1847—1848.

Bryce, James, The historical aspect of democracy. 8°. London 1867.

Bryce, Lloyd S., Socialism through American spectacles. (Nineteenth Century, Sept. 1888.)

Brydges, Sir Egerton, The population and riches of nations, considered together, not only with regard to their positive and relative increase, but with regard to their tendency to morals, prosperity and happiness. 8°. Geneva, Luke Sestie, August 1819.

Buccellati, A., Il nihilismo e la ragione del diritto penale. 4°. Milano, Rebeschini et Co., 1883.

Bucellati, J. Vide: Phalanstère, année II, no. 26.

Buch (Dies) gehört dem Könige. (Von Bettina.) 2 Thle. 8°. Berlin, Schröder, 1843.
— Vide: Fromm, Lebr.: Ruchlosigkeit der Schrift.

Buch (Dies) gehört dem Volke. (Von W. Marr.) 8°. Aarau 1844.

Buch (Dies) gehört dem Volke. Hrsg. von Dr. O. Lüning. 1. u. 2. Jahrg. 8°. Bielefeld, 1845—46. 3. Jahrg. 8°. Paderborn 1847.

Buch (Ein) für Leute, die denken. (Von G. Maurer.) 8°. Zürich, Orell, 1845.
Buchanan, R., 1. An exposure of the falsehoods, calumnies and misrepresentation of a pamphlet, entitled: „The abominations of socialism exposed", being a refutation of the charges and statements of the R. Jos. Barker and all others who have adopted a similar mode of opposing socialism. 48 pp. 8°. Manchester, Heywood, s. a.
— 2. The religion of past and present society founded upon a false fundamental principle inimical to the extension of real knowledge opposed to human happiness. 23 pp. 8°. Manchester, Heywood, 1839.
Bücher, K., 1. Die schweizer. Arbeiterorganisationen. (Zeitschr. f. Staatswiss., 1888.)
— 2. Die Aufstände der unfreien Arbeiter 143—129 v. Chr. 8°. Frankfurt a. M. 1874.
Buchez, Phil. Jos. Benj., L'introduction à la science de l'histoire ou science du développement de l'humanité. 1. édit. 8°. Bruxelles 1833 (anonym). 2. édit. revue, corrigée et augmentée. 2 vol. gr.-8°. Paris, Guillaumin, 1842.
— Vide: L' Atelier.
Buchholz, Fr., 1. Darstellung eines neuen Gravitations-Gesetzes für die moralische Welt. 8°. Berlin 1802.
— 2. Hermes oder über die Natur der Gesellschaft, mit Blicken in die Zukunft. gr.-8°. Tübingen und Stuttgart, Cotta 1810.
Büchlein der Freiheit. 46 pp. 8°. Strassburg, Schuler, s. a. (nach 1840).
Buchner. Vide: Bruno, Th.
Büchner, Georg, Der hessische Landbote. Erste (einzige) Botschaft. 1834.
Büchner, L., Herr Lassalle und die Arbeiter. Bericht und Vortrag über das Lassalle'sche Arbeiterprogramm, erstattet auf dem Arbeitertag in Rödelheim, am 19. April 1863, im Auftrag des Central-Comités der Arbeiter des Maingaues. 1863.
Budan de Bois-Laurent, Ferd. Franç. Desiré., 1. Quelques observations sur l'ouvrage posthume de Fourier, et sur l'avertissement placé en tête par son éditeur. 8°. Paris, Dondey-Dupré, 1832.
— 2. De l'ordre social. Poëme. 8°. Paris, Astier, 1835.
Bugeaud, Herzog v. Isly, Gespräche in einer Hütte über Socialismus, Volkswohl und Reform der Arbeit. gr.-16°. Frankfurt a. M., Jügel, 1850.
Bugeaud, (d'Isly, marechal), Les socia-listes et le travail en commun. (Revue des Deux Mondes, 15 juillet 1848.) br-18°. Paris, Gerdès, Guillaumin et Co., 1848.
Buhl, L. Vide: Monatsschrift (Berliner).
Buisson, Eugène, La société considérée dans le rapport de ses divers éléments avec le progrès moral de l'humanité. 12°. Paris, Cherbuliez, 1851.
Bull, Rev. George S., The oppressors of the poor and the poor their own oppressors. A sermon. 20 pp. 8°. Bradford 1839.
Bulletin (Le), journal des questions ouvrières. Paraît les 5 et 20 de chaque mois. No. 1, 5 mai 1884. pet. in fol. Bordeaux.
Bulletin officiel du six. congrès de la Ligue internationale de la paix et de la liberté. gr.-8°. Genève, impr. coopérat., 1872.
— — des Assemblées tenues à Genève les 7, 8 et 9 sept. 1873. gr.-8°. Ibid. 1873.
— — des Assemblées tenues à Genève les 6, 7 et 8 sept. 1874. gr.-8°. Ibid. 1874.
— — des Assemblées et Meeting tenues à Genève les 12, 13 et 15 sept. 1875. gr.-8°. Ibid. 1875.
Bulletin socialiste, organe du comité central des républicains socialistes. No. 1, 15 sept. 1889. 8°. St. Etienne, impr. Leuvrey.
Bulletin of the social labor movement. New York, 1879—80.
Bullinger, H., Der Widertöuffer ursprung, fürgang, secten. 4°. Zürich 1560.
Bund (Der) des armen Konrads. Getreue Schilderung einiger merkwürdigen Auftritte aus den Zeiten der Bauernkriege im 16. Jahrhundert. kl.-8°. Leipzig, Weygandsche Buchhdlg., 1795.
Buonarotti, Ph., 1. Conspiration pour l'égalité, dite de Babeuf, suivie du procès auquel elle donna lieu, et des pièces justificatives. 2 vol. 8°. Bruxelles, à la libr. romantique, 1828. 2 vol. 8°. Paris 1830.
— 2. History of Babeuf's conspiracy for equality; with the authors reflections on the causes and character of the french Revolution, and his estimate of the leading men and events of that epoch. Also, his views of democratic government, community of property and political and social equality. Translated from the french language, and illustrated by original notes etc. by Bronterre. 8°. London, H. Hetherington, 1836.
— 3. Histoire de la conspiration pour l'égalité dite de Babeuf, suivie du procès auquel elle donna lieu. Nouv. édit. 18°. Paris, G. Charavay, 1850.

Buonaroti, Ph., 4. Les grands procès politiques Gracchus Babeuf et la conjuration des Égaux. Préface et notes par A. Ranc. 8°. Paris, Lechevalier, 1869.
— 5. Système politique et social des Égaux, extrait du livre de Ph. Buonaroti. 18°. Paris, impr. Pecquereau, 1842.

Buquet, A., Le sublime ou le travailleur comme il est en 1870 et ce qu'il peut être. 24 pp. 8°. Paris, E. Lacroix, 1870.

Buquet, J. Vide: Luce Ernest.

Burckhardt, Dr. Ed., Geschichte des deutschen Bauernkrieges. 2 Bde. 12°. Leipzig, Liter. Museum, 1833. (Taschenbibliothek aller Revolutionen der neueren Zeit, Bd. 4—5.)

Burdet-Chevallier, Vorträge über Socialismus, geh. im Verein für Kunst und Gewerbe zu Barmen. I. gr.-8°. Barmen, Sartorius, 1850.

Burdon, Ueber den gesellschaftlichen Zustand. Aus dem Engl. übers. von A. C. Ott. 8°. Freiberg, J. G. Engelhardt, 1846. (Stimmen aus dem Auslande über sociale Zustände. II.)

Bureau, All. Vide: Phalange, année I, no. 14; série III, t. II et III.

Buret, Anton Eugéne, De la misère des classes laborieuses en Angleterre et en France; de la nature de la misère, de son existence, de ses effets, de ses causes, et de l'insuffisance des remèdes, qu'on lui a opposés jusqu'ici, avec l'indication des moyens propres à en affranchir les sociétés. 2 vol. 8°. Paris, Paulin, 1840. (et Blanqui, Rossi et Buret: Cours d'écon. polit. Lex. 8°. Bruxelles, Ad. Vahlen, 1843, partie 3.)

Buret. Vide: Aperçu sur la condition etc.

Burg, Adam v., Ueber den Einfluss des Maschinenwesens auf unsere socialen Verhältnisse. Ein Vortrag, gehalten in der feierl. Sitzung d. k. Akad. d. Wissensch. am 30. Mai 1856. 8°. Wien, Gerold, 1856.

Burgdorf, Past. Alb., Kirche und Socialdemokratie. Vortrag, geh. am 4. Juni 1891 zu Frankfurt a. O. (Aus: „Fürstenwalder Wochenblatt".) 12°. Fürstenwalde, Christophorus' Verlag, 1891.

Bürgerbuch (Deutsches) für 1845. Hrsg. von H. Püttmann. gr.-8°. Darmstadt, C. W. Leske, 1845.
— für 1846. Hrsg. von H. Püttmann. gr.-8°. Mannheim, H. Hoff, 1846.

Bürgerkönigthum (Das) und das französische Volk. Actenmässige Würdigung der Demokratie und der Geldaristokratie insbesondere Louis Philipps. 8°. Leipzig, E. O Weller, 1848.

Bürgerkrieg (Der) in Frankreich. Adresse des Generalraths der internationalen Arbeiter-Association an alle Mitglieder in Europa und den Vereinigten Staaten. Neuer Abdr. 8°. Leipzig, Genoss. Buchdr., 1876. 3. deutsche Aufl., verm. durch die beiden Adressen des Generalrathes über den deutsch-französ. Krieg und durch eine Einleitung von Fr. Engels. gr.-8°. Berlin, Verlag des „Vorwärts", Berliner Volksblatt, 1891.

Burns, John L. C. C., The Liverpool trade-union congress. 8°. London, Green and Mc Allan, 1890.

Burt, Th., 1. Labour in parliament. (Contemporary Review, May 1889.)
— 2. Working men and war. (Fortnightly Review, Decemb. 1882.)

Busau, Th., Die Gesellschaftsordnung für die Gegenwart in Frage und Antwort. 8°. Berlin, Germania, 1889.

Busch, Ernst, Die sociale Frage und ihre Lösung. 8°. Berlin, Pfeilstücker, 1890.

Busch, Dr. Moritz, Geschichte der Mormonen nebst einer Darstellung ihres Glaubens und ihrer gegenwärtigen socialen und politischen Verhältnisse. gr.-8°. Leipzig, Ambr. Abel, 1870.

Bussy, Charles de, Histoire et réfutation du socialisme depuis l'antiquité jusqu' à nos jours. 12°. Paris, Delahaye, 1859.
— Vide: Socialisme en Russie.

Bustead, Thos. W., Trades-unions, combinations and strikes. London, Stevens, 1860.

But social (le), journal de philosophie positive et des moyens transitoires ... 2 nos. in fol. Paris, 18 juin 1848. Gérant et rédacteur en chef: Raginel.

Buteuval, de, L'union de la paix sociale, lettre à M. F. Le Play. 22 pp. 12°. Tours, Mame et fils; Paris, Dentu, 1872.

Bütow, Otto, Die Lösung der socialen Frage. I. Thl. Der Racen-Ursprung der gesellschaftl. Frage. gr.-8°. Colberg (Berlin, A. Böttcher) 1887.

Büttner, A. Vide: Arbeiterzeitung (Leipziger).

Buzon, J. jeune, Classes-moyennes et prolétaires. Réponse à M. Vermorel (rédacteur en chef du Courrier Français). 8°. Bordeaux 1867.

C.

Cabet, Étienne, 1. Almanach icarien, astronomique, scientifique, pratique, industriel, statistique, politique et social pour 1843. 16º. Paris, Mallet, 1842. (3. édit. dans la même année.) — Le même pour 1844. 16º. Paris, Prevot, 1843.
— 2. Association libre pour l'éducation du peuple. Comité central, séances des 28 mai et 1 juin, présedence de M. Cabet. 4º. Paris, impr. Hullin, 1833.
— 3. Bien et mal, danger et salut, après la révolution de févr. 1848. 32º. Paris, au bureau du Populaire, 1848.
— 4. Bombardement de Barcelone, ou Voilà les bastilles! Histoire de l'insurrection et du bombardement. Documents historiques. Opinion des journaux espagnols, anglais et français. Appréciations des faits. 8º. Paris, Breton, 1843.
— 5. Le vrai christianisme suivant Jésus Christ. 18º. Paris, au bureau du Populaire, 1846 (avril-juillet). 2. édit. 18º. Paris, rue J. J. Rousseau, 1847. 3. édit. 18º. Paris, au bur. du Populaire, 1848.
— 6. Colonie icarienne aux États-Unis d'Amérique. Sa constitution, ses lois, sa situation matérielle et morale après le premier semestre de 1855. 12º. Paris, rue Baillet, 1856.
— 7. Petite communauté de devoirs et petite colonie fraternelle. 8º. Paris, impr. Delanchy, 1844.
— 8. Comment je suis communiste et mon credo communiste. 16 pp. 1 feuille. 8º. 1840. 5. édit. 32º. Paris, au bureau du Populaire, octobre 1847.
— 9. Wie ich Communist bin und mein communistisches Glaubensbekenntniss. Aus dem Französ. von Wendel-Hippler. 16º. Paris 1847. (Leipzig, Twietmeyer.)

Cabet, Ét., 10. Crédo communiste. 8º. Paris, Prévot, 1841.
— 11. Das communistische Glaubensbekenntniss, übers. von C. Albrecht. 8º. s. l. s. a. Buchhandl. L. Alex. Michod, Genf 1842; Paris 1847.
— 12. De la démocratie devenu communiste malgré lui, ou réfutation de la brochure de M. Thoré intitulée: „Du communisme en France." 32º. Paris, au bureau du Populaire, décembre 1847.
— 13. Dialogue sur les bastilles entre M. Thiers et un courtisan. 16 pp. 8º. Paris, impr. Bajat.
— 14. Petites dialogues populaires sur la communauté. Premier dialogue. 8º. Paris, impr. Delanchy, 1842.
— 15. Eau sur feu, ou Réponse à Timon. 32º. Paris, impr. E. B. Delanchy, s. a.
— 16. L' émigration de M. Guizot à Gand est-elle gloire ou infamie? 8º. Paris, Prevot, 1840.
— 17. État de la question sociale en Angleterre, en Écosse, en Irlande et en France. 32º. Paris, impr. Delanchy, 1843.
— 18. Utile et franche explication avec les communistes lyonnais sur des questions pratiques. 8º. Paris, Breton, 1842.
— 19. La femme, son malheureux sort dans la société actuelle, son bonheur dans la communauté. 4. édit. 16º. Paris, impr. Delanchy, 1844. 6. édit. 18º. Paris, au bureau du Populaire, août 1847. 8. édit. 32º. Paris, ibid. oct. 1848.
— 20. Das Weib. 8º. Langenthal 1844.
— 21. Le gant jeté au communisme par un riche jésuite, académicien à Lyon, ramassé par M. Cabet. 8º. Paris, impr. Delanchy, 1844. 2. édit. 32º. Paris, au bureau du Populaire, mai 1847.
— 22. Guide du citoyen aux prises avec

la police et la justice dans les arrestations, les visites domiciliaires, la détention provisoire, le secret et devant le juge d'instruction et le tribunal, après l'acquittement et la condamnation. 1. et 2. édit. 8°. Paris, Prévot, juin 1842.

Cabet, Ét., 23. Histoire populaire de la révolution française de 1789 à 1839, précédée d'un précis de l'histoire des Français depuis leur origine jusqu'aux États généraux. 4 vol. 8°. Paris, Pagnerre, 1840. 2. édit. continuée jusqu'en 1845. 5 vol. 8°. Paris, rue J. J. Rousseau, 1845—47.

— 24. Inconséquences de M. de Lamenais, ou réfutation de Amschaspands et Darvans, du passé et de l'avenir du peuple et des cinq articles de l'Almanach populaire. 8°. Paris, impr. Bréton, 1843.

— 25. Lettre de M. Cabet. (La Phalange, série 3, t. III.)

— 26. Lettre du citoyen Cabet à l'archevêque de Paris en réponse de son mandement du 8 juin 1851. 8°. Paris, au bureau du Populaire, août 1851.

— 27. Six lettres sur la crise actuelle. 8°. Paris 1840.

— 28. Douze lettres d'un communiste à un réformiste sur la communauté. 166 pp. 8°. Paris, Prévot, 1841.

— 29. Ma ligne droite, ou le vrai chemin du salut pour le peuple. 65 pp. gr.-8°. Impr. Bajat, 28 oct. 1841.

— 30. Louis Philippe à lui seul fait plus de propagande républicaine que tous les républicains ensemble. 8°. Paris, impr. d'Herhan, 1833.

— 31. Les masques arrachés. 8°. Paris, impr. Delanchy, 1844.

— 32. Le National traduit devant le tribunal de l'opinion publique et M. Cabet accusé par le National. 112 pp. 8°. Paris, impr. Bajat, 1841.

— 33. Le National nous perd par son aveuglement sur les bastilles. Réfutation de ses arguments. 48 pp. Paris, impr. Bajat.

— 34. Suite de la brochure: Le National nous perd par son aveuglement sur les bastilles. L'embastillement est la ruine de Paris et de la France. pp. 49—96. 8°. Paris, impr. Bajat, s. a.

— 35. L'ouvrier; ses misères actuelles, leur cause et leur remède; son futur bonheur dans la communauté; moyens de l'établir. 2. édit. 32°. Paris, impr. Delanchy, 1844. 3. édit. 32°. Paris, au bureau du Populaire, 1846, mars. 4. edit. Publié sur l'invitation des actionaires du Populaire. 32°. Paris, au bureau du Populaire, 1848.

Cabet, Ét., 36. Pourvoi en cassation devant la postérité contre l'arrêt de la cour des pairs sur l'attentat Quenisset. gr.-8°. Paris chez Prevost, Rouanet, Pilhout et Co. décembre 1841.

— 37. Procès de M. Cabet contre le National au sujet des bastilles. 3 livr. s. a.

— 38. Procès du communisme à Toulouse 8°. Toulose, impr. de Paya, 1843. Paris

— 39. Notre procès en escroquerie. ou poursuites dirigées contre les citoyens Cabet et Krolikowski à l'occasion de la fondation d'Icarie. 8°. Paris, rue J. J. Rousseau, 1849.

— 40. Procès et acquittement du citoyen Cabet accusé d'escroquerie pour l'émigration icarienne. 8°. Paris, rue Baillet, 1851.

— 41. Propagande communiste, ou questions à discuter et à soutenir ou à écarter Paris. 10 pp. 8°. Paris, Prévot etc., 1842.

— 42. Réalisation de la communauté. 8 livr. in-8°. Paris, 1847.

— 43. Réfutation des doctrines de l'Atelier. 8°. Paris, Prévot, 1842.

— 44. Réfutation, ou examen de tous les écrits ou journaux contre ou sur la communauté. Réfutation des trois ouvrages de l'abbé Constant. 33 pp. 8°. Paris, Prévot, 1841.

— 45. Nouvelle réponse de M. Cabet aux nouvelles attaques du National. 18 pp. 22 juin 1842.

— 46. Révolution de 1830 et situation présente (sept. 1832) expliquées et éclairées par les révolutions de 1789, 1792, 1799 et 1804 et par la restauration. 8°. Paris, Mie, 1832. 2. édit. 2 vol. 8°. Paris, Deville-Pagnerre, 1833. 3. édit. 2 vol. 8°. Paris, Deville-Cavelin, Pagnerre, 1833.

— 47. La scission icarienne. 1856.

— 48. Vous seriez résponsables envers la patrie. 4 pp. 8°. Paris, impr. Bourgogne et Martinet, s. a.

— 49. Voyages et aventures de Lord William Carisdall en Icarie. Traduits de l'anglais de Francis Adams par Th. Dufruit. 2 vol. 8°. Paris, Souverain, 1840. 2. édit. Paris, chez Mallet, 1842.

(Francis Adams n'est qu'un auteur imaginaire et l'ouvrage n'est pas non plus traduit de l'anglais, mais écrit en français par M. Cabet.)

Cabet, Ét., 50. Voyage en Icarie.
Fraternité.
Tous pour chacun,   Chacun pour tous.
Amour.
Solidarité.   Justice.   Éducation.
Égalité, Liberté. Secours mutuel. Intelligence, Raison.
Éligibilité. Assurance universel. Moralité.
Unité. Organisation du travail. Ordre.
Paix. Machines au profit de tous. Union.
Augmentation de la production.
Répartition équitable des produits.
Suppression de la misère.
Améliorations croissantes.
Premier droit   Mariage et famille.   Premier devoir
vivre   Progrès continuel.   travailler
à chacun   Abondance.   à chacun
suivant ses besoins,   Arts.   suivant ses forces.
5. édit. 8°. Paris, au bureau du Populaire, 1848.
— 51. Reise nach Ikarien. Aus dem Französ. von Wendel-Hippler (pseud. für Allbusen). gr.-12°. Paris 1847. (Leipzig. Twietmeyer.)
— 52. Die neue Sittenverbesserung durch ikarische Gemeinschaft. In 12 Briefen. (Nebst Wahlenanleitung unter dem Schutze der provisorischen Regierung der französ. Republik.) Deutsch von C. G. Allbusen. 8°. Kiel 1850. (Leipzig, Matthes in Comm.)
Cabet et M. Dezamy, Patriotes, lisez et rougissez! — Opinions des journaux français et étrangers sur la question d'Orient.
— Le traité du 15 juillet. — La guerre.
— Discours de la couronne: pièces diplomatiques. 8°. Paris, impr. Bourgogne, 1840.
— Vide: Bibliothèque sociale.
— — Lamartine: Lettre au citoyen Cabet.
— — Populaire (Le).
— — Républicain (Le).
— — Républicain populaire et sociale.
Cabet's Voyage en Icarie. (Quarterly Review. Nr. 165, 1848.)
Cabossel et Airam Labigand, Solution de la question sociale par le communisme anarchiste. 8°. Paris, Reiff et Cabossel, 1883.
Cabrini, A., Il socialismo religioso e le rivendicazioni del proletariato: conferenza tenuta la sera del 13 giugno 1891 in Piacenza. 16°. Piacenza. tip. Marchesotti, 1891.
Cadman, H. W., The christian unity of capital and labor. 12°. Philadelphia, American S. S. Union. 1888.
Caesarism, romanism, socialism: the three extreme ideals. (Quarterly Review, Nr. 288, 1877.)
Cafiero, Carlo. Il capitale (compendio del capitale di C. Marx). (Biblioteca socialista, vol. 5.) Milano. Ambrosoli.

Cahier social (Le premier), adressé à l'assemblée des États généraux par Baudy de C. Mai 1789. 3 nos in-8°.
Caillat, Le sentier de la vie, ou grèves et ouvriers. 36 pp. 8°. Paris, Lachaud, 1873.
Caillemer, E.. Compte rendu, à l'académie de Lyon, d'une étude de M. Féraz sur le socialisme, le naturalisme et le positivisme en France au XIX siècle. 17 pp. 8°. Lyon, impr. Riotor, 1878.
Ça Ira (Le). Paris 1888—89. (Journal.)
Caird, Edw., The social philosophy and religion of Comte. (Contemporary Review, May and June 1879.) 12°. New York, Macmillan, 1885.
Calberla, Dr. Geo. M., Sozialwissenschaftliches. 1. Heft. Carl Marx, „Das Kapital" und der heutige Socialismus. Kritik einiger ihrer Fundamentalsätze. gr.-8°. Dresden. Schönfeld, 1877.
Calderone — Colajanni Innocenzo, Il socialismo republicano: studio. 16°. Palermo 1875.
California freie Presse. San Francisco 1880 —81.
Calland, Victor. 1. De l'avenir du monde. 1842.
— 2. Idée du christianisme considérée comme la religion, l'histoire et l'avenir du genre humain. Extrait du Tableau de l'harmonie du monde. 8°. Paris 1839.
— 3. Première division des harmonies universelles. 1835.
Cámara, Sixto, La cuestion social. 8°. Madrid 1849.
Camarra, Gius.. Sul nihilismo: conferenza. 8°. Messina 1880.
Camayou. Comment le peuple peut s'élever. (Religion Saint-Simon.) Vide: Saint-Simonisme Mesnilmontant. no. 16_{26}.
Camescasse. 1. Instruction populaire. Les ouvriers avant 1789. 12°. Brest, impr. Gadreau. 1872.
— 2. A la morale par la révolte. (La Revue socialiste. 1880, no. 13.
Camoin de Vence, Du socialisme contemporain. Discours prononcé à l'audience de rentrée de la cour d'Orléans (1871). 44 pp. 8°. Orléans. impr. Puget et Co., 1872.
Campanella. 1. Civitas solis, vel de rei publicae idea, dialogus poeticus. Interlocutores: Hospitalarius Magnus et nautarum gubernator Genuensis hospes. (Scriptum anno 1607.) Impress.: fol. Paris 1637 = tom. II. libri Campanellae: Realis philosophiae libri quatuor. fol. Parisiis,

Dionys Houssaye, 1637. 12⁰. Traject. ad Rhen., 1643.

Campanella. Th., 2. La cité du soleil, ou idée d'une république philosophique. Traduit du latin par Villegardelle. 18⁰. Paris. Levavasseur, 1840. 32⁰. Ibid. 1841.
— 3. Oeuvres choisies, précédées d'une notice, par Madame Louise Colet. 12⁰. Paris, Lavigne, 1844.

Campanella e More. La città del sole e la questione dell' ottima repubblica. L'Utopia ovvero del parlamento di Raffaelo Iclodeo dello stato di un' ottima repubblica. 16⁰. Milano. C. Brigola. 1866.

Campanella and modern italian thought. (Edinburgh Review, Nr. 305, 1879.)
— Vide: Villegardelle: La cité du soleil.

Campbell, Alex. and Rev. J. T. Bannister, Socialism. Public discussion between Mr. A. Campbell and the Rev. J. T. Bannister. Held in Saint Mary's Hall on Monday, Tuesday and Wednesday Evenings. January 14, 15 and 16, 1839. Carefully revised and corrected. gr.-8⁰. Coventry. H. Merridew, 1839.

Campbell, Sir George, The privileges over land wrongly called property. (Brit. Assoc. Rep. 1874.)

Campbell, H. P., The robbery of the poor. 8⁰. London, the modern Press. 1884.

Campbell, J. H. M., The social aspects of trade-unionism. (Brit. Assoc. Rep. 1878.)

Campbell, W. H., Christian socialism. (The christian socialist, Vol. 1.)

Campi, avv. Emilio. Delle tendenze democratiche delle società moderne: conferenza. 8⁰. Milano 1879.

Campistron, abbé L., Du socialisme, discours au petit séminaire d'Auch (28 juillet 1887). 8⁰. Auch, Duroux, 1887.

Campoamor. D. Ramon, Polémicas con la democracia á propósito de la fórmula del progreso de Emilio Castelar. Refutacion del credo democrático. 1. edic. 1861. 2. edic. aumentada Madrid, 1873.

Camus, M., Organisation générale, ou véritables conditions d'avenir et de bonheur de tous les hommes de travail, etc. 8⁰. Paris, Bouchard-Huzard, 1841.

Canstadt, Carl, Die Organisation der Arbeit und des Armenwesens. gr.-8⁰. Erlangen, Bläsing, 1848.

Cantagrel, F., Le fou du Palais-Royal, dialogue sur la théorie phalanstérienne. gr.-8⁰. Paris, à la libr. phalanst. 1841.

Cantagrel. Vide: Phalange. année II, t. II. etc.

Cantagrel, S., Note sur la législation des accidents et l'assistance ouvrière en Angleterre, en Belgique, en Italie et en France. (Extr. des Mémoires de la Sociétés des ingénieurs civils, mars 1887.) 8⁰. Paris. Chaix, 1887.

Capialbi, T., Documenti inediti circa T. Campanella. Napoli 1845.

Capital und Arbeit oder „reich und arm". Ein Wort zur socialen Frage von einem ostpreuss. Landwirth. 8⁰. Elbing, Neumann-Hartmann's Verl., 1880.

Capital und Arbeit. Gedanken zweier Männer vom Fach über die Arbeiterfrage (von G. Steinheil u. K. Sarasin). 8⁰. Basel, C. Detloff, 1880.

„**Capital, by Carl Marx.**" (Westminster Review, December 1887.)

Capital and labour. By a member of the Manchester Chamber of commerce. 8⁰. London 1867.

Capital (Le) pour tous. Plus de prolétaires; 38 millions de bourgeois. 31 pp. 12⁰. Paris, impr. Bourdier, Capiomont fils et Co., 1868.

Capital et travail, d'après une lettre pastorale de Mgr. Bonomolli, par C. J. (Réforme sociale, année XI, 1891.)

Cardias, Un comune socialista (esaurito). (Biblioteca socialista, vol. 4.) 16⁰. Milano, Ambrosoli, 1878.

Caritas. Maria, Ueber den Zukunftsstaat und die Frauenfrage. (Neue Gesellschaft, 1. Jahrg.)

Carlier, J. J., Les institutions sociales étudiées dans les édifices réligieuses. 8⁰. Paris, Didron, 1860.

Carlile, Rich. Vide: Lion (The).
— — The Republican.

Carled, Le socialisme pratique ou le travail et le capital, en participation. 8⁰. Lyon, l'auteur, 1881.

Carlyle, Th., 1. Chartism. 8⁰. London. J. Fraser. 1840.
— 2. Chartism. Past and present. 8⁰. London. Chapman and Hall.
— 3. Past and present. 2. edit. London. Chapman and Hall, 1845.
— 4. The socialism and unsocialism of Thomas Carlyle: a collection of Carlyle's social writings, with Joseph Mazzini's famous essay protesting against Carlyle's view. Vol. I. 12⁰. New York, the Humboldt Public. Co., 1891.
— 5. Last words on trades-unions, promo-

terism, and the signs of the times. 12°. London, Simpkin, 1882.
Carnazza, Avv. Gius., Sul nibilismo, conferenza tenuta il 4 avrile nella sala del gabinetto di lettura. 8°. Messina 1880.
Carnot, H., Enseignement central. Vide: Saint-Simonisme. Extraits de l'Organisateur, no. 14 et 16.
— 2. Exposé de la doctrine Saint-Simonienne. 8°. 1830.
Réimprimé plusieurs fois et traduit en anglais.
— 3. Résumé du premier volume de l'Exposition. 3. édit. 1830.
Carnot, H. et Dugied, Sur les enseignements. (Rapports aux pères suprêmes sur la situation et les travaux de la famille.) Vide : Saint-Simon, Extraits du Globe, vol. II, no. 5.
Carolus, F., Organisation du travail et du crédit social. Projet présenté à la commission du travail et de l'échange de la commune de Paris. 23 pp. 8°. Paris, impr. Barthélemy et Co, 1871.
Caron, Ernest, L'union entre les riches et les pauvres. 32°. Paris, Bourguet—Calas et Co., 1880.
Carové, Fr. Wilh., Der Saint-Simonismus und die neuere französische Philosophie. gr.-8°. Leipzig, Hinrichs, 1831.
Carpenter, E., 1. Chants of labor, with music. 8°. London, Sonnenschein, s a.
— 2. Englands Ideal. 8°. London, Sonnenschein, 1887.
— 3. Social progress and individual effort. (To Day, Nr. 14.)
— 4. A song book for socialists. 8°. London, W. Reeves, s. a.
Carpenter, Will., The trial of Charles Southwell (editor of the „Oracle of Reason") for blasphemy. Before Sir Charles Wetherall, recorder of the city of Bristol, january 14, 1842, specially reported by W. Carpenter. 8°. London, Hetherington, 1842.
Caruso, prof. Girolamo, I sistemi d'amministrazione rurale e la questione sociale. Discorso. 8°. Pisa 1874.
Cartier, M. E. Vide: Paget, Amédée.
Caruthers, John, The industrial mechanism of a socialist society. (To Day, Nr. 11.)
C. A. S. Vide: Wort (Ein) zur Verständigung in der soc. Frage.
Casamajor de Vignalet, Édouard, Le salut du peuple en démocratisant et en décentralisant la France, ou les causes et le remède du mal social, suivi de la liste par gradation de traitement et par ordre alphabétique de 177956 fonctionnaires et employés etc. 8°. Paris, Terry, 1850.
Casaux, le marq. Ch. dè, La proposition (haussement de paye des ouvriers) n'est pas neuve, il ne s'agissait que de la démontrer. 8°. Paris 1789.
Casaval, Z., La internacional y la comision de informacion parlamentaria sobre las clases obreras. 2. edic. Madrid 1871.
Caspar. Vide : Phalange, série 3, t. III.
Cassagnac, M. Adolphe Granier de, 1. Histoire des classes ouvrières et des classes bourgeoises. 8°. Paris, Aug. Desrez, 1838. (Introduction à l'histoire universellle. 1. partie.)
— 2. Geschichte der arbeitenden und der bürgerlichen Klassen. Nach dem Französ. und mit einem Vorwort begleitet von H. H. gr.-8°. Braunschweig, Westermann, 1839.
Cassell, John, Social science being selections from John Cassell's prize essay, by working men and women. With notes. 8°. London, Cassell, 1861.
Cassisa, G., Francesco Sceusa e l'Internazionale in Trapani. 8°. Trapani, tip. soc., 1891.
Castell (The) of labour, wherin is rychesse, vertue and honour (poëm). 4°. London, by W. de Worde, 1506.
Castellani, A., Religion laïque. Décembre 1878.
Castelet, E., Les unions ouvrières en Angleterre depuis leur origine jusqu' à nos jours. (Journ. des Écon., déc. 1891.)
Catechism (The) of man, pointing out from sound principles and acknowledged facts, the rights and duties of every rational being. 8°. London, D. J. Eaton, s. a.
Catéchisme, 1. de Fourier, ou Fourier réfuté par lui-même. 18°. (Lyon) Paris, Maison, 1841.
— 2. (Le) du genre humain (par Boissel). 8°. 1789.
— 3. (Petit) de la réforme sociale. (12 pages publiés en juin 1839 par M. M. Lahautière et Choron, d'après leur séparation avec M. Lapomeray.)
— 4. (Nouveau) républicain, indiquant à tout citoyen ses droits, ses devoirs et la forme du gouvernement, qui convient le mieux à la dignité et au bonheur d'un peuple. Par un prolétaire. 87 pp. 8°. Lyon 1833.
— 5. social et politique, d'après les principes du bon sens, du droit naturel et de la civilisation chrétienne, dédié par un

citoyen à ses concitoyens. 32°. Paris, Palmé 1881.
Catéchisme, 6. du socialisme libéral et rationnel. 189 pp. 18°. Paris, A. Dupont, 1870.
Cathrein, V., 1. The champions of agrarian socialism: a refutation of Emile de Laveleye and H. George. Tr. rev. and enlarg. by J. U. Heinzle. 16°. Buffalo, P. Paul and brothers, 1889.
— 2. Der Socialismus. Eine Untersuchung seiner Grundlagen und Durchführbarkeit. (Aus „Moralphilosophie".) 1. u. 2. Aufl. gr.-8°. Freiburg i. Br., Herder, 1890. 3. verm. u. verb. u. 4. Aufl. gr.-8°. Ebd. 1890—91.
— 3. El socialismo. Examen de sus bases filosóficas, religiosas y económicas. 8°. Madrid, Aguado, 1891.
Cattaneo, Riccardo Gaudenzio, Le associazioni operaje: parole 8°. Novara 1876.
Caussidière, Marc., 1. A ses concitoyens. gr.-8°. s. l. s. a. (1848.)
— 2. Mémoires. 5 vol. 16°. Bruxelles, J. A. Joostens, 1848. 2 vol. gr.-8°. Paris, M. Lévy frères, 1849.
— 3. Memoiren. 2 Bde. 8°. Grimma, Verlags-Compt., 1849. (Europäische Bibliothek, Bd. 193 u. 194.)
— 4. Réponse aux deux libelles': Les conspirateurs et La naissance de la république de Chenu et de Delahodde. 6. édit. 88 pp. 32°. Paris 1850.
Cavaignac. Vide: Proudhon: Cavaignac.
Cavel. Vide: Le Globe, 1832, no. 63.
Cayley, Arthur, Memoirs of Sir Thomas More, with a new translation of his Utopia, also his History of King Richard III., and his Latin Poems. 4°. 2 vol. London 1804.
Cazajeux, J., 1. L'encyclique du pape Léon XIII sur la condition des ouvriers. (Réforme sociale, année XI, 1891.)
— 2. Le mouvement social à l'étranger. (Réforme sociale, 1890.)
— 3. La question ouvrière dans les lettres pastorales des évêques catholiques. (Réforme sociale, année XI, 1891.)
— 4. Le socialisme chrétien aux congrès de Liège et d'Angers. (Réforme sociale, année X, 1890.)
Cazalès. Vide: Droit (Le) au travail à l'assemblée nationale.
C. B. Vide: Beitrag zur Lösung der soc. Fragen.
C. S. E. Vide: Arbeiterfrage (Die) und ihre Lösung.

Cée, J. P., Avant-projet d'un code des lois morales fondé sur les principes démocratiques et socialistes et présenté au congrès universel des libres-penseurs, réuni à Paris en 1889. 8°. Paris, impr. Allemane, 1890.
Celnmar, Olivier de, Les doctrines des congrès ouvriers de France (Paris, Lyon, Marseille). 18°. Paris, Plon et Co., 1880.
Célébration à Bruxelles du deuxième anniversaire de la révolution polonaise du 22 févr. 1846. Discours prononcés par MM. A. J. Senault, Carl Marx, Lelewel, Fr. Engels et Louis Lubliner, avocat. gr.-8°. Bruxelles, Vogler, 1848.
Censur-Flüchtlinge. 12 Freiheitslieder. gr.-8°. Zürich u. Winterthur, Lit. Compt., 1843.
Centralstatut der socialen Partei für die Stadt New York und Umgebung (englischdeutsch). 8°. New York 1868.
Cère, Paul, Les populations dangereuses et les misères sociales. 12°. Paris, Dentu, 1872.
Cervone, R., La questione operaia ed il congresso di Bologna. Lettera agli operai' delle società consorelle di Bisceglie e Corato. 16°. Bologna 1877.
Cesare, Raffaele de, Le classe operaie in Italia. 8°. Napoli 1869.
Cetti, H. l'abbé, Le mariage dans les classes ouvrières. 8°. Rixheim, impr. Sutter, 1885.
Chadwick, Edwin, Les unions ouvrières en Angleterre au point de vue criminel. 40 pp. 8°. Orléans, imp. Colas, 1869.
— Sur les unions ouvrières et leur organisation en Angleterre. 270 pp. 8°. Orléans, impr. Colas, 1867.
Chailley, J., Le socialisme en France et en Allemagne. (Journ. d. Écon., 1884, juin.)
Chainey, George, Iconoclasm, or the church of the future. 8. Chicago 1880.
Chalain, L. et Gruhier, Union des chambres syndicales ouvrières de France. Délégation nationale ouvrière à l'Exposition internationale d'Amsterdam en 1883. (Rapport d'ensemble, vol. I,) 8°. Paris, impr. Masquin, 1885.
Challié, Mme L. de (née Jussieu), Essai sur la liberté, l'égalité et la fraternité, considérées au point de vue chrétien, social et personnel. 8°. Paris, Gaume frères, 1849.
Chamberlain, J. Vide: Raffalovich, A.: La ligue pour la défense de la liberté.
Chambord, Henri Charles Cte. de, Lettre sur les ouvriers (1865). Lettre sur l'agriculture (1866). Proclamations (juillet 1871 et janvier 1872). 32°. Paris, Pannier, 1872.

Champion, H. H., 1. The crushing defeat of trade-unionism in America. (Nineteenth Century, Febr. 1891.)
— 2. The labour movement: a multitude of counsellors. (Nineteenth Century, April, 1890.)
— 3. The new labour party. (Nineteenth Century, July 1888.)
— 4. The labour revolution. (Nineteenth Century, 1890.)
— 5. Rae's contemporary socialism. (To Day, Nr. 17.)
— Vide: Fitzgerald, J. D.: M. H. H. Champion.

Champseix, Grégoire, Notice biographique sur Pierre Leroux. (La vraie République. no. 62, 63, 66.)

Chansonnier républicain 1793—1848 dédié au peuple souverain. 32⁰. Paris, Charavay, 1848.

Chants (Sept) ou Chansons Saint-Simoniennes. Dec. 1832. (Religion Saint-Simon.) Vide: Saint-Simonisme, Mesnilmontant, no. 15.

Chapot, abbé Léon, La révolution et la question sociale. 2. édit. 8⁰. Nîmes, Gervais, Bedot, 1882.

Character, object, and effects of trades-unions, with some remarks of the law concerning them. 8⁰. London 1834.

Charakteristik (Zur) der Arbeiterparteien. Von R. D. (Die Gegenwart, 10. Bd., 1876.

Chararay. Vide: Humanitaire (L').

Charpillet, Charles Victor, Lettres socialistes. 1. Pourquoi le socialisme? 1850. 2. La formule, 1851. 2 parties. 8⁰. (Blois) Paris, Garnier frères, 1850—51.
(La première lettre est anonyme, elle ne porte que les initiales C. C. propriétaire.)

Chartism and its opponents by C. G. H. (The Republican, Vol. 1.)

Chartist Circular (The english) and Temperance Record for England and Wales. Fol. London. 92 Nr.

Chartistenbewegung (Die) in England. 8⁰. Hottingen-Zürich, 1887. (Socialdemokratische Bibliothek, 16.)

Charton, E., 1. Dégoût du présent, besoin d'avenir. Vide: Saint-Simonisme. Prédications.
— 2. Mémoires d'un prédicateur Saint-Simonien. 8⁰. Paris, 2 janv. 1832. Vide: Saint-Simonisme. Crises Saint-Simoniennes no. 9.
— 3. Le monde. Vide: Saint-Simonisme. Prédications.

Chassay, l'abbé Frédéric Édouard, Conclusion des démonstrations évangéliques. — Le Protestantisme. — Le Rationalisme. — Le Socialisme. gr.-4⁰. Paris, Migne, 1853.

Chastaing, Marius (littérateur), Des causes du malaise social et de leur remède ou Astréologie. 12⁰. Lyon, impr. Rodanet, 1848.

Chateaubriand. Vide: Gratiot-Luzarey, Chateaubriand.

Chatel, l'abbé, Le code de l'humanité ou l'humanité ramenée à la connaissance du vrai Dieu et au véritable socialisme. gr.-8⁰. Paris, chez l'auteur, 1838.

Chatellier, A. du, Un essai de socialisme. 1793—94—95. Réquisitions — Maximum, Assignats. 8⁰. Paris, Retaux-Bray, 1887.

Chaudey, Gust., 1. Les grèves. (L'Association, no. 10.)
— 2. Les principes essentiels de l'association ouvrière. (L'Association, no. 3).
— 3. Réflexions sur le projet de loi: De l'apport en capital et en travail. (L'Association, no. 7.)

Chauvelot, Barnabé, Proudhon et son livre: La révolution sociale, demontrée par le coup d'état du 2 décembre. 12⁰. Paris, Giraud et Dagneau, 1852.

Chauvière, E., Le comité révolutionnaire central (parti blanquiste actuel). (Revue socialiste, déc. 1886 et févr. 1887.)

Chemnitzer Monstre-Socialisten-Process (Der). Verhandlungen vor dem Landgericht zu Chemnitz vom 28.—30. Sept. 1885. 1. u. 2. Heft. (Soc.-pol. Zeit- u. Streitfragen, Heft 20—21, 1886.) — Verhandlung vor dem Reichsgericht zu Leipzig vom 23. December und das reichsgerichtliche Erkenntniss. 3. Heft. (Ebd., Heft 25, 1886.)

Chemnitz-Freiberger Socialisten-Process (Der) vor dem Reichsgericht. (Soc.-pol. Zeit- u. Streitfragen, Heft 35, 1886.)

Chenu, A., Les conspirateurs. Les sociétés secrètes. La préfecture de police sous Caussidière. Les corps francs. 6. édit. augm. de la liste des personnes etc. 8⁰. Paris, Garnier frères, 1850. 10. édit. augm. de la liste des personnes qui ont concouru à la nomination des membres du gouvernement provisoire. 8⁰. Paris, Garnier frères, 1850.

Cherbuliez, A. E., 1. Des associations ouvrières. (Journ. des Écon., 1860, nov.)
— 2. Lettres à M. Proudhon, sur le droit de propriété. 8⁰. Paris, J. Lecoffre et Co., Guillaumin, 1849. (Extr. d. Journ. d. Écon., 1848, déc.)

Cherbuliez, A. E., 3. De l'origine et des fondements rationnels du droit de propriété. (Journ. des Écon., 1856, févr.)
— 4. Le potage à la tortue. Entretiens populaires sur les questions sociales. 8°. Paris. J. Cherbuliez, Guillaumin, 1849.
— 5. Riche ou pauvre, exposé succinct des conditions actuelles de la distribution des richesses sociales. 8°. Genève 1840. Autre édition sous ce titre: Richesse ou pauvreté, exposition des causes et des effets de la distribution actuelle des richesses sociales; précédée d'un resumé de la doctrine des solidairunis, par O. G.-B. (Galtier-Boisière). 18°. Paris, Legallois, 1841.
— 6. Richesse ou pauvreté. Vide: Cherbuliez, Riche ou pauvre.
— 7. Le socialisme c'est la barbarie. Examen des questions sociales qu' a soulevées la révolution du 24 février 1848. Paris, Guillaumin, 1848.
— 8. Socialisme. Trois leçons sur Fourier, son école et son système, reproduites et réfutées par un ministre du saint évangile. 8°. Besançon, impr. d. Sainte-Agathe, 1844.
— 9. Du socialisme philanthropique. (Journ. des Écon., 1850, janv., mars.)

Cherouny, H. W., The historic development of the labour question. Lectures delivered under the auspices of the Constitution Club of New York City. 12°. New York 1885.

Cherrier, abbé, Travail chrétien et socialisme; conférence du 16 janvier 1884. 8°. Aix, Robert et Makaire, 1884.

Chesnelong, C., Des rapports de la propriété et du travail, discours à l'assemblée générale des catholiques 10 mai 1887. 8°. Paris, impr. Levé, 1887.

Chesnelong, Ch., et Cte. A. de Mun, La question sociale, discours prononcé à l'assemblée des catholiques (10 et 12 mai 1887). 16°. Paris, Levé, 1887.

Chevalet, Mon journal pendant la Commune. Paris 1871.

Chevalet, Émile, La question sociale. I. Le problème du paupérisme. II. La bourgeoisie française et le socialisme au XIX. siècle. III. L'evangile du prolétaire. IV. Les iniquités de l'impôt. 18°. Paris, Ghio, 1883.

Chevalier, E., Le dernier mot du socialisme. 8°. Paris, le directeur des Cahiers du Prolétariat, 1880.

Chevalier, Em., 1. Théorie sociétaire de Ch. Fourier. — Le 10 octobre à Lyon. — Troisième anniversaire de la mort de Ch. Fourier. 18°. La Croix-Rousse, impr. Lepagnez, 1841.

Chevalier, 2. Théorie sociétaire de Ch. Fourier. Les 27 et 28 août, à Cluny. 18°. La Croix-Rousse, impr. Lepagnez, 1841.

Chevalier, M., 1. A tous. Vide: Saint-Simon, Extraits du Globe, vol. III, no. 10.
— 2. Louis Blanc's Organisation der Arbeit beleuchtet. gr.-8°. Breslau, Kern, 1848.
— 3. Le bourgeois. — Le révélateur. (Le Globe, 28 mars 1832.) Vide: S.-S. M.*).
— 4. Le capital dans ses rapports avec le progrès industriel et social et avec l'amélioration du sort des ouvriers. (Journ. des Écon., 1870, janv.)
— 5. Capitaux nécessaires. — Nouvel emploi de l'amortissement. (Globe, 30 mars 1832.) Vide: S.-S. M.
— 6. Nos chances. — Les trois ducs. (Le Globe, 21 mars 1832.) Vide: S.-S. M.
— 7. Le choléra — morbus. (Le Globe, 9 avril 1832.) Vide: S.-S. M.
— 8. Comment il serait possible d'améliorer prodigieusement le sort des nations. (Le Globe, 12 févr. 1832.) Vide: S.-S. M.
— 9. L'économie politique et le socialisme. Discours au Coll. de France, le 28 février 1849. (Journ. des Écon., 1849, mars.) 8°. Paris, Capelle, 1849.
— 10. Fin de choléra par un coup d'état. (Le Globe, 11 avril 1832.) Vide: S.-S. M.
— 11. La guerre et l'industrie. Grands travaux à établir. (Le Globe, 8 mars 1832.) Vide: S.-S. M.
— 12. Lettres sur l'organisation du travail, ou études sur les principales causes de la misère et sur les moyens proposés pour y remédier. Paris, Capelle, 1848, 1 fort vol. gr.-18°.
— 13. La liberté du travail. Discours d'ouverture du cours d'économie politique du Collège de France, 22 déc. 1847. (Journ. des Écon., 1848, janv.)
— 14. La Marseillaise. Vide: Saint-Simonisme, Extraits de l'Organisateur, no. 10 et 11. Vide: S.-S. M.
— 15. Nécessité des formules politiques. — Les nôtres. (Le Globe, 21 mars 1832.) Vide: S.-S. M.
— 16. Politique européenne. Vide: Saint-Simonisme, Extraits du Globe, vol. 1, no. 2.
— 17. Politique industrielle. Vide: Saint-Simonisme, Extraits du Globe, vol. III, no. 6.
— 18. La presse. Trois articles. Vide: Saint-Simonisme, Extraits du Globe, vol. II, no. 4.

*) S.-S. M. = Saint-Simonisme, Mesnilmontant, no. 16.

Chevalier, M., 10. La prophétie. Vide: Saint-Simonisme, Extraits du Globe, vol. III, no. 11.
— 20. Question des travailleurs, l'amélioration du sort des ouvriers, l'organisation du travail. (Revue des Deux Mondes, 15 mars 1848.) 16⁰. Paris, Guillaumin et Co., 1848.
— 21 Ueber die Arbeiterfrage. Deutsch von Franz Hauser. 8⁰. Aachen (Düsseldorf, Schultz) 1848.
— 22. Labour question, translated from the french. 18⁰. London, H. G. Clark, 1848.
— 23. Les questions politiques et sociales. I. L'assistance et la prevoyance publiques. (Revue des Deux Mondes, 15 mars 1850.) II. Des conditions de la paix sociale. (R. d. D. M., 1 avril 1850.) III. D'un socialisme officiel au Conseil général du commerce, de l'agriculture et des manufactures. (R. d. D. M., 15 juin 1850.) IV. Des moyens de diminuer la misère. (R. d. D. M., 15 juillet 1850.) V. Le système protecteur. (R. d. D. M., 15 mars 1851.)
— 24. Rapport au Père suprême sur notre situation politique et financière. (Le Globe, 1832, no. 82.)
— 25. Religion Saint-Simonienne, politique industrielle, système de la Méditerranée. 8⁰. Paris, Everat, 1832.
— 26. Sujet de méditation pour les peuples et pour les rois. (Globe, 10 déc. 1831.) Vide: S.-S. M.
— 27. Système de la Méditerranée. La paix est aujourd'hui la condition de l'émancipation des peuples. (Le Globe, 1832, no. 20, 31, 36, 43. Vide: Saint-Simonisme, Extraits du Globe, vol. III, no. 5.
— Vide: Rodrigues à M. Chevalier.
Chevé, Charles Franç. Vide Mot (Le dernier) du socialisme.
— — Le Peuple, no. 120 ff.
Cheysson, Émile, Le capital et le travail, conférence faite le 26 juillet 1885. 8⁰. Paris, Chaix, 1885.
Ch. F. Vide: Phalanstère, année I, no. 6; année II, no. 28.
Chipron. Vide: Le Peuple, no. 72.
Chirac, A., 1. Analyse socialiste. (Revue socialiste, juillet 1887.)
— 2. La loi des crises sociales. (Revue socialiste, juin 1887.)
— 3. La prochaine révolution. Code socialiste. 12⁰. Paris, Arnould, 1889.
— 4. Sociométrie. (Revue socialiste, oct. 1887.)
Ch. K. Vide: Phalange, année XIV, t. II; année XV, t. III.

Chleborad, Dr. F. L., Der Kampf um den Besitz. gr.·8⁰. Wien, Manz, 1885.
Chollet, Coup d'oeil sur la crise sociale et les problèmes du travail. 8⁰. Monbrison, impr. Huguet, 1884.
Chon, M., Socialisme des St. Pères. (Revue de la Flandre, vol. V, 1850.)
Choron. Vide: Égalité (L').
Chotteau, Léon, avocat, L'internationale des patrons. 12⁰. Paris, Le Chevalier, 1871.
Chouteau, Olivier, Programme de socialisme catholique, en réponse à une question de la Société académique de la Loire-Inférieure. 18⁰. Dôle, Breune, 1849.
Christenthum und Socialismus. Eine religiöse Polemik zwischen Herrn Kaplan Hohoff in Hüffe und dem Verfasser der Schrift: Die parlamentarische Thätigkeit des deutschen Reichstags und der Landtage und die Socialdemokratie. 3. Aufl. 8⁰. Leipzig, Genoss.-Buchdr., 1878. Hottingen-Zürich 1887. (Socialdemokr. Bibl. XII.)
Christianity triumphant, or an England view of the character and tendency of the religion of Christ, showing that it is every way calculated to remedy the evils of a disordered and miserable world, and make mankind truly good and happy. Together with an Appendix containing the substance of various public discussions between the author and the socialists (by J. Barker). 8⁰. London 1841.
Christian-Socialists. Periodical of 1852.
Chronique du mouvement social, revue des idées et des faits politiques, littéraires et industriels. 8⁰. Paris, 1839—1840.
Chubb, P., Socialism in England. (Journ. of Soc. Science, Febr. 1890.)
Churcs, A. L., Kritische Darstellung der Socialtheorie Fourier's, hrsg. durch Gustav Bacherer. 8⁰. Braunschweig, G. C. E. Meyer sen., 1840.
C. Vide: Capital et travail.
Cicchitti-Suriani, La tirannide sociale. 16⁰. Lanciano, R. Carabba, 1886.
(Indice: La lotta sociale nella storia — La sociologia cristiana nella sua evoluzione scientifica. — Il socialismo nella scienza. — Il socialismo e il diritto di proprietà. — Evoluzione, necessità e nobilità del lavoro. — Il capitale e le classi operaie. — Il radicalismo e il socialismo di stato. — Il militarismo nella questione sociale. — Papato e socialismo. — Morale e socialismo.)
Cimone, La vita e le opere di Lassalle. 8⁰. Milano, Dumulard, 1889.
Citoyens (Aux) membres des associations ouvriers. (Le Nouveau Monde, année I, no. 2.)

Ciurri, C., Socialismo e progresso. 8°. Roma, tip. econ. dell' impresa generale di pubblicità, 1890.
Cladel, Léon, Révanche. Episode aus den Tagen der Commune. Aus dem Französ. mit einem Vorwort von W. Liebknecht. 8°. Zürich, Herter, 1880.
Claims (The) of labour (by John Stuart Mill). (Edinburgh Review, Nr. 164, 1845.)
Claims (The) of labour. An essay on the duties of the employers to the employed. 8°. London, W. Pickering, 1844. 2. edit. to wich is added an essay on the means of improving the health and increasing the comfort of the labouring classes. London 1845.
Clairefond. Vide: Phalange, année II, t. II.
Clairville, Nicol. et J. Cordier (Math. Tenaille do Vaulabelle), La propriété c'est le vol. 8°. 1848.
Clamageran, J. J., La réaction économique et la démocratie. 18°. Paris, Alcan, 1890.
Claretie, Jules, 1. Histoire de la révolution de 1870—71. 4°. Paris 1872.
— 2. Les murailles politiques de la France. 8°. Paris 1880.
— Vide: Almanach de la révolution française.
Clark, G. B., A plea for the nationalization of the land. 2. edit. 8°. London, s. a.
Clarke, W., Socialism in english politics. (Political Science Quarterly, Vol. III, 1888.)
— Vide: Socialism. Fabian essays.
Clases obreras (Las). Estudio completo de esta gravísima cuestion. Madrid 1872.
Classes (working). Vide: Working classes.
Claus, Frz. Otto, Die wahren Anarchisten im preussischen Staate, oder actenmässige Darstellung eines militärgerichtlichen Dramas. 1. u. 2. Aufl. 2 Thle. gr.-8°. Stuttgart, R. Lutz, 1891.
— Vide: Kampf gegen die Socialdemokratie.
Clavè, J., Le socialisme contemporain. (Revue des Deux Mondes, 15 avril 1870.)
Claye, Léonce de, L'Anticontrat social, ou du principe générateur de la révolution. 8°. Paris, Gaume, 1849.
Clémenceau, Rapport présenté à la commission d'enquête parlementaire sur la situation des ouvriers. Grève d'Anzin. 8°. Paris 1885.
Clemens, Kritiek van een radicaal op Karl Marx. Een antwoord op Mr. Treub's brochure: De radicalen tegenover de sociaaldemocratische partij en Nederland. 8°. s'Hage, Liebers & Co., 1891.
Clément, A., 1. La crise économique et sociale en France et en Europe. gr.-8°. Paris. Guillaumin et Co.. 1886.
Clément, A.. 2. Le socialisme et la liberté. (Journ. des Écon., juin, 1848.)
Clément, Joseph. La grève des omnibus parisien. (Journ. des Écon, juin, 1891.)
Clère, Les hommes de la Commune. Paris, 1871.
Clive, ing. Giovanni, L'unico socialismo praticamente applicabile. Raccolta di articoli pubblicati nel giornale „L'Ombrone" di Grosseto. 16°. Grosseto 1879.
Cloots, An.. 1. Appel au genre humain. 20 pp. 8°. Paris, s. a.
— 2. Bases constitutionnelles de la république du genre humain. 8°. Paris, impr. nat., 1793.
— 3. Diplomatie révolutionnaire. Adresse d'An. Cloots aux sans-culottes Bataves. 5 oct. 1793.
— 4. La république universelle, ou Adresse aux tyrannicides. 196 pp. 8°. Paris. an IV de la rédemption.
Coalitions (Des) ouvriers. (Journ. de la vraie République, no. 13.)
Coalitions d'ouvriers (Des) et de leur influence sur la richesse sociale. (Revne britannique, série IV, t. XV.)
Coalitionsfreiheit (Die) und die Verbesserung der Lage der arbeitenden Klassen. (Jahrb. f. Gesellschafts- u. Staatswissensch. von Glaser, 4. Bd., 1865.)
Coaxus, Ignotus, The forges and their king; or the people and their rulers: a moral analysis of men and manners, adapted to the nineteenth century. 8°. London, W. Edwards. 1835.
Cobbett, Will.. 1. Cobbett's legacy to labourers or what is the right which the lords, baronets and squires have to the land of England. In 6 letters. With a dedication to Sir Rob. Peel. 8°. London 1835.
— 2. The life of W. Cobbett, Esq. M. P. for Oldham, written by himself. 32 pp. 8°. London, s. a.
— 3. Manchester lectures, in support of his fourteen reform propositions: which lectures were delivered in the Minor Theatre, in that town, on the six last days of the year 1831. To which is subjointed a letter to Mr. O'Connell, on his speech, made in Dublin, on the 4th of January 1832, against the proposition for the establishing of poor laws in Ireland. 8°. London (Mr. Lewis, Manchester) 1832.
— 4. Paper against gold, or the history and

mystery of the Bank of England. 1. edit. 1810. 4. edit. London 1821. 15 Nr. 8⁰. (Nr. 1 „Introduction: Betley", Febr. 8, 1817.)

Cobbett, Will., 5. Poor man's friend, or a defence of the rights of those who do the work and fight the battles. 8⁰. London, Cobbett, s. a. (1826.)

— 6. Popay the police spy: or report on the evidence laid before the House of commons by the select committee appointed to inquire into the truth of the allegations of a petition presented by Mr. Cobbett, from members of the National Union of the working classes, in which they complained that policemen were employed as government spies. 8⁰. London, Cleave, 1833.

— 7. Selections from Cobbett's political works, being a complete abridgment of the 100 volumes, which comprise the writings of „Porkupine" and the „Weekly political Register", with notes historical and explanatory by J. M. Cobbett and James P. Cobbett. 6 vol. gr.-8⁰. London s. a.

— 8. Political works. 6 vol. 8⁰. London, Griffin, 1848.

— Vide: Watson, J. S.: Biographies.

Cochin, Augustin, 1. Les ouvriers européens. Résumé de la méthode et des observations de M. F. Le Play. Extrait du „Correspondant". 8⁰. Le Mans, Julien Lanier, 1856.

— 2. La réforme sociale en France, résumé critique de l'ouvrage de M. Le Play. 8⁰. Paris, Douniol, 1865.

Cochut, Andrée, 1. Les associations ouvrières. Histoire et théorie des tentatives de réorganisation industrielle, opérées depuis la révolution de 1848. Série 1. 8⁰. Paris, au bureau du National, 1851.

- 2. Die Arbeiter-Associationen. Geschichte und Theorie der Versuche einer Reorganisation der Gewerbe, welche seit dem Febr. 1848 gemacht worden sind. Ins Deutsche übertragen von A. Wagner. gr.-8⁰. Tübingen 1852. (Ulm, Gebr. Nübling.)

— 3. Du sort des classes souffrantes. (Revue des Deux Mondes, 15 août 1839.)

— 4. Le travail et les ouvriers. — Du sort des classes laborieuses. (Revue des Deux Mondes, 1 oct. 1842.)

Code de la nature, ou le véritable esprit de ses lois de tout temps négligé ou méconnu. pt-8⁰. Par-tout, chez le vrai sage, 1760.

Code de la patrie et de l'humanité, ou des droits et des devoirs de l'homme et du citoyen, ouvrage périodique, par M. Baumier. 8⁰. 1789.

Coeurderoy, Ernest, De la révolution dans l'homme et dans la société. 18⁰. Bruxelles, J. B. Tarride, 1852.

Coët, Émile, Babeuf à Roye (1785—1793). 12⁰. Peronne, impr. Récoupé, 1865.

Coguat, Les apôtres à Mesnilmontant. 8⁰. Lyon, 9 juillet 1832. Vide: Saint-Simonisme, Missions, Nr. 19.

— Vide: Sérandon de.

Cognetti de Martiis, 1. Socialismo antico. 8⁰. Torino, Bocca, 1889.

— 2. Il socialismo negli Stati Uniti d'America. Torino 1887.

Cohen, Jean, Réflexions historiques et philosophiques sur les révolutions dans les bases fondamentales de la constitution des états. 8⁰. Paris 1846.

Cohn, Gust., 1. Lassalle und das eherne Lohngesetz. (Allg. Ztg., 1878, Beil. 303 u. 305.)

— 2. Karl Marx. (Allg. Ztg., 1875, Beil. 49 u. 50.)

— 3. Was ist Socialismus? (Deutsche Zeit- u. Streitfragen, Heft 108, 1878.)

Colguet, Mme C., De l'affranchissement des femmes en Angleterre. 8⁰. 46 pp. Paris, Germer, Baillière, 1874.

Coignet, F., 1. Bank- und Handelsreform. Nach Fourier'schen Grundsätzen. Uebers. von K. Bürkli. 1. u. 2. Aufl. 1855.

— 2. Der Socialismus in seiner Anwendung auf Credit und Handel. Nach Fourier'schen Grundsätzen bearbeitet. Aus dem Französ. 8⁰. Zürich, Druck v. Mahler u. Weber, 1851.

Coinces, Ad. de, Ode aux Saint-Simoniens. 8⁰. Paris, impr. Pinard, 1833.

Colajanni, N., Socialismo e sociologia criminale. I. 16⁰. Catania, F. Tropea, 1884.

Colantueni, p. Raffaele, Il socialismo davanti al vangelo. 16⁰. Napoli 1879.

Colet, Notice sur Campanella. 8⁰. Paris 1844.

Colin, Aug. Vide: Phalange, série 3 etc.

Colins, 1. Bourgeoisisme. Mscr. (cité par Malon.)

— 2. L'économie politique; source des révolutions et des utopies prétendues socialistes. 3 vol. 12⁰. Paris, Bestel, 1856. T. IV. Étude IX, X et XI. 8⁰. Paris 1882. T. V. 8⁰. Bruxelles, A. Manceaux, 1891.

— 3. Foi matérialiste. Mscr. (cité par Malon.)

— 4. Foi religieuse. Mscr. (cité par Malon.)

— 5. De la justice dans la science hors l'église et la révolution. 3 vol. Paris 1861.

— 6. Philosophie de Bacon. Mscr. (cité par Malon.)

Collins, 7. Philosophie de Descartes. Mscr. (cité par Malon.)
— 8. Philosophie éclectique. Mscr. (cité par Malon.)
— 9. A. M. P. J. Proudhon sur son ouvrage intitulé: De la justice dans la révolution et dans l'église. 18⁰. Paris, Bestel, 1858.
— 10. Qu'est ce que la science sociale? 4 vol. 8⁰. Paris, chez l'auteur, 1853—1854.
— 11. Science sociale. 6 vol. 8⁰. Paris, Bestel et Co., 1857. 12 vol. 8⁰. Bruxelles, H. Lamertin, 1884.
— 12. Socialisme rationnel. 3 vol. 8⁰. Paris, Bestel et Co., 1851.
— 13. Société nouvelle. Sa nécessité. 2 vol. 8⁰. Paris, Bestel et Co., Didot frères, 1857.
— 14. De la souveraineté. 2 vol. gr.-8⁰. Paris, Didot frères, 1857.
— Vide: Pacte social (Le).
— — Potter, Ag. de: Résumé de l'économie.
— — Rouxel: Le collectivisme.
— — Wissenschaft (Die sociale).

Collin, Bernh., Capital und Arbeit, die sociale Frage vom Standpunkte der Religion und Moral. 8⁰. Basel, Amberger in Comm., 1868.

Collins, John. Vide: Lovett, Will.

Colonie agricole de Mettray. Assemblée générale des fondateurs tenue à Paris, le 23 janvier 1842. gr.-8⁰. Paris, impr. de H. Fournier, 1842 (troisième tirage). — Tenue à Paris, le 12 mai 1844, dans la salle du trône, à l'hôtel de ville. gr.-8⁰. Paris, 1844.

Colonie Icarienne, aux États-Unis d'Amérique, sa constitution, ses lois, sa situation matérielle et morale après le premier semestre de 1855. 8⁰. Paris, chez l'auteur, janvier 1856.

Comba, P. Viatore, La ristorazione sociale per Gesù Cristo. 16⁰. Torino 1874.

Combat (Le), organe socialiste algérien. Paraît le dimanche. No. 1, 25 août 1889. fol. Constantine, Poulot.

Combe, Abram, Old and new systems. 1823.

Comenin. Vide: Stimmen (Neue) aus Frankreich.

Comme quoi les socialistes sont des voleurs; par un catholique. (1. dialogue.) (Par C. F. Chevé.) Le Peuple, no. 113.

Commonweal of 1845. The last Journal edited by James Hill.

Commonweal (The). The official Journal of the socialist League. Nr. 1, Febr. 1885. Monthly. fol. London, Will. Morris and Joseph Lane.

Commonwealth (The) of Oceana (Harrington). fol. London, Livewell Chapman, 1656.

Communautaire (Le). No. 1. 1840. Non continué.
(Contient: Cabet, Le démocrate devenu communiste, malgre lui.)

Commune (Die) von Paris im Jahre 1871. I. Der Socialismus und die Internationale. II. Die Herrschaft der Commune. III. Der Fall der Commune. (Unsere Zeit, N. F. 7. Jahrg., 2, 1871.)

Commune (La). Almanach socialiste pour 1877 par Élisée Reclus, Arth. Arnould, Alex. Oelsnitz, Paul Brousse, Adhémar Schwitzguébel, Adolphe Clémence, Élié Reclus, C. F. Gambon, Z. Balli etc. 8⁰. Genève, impr. de Rabotnik, 1877.

Commune de Paris (La), moniteur des clubs. 87 nos. in fol. 9 mars — 8 juin 1848.
(Organe du citoyen Sobrier, qui eut pour collaborateurs, dans cette publication ultra-montagnard, J. Cahaigne, George Sand, Eugène Sue etc. Le sous-titre devient, à partir du no. 50: Journal révolutionnaire, moniteur des clubs, des corporations ouvriers et de l'armée; à partir du no. 69: Journal révolutionnaire, écho de l'agriculture, des travailleurs de France, moniteur etc. ...; à partir du no. 72: Journal du citoyen Sobrier, moniteur etc. Repris le 23 févr. 1849 sous le titre suivant: La Commune de Paris, par J. Cahaigne, année 2, no. 1—3, 23 févr., 3 mars et 30 sept. 1849. 2 nos. in fol. et 1 no. gr.-8⁰.)

Commune sociale (La), journal mensuel des travailleurs. Rédact. Eug. Fombertaux. 6 nos. in 4⁰. 5 déc. 1848 — 5 mai 1849. Paris.

Commune (The) and the Internationale. (Quarterly Review, Nr. 262, 1871.)

Communisme et propriété par A. L. 16 pp. 8⁰. Paris, impr. Jouaust, 1869.

Communismus und Socialismus. Ein Vortrag, geh. bei Gelegenheit der 3. Wanderversammlung des patriotisch-polit. Vereins des Kreises Kempen im Jahre 1874. gr.-8⁰. Altenburg, Bonde, 1877.

Communiste (Le). Rédacteur-gérant Gay. fol. Paris, mars 1849.
(Ce „Journal mensuel" est consacré tout entier à l'éxposition d'un système de communisme particulier à l'auteur.) (Hatin.)

Communistes (Les) anglais et français. (Revue britannique, série VI, t. XV, 1848.)

Communistes (Les) en Suisse d'après les papiers saisis chez Weitling. Traduction littérale du Rapport adressée par la commission au gouvernement de Zürich. 8⁰. Lausanne 1843.

Community, practised and practicable, or a cure for the evils of society, clearly demonstrated by existing facts, being a plain statement of what is now passing in some parts of the world, and what the Redemption Society intends to do in this country. 8°. s. l. s. a. (published by David Green Leeds).

Compagnon, Al., Les classes laborieuses, leur condition actuelle, leur avenir par la réorganisation du travail. 12°. Paris, Lévy frères, 1858.

Complot (Ein) gegen die internationale Arbeiter-Association. Im Auftrage des Haager Congresses verfasster Bericht über das Treiben Bakunin's und der Allianz der socialistischen Demokratie. Deutsche Ausgabe von „L'Alliance de la démocratie socialiste et l'association internationale des travailleurs." Uebers. v. S. Kokosky. gr.-8°. Braunschweig. W. Bracke jr., 1874.

Compte-rendu du premier banquet communiste à Belleville en juillet 1840.

Comte, Auguste, 1. Calendrier positiviste, ou système général de la commémoration publique, destiné surtout à la transition finale de la grande république occidentale, composée des 5 populations avancées française, italienne, germanique, britannique et espagnole, toujours solidaires depuis Charles-Magne. 8°. Paris, Mathias, 1849.
— 2. (République occidendale, ordre et progrès. Vivre pour autrui.) Catéchisme positiviste, ou sommaire exposition de la religion universelle, en 11 entretiens systèmatiques entre une femme et un prêtre de l'humanité. 16°. Paris, Carillan-Goeury, 1852. 2. édit. 12°. Paris, Leroux, 1874.
— 3. Catechism of positive religion translated by Congreve. 12°. London, Trübner, 1858.
— 4. Cours de philosophie positive. 1. édit. 6 vol. 8°. Paris, Ladrange, 1839—42. 2. édit. augmentée d'une préface par É. Littré, et d'une table alphabétique des matières. 6 vol. 8°. Paris, Baillière et fils, 1864. 3. édit. augmentée d'une préface par É. Littré et d'une table alphabétique des matières. 6 vol. 8°. Paris, Baillière et fils, 1869.
— 5. Discours sur l'ensemble du positivisme. 8°. 1848.
— 6. Discours sur l'esprit positif. 12°. Paris, Dalmont, 1844.
— 7. Katechismus der positiven Religion. Nach der 2. Aufl. des Originals übersetzt von E. Roschlau. 8°. Leipzig, O. Wigand, 1891.

Comte, Aug., 8. Opuscules de philosophie sociale (1819—1828.) 8°. Paris, Leroux, 1883.
— 9. La philosophie positive. Résumé par Jules Rig. 2 vol. 8°. Paris, J. B. Baillière et fils, 1881.
— 10. Die positive Philosophie, im Auszuge von Jules Rig. Uebers. von J. H. v. Kirchmann. 2 Bde. gr.-8°. Heidelberg, Weiss' Verl., 1883.
— 11. Plan des travaux scientifiques nécessaires pour réorganiser la société. 8°. Paris 1822. Nouv. édit. sous le titre: Système de philosophie positive. Paris 1824.
— 12. Positive philosophy, transl. and cond. by H. Martineau. 2 vol. pet-8°. London, Trübner, 1853. 2. edit. 2 vol. 8°. London, Trübner, 1875.
— 13. Polity. 4 vol. 8°. London, Longmans, 1875—1877.
— 14. Principes de philosophie positive par Auguste Comte, précédés de la préface d'un disciple, par É. Littré. 12°. Paris, Baillière et fils, 1868.
— 15. République occidentale, ordre et progrès; discours sur l'ensemble du positivisme, ou exposition sommaire de la doctrine philosophique et sociale propre à la grande république occidentale. 8°. Paris, Mathias, 1848.
— 15. Système de politique positive, ou traité de sociologie, instituant la religion de l'humanité. 4 vol. 8°. Paris, Dalmont, 1852—54. Nouv. édit. 4 vol. 8°. Paris 1880—83.

Comte, Ch. L., 1. Traité de la propriété. 2 vol. 8°. Paris, Guillaumin et Co., 1834. Lex-8°. Bruxelles, Hanman et Co., 1841.
— 2. Verdammungsurtheil über das Gütergemeinschafts-System, sammt Entscheidungsgründen. (Nationalökonom, 1834_6.)
— Vide: Pecqueur, C.: Examen du traité.

Concentration (La) des forces ouvrières radicales-socialistes de la ville de Marseille. No. 1. 7 juillet 1886. 4°. Marseille.

Concordia, Zeitschrift für die Arbeiterfrage. Red.: L. Nagel. 1. Jhrg. Oct.—Dec. 1871. 6 Nrn. hoch-4°. Berlin, Enslin. 2.—7. Jhrg. 1872—76. à 52 Nrn. gr.-4°. Ebd. 1877—1887 Zeitschrift des Vereins zur Förderung der Arbeiterfrage; hrsg. vom Vereinsvorstande. à 22—26 Nrn. gr.-4°. Mainz-Zabern. Jhrg. 1888—91 Zeitschrift des Vereins zur Förderung des Wohles der Arbeiter, hrsg. v. Vereinsvorstande. à 10—12 Nrn. gr.-4°. Ebd.

Condition (De la) des ouvriers de Paris de 1789 jusqu'en 1841, avec quelques idées sur la possibilité de l'améliorer. gr.-8⁰. Paris, impr. de J. B. Gros, 1841.

Condition (Material) of the working classes. Belgium. 8⁰. 1888.

Conditions essentielles (Des) à la démocratie. (La vraie République, no. 103.)

Condorcet. Vide: Gillet, M.: L'Utopie de Cordorcet.

— — Journal d'instruction sociale.

Conférence des questions ouvrières. Rapport sur les revendications de l'Association internationale des travailleurs. Conclusions. 12 pp. 8⁰. Paris, J. Le Clère et Co., 1873.

Congrès des directeurs et protecteurs des associations ouvrières catholiques de France, tenu à Montauban du lundi 2, au vendredi 6 sept. 1889. 8⁰. Toulouse, impr. St. Cyprien, 1890.

Congrès (Le) ouvrier international socialiste devant la 10. chambre. 8 fasc. Paris, libr. des public. popul., 1879.

Congrès (Le) international des „trades-unions" par S. R. (Journ. d. Écon., 1888, déc.)

Considerant, Victor, 1. L'apocalypse, ou la prochaine rénovation démocratique et sociale de l'Europe. 1849.

— 2. Considérations sur l'architectonique. in-8⁰. Paris, libr. phalanst., 1835.

— 3. La conversion, c'est l'impôt. 8⁰. Paris, libr. sociétaire, 1837.

(Anonym) par un ancien député (d'après Quérard).

— 4. Contre M. Arago; réclamation adressée à la chambre des députés par les rédacteurs du feuilleton de la Phalange. Suivi de la théorie du droit de propriété. gr.-8⁰. Paris, au bureau de la Phalange, 1840.

— 5. Petit cours d'économie politique et sociale. Extrait de l'ouvrage: Débâcle de la politique.

— 6. Les quatre crédits, ou 60 millions à 1¹/₄ p. 100. Crédit de l'immeuble. — Crédit du meuble engagé. — Crédit du meuble libre ou du produit. — Crédit du travail. 8⁰. Paris, libr. phalanst., 1851.

— 7. Débâcle de la politique. 8⁰. Paris, libr. phalanst., 1836.

— 8. Déraison et dangers de l'engouement pour les chemins de fer. 8⁰. Paris, libr. sociétaire, 1836, gr.-8⁰. Paris, au bureau de la Phalange, 1838.

— 9. Description du phalanstère et considérations sociales sur l'architéctonique. 12⁰. Paris, libr. phalanst., 1848. 3. édit. 8⁰. Paris, libr. sociétaire, 1848.

Considerant, Victor, 10. Destinées sociales, exposition élémentaire complète de la théorie sociétaire (dédié au roi). 8⁰. 2 vol. Paris 1836. Le 3. volume a paru en 1844. 2. édit. 3 vol. gr.-8⁰. Paris, libr. phalanst., t. I, 1847, t. II, 1849, t. III (1. édit. 1844). Nouv. édit. 2 vol. 12⁰. Paris, libr. phalanst., 1851.

— 11. Ueber die Erlösung der Menschheit in ihrem wahren Sinn, (Uebers.) von Karl Scholl. 8⁰. Zürich, Kiessling, 1855.

— 12. Exposition du système phalanstérien de Fourier. 3. édit. 16⁰. Paris, libr. phalanst., 1848.

— 13. Exposition abrégée du système phalanstérien de Fourier. 32⁰. Paris, libr. phalanst., 1845. — Exposition abrégée du système phalanstérien de Ch. Fourier suivie d'études sur quelques problèmes fondamentaux de la destinée sociale. 3. édit. 32⁰. Paris, libr. des sciences sociales, 1872.

— 14. La dernière guerre et la paix definitive de l'Europe. 8⁰. Bruxelles 1850.

— 15. Manifeste de l'école sociétaire fondée par Fourier, ou bases de la politique positive. 1841. 2. édit. 1842.

— 16. De la politique générale et du rôle de la France en Europe, suivi d'une appréciation de la marche du gouvernement depuis juillet 1830. 8⁰. Paris, libr. phalanst., 1840.

— 17. De la politique nouvelle convenant aux intérêts actuels de la société et des conditions de développement par la publicité. 1843. 2. édit. 1844.

— 18. Principes du socialisme. Manifeste de la démocratie au XIX. siècle. Suivi du Procès de la Démocratie pacifique. 18⁰. Paris, libr. phalanst., 1847.

— 19. Le socialisme devant le vieux monde, ou le vivant devant les morts, suivi de Jésus-Christ devant les conseils de guerre par Victor Meunier. gr.-8⁰. Paris, libr. phalanst., 1849.

— 20. La solution, ou le gouvernement direct du peuple. 8⁰. Paris, libr. phalanst., 1851. 4. édit. 8⁰. Paris, libr. phalanst., 1851, mars.

— 21. De la souveraineté et de la régence. 8⁰. Paris, libr. phalanst., 1842.

— 22. Au Texas. (École sociétaire, année XXIII.) gr.-8⁰. Paris, libr. phalanst., 1854.

— 23. Théorie du droit de propriété et du droit au travail. 3. édit. 18⁰. Paris, libr. phalanst., 1848.

Considerant, Victor, 24. Théorie de l'éducation naturelle et attrayante. 8°. Paris 1845.
— 25. Théorie der natürlichen und anziehenden Erziehung. Den Müttern gewidmet. Deutsch von P. Str. 12°. Nordhausen, Fürst, 1847. 2. Titelaufl. u. d. T.: Die Erziehung der Kinder auf natürlichen Grundlagen. Allen Müttern und Erziehern gewidmet. Deutsch von P. Str. 12°. Leipzig, Brügmann, 1850.
— Vide: Auswanderung nach Hoch-Texas.
— — Bouillier, Fr.: Exposition de la doctrine.
— — Daly: Exposition de la doctrine (Phalange).
— — Démocratie pacifique.
— — Droit au travail à l'Assemblée nat.
— — New Moral World (article).
— — Phalange (articles).
— — Phalanstère (articles).
— — Proudhon: Advertissement aux propriétaires.
— — Proudhon: Peuple, no. 86.
— — Proudhon: Réponse à M. Considerant.
— — Théorie générale de Ch. Fourier.
Considérations sur la révolution sociale (par le Cte. A. de Ferrand). gr.-8°. Londres 1794.
Constant, l'abbé A., 1. L'assomption de la femme. 1841.
— 2. La bible de la liberté. 8°. Paris, Le Gallois, 1840, 1841.
— 3. Doctrines religieuses et sociales. 18°. Paris, Le Gallois, 1841.
— 4. La dernière incarnation. 1846.
— Vide: Cabet: Refutation.
— — Stimmen (Neue) aus Frankreich.
— — Le Tribun du peuple.
— — Weller, E.: Publicistische Stimmen.
Constitution of society as designed by god. 8°. London, E. Wilson, 1835.
Constitution (The) and laws of the universal community society of rational religionists. Established Mai 1, 1835. 8°. London 1839.
Conti, capitaine A., L'armée et le travail (10 juin 1870). 32 pp. 4°. Amiens, autogr. Boileau.
Contzen, Heinr., 1. Agricultur und Socialismus. Ein Beitrag zur Lösung der socialen Frage. Nebst einem Anhange. gr.-8°. Berlin, Luckhardt, 1871.
— 2. Ueber die sociale Bewegung der Gegenwart. gr.-8°. Zürich, Schmidt, 1876.
— 3. Die sociale Frage, ihre Geschichte und Bedeutung in der Gegenwart. Eine volkswirthschaftl. Skizze. gr.-8°. Berlin,

Luckhardt, 1871. 2. verm. u. verb. Aufl. gr.-8°. Ebd. 1872.
Contzen, Heinr., 4. Geschichte der socialen Frage von den ältesten Zeiten bis zur Gegenwart. (Bibliothek für Wissenschaft und Literatur, Bd. 17, 1877.) 2. (Titel-) Ausg. gr.-8°. Berlin, Hofmann, 1879.
— 5. Die socialistischen Systeme und die Arbeiterfrage. (Aus dessen: Nationalökonomie ein polit. Bedürfnis, 1868.)
Conty, Transformation sociale. Révolutions des XVIII. et XIX. siècles. 18°. Paris, Delahays, 1859.
Cook, J., Heredity — Labour. — Marriage. Socialism. With preludes on current events. 4 vol. 8°. Boston, Holder and Stoughton, 1881.
Cooper, Thom., The land for the labourers and the fraternity of nations. A scheme for a new industrial system just published in Paris and intended for proposals to the National Assembly. 16 pp. 8°. London, Wilson, 1848.
Coopération (La). Journal du progrès social. Année I et II, no. 10. (9 sept. 1866—12 janv. 1868) (non continuée). fol. Paris 1866—1868.
Coopération (La) ou les nouvelles associations ouvrières dans la Grand Bretagne (par E. Reclus). 8°. Paris 1863.
Co-operation or spoliation. (The Westminster Review, April 1884.)
Copeland, J., Socialism; or wrongs and remedies of our social condition. 32°. London, Hamilton, 1879.
Coppée, François, La grève des forgerons; poëme. 20. édit. 8°. Paris, Alphonse Lemerre, 1875.
Coquelin, Charles, 1. L'organisation du travail La liberté. (Journ. des Écon., 1848, avril.)
— 2. Du dernier ouvrage de M. P. J. Proudhon. (Idée générale de la révolution au dix-neuvième siècle, 1851, 1 vol. 12°.) (Journ. des Écon., 1851, déc.)
Corandin, Victor, Comédie industrielle du capital et du travail, étude de socialisme pratique. 18°. Lyon, imp. Vingtrinier, 1870.
Corbon. Vide: Atélier.
Cordier, J. Vide: Clairville, Nicol.
Cormenin. Vide: Droit (Le) au travail à l'Assemblée nationale.
Cornelius, C. A., 1. Geschichte des Münsterischen Aufruhres. 2 Bde. gr.-8°. Leipzig, Weigel, 1855—60.

Cornelius, C. A., 2. Studien zur Geschichte des Bauernkrieges. (Aus d. Abh. d. Kgl. bayr. Akad. d. Wiss.) gr.-8°. München, Franz in Comm., 1861.
— 3. Die niederländischen Wiedertäufer während der Belagerung Münsters 1534—1535. (Aus den Abh. der Kgl. bayr. Akad. d. Wiss.) 8°. München, Franz in Comm., 1869.

Cornette, Arthur, 1. Pessimisme et socialisme. (La Revue socialiste, 1880, no. 9.) 8°. Lyon, impr. Albert, 1880.
— 2. Die Wissenschaft und die Gesellschaft. Autoris. Uebersetzung aus dem „Socialisme progressif." (Neue Gesellschaft, 2. Jhrg.)

Cornu aîné, Organisation du travail en France. Travail de tous. Travail par tous. 8°. Paris, Galerie des Variétés, 1854.

Correspondance et autres pièces secrètes qui caractérisent l'esprit révolutionnaire de quelques Suisses. pt-4°. 1814.

Correspondence (Important) between the Bishop of Exeter, Lord Melbourne and the noted Robert Owen. 8 pp. 8°. s. l. s. a.

Correspondence with her Majesty's missions abroad regarding industrial questions and trades-unions. Parl. pap. 8°. London 1867.

Corsi, Oreste, Capitale e lavoro. 8°. Torino 1880.

Cortès, Donoso, Marquis de Valdegamas. 1. Essai sur le catholicisme, le libéralisme et le socialisme. 8°. Paris, au bureau de la Bibliothèque nouvelle, 1851. (Bibliothèque nouvelle).
— 2. Essays on catholicism, liberalism and socialism. pt-8°. London 1875. n. edit. 1879.
— 3. Versuch über den Katholicismus, den Liberalismus und Socialismus. Nach dem französ. Original übers. von Carl B. Reiching. 8°. Tübingen, H. Laupp, 1854.

Corvey, Johs., Die deutsche Socialdemokratie unter dem Ausnahmegesetz. Ein Zeit- und Streitbild. 8°. Hagen, Rifel u. Co., 1884.

Cosnac, le Cte Gabriel Jules de, Questions du jour. République, socialisme et pouvoir. 12°. Paris, V. Lecon, 1849.

Cossi, E., Danger du socialisme. Inconstitutionalité des traités de commerce, pour servir de preface à la critique de la conversion. Lettre d'envoi à la presse et aux chambres de commerce. 8°. Paris, Dentu, 1880.

Coulet, J., Histoire du socialisme à Marseille depuis le congrès de 1879 jusqu' au 1 mai 1890. 16°. Marseille, impr. Sauvion, 1891.

Coulon, J. J., Plan social et humanitaire; organisation du travail et de l'impôt; secours aux pauvres; paix et sécurité aux propriétaires, union et fraternité entre tous les hommes. br. in-8°. Paris, Guillaumin, 1848.

Courcelle-Seneuil, 1. État de la question socialiste. (Journ. d. Écon., 1873, déc.)
— 2. Charles Fourier. (Dict. de l'écon. polit. 1854.)
— 3. Liberté et socialisme, ou discussion du principe de l'organisation du travail industriel. VIII, 447 pp. 8°. Paris, Guillaumin et Co., 1868.
— 4. La liberté du travail. Grève des compositeurs de Genève. 16 pp. 8°. Paris, imp. Claye, 1869.
— 5. De l'origine et de l'état actuel du socialisme. (Journ. d. Écon., 1869, juillet.)
— 6. Les socialistes cléricaux: le Père Félix et M. de Mun. (Journ. d. Écon., 1879, août.)

Courcy, Alfred de, 1. Capital et travail. 23 pp. 12°. Paris, imp. A. Chaix et Co., 1872.
— 2. Le droit et les ouvriers. 8°. Paris, Pichon, 1886.
— 3. La querelle du capital et du travail. 18°. Paris, Anger, 1872.

Courier belge, par L. Jottrand. 1834.

Cours d'économie sociale. Le matérialisme économique de K. Marx par P. Lafargue: 1. L'idéalisme et le matérialisme dans l'histoire. 2. Le milieu naturel: théorie Darwinienne. 3. Le milieu artificiel: théorie de la lutte des classes. — Évolution du capital par G. Deville: 1. Génèse du capital. 2. Formation du prolétariat. 3. Co-operation et manufacture. 4. Machinisme et grande industrie. 5. Fin du capital. 8 cahiers. 8°. Paris, H. Oriol, s. a. (1884).

Courthe, Les calomnies et les préjugés politiques. Les démocrates et les modérés, les partis en France; les sauveurs de la société et leurs adhérents. gr.-8°. Bruxelles, 1852.

Courthe, J. Rouchet, Les républicains et les monarchistes. Coup d'oeil sur la brochure intitulée: Les républicains belges-français, ou considérations sur l'alliance de ces démocrates. 8°. Bruxelles, 1848.

Courtois, A. fils, 1. Anarchisme théorique et collectivisme pratique. 12°. Paris, Guillaumin, 1885.

Courtois, Alph., 2. Histoire critique des systèmes socialistes. Leçon d'ouverture du cours d'économie politique professé à la section Drouot de l'Association philotechnique. (Journ. d. Écon., 1884, déc.)

Cousin-Jacques (Le), La constitution de la lune, rêve politique et moral. 2. édit. 8°. Paris, chez Froullé, 1793.

C. P... n. Vide: Phalanstère, II, 18, 19, 29.

Cramer, Nicolai v., Die Frauenfrage. 12°. Riga, Helms, 1880.

Crampon, A., La France Saint-Simonienne à son déclin. 8°. Paris, imp. Balitout, Questroy et Co., 1867.

Crédit ouvrier (Du) et du droit au travail considéré dans ses rapports avec le crédit ouvrier, par M... (Journ. d. Écon., 1874, mai.) 8°. 16 pp. Paris, Guillaumin et Co.

Crémieux. Vide: Droit (Le) au travail à l'Assemblée nationale.

Cri (Le) de l'infortune. 8°. 1789.

Cri (Le) de l'ouvrier, organe socialiste et révolutionnaire de la région du N., paraissant le dimanche. Nr. 1, du 30 nov. — 7 déc. 1884. pet.-fol. Douai, impr. Albain.

Cri (Le) du peuple. Verviers 1878—79. (Journ.)

Criminal-Procedur gegen Dr. C. Grün und 22 Genossen wegen Hochverrath, resp. Plünderung des Zeughauses zu Prüm. Verhandelt vor den Assisen zu Trier im Jan. 1850. gr.-8°. Trier, Lintz, 1850.

Criminal-Untersuchung des Sylvester Jordan wegen Hochverrath. 8°. Marburg, Elwert's Univ.-Buchh., 1843.

Cripps, C. A., The socialist reaction. (National Review, 1891.)

Crisis (The), or the change from error and misery to truth and happiness. Edited by Rob. Owen and R. D. Owen. 4 vol. 4°. London 1832—34 (23. Aug.).
(Added from Nr. 16, 1833 to its title that of: „National Co-operative Trades-union and Equitable Labour Exchange Gazette.")

Critique sociale (La). Genève 1888. (Journ.)

Crome, Past. G., Die Socialdemokratie, eine Versuchung für unser Volk. Eine Zeitpredigt über Matth. 4, 1—11. Christenleuten zur Mahnung, unsern socialdemokr. Volksgenossen zur Verständigung geboten. 8°. Hannover, Feesche, 1890.

Crompton, H., The law of conspiracy. 6 pp. 8°. London, s. a.

Crouzel, A., Étude historique, économique et juridique sur les coalitions et les grèves dans l'industrie. 8°. Paris 1867.

Crowther, Rich. Vide: New Moral World, Vol. VI.

Crueger, Fr., La république s'amuse. Eine Revolutions-Skizze aus der Zeit. 8°. Berlin, Stargardt, 1848.

Crüger, Fr. Vide: Volksblatt.

Cry (The bitter) of outcoast London. An inquiry into the condition of the abject poor. 20 pp. 8°. London, Oct. 1883.

Cry (The) of the poor. A poem. 68 pp. 8°. London 1837.

Cuestion social (La). Traduccion del discurso de Monseñor Mermillod sobre la cuestion obrera, acompañada de la conferencia pronunciada en los salones del A. B. por el Dr. D. Ignacio M. de Ferran, sobre principios de ciencia social, y precedida de una introduccion por el traductor Don Pedro Sañudo. Barcelona 1873.

Culte et loix d'une société d'hommes sans dieu (par Sylvain Marechal). 8°. s. l. L'an I de la Raison. L'an VI de la République Franç.

Cummings, E., The english trades-unions. (Quarterly Journal of Economics, Vol. III, 1889.)

Cunningham, Will., The progress of socialism in England. (The Contemporary Review, January 1879.)

Curci, le R. P., Considérations sur l'Internationale, forme nouvelle de l'ancien antagonisme entre les riches et les pauvres. Traduites de l'italien par le Comte Gabriel de Caix de Saint-Aymour. gr.-8°. Paris, Bray et Retaux, 1872.

Curwen, J. Spencer, The conflict of classes in english social life. 14 pp. 8°. s. l. 1877.

Cyprianus, E. S., Vita et philosophia Th. Campanellae. Amsterdami 1705. 8°. Amsterdam, Wetstenios, 1722.

Czerny, Albin, 1. Der zweite Bauernaufstand in Oberösterreich 1595—1597. gr.-8°. Linz, Ebenhöch, 1890.
— 2. Bilder aus der Zeit der Bauernunruhen in Oberösterreich, 1626, 1632 und 1648. gr.-8°. Linz, Ebenhöch, 1876.

Czynski, Jean, Avenir des ouvriers. 32°. Paris, libr. sociale, 1839.

D.

Dagueaux, A., Le crédit libre pour le travail libre et le Saint-Simonisme à l'œuvre. 8°. Paris. Dentu, 1864.

Dain, Charles, 1. De l'abolition de l'esclavage, suivi d'un article de Fourier. 8°. Paris, Considérant, 1836. (Extrait de la Phalange, Journal de l'École sociétaire.)
— 2. Vide: Phalange, année I, t. I.

Dakus, J. A., Annals of the great strikes. 8°. Chicago 1877.

Dalmasso, sac. Giobbe, Il socialismo esaminato sulla bilancia dell' opinione pubblica nelle sue origini, nelle sue cause, nella sua natura e tendenze, nei suoi mezzi di propaganda e nei suoi rimedi. Parte I. 16°. Mondovi 1879.

Dalmau, J. M., El socialismo moderno. Madrid 1872.

Dalsème, Achille et Jules. Vide: Mystères (Les) de l'Internationale etc.

Daly, C. Vide: Phalange, année I, t. I; année II, t. II.

Daly, J. Bowles, Radical pioneers of the eighteenth century. 8°. London, Swan Sonnenschein, 1886.

Dalziell, Alex., The colliers' strike in South-Wales: its cause, progress and settlement. 1872.

Dambel, E. A. Vide: Le Travail, véritable organe des intérêts popul.

Dambor, Das eherne Menschenrecht. gr.-8°. Berlin, Hartung u. Sohn, 1890.

Dameth, Henri, 1. Le mouvement socialiste et l'économie politique. 144 pp. 18°. Paris, Guillaumin et Co., 1869.
— 2. La question sociale. Résumé de six conférences, données à ce sujet à l'Athénée de Genève, pendant le mois de décembre 1870. 96 pp. 18°. Genève 1871.

Dameth, Claude Marie, dit Henri. Vide: Défense du Fouriérisme etc.

Dammann, Jul., Die Socialdemokratie und ihr Zukunftsstaat, nach Grund, Ursach, Wesen und Bedeutung ein wenig beleuchtet in gemeinverständl. Weise. 8°. Essen, Radke Nachf., 1888.

Dampfboot (Das westphälische). Eine Monatsschrift, redigirt von Dr. Otto Lüning. gr.-8°. Bielefeld, Aug. Helmich (seit 1847 Paderborn), Jan. 1845 — Mai 1848. (Seit 1. April 1848 wöchentlich 2 mal.)

Dandigny, La question sociale et la question vitale. 8°. Paris, Schiller, 1884.

Danduran, J. J. Vide: Droit (Le) du peuple.

Danneil, Frdr., Die Arbeiterfrage im Lichte der inneren Mission. Mit bes. Rücksicht auf die Provinz Sachsen. Mit einem Vorworte des Provinzial-Ausschusses für die innere Mission. 8°. Halle, Fricke, 1873.

Danos, l'abbé, La propriété, traité en forme de discours concernant la propriété, adressé aux représentants du gouvernement républicain de notre France. 8°. Pau, impr. Veronèse, 1849.

Danré de Coyolles, Ch., Problème sociale résolu mathématiquement. 8°. Paris, Bachelier, 1840.

Dareste, A. C., Thomas Morus et Campanella, ou essai sur les utopies contemporaines de la renaissance et de la réforme. Thèse présentée à la Faculté des lettres de Paris. 8°. Paris, impr. Dupont, 1843.

Dargun, Dr. Lothar, Ursprung und Entwicklungsgeschichte des Eigenthums. (Zeitschr. für vergleich. Rechtswissensch., 5. Bd., 1. Heft.) gr.-8°. Stuttgart, Gebr. Kröner, 1884.

Darimon, Alfred, Exposition méthodique des principes de l'organisation sociale (théorie de Krause), précédée d'un examen historique et critique du socialisme contemporain. 18°. Paris, Franck, 1848.

Darimon. Vide: Proudhon, Idées révolutionnaires.

Darmesteter, Madame, The workmen of Paris 1390—1890. (Fortnightly Review, 1890, July.)

Darnand, Émile, Radical ou anarchiste? Simple réversion des papiers conservés depuis le 1 juin 1887. 95 pp. 8°. Paris, juin, 1888.

Darstellung der wesentlichen Grundursachen der gegenwärtigen Krankheit der menschlichen Gesellschaft und ihrer naturgemässen Heilmittel. 8°. Zürich, Kiesling, 1856.

Darstellung (Getreue) des Processes von Schlöffel. 8°. Berlin 1848.

Darstellung (Aktenmässige) der im Königr. Württemberg in den Jahren 1831, 1832 u. 1833 stattgehabten hochverrätherischen und sonstigen revolutionären Umtriebe. 2. Aufl. 8°. Stuttgart, Gebr. Mäntler, 1839.

Darwinismus contra Socialismus. (Neue Zeit, 1890.)

Dasbach, G. F., Der Zukunftsstaat der Socialdemokraten. Beleuchtet in einer Arbeiterversammlung zu St. Ingbert am 15. Aug. 1890. 12°. Trier, Paulinus-Druck., 1890.

Dauban, C. A., Le fond de la société sous la Commune décrit d'après les documents qui constituent les archives de la justice militaire avec des considérations critiques sur les mœurs du temps et sur les événements qui ont précédé la Commune. gr.-8°. Paris, E. Plon, 1873.

Dauby, Joseph, 1. Le livre de l'ouvrier ou conseils d'un compagnon. 1. édit. 1857. 2. édit. 1858. 3. édit. Bruxelles, Tircher et Manceaux, 1863.
— 2. Des grèves ouvrières. Nouv. édit. 8°. Bruxelles 1884.
— 3. La question ouvrière en Belgique. Causes des nos crises ouvrières, remèdes possibles. 12°. Bruxelles, Office du publicité, 1871.

Daurio, C. P., Observations critiques sur les principes organiques de la doctrine de Fourier et sur la marche des principaux disciples de son école. 12°. Paris, Carilian-Gœury, 1841.

David, Adolph, Question sociale: une solution pratique assurant l'avenir des travailleurs. 16°. Paris, à la Revue socialiste, 1887.

David, avocat, Des rapports entre le capital et le travail, des relations entre les patrons et les ouvriers, discours prononcé à la séance solennelle de rentrée des conférences, le 20 déc. 1890. 8°. Poitiers, impr. Blais, Roy et Co., 1891.

Davidson, J. Morrison, The old order and the new. 8°. London, W. Reeves, 1889.

Dawson, W. H., 1. German socialism and Ferdinand Lassalle, a biographical history or German socialistic movements during this century, 8°. London, Sonnenschein, 1888.
— 2. The unearned increment. 8°. London, 1890.

Day. Vide: To Day. (Journal.)

Day down in darkest England, or facts and figures relating to work among the submerged: being a short account of what has been and is being done by the Salvation Army social wing. 16°. London, S. A. Publication Depot, 1891.

Dean, Sydney, Les récentes grèves d'Australie et leur renseignements. (Réforme sociale, année X, 1890.)

Deantoni, Albino, Della proprietà. Teoremi tre e proposta al poter legislativo. 4°. Alessandria 1873.

Debat social par A. Bartels. 1844.

Decisioni (Due opposte) sulla Internazionale, con note dell' avv. Aristide Venturini. 8°. Bologna 1880.

Déclaration du comité socialiste. (Journal de la vraie république, no. 34.)

Déclaration des droits de l'homme; devoirs du citoyen; constitution de 1875; concordat. 12°. Lyon, impr. Bourgeon, 1882.

Decorde, Quelle serait l'organisation du travail la plus propre à augmenter le bien-être des classes laborieuses? 8°. Paris, J. Ledoyen, 1839.

Decourdemanche, 1. Est-ce légalement que le gouvernement a fait suspendre l'exercise du culte Saint-Simonien? (Le Globe, 1832, no. 26 et Saint-Simonisme, Extraits du Globe, vol. III, no. 4.) 18 pp. 8°. Paris, Everat impr.
— 2. Lettres sur la législation dans ses rapports avec la propriété. — Vide: Saint-Simonisme, Extraits du Globe, vol. I, no. 3.
— Vide: Le Globe, 22 nov. 1830 ff.

Decous de Lapeyrière, L'état de la question sociale en 1871. 8°. Paris, Lachaud, 1872.

Decouverte (La) australe par un homme volant. Ou le Dédale français; nouvelle très philosophique (par Rétif de la Bretonne). 4 vol. Leipzig et Paris s. a. (ca. 1780).

Decrais, Jules, Un parlement ouvrier. Le dernier congrès des trades-unions. (Revue des Deux Mondes, 15 nov. 1890.)

Défense du Fouriérisme, réponse à M. M. Proudhon, Lamennais, Reybaud, Louis

Blanc etc. Premier mémoire: Réfutation de l'égalité absolue. Solution des problèmes du pauperisme; De la richesse générale et du travail par la théorie de Fourier (par Claude Marie, dit Henri Dameth). 32°. Paris, se vende chez les marchands de nouveautés, 1841.

Défenseur (Le) des droits du peuple, par Ant. Galland. 8°. Paris, an VI.

Défenseur (Le) des droits du peuple, par Bonnar. Vendemiaire, an VIII. 4°. Paris.
(Motto: Nec Caesar, nec Marius, nec Sylla.)

Défenseur (Le) de la république, organe des travailleurs. Année I, no. 1 (8 pluviose an 91 = 27 janv. 1883). pet.-fol. Lyon, impr. nouvelle. (Hebdomadaire, paraît le samedi.)

Défi (Le), organe anarchiste, paraissant le dimanche. No. 1, 3 février 1884. fol. Lyon.

Defoe, Daniel, 1. Essays on several projects. 8°. London 1697. Reprinted under the title of: Several essays relating to academicks, banks, bankrupts, charity-lotteries etc. 8°. 1700. Another title printed 1702 as follows: Essays on several subjects, or effectual ways of advancing the interest of the nation. 8°.
— 2. Sociale Fragen vor 200 Jahren. (An essay on projects.) 1697. Uebersetzt von Hugo Fischer. gr.-8°. Leipzig, Hirschfeld, 1890.

De-Franceschi, Ing. G., 1. Il diritto di eredità nel socialismo. (Opuscoli socialisti, Milano, Ambrosoli.)
— 2. La famiglia. (Opuscoli socialisti, Milano, Ambrosoli.)
— 3. Della proprietà. Milano, Ambrosoli.

Deg..., Pauline. Vide: Le Phalanstère, année II, no. 13.

Degenkolb, Arbeitsverhältnisse. Ein Beitrag. 8°. Frankfurt a. M. 1849.

Degoix, Paul, Les grèves et la question ouvrière. (Journ. d. Écon., 1878, août.)

Degreef, L'empirisme, l'utopie et le socialisme scientifique. (Revue socialiste, août 1886.)

Dehn, Paul, Das österreichische Gesetz gegen socialdemokratische und anarchistische Ausschreitungen. (Die Gegenwart, Bd. 37, 1890.)

Delagoutte, La femme du peuple. (Religion Saint-Simon.). Vide: Saint-Simonisme, Mesnilmontant, no. 16_{36}.

Delahaye, V., Le mouvement de la nationalisation du sol en Angleterre. (La Revue socialiste, 1880, no. 1.)

Delaire, A., 1. Le progrès de l'école Le Play et l'agrandissement de la réforme sociale. (Réforme sociale, année X, 1890.)
— 2. Les unions de la paix sociale. Leur programme d'action et leur méthode d'enquête. Avec une introduction de F. Le Play. 16°. Paris 1881. 2. édit. 12°. Paris 1883. 3. édit. 18°. Paris, à la Réforme sociale, 1887. 4. édit. 32°. Paris, impr. Levé, 1889.

Delaire, M. Vide: Le Play, F.

Delamotte, J. Ch., De l'avenir des classes laborieuses. Système de mutualité ou de solidarité chrétienne assimilant les ouvriers aux agents de l'état, quant aux droits à la pension de rétrait. 18°. Paris. P. Dupont, 1858.

Delaporte, le Père A., Philosophie de l'Internationale. 12°. Paris, Palmé, 1871.

Delaporte, J., 1. Les collectivistes du socialisme rationnel (science sociale découverte par Collins) ne sont pas communistes. Réponse à M. Ch. M. Limousin, de la société d'économie politique. 47 pp. 8°. Paris, libr. de la Science sociale, 1878.
(Publication de la Philosophie de l'avenir.)
— 2. Le renversement de la loi des salaires par le socialisme rationnel. (La Revue socialiste, 1880, no. 9.)

Delaporte, L. Vide: Le Globe, 1832, no. 75 et 89.)

Delaroa, Joseph, Vue générale sur le socialisme. pet.-8°. (Langres, Dejussieu.) Paris, Sagnier et Bray, 1849.

Delaveleye, Aug. Vide: Ajasson de Grandsagne, J. B. Fr. E.

Delbert, Ph., Social evolution. Edited by Fr. Wingfield. 8°. London, Eden, Remington and Co., 1891.

Delegazione democratica italiana (La) in Francia (28 agosto — 12 settembre 1889): note e relazione per cura della commissione della società operaie italiane affratellate. 8°. Roma, tip. La Cooperativa, 1889.

Delente, F. Vide: Lo Toscin des travailleurs.

Delescluze. Vide: Le Peuple, journal des proscrits.
— — Révolution (La) démocratique et sociale.
— — Trammel, W. D.: L. Ch. Delescluze.

Deleuze. Vide: Programme des véritables doctrines socialistes.

Delisle, Hubert. Vide: Droit (Le) au travail à l'Assemblée nationale.

Della Bona, Giovanni, Dei principali fattori per la soluzione del problema sociale. 8°. Udine 1884.

Delmar, A. Vide: Review (New York Social Science).

Delmas, E. Vide: La Phalange, année XVII, t. VII.

Delmorès, J., Le 1 mai historique. Le principe du 1 mai, expression sociale; la fin d'un regime, etc. Le 1 mai dans la region de la Loire et du Rhône. 8°. Paris, Leroy, 1891.

Deloge, Albert, Causes de révolutions périodiques. Suivi de quelques extraits d'Alexis de Tocqueville. 8°. Paris, libr. internat., 1871.

Delolme, J. L., Le socialisme par excellence; exposé en quatre lettres sur la réorganisation gouvernementale et sociale de la France et du monde entier. 187 pp. 12°. Paris, J. Bonhoure et Co., 1879.

Delor, A., La grève des ouvriers du chemin de fer de Limoges à Brive. 8°. Paris, impr. Levé, 1889.

Delory, l'abbé, Essai sur le socialisme, à l'adresse du peuple français; suivi d'un autre essai sur le radicalisme, à l'adresse de la bourgeoisie française. 8°. Lille, Vanackère, 1856.

Delwaide, H., La crise sociale et le principe du droit. 8°. Bruxelles 1889.

Demagogenthum (Wider das) in Nürnberg. Ein Beitrag zur Zeitgeschichte. Ende Juni 1878. 16. Aufl. 8°. Nürnberg, H. Ballhorn.

Demangeon-Diolley, 1. La nouvelle organisation sociale. Appel aux patriotes intelligents; petit programme des principales réformes demandées par le peuple. 16°. Rambervilliers, Méjeat, 1884.
— 2. La nouvelle organisation sociale; deuxième appel aux patriotes intelligents Petit programme des principales réformes demandées par le peuple. 32°. Rambervilliers, Risser, 1884.
— 3. La nouvelle organisation sociale; troisième appel aux patriotes intelligents. Petit programme des principales réformes demandées par le peuple. 32°. Rambervilliers, Risser, 1885.

Democracy (The catholic) of America. (Edinburgh Review, April 1890.)

Démocratie pacifique (La), journal des intérêts des gouvernements et des peuples. Rédacteur en chef Victor Considerant. 1 août 1843 — 30 nov. 1851. 16 vol. in fol.
(Continuation des „La Phalange", Revue de la science sociale 10 juillet 1836 — 30 juillet 1843.)

Demokrat (Der). Hrsg. von C. Braun, früher von L. Kalisch. Imp. 4°. Mainz, 16. April 1848 — Sept. 1849.
(Kayser, B. L.: 16. April — Dec. 1848 — 37 Nrn.)

Demokrat (Der), von Wiss und Baader. Berlin, 22. Mai — 29. Juni 1848. Wöchentl. 3mal.

Demokratie (Die). 1. Heft. 8°. Berlin, G. Hempel, 1849.

Demolins, E., Le Play et son oeuvre de réforme sociale. 8°. Paris, impr. Le Clerc, 1882. 2. édit. 8°. Paris 1883.

De Montry, A., Le socialisme, la famille et le crédit. 32°. Paris, Breteau, 1850.

Demos, a story of english socialism. 3 vol. 16°. Paris, Klincksieck, 1886.

Denayrouze, L., Le socialisme de la science. Essai d'économie politique positive. 8°. Paris, Guillaumin et Co., 1881.

Denis de Châteaugiron, L'Anti-Proudhon. 8°. Rennes, M. Éon, 1860.

Denker, Pierre, La république de l'avenir. 8°. Paris, Dentu, 1872.

Denkschrift über die wirthschaftl. Associationen und socialen Coalitionen. 8°. Berlin, Nelte, Böltje u. Co., s. a. (1866).

Denkschrift über die sociale Frage, gerichtet an den Episkopat Westösterreichs. (Monatsschr. f. christl. Soc.-Reform, 12. Jhrg., 1890.)

Denkschriften über die geheimen Gesellschaften im mittäglichen Italien und insbesondere über die Carbonari. Mit 12 Kupfern und 1 Holzschnitt. gr.-8°. Stuttgart u. Tübingen, Cotta, 1822.

Denman, W. Ross, 1. Studies in the early history of institutions. 2/3. The theory of villages communities. 4. The theory of primitive democracy in the Alps. 8°. Cambridge, U. S. A. University Press, 1880.

Dennis, Vice and luxury. Publick mischiefs or remarks on a book intituled: The fable of the bees, or private vices, publick benefits. 8°. London, W. Mears, 1724.

Denunziations-Sistem (Das) des sächsischen Liberalismus und das kritisch-nihilistische Sistem H. Jellinek's (von H. Jellinek). 8°. Leipzig, Weller, 1847.

Déomanie (De la) au XIX. siècle. Saint-Simon. Enfantin. Aug. Comte. Proudhon, par un solitaire (J. M. Constantin Prévost). 8°. Toulouse, impr. Dieulafoy, 1860.

Depeyre, Questions politiques et sociales (l'Internationale). 35 pp. 18°. Paris, lib. de la société bibliogr., 1872.

Deputatus, Die Verlängerung des Socialisten-Gesetzes. (Die Gegenwart, 25. Bd.. 1884.)

Dercsényi, Frhr. Joh. v., 1. Tanulmányok a communismusnak egy humanus ellenszeréről. Pest 1846.
(Studien über ein humanes Gegenmittel für den Communismus.)
— 2. Studien über ein humanes Mittel gegen den Communismus, oder über das Humanitätssystem der Volkswirthschaft, des Volksunterrichts und des polit. Volkslebens. 8°. Pesth, Hartleben, 1846.
— 3. Études sociales. Moyen philantropique contre le communisme, ou système de philantropie appliqué à l'économie politique, à l'éducation nationale et à la vie politique du peuple. Ouvrage traduit de l'allemand par J. B. Herz. 8°. Paris, Franck, 1848.
— 4. Researches for a philanthropical remedy against communism: or a system of philanthropy applied to national economy, national education and the political life of the people. Translat. from the German. gr.-8°. London, Shillinglaw, 1847.
— Vide: Herz, Dr. J.: Noch einige Worte über Frhr. v. D.

Derubigny-Berteval, J. Ant., Réflexions patriotiques présentées à la convention nationale sur le maximum, le commerce et les approvisionnements. 8°. Paris, imp. franç. de Mnémozyne.

Desages, Luc., Auguste Comte, sa philosophie et sa politique positives. (L'Espérance, livr. II.)

Deschamps, N., Les sociétés secrètes et la société, ou philosophie de l'histoire contemporaine. 4. édit. avec une introduction sur l'action des sociétés secrètes au XIX. siècle par Cl. Jannet. 2 vol. 8°. Paris, Oudin frères, 1881. 3 vol. Notes et documents recueillis par Cl. Jannet. 8°. ibd. 1883.

Descola, Edouard, Le prolétariat rural et la démocratie; place aux paysans. (Extr. du journal „La Montaigne".) 8°. Foix, Barth, 1882.

Desdouits, Théophile, Histoire d'un ouvrier. L'Internationale et la guerre de 1870—1871. 18°. Paris, Albanel, 1871.

Desessarts, cit., Précis historique de la vie, des crimes et du supplice de Robespierre et de ses complices. 8°. Paris, an V.

Desewffy, Marcel Graf, Der politisch-sociale Radicalismus der Neuzeit. In seinen Doctrinen kritisch beleuchtet. 8°. Wien, Leo, 1851.

Des Guerrois, Charles. Études littéraires et biographiques. (Jacques Amyot. — Mme de Staël. — Saint-Simon.) 12°. Paris, Ledoyen, 1856.

Desjardins, Arthur, Le Code civil et les ouvriers. (Revue des Deux Mondes, 1888, 15 mars.)

Desjardins, G., De l'organisation de la fraternité, ou d'une constitution sociale à donner aux peuples. gr.-8°. Paris, Rouanet, 1848.

Desmoulins, Aug., 1. L'Amérique et le socialisme. (L'Éspérance. livr. IV.)
— 2. Études sur l'association corporative. (L'Éspérance, livr. I$_2$.)
— 3. The Paris workmen and the Commune. (The Fortnightly Review, 1871.)

Desmousseaux de Givré, Em., Quelques réflexions au sujet der grèves et coalitions ouvrières et du droit d'association, juillet 1872. 15 pp. 8°. Paris, A. Lemoine, 1873.

Despoten (Die) als Revolutionäre. An das deutsche Volk. (Von Assessor Fischel.) 8°. Berlin 1859.

Desprez, H., Polémique du rationalisme et du socialisme. (Revue des Deux Mondes, 1 mars 1849.)

Dessaux, C., Jacques Bonhomme. Civilisation universelle, socialisme rationel. pet-8°. Paris, Martinon, 1878.

Dessirier, J. B., Le système social de P. J. Proudhon, résumé. 8°. Paris, Garnier frères, 1849.

Dethloff, Ueber den Communismus Sebastian Frank's. Programm des Gymnasium Fredericianum zu Schwerin, 1850.

Deutsch, Ed., Die österr. Arbeiterfrage im Lichte der Gegenwart. Populäre Betrachtungen. 8°. Wien, Selbstverl. d. Verf., 1881.

Deutsch, Simon, Das Ei des Columbus, oder die Lösung der socialen Frage. Eine zeitgemässe socialökonomische Studie. gr.-8°. Leipzig, Lit. Anst. Aug. Schulze, 1890.

Deutschen (An die) New Yorks. (Flugblatt.) 1870.

Devay, aîné. Vide: Le Phalanstère, année II, no. 24, t. II; série 3, t. V.

Deville, Gabriel, 1. Der Anarchismus. Nach dem Französischen von Dr. M. Qu. 8°. New York, 1886.
— 2. Der Anarchismus; deutsch von Quarck. (Deutsche Worte, Jhrg. 1885.)
— 3. Gracchus Babeuf und die Verschwörung der Gleichen. Deutsch, mit einem Nachwort versehen von Ed. Bernstein. 8°. Hottingen-Zürich, 1887.

Deville, Gabriel, 4. Le Capital de Karl Marx, resumé et accompagné d'un aperçu sur le socialisme scientifique. 18⁰. Paris, Marpon et Flamarion, 1887.
— 5. Évolution du capital. Vide: Cours d'économie sociale.
— 6. Les lois Ferry et le parti socialiste. (La Revue socialiste, 1880, Nr. 1.)
— 7. Résumé du Capital de Karl Marx, accompagné d'un aperçu sur le socialisme scientifique. 18⁰. Paris, H. Oriol, 1883.

Devilles, Adolphe, Considérations sur les doctrines socialistes et sur l'association internationale des travailleurs; discours prononcé à la séance du 30 mai 1872 de la Société des arts, des sciences et des lettres du Hainaut. 12⁰. Mons, Hect, Manceaux, 1872.

Devoir (Du) actuel des classes riches. 8⁰. 23 pp. Avignon, Roumanille, 1873.

Devote (La) et la grande dame. (Religion Saint-Simon.) Vide: Saint-Simonisme, Mesnilmontant, no. 16. 3.

Deynaud, S., 1. Un exemple de mauvais collectivisme. (Revue socialiste, déc. 1886.)
— 2. Livret du socialiste; loi des salaires; programme du parti ouvrier. 32⁰. Paris, aux bureaux du „Prolétaire", 1881.

Dezamy, Théodore, 1. Calomnies et politiques de M. Cabet. Réfutation par des faits et par sa biographie. 8⁰. Paris. Prevost, 1842.
— 2. Code de la communauté. 8⁰. Paris, Prevost, 1842.
— 3. Le jésuitisme vaincu et anéanti par le socialisme, ou les constitutions des jésuites et leurs instructions secrètes en parallèle avec un projet d'organisation du travail. 8⁰. Paris, Plon, 1845.
— 4. Der Sieg des Socialismus über den Jesuitismus, oder die Constitution der Jesuiten und ihre geheimen Verhaltungsbefehle. Aus dem Französ. mit einem Vorworte von E. Weller. kl.-8⁰. Leipzig, Jurany, 1846.
— 5. M. Lamennais réfuté par lui-même, ou examen critique du livre intitulé: Du passé et de l'avenir du peuple. 32⁰. Paris, Prevost, 1841.
— 6. Organisation de la liberté et du bien-être universel. 12⁰. Paris, Guarin, 1846.
— Vide: Almanach de la communauté.
— — Cabet.
— — Égalitaire (L').
— — Ruge: Dezamy und die Pressfreiheit.
— — Stimmen (Neue) aus Frankreich.
— — Weller, E., Publicistische Stimmen.

Dialogue of dives and pauper. fol. London, Richard Pynson, 1493. fol. By Wyken de Word at Westmonstre, 1496.

Dick, Th., Philosophy of a future state. 12⁰. New edit. London, Griffin, 1848.

Dictionnaire des erreurs sociales, ou recueil de tous les systèmes qui ont troublé la société depuis l'établissement du christianisme jusqu'à nos jours. (Forme le tome 19 de la Nouvelle encyclopédie théologique publiée par l'abbé Migne.) gr.-8⁰. Paris, Migne, 1852.

Dictionnaire des Jacobins vivans, dans lequel on verra les hauts faits de ces messieurs. Dédié aux frères et amis par quelqu'un citoyen français. pet.-8⁰. Hamburg 1799.

Didier, René, (Livre des communistes) Conséquences de l'organisation du travail. 32⁰. Paris, Bouton, 1845.

Dieckmann, H. W., Vortrag über die Arbeiterfrage. (Gehalten in Bremen den 3. März 1870.). 8⁰. Bremen 1870. (Barmen, Klein.)

Diefenbach, J., Ueber die Arbeiterfrage. Im Gewerbeverein zu Stuttgart vorgetragen. 8⁰. Stuttgart, E. Müller, 1872.

Diehl, Dr. Karl, P. J. Proudhon. Seine Lehre und sein Leben. I. Abth.: Die Eigenthums- und Werthlehre. (Sammlung nat.-ökon. Abhandl. d. staatswiss. Seminars zu Halle, V. Bd., 2. Heft, 1888.) II. Abth.: Das System der ökon. Widersprüche. Die Lehren von Geld, Credit, Capital, Zins, Recht auf Arbeit und der übrigen Theorien, sowie die prakt. Vorschläge zur Lösung der socialen Frage. (Ebd. VI. Bd., 3. Heft, 1890.)

Diest-Daber, Otto v., Geldmacht und Socialismus. Einzelne Schlagschatten auf die innere Politik des Fürsten Bismarck mit Originalcorrespondenzen desselben. gr.-8⁰. Berlin, Puttkammer u. M., 1875. 2. verb. und mit einem Vorwort verm. Aufl. gr.-8⁰. Berlin, Puttkammer u. M., 1875.

Dieterici, Carl Friedr. Wilh., Ueber preuss. Zustände, über Arbeit und Capital. Ein polit. Selbstgespräch, seinen lieben Mitbürgern gewidmet. gr.-8. Berlin, Mittler, u. Sohn, 1848.

Dietrich, D. B., Die Streiks und Lockouts in den Vereinigten Staaten in den Jahren 1880—86. (Arbeiterfreund, 1888.)

Dietsch, Andr., 1. Das tausendjährige Reich nebst Plan und Statuten zur Gründung von Neu-Helvetia im Staate Missouri in Nord-Amerika. 1. Aufl. 1843. Vermehrt im Auftrage des leitenden Comités von

Adolf Hennings. 95 pp. 8°. 1844. 3. Aufl. 1849.

Dietsch, A., 2. Tagebuch und Reisenotizen. 8°. Aarau 1845.

Dietzel, Gust. Vide: Staatsbürger (Der freie).

Dietzel, H., 1. K. Rodbertus. (Preuss. Jahrbücher, Bd. 55$_1$, 1885.)
— 2. Karl Rodbertus. Darstellung seines Lebens und seiner Lehre. 1. Abth.: Darstellung seines Lebens. gr.-8°. Jena, Fischer, 1886. 2. Abth.: Darstellung seiner Socialphilosophie. gr.-8°. Ebd. 1888.
— Vide: Rodbertus, Zur Frage und Geschichte des allgemeinen Wahlrechts.

Dietzgen, Jos., 1. Die Religion der Socialdemokratie. 5 Kanzelreden. 3. verm. Aufl. 8°. Leipzig, Genossensch.-Buchdr., 1875.
— 2. Die Zukunft der Socialdemokratie. Neuer Abdr. mit einem Vorwort u. Nachtrag. 8°. Hottingen-Zürich, Volksbibl., 1885. (Socialdemokrat. Bibl. 3) und 8°. Berlin, Verlag des „Vorwärts", Berliner Volksblatt, 1891.

Digéon, Émile, Propos révolutionnaires. gr.-8°. Paris, impr. typogr. de M. Décembre, s. a. (ca. 1880).

Dilke, C. W., A radical programm. (New Review, 1890.)

Dilke, Lady, 1. Benefit societies and tradesunions for women. (Fortnightly Review, June 1889.)
— 2. Trades-unionism for women. (New Review, 1890, January.)

Dilke, Lady, and Florence Routledge, Trades unionism among women. (Fortnightly Review, May 1891.)

Dilly, Arthur, Le socialiste, cantate. 4°. Lille, Nitez-Gérard, 1889.

Dio (vuole) il comunismo? Sì, lo vuole .... però? 32°. Roma 1879.

Dippel, D. Jos., Der russische Nihilismus. Auf Grund zuverlässiger Quellen dargestellt. 8°. Passau, Waldbauer, 1882.

Dirckinck-Holmfeld, Baron C., Socialdemokratie, deren Ursache und Heilung. Decbr. 1878. gr.-8°. Pinneberg, 1879. (Leipzig, Schulze u. Co.)

Discussion concerning the being of a god between a theist and an atheist. 3 Nrn. 54 pp. 8°. Edinburgh 1845.

Dittmar, Louise, Vier Zeitfragen. Beantwortet in einer Versammlung des Mannheimer Montag-Vereins. 1. u. 2. Aufl. 8°. Offenbach, André, 1847.
— Vide: Mensch (Der) und sein Gott.

Dixwell, George Basil., Progress and poverty. A review of the doctrines of Henry George. 8°. Cambridge 1882.

Dodd, Anna Bowman, The republic of the future; or socialism a reality. 16°. New York, Cassell and Co., 1887.

Dodd, W. H., The economic law of strikes. (Brit. Assoc. Rep., 1874.)

Doehn, Rud., Die jüngsten Arbeiterunruhen in den Vereinigten Staaten von Amerika. (Unsere Zeit, 1887$_1$.)

Doherty, Hugh., 1. False association and its remedy; or a critical introduction to the late Ch. Fourier's theory of attractive industry and the moral harmony of the passions, to which is prefixed a memoir of Fourier. 168 pp. 8°. London 1841.
— 2. Philosophy of history and social evolution. 8°. London, Trübner, 1874.
— Vide: Phalange, année XIV, t. I etc. etc.

Dohna, Bernh. Graf zu, Analyse der socialen Noth. gr.-8°. Wohlgemuth, 1856.

Donald, R., Trusts in the United States. (Contemporary Review, 1890, June.)

Donandt, F., Zur Geschichte der Demokratie in der bremischen Verfassung, mit Berücksichtigung der neuesten Ereignisse. Bremen 1848.

Donation ou le socialisme jugé par le bon sens. Aux ateliers, aux châteaux, aux chaumières, à tous, par un campagnard. 2. édit. 8°. Paris, Sagnier et Bray, 1849.

Doni, Ant. Francisc., Mondi celesti, terrestri ed infernali degli academici pelegrini. 4°. 2 vol. 1552—1553. Ins Französ. übers. Lyon 1578.

Donnier. Vide: Le Tribun du peuple.

Dorfzeitung (Neue deutsche), von F. Streit-Coburg. Seit 15. Jan. 1849 täglich.

Dormoy, Jean, Rapports et résolutions des congrès ouvriers de 1876 à 1883. 12°. Paris, Oriol, 1883. (Bibliothèque socialiste.)

Dorpius, H., 1. Warhafftige historie, wie das Evangelium zu Münster angefangen und durch die Wiedertäufer verstöret. 4°. Wittenberg 1536.
— 2. Die Wiedertäufer in Münster. Zur Geschichte des Communismus im 16. Jahrhundert. Nach dem ältesten Drucke neu hrsg. von Fr. Merschmann. Nebst einer Einleitung v. Heinr. Gelzer. gr.-8°. Magdeburg, Heinrichshofen, 1848.

Dorsch. Vide: Scheu, H.: Der Hochverrathsprocess.

Douai, D. A., 1. J. Heinzen, was er ist. Eine Anklageschrift. 8°. New York 1869.
— 2. Kindergarten und Volksschule als

socialdemokratische Anstalten. 8°. Leipzig 1876.
Douai, A., 3. Le mouvement politique en Amérique. (La Revue socialiste, 1880, no. 3.)
— 4. Die Socialdemokratie in den Vereinigten Staaten. (Neue Gesellschaft, 2. Jahrg.)
— 5. Better times. 8°. New York 1874 and 1884.
Douchet-Rathall. Vide: Accusateur révolutionnaire.
Dowiat, des vom Criminal-Gerichtshofe zu Berlin am 15. Dec. 1848 zu 6 Jahren Festungsstrafe verurtheilten sogenannten deutsch-kathol. Predigers, Rede. (Nach dem Manuscript des Verurtheilten.) 4°. Berlin, Hirschfeld, 1848.
Drabitius, W., Die Vergangenheit, Gegenwart und Zukunft des Menschengeschlechtes, oder: Welches ist das Endziel aller politischen, socialen u. religiösen Bewegungen unserer Zeit. Vom rein menschl. Standpunkte beantwortet. gr.-16°. Cottbus, Meyer, 1849.
Dragomanow, Prof. M., 1. Der kleinrussische Internationalismus. (Jahrb. f. Socialwiss. hrsg. von Richter, 1. Jahrg.)
— 2. Les nations de l'Europe orientale et le socialisme internationale. (La Revue socialiste, 1880, no. 12, 13.)
Dramard, L., Transformisme et socialisme: concordance des principales revendications du socialisme contemporain avec les corollaires de la théorie de l'évolution. 12°. Paris, au bureau du „Prolétaire", 1887.
Drapeau noir (Le). Lyon 1883. Journ.
Drapeau rouge (Le). Paris 1885. Journ.
Drevet, Jean Pierre, Le socialisme pratique. Association pacifique et volontaire des travailleurs. 18°. Paris, Ballard, 1850.
Droit anarchique (Le). Lyon 1884. Journ.
Droit du peuple (Le), journal des intérêts sociaux. Rédact. en chef: J. J. Danduran. 2 nos. fol. Paris, février — mars 1849.
Droit social (Le). Lyon 1882. Journ.
Droit social (Le), écrit périodique, mensuel, de science politique, d'histoire et de philosophie. 8°. Février 1840.
Droit (Le) au travail comme l'entendent les montagnards, par un républicain rouge (Villoniers, Ém.). 12°. Paris, impr. Bonaventure, 1849.
Droit au travail (Le) à l'Assemblée nationale, recueil complet des discours prononcés dans cette mémorable discussion par MM. Fresneau, Hubert Delisle, Cazalès, Lamartine, Gaultier de Rumilly, Pelletier, Level, de Tocqueville, Ledru-Rollin, Duvergier de Hauranne, Crémieux, Barthe, Gaslonde, de Luppé, Arnaud (de l'Ariége). Thiers, Considérant, Bouhier de l'Écluse, Martin Bernard, Billault, Dufaure, Glais-Bizoin, Goudchaux, Lagrange, Félix Pyat et Marius Andre (textes revus par les auteurs); suivi de l'opinion de MM. Marrast, Proudhon, Louis Blanc, E. Laboulaye, Cormenin; avec des observations inédites, par MM. Léon Faucher, Wolowski, Fr. Bastiat, Parieu, et une introduction et des notes par Joseph Garnier. 8°. Paris, Guillaumin et Co., 1848.
Droit au travail (Le) au Luxembourg et à l'Assemblée nationale, par MM. Lamartine, Thiers, Louis Blanc, Dufaure, Duvergier de Hauranne, de Tocqueville, Wolowski, Ledru-Rollin, etc. etc., avec une introduction, par Émile de Girardin. 2 vol. 18°. Paris, Michel Levi frères, 1849.
Droit (Du) de vivre. Paris et Lyon (par Horace Verzier) br.-12°. Paris, Guillaumin et Co., s. a.
Droits (Les) de la femme: l'augmentation du salaire, rendu égal à celui de l'homme. 2. édit. 8°. Genève, J. Gay et fils, 1869.
Droits du peuple (Les), revue sociale et politique. J. Terson, rédacteur en chef. 8°. May — septembre 1845.
Droits du peuple (Les), revue sociale et politique, par J. Terson. 8°. Prospectus — spécimen. Paris 1848.
Droits (Les) du travail. Association du travail et du capital. 37 pp. 8°. Orléans, Herluison, 1872.
Dromel, Justin, La loi des révolutions. Les générations, les nationalités, les dynasties, les religions. 8°. Paris, Didier et Co., 1862.
Dronke, Ernst, 1. Armensünder-Stimmen. 12 Lieder. 8°. Altenburg, Helbig, 1846.
— 2. Berlin. 2 Bde. 8°. Frankfurt a/M., Lit. Anst., 1846.
— 3. Die Maikönigin. Ein Volksleben am Rhein. 8°. Leipzig, Lorck, 1846. 2. Aufl. 8°. Meissen, Goedsche, 1850.
— 4. Polizei-Geschichten. Novellen. kl. 8°. Leipzig, Lorck, 1846.
— 5. Aus dem Volke. Novellen. 8°. Frankfurt a/M., Liter. Anst., 1846.
— Vide: Processverhandlungen (Die) gegen E. Dronke.
Drouet. Vide: Babeuf, Procès.
Drouilhet de Sigalas, le baron Paul, Questions sociales. De la propriété et du

socialisme; précédé d'une lettre de Mgr. l'archevêque de Bordeaux. 12°. Paris, Vaton, 1849.

Drumann, W., Die Arbeiter und Communisten in Griechenland und Rom. Nach den Quellen. gr. 8°. Königsberg 1860.

Drumont, E., La fin d'un monde. Étude psychologique et sociale. 18°. Paris, A. Savine, 1888.
(Contient entre autres: L'idée socialiste à travers le XIX. siècle. — Le socialisme actuel: les partis. — Le socialisme catholique.)

Druskowitz, Fr. H., Moderne Versuche eines Religionsersatzes. Ein philosoph. Essay. gr. 8°. Heidelberg, G. Weiss' Verl., 1886.

D. S. Vide: Aperçu sur la condition des classes ouvrières.

Dubois, François, La solution de la question sociale. 8°. Chartres, impr. Milan-Leduc, 1885.

Dubois, M. Vide: Globe (Le).

Duboul, Jules, La crise sociale. 16°. (Bordeaux.) Paris, Guillaumin et Co., 1872.

Du Boys, Albert, Des Principes de la révolution française considérés comme principes générateurs du socialisme et du communisme. 8°. Lyon, Pelagaud, 1851.

Du Camp, Maxime, Les ancêtres de la Commune. L'attentat Fieschi. 2. édit. gr. 8°. Paris, Charpentier, 1877.

Du Cellier, Florent François Joseph, 1. Histoire des classes laborieuses en France depuis la conquête de la Gaule par Jules César, jusqu' à nos jours. 8°. Paris, Didier et Co., 1859.

— 2. Quelques mots sur les relations du capital et du travail. 8°. Paris, impr. de Cosse et J. Dumaine, 1848.

Du Chatellier, A. et L. de la Sicotière, Un essai de socialisme 1793—94—95. 8°. Paris, Retaux-Bray, 1887.

Duchêne, G. Vide: Le Peuple, no. 3 etc. etc.

Ducuing, François, L'ordre du jour. Questions sociales. I. Où nous sommes. II. Où nous allons. III. Réformes possibles. Le socialisme et le travail. Le socialisme et la ploutocratie. La douane. L'impôt. L'administration et l'armée. La loi. L'hypothèque et le crédit. 8°. Paris, Garnier frères, 1848.

Duden, Gf., Die nordamerikanische Demokratie und das v. Tocqueville'sche Werk darüber, als Zeichen des Zustandes der theoretischen Politik. Nebst einer Aeusserung über Chevalier's nordamerikanische Briefe, insonderheit hinsichtlich der wahren Ursachen des Bankstreites und der neuesten Unfälle in dem Handelsleben. — Duden's Selbstanklage wegen seines amerikan. Reiseberichtes, zur Warnung vor fernerem leichtsinnigen Auswandern. gr.-8°. Bonn (Weber), 1837.

Dufau, M. Vide: Le Globe, 1831, no. 273.

Dufau, Pierre Armand, Essai sur la science de la misère sociale. 12°. Paris, Renouard, 1857.

Dufaure. Vide: Droit (Le) au travail à l'Assemblée nationale.

Dugied. Vide: Saint-Simonisme. Extraits du Globe, II, 5.

Duguet, Charles (secte Saint-Simon), Salut du nouveau monde. 8°. Paris, impr. Duverger, 1833.

Dühring, E., 1. Capital und Arbeit. Neue Antworten auf alte Fragen. gr.-8°. Berlin, Eichhoff, 1865.

— 2. Carey's Umwälzung der Volkswirthschaftslehre und Socialwissenschaft. 12° Briefe. 8°. München 1865.

— 3. Kritische Geschichte der Nationalökonomie und des Socialismus. Berlin 1871. 2. theilw. umgearb. Aufl. gr.-8°. Berlin, Grieben, 1875. 3. theilw. umgearb. Aufl. gr.-8°. Osnabrück (Meinders) 1879.

— Vide: Engels, Fr.: Herrn E. Dühring's Umwälzung.

Dulac, Clément, L'ordre par le socialisme. 28 pp. 8°. Bordeaux, impr. Bissei, 1870.

Dulac, Henri, Le charlatanisme révolutionnaire démasqué, suivi de la constitution socialiste. 8°. Béziers, Mlle Paul, 1850.

Dulk, Alb., 1. Nieder mit den Atheisten! Ein Gespräch zwischen Frömmigkeit, Verstand und Liebe für Landbauer und gute Christen. 8°. Leipzig, Genoss.-Buchdr., 1876.

— 2. Entwurf einer Gesellschaftslehre. gr.-8°. Leipzig, Findel, 1889.

— 3. Die Strömung in der Gesellschaft wider den Socialismus. (Neue Gesellschaft, 1. Jhrg.)

Dulon, Rudolph, Der Tag ist angebrochen! Ein prophetisches Wort. 8°. Bremen, A. D. Geisler, 1852.

Dulucq, La lumière pour tous. Situation du peuple ouvrier, sa civilisation, son erreur et le désordre qui existe dans son organisation sociale. 18°. Paris 1880.

Dumas, Alexandre fils, La question de la femme. 64 pp. 32°. Paris, impr. Rouge et Co., 1872.

Dumay, J. B., Fédération des travailleurs

socialistes de l'Est. Un fief capitaliste: le Creusot Dijon. 16⁰. Dijon, impr. Carré, 1891.

Dumesnil - Mariguy, Jules, Solution de la question des salaires. Fin des grèves. 8⁰. Paris, Cournol, 1865. 2. édit. corrigée et augmentée dans la même année.

Dumon-Meynard, F., Suppression des grèves et du prolétariat. Organisation de la démocratie conservatrice. 12⁰. Paris, librairie des sciences sociales, 1870.

Duncker, Ludw., Das Gesammteigenthum. gr.-8⁰. Marburg, Elwert, 1843.

Dunning, T. J., Trades-unions and strikes. 1860.

Dunoyer, A., Organisation de la société internationale des travailleurs. (Journ. des Écon., 1871, juin.) br.-8⁰. Paris, Guillaumin et Co., 1871.

Dunoyer, Charles, La révolution du 24 février. 8⁰. Paris, Guillaumin et Co., 1849.

Dupanloup, Mgr. Félix, L'athéisme et le péril social. 8⁰. Paris, Douniol, 1866.

Dupasquier, H., Étude sur le malaise des classes ouvrières. 8⁰. Neuchatel et Paris, 1869.

Dupin, le baron Charles, 1. Bien-être et concorde des classes du peuple français. 32⁰. Paris, Didot frères, 1841. 18⁰. Ibid. 1843.
— 2. Conseils adressés aux ouvriers parisiens. 1840.
— 3. Discours sur l'avenir de la classe ouvrière, prononcé le 24 nov. 1833. 1833.
— 4. Sur le sort des ouvriers considéré dans ses rapports avec l'industrie, la liberté et l'ordre public. 1831.
— Vide: Le Globe, 1831, no. 90.

Dupont, E., Les ouvriers. Histoire populaire illustrée des travailleurs au XIX. siècle. 8⁰. Sceaux, impr. Charaire et fils, 1890—91.

Dupont, Jacques François de Bussac, Histoire populaire des sociétés coopératives. Affranchissement de la classe ouvrière. 18⁰. Paris, Le Chevalier, 1873.

Dupont, Léonce, La Commune et ses auxiliaires devant la justice. 18⁰. Paris, Didier et Co., 1871.
— Vide: Breynat, J.: Les socialistes modernes.
— — Revue républicaine.

Duprat, Pascal, 1. Les philosophes socialistes contemporains (Krause). (Revue indépendante 1844, janv., avril, mai.)
— 2. Les révolutions. 8⁰. Paris 1869.

Dupré, le docteur, Le problème social. La science et la méthode en face du problème social. I. partie: Critique de l'organisation actuelle de la société. II. partie: Transformation sociale par l'enseignement. 18⁰. Paris, chez l'auteur, 1870.

Dupuis, C. F., Origine de tous les cultes ou religion universelle. 8⁰. Paris, Décembre-Allonier, 1869.

Dupuit, J., Du principe de propriété. Le juste — l'utile. (Journ. des Écon., 1861, mars, avril.)

Dupuy, Georges, Les principes dans la société démocratique. 8⁰. Tours, impr. Ladevèze, 1869.

Dupuy, P., 1. Le vrai péril social; à propos de l'enseignement de la morale dans l'enseignement primaire. 76 pp. 8⁰. Paris, Sandoz et Fischbacher, 1878.
— 2. La question sociale en France. 8⁰. Paris, Arth. Rousseau, 1881.

Dupuynode, Gustave, 1. Le communisme. (Journ. des Écon., 1848, avril.)
— 2. Lettres économiques sur le prolétariat. gr.-18⁰. Paris, Joubert, Guillaumin, 1848. (1. Subsistances. 2. Esclavage et émancipation. 3. La concurrence et le socialisme. 4. Le prolétariat.)
— 3. Malthus et le socialisme. (Journ. des Écon., 1849, mai.)
— 4. Les revendications ouvrières. (Journ. des Écon., 1890, août.)

Dupuy - Quinet, Aux travailleurs. 32 pp. 8⁰. Paris, impr. Lefebvre, 1871.

Durand, Les Saint-Simoniens des spoliateurs!!! Rodez, sept. 1832. Vide: Saint-Simonisme, Missions, Nr. 21.

Durand, Ferdinand, Coup d'oeil sur l'ordre social actuel. Organisation industrielle de l'armée. 8⁰. Paris, Anselin, Roret, 1834.

Durch! Ein Wort für den Kampf gegen die Socialdemokratie von Fr. W. gr.-8⁰. Berlin. Luckhardt, 1878.

Du Rosoy, le P. Jean Baptiste, La philosophie sociale, ou les devoirs de l'homme et du citoyen. 12⁰. Tournay, Castermann, 1856.

Duruy, Albert, L'instruction publique et la démocratie. (Revue des Deux Mondes, 1886, 1 mai.)

Du Saussois du Jonc, Question des grèves et conseils aux ouvriers. 59 pp. 32⁰. Paris, imp. Walder, 1870.

Dutholt, H., La propriété mise à la portée de tout le monde. 8⁰. Paris, impr. Pillet et Dumoulin, 1883.

Duverger, A., 1. Le code civil et la paix sociale. 8⁰. Paris, Marescq aîné, 1881.

Durerger, A.. 2. Le parti socialiste belge. (La Revue socialiste, 1880, no. 4.)
— 3.. Le parti socialiste belge, son histoire et son programme. 8⁰. Lyon, impr. Albert, 1880.
Duvergier de Haurnnne. Vide: Droit (Le) au travail à l'Assemblée nationale.
Duveyrier, Ch., 1. Aux chrétiens. Vide: Saint-Simonisme, Extraits de l'Organisateur, no. 3.
— 2. Correspondance. Vide: Saint-Simonisme, Extraits de l'Organisateur, no. 5.
— 3. Moyen de donner du travail aux ouvriers et la paix à tout le monde. — Le chemin de fer du Havre à Marseille. (Le Globe, 21 févr. 1832. Vide: Saint-Simonisme, Mesnilmontant, no. 16_{25}.

Duveyrier, Ch., 4. Politique industrielle. Vide: Saint-Simonisme, Extraits du Globe, vol. III, no. 6.
— 5. La prophétie. Vide: Saint-Simonisme, Extraits du Globe, vol. III, no. 11.
— 6. A tous. Vide: Saint-Simonisme, Extraits du Globe, vol. III, no. 10.
— 7. Travaux publics. — Fêtes. (Le Globe, 11 avril 1832.) Vide: Saint-Simonisme, Mesnilmontant, no. 16_{44}.
Duveyrier, M. Vide: L'Organisateur belge.
Duvoisin, J. B., Défense de l'ordre social contre les principes de la révolution française. Nouv. édit. 8⁰. Paris, impr. Bethune, Sagnier et Bray, 1829.
Dwight, Th. W., The legality of „trusts". Political Science Quarterly, Vol. III, 1888.)

E.

E. Vide: Phalange, année XIV, t. II.
E. B. Vide: Phalange, année I, t. I, année XIV etc.
Ebenhoch, Dr. Alfred, Sieben Vorträge über die sociale Frage. 8⁰. Linz, Korb, 1887.
Eberstein, le baron Charles de, Aux ouvriers. Simples avis. 12⁰. Provins, Lebeau, 1851.
Echo (Rheinisches), ein demokratisches Unterhaltungsblatt. (Sonntagsblatt zur Westdeutschen Zeitung.) kl.-4⁰. Köln, Nr. 1, 4. Nov. 1849, Nr. 30, 26 Mai 1850.
Écho des ouvriers (L'), publication déstinée à l'exposition des besoins des travailleurs et à l'insertion de leurs réclamations. 8⁰. Paris 1844.
Eck, Pfr. Sam., Zinzendorf und seine Nachwirkung in der Gegenwart. Nebst einem Anhang: Die sociale Krisis und die evangel. Kirche. (Aus: „Christl. Welt.") gr.-8. Leipzig, Grunow, 1890.
Eckl, J. B., Die Einrichtungen der Neuzeit auf dem Gebiete des Socialismus. Ein Vortrag, gehalten im Kreis-Gewerbeverein. 8⁰. Landshut, Thomann, 1866.
Éclaireur du peuple (L') ou le défenseur de 24 millions d'opprimés par S. Laland, soldat de la patrie. Nos. 1—6, no. 1=12 nos. ventôse, no. 6=19 ventôse, Paris, au IV de la république. Vide: Babeuf.

Economist (The); a periodical paper explanatory of the new system of the society projected by Robert Owen Esq. and of a plan of association for improving the condition of the working classes, during their continuance at their present employment. Vol. I, 1821. Nr. 1, January 27, 1821. Nr. 26, July 21, 1821. Nr. 52, March 9, 1822.
Edelmann, Jos., Die neue Gesellschaft. Ein praktischer Versuch. (Neue Gesellschaft, 2. Jhrg.)
Eden, Bp., International society of british workman: What is it? 8⁰. London, Rivingtons, 1879.
Eden, Sir F. M., Bart., The state of the poor; or an history of the labouring classes in England, from the conquest to the present period; in which are particularly considered, their domestic economy, with respect to diet, dress, fuel, and habitation; and the various plans which from time to time have been proposed and adopted for the relief of the poor, etc., etc. 3 vol. 4⁰. London 1797.
— Vide: Larochefoucauld-Liancourt: État des pauvres.
Edmonds, George, The english revolution. 8 pp. 8⁰. London 1831.

Eden, Pierre. Vide: Internationale (A propos de l').

Éducation (L') du genre humain, trad. d'Eugène Rodrigues. 1830.

Effertz, Otto, Arbeit und Boden. Grundlinien einer Phonophysiokratie. 3. Bd.: Analyse der socialistischen Gesellschaft. gr.-8⁰. Berlin, Puttkammer u. Mühlbrecht, 1891.

Égalitaire (L'), journal de l'organisation sociale. Rédacteur en chef: Théodore Dezamy. 2 nos. 8⁰. Mai et juin 1840.

Égalitaire (L'). Genève 1885—86. Journ.

Égalité (De l') ou principes généraux sur les institutions civiles, politiques et religieuses. Précédé de l'Éloge de J. J. Rousseau en forme de l'introduction. Par l'auteur de „le Correspondant d'un habitant de Paris, etc., etc." et pour servir de suite à cet ouvrage sur les révolutions de France. 2 vol. gr.-8⁰. à Basle, chez Decker. 1796.

Égalité (L'), revue démocratique mensuelle, fondée par M. M. Richard Lahautière et Choron, anciens rédacteurs du journal „l'Intelligence". 8⁰. Juin 1839.

Egeria. Taschenbuch für Bilder aus dem Volksleben. 1848. Mit Beiträgen von J. Lasker, A. M. Neidhardt, O. Ruppius, G. Schirges und H. Walden. 8⁰. Breslau, Trewendt, 1848.

Egron, A. C., Le livre de l'ouvrier, ses devoirs envers la société, la famille et lui-même. Probité, travail, économie. gr.-18⁰. Paris, Mellier, 1844.

Ehe (Die). Herrschen oder Dienen, eine Antwort an Ed. Lasker vom Verfasser „Der Mensch und seine Ideale" (Dr. Leop. Besser). 8⁰. Bonn, Strauss, 1879.

Ehe, Ehescheidung und Cölibat. 8⁰. Leipzig, Friedrich, 1888.

Ehlers, Otto, Der Kampf gegen die Socialdemokratie. (Freund's politische Handbücher. 2. Bd., 1890.)

Eichelberg, Dr. L. Vide: Urtheil in der Untersuchungssache.

Eichhoff, W., Die internationale Arbeiterassociation, ihre Gründung, politisch-sociale Thätigkeit und Ausbreitung. gr.-8⁰. Berlin 1868.

Eichholz, Ehrenreich, Schicksale eines Proletariers. Ein Volksbuch. 8⁰. Leipzig, Reclam jr., 1846.
— Vide: Volkmar, L.: Vertheidigung.

Eichhorn, Pfarrer, 1. Zu den letzten Bergarbeiterstrikes. (Monatsschr. f. christl. Socialreform, 13. Jahrg., 1891.)

Eichhorn, 2. Streiflichter aus einer Strikegegend. (Monatsschr. f. christl. Socialreform, 12. Jahrg., 1890).

Eichhorn, Rudolf, Die weissen Sklaven der Wiener Tramway. (Oesterr. Monatsschr. f. christl. Socialreform, 1885.) 8⁰. Wien, Verl. des Herausg., 1885.

Eichinger. Vide: Scheu H.: Der Hochverrathsprocess.

Eichthal, E. d', 1. Les grèves d'ouvriers et les conseils d'arbitrage en Angleterre. (Revue des Deux Mondes, 15 juin 1871.) 8⁰. Paris, impr. Claye, 1872.

— 2. Nationalisation du sol et collectivisme agraire. 8⁰. Paris et Le Mans, 1891. (Publications de la Société d'études économ. I.)

— 3. La théorie du salaire. — L'économie politique et le socialisme. (Revue des Deux Mondes, 1888, 1 oct.)

Eichthal, G. d', 1. A un catholique. Sur la vie et le caractère de Saint-Simon. Vide: Saint-Simonisme, Extraits de l'Organisateur, no. 6.

— 2. Deux lettres à un viel ami sur les domestiques. Vide: Saint-Simonisme, Extraits de l'Organisateur, no. 1.

— 3. La Prophétie. Vide: Saint-Simonisme, Extraits du Globe, vol. III, no. 11.

— 4. Des sentiments de famille et d'amitié. Vide: Saint-Simonisme, Extraits de l'Organisateur, no. 4.

— 5. Sur la situation financière. (Rapports aux Pères suprèmes sur la situation et les travaux de la famille.) Vide: Saint-Simonisme, Extraits du Globe, vol. II., no. 5.

— Vide: Le Globe, 1832, no. 86.

Eigenthum (Das) und die Arbeit nach den Grundprincipien der Uroffenbarung. Aus dem Hebräischen übersetzt nebst einer biogr. Charakteristik des Verfassers. gr. 8⁰. Leipzig, C. L. Fritzsche, 1850.

Eigenthum (Das) in Gefahr! Oder was haben Deutschland und die Schweiz vom Communismus und Vernunftglauben zu fürchten? (von Sebastian Seiller.) 8⁰. Bern, Jenny Sohn, 1843.

Eigenthum (Das) ist unverletzlich. gr. 8⁰. Oldenburg, Schmidt in Comm., 1850.

Eigenthum u. Erbrecht. (Sociale Fragen und Antworten, Heft 4, 1879.)

Eisenacher Versammlung (Die) zur Besprechung der socialen Frage und Schmoller's Eröffnungsrede. (Jahrb. f. Nat.-Oek. u. Statist., Bd. 20, 1873.)

Elche, R., Die communistischen Gesellschaften

der Union. I. Die Ikarier; II. Die Perfectionisten; III. Die Rappisten; IV. Die Shaker etc. (Die Gegenwart, 14. Bd., 1878; 15. Bd., 1879; 17. Bd., 1880.)

Électeurs (Aux); la question sociale, esquisse philosophique des bases des idées révolutionnaires, etc. 8⁰. Asnières, Boyer, 1885.

Elements of socialism, compiled by the Author of „An Essay towards a science of consciousness". 8⁰. Birmingham 1840.

Elend (Ueber gesellschaftliches), (von G. W. Bartholdy). Herausg. von J. F. Zöllner. 8⁰. Berlin, Maurer's B., 1787.

Elevation (The) of the working classes. Quarterly Review, Jan. 1891.

Ellero, Pietro, La quistione sociale. 8⁰. Bologna, 1874. 8⁰. Bologna, 1881.
— Vide: Gemelli C.: La questione sociale.

Ellis, Henry, Can the capitalist be moralized? (To Day, Nr. 20, 21.)

Ellis, H. Havelock, Women and socialism. (To Day, Nr. 10.)

Ely, R. T., 1. The labor movement in America. 12⁰. New York, Crowell and Co., 1886. N. ed. 8⁰. London, Heinemann, 1890. (Contents: History of early American communism. — Growth and present condition of labor organizations in America. — Economic and educational socialism in America. — The internationalists. — The propaganda of deed and the educational campaign. — The socialistic labor party. — The strength of revolutionary socialism, its significance; remedies. — An appendix contains the platforms of the national labor union and the socialistic labor party, with the pledges and constitutions of a number of workingmen's associations.)
— 2. French and German socialism in modern times. 8⁰. New York, Harper and Brothers, 1883. N. edit. London, Kegan Paul, 1886.
— 3. Recent American socialism. 8⁰. Baltimore, N. Murray, April 1885. (John Hopkins university studies, III. Series, IV.)
— Vide: Labor problem (The).

Emancipation (Die) der Taglöhner. (v. Harder.) gr.-8⁰. Güstrow, Opitz u. Co., 1849.

Émancipation (L') de la femme considérée dans ses rapports avec le socialisme et l'économie politique, par Mme T. S. (Journ. des Écon., 1873, oct.)

Emele, S., 1. Die sociale Frage, die Socialdemokratie und die sogenannten Kathedersocialisten in Deutschland. Versuch einer Kritik derselben. gr.-8⁰. Sigmaringen, Tappen, 1883.
— 2. Der Socialismus, Rodbertus-Jagetzow, das Manchesterthum und der Staatssocialismus. Zusammenhängend - krit., volkswirthschaftlich-polit., auch juristische Gedanken. gr.-8⁰. Sigmaringen, Tappen, 1885.

Emerson, R. W. Vide: Schläger, E.: R. W. Emerson.

Émeute (L'), organe anarchiste, no. 1—9, décembre 1883—84. Paraît le dimanche. pet.-fol. Lyon.

Empire (L') et le socialisme. 8⁰. Paris, Amyot, 1872.

Emprunt Saint-Simonien. Émission de la première série. (Extrait du Globe, 1 janv. 1832.) 16 pp. 8⁰. Paris, impr. d'Everat.

Encyclica (Die) „Rerum novarum" vom 17. Mai. (Christl.-soc. Blätter, 24. Jahrg., 1891.)

Encyclica über die Arbeiterfrage. Rundschreiben Sr. Heiligkeit Papst Leo XIII. an alle Patriarchen, Primaten, Erzbischöfe und Bischöfe der katholischen Welt, die mit dem apostolischen Stuhle in Gemeinschaft stehen. 12⁰. Wien, Verlag St. Norbertus, 1891.

Enderli, Das Bluturtheil zu Chicago, oder Macht und Recht. 2. Aufl. 8⁰. Zürich 1888.

Enfantin, Prosper, 1. L'attente. Angers, sept. 1832. Vide: Saint-Simonisme, Le Père VII.
— 2. Colonisation de l'Algérie. 1 vol. 8⁰. Paris, Bertrand, 1843.
— 3. Correspondance politique 1835—40. (Extrait du journal „le Crédit".) 8⁰. Paris au journal le „Crédit" s. a. (I^e lettre datée: Alger 1840). 8⁰. Paris 1849.
— 4. Le crédit intellectuel; oeuvre dernière et inédite de P. Enfantin. 8⁰. Paris, E. Dentu, 1866.
— 5. Doctrine de Saint-Simon. Exposition. Vide: Saint-Simonisme, Exposition de la doctrine.
— 6. Économie politique et politique. 1. édit. 1831.
— 7. Économie politique, série d'articles du Père. Vide: Saint-Simonisme, Extraits du Globe, vol. I, no. 1.
— 8. Écrit du 3 juin 1832.
— 9. Lettres à Charles Duveyrier sur le calme. — A François et Pfeiffer sur le dogme. — Réimpression de l'article du Prêtre, Extraits du Globe, du 18 juin 1831. 22 pp. Déc. 1831. Vide: Saint-Simonisme, le Père, II.
— 10. Moral. 1832. (Écrit condamné par la cour d'assises.)
— 11. Organisation industrielle. (Le Globe, 25 avril 1832.) Vide: Saint-Simonisme, Mesnilmontant, no. 16, 72.

Enfantin, Prosp, 12. Paroles du Père à la cour d'assises du département de la Seine le 8 avril 1833. 32⁰. Paris, Johanneau, 1833.
— 13. Le Père à Fournel apôtre. Mesnilmontant, 18 juillet 1832. 8⁰. Paris, impr. d'Everat.
— 14. La prophétie. Vide: Saint-Simonisme, Extraits du Globe, vol. III, no. 11.
— 15. Religion Saint-Simonienne; économie politique et politique Saint-Simonienne. Articles extraits du Globe. 8⁰. Paris, au bureau du Globe, 1831.
— 16. Religion Saint-Simonienne, lettre à M. le président de la chambre des députés. 8⁰. 1/2 f. Octobre 1830.
— 17. Réponse au R. P. Félix sur les 4. 5. et 6. conférences de Notre-Dame (14, 21 et 28 mars 1858). 8⁰. Paris, Capelle, 1858.
— 18. Science de l'homme. Philosophie religieuse. P. Enfantin 1858. — H. Saint-Simon 1813. gr.-8. Paris, V. Masson, 1858.
— 19. A tous. (Le Globe 1832, 20 avril.) Vide: Saint-Simonisme, Extraits du Globe, vol. III, no. 10.
— 20. La vie éternelle, passée, présente, future. 8⁰. Paris, Dentu, 1861. 16⁰. (Collection de la Bibliothèque utile.) Paris, Dubuisson et Co., 1864.
— 21. Oeuvres. (Oeuvres de Saint-Simon et Enfantin précédées de deux notices historiques. 47 vol. gr.-8⁰. Paris, Dentu, 1868—78.)
Vol. I. Les enseignements. Premier enseignement. Information du dogme. Réhabilitation de la chair.
2. enseign. 20 nov. 1831. L'histoire.
3. „ 2 déc. 1831. L'autorité et la liberté.
— La loi vivante.
4. „ 3 déc. 1831. La loi suivante (Suite).
5. „ 7 déc. 1831. Morale.
6. „ vendredi 9 déc. 1831.
7. „ lundi 12 déc. 1831.
Vol. II. 8. enseign. mardi 13 déc. 1831.
9. enseign. mercredi 14 déc. 1831.
10. „ vendredi 16 déc. 1831.
11. „ déc. 1831.
12. „ déc. 1831 lendemain de la précédente séance.
13. „ déc. 1831.
14. „ déc. 1831.
Vol. III. 15. enseign. mardi soir 24 janv. 1832.
16. enseign. mardi 31 janv. 1832.
17. „ février 1832.
18. „ samedi 18 févr. 1832.
Les Mémoires d'un industriel de l'an 2240. (Lettre de 28 mai 1838.)
Note d'Enfantin à M. Esperz sur la notion de l'Infini (1830.)
Identité du dogme religieux et de la théorie politique.
Note d'Enfantin sur les religions, 1829.
Note d'Enfantin sur le prêtre de l'avenir, 1829.

Vol. IV—XVI. Correspondance inédite d'Enfantin.
Vol. XVII. La vie éternelle — passée — présente — future. Science de l'homme. — Physiologie religieuse; Lettre au Docteur Guepin de Nantes sur la Physiologie par Prosper Enfantin.
Enfantin, P., et Barrault, 1833 ou l'année de la Mère Févriew. 8⁰. Lyon, Mme S. Duval, s. a.
— Vide: Le Globe, articles.
— — Parole du Père.
— — Père (Le) à Fournel apôtre.
— — Producteur, articles.
Enfer (L') et le paradis du peuple. Travail, économie politique, éducation. Rédactrice: Mme de Beaufort. fol. Paris, 2 avril 1848.
Engell-Günther, J., Die Lösung der socialen Frage durch die Frau. Eine Ergänzung der hierauf bezüglichen Schriften von J. S. Mill, R. Gneist u. a. 8⁰. Berlin 1872.
Engels, Fr., 1. Die Bakunisten an der Arbeit. Denkschrift über den letzten Aufstand in Spanien. (Sep.-Abdr. aus dem „Volksstaat".) 8⁰. Leipzig, Genoss.-Buchdr, s. a.
— 2. Der deutsche Bauernkrieg. 3. Abdr. 8⁰. Leipzig, Genoss.-Buchdr. 1875.
— 3. Ueber den Bürgerkrieg in Frankreich (Pariser Commune 1871). (Neue Zeit, 9. Jhrg. 1890—91.)
— 4. Herrn Eug. Dühring's Umwälzung der Wissenschaft. Philosophie Polit. Oekonomie. Socialismus. 8⁰. Leipzig, Genoss.-Buchdr., 1877—1878. 2. Aufl. 8⁰. Zürich, Verlagsmagazin, 1886.
— 5. Die Entwicklung des Socialismus von der Utopie zur Wissenschaft. 8⁰. Hottingen-Zürich, Schweiz. Genoss.-Druck., 1882. 3. Aufl. 8⁰. Hottingen-Zürich, 1883. 4. vervollst. Aufl. gr.-8⁰. Berlin, Verlag des „Vorwärts", Berliner Volksblatt, 1891.
— 6. L. Feuerbach und der Ausgang der klassischen deutschen Philosophie. Mit Anhang: Karl Marx über Feuerbach vom J. 1845. 8⁰. Stuttgart, Dietz, 1888.
— 7. Ein Fragment Fourier's über den Handel. (Deutsches Bürgerbuch für 1846.)
— 8. Die Lage der arbeitenden Klasse in England. Nach eigener Anschauung und authent. Quellen. gr.-8⁰. Leipzig, O. Wigand, 1845. 2. Titel-Ausg. gr.-8⁰. Leipzig, O. Wigand, 1848.
— 9. The condition of the working class in England in 1844. With appendix, written 1886, and preface 1887. Translated by Fe. Kelly Wischnewetzky. 12⁰. New York, J. W. Lowell, 1887.
— 10. Marx und Rodbertus. (Die neue Zeit. 3. Jhrg.)

Engels, Frdr., 11. Die preussische Militärfrage und die deutsche Arbeiterpartei. gr.-8⁰. Hamburg, O. Meissner, 1865.
— 12. In Sachen Brentano contra Marx. (Neue Zeit, 9. Jahrg., 1890—91.)
— 13. In Sachen Brentano contra Marx wegen angeblicher Citatsfälschung. Geschichtserzählung und Dokumente. gr.-8⁰. Hamburg, O. Meissner's Verl., 1891.
— 14. Schutzzoll und Freihandel. (Die Neue Zeit, 1888.)
— 15. Socialisme utopique et socialisme scientifique. (La Revue socialiste, 1880, no. 3, 4, 5.)
— 16. Socialisme utopique et socialisme scientifique. Traduction française par Paul Lafargue. 8⁰. Paris, Derveaux, 1880. (Bibliothèque de la Revue socialiste, I.)
— 17. Sociales aus Russland. 8⁰. Leipzig, Genoss.-Buchdr., 1875.
— 18. Umrisse zu einer Kritik der Nationalökonomie. (Neue Zeit, 9. Jhrg., 1890—91.) Zuerst erschienen in den „Deutsch-französischen Jahrbüchern", hrsg. von Ruge und Marx, Paris 1844. (1. u. 2. Lfg.)
— 19. Zur Urgeschichte der Familie. (Neue Zeit, 9. Jahrg., 1890—91.)
— 20. Der Ursprung der Familie, des Privateigenthums und des Staats. Im Anschluss an Lewis H. Morgan's Forschungen. gr.-8. Zürich, Verlags-Magazin, 1884. 2. Aufl. gr.-8⁰. Stuttgart, Dietz, 1886. 4. Aufl. gr.-8⁰. Ebd. 1891.
— 21 Zur Wohnungsfrage. (Aus: „Der Volsstaat".) 1.—3. Heft. 8⁰. Leipzig, Genoss.-Buchdr., 1872. 2. Aufl. Zürich 1887. 1. Wie Proudhon die Wohnungsfrage löst. 2. Wie die Bourgeoisie die Wohnungsfrage löst. 3. Nachtrag über Proudhon und die Wohnungsfrage.
Engels, Fr., und Karl Marx, Die heilige Familie, oder Kritik der kritischen Kritik. Gegen Bruno Bauer u. Consorten. gr.-8⁰. Frankfurt a/M., Liter. Anst., 1845.
— Vide: Enss. R.: Engels' Attentat.
— — Kampffmayer, P.: Die ökon. Grundlagen des deutschen Socialismus.
— — Manifest (Das communistische.)
Engländer, Dr. S., 1. The abolition of the state. An historical and critical sketch of the parties advocating direct government, a federal republic, or individualism. 8⁰. London, Trübner, 1873.
— 2. Geschichte der französischen Arbeiter-Associationen. 4 Theile. 8⁰. Hamburg, Hoffmann u. Campe, 1863—64.
— 3. Ikarien, die communistische Colonie Cabet's. (Deutsche Monatsschr., 1851₁.)

Engländer, Dr., 4. Der Socialismus in Frankreich seit der Februar-Revolution: Proudhon. (Dtsch. Monatschr., 1850 u. 1851.)
Enucmi (L') des tyrans. Messidor an VII — 18 vendémiaire an VIII. 64 nos. 4⁰. Paris.
Enquête de la commission extra-parlementaire des associations ouvrières nommé par M. le ministre de l'intérieur. 2 vol. 4⁰. Paris, impr. nation., 1883. (Ministère de l'intérieur.)
Enquête sur les classes laborieuses de la population en Angleterre. (Revue britannique, série VI, t. XXV et XXVI, 1850.)
Enquête parlementaire sur l'insurrection du 18 mars. Pièces justificatives. 4⁰. Paris, Germer-Baillière, 1872. (Assemblée nationale.)
Enquête (Une) sur la question sociale et le travail national. 8⁰. Paris, Dubuisson et Co., 1884.
Ensor, Geo., Essays on property and its equal distribution. 8⁰. London, E. Wilson, 1845.
Enss, Abr., Engels' Attentat auf den gesunden Menschenverstand oder der wissenschaftliche Bankerott im Marxist. Socialismus. Ein offener Brief an meine Freunde in Berlin. gr.-8⁰. Grand-Saconnex, 1877. (Berlin, Bohne.)
Enthüllung des Systems der Weltbürger-Republik. In Briefen aus der Verlassenschaft eines Freimaurers. 8⁰. Rom 1786.
Entretien d'un Européen avec un insulaire du royaume de Dimocala, par sa majesté le R(oi) d(e) P(ologne) (Stanislaus Lesciuczky). Nouv. édit. Paris 1756.
Entscheidung (Die am 14. Sept. 1877 abgegebene) des Oberstaatsgerichtes von Illinois in dem Monstreprocess gegen die Chicagoer Anarchisten, nebst einem Commentar zu derselben. 1877.
Entstehung (Die) der Arbeiterpartei Frankreichs. Von einem Franzosen. (Die neue Zeit, 2. Jhrg.)
Entstehung (Die) und Organisation der socialdemokratischen Arbeiterpartei in Oesterreich. (Oesterr. Monatsschr. f. christl. Socialreform, 1887.)
Entwickelung (Von der) der revolutionären Ideen in Russland. (Dtsch. Monatsschr., 1851₁.)
Entwickelung (Die neueste) der Trades-Unions in England. (Unsere Zeit, N. F. 6. Jhrg.₁, 1870.)
Entwurf (Der) des neuen socialdemokratischen Parteiprogrammes. (Christl.-soc. Blätter, 24. Jhrg., 1891.)

Entwurf einer demokratisch-republikanischen Verfassung für die vereinigten Staaten von Deutschland. 12⁰. Frankfurt a. M., Joh. Val. Meidinger, 1849.

Eras, W. H., 1. Der Process Bebel-Liebknecht und die officielle Volkswirthschaft. 8⁰. Breslau 1872.
— 2. Die Versammlung der Socialpolitiker in Eisenach. (Die Gegenwart, 4. Bd., 1873.)
— 3. Der Zwangsstaat und die deutschen Socialisten. Volkswirthschaftliche Studien. 8⁰. Leipzig, O. Wigand, 1868.

Erfurter Parteitag (Zum). (Neue Zeit, 10. Jhrg., 1891—92.)

Erhard, Joh. Benj., Ueber das Recht des Volkes zu einer Revolution. 8⁰. Jena u. Leipzig, Ch. E. Gabler, 1795.

Erklärung der Menschen- und Bürgerrechte. 4 pp. 8⁰. s. l. s. a.

Errera, Alberto, Studj dal vero sulla questione sociale. 8⁰. Padova, Salmin, 1874.

Erwägungen (Nothwendige) über die jetzt so sehr gesuchte Gleichheit und Freiheit unter den Menschen. 8⁰. Augsburg, M. Rieger, 1798.

Erweiterung (Die) der Volksrechte, Besprechung im Verein der Liberalen Berns. Hrsg. von F. Gengel, Redact. des „Bund". kl.-8⁰. Bern 1868.

Erz, Rud., 1. Der Arbeit Recht und Gerechtigkeit! Ein Beitrag zur Lösung der socialen Frage. gr.-8⁰. Berlin, Fahlisch, 1864.
— 2. Arbeiter und Bourgeois. Einige Worte zur Orientirung in der Arbeiterfrage. gr.-8⁰. Berlin (Th. Grieben) 1863.

E.S. Vide: Gang (Ein) durch Bebel's Paradies.

Eschenbach, A., Die Lehren des Bergwerksstrikes vom Mai 1889. Mit 12 Aktenstücken. 8⁰. Berlin, Puttkammer u. Mühlbrecht, 1889. 2. erweit. Aufl. Mit 16 Aktenstücken. 8⁰. Ebd. 1889.

Escoffier, H., La grève des patrons. (Bibliothèque Franklin, vol. 26.)

Es muss Tag werden. Vide: Tag.

Espérance (L'). Revue philosophique, politique, littéraire, publiée à Jersey par Pierre Leroux. 4⁰. Jersey, au bureau de l'Espérance.
1. livrais.: mai 1858.
2. „ juillet 1858.
3. „ octobre 1858.
4. „ janvier 1859.
5. „ avril 1859.

Espiard. Vide: Loterie démocratique et sociale.

Esprit (L') de révolte. 2. édit. revue et corrigée. 32⁰. Genève. 1882.

Esquiros, Alph., 1. L'évangile du peuple défendu, 1841.
— 2. De la vie future au point de vue socialiste. gr.-8⁰. Paris, Comon, 1850.
— Vide: La Tribune nationale.

Essai analytique sur les lois naturelles de l'ordre social, ou du pouvoir, du ministre et du sujet dans la société (par de Bonald). gr.-8⁰. Paris, 1800.

Essai sur le paupérisme, le droit au travail et la liberté. 18 pp. 8⁰. Paris, impr. E. Richard, 1872.

Essai contre les Saint-Simoniens. 8⁰. Metz, impr. de Collignon, 1831.

Essai sur la secte des Illuminés. 8⁰. Londres 1789.

Essai de sociologie par Tche—k. (In russischer Sprache.) 8⁰. Genève, H. Georg. 1883.

Essai de sociologie, science de l'organisation de la société humanitairement heureuse en souvenir du premier essai de l'organisation humanitaire en 1789, traduit en Russe par O. Tche—k. 12⁰. Paris, Ghio, 1884.

Esselen, Chr. Vide: Becker, Joh. Ph.

Esser, Ch. Vide: Freiheit, Brüderlichkeit, Arbeit.

— — Tendenzprocess (Der erste politische).

Essigny (d'), Grégoire, Histoire de la ville de Roye. 8⁰. Noyon, Devin, 1818.

État (L'). Anarchie du citoyen Proudhon. (Le Nouveau Monde, année I, no. 7.)

État (Le quatrième), organe hebdomadaire des travailleurs, avec le précieux concours des principaux membres du parti ouvrier national. Paraît tous les samedis. Année I, no. 1, 4, août 1883. pet.-fol. Toulouse.

Étendard (L') révolutionnaire, organe anarchiste hebdomadaire. No. 1, 31 août 1882. fol. Lyon, impr. Postel.

Etzler, J. A., The paradise within the reach of all men without labor by powers of nature and machinery. An address to all intelligent men. In 2 parts. 1. edit. 18⁰. London, J. Brooks, 1836. 2. engl. edit. 8⁰. London, James H. Young, 1842.

Eulen-Spiegel (Freiherr von), oder Lebensbilder aus der Neuzeit. 2 Bde. 8⁰. Breslau, Trewendt, 1848.

Evangelium der Freiheit für alle Völker. Von einem aus dem Jahre 1848. 1. Heft: Der Ursprung des socialen Elends und der Kampf ums Recht. 8⁰. Zürich, Verl.-Magaz., 1884.

Évangile (L') du royaume; La terre de paix. s. l. 1540.

Évangile (L') de la raison. Ouvrage philosophique. 98 pp. 8°. s. l. 1765.
Every, C. A., 1. Paley on property. (To Day, Nr. 18).
— 2. Am I a socialist? (To Day, Nr. 16.)
Evils of England, social and economical. By a London physician. 12°. London, Parker and Son, 1848. 2. edit. 12°. London 1865.
Evils (Greatest of our social), as it exists in large towns. 12°. London, Baillière, 1857.
Evolution (Die) von J. P. Becker. Biel, 5. Jan. — 30. März 1849, 11 Nrn.
Évolution (L') sociale, journal hebdomadaire. Paraît le samedi. No. 1, 10 mai 1885. gr.-4°. Paris, impr. Robert.
E. W. Vide: Wort (Noch ein) zur socialen Frage.

Exeter, Lord Bishop of, Speech of the R. R. the Lord Bishop of Exeter on socialism. 16 pp. 8°. London, Walter and Co., January 1840.
Exposition de la doctrine Saint-Simonienne. Vide: Saint-Simonisme, Exposition.
Extinction du paupérisme. Plus de révolutions sociales, par P. V. 8°. Toulouse, Fournier, 1889.
Eymard, E., Question sociale. Révolution à opérer dans l'organisme sociale actuelle; programme pratique. 8°. Troyes, Garot, 1882.
Eynern, Ernst v., 1. Wider die Socialdemokratie und Verwandtes. 8°. Leipzig, O. Wigand, 1874.
— 2. Socialismus, Socialdemokratie, Socialpolitik. (Die Gegenwart, 13. Bd., 1878.)

F.

Faber, Ernst, Die Grundgedanken des alten chinesischen Socialismus oder die Lehre des Philosophen Micius, zum ersten Male vollständig aus den Quellen dargelegt. gr.-8°. Elberfeld, Friederichs, 1877.
Fabian, H. W., Professor Reuleaux und Karl Marx. (Neue Gesellschaft, 2. Jhrg.)
Fabian Essays in socialism. 8°. London, Fabian Society 276 Strand, 1890.
Fable (The) of the bees, or private views, public benefits; with an essay on charity and charity schools, and a search into the nature of society. Also a vindication of the book from the aspersions contained in a presentment of the Grand Jury of Middlesex, and a abusive letter to Lord C. gr.-8°. London 1795.
Fabry. Vide: La Phalange, série 3, t. IV.
Faldherbe, Alexandre, L'organisation du travail, d'après M. Le Play. 8°. 32 pp. Roubaix, impr. Béghin, 1872.
Fairmann, Frank., 1. Principles of socialism made plain. 8°. London, W. Reeves, 1885.
— 2. Herbert Spencer on socialism. A reply to the article entitled „The coming slavery" (in the Contemporary Review for April 1884). 8°. London, The modern Press, 1884.

Fallès, Gustave, L'avenir du socialisme. 32°. Paris, Lombardin, 1885. („Petite bibliothèque de la jeunesse socialiste". Propagande révolutionnaire.)
Falk zu Falkenhorst, Die politische und sociale Reform. Eine Totalanschauung der Gesammtverhältnisse des Menschen, insbesondere mit Rücksicht auf die gegenwärtige Veränderung aller staatlichen Verhältnisse, vom Standpunkte des praktischen Lebens aus dargestellt. 8°. Königsberg. gedr. bei G. D. Böhmer, 1849.
Fallacies (Economic) and labour utopias. (Quarterly Review, Nr. 261, 1871)
Fallati, Zur Verständigung über Wesen und Wesen des Socialismus und des Communismus. (Zeitschr. f. d. ges. Staatsw., 1847_2).
Familistère (Le) de Guise. Solution de la question ouvrière. 4°. Guise, impr. Baré. Numéro exceptionel. 2. édit. (Le Devoir, année 8, no. 291, t. VIII.)
Famille (La), journal de l'ordre social. 4°. Paris, oct. 1849 — janv. 1850.
Faramond, Ernst Ludw. v., Die glückseligste Insel auf der gantzen Welt, oder das Land der Zufriedenheit. 8°. Nürnberg, Monath, 1728. 8°. Frankfurt u. Leipzig 1737.
Fargès, Phil. Jac.. Vide: Allais, Nic.

10*

Farnam, Henry W., Die amerikanischen Gewerkvereine. (Schriften des Vereins f. Socialpolitik, XVIII, 1879.)

Farre, J. J., Association en garantisme contre la misère. 8º. Paris, 1848.

Farrer, Archdeacon, 1. In darkest England. (New Review, Dec. 1890.)
— 2. Social-problems and remedies. (Fortnightly Review, March 1888,

Faucher, Léon, 1. Le budget socialiste. (Revue des Deux Mondes, 15 oct. 1850.)
— 2. Du droit au travail. Broch. gr.-8. Paris, Guillaumin, Lévy, 1849. (Extr. de la Revue des Deux Mondes.)
— 3. Droit au travail. (Dict. de l'Écon. polit., 1853.)
— 4. Opinion sur le droit au travail. (Journ. des Écon., 1848, nov.) 8º. Paris, Guillaumin et Co., 1848.
— 5. L'organisation du travail et l'impôt. (Revue des Deux Mondes, 1 et 15 avril 1848.)
— 6. Propriéte. (Dict. de l'Écon. polit., 1853.)
— 7. Du système de Louis Blanc, ou le travail, l'association et l'impôt. 16º. Paris, Guillaumin et Co., Renouard, 1848.
— Vide: Droit (Le) au travail à l'Assemblée nationale.

Fauchet. Vide: Bouche de fer.

Faulenbach, W., Ein Beitrag zur Arbeiterfrage. gr.-8º. Frankfurt a. M., Boselli, 1869.

Fauth, Ad., Die Socialdemokraten, was sie wollen und was sie sind. Ein Wort der Belehrung und ernsten Mahnung an die deutschen Arbeiter. 3. Aufl. gr.-16º. Herborn, Buchh. des Nass. Colportagevereines, 1891.

Fauvety, Ch., La question sociale insoluble par la capitalisation individuelle. (L'Association, no. 36.)
— Vide: Le Peuple, no. 10.

Fava, Mgr. Amand-Joseph, La question ouvrière; Jésus-Christ, modèle des patrons et des ouvriers; discours prononcé en l'église Saint Augustin de Paris, le 20 février 1881, à la demande du bureau centrale de l'Union des associations ouvrières catholiques. 8º. Grenoble, impr. Vincent et Perroux, 1881.

Fava, avv. Niccolò, La questione sociale presa in esame dalla sua origine ai giorni nostri. 8º. Milano 1879. Nov. ediz. 1883.

Favre, Jules, De l'inégalité des conditions sociales. (Journ. des Écon., 1870, mars.)

Favre, L., Histoire de l'Internationale et du socialisme, suivie de l'histoire politique de la France en 1877. 2 vol. 8º. Niort, impr. Favre, 1879.

Fawcett, G. Vide: Fawcett, H.

Fawcett, Mrs. H., 1. The emancipation of women. (Fortnightly Review, Nov. 1891.)
— 2. State socialism and nationalization of the land. (Macmillan's Magazine, July 1883.) 8º. London, Macmillan, 1883.

Fawcett, H., and M. G. Fawcett, Essays and lectures on social and political subjects. 8º. London 1872.
Contents: Modern socialism. — General aspects of state intervention. — Free education in its economic aspects. — Pauperism, charity and the poor law. — National debts and national prosperity. — The education of women. — Why women require the franchise. — The house of Lords.

Fazy, J. J. Vide: Républicain (Le).

Februar-Revolution (Die) in Paris, oder Charakterzüge und Begebenheiten aus den denkwürdigen Tagen vom 22.—24. Febr. des Jahres 1848. Von einem Augenzeugen, einem exilirten Deutschen. 16º. Hamburg, Berendsohn, 1848. (Volksbibliothek, wohlfeilste, Bd. 38.)

Fechenbach-Laudenbach, Frdr. Karl Reichsfreiherr v., 1. Ein Beitrag zur Lohn- und Arbeiterfrage. gr.-8º. Berlin, Puttkammer u. M., 1882.
— 2. Denkschrift über die Arbeiterfrage, erstattet der social-polit. Conferenz für den Mittelrhein. gr.-8º. Frankfurt a. M., Fösser's Nachf., 1888.
— 3. Referat über die Arbeiterfrage im Anschluss an die „Denkschrift" erstattet der social-politischen Conferenz für den Mittelrhein. 8º. Frankfurt a. M., Fösser's Nachf. 1888.
— 4. Der „fünfte" Stand und die Regierungen. gr.-8º. Berlin, Puttkammer u. M., 1884.

Fédération (La), organe des groupes républicains radiaux, socialistes, anti-opportunistes. Paraît tous les mois. No. 1, nov. 1884. 8º. Paris.

Fehr, Prof. Dr. J., Die Heilsarmee. gr.-8º. Frankfurt a. M., A. Fösser's Nachf., 1891.

Feldmann, Dr. T. C., Der vierte Stand — was ist er? Ein Wort zur Beruhigung. gr.-8º. Altona, Schlüter's Sort., 1878.

Félix, Citoyen, La dictature renversée, la royauté abolie, et le fanatisme détruit, ou Robespierre et sa clique traités comme ils le méritent. 15 pp. 8º. Paris, s. a.

Felix, G., Ein Wort an die Arbeiter. (Lösung der socialen Frage.) 16º. Regensburg, Pustet, 1874.

Felix, Ludwig, 1. Die Arbeiter und die Gesellschaft. Eine culturgeschichtliche und volkswirthschaftliche Studie. gr.-8°. Leipzig, O. Wigand, 1874.
— 2. Entwicklungsgeschichte des Eigenthums. I. A. u. d. T.: Der Einfluss der Natur auf die Entwicklung des Eigenthums. gr.-8°. Leipzig, Duncker u. H., 1883. — II. A. u. d. T.: Der Einfluss der Sitten und Gebräuche auf die Entwicklung des Eigenthums. gr.-8°. Leipzig, Duncker u. H., 1886. — III. A. u. d. T.: Der Einfluss der Religion auf die Entwicklung des Eigenthums. gr.-8°. Ebd. 1889.
Félix, Marie. Vide: Aux Saint-Simoniens.
Félix, R. P., 1. Le charlatanisme social. 8°. Paris, A. Roger et F. Chernoviz, 1884.
— 2. Christianisme et socialisme ou le remède au mal social par la charité chrétienne. Conférence prêchée au Mans en 1879. XVI et 359 pp. 8°. Paris, Roger et Chernoviz, 1879.
— 3. Cristianismo y socialismo, ó il remedio al mal social por la caritad cristiana. Traducida por Don José Maria Carulla. Madrid 1879.
— 4. L'économie sociale devant le christianisme. Conférences de Notre-Dame. 12°. Paris, Albanel, 1866.
— 5. Le socialisme devant la société. Conférences prononcées à Notre-Dame de Grenoble dans le carême de 1878. 8°. XVI et 315 pp. Paris, Roger et Chernoviz, 1878.
— 6. Der Socialismus und die Gesellschaft. Sechs Vorträge. Autoris. Uebers. v. F. L. W. B. gr.-8°. Mainz, Kirchheim, 1879.
— 7. El socialismo ante la sociedad. Obra traducida por D. José Maria Carulla. 1. edic. 1878. 2. edic. Madrid 1879.
— 8. Le travail. Loi de la vie et de l'éducation. 18°. Paris, Dillet, 1856.
— 9. Die Arbeit als Gesetz des Lebens und der Erziehung. (Aus d. Franz.) 16°. Stuttgart, Scheible, 1857. Aus dem Französ. von Silvester Hester. 12°. Paderborn, Schöningh, 1857.
— Vide: Courcelle-Seneuil: Les socialistes cléricaux.
Fellowes, Rob., B. A. Oxon. Genius of Democracy. 1799.
Fellows, Frank P., Political economy and the laws affecting the prices of commodities and labour and on strikes and lock outs. Brit. Assoc. Rep., 1874.

Felsen, Hans, Das Buch des deutschen Arbeiters. Betrachtungen über Zeitfragen. 1.—9. Aufl. 8°. Altenburg, Geibel, 1890.
Fénelon, Archevêque Fr. de Salinac de la Mothe, Avantures de Télémaque, fils d'Ulysse. 12°. Rotterd., Hofh., 1699.
Feraeuil, Th., 1. Les principes de 1789 et la science sociale. 16°. Paris, Hachette, 1889.
— 2. Socialisme et individualisme. (Revue d'écon. polit., année III, 1889.)
Ferran, J. M. de, Cartas a un arrepentido de la internacional. 2 vol. 8°. Madrid 1882.
Ferrand, C¹ᵉ A. de. Vide: Considérations sur la révol. soc.
Ferrand, Jules. Vide: République (La jeune) démocratique et sociale.
Ferrari, Gius., 1. Filosofia della rivoluzione. 2. ediz. rived. dall' autore. 2 vol. 8°. Milano 1873.
— 2. Des idées et de l'école de Fourier depuis 1830. (Revue des Deux Mondes, 1 août 1845.)
— 3. Machiavel juge des révolutions de notre temps. Paris 1849. Italien. in d. Verf. Opuscoli politici e letterari. Capolago 1852.
— 4. De religiosis Campanellae opinionibus (thèse). 8°. Paris 1840.
Ferraris, C. F., 1. Le associazioni degli operai e dei padroni in Francia. (Nuova Antologia, serie IIa, fasc. I, 1. gennajo, 1880, vol. XX; fasc. V, 1. marzo 1880, vol. XX.)
— 2. Ueber die Gewerkvereine in Italien. Aus d. Italien. übers. von Dr. K. Th. Eheberg. (Schmoller's Jahrb. f. Gesetzgebung, Bd. 5, 1881.)
Ferri, Enrico, Socialismo e criminalità, apunti. 8°. Torino 1883. (Biblioteca antropologico-giuridica, serie II, vol. II.)
Festerhand, Frdr., Wie es im socialdemokratischen Zukunftsstaate aussehen würde. Gespräche über den Bebel'schen Staat und über Zustände im gegenwärtigen Deutschland für Jedermann dargestellt. (Volksthümliche Flugschriften, Nr. 1.) gr.-8°. Leipzig. Osterwitz Nachf., 1890.
Feuerbach, Fr., 1. Die Kirche der Zukunft. Eine Reihe von Aphorismen. gr.-8°. Bern, Jenni Sohn, 1847.
— 2. Die Religion der Zukunft. 1. Heft. gr.-8°. Zürich u. Winterthur, 1843. 2. u. 3. Heft. gr.-8°. Nürnberg, Cramer, 1844 u. 45.
Feuerbach, L. Vide: Engels, Fr.: L. Feuerbach.
Feuerbach, Dr. P. J. O., Anti-Hobbes, oder über die Grenzen der höchsten Gewalt und das Zwangsrecht der Bürger gegen

den Oberherrn. 1. Bd. 8°. Erfurt, Henning'sche Buchhdlg., 1798.

Feugueray, Henri Robert, L'association ouvrière, industrielle et agricole. 12°. Paris, G. Havard, 1851.

Février, Question ouvrière et sociale. Proposition de solution. 15 pp. 8°. Paris, impr. Schiller, 1874.

Fick, H., Ueber utopische Rechts- und Staatstheorien. (Jahrb. f. Nat.-Oekon. u. Statist., Bd. 8, 1867.) Sep.-Abdr. Jena 1867.

Fieschi. Vide: Procès de Fieschi.

Figueroa, D. José Lorenzo, La sociedad y el socialismo. Discurso de D. J. L. Figueroa y contestacion del Sr. Marqués de Molinos. (Real Academia de ciencias morales y políticas, 1869.)

Filangieri, Carlo, Il movimento sociale. Parte I. 8°. Napoli 1879.

Finch, John, Moral code of the new moral world, or rational state of society, containing the laws of human nature, upon which are based man's duty to himself, to society and to god. Corrected, revised and approved by Rob. Owen. 8 pp. 8°. Liverpool 1840.
— Vide: New Moral World, Vol. VI.

Findel, J. G., 1. Zur politisch-socialen Harmonielehre. Ziel und Programm des demokratischen Vereins für Sachsen. 8°. Leipzig, Findel, 1881.
— 2. Der innere Zerfall der Socialdemokratie. 1. u. 2. Aufl. 8°. Leipzig, Findel, 1880.

Fisch, Prof. Carl, Die sociale Frage im alten Rom bis zum Untergang der Republik. Oeffentlicher Vortrag. gr.-8°. Aarau, Sauerländer, 1882.

Fischel, Assessor. Vide: Despoten (Die) als Revolutionäre.

Fischer, Ferd., Republik und Socialismus oder Blicke auf Preussens Zustände. 8°. Hamburg, Hoffmann u. Campe, 1848.

Fischer, Frau Marie, geb. Lette, Das Familistère Godin's. Ein Bild socialer Reform. (Deutsche Zeit- und Streitfragen, N. F. 68. Heft, Hamburg 1890.)

Fitzgerald, J. D., M. H. H. Champion on the Australian strike. (Nineteenth Century, March 1891.)

Fix, Théodore, 1. Observations sur l'état des classes ouvrières. 8°. Paris, Guillaumin, 1846.
— 2. Situation des classes ouvrières. (Journ. des Écon., 1844 déc., 1845 nov., déc.)

Flachat, Stéphane, 1. Le choléra. — Assainissement de Paris. (Le Globe, 2 avril 1832.) Vide: Saint-Simonisme, Mesnilmontant, nos. 16$_{38}$.

Flachat, St., 2. Le choléra à Paris. (Religion Saint-Simon.) Vide: Saint-Simonisme, Mesnilmontant, no. 16$_{39}$.
— 3. Politique industrielle. Vide: Saint-Simonisme, Extraits du Globe, vol. III, no. 6.
— 4. Sur les travaux de la famille. (Rapports aux Pères Suprêmes sur la situation et les travaux de la famille.) Vide: Saint-Simonisme, Extraits du Globe, vol. II, no. 5.

Flanagan, J. W., Home rule, socialism and secession. (Fortnightly Review, January 1883.)

Fleischmann, Otto, Wider die Socialdemokratie. Eine Streitschrift. gr.-8°. Kaiserslautern, J. J. Tascher, 1891.

Fleming, A., A vindication of the principles of the rational system of society as proposed by Robert Owen. A lecture. 20 pp. 8°. Manchester, s. a.

Fleury, Ed., 1. Biographie du Baboeuf. Études révolutionnaires. gr.-8°. Laon 1849.
— 2. Études révolutionnaires. Baboeuf et le socialisme en 1796. 2. édit. 8°. Paris, chez France, libraire, 1850. Autre 2. édit. 8°. Paris, Didier, 1851.

Fliegenschmidt, C., Der Socialismus, seine Helfershelfer und seine Bekämpfung. Ein Vortrag, geh. in der Lenne-Pastoral-Conferenz. (Sammlung theolog. u. soc. Red. u. Abhdlgn, II. Serie, 4.—6. Heft.) Leipzig 1890.

Fliniaux, Ch., La grève, les patrons et les ouvriers. 8°. Paris, Douniol, 1865.

Florencourt, F. v., Pauperismus und Proletariat. (Archiv f. pol. Oekon. v. Rau, N. F. Bd. 7, 1848.)

Florent-Lefebvre, Louis, De l'avenir des sociétés modernes et du socialisme. 8°. Paris, Marescq aîné, 1848.

Flottard, E., Les associations ouvrières en 1848. (L'Association, no. 31.)

Flugschrift. 6 Nr. 8°. Zweibrücken, gedr. bei G. Ritter, 1832.

Flürscheim, Mich., 1. Bodenbesitzreform und Socialismus. (Neue Zeit, 1890.)
— 2. Papst und Socialreform. Ein Appell von dem falsch unterrichteten an den besser zu unterrichtenden Papst. gr.-8°. Düsseldorf, J. B, Gerlach, 1891.
— 3. Der einzige Rettungsweg. Nebst Anhang: Der Hans und seine Knödel. 8°. Bubenheim, J. Schmitt, s. a.

Focacci, Prof. Giov., Dell' ottima società. Discorso. 8°. Genova 1873.
Focillon, A., La mission léguée par F. Le Play à l'école de la paix sociale. (Bulletin de la société d'écon. soc. et des unions de la paix sociale, 2. série, tome I, livr. 1 et 2.)
Foignet, Alexandre, De l'association comme base d'amélioration matérielle. 8°. 1837.
Foigny, Gabriel. Vide: Aventures de Jacques Sadeur etc,
Foi Nouvelle. Livre des actes, publié par les femmes. Tome I, 6 livrais. gr.-8°. Paris. Alex. Johanneau, 1833.
Folgen (Die socialen) der Arbeiterbefreiung. (Arbeiterfreund, Jahrg. 15, 1877.)
Fombertaux, Eug. Vide: Commune sociale (La).
Fontana, F., Il socialismo. 32°. Milano 1879. (Propaganda socialistica, no. 16.)
Fontarive, L., Révolution sociale. Bases du crédit positif. Institutions du garantisme. Organisation du travail, des armées industrielles. Colonisation. 8°. Paris, libr. phalanst., 1848.
Fontenay, R. de, 1. Une formule communiste. (Journ. des Écon., 1890, juin.)
— 2. Influence des machines et en général des moyens perfectionnés de production sur la condition des classes ouvrières. (Journ. des Écon., 1856, févr. et mars.)
— 3. Un paradoxe historique de Karl Marx. (Journ. des Écon., mars et juin 1891.)
— 4. La question ouvrière et le collectivisme. (Journ. des Écon., 1886, janv., mars.)
— 5. De la théorie de la rente foncière selon Ricardo. (Journ. des Écon., 1851, oct., nov.)
— Vide: Lavergne, L. de: Réponse à M. Fontenay.
Fontenelle, Mr. de, La république des philosophes, ou histoire des Ajaviens. Ouvrage posthume. 12°. Genève, 1768. (On y a joint une Lettre sur la nudité des sauvages.)
Forcade, E., La guerre du socialisme. I. La philosophie révolutionnaire et sociale. MM. de Lamennais et Proudhon. II. L'économie politique révolutionnaire et sociale. (Revue des Deux Mondes, 1 et 15 déc. 1848.)
Forçat (Le), organe socialiste de la région du Nord. No. 1, 15 juillet 1882. fol. Lille, impr. Lagage.
Forçat du travail (Le). Bordeaux 1885—86.
Forest, P., 1. Défense du Fouriérisme contre M. Reybaud et l'Académie franç. M. M. Rossi, Michel Chevalier, Blanqui, Wolowski, M. de Lamartine. 92 pp. 12°. Paris, à la libr. sociétaire, 1845.
Forest, P., 2. Organisation du travail d'après les principes de la théorie de Ch. Fourier. 8°. Paris, 1841. Nouv. édit. augmentée d'une appréciation de l'organisation du travail de M. Louis Blanc. 1 vol. 12°. Libr. sociét., 1845.
— Vide: Phalange, 3. série, t. VI, 2. partie.
Forni, Eugenio, 1. L'Internazionale e lo stato. Studi sociali. 8°. Napoli, Hoepli (Furcheim), 1878.
— 2. Studii sociali. 2. serie: Profili di legislazione. 8°. Napoli 1882.
Foronda, Valentin de, Cartas sobre la obra de Rousseau titulada: Contrado social, en las que vacia todo lo interesante de ella, y se suprime lo que puede herir la religion católica, apostólica romana. Coruña 1814.
Forrest, Henri J., A dream of reform. 8°. London, Chapman, 1848.
Förster, A., Die Vereinigung von Capital und Arbeit im Familisterium zu Guise. (Arbeiterfreund, 1890.)
Förster, P. E., Ueber die sociale Frage. Zwei Vorträge geh. im Jahre 1871. I. Begriff der socialen Frage. Wesen, Wirkungen und Ursachen der socialen Uebel. II. Gegenmittel. gr.-8°. Pirna, Diller u. Sohn in Comm., 1872.
Forti, E., I socialisti cristiani in Inghilterra. (Nuova Antologia, serie II, fasc. XVIII, 15 settembre 1883, vol. XLI.)
Fortlage, C., Ueber das Recht zur Revolution. (Deutsche Monatsschr., 1850.)
Fortschritt und Armuth. (Die neue Zeit, 2. Jhrg.)
Fortschritt (Der) der Socialdemokratie. Eine Beleuchtung ihres Programmentwurfes. gr.-8°. Leipzig, J. G. Findel, 1891.
Fothergill, S., Essays on popular subjects. 8°. London, Digby and Long, 1888. (Cont.: Socialism in the north, its aims and fallacies.)
Fouché, Jos., Mémoires de Joseph Fouché, duc d'Otrante, ministre de la police générale. 2. édit. 8°. Paris, Le Rouge, 1825.
Foucher de Careil, L'économie politique et la dialectique de Proudhon. (Journ. des Écon., 1865, déc.)
Fouillée, Alfréd, 1. Les études récentes sur la propriété. (Revue des Deux Mondes, 1884, 15 juin.)
— 2. La propriété sociale et la démocratie. 16°. Paris, Hachette, 1884.

Foulc, Eugène, L'Internationale détruite par la réforme économique et financière. 2. édit. 12 pp. 4⁰. Paris, Journal des Réntiers, 1874.

Foulger, J. C., Revolution by reform. (To Day, Nr. 10.)

Fouquet, F., Question ouvrière, étude sociale. 4 pp. 4⁰. Montpellier, impr. Navas et Waré, 1879.

Fourier, Charles, 1. Analyse du mécanisme de l'agiotage, et de la méthode mixte en étude de l'attraction. (Extrait de la „Phalange", revue de la science sociale.) 8⁰. Paris, librairie phalanstérienne, 1848.

— 2. L'association et le travail attrayant. 32⁰. Paris, librairie de la Bibliothèque démocratique, 1873.

— 3. Cenni sul sistema di associazione universale. Milano, Ambrosoli.

— 4. Cités ouvrières. Des modifications à introduire dans l'architecture des villes. (Extrait de la „Phalange".) 8⁰. Paris, librairie phalanstérienne, 1849.

— 5. Égarement de la raison démontré par les ridicules des sciences incertaines, et fragments. Mscr. (Extrait de la „Phalange".) 8⁰. Paris, librairie phalanstérienne, 1847.

— 6. Sur l'esprit irréligieux des modernes et dernières analogies. (Extraits de la „Phalange".) 8⁰. Paris, librairie phalansterienne, 1850.

— 7. Fragments. Manuscrits de Ch. Fourier.
<small>1. Insuffisance de l'aumône. 2. Les trois dégénérations. 3. Hypothèse d'une critique judicieuse sur le Prospectus des destinées ou théorie des quatre mouvements. 4. Brouillon de la note sur la pauvreté du globe. 5. Causes du rétardement de notre globe. 6. Sur la formation des comètes. 7. Sur la sagesse positive et la sagesse négative. 8. Sur le Messie.</small>

— 8. L'harmonie universelle et le phalanstère exposés par Fourier, recueil méthodique et morceaux choisis de l'auteur. 2 vol. 12⁰. Paris, librairie phalanst., 1849.

— 9. La fausse industrie morcelée, répugnante, mensongère, et antidote, l'industrie naturelle, combinée, attrayante, véridique, donnant quadruple produit. 2 vol. 12⁰. Paris, Bossange, 1835—36.
<small>Cet ouvrage a une pagination fort irrégulière. Barbier. (Phalange, année 2, tome II, no. 1.)</small>

Tome I, p.	1—12	tome II, p.	613—820
	397—432		457—612
	349—396		821—840.
	13—348		
	433—456.		

— 10. Livret d'annonce du nouveau monde industriel. 1830.

Fourier, Ch., 11. Le nouveau monde industriel, ou invention du procédé d'industrie attrayante et combinée, distribuée en séries passionnées. XVI et 576 pp. 8⁰. Paris, Bossange-père, 1829. (et 1846, tome VI des oeuvres complètes.)
<small>(Le même: Le nouveau monde ... en séries passionnées, Livret d'annonce. Paris, impr. de Lachevardière, Bossange père libr., 1830.)</small>

— 12. The passions of the human soul and their influence on society and civilization translated from the French by Hugh Doherty. 2 vol. gr.-8⁰. London 1851.

— 13. Piéges et charlatanisme des deux sectes Saint-Simon et Owen, qui promettent l'association et le progrès. Moyens d'organiser en deux mois le progrès réel, la vrai association, ou combinaison des travaux agricoles et domestiques, donnant quadruple produit et devenant à 25 milliards le revenu de la France, borné aujourd'hui à 6 milliards un tiers. VIII et 72 pp. 8⁰. Paris, Bossange, impr. de Lachevardière, 1831.
<small>(Plus la couverture imprimée contenant: „Énigme du mécanisme sociétaire et une justification du titre du Nouveau Monde. Cet ouvrage n'a qu'un faux-titre. La couverture tient lieu du titre ordinaire. Barbier. Phalange, année 2, tome II, no. 1.)</small>

— 14. Publications des manuscrits de Charles Fourier. Année 1851. 12⁰. Paris. libr. phalanst., 1851. Année 1852. 12⁰. Ibid. 1852. Années 1853 à 1856. 12⁰. Ibid. 1856. Années 1857 à 1858. 12⁰. Ibid. 1858.

<small>Année 1851:
1. Où l'auteur parle de lui-même.
2. Cours du mouvement social.
3. Des groupes et séries.
4. Des transitions.
5. Formation d'une phalange d'attraction dans laquelle s'organisent les sectes groupées (1803—6).
6. Appendice au chapitre précédent.
7. Politique et commerce (1803).
8. Sur Napoléon Bonaparte (1814).
9. Du système planétaire.
10. Fragments.
Année 1852.
1. Aux partis politiques.
2. L'amour du mépris de soi-même (1803).
3. Des transitions passionnelles.
4. Préliminaires sur l'éducation.
5. Éducation de la basse enfance.
6. L'opéra et la cuisine.
7. Éducation de la haute enfance.
8. Éducation postérieure.
9. L'enseignement harmonien.
10. Mnémonique géographique.
11. Contrariété de l'éducation civilisée avec la nature.
12. Fragments.</small>

Années 1853—56.
1. Du commerce et des commerçants 1803.
2. Concurrence réductive et fédération commerciale. 1810.
3. De l'entrepôt fédéral ou de l'abolition du commerce. 1810.
4. Discours sur les attributs de dieu, pour le concours d'Aberdeen. 1813.
5. Préambule sur l'impôt naturel. 1818.
6. Sur les emprunts publics. 1818.
7. De la réforme commerciale. 1820.
8. Les courtiers. 1812.
9. Commerce et mariage. 1816.
10. Les maximes de Saint-Lambert. 1803.
11. Du plan providentielle. 1806.
12. Fragments.
Années 1857—58.
1. Prologue sur les travers du monde savant. 1813.
2. Système des sympathies et antipathies radicales en simple et en composé. 1818.
3. Du ralliement passionel des extrêmes divergents. 1818.
4. Du libre arbitre. 1818.
5. Généralités sur l'équilibre en composé. 1818.

Fourier, Ch., 15. Théorie des quatre mouvements et des destinées générales. 2. édit. avec une préface des éditeurs. 8°. Paris 1840. (1. édit. Vide: Théorie des quatre mouvements.)

— 16. Traité de l'association domestique et agricole. 2 vol. 8°. 1312 pp. Besançon et Paris, 1822. 2. édit. 1841. 4 vol. in-8°. Sous le titre: „Théorie de l'unité universelle", formant les tom. II, III, IV et V des oeuvres compl.
Il y a dans quelques exemplaires une feuille additionnelle intitulée: „Supplément à l'avant-propos", paginée LXV—LXXX qu'il faut placer après l'arrière-propos page 591. L'on doit placer vis-à-vis du titre un ²/₈ feuille intitulée: „Ordre de lecture préparatoire", et qui n'a point de pagination.
„Sommaire du traité de l'association domestique, agricole ou attraction industrielle." Besançon, impr. de V. Daclin. Paris, Bossange père, 1823. 8°. 16 pp. Ces 16 pages sont suivies de 7 feuilles ¹/, paginées 1329—1448, qui ont pour signature I et II. 84—91; ces chiffres forment le total des pages et des feuilles du Traité tome I et II, auxquelles elles font suite. Ces dernières feuilles ont pour titre général (pp. 1329): „Sommaires et annonce du Traité de l'association domestique-agricole, ou attraction industrielle".
Les exemplaires complets du Sommaire doivent encore avoir ¹/₄ de feuille intitulée: „Sur les banques rurales, paginée 8 b—e.
Antienne du chapitre III 193 8 b—e. etc. deux feuillets non paginés, intitulés: „Instructions pour le vendeur et l'acheteur.
Appendice aux conclusions.
Le Traité et le Sommaire complet = 1475 pages. (Barbier. Phalange, année 2, t. II, no. 1.)

— 17. Oeuvres complètes. 6 vol. 8°. Paris, libr. sociétaire, 1841—48.
Vol. I. Théorie des quatre mouvements et des destinées générales, prospectus et annonce de la découverte. 3. édit. 1846.

Vol. II. Théorie de l'unité universelle. I. vol. 1843. (Paris, au siège de la Société pour la propagation et la réalisation de la théorie de Fourier.)
Vol. III. Théorie de l'unité universelle. II. vol. Ibid. 1841.
Vol. IV. Théorie de l'unité universelle. III. vol. 2. édit. Ibid. 1841.
Vol. V. Théorie de l'unité universelle. IV. vol. Ibid. 1841.
Vol. VI. Le nouveau monde industriel et sociétaire, ou invention du procédé d'industrie attrayante et naturelle distribuée en séries passionnées. 3. édit. 2. tirage. 8°. Paris, à la libr. sociétaire, 1848.

Fourier, Ch., 17. Oeuvres choisies. Édition Gide. 12 vol. 16°. Paris, Guillaumin, 1890.
— Vide: Mnémonique géographique.
— — Phalange, articles.
— — Phalanstère, articles.
— — Reforme industrielle (La).
— — Théorie des quatre mouvements.

Fourier, Carl, Die gesellschaftliche und industrielle neue Welt mit ihren Vortheilen in Vergleich der seitherigen Civilisation. Im Geiste ihres Stifters. Von einem seiner Schüler dargestellt. Aus dem Französ. übers. von Evander. gr.-8°. Heidelberg, Gutmann, 1835.

Fournel, H., 1. Quatre articles sur l'hérédité de la propriété. Vide: Saint-Simonisme, Extraits du Globe, vol. II, no. 3.
— 2. Bibliographie Saint-Simonienne. De 1802 au 31 décembre 1832. 8°. Paris, Johanneau, 1833.
— 3. Coup d'oeil historique et statistique sur le Texas. 8°. 1841.
— 4. Sur le degré des ouvriers. (Rapports aux Pères Suprêmes sur la situation et les travaux de la famille.) Vide: Saint-Simonisme, Extraits du Globe, vol. II, no. 5.)
— 5. Politique industrielle. Vide: Saint-Simonisme, Extraits du Globe, vol. III, no. 6.
— Au Roi. (Le Globe, 13 avril 1832.) Vide: Saint-Simonisme, Mesnilmontant, no. 16₄₁ et ₅₀.
Vide: Procès en police correctionelle.

Fournet, E., De l'influence du socialisme et du matérialisme au point de vue de la politique extérieure contemporaine. (Extrait du „Bulletin de la Société philomatique vosgienne", 1882—83.) 8°. Saint-Dié, Humbert, 1883.

Fournière, E., 1. L'étatal sociétaire. (Revue socialiste, janv. et févr., 1887.)
— 2. Philosophie sociale. (Revue socialiste, déc. 1886.)
— 3. L'ouvrier mineur. (Revue socialiste, août 1886.)

Fourny, E., Les droits de la misère. 8°. Paris, l'auteur, 1880.

Fourteau, J. B., Le socialisme ou communisme, et la jacquerie du XVI. siècle, imitée par les socialistes de 1851, avec un aperçu sur le droit au travail. 12⁰. Paris, P. Dupont, 1852.

Fox, W. J., Lectures addressed chiefly to the working classes. 4 vol. 8⁰. London, Ch. Fox, 1845—49.
— Vide: New Moral World, Vol. II.

Frage (Zur christlich-socialen). 1. u. 2. Heft. 16⁰. Düsseldorf, Schwann, 1871. I. Was hat die Kirche für die Arbeit gethan? Zusammengestellt von H. Witte II. Sociale Phrasen u. Schlagwörter. Zusammengestellt von H. Witte.

Frage (Die religiöse) und die Arbeiter. Eine Stimme aus der Socialdemokratie. 8⁰. Leipzig 1869.

Frage (Die sociale). Ansprache an die Handwerker und Arbeiter. Hrsg. vom Berliner Gewerbe-Verein. 8⁰. Berlin (Th. Grieben) 1863.

Frage (Die sociale), beleuchtet durch die „Stimmen aus Maria-Laach". 2 Hefte. gr.-8⁰. Freiburg i. Br., Herder 1891. 1. Die Arbeiterfrage und die christlich-ethischen Socialprincipien. Von Priest. Theod. Meyer. 2. Arbeitsvertrag u. Strike. Von Priest. Aug. Lehmkuhl.

Frage (Zur socialen). Natürliche Grenzen. gr.-8⁰. Bonn, Weber's Verlag, 1873.

Frage (Die sociale), ihre Bedeutung und ihre Lösung. Von Dr. A. J. N. S. gr.-8⁰. Wien, Lehmann u. Wentzel, 1871.

Frage (Die sociale) und die preussische evangelische Landeskirche. Zur Steuer der Wahrheit. II. Kor. 13. 8. 1. Heft. 8⁰. Bern, Wyss, 1891.

Frage (Die sociale) im Lichte des Christenthums. Wochenblatt für das deutsche Volk, 1. Jhrg., Juli — Decbr. 1876, 26 Nrn. gr.-4⁰. Amberg, Habbel.

Frage (Die sociale) und ihre Lösung. Von einem Kaufmann. gr.-8⁰. Berlin, Kortkampf, 1878.

Frage (Die sociale) und die Rechtsordnung. (Neue Zeit, 9. Jhrg., 1890—91.)

Frage (Die sociale) nebst Vorschlägen zu ihrer Lösung. gr-8⁰. Stuttgart, Wittwer, 1872.

Frage (Die sociale) im Vordergrunde! Oder die drei Hauptforderungen der Arbeiter an den Staat: Arbeit für jeden Müssigen, Brod für jeden Invaliden, freier Unterricht für jedes Arbeiterkind, in ihrer Ausführbarkeit nachgewiesen von einem Tuchfabrikanten. Im Sept. 1848. 8⁰. Grünberg, Weiss in Comm., 1848.

Fragen und Antworten (Sociale). 12 Hefte. gr.-8⁰. Bremen 1878—80.

Fragen (Vier) beantwortet von einem Ostpreussen (Jacoby). gr.-8⁰. Mannheim, H. Hoff, 1841.

Franceschi, G. de, Trasformazioni della proprietà reclamate dal socialismo: considerazioni 24⁰. Milano 1880.

Franck, Ad., 1. Le capital. 23 pp. 12⁰. Paris, impr. A. Chaix et Co., 1872.
— 2. Le communisme jugé par l'histoire. 12⁰. Paris, Joubert, 1848. 2. édit. augmentée d'une notice sur la vie et le système politique et social de Mably par le même. 8⁰. Paris, Joubert, 1849. 3. édit. 8⁰. Paris, E. Lachaud, 1871.
— 3. La vraie et la fausse égalité. Conférences populaires faites à l'Asile de Vincennes, 18⁰. Paris, Hachette et Co., 1868.
— 4. De la famille. Conférences populaires faites à l'Asile de Vincennes. 12⁰. Paris, Hachette, 1867.
— 5. Notice sur la vie et le système politique et social de Mably. Lue dans la séance publique annuelle des cinq Académies le mercredi 25 octobre 1848. 4⁰.
— 6. Réformateurs et publicistes de l'Europe. Moyen âge — Renaissance. gr.-8⁰. Paris, Lévy, 1864.

Francœur et **Giroflet**, Conversations sur le socialisme et sur bien d'autres choses, par P. B. 12⁰. Paris, librairie sociétaire, 1850.

Francon, Antoine, Examen critique du „Contrat social" de Jean Jacques Rousseau, philosophe de Genève. 8⁰. Clermont-Ferrand, Ducros-Paris, 1873.

Franc-Picard (Le) républicain, journal hebdomadaire de la démocratie socialiste de la Somme. No. 1, 20 juillet 1885. pet.-fol. Douai, impr. Albain.

Frank, Arnold, Der Zehntenbund. Ein Aufruf zur inneren Mission gegen die Socialdemokratie. gr.-8⁰. Stuttgart, Krabbe in Comm., 1879.

Frank, Sebastian. Vide: Dethloff: Ueber den Communismus S. Fr.

Fränkel, Alb., und Ludw. Köppen, Berliner Skizzen. Bilder und Charakteristiken aus dem Leben der Gesellschaft. 3 Bde. 8⁰. Berlin, Riess, 1846.

Fränkel, Dr. Heinr., Gegen Bellamy. Eine Widerlegung des socialistischen Romanes „Ein Rückblick aus dem Jahre 2000" und des socialistischen Zukunftsstaates überhaupt. 1.—12. Aufl. gr.-8°. Würzburg, Stuber's Verl., 1891.

Frankenstein, Kuno, 1. Die Frauenfrage der Gegenwart im Lichte einer Enquête. (Die Frau im gemeinnützigen Leben, 4. Jhrg., 1889.)
— 2. Die Lage der Arbeiterinnen in den deutschen Grossstädten. (Schmoller's Jahrbuch XII$_2$, 1888.) gr.-8°. Leipzig, Duncker und Humblot, 1888.

Frantz, Const. Vide: Staatskrankheit.

Fraas, J., 1. Herr Böhmert, Professor der Nationalökonomie am eidgenöss. Polytechnikum in Zürich und seine Fälschungen der Wissenschaft, begangen in seinem neuesten Buche: „Der Socialismus und die Arbeiterfrage". Von einem Arbeiter. 8°. Zürich 1873.
— 2. Der doctrinäre philosophische Idealismus in der socialen Frage. (Neue Gesellschaft, 1. Jhrg.)
— Vide: Beobachter der soc. Literatur.

Fraternité (La), journal moral et politique. Rédacteur en chef: M. Richard Lahautière. Années 1 et 2, mai 1841 — mars 1843. 23 nos. 4°.

Frauenbewegung (Aus der englischen). Von B. D. (Die Gegenwart, Bd. 33, 1888.)

Frauenbewegung (Die) in Oesterreich. (Dtsche. Worte, 11. Jhrg., 1891.)

Frauenfrage (Die) in den verschiedenen Culturländern. (Unsere Zeit, N. F. 6. Jhrg. 1870.)

Frauen-Zeitung. Red. von Louise Otto. 1. Jhrg., 1849, April — Dec., 39 Nrn. gr.-4°. Leipzig, Matthes. 2. Jhrg., 1850, 52 Nrn. gr.-4°. Grossenhain. 3. u. 4. Jhrg., 1851 u. 52, à 104 Nrn. „Ein Organ für die höheren weiblichen Interessen". gr.-4°. Gera, Illgen's Erben.

Fraysse, C. B., Quelques observations à propos de l'organisation du travail. 8°. Paris, Charpentier, 1845.

Frédé, P., La Russie et le nihilisme. 18°. Paris, A. Quantin, 1881.

Frédéric, De l'unité sociale et de l'unité politique. (Revue indépendante 1844, déc.)

Fred-Woodrow. Vide: Labor-problem (The.)

Freedom. London 1886—1888. Journ.

Freethinkers Information (The) for the people. gr.-8°. London. 49 Nrn. s. a.

Frégier, H. A., 1. Des classes dangereuses de la population dans les grandes villes et les moyens de les rendre meilleures. 2 vol. 8°. Paris, J. B. Baillière, 1839—40.
— 2. Ueber die gefährlichen Klassen der Bevölkerung in den grossen Städten und die Mittel, sie zu bessern. Von der Akademie der moral. und polit. Wissenschaften gekrönte Preisschrift. Aus dem Französ. übersetzt von C. v. M. gr.-8°. Coblenz, Herat, 1840.

Freiberger Socialistenprocess (Der). Fortsetzung des in Folge der reichsgerichtlichen Entscheidung an das Landgericht Freiberg i. S. verwiesenen Chemnitzer Monstre-Socialisten-Processes. Verhandlungen vor dem Landgerichte zu Freiberg vom 26.—28. Juli 1886. (Zeit- u. Streitfragen (socialpolit.), Heft 32, 1886.)

Freiheit, internationales Organ der Anarchisten deutscher Sprache. London u. New York 1879—90.

„Freiheit, Brüderlichkeit, Arbeit". Wöchentl. 2 mal. Zuerst herausg. von Jansen und Jos. Moll, später von Ch. Esser. Köln, 1848—49.

Freiligrath, Ferd., 1. Ça ira! Sechs Gedichte. 8°. Herisau, Literar. Inst., 1846.
— 2. Ein Glaubensbekenntniss. Zeitgedichte. 8°. Mainz, V. v. Zabern, 1844.
— 3. Neuere politische und sociale Gedichte. 1. Heft. 8°. Köln. St. Louis, Schuster, 1849. 2. Abdr. 8°. Köln, Düsseldorf, Schaub, 1849.
— 4. Die Revolution. Gedicht. gr.-16°. Leipzig, Grunow, 1848.
— Vide: Process (Erster politischer).

Freimaurerei und Socialdemokratie oder: Ist ausser der Socialdemokratie auch die Freimaurerei nachweisbar religions-, staats- und gesellschaftsgefährlich? Ein Mahnruf an Fürsten und Völker von einem deutschen Patrioten. (Verb. u. verm. Abdr. aus: „Süddeutsche Reichszeitung".) 1.—4. Aufl. gr.-8°. Stuttgart, Süddeutsche Verlagsbuchhdlg., 1891.

Freimuth, Just, Die Socialdemokratie und unsere Arbeiter. Ein belehrendes Wort. Nebst einem Unterricht über die Reichsrathswahl. 2. Aufl. 8°. Trier, Paulinus-Druckerei, 1890.

Freimuth, W., Die Frauenbewegung in Deutschland. (Streitfragen, Heft 1.) Minden 1881.

Freischärler (Der) für Kunst und sociales Leben. Red. von Louise Aston. Nov.-Dec. 1848. 7 Nrn. (Kayser, B. L., 9 Nrn.) gr.-4°. Berlin, Lassar.

Freppel (évêque d'Angers), La question ouvrière: discours prononcé en l'église de la Madeleine à Paris, le 1 février 1880, en faveur du bureau central des associations ouvrières catholiques. 8°. Paris 1880.

Freppel (mons. vescovo d'Angers), La questione degli operaii: discorso detto nella chiesa di S. Maria Maddalena a Parigi il 1. di febbraio 1880 in favore dell' uffizio centrale delle associazioni cattoliche. 24°. Genova 1880.

— Vide: Sécretain, l'abbé: L'église et la jeune ouvrière.

Preslon, A., Nécessité d'un nouveau parti politique. 8°. Angers, 30 juillet 1832. Vide: Saint-Simonisme, Missions, no. 20.

Presnay, E., Système unitaire. 1840. 1 livrais., non continué.

Fresneau. Vide: Droit au travail (Le) à l'Assemblée nationale.

Freude, C. G. A., Versuch einer Darstellung der Arbeiterbewegung in den letzten Monaten des vorigen Jahres, deren Wichtigkeit nach ihren Parteien. Was muss gewünscht werden, wenn eine Verbesserung der Lage der Arbeiter eintreten soll, wodurch kann dieselbe verbessert und diese Bewegung auf richtige Bahnen geleitet werden? 1. Abth. gr.-8°. Ebersbach 1869. (Leipzig, Hinrichs.)

Freund, Dr. Leonh., Zur Philosophie des Parteiwesens. (Neue Gesellschaft, 2. Jhrg.)

Frexa, D. José, El socialismo y la teocracia, dirigido á D. Juan Donoso Cortés. 3 tom. Barcelona 1852.

Frézouls, Antonin, Considérations sur l'idée du progrès social. Discours prononcé à l'audience solennelle de rentrée de la Cour d'appel de Toulouse, le 4 novembre 1879. 8°. Toulouse, impr. Douladoure, 1880.

Fribourg, E. E., L'association internationale des travailleurs; origines, Paris, Londres, Genève, Lausanne, Bruxelles, Berne, Bâle; notes et pièces à l'appui. 12°. Paris, Le Chevalier, 1871.

Fricke, Past. L. W., Was wollen die Socialdemokraten und was wollen wir? (Aus: Monatsbote aus dem Stephansstift.") 1. u. 2. Aufl. gr.-8°. Hannover, Feesche, 1891.

Friedenthal, Dr. Vide: Rodbertus: Briefwechsel zwischen Rodbertus und Friedenthal.

Friedländer, E. D., 1. Arbeiterunruhen. (Staatslexikon von Rotteck und Welcker, 1856.)

— 2. Arbeit ersparende Maschinen. (Staatslexikon von Rotteck und Welcker, 1856.)

Friedlieb, L., 1. Die rothe und die schwarze Internationale oder Verhältniss der socialdemokrat. Arbeiterbewegung zur Religion. 8°. München, Lit. Inst. v. Dr. Huttler, 1874.

Friedlieb, L., 2. Die Lage des Handwerker- und Arbeiterstandes. (Social-politische Broschüren, Heft 1, 1875.)

Friedrich, Carl, Die Bekämpfung der Socialdemokratie in ihrer Wurzel. 8°. Hamburg-Erlenkamp, Moltmann's Verlag, 1891.

Fries, Ed., Die sogenannte sociale Frage, oder die neueste Volksverdummung. 1. u. 2. Aufl. gr.-8°. Zürich, Dancker in Comm., 1878.

Fries, Lor., Geschichte des Bauernkrieges in Ostfranken. 8°. Würzburg 1876—78.

Frissard. Vide: Réponse de Rothschild Ier.

Fritschel, Prof. Gfr., Die Religion der geheimen Gesellschaften. gr.-8°. Waverley, Ja. (Leipzig, J. Naumann) 1890.

Fröbel, Jul., 1. Grundzüge zu einer republikanischen Verfassung für Deutschland. 16 pp. 8°. Mannheim, Hoff, 1848.

— 2. Die Irrthümer des Socialismus. 8°. Leipzig, O. Wigand, 1871.

— 3. Monarchie oder Republik? Aus der deutschen Volkszeitung abgedruckt. 8°. Mannheim, Hoff, 1848.

— Vide: Ehrlich, J. N.: Randglossen.

Fröhlich, Carl. Vide: Gutenberg.

Fromm, Lebrecht, Ruchlosigkeit der Schrift: „Dies Buch gehört dem Könige". Ein unterthäniger Fingerzeig. 8°. Bern, Jenni, 1844.

Frost, Thomas, The secret societies of the European revolutions 1776—1876. 2 vol. gr.-8°. London, Tinsley brothers, 1876.

Froude, J. A., A lesson on democracy. (Fortnightly Review, Dec. 1882.)

Frout de Fontpertuis, Ad., 1. Les conflits du travail en Angleterre. Les trades-unions, leur origine, leurs développements et leur action. (Journ. d. Écon., 1878, oct.)

— 2. Un écrit posthume de John Stuart Mill sur le socialisme. (Journ. d. Écon., 1879, juill.)

— 3. La famille et la propriété aux premiers âges, d'après de récents ouvrages. (Journ. d. Écon., 1879, avril.)

— 4. Les idées économiques et sociales de l'antiquité et leur filiation dans les temps modernes. (Journ. d. Écon., 1871, sept., déc.)

— 5. Les idées économiques et sociales des nouvelles écoles théocratiques. (Journ. d. Écon., 1880, déc.)

— 6. Socialisme, christianisme, néo-catho-

Früh 85 Gar

licisme, économie politique. (Journ. d. Écon., 1876, juillet.)

Frühauf, Julius, 1. Die russischen Arbeiter-Genossenschaften („Artells"). (Vierteljahrschrift f. Volkswirthsch. etc., 1868₁.)

— 2. Der Socialismus neuester Zeit im Verhältniss zu den socialistischen Ideen früherer Jahrhunderte. (Arbeiterfreund, Jahrg. 8, 1870.)

— Vide: Richter, E.: Das Licht der Manchestristen.

— — Socialismus (Der moderne).

Fruwirth, C., Die Statistik der Arbeitseinstellungen in den Vereinigten Staaten. (Vierteljahresschr.f.Volkswirthsch., 1888₄.)

Führböter, Frdr. Wilh., Das Proletariat und der freie Bergbau. Ein Aphorismus. gr.-8⁰. Hirschberg, Rosenthal in Comm., 1848.

Führer (Die) der Pariser Commune vor dem Kriegsgerichte. Die ersten Opfer der Commune. Erste Hinrichtung von Communisten-Mitgliedern. (Criminalbibliothek, begründet von D. H. Temme, II. Bd.) 8⁰. Berlin s. a.

Fuld, Dr. Ludw., Die Aufhebung des Socialistengesetzes und die Aenderung des Strafgesetzbuches. gr.-8⁰. Berlin, Siemenroth u. Worms, 1889.

Funck-Brentano, Th., Les sophistes allemands et les nihilistes russes. 8⁰. Paris, Plon, 1887.

Funk, Val., Arbeiter-Katechismus. Die einfachsten Lehren der Volkswirthschaft und des gewerblichen Verkehrs in leichtfasslich-katechetischer Form. 8⁰. Giessen, Roth, 1881.

Furrer, Dr. K., Darwinismus und Socialismus im Lichte der christlichen Weltanschauung. 8⁰. Zürich, Alb. Müller, 1889.

G.

Gadioli, Mar., La questione sociale e la legge agraria. 8⁰. Mantova, tip. Aldo Manuzio, 1891.

Gagern, Carlos von, Die Entwickelung der Frauenfrage. Vortrag gehalt. im Wissenschaftl. Club zu Wien am 13. Dec. 1878. gr.-8⁰. Wien 1879.

Gagneur, Wladimir, Socialisme pratique. 8⁰. Poligny, chez l'auteur, 1850.

— Vide: Phalange, année II, t. II.

Galeotti, E., Studio sul terzo libro del „Contratto sociale" di J. 'J. Rousseau. 8⁰. Prato, tip. F. Alberghetti e figli, 1891.

Galimberti, mons. Luigi, Lutero e il socialismo: dissertazione. 8⁰. Roma 1879.

Gall, Ludw., Abhandlung: „Mein Wollen und mein Wirken" in der „Beleuchtung der Förster'schen Kritik der gerühmtesten Destilliergeräthe". 8⁰. Trier, Gall, 1835.

— Vide: Blätter (Menschenfreundliche).

Galland, Ant. Vide: Défenseur (Le) des droits du peuple.

Galland, Victor. Vide: Revue du socialisme chrétien.

Gallois, L., Histoire des journaux et des journalistes de la révolution française 1789—1796, précédée d'une introduction générale. 2 vol. 8⁰. 1845.

Gallus, Sophismes révolutionnaires, trilogie dédiée aux travailleurs de tous métiers et et de toutes conditions. 18⁰. Paris, Bonhoure, 1886.

Gambs, J., Socialdemokratie, die einzige Form der befriedigten menschlichen Gesellschaft. Ein Beitrag zur endl. Lösung der socialen, kirchl. und polit. Fragen. (I. Krankheit. II. Heilung.) gr.-8⁰. Zürich, Verl.-Magazin, 1878.

Gammage, R. C., History of chartism. 8⁰. London 1854.

Gaudon, P., Réfutation générale du socialisme par analyse et le raisonnement. 8⁰. Paris, chez l'auteur, 1849.

Gang (Ein) durch Bebel's Paradies bis ins tausendjährige Reich. Von E. S. 12⁰. Emden, A. Gerhard, 1891.

Gangloff. Vide: Prometheus.

Garcia Ruiz, D. Eugenio, 1. La democracia, el socialismo y el communismo. 8⁰. Madrid 1861.

— 2. Historia de la internacional y del federalismo en España. 8⁰. Madrid 1872.

Garcin, Alfred, Rénovation morale ou le socialisme practicable. 18⁰. Paris, Giraud, 1849.

Gard (Le) socialiste, organe des travailleurs. Paraît le dimanche. No. 1, 26 avril 1885. fol. Marseille, impr. Fournière.

Gard (Le) socialiste, organe du parti ouvrier socialiste du Gard. Paraît tous les samedis. No. 1, 13 mars 1886. pet.-fol. Nîmes, impr. Crémier-Teyssier.

Gareis, Dr. Carl, Ueber die Bestrebungen der Socialdemokratie. Vortrag, geh. in einer von dem Vorstande des nat.-liberal. Vereins zu Giessen veranstalt. öffentl. Versammlung am 26. März 1877. kl.-8°. Giessen, Em. Roth, 1877.

Garet, É., Les bienfaits de la révolution française. 3. édit. 18°. Paris, Marescq, 1883.

Garin, J., 1. L'anarchie et les anarchistes. 12°. Lyon, impr. Storck, 1885.
— 2. Die Anarchisten. Eine historisch-kritische Studie. Autorisirte Uebertragung. gr.-8°. Leipzig, O. Wigand, 1887.

Garnier, Honoré, Invocation à Saint-Simon. Ode dédiée aux membres du Collége Saint-Simonien. 8°. Paris, L'Advocat, Delaunay, Mesnier, 1831.

Garnier, Joseph, 1. Sur l'Association, l'économie politique et la misère, position du problème de la misère. Considérations sur les moyens généraux d'élever les classes pauvres à une meilleure condition matérielle et morale. 8°. Paris, Guillaumin, 1846.
— 2. Les diverses définitions du socialisme. (Journ. des Écon., 1878, juillet.)
— 3. Le droit au travail à l'assemblée nationale. Recueil complet de tous les discours prononcés dans cette mémorable discussion, par M. M. Fresneau, Hubert-Delisle, Levet, Cazalès, Lamartine, Gaulthier de Rumilly, Pelletier, A. de Tocqueville, Ledru-Rollin, Duvergier de Hauranne, etc. (textes revus par les orateurs); suivis de l'opinion de M. M. Marast, Proudhon, L. Blanc, Ed. Laboulaye et Cormenin; avec des observations inédites par MM. Léon Faucher, Wolowski, Fréd. Bastiat, de Parieu, et une introduction et des notes par Joseph Garnier. 8°. Paris, Guillaumin, 1848.
— 4. Quelques mots d'explication et d'histoire au sujet des principales formules socialistes. (Journ. des Écon., 1848. juillet.)
— 5. Maximum. (Dict. de l'Écon. polit., 1853.)
— 6. Du principe de population. Énergie de ce principe; avantages et maux qui peuvent en résulter; abstractes qu'il rencontre ou qu'on peut lui opposer; remède pour en contre-balancer les effets; théories économiques, politiques, morales et socialistes auxquelles il a donné lieu; contrainte morale; réformes économiques, politiques et sociales; émigration, charité, socialisme, droit au travail, etc. 12°. Paris, Guillaumin et Co., 1857. 2. édit. précédée d'une introduction et d'une notice par G. de Molinari. 8°. Paris, Guillaumin, 1884.

Garnier, J., 7. Du principe de propriété. (Journ. des Écon., 1856, janv.)
— Vide: Droit (Le) au travail à l'Assemblée nationale.

Garrido, Fern., 1. Historia de les clases trabajadoras, de sus progresos y trasformaciones económicas, sociales y políticas, desde los tiempos más remotos hasta nuestros dias, precedida de un prólogo por D. Emilio Castellar. Madrid 1870.
— 2. El programma de la democracia. Cádiz 1859.
— 3. Propaganda democrática. Instruccion politica del pueblo; derrota de los viejos partidos políticos; deberes y porvenir de la democracia española. 1. edic. 1849. 2. edic. Madrid 1850.
— 4. La república democrático-federal universal. Lérida 1855. Nociones elementales de los principios democráticos, dedicadas á las clases productoras. 2. edic., precedida de un prólogo por Emilio Castelar. Madrid 1856. 6. edic. Barcelona 1868.
— 5. El socialismo y la democracia ante sus adversarios. Londrés 1861.

Gaslonde. Vidé: Droit (Le) au travail à l'Assemblée nationale.

Gasparin, Cte Agenor de, L'égalité. 4. édit. 8°. Paris, C. Lévy, 1876.

Gasparin, Aug. de. Vide: Phalange, t. III.

Gastineau, B., 1. La comédie sociale au dixneuvième siècle. 8°. Paris 1862.
— 2. Les socialistes. P. J. Proudhon, sa vie et ses oeuvres. Avec les discours prononcés sur la tombe de Proudhon. 12°. Paris, Dentu, 1865.

Gatti, Mme, née Zoé de Gamond, 1. Fourier et son système. 8°. Paris, Desessart, 1838. 2. édit. 1839. 5. édit. 18°. Paris, Capello, 1841—42.
— 2. Fourier y su sistema, principios de la ciencia social, obra traducida del francés por Don. F. A. B. Bordeaux 1840.
— 3. Paupérisme et association. 18°. Lagny, impr. de Giroux, 1847.
— 4. Réalisation d'une commune sociétaire, d'apres la théorie de Charles Fourier. 8°. Paris, impr. de Cosson, 1841.

Gat 87 Ged

Gay, Mme. Vide: New Moral World, Vol. VII.
Gaultier de Kumilly. Vide: Droit (Le) au travail à l'Assemblée nationale.
Gaume, l'abbé J., 1. L'Europe en 1848, ou Considérations sur l'organisation du travail, le communisme et le christianisme. 8°. Paris, Gaume frères, 1848.
— 2. Europa im Jahre 1848, oder: Betrachtungen über die Organisation der Arbeit, den Communismus und das Christenthum. Nebst 2 Beigaben: Die Lösung der Fragen: Warum giebt es Reiche? Warum giebt es Arme? Volkskatechismus, oder Fragen und Antworten über die Pflichten der Gesellschaft. Aus dem Franz. gr.-8°. Regensburg, Manz, 1849.
Gauntlet (The). A sound republican weekly Newspaper from February 9, 1833 to March 30, 1834. 4°. London, Carlisle, 1834.
Gaussen, Maxime, 1. La lutte sociale et la richesse. 34 pp. 18°. Paris, P. Dupont, 1872.
— 2. Les questions sociales devant la réalité. 72 pp. 18°. Paris, impr. P. Dupont, 1873.
— 3. Le socialisme, ou les desirata d'un grand financier. 8°. Paris, impr. Mouillot, 1881.
— 4. L'idée socialiste, ses erreurs philosophiques. Discours prononcé à la Société internationale des études pratiques d'économie sociale, séance du 30 mars 1879. 29 pp. 8°. Paris, impr. P. Dupont, 1879.
— 5. La Société internationale des travailleurs et ses doctrines (séance de la Société des études pratiques d'économie sociale, 15 févr. 1874). 40 pp. 8°. Paris, impr. P. Dupont, 1874.
Gautier. Vide: Le Peuple, no. 58.
Gautier, A., Étude économique sur les coalitions d'ouvriers et sur les grèves. 8°. Paris, Guillaumin, 1886.
Gautier, Émile, 1. Le Darwinisme social. 8°. Paris, Derveaux, 1880.
— 2. Propos anarchistes; le parlementarisme. 12°. Marseille, libr. populaire, 1885.
Gautier, Léon, Appel aux ouvriers. 35 pp. 12°. Paris, J. Le Clère et Co., 1873. 2. et 3. édit. Ibidem 1874.
Gay, Jules, Le socialisme rationnel et le socialisme autoritaire 12°. San Remo, J. Gay et fils, 1868. 2. édit. revue et augmentée d'une nouvelle préface. 12°. Genève, J. Gay et fils, 1869.
— Vide: Almanach de la communauté.
— — Communiste (Le).
Gay, D. Narciso, Las clases proletarias. Estudio para su mejoramiento. Tom. I. Barcelona 1864.
Gayette, Jeanne Marie v. Vide: Arbeiter (Der) auf dem prakt. Erziehfelde.
Gazano. Vide: Sempé.
Geächtete (Der). Zeitschrift in Verbindung mit mehreren deutschen Volksfreunden herausgegeben von J. Venedey. 8°. Paris 1834. 6 Hefte.
(Inhalt: Vorwort an die deutschen Vaterlandsfreunde. — Deutschland, Sclave, Leibeigener, Unterthan. — Rettung, v. Ludw. Börne. — Maassregeln zum Schutze des deutschen Buchhandels gegen den Nachdruck. — Die Propaganda. — Deutschland und Frankreich. — Der Flüchtling, von Hallauer, Advokat. — Deutschlands grosse Nationalschuld. — 32. — Schreiben des Herrn Professors Wolff in Jena an Herrn Börne in Paris — Der Kampf für eine bessere Zukunft. — Sanct Wendel. — Die Geldmacht. — Einfluss der deutschen Städte auf die politische und intellectuelle Gestaltung von Deutschland, von Spazier — Der Musterstaat des 19. Jahrhunderts. — Der Kampf für eine bessere Zukunft, von Schuster. — Das Schiedsgericht zwischen Fürsten und Landständen. — Der Kampf für eine bessere Zukunft, Antwort an Herrn Dr. Schuster. — Vorrede zum Almanach de Gotha als Neujahrsgeschenk für das Jahr der Gnade 1835. — Die zukünftige Revolution Deutschlands, von H. Heine. — Neujahrsgruss von Amerika an Europa.
Gebote (Die 10) der Arbeiter. 1849.
Gedanken über die Frauenfrage. Niedergeschrieben von Tante Christine. gr.-8°. Zürich, Schröter, 1883.
Gedanken eines Gläubigen. (Ein Seitenstück zu den Worten eines Gläubigen des Abbé de la Mennais.) Aus einer spanischen Handschrift frei übertragen vom Einsiedler S. Maria von Villa Pigneto bei Rom. gr.-12°. Augsburg, Kollmann, 1837.
Gedanken eines Weltbürgers über geheime Gesellschaften (von M. A. Weickard). 8°. St. Petersburg 1786.
Gedanken eines Republikaners. 8°. Paris, J. Smith s. a. (1835).
Gedanken (Freie) über die bevorstehende Revolution in Deutschland (von J. Fr. Neidhard). 8°. Marburg, Krieger, 1785.
Gedanken über die Socialwissenschaft der Zukunft. Th. I: Die menschliche Gesellschaft als realer Organismus von P. L. (Lilienfeld.) 8°. Mitau 1873.
Gedanken zu einem Staats-Grundgesetz aus einer in der Arche Noah gefundenen Handschrift zusammengestellt. gr.-8°. Berlin, Stargardt, 1864.
Gedichte eines Lebendigen (Herwegh). 2 Bde. gr.-8°. Zürich, Winterthur 1843. 6. Aufl. 8°. Zürich, Winterthur 1843.

Geel, A., Bemerkungen zu Proudhon's Lehre von der Anarchie. (Neue Gesellsch., 2. Jhrg.)

Gefahr (Die sociale) und die freie Kirche. Ein offenes Wort an das christlich-deutsche Volk und seine Vertreter von einem Universitäts-Professor. gr.-8⁰. Paderborn, F. Schöningh, 1890.

Geffcken, F. H., 1. Der Nihilismus und die Lage in Russland. (Die Gegenwart, 19. Bd., 1881.)
— 2. Der Socialismus. (Zeitfragen des christl. Volkslebens, Heft 2, 1876.)

Gegenwart (Die). Hrsg. von C. Riesberg. Versmold, Jänner-März, 1846. 3 Hefte.

Geheimbundprocess der Münchner Socialdemokraten (Process Andrä und Genossen). Objectiver Bericht über die Verhandlungen vor dem Kgl. Landgerichte München I. am 11. und 18. Juni 1886. (Socialpolit. Zeit- und Streitfragen, Heft 30, 1886.)

Gehrke. Vide: Scheu, H.: Der Hochverrathsprocess.

Gehrke, Dr. A., Communistische Idealstaaten. gr.-8⁰. Bremen, Schünemann, 1878.

Geiser, Bruno, 1. Unter welchen Bedingungen kann die Socialdemokratie zum Siege gelangen? Principielle Erörterung. gr.-8⁰. Leipzig, G. Körner, 1880.
— 2. Die Forderungen des Socialismus an Zukunft und Gegenwart. München 1875. 2. rev. Aufl. gr.-8⁰. Braunschweig, Bracke jr., 1876.
— 3. Geschichte der besitzlosen Klassen vom Alterthum bis zur Gegenwart. (Bibliothek des menschlichen Wissens, Dresden 1888—90.)
— 4. Das Deutsche Reich und seine Gesetzgebung. Materialien für die socialistische Agitation. 8⁰. Leipzig, R. E. Höhme s. a. (Vorrede 1877.)

Geist (Von dem) der Widerteuffer. 4⁰. Wittenberg 1544.

Geitlner, F., Brodt für die Arbeiter! Ein Beitrag zur Lösung der socialen Frage vom prakt.-religiös-sittlich. Standpunkte. Lex-8⁰. Breslau, Gosohorsky, 1849.

Gemeine (Die sociale), ein Weg zur Lösung der socialen Frage. Von F. A. F. gr.-8⁰. Flensburg, Westphalen, 1874.

Gemelli, Carlo, 1. Lezioni sul comunismo e socialismo antico e moderno. 16⁰. Bologna 1876.
— 2. „La questione sociale per Pietro Ellero." Studio critico. (Estratto dal Monitore di Bologna.) 8⁰. Bologna 1874.

Generalbericht an den Staatsrath von Neufchatel über die geheime deutsche Propaganda. 8⁰. Zürich, Meyer u. Zeller, 1846.

General Committee on labour and capital of the national association for the promotion of social science. 8 pp. 8⁰. London 1870.

Generation (Die junge). Monatsschrift, hrsg. von W. Weitling. Erschien nach einander in Bern, Vevey, Langenthal und Zürich, 1842—43.

Gentil, Joseph Adolphe, 1. Organisation du travail. 12⁰. Paris, Laisné, 1848.
— 2. L'ami du peuple. Des syndicats et de l'enseignement professionnel; organisation des forces de la démocratie industrielle. 8⁰. Paris, Dentu, 1863.

George, Henry, 1. Political economy, what it is and how it should be studied. (The Christian Socialist, Vol. 1.)
— 2. Home rule and land question. (To Day, Nr. 28.)
— 3. Irish land question: what it involves, and how alone it can by settled. Appeal to the land leagues. 12⁰. New York 1881.
— 4. The land question, what it is and how only it can be settled. An appeal to nations; showing the evils of private property in land and the need for the nationalisation of the land. 8⁰. London, William Reeves, s. a.
— 5. Problems of the time. (The Christian Socialist, Vol. 1.)
— 6. Social problems. 12⁰. London 1884.
— 7. Sociale Probleme. Deutsch von F. Stöpel. gr.-8⁰. Berlin, Staude, 1885. 3. (ster.) Aufl. gr.-8⁰. Ebd. 1890.
— 8. Sociale vraagstukken. Uit het Engelsch door J. Stoffel. 2 vol. Deventer 1884.
— 9. Progress and poverty; an inquiry into the cause of industrial depression, and the increase of want with increase of wealth. The remedy. 12⁰. New York 1880. 4⁰. London, Kegan Paul, s. a. 2. edit. 8⁰. London 1882. 8⁰. London, W. Reeves, 1884.
— 10. Fortschritt und Armuth. Eine Untersuchung über die Ursache der industriellen Krisen und der Zunahme der Armuth bei zunehmendem Reichthum. Deutsch von C. D. F. Gütschow. 8⁰. Berlin, Staude, 1881. 2. Aufl. gr.-8⁰. Ebd 1884. 5. Aufl. gr.-8⁰. Ebd. 1892.
— 11. Fortschritt und Armuth und sociale Probleme. Deutsch von D. F. Gütschow und F. Stöpel. Mit einer Skizze: Henry George's Leben und Schriften. gr.-8⁰. Berlin, Staude, 1887.

George, Henry, 12. Progrès et pauvreté. Enquête sur la cause des crises industrielles et de l'accroissement de la richesse; le remède. Trad. sur l'édit. de 1886 par L. Le Monnier. 8°. Paris, Guillaumin, 1887. 8°. Ibid. 1890.
— 13. Protection or free trade: an examination of the tariff question, with especial regard to the interests of labour. 8°. London, Paul, 1886.
— 14. Protection ou libre échange, trad. de l'anglais et précédé d'une preface par L. Vossion. 8°. Paris 1888.
— 15. Schutz- oder Freihandel. Untersuchung der Zollfrage mit besond. Rücksicht auf die Interessen der Arbeit. Deutsch von F. Stöpel. gr.-8°. Berlin, Staude, 1887.
— 16. The rights of man. Reprinted from „Social problems". 14 pp. 8°. Glasgow s. a.
— 17. The common sense of taxation. (The North American Review, July 1881.)
George, H., and Hyndman, H. M., Socialism and rent-appropriation: a dialogue. (The Nineteenth Century, Febr. 1885.)
George's, (Henri) Agrarsocialismus in Deutschland. (Christlich-sociale Blätter, Jhrg. 22, 1889.)
George, H. Vide: Bramwell, Lord: Nationalization of land.
— — Cathrein, V.: The champions of agrarian socialism.
— — Dixwell: Progress and poverty.
— — Gide: De quelques nouvelles doctrines.
— — Grönlund, L.: Insufficiency of H. George's theory.
— — Hanson, W.: The fallacies in „Progress and poverty".
— — Longe, Fr. D.: A critical examination.
— — Moffat, R. S.: H. George, the orthodox.
— — Nordmann, H.: H. George.
— — Rose, H.: Henry George.
— — Rouanet: L'évolution de H. George.
— — Rouanet: Henry George et Grönlund.
— — Simon, Rich.: An examination of M. H. George's doctrines.
— — Toynbee, A.: Progress and poverty.
— — Weiss, J. G.: Die Lehre H. George's.
— — Wuarin, L.: Le socialisme anglo-saxon.
Georgens, J. D. Vide: Arbeiter (Der) auf dem prakt. Erziehfelde.
Gerando, G. de, Le démocrate chrétien, ou manuel évangélique de la liberté, de l'égalité et de la fraternité. 8°. Paris, Renouard et Co., 1848.
Gérard, Ad., 1. L'agonie des vieux régimes. 2. édit. gr.-8°. Paris, chez l'auteur, 1881. (Les foudres révolutionnaires XI. Inédit.)
Gérard, Ad., 2. L'apostolat moderne. (Les martyrs.) A la mémoire de mon ami Marétheux. 11. édit. gr.-8°. Paris, chez l'auteur, 1882.
— 3. Un déporté. gr.-8°. Paris, chez l'auteur, 1880. (Extrait du „Cap des angoisses", volume inédit.)
— 4. Le docteur terrible, ordonnances sur le mal de misère. 3 nos. 5. édit. gr.-8°. Paris, chez l'auteur, 1883. (Cris d'alarmes et catastrophes finales I, II, III.)
— 5. Funérailles de l'assemblée de combat (aux déportés). 8. édit. gr.-8°. Paris, chez l'auteur, 1881. (Les foudres révolutionnaires XII. Inédit.)
— 6. Révolte dans une mansarde. Question sociale. 2. édit. gr.-8°. Paris, chez l'auteur, 1882. (Les rumeurs de la Seine II. Inédit.)
— 7. Les tréteaux monarchiques de l'Élysée. 7. édit. gr.-8°. Paris, chez l'auteur, 1881. (Les foudres révolutionnaires IV. Inédit.)
— 8. Voix tumultueuses. 1. Épreuves. 2. Le devoir. 3. Ma demeure au pillagé. 5. édit. 8°. Paris, chez l'auteur, 1881. (Les rumeurs de la Seine V. Inédit.)
Gérard, Pierre Aug. Florent., Le socialisme gaulois et l'individualisme germanique (avec portraits). 12°. Bruxelles, Rozez, 1850.
Géraud, P., L'unitéisme, religion universelle, traité d'organisation sociale, renovation morale, politique et économique, accomplissement progressif de la création de la société humaine et achèvement complémentaire du globe. 18°. Paris, impr. Zabieha, 1881.
Gerebtzoff, Nicolas de, Les trois questions du moment. Du libre échange, des chemins de fer, du communisme. 12°. Paris, Dentu, 1857.
Gerlach, Dr. Otto, Ueber die Bedingungen wirthschaftlicher Thätigkeit. Kritische Erörterungen zu den Werthlehren von Marx, Knies, Schäffle und Wieser. (Staatswiss. Studien, III. Bd., 5. Heft, Jena 1890.)
German, F., Die sociale Frage. Eine Lebensaufgabe für alle Stände, zugleich ein Mahnwort an die polit. Parteien. (Aus Westl. Proviuz-Zeitung.) 8°. Barmen (Buchhdl. d. evang. Gesellsch.) 1867.
Gérome, J. P., Le vrai socialisme. 18°. Paris, chez l'auteur, 1851.
Gerstler, J., Die Lösung der socialen Frage auf mechanischem Wege. (Mit Taf. u. Tab.) gr.-4°. Mainz, Kupferberg in Comm., 1857.
Gerstner, Ludw. Jos., Vergleichende Darstellung des Schulze-Delitzsch'schen Sy-

stems und der Lassalle'schen Ideen mit Berücksichtigung des gewerblichen Creditlebens von Würzburg. gr.-8⁰. Würzburg, Stuber, 1866.
Geschichte (Zur) der englischen Arbeiterbewegung im Jahre 1871. gr.-8⁰. Leipzig, Duncker u. Humblot, 1872.
Geschichte (Zur) des Communismus. (Christlich-sociale Blätter, Jhrg. 23, 1890.)
Geschichte (Zur) der Internationale von M. B. gr.-8⁰. Leipzig, Grunow, 1872.
Geschichte (Die heilige) der Menschheit. Von einem Jünger Spinoza's (Moses Hess). gr.-12⁰. Stuttgart, Hallberger, 1837.
Geschichte (Zur) des russischen Nihilismus. Väter und Kinder. 8⁰. Kischenew 1881. (In russischer Sprache.)
Geschichte (Die) der social-demokratischen Partei in Deutschland seit dem Tode Ferd. Lassalle's. (Zusammengestellt und actenmässig belegt aus den beiden Organen der Partei, dem „Social-Demokrat" in Berlin und dem „Nordstern" in Hamburg.) 8⁰. Berlin, Lemke, 1865.
Geschichte der geheimen Verbindungen der neuesten Zeit. 2 Bde. gr.-8⁰. Leipzig, Barth, 1831.
Geschichtsverlauf (Zum socialistischen). (Die Neue Zeit, 1889.)
Gesellschaft (Die moderne), gekennzeichnet durch die Reden der verurtheilten Chicagoer Anarchisten. (Socialistic Publishing Society, Chicago, 1877.)
Gesellschaft (Die neue). Monatsschrift für Socialwissenschaft. Hrsg. v. D. F. Wiede. 1. u. 2. Jahrg. Oct. 1877 — Sept. 1879. à 12 Hefte. gr.-8⁰. Zürich, Verl. d. „Neuen Gesellschaft".
Gesellschaftliches- und Privateigenthum. Ein Beitrag zur Erläuterung des socialistischen Programms. 8⁰. Hottingen - Zürich, Volksbuchhdlg., 1885.
Gesellschaftsretter (Ein neuer) und sein Rettungsplan (General Booth). (Neue Zeit, 9. Jhrg., 1890—91.)
Gesellschaftsspiegel. Organ zur Vertretung der besitzlosen Volksklassen und zur Beleuchtung der gesellschaftlichen Zustände der Gegenwart. Red. M. Hess. 12 Hefte. 2 Bde. gr.-8⁰. Elberfeld, Juli 1845—Juni 46.
Gespenst (Das rothe) des Social-Demokratismus in Deutschland oder die Vaterlandslosen. Thun und Treiben Bebel's u. Genossen. 8⁰. Pirna 1871.
Gespräch (Ein) über die sociale Frage. Unseren Arbeitern gewidmet. gr.-8⁰. Leipzig, Grunow, 1885.
Gewalt (Die) von J. S. (Flugschrift Nr. 1 u. 2, 1832.)
Gewerbe-Ordnung für das Deutsche Reich. Mit Erläuterung der für den Arbeiter wichtigsten Bestimmungen von Joh. Most. kl.-8⁰. Leipzig, Genoss.-Buchdr., s. a. (Sammlung von Reichsgesetzen I.)
Gewerksgenossenschaft (Internationale) der Manufactur-, Fabrik- und Handarbeiter. Protokoll der Generalversammlung zu Crimmitschau am 9., 10. und 11. Juli 1870. 28 pp. 8⁰. Leipzig, Thiele, 1870.
Gewerkvereine (Die) in England [Tradesunions] von (Louis Philipp von Orleans) Grafen von Paris. Aus dem Franz. von Emil Lehmann. Vom Verf. autoris. Uebers. gr.-8⁰. Berlin, Springer's Verl. 1870.
Gewerkvereine (Die englischen). (Sociale Fragen und Antworten, Heft 10, 1880.)
G. G. Vide: Phalanstère, année I, no. 11.
Gibon, A., 1. La liberté du travail et les grèves. (La Réforme sociale, 1888.)
— 2. Le patrimoine de l'ouvrier. (Extr. du „Bulletin de la Société d'écon. sociale".) 8⁰. Paris, Guillaumin, 1885.
Gide, Charles, De quelques nouvelles doctrines sur la propriété foncière. (Journ. des Écon., 1883, mai.)
Gierke, Dr. Otto, Die sociale Aufgabe des Privatrechts. Vortrag. geb. am 5. April 1889 in der Jurist. Gesellschaft zu Wien. gr.-8⁰. Berlin, Springer, 1889.
Giesekke, Pfr., Die Hebung des Arbeiterstandes und die Bestrebungen der Socialdemokratie. Vortrag. geb. in der constituirenden Versammlung des evangel. Arbeitervereines zu Solingen am 7. Aug. 1890. gr.-8⁰. Barmen, Wiemann, 1890.
Giffen, Robert, 1. The progres of the working classes in last half century. (Stat. Soc. Journ., 1883.) 1.—3. edit. 8⁰. London 1884.
— 2. Further notes on the progress of working classes in the last half century. (Journal of the Statistical Society, Vol. XLIX, Part 1, March 1886.)
Gilbert, J. Vide: Almanach de la démocratie.
Gilles, Ferd., 1. Arbeitsrecht und Bodenreform. Eine Auseinandersetzung mit meinen Kritikern. gr.-8⁰. Leipzig, F. Duncker, 1885.
— 2. Demokratie und Bismarck. Ein ehrliches Wort über das Recht auf Arbeit. gr.-8⁰. Düsseldorf, F. Bagel, 1885. 2. Aufl. gr.-8⁰. Leipzig, Duncker, 1885.
— 3. Bureaukratische Missgriffe. Eine Denk-

schrift in Sachen der Massregelung demokratischer Blätter auf Grund des Socialistengesetzes, sowie über des Verfassers Stellung zur Socialdemokratie. gr.-8⁰. Leipzig, F. Duncker, 1886.

Gillet, Mathurin, L'utopie de Condorcet. Thèse de doctorat. 8⁰. Paris, Guillaumin, 1883.

Gillett, E. H., Democracy in the United States. 12⁰. New York 1866.

Gilliot, Alph., De l'unité religieuse. 18⁰. Paris, libr. phalanst., 1847.
— Vide: Phalange, année XV, t. III.

Gilon, E., Misères sociales. La lutte pour le bien-être. 8⁰. Paris, libr. univers., 1888.

Gineux, Irénée, Charles Fourier et ses disciples. 58 pp. 8⁰. Nîmes, impr. Clavel-Ballivet et Co., 1871.

Girardin, Émile de, 1. L'abolition de la misère par l'élévation des salaires. Lettres à M. Thiers. 16⁰. Paris, Gerdès, 1850. 8⁰. Paris, libr. nouv., 1851.
— 2. Le droit au travail au |Luxembourg et à l'Assemblée nationale, par MM. de Lamartine, Thiers, Louis Blanc etc. 2 vol. 8⁰. Paris, Lévy frères, 1849.
— 3. Les 52. 18⁰. Paris, M. Lévy frères, 1849.
1. Apostasie.
2. Le gouvernement le plus simple.
3. L'équilibre financier, par la réforme administrative.
4. La note du 15 décembre.
5. Respect de la constitution.
6 La Constituante et la Législative.
7—8. La politique de la Paix.
9. Abolition de l'ésclavage militaire.
10—11. Le droit de tout dire.
12. La question de l'avenir.
13. Le socialisme et l'impôt.
— 4. Journal d'un journaliste au secret. 8⁰. Paris, M. Lévy frères, juillet 1848.
— 5. Le socialisme et l'impôt. 16⁰. Paris, Michel Lévy, 1849. Refondu dans l'ouvrage suivant: L'impôt. 1 vol. 8⁰. Paris, libr. nouvelle, 1851.
— Vide: Breynat, J.: Les socialistes modernes.
— — Rittinghausen: La législation directe par le peuple.

Giraud d'Hubert, J.. La propriété est un vol. Lettre au citoyen Proudhon sur son principe concernant la propriété. fol. 1848.

Giraud-Teulon, Alexis (fils), Les origines de la famille. Questions sur les antécédents de sociétés patriarcales. 12⁰. Genève, Cherbuliez et Co., 1874.

Girdlestone, E. D., 1. Thirty-nine articles of relief for christian socialists. 8⁰. Bristol, Arrowsmith, 1886.

Girdlestone, E. D., 2. Christian socialism v. Present-day unsocialism. 8⁰. London, W. Reeves, 1887.
— 3. Society classified. 8⁰. London, W. Reeves, 1876.

Girenas, Immanuel Kant und Ludwig Windthorst in Bezug auf angemessene Behandlung und angemessenen Unterricht eines fremdsprachigen Volks und die schulseitige Bekämpfung des Socialismus. gr.-8. Christiania (P. Omtvedt) 1891.

Gladden, W., Applied christianity: moral aspects of social questions. 16⁰. Boston, Houghton, Mifflin and Co., 1886.
(Contents: Christianity and wealth. — Is labor a commodity? — The strength and weakness of socialism. — The wage-workers and the churches. — Christianity and social science. — Christianity and popular amusements. — Christianity and popular education.)

Glais-Bizoin. Vide: Droit (Le) au travail à l'Assemblée nationale.

Glaneur (Le) anarchiste, paraissant tous les mois. No. 1, 1 janv. 1885. 8⁰. Paris, impr. Towne.

Glaser, J. C., 1. Die Arbeiterfrage in ihrer Beziehung zur Neugestaltung der politischen Verhältnisse. 2 Vorträge. (Jahrb. f. Gesellsch. und Staatswissensch. v. Glaser, 1867, 7. Bd.)
— 2. Die Arbeiterfrage und die Parteien. (Jahrb. f. Gesellsch. und Staatswissensch. von Glaser, 1866, 5. Bd.)
— 3. Ueber die Lage der arbeitenden Klassen unter dem Systeme der individuellen Freiheit. Lex-8⁰. Berlin. F. Heinicke, 1863.
— Vide: Jahrbücher für Gesellschafts- und Staatswissenschaften.

Glassen, Ernest, Le code civil et la question ouvrière. (Extr. des „Séances et travaux de l'Académie des sciences morales et politiques.) 8⁰. Paris, Picard. 1886.

Glaube (Der) des Socialismus. Von Innocenz Simplex. gr.-8⁰. Löbau. Wpr. Skrzeczek. 1878. (Verklebt.)

Glaubensbekenntniss eines Geächteten. 8 pp. 8⁰. s. l. s. a.

Glaubrecht, Carl. Die Theilung des Eigenthums in Ober- und Nutzeigenthum, das kräftigste Heilmittel gegen Communismus und Proletariat im österr. Kaiserstaate. Zur Beachtung bei gegenwärtiger Neugestaltung der agrarischen und rechtl. Verhältnisse. gr.-8⁰. Prag (Credner u. Kleinbub) 1849.

Glinka, Dimitry de, 1. La philosophie du

droit, ou explication des rapports sociaux. 1. édit. 1842. 2. édit. rev. et complétée. Brux., Gand., Lpz., Paris 1862. 3. édit. 8°. Paris, Durand, 1863.

Glinka, D. de, 2. La science de la société humaine. 4. édit. entièrem. refaite. Rio de Janeiro et Paris 1867.

— 3. Die menschliche Gesellschaft in ihren Beziehungen zu Freiheit und Recht. Nach der 4. Aufl. aus dem Französ. übersetzt. 8°. Leipzig, F. A. Brockhaus, 1873.

Le Globe, journal philosophique et littéraire. Paris, 15 sept. 1824—1832.

Principal organe de la doctrine, et véritable pépinière d'hommes d'état, cette feuille jeta pendant les dernières années de la réstauration un très vif éclat. Fondée par Pierre Leroux et M. Dubois, elle compta parmi ses rédacteurs MM. Jouffroy, Damiron, Vitet, Duchatel, Rémusat, Duvergier, de Hauranne, Magnin, Ampère etc. Elle fut d'abord purement littéraire et philosophique et dans la guerre des classiques et romantiques, elle combattait avec beaucoup de chaleur pour les principes de la nouvelle école. A la chute du ministère Villèle, le Globe se fit politique et au commencement de 1830 il adopta le format in fol, avec le sous-titre de „journal politique, philosophique et littéraire", que portent également les deux derniers vol. in 4°. Abandonné par ses rédacteurs après la victoire, en 1830, il fut acheté par les Saint-Simoniens, et parut sous le titre:

Le Globe, journal de la doctrine Saint-Simonienne, par MM. Michel Chevalier, Carnot, Barrault, Duveyrier. fol. Paris, 18 janv. 1831 — 20 avril 1832.

Contient:

Année VII, 1831.
No. 34. Pétition d'un prolétaire à la chambre des députés. Ch. Beranger.
38. R. S.-S.*) Prédication du 6 février.
40. Les hommes du milieu.
42. La commune et l'éloquence du prolétaire.
44. Mots nouveaux et tendances nouvelles en politique.
45. R. S.-S. Extrait de la prédication du 15 févr.
46. Les oisifs et les travailleurs. Necker, M. Laffitte. Saint-Simon.
52. R. S.-S. Extrait de la prédication du 20 févr. L'association universelle. Barrault.
55. Contribution foncière affectée au fermier.
59. R. S.-S. Extrait de la prédication du 27 févr. Identité de la réligion, de la morale et de la politique. Barrault.
60. Un article du „Courrier de l'Europe": Le Saint-Simonisme en action.
62. Les travailleurs et les oisifs. Des difficultés qui opposent aujourd'hui à l'adoption d'une nouvelle croyance réligieuse.
65. Sur la législation dans ses rapports avec l'industrie et la propriété. Decourdemanche.
66. R. S.-S. Extrait de la prédication du 6 mars. Morale du monde. Nécéssité de la religion nouvelle pour les classes supérieures. Transon.
7 mars: Economie politique: Les oisifs et

*) R. S.-S. = Religion Saint-Simonienne.

les travailleurs. Fermages, loyers, intérêts, salaires.
No. 68. Prédication Saint-Simonienne. Margerin.
71. Les doctrinaires au pouvoir.
73. R. S.-S. Extrait de la prédication du 13 mars. La femme Barrault.
— Les oisifs et les travailleurs. Fermages loyers, intérêts, salaires.
76. Les répétitions.
77. Des pauvres en Angleterre.
80. Les oisifs et les travailleurs; fonctions politiques selon les oisifs; fonctions politiques selon les travailleurs.
83. Associations patriotiques. Objet réel des associations.
85. Associations.
87. R. S.-S. Prédication du 27 mars: Les philosophes et les hommes religieux. Laurent.
88. Tendances de la société nouvelle.
90. M. Dupin et les associations.
91. La Méfiance.
94. R. S.-S. Prédication du 3 avril: Exploitation de l'ignorance populaire. Laurent.
87. Les oisifs et les travailleurs. Abolition des successions collatérales. Écon. polit.
95. Institutions des banques. Écon. polit.
101. R. S.-S. Prédication du 10 avril. Transon.
— Économie politique. Politique industrielle.
102. Légitimistes poussant à l'anarchie.
— Sur la législation dans les rapports avec l'industrie et la propriété. Decourdemanche.
106. Suite de no. 102.
108. R. S.-S. Prédication du 17 avril: Progrès de la foi nouvelle. Laurent.
111. Activité des oisifs.
114. Suite de no. 106.
115. R. S.-S. Prédication du 24 avril: La charité. Laurent.
— Politique Saint-Simonienne (avant: Écon. polit.). VII. Organisation communale.
118. Polit. Saint-Sim.: VIII. Les banques.
122. R. S.-S. Prédication du 1 mai: L'art. Barrault.
123. Sur les ordonnances rélatives à l'industrie.
125. Économie politique: La consommation.
126. Suite de no. 114.
129. R. S.-S. Prédication du 8 mai: Premiers pas à l'apostolat. Charton.
131. Économie politique.
136. R. S.-S. Prédication du 15 mai: Appel aux partis. Transon.
— Projet d'une banque nationale.
140. La religion nouvelle de M. Owen. (Extrait de l'Organisateur.)
150. R. S.-S. Prédication du 29 mai. Charton.
152. Polit. Saint-Simon. Organisation scientifique.
154. Écon. polit.: Du sentiment de la propriété.
154. Polit. Saint-Sim.: Organisation scientifique.
157. R. S.-S. Prédication du 5 juin: Église chrétienne. Baud.
158. Suite de no. 126.
160. R. S.-S. Prédication du 20(?) juin. Barrault.
146 et 161. Lettre d'un disciple de la science nouvelle aux religionnaires prétendus Saint-Simoniens.
164. R. S.-S. Prédication du 12 juin: Qui nous sommes. Barrault.
— Écon. pol.: Cours d'économie politique par J. B. Say. Discours d'ouverture.
169. Polit. Saint-Simon.: Organisation religieuse.

No. 171. R. S.-S. Prédication du 19 juin: Consécration de la matière. Barrault.
178. R. S.-S. Prédication du 26 juin: L'éducation. Transon.
189. R. S.-S. Rapports des ouvriers avec les républicains.
192. R. S.-S. Prédication du 10 juillet — Charton. Allocution de M. Barrault.
198. Des moyens employés pour rétablir l'ordre.
206. R. S.-S. Extrait de la prédication du 24 juillet. Charton.
210. L'hérédité de la pairie et l'hérédité de la propriété.
213. R. S.-S. Prédication du 31 juillet: Les anniversaires de juillet. Barrault.
— Suite de no. 158.
227. R. S.-S. Prédication du 14 août: Le passé s'écroule, l'avenir surgit. Barrault.
234. R. S.-S. Prédication du 21 août. Charton.
241. R. S.-S. Prédication du 28 août. Barrault.
245. R. S.-S. Rapport aux pères. G. d'Eichthal.
246. R. S.-S. Direction du degré des ouvriers. Rapport du Henri Fournel. Réunion des ouvriers 1 mai 1831.
248. R. S-S. Prédication du 4 sept. A. Transon.
252, 253, 259, 267. Industrie: Sur la valeur, l'argent, l'échange.
255. R. S.-S. Prédication du 11 sept.: Politique, morale, religion. A. Transon.
257. R. S.-S. Prédication du 4 sept. Laurent.
262. R. S.-S. Prédication du 18 sept. Laurent.
269. R. S.-S. Prédication du 18 sept.: Développement de la société Saint-Simonienne depuis quatre mois. J. Reynaud.
273. De l'esclavage colonial. M. Dufau.
276 et 277. R. S.-S. Prédication du 2 oct. J. Reynaud.
279. Aux Saint-Simoniens: Parti politique des travailleurs.
282—284. De l'hérédité de la propriété.
283. R. S.-S. Prédication du 9 oct.: Parti politique des travailleurs.
287. R. S.-S. Enseignement de l'Athénée. Allocution de Jean Reynaud.
290. R. S.-S. Prédication du 16 oct. L'hommage. Barrault.
293. Réponse au Courier de l'Europe sur le droit de propriété.
297. R. S.-S. Prédication du 23 oct. Laurent.
298. Impôts indirects. Amortissement. Budget.
299. L'héritage suivant la naissance condamné par la force des choses.
300. La propriété héréditaire en présence de la souveraineté du peuple.
302. Comment l'abolition de l'héritage est au fonds de toutes les améliorations sociales.
304 et 306. R. S.-S. Prédication du 30 oct.: La philanthropie. La religion. Barrault.
— Manifestation du parti des travailleurs: Les ouvriers du Lyon.
311. R. S.-S. Prédication du 6 nov. Moïse Retouret.
312. R. S.-S. Prédication du 6 nov. Laurent.
315. Doctrines sur la propriété en Angleterre et aux États-Unis.
327 et 328. De l'industrie, par O. Rodrigues; extrait du vol. publié par Saint-Simon à la fin de 1824, intitulée: Opinions littéraires, philosophiques et industrielles.
332. R. S.-S. Cérémonie du 27 nov.
339 et 340. R. S.-S. Cérémonie du 4 déc.

No. 346. R. S.-S. Prédication du 11 déc.: Vue générale sur le nouveau caractère de l'apostolat Saint-Simonien. Morale individuelle. Ab. Transon.
347. R. S.-S. Allocution prononcé par P. M. Laurent après la prédication d'Abel Transon le 11 décembre.
351. Enseignement des ouvriers. 11 déc.
353. R. S.-S. Prédication du 18 déc. Les hommes positifs. Barrault.
357. R. S.-S. Enseignement des ouvriers 18 déc.
360. R. S.-S. Prédication du 26 déc. Le prolétaire et la femme. Moïse Retouret.
— Politique démocratique. Les propriétaires et les prolétaires. Polit. Saint-Simon.: Les bourgeois et les industriels.
364. R.S.-S. Réunion du degré des industriels. 25 déc.
Année VIII, 1832.
No. 1. Emprunt Saint-Simon. Développement de la doctrine du Saint-Simon.
2. R.S.-S. Prédication du 1 janvier. Ab. Transon.
3. R. S.-S. Cérémonie du 1 janvier.
7 et 20. Politique industrielle: Travaux publics.
9. R. S.-S. Prédication du 8 janv.: Aux travailleurs. M. Retouret.
11. R. S.-S. Réunion du degré des industriels. 1 janv.
15. R. S.-S. Réunion du degré des industriels.
16. R. S.-S. Prédication du 15 janv.: L'orient et l'occident. E. Barrault.
19. R. S.-S. Degrés des industriels. Instruction pour la propagation.
20. 31, 36, 43. La paix est aujourd'hui la condition de l'émancipation des peuples. Système de la Méditerranée. M. Chevalier.
21. R. S.-S. Degré des industriels. 14 janv.
23. R. S.-S. Persécution. M. Chevalier.
26. Est-ce légalement que le gouvernement a fait suspendre l'exercice du culte Saint-Simonien? Decourdemanche.
30. Finances Saint-Simoniennes.
34. R. S.-S. Église de Toulouse. 22 janv.
39 R. S.-S. Lettre écrite par notre Père suprême Enfantin à Rességnier. (Nov. 1830.)
45. De la liberté et de la hiérarchie.
48. R. S.-S. Église de Lyon.
49. De la souveraineté.
50. R. S.-S. Le Père suprême aux Saint-Simoniens. Enfantin.
— Extrait d'un des enseignements de notre Père suprême Enfantin sur les rélations de l'homme et de la femme.
52 et 55. Politique industrielle. C. Duveyrier.
53. R. S -S. Église de Toulouse. Prédication du 5 février: La femme. Granal.
56. R. S.-S. Église de Toulouse. Séance du 29 janvier: Le sacerdoce. Terson.
63. L'esprit de famille. Cavel.
67, 72, 79. Des trois familles. Paternité selon l'esprit. Paternité selon la chair. La famille sacerdotale nouvelle. E. Barrault.
68. Politique industrielle: Les préjugés du gouvernement français; leur origine, les embarras. Moyens d'en sortir. M. Chevalier.
75 et 89. Le divorce et la famille. L. Delaporte.
76. Réhabilitation de la chair. Paul Rochette.
78. R. S.-S. Église de Montpellier. 12 mars. Allocution par Lemonnier.
82. R. S.-S. Rapport au Père suprême sur notre situation politique et financière. M. Chevalier.

Glo 94 God

No. 84. R. S.-S. Église de Toulouse. Prédic. du 11 mars. Hoart.
86. G. d'Eichthal: Allocution à Rodrigues à propos de son écrit: Saint-Simon, son premier écrit etc.
87. Système de Ch. Fourier. Ad. Guéroult.
89. R. S.-S. Le Père suprême à M. Chevalier. Enfantin.
— Apostolat. Ch. Duveyrier.
90. Politique industr. Politique du déplacement. Politique d'association. Amortissement. Appel. M. Chevalier.
91. Une confession de femme. Cavel.
93. R. S.-S. Église de Montpellier. 19 mars. Les deux natures. Lemonnier.
94 et. 95. Dieu. (Poëme.)
96. R. S.-S. Église de Toulouse. 18 mars: La femme. Canet.
101. R. S.-S. A mon frère Edmond Talabot, en mission à Brest. G. d'Eichthal.
105. L'apostolat. M. Chevalier.
108. R. S.-S. Église de Montpellier. 9 avril: Politique. Lemonnier.
111. Au monde. Enfantin. 20 avril 1832 fin.

Glogau, Gust., Die Ideale der Socialdemokratie und die Aufgabe des Zeitalters. (Deutsche Schriften f. nation. Leben. 5. Heft.) gr.-8°. Kiel 1891.

Glory (The) and the shame of Britain. An essay on the condition and claims of the working classes, together with the means of securing their elevation. First prize essay. 8°. London, Religious tract Society s. a. (c. 1850.)

Glück (Unser). (Flugschrift Nr. 5.) 1832.

Gneist, Dr. R., Das Reichsgesetz gegen die gemeingefährlichen Bestrebungen der Socialdemokratie staatsrechtlich erörtert. 8°. Berlin, J. Springer, 1878.
— Vide: Arbeiterfreund. Zeitschrift.

Gnocchi-Viviani, O., 1. Il collettivismo nel socialismo. 32°. Milano 1879. (Propaganda socialistica, no. 10.)
— 2. L'internazionale nella comune di Parigi. 32°. Milano 1879. (Propaganda socialistica, no. 15.)
— 3. Le tre internazionali. 16°. Lodi 1875. (Biblioteca socialista Italiana, no. 2.) 8°. Milano 1880.
— 4. Le mouvement social en Italie. (La Revue socialiste, 1880, no. 1.)

Godefroy, Auguste, La question ouvrière, étude sociale. 8°. Le Havre (Maudet) 1883.

Godimus, Z. J., Économie sociale. Les grèves ouvrières et le socialisme. Étude sommaire sur leurs causes et leurs remèdes. 2. édit. extraite du journal „le Commerce" et complétée. 12°. Bruxelles, Decq, 1869.

Godin, A., 1. Le gouvernement, ce qu'il a été, ce qu'il doit être, et le vrai socialisme en action. 8°. Paris, Guillaumin, 1883.
— 2. Mutualité sociale et association du capital et du travail, ou extinction du paupérisme par la consécration du droit naturel des faibles au nécessaire et du droit des travailleurs à participer aux bénéfices de la production. 8°. Paris, Guillaumin et Co., 1880.
— 3. La politique du travail et la politique des privilèges. 32°. Paris, Godet jeune, 1875. (Bibliothèque démocratique.)
— 4. La république du travail et la réforme parlementaire. 8°. Paris, Guillaumin, 1889.
— 5. La richesse au service du peuple. Le familistère de Guise. 191 pp. 32°. Paris, libr. de la Bibl. démocr., 1874.
— 6. Les socialistes et les droits du travail. 32°. Paris, Godet jeune, 1874.
— 7. Solutions sociales. 8°. Paris. Guillaumin et Co., 1871. Deuxième tirage. 8°. Ibid. 1872.
— 8. La souveraineté et les droits du peuple. 32°. Paris, libr. de la Biblioth. démocratique. 1. édit. 1874.
— Vide: Fischer, Frau M.: Das familistère Godin's
— — Häntschke, H.: Gewinnbetheiligung der Arbeit.
— — Phalange, année XIV, t. II.

Godwin, Will., 1. The enquirer. Reflections on education, manners and literature. In a series of essays. gr.-8°. London, Robinson, 1797. 1 vol. 8°. 1807. 1 vol. 12°. 1823.
— 2. History of the commonwealth of England from its commencement, to the restoration of Charles the Second. 4 vol. 8°. London, H. Colburn, 1824—1828.
— 3. Inquiry concerning political justice and its influence on morales and happiness. 2 vol. 4°. London 1793. The second edition corrected: 2 vol. gr.-8°. London, G. G. and J. Robinson, 1796. 3. édit. 1798.
— 4. Of population. An enquiry concerning the power of increase in the numbers of mankind, in answer to Mr. Malthus on that subject. 8°. London 1820.
— 5. Recherches sur la population et sur la faculté d'accroissement de l'espèce humaine; contenant une réfutation des doctrines de M. Malthus sur cette matière.

Trad. de l'anglais par F. S. Constancio. 2 vol. in-8°. Paris. Ailland, 1821.

Godwin, William, 6. Sketches of history, in six sermones. 8°. London, T. Cadell, 1784.
— 7. Thoughts on man; his nature, productions, and discoveries, interspersed with some particulars respecting the author. 8°. London 1831.
— Vide: Considerations on Lord Grenville's and Mr. Pitt's Bills.
— — Everett, A. H.: Nouvelles idées sur la population.
— — Paul, C. K.: Will. Godwin.
— — Place, Fr.: Éclaircissements et preuves.
— — Place, Fr.: Illustrations and proofs.

Godwin, Will., on population. (Edinburgh Review, 1821.)

Goegg, Amand., Zur religiösen und socialen Frage. (Aus: „Nachträgl. authent. Aufschlüsse über die badische Revolution vom Jahre 1849".) 12°. Zürich, Verl.-Mag., 1889.

Goethe. Vide: Gregorovius: Goethe's W. Meister.
— — Grün, K.: Ueber Goethe.

Goldenberg, G., L'avenir du notre société. gr.-8°. Paris 1856.

Goldschmidt, Henriette, Die Frauenfrage eine Culturfrage. Vortrag, gehalten zu Leipzig am 6. April 1870. gr.-8°. Leipzig, Leiner, 1870.

Göler, Ernst Aug. Freih. v., Der Bauernstand und die sociale Frage. (Zeitfragen des christl. Volkslebens, Heft 117.) gr.-8°. Stuttgart 1891.

Golowine, Ivan, 1. Des économistes et des socialistes. br.-8°. Paris, Capelle, 1848.
— 2. L'Europe révolutionnaire. 8°. Paris, Capelle, 1849.
— 3. L'Internationale sous le rapport économique, politique et social. 8°. Paris, Ghio, 1872.
— 4. Der russische Nihilismus. Meine Beziehungen zu Herzen und Bakunin, nebst einer Einleitung über die Dekabristen. 8°. Leipzig, Louis Senf, s. a. (Vorrede 1880.)
— 5. La Russie depuis Alexandre le bien intentionné. 8°. Leipzig, Hübner; Frankfurt a/M., Keller, 1859.

Golovine, Mlle Nina, Rénovation sociale basée sur les lois de la nature. Philosophie. Religion. Discussions entre Mlle Nina Golovine à l'âge de treize ans, et Démétrius Goubareff, auteur du „Testament contemporain. 2. édit. 12°. Paris, Ghio, 1875.

Goltz, Th. Frhr. v. der, Die sociale Frage. Vortrag geh. im Kneiphöf'schen Junkerhofe zu Königsberg in Pr. am 24. Jan. 1872. gr.-8°. Danzig, Kafemann, 1872.
— Vide: Beischlag, W.

Gomme, G. L., The village community. With special reference to the origin and form of its survivals in Britain. 8°. London, Walter Scott, 1890.

Gondinet. Vide: Producteur, t. II.

Gorges, Édouard. Vide: Révolution sociale.

Görres, J., Teutschland und die Revolutionen. 8°. Coblenz, H. J. Hölscher, 1819.

Gorsse, Henri, Notions élémentaires de la science sociale de Fourier. 2. édit 18°. Paris, libr. de l'école sociétaire, 1846. 3. édit. 18°. Ibid. 1846.

Görtz-Weisberg, Gräfin. Vide: Scholz, J. (der dritte): Criminalgeschichte.

Gosse, E., The influence of democracy on literature. (Contemporary Review, April 1891.)

Gossler, Albert, Die Geld- und Arbeitsfrage. gr.-8°. Breslau, Lucas in Comm., 1848.

Gostick, J., Trades-unions and the relation between capital and labour. (Cobden Club Essays.) 8°. London 1872.

Gothein, Dr. E., Der christlich-sociale Staat der Jesuiten in Paraguay. (Staats- und socialwissenschaftl. Forschungen, IV. Bd., 4. Heft, 1883.)

Gottespest (Die) und die Religionsseuche. 8°. Internationale Druckerei Freiheit, s. l. s. a. (Revolutionäre Schriften, I.)

Gottlosigkeit (Die) der Socialdemokratie, nachgewiesen aus ihrem eigenen Munde. gr.- 8°. Düsseldorf, L. Schwann, 1891.

Gottschalk, Andr., 1. An die Arbeiter Kölns. 8°. Köln 1849.
— 2. Meine Rede vor dem Geschwornengerichte zu Köln am 23. Dec. 1848. 8°. Bonn, Sulzbach, 1849.
— Vide: Tendenzprocess (Der erste polit.).

Gottschalk, Carl, Der moderne Socialismus. Conventsvortrag. gr.-8°. Leipzig, Hannover, evang. Bücherverein, 1874.

Goubareff, Rénovation sociale, basée sur les lois de la nature. Testament contemporain. conciliant tous les partis, toutes les opinions, toutes les religions, toutes les conditions et positions sociales, et tendant au bien-être et à la paix générale, suivi de conseils à l'Internationale. 2. édit. corrig. et augm. 68 pp. 12°. Nice, impr. Caisson et Mignon, 1872.

Goubareff. Vide: Golowine: Rénovation sociale.

Goubaux, Du principe de la propriété (discours prononcé publiquement au palais de justice de Valognes). 16 pp. 8°. Valognes, impr. Saint-Yves, 1869.

Goudchaux. Vide: Droit (Le) au travail à l'Assemblée nationale.

Goudounèche, L., Les principes de 1789, ou les droits de l'homme et du citoyen. 16°. Paris, Le Chevalier, 1871.

Gougenot des Mousseaux. Vide: Prolétaires (Des).

Goujon, Julien, Études démocratiques et sociales; le code des ouvriers. 8°. Commercy, Tugny, 1887.

Goupy. Vide: Le Peuple, no. 190 etc.

Gouraud, Charles, 1. Le socialisme dévoilé. Simple discours. 32°. Paris, Aug. Durand, 1849.

— 2. Socialism unmasked. A plain lecture; from the french. 8°. London, Georg Slater, 1850.

— 3. La société française et la démocratie. 12°. Bruxelles, Lacroix, Verboeckhoven et Co., 1870.

Gourmelin, Hyacinthe, De la réforme sociale et religieuse. Profession de foi d'un prolétaire obscur, et voeux d'un patriote armoricain. Fragment d'un évangile de la raison. 8°. Paris, impr. Dupont, 1848.

Graham, Jam., An inquiry into the principle of population, including an exposition of the causes and the advantages of a tendency to exuberance of numbers in society, a defence of poor laws etc. gr.-8°. Edinburgh, Arch. Constable, 1816.

Graham, Peter, Lecture on the tendency of trades-unionism, and some of the relations between capital and labour. 24 pp. 8°. London, Stanford, 1875.

Graham, W., The social problem in its economical, moral and political aspects. 8°. London, Kegan Paul, French and Co., 1886.

— 2. Socialism, its argument and aims. (Transactions of the Manchester Statistical Society, Session 1887—88.)

— 3. Socialism, new and old. (International Scientific Series.) 8°. London, Kegan Paul, 1890. 12°. New York, Appleton, 1891.

Graichen, Heinr., 1. Ferdinand Lassalle in seinen Bestrebungen zur Hebung der Arbeit und Menschenwürde. Allen deutschen Arbeitern gewidmet. gr.-8°. Leipzig (Seyfarth), 1865.

— 2. Patriotische Phantasien. Beiträge zur Hebung der Arbeit und Menschenwürde durch die allgemeinen Arbeiterbewegungen. gr.-8°. Leipzig (Seyfarth), 1865.

Grajirenu, D. Adolfo, Historia crítico-ecnómica del socialismo y del comunismo. Madrid 1869.

Grandi, A. La questione sociale spiegata agli operai. Parte I. Fasi della lotta per l'esistenza. 16°. Roma, tip. editr. Romana,!1883.

Granger, Sim., 1. A chacun selon son travail. 1844.

— 2. L'évangile devant le siècle. 1846.

— 3. Das Evangelium im Angesichte des Jahrhunderts. Eine historische Prüfung der christlichen Lehre (oder Prüfung der socialen Lehrsätze, welche dem kirchlichen Unterricht zu Grunde liegen). Aus dem Franz. 8°. Leipzig, Kori, 1847.

Grant, John, Modern socialism. (Scottish Review, April 1891.)

Granveau, A., L'ouvrier devant la société. 8°. Paris, libr. hélaine, 1868.

Gratiot, Louis Marie Amédée, 1. Messieurs les socialistes, une solution, s'il vous plaît. 12°. Paris, Guillaumin, 1848.

— 2. Organisez le travail, ne le désorganisez pas. Lettre aux ouvriers. 8°. Paris, Guillaumin, 1848.

Gratiot-Luzarey, Théophile, Chateaubriand et la pensée moderne, ou le socialisme. 18°. Carcassonne, Lajoux, 1849.

Gratry, l'abbé Alphonse, Les sources de la régénération sociale. 18°. Lyon, Girard, 1871.

Gray, John, A lecture on human happiness; being the first of a series of lectures on that subject in which will be comprehended a general review of the causes of the existing evils of society and a development of means by which they may be permanently and effectually removed. To which are added the articles of agreement drawn up and recommended by the London cooperative Society, for the formation of a community on principles of mutual co-operation within fifty miles of London. gr.-8°. London, Sherwood, Jones and Co., 1825.

— 2. Lectures on the nature and use of money. 8°. 1848.

— 3. An efficient remedy for the distress of nations. gr.-8°. Edinburgh, Ad. and Ch. Black, 1842.

— 4. The social system; a treatise on the principle of exchange. gr.-8°. Edinburgh, Will. Tait, 1831.

Green, S. G., Prize essay: the working classes of Great Britain. 12°. London, Snow, 1850.
Green, Thomas, An examination of the leading principle of the new system of morals, as that principle is stated and applied in Mr. Godwin's inquiry concerning political justice in a letter to a friend. 2. edit. 8°. London, Longmann, 1799.
Grégoire, Ernest, Proudhon au tribunal de la pénitence. 18°. Paris, Giraud, 1850.
Gregorovius, Ferd., Goethe's Wilhelm Meister in seinen socialistischen Elementen entwickelt. 238 pp. gr.-8°. Königsberg, W. Bornträger, 1849. 2. (Titel-) Ausgabe. Schw. Hall, Haspel (Stuttgart, Fischhaber), 1855.
Gréniers (Les) sociaux. 1836.
Greppo, Louis, 1. Catéchisme social, ou exposé succinct de la doctrine de la solidarité. 8°. Paris, Sandré, 1848.
— 2. Réponse d'un socialiste au maréchal Bugeaud. 4°. Paris, G. Sandré, 1848.
— Vide: Le Peuple, no. 24.
Greulich, Herm., 1. Carl Fourier. Ein Vielverkannter. Versuch einer Darlegung seines societären Ideenganges im Lichte des modernen Socialismus. (Sep.-Abdr. aus den Jahrb. für Socialwissenschaft und Socialpolitik, 2. Jahrg.) 8°. Hottingen-Zürich, Schweiz. Volksbuchh., 1881.
— 2. Der Staat vom socialdemokratischen Standpunkte aus. Eine Auseinandersetzung mit dem „Anarchisten". gr.-8°. Zürich, Volksb., 1877.
— 3. Theorie der Anarchie. (Jahrb. f. Social-Wissenschaft, 1879—80.)
Grèves (Les) en 1870. Publication du comité des houillères francaises. 16 pp. 8°. Paris, impr. Hennuyer, 1870.
Grèves (Les) des patrons aux États-Unis. (Journal de la Société de statist. de Paris, 1888.)
Grieb, Chr. Fr., 1. Populäre Gesellschafts-Oekonomie enthaltend eine gedrängte Darstellung, 1) der Geschichte der polit. Oekonomie, 2) der politischen Oekonomie der Adam Smith'schen Schule und 3) der Arbeiten der Socialisten. (Aus der „Neuen Encyklopädie der Wissenschaften und Künste". Red. von Frdr. Grieb und Joh. Scherr 1847—1852. Bd. V abgedr.) Lex-8°. Stuttgart, Franckh, 1848.
— 2. Ueber Organisation der Arbeit. 1846.
— Vide: Abbruch und Neubau.
Griffin, L., The harvest of democracy. (The Fortnightly Review, March 1884.)

Grimstone, Mrs. Lemau. Vide: New Moral World, Vol. I.
Grivel, M. Vide: L'Isle inconnue.
Gronlund, Laurence, 1. The co-operative commonwealth in its outlines: an exposition of modern socialism. 8°. Boston, Lee and Shepard, 1884. Authorised english edition. 8°. London, Sonnenschein, 1886.
— 2. Our destiny: the influence of socialism on morals and religion: an essay on ethics. 8°. London, Swan Sonnenschein, 1890.
— 3. Insufficiency of Henry George's theory. 8°. New York 1886.
— Vide: Rouanet, G.: H. George et Gronlund.
— — Rouanet, G.: Un livre socialiste américain.
Gross, Dr. Gust., Carl Marx. Eine Studie. gr.-8°. Leipzig, Duncker u. Humblot, 1885.
Gross, J., Die socialen Principien des Christenthums und ihre Wirksamkeit in der Geschichte. Vortrag, geh. im kath. Bürgerverein der Kreuzpfarre zu Aachen. 8°. Aachen, Cremer, 1885.
Grotthuss, Jeannot Emil Frhr. v., Der Zukunftsstaat im Spiegel des modernen Romanes. (Unsere Zeit, 1891₂.)
Grottkau, Paul, und Joh. Most, Discussion über das Thema: „Anarchismus oder Communismus", geführt am 24. Mai 1884 in Chicago. 8°. Chicago, Central-Comité der Chicagoer Gruppen der I. A. A.
Grotz, A., Le protestantisme et la question sociale. 8°. Paris, Sandoz et Fischbacher, 1873.
Gruben, Frhr. v., Reichst.-Abg., Die sociale Frage. Rede, geh. auf der 31. General-Versammlung der Katholiken Deutschlands zu Amberg am 1. Sept. 1884. gr.-8°. Amberg, Habbel, 1884.
Gruber, Campanella Thomas. (Encyklop. v. Ersch und Gruber I, 15, 1826.)
Gruber, Herm., August Comte, der Begründer des Positivismus. Sein Leben und seine Lehre. (Ergänzungshefte zu den „Stimmen aus Maria-Laach.") gr.-8°. Freiburg i. Br., Herder, 1889.
Grubler. Vide: Chalain, L.
Grün, Bakunin (Nekrolog). (Die Wage, 1876.)
Grün, Alph., 1. Une heure de solitude. Extraits d'une correspondance 1788—1834. 18°. Paris, J. Frey, 1847.
— 2. De la moralisation des classes laborieuses. 12°. Paris, Guillaumin, 1851.
— 3. Le vrai et le faux socialisme, le

communisme et son histoire. 12º. Paris, Guillaumin et Co., 1849.

Grün, Karl, 1. Neue Anekdota. gr.-8º. Darmstadt, Leske, 1845.
— 2. Meine Ausweisung aus Baden, meine gewaltsame Ausführung aus Rheinbaiern und meine Rechtfertigung vor dem deutschen Volke. gr.-8º. Zürich und Winterthur, Liter. Compt., 1843.
— 3. Bausteine. Zusammengetragen und mit einem Sendschreiben an seine Osnabrücker Freunde begleitet. 8º. Darmstadt, Leske, 1844.
— 4. Die sociale Bewegung in Frankreich und Belgien. Briefe und Studien. gr.-8º. Darmstadt, Leske, 1845.
— 5. Ueber wahre Bildung. Eine Vorlesung geh. den 28. April 1844 zu Bielefeld. 8º. Bielefeld, Helmich, 1844.
— 6. Feuerbach und die Socialisten. (Deutsches Bürgerbuch für 1845.)
— 7. Ueber Goethe vom menschlichen Standpunkte. 8º. Darmstadt, Leske, 1846.
— 8. Die Judenfrage. Gegen Bruno Bauer. 12º. Darmstadt, Leske, 1844.
— 9. Theologie und Socialismus. (Rheinische Jahrbücher, 2. Bd.)
— Vide: Criminal-Procedur gegen Dr. Grün.
— — Landtags-Abschiede.
— — Monatsschrift (Bielefelder).
— — Revolution (Die) im Jahre 1848.
— — Studien (Demokratische).

Grünberg, C., 1. Einige Beiträge zur Entwicklungsgeschichte des modernen Socialismus. I. François Boissel. (Zeitschr. f. Staatswissensch., 1891.)
— 2. Quelques contributions à l'histoire du développement du socialisme moderne. François Boissel. (Revue d'écon. polit., année V, 1891.)
— 3. Jean Meslier und sein Testament. Ein Beitrag zur Entwicklungsgeschichte des modernen Socialismus. (Die Neue Zeit, 1888, August.)
— 4. Jean Meslier, un précurseur oublié du socialisme contemporain. (Revue d'écon. polit., 1888.)

Grundlage (Die) des wissenschaftlichen Socialismus. Eine Skizze von H. O—g. (Jahrb. f. Socialwissenschaft, hrsg. von Richter, 1. Jahrg., 1879/80.)

Grundlagen (Die) der socialen und politischen Ordnung. Gedanken über Revolution und Reform. gr.-8º. Landshut, Krüll in Comm., 1849.

Grüning, Herm. Vide: Stellung (Die) des Reiches zur socialdemokratischen Partei.

Grünewald, Rect., Der Kampf gegen die socialistischen Ideen, beleuchtet vom Standpunkte der Volksschule. 1. u. 2. Aufl. gr.-8º. Berlin, Buchhdlg. der Deutschen Lehrer-Zeitung, 1889. 3. Aufl. gr.-8º. Ebd. 1890.

Grünwaldt C., Das Artelwesen (Genossenschaftswesen) und die Hausindustrie in Russland. (Aus: „Russ. Revue.") gr.-8º. St. Petersburg, Röttger, 1877.

Gruppen (Die zehn) der Socialdemokratie. III. Cap. des Werkes: Die Ursachen der Entstehung und fortwährende Weiterentwickelung der Socialdemokratie etc. Von einem prakt. Bürger. gr.-8º. Berlin, F. Luckhardt, 1880.

Gruss zum neuen Jahr an unsere Brüder, die deutschen Proletarier. 8º. Deutschland bei Schlagdrauf und Hilfdirselbst, 1848.

Guary, Henry, L'ouvrier et l'état social. 18º. Charleroi, L. Delacre, 1872.

Guccione, A., La quistione sociale e la società operaie: conferenza, ecc. 8º. Palermo, tip. Vizzi, 1883.

Gudin, P. Ph., 1. Supplément au Contrat social. gr.-8º. Paris, chez Maradan et Perlet, 1791.
— 2. Suplemento al contrato social de Rousseau; traduccion. 3 tom. Madrid, s. a.

Guépin, le docteur Ange, 1. Philosophie du XIX. siècle. Étude encyclopédique sur le monde et l'humanité. 12º. Paris, Sandré, 1854.
<small>C'est une 3. édition; la 1. a paru en 1850 sous le titre de: „Transformations dans le monde" et la 2. dans la même année sous le titre de: „Philosophie du socialisme".</small>
— 2. Philosophie du socialisme, ou étude sur les transformations dans le monde et l'humanité. 12º. Paris, chez Gustave Sandré, 1850.
— 3. Le socialisme expliqué aux enfants du peuple. 18º. Paris, Sandré, 1851.

Guérard, Frédéric, Organisation du travail. Des ateliers nationaux. 8º. Bordeaux, Lafargue, 1849.

Guérin, Mathurin, Esquisse d'une constitution démocratique. 8º. Paris, Calm. Lévy, 1876.

Guérin, U., 1. L'évolution sociale. 18º. Paris, Savine, 1891.
— 2. Le familistère de Guise et de la papéterie cooperative d'Angoulême. (Réforme sociale, année XI, 1891.)

Guéronnière, La commune sanglante. 8º, Paris 1871.

Guéroult, Ad. Vide: Le Globe, 1832, no. 87.

Guéroult, Georges, Les théories de l'Internationale, étude critique. 12°. Paris, Didier et Co., 1872.

Guerra incruenta al socialismo, ossia riforme radicali nel governo della cosa pubblica. 16°. Milano 1880.

Guerre (De la) sociale et des moyens d'en écarter la menace. 36 pp. 8°. Paris, Lachaud, 1872.

Guerre sociale (La). Bruxelles 1885.

Guerrier, W. de Moscou, L'abbé de Mably, moraliste et politique; étude sur la doctrine morale du jacobinisme puritain et sur le développement de l'esprit républicain au XVIII. siècle. 8°. Paris, Vieweg, 1886.

Guesde, Jules, 1. Le collectivisme au Collège de France. 16°. Paris, Oriol, s. a. (1883). (Bibliothèque socialiste.) Nouv. édit. 12°. Paris, Oriol, 1886.

— 2. Le collectivisme devant la 10. chambre (affaire du congrès ouvrier international socialiste); défense collective, présentée au nom des prévenus Goueste, E. Massard, G. Deville etc. 36 pp. 18°. Paris, impr. Reiff, 1878.

— 3. Collectivisme et révolution. 33 pp. 12°. Paris, libr. des publicat. populair., 1879.

— 4. Essai de catéchisme socialiste. 18°. Bruxelles, H. Kistemaeckers, 1878. (Petit bibliothèque socialiste.)

— 5. La loi des salaires et ses conséquences. II et 30 pp. 12°. Paris, impr. Reiff, 1879. 8°. Paris, A. Carbillet, 1881.

— 6. La propriété collective et le congrès de Marseille. (La Revue socialiste, (1880, no. 1.)

— 7. Services publics et socialisme. 30 pp. 8°. Paris, Oriol, 1883. (Bibliothèque socialiste.)

Guesde, J., et P. Lafargue, Le programme du parti ouvrier, son histoire, ses considérations, ses articles. 18°. Paris, H. Oriol, s. a. (La préface est datée le 22 octobre 1883.) 2. édit. 16°. Lille, impr. ouvrière, 1891)

— — Vide: Bernstein, E.: Gesellschaftl. und Privateigenthum.

Guétré, Jean. Vide: Michel, Louise.

Guibal, Armand, Le libre échange et l'organisation du travail. 8°. Paris, Guillaumin, 1848.

Guilbaud, P. A., 1. Plan pour l'établissement comme germe d'harmonie sociétaire d'une maison rurale industrielle d'apprentissage pour 200 élèves de toutes classes, garçons et filles, de 5 à 13 ans. 4°. Paris, impr. Baudouin, 1839.

Guilbaud, P. A., 2. Théorie sociétaire de Charles Fourier. Gammes et échelles diverses. fol. Paris, impr. Desportes, 1838.

Guilbert, Mgr., La démocratie et son avenir social et religieux. 1.—2. édit. 8°. Paris, Plon, 1886.

Guillard, C., Le problème social résolu immediatement, sans violence, sans crimes ni spoliation. Tout pour le droit. 18°. Paris, Derveaux, 1886.

Guillaume, Prof. James, Babeuf und die Verschwörung der Gleichen. Aus dem Französischen übers. von Dr. A. Mülberger. (Neue Gesellschaft, 1. Jahrg., 1877.)

Guillemin, C. F., De la société présente en France et de son avenir. 12°. Paris, Laisné, 1845.

Guillemin, Joseph, Travailleur contre bourgeois, causerie socialiste. 18°. Paris, Chonmoru, 1883.

Guillemon. Vide: Phalanstère, année I, no. 2.

Guillon, Ferdinand, Accord des principes. Travail des écoles sociétaires. Charles Fourier. 16°. Paris, libr. phalanst., 1850.

Guillotine (La) politique et sociale. Hebdomadaire. No. 1, 21 déc. 1884. 4°. Paris, Towne.

Guizot, Fr. P. Guill., 1. De la démocratie en France. 8°. Paris, Vict. Masson, 1849.

— 2. Die Demokratie in Frankreich. (Januar 1849.) 18°. Wien, Gerold, 1849.

— 3. De la democracia en Francia (Enero de 1849). Obra traducida y refutada por un publicista liberal. Madrid 1849.

— 4. Democracy in modern communities. Translated from the french. 8°. London, C. & H. Senior, 1838.

Gumplowicz, Dr. Ludw., Rechtsstaat und Socialismus. gr.-8°. Innsbruck, Wagner, 1881.

Gumprecht, W. B. A., 1. Anarchismus. (Arbeiterfreund, 1888, 3. Heft.)

— 2. Gefühlssocialisten. (Arbeiterfreund, Jahrg. 16, 1878.

Gunding, Kuno, Der Socialismus und die Kunst. (Neue Gesellschaft, 1. Jahrg., 1877.)

Gunton, G., 1. Economic and social aspect of trusts. (Political Science Quarterly, Vol. VII, 1888.)

— 2. Economic basis of socialism. (Political Science Quarterly, 1889, Dec.)

Gutenberg. Organ des Buchdruckerverbandes. Hrsg. von Karl Fröhlich. Erschien zuerst

13*

in Berlin, seit 1850 in Breslau. 1848—1854.

Guth, Heinr., Die sociale Frage und die innere Mission. gr.-8°. Heilbronn, Gebr. Henninger, 1874. (Inneres Titelblatt 1881.) (Zeitfragen des christl.Volkslebens, Heft 39.)

Güttinger, G., Ideal und Wirklichkeit im Socialismus. gr.-8°. Guben, Salis, 1889.

Guy, Chaumontquitry, Sur les Inconvéniens d'une religion nationale, c'est à dire d'un culte privilégié et salarié par l'état. Discours qui a concouru pour le prix proposé par la classe théologique de la fondation Teylerienne à Harlem, décerné le 8 avril 1802. Suivi d'un plan d'organisation pour les différentes sociétés religieuses, bâse sur les grands principes de l'égalité des droits. 8°. Harlem (1802).

Guyon, E., L'Internationale et le socialisme. 8°. Paris, Guillaumin, 1890.

Guyoruaud, Clovis. Vide: Phalange, année XVI et XVII.

Guyot, Jules, 1. Institutions républicaines, ou réformes économiques, administratives et politiques. Deuxième édition précédée d'un coup d'oeil sur la situation au commencement de 1849. gr.-8°. Paris, Nap. Chaix et Co., 1849.

— 2. Les paradoxes de 1789 et les trois principes sociaux. XIX et 301 pp. 18°. Paris, Dentu, 1870.
Cont.: 1) la liberté, 2) l'égalité, 3) la fraternité, 4) les lois, 5) le pouvoir, 6) l'offre et la demande, 7) le crédit, 8) la concurrence, 9) l'agriculture, 10) l'impôt, 11) l'éducation, 12) la religion.

Guyot, Yves, et Sigism. Lacroix, 1. Études sur les doctrines sociales du christianisme. 18°. Paris, Brouillet, 1873. 2. édit. revue et augm. 18°. Paris, Marpon et Flammarion, 1880.

— — 2. Die wahre Gestalt des Christenthums. Uebersetzt von einem deutschen Socialisten. 8°. Zürich, Volksbuchhdlg., 1876.

— — 3. Histoire des prolétaires depuis les temps les plus reculés jusqu'à nous jours. Desseins et gravures des meilleurs artistes. Tome I. 4°. Paris, Brouillet, 1873. (Doit former 2 volumes.)

— Vide: Bebel, Aug.: Glossen.

G. V. Vide: Staat (Der isolirte socialistische).

H.

Habrich, L., Socialdemokratie und Volksschule, oder was kann der christliche Lehrer thun, um den socialdemokratischen Gefahren entgegen zu treten? Ein erweiterter Vortrag. 8°. Paderborn, Schöningh, 1891.

Hack, Friedr., P. J. Proudhon. Ein Beitrag zur Geschichte des Socialismus. (Zeitschr. f. Staatsw., 1871 y.)

Haffner, Dr. Paul, J. J. Rousseau und das Evangelium der Revolution. gr.-8°. Frankfurt a/M. und Luzern, A. Foesser's Nachfolger, 1885. (Frankfurter zeitgemässe Broschüren, N. F. Bd. VI, Heft 8.)

Häfner, G. Vide: Verhandlungen des Parteitages der österr. Socialdemokratie.

Hagen, Th., Die Civilisation und Musik. 8°. Leipzig, Jurany, 1846.

Hahn, Ludw., Das sociale Königthum. Ein Ausspruch Lassalle's und die sociale Praxis Kaiser Wilhelms. Eine Schrift zu den Wahlen. 8°. Berlin, W. Hertz, 1884.

Hahn, Dr. Otto, Das Recht auf Arbeit, staatsrechtlich und volkswirthschaftlich auf Grund der kaiserl. Botschaft vom 17. Nov. 1881 erörtert. gr.-8°. Stuttgart, Kohlhammer, 1885.

Hairdet, J., Le parti de la liquidation sociale, son but, son organisation, ses progrès depuis la Commune de Paris. 8°. Paris, Palmé, 1880.

Hake, F. R. T. v., Mensch und Capital. Die Versöhnung beider durch einen neuen Vertrag ums Dasein. gr.-8°. Leipzig, Schwabe, 1873.

Hall, Charles, The effects of civilisation on the people in european states. (Originally printed 1805.) 8°. London, Longman, 1849.

Hall, G. Rome, The present feeling of the working classes. (National Review, July 1889.)

Hallauer, Advokat. Vide: Geächtete (Der).
Haller, 1. Alfred, König der Angelsachsen. Bern 1774.
— 2. Fabius und Cato, ein Stück römischer Geschichte. Bern 1774.
— 3. Usong, eine morgenländische Geschichte in vier Büchern. Bern 1771. Neueste verb. Aufl. 8°. Bern, Typogr. Gesellsch., 1778. kl.-8°. Wien, Trattnern, 1783.
Halleux, L., Le socialisme considéré au point de vue du droit naturel. 8°. Bruges, Beyaert-Storie, 1887.
Hamel, Ernest, Histoire de Robespierre d'après des papiers de famille, les sources originales et des documents entièrement inédits. 3 vol. gr.-8°. Paris, libr. internation., 1865—67.
Hamerton, Phil. Gilb., Proudhon as a writer on art. (The Fortnightly Review, 1866,1.)
Hamilton, Robert, The progress of society. gr.-8°. London, J. Murray, 1830.
Hammann, Dr. Otto, 1. Die communistische Gesellschaft. Lehren und Ziele der Socialdemokratie. gr.-8°. Berlin, R. Wilhelmi, 1891.
— 2. Was nun? Zur Geschichte der socialistischen Arbeiterpartei in Deutschland. 8°. Berlin, R. Wilhelmi, 1889.
Hammerstein, L. v., 1. Kann ein Katholik Socialdemokrat sein? (Katholische Flugschriften, Nr. 18.) 16°. Berlin, Germania, 1891.
— 2. Die Socialdemokratie bei Licht besehen. (Katholische Flugschriften, Nr. 11, 1890.)
Hamon, H. D., 1. Catéchisme populaire contre les socialistes. 18°. Paris, Lecoffre, 1847.
— 2. Études sur le socialisme; réfutation des diverses sectes socialistes. 12°. Au Mans, Julien Lanier, 1848. 2 vol. 12°. Paris, Lecoffre, 1848.
Hampden, John. Vide: Venedey, J.: John Hampden und die Lehre vom gesetzl. Widerstande.
Hamy, Jules, La république et les congrès ouvriers. Conférence ouvrière faite le 10 oct. 1880 dans la salle des séances de la société de secours mutuels des travailleurs de Saint-Pierre-les-Calais. 8°. Calais, Tartar-Crespin, 1881.
Hancock, W. Neilson, Strikes with respect to hours of labour. (Stat. and Soc. Irel., 1864—68.)
Handwerkerbewegung (Zur). (Christl.-social. Blätter. Jhrg. 24, 1891.)

Handwerkerbund und Handwerkertag. Offenes Sendschreiben an V. A. Huber in Wernigerode. Lex-8°. Berlin, Exp. d. Deutschen Gemeinde-Ztg., 1867.
Hanne, Joh. Wilh., Der moderne Nihilismus und die Strauss'sche Glaubenslehre im Verhältniss zur Idee der christl. Religion. gr.-8°. Bielefeld, Velhagen und Klasing, 1842.
Hansen, Geo., Der deutsche Arbeiter und die Socialdemokratie. Mahnruf eines deutschen Arbeiters an seine Genossen. gr.-8°. Berlin, Puttkammer u. Mühlbrecht, 1891.
Hanson, W., The fallacies in „Progress and poverty", in H. Dunning Macleod's „Economics" and in „Social problems", — (also) the ethics of protection and free trade, and the industrial problem considered a priori. 12°. New York 1884.
Häntschke, H., Gewinnbetheiligung der Arbeit. Jean-Baptiste André Godin und seine Schöpfung, das Familisterium von Guise (Aisne) in Frankreich, ein praktischer Versuch zur Lösung der Arbeiterfrage. (Aus: „Blätter für Genossenschaftswesen".) gr.-8°. Berlin, Walther u. Apolant, 1890.
Harbert, Fr., Socialdemokratie und Volksschule. gr.-8°. Hannover, C. Meyer, 1891.
Hardenberg, Sophie, Zur Frauenfrage. gr.-8°. Leipzig, Reichardt, 1882.
Harder. Vide: Emancipation der Taglöhner.
Harding, C. G. Vide: The Republican.
Harelle, Ménage sociétaire, ou moyen d'augmenter son bien-être en diminuant ses dépenses. 8°. Paris, librairie sociétaire, 1839.
Harkort, F., 1. Brief an die Arbeiter. Fliegendes Blatt. 8°. Berlin, den 21. November 1848.
— 2. Ueber das Proletariat, die Theilbarkeit des Grundbesitzes und die Erzeugung billiger Lebensmittel. Nebst einem Anhang über Düngungsmittel etc. Hrsg. durch den Tech. Verein. gr.-8°. Hagen, Butz in Comm., 1855.
Harmel, Léon, Die christliche Arbeiter-Corporation zu Val-des-Bois dargestellt. Mit einem Vorworte von Dr. Chrph. Moufang. Aus dem Französ. gr.-8°. Mainz, Kirchheim, 1879.
Harmonie universelle (L'). Rédact. en chef: Louis Le Hir. fol. Paris, avril 1848. (Journal socialiste de la bonne manière.)
Harring, Haw., Gedichte. 1841.
Harrington, Jacob, Oceana. fol. London

1656. (fol. London 1640 (Cossa, Ferrari.) 8°. London, Routledge, 1887.

Harrington, James, The Oceana and other works; with an account of his life by John Toland. 4°. London, T. Becket and T. Cadell, 1771.

Harrison, Fr., 1. Der französische Arbeitercongress. (Schmoller's Jahrbuch f. Gesetzgebung, N. F. Bd. 2, 1878_3.)
— 2. The emancipation of women. (Fortnightly Review, Oct. 1891.).
— 3. The fall of the Commune. (The Fortnightly Review, 1871.)
— 4. The iron master's trade-union. (The Fortnightly Review, 1865_1.)
— 5. The revolution of the Commune. (The Fortnightly Review, 1870.)
— 6. What the revolution of 1789 did. (Fortnightly Review, June 1889.)
— 7. The trades-union bill. (The Fortnightly Review, 1869.)
— 8. The new trades-unionism. (Nineteenth Century, November 1889.
— 9. Workmen and the law of conspiracy. 8 pp. 8°. London s. a. (Tracts from Trades-unionists, Nr. 2.)

Hartfelder, Dr. Carl, Zur Geschichte des Bauernkrieges in Südwestdeutschland. gr.-8°. Stuttgart, Cotta, 1884.

Hartmann, Ed. v., Für das Socialistengesetz. (Die Gegenwart, 25. Bd., 1884.)

Hartmann, M. Vide: Studien (Demokratische).

Harwood, G., The coming democracy. 3 books: 1) Democracy and foreign politics. 2) Democracy and home politics. 3) Democracy and religion. 8°. London, Macmillan, 1882.

Hasbach, W., 1. Die Unfähigkeit der deutschen Socialdemokratie zur socialpolitischen Reformarbeit. (Jahrbuch f. Gesetzgebung, Verwaltung etc., N. F. X, 1886.)
— 2. Die gegenwärtigen Ziele der englischen Gewerkvereine. (Die Gegenwart, 23. Bd., 1883.)

Hase, Karl, Neue Propheten. (3. Heft: Das Reich der Wiedertäufer.) 8°. Leipzig, Breitkopf und Härtel, 1851. 2. Aufl. 8°. Ebd. 1861.

Haslam, C. J., 1. A defence of the social principles delivered in the social institution, Salford. Being an answer to a lecture delivered by the Rev. J. R. Beard, on sunday, April 30 1837. 8°. Manchester, J. Kiernan, s. a. (1837.)
— 2. The necessity of a change, or an exposure of the errors and evils of the present arrangement of society. 16 pp. 2. edit. 8°. Manchester s. a.

Haspott, Émile, 1. L'Hôtel Dieu. (Religion Saint-Simon.) Vide: Saint-Simonisme, Mesnilmontant, no. $16_{2\text{n}}$.
— 2. Les médecins. (Religion Saint-Simon.) Vide: Saint-Simonisme, Mesnilmontant, no. $16_{7\,3}$.
— 3. Les orphelins. (Religion Saint-Simon.) Vide: Saint-Simonisme, Mesnilmontant, no. $16_{5\,8}$.)
— Vide: Ouvriers (Aux).

Hast, J., Geschichte der Wiedertäufer von ihrem Entstehen bis nach ihrem Sturze. gr.-8°. Münster, Deiters, 1835.

Hastings, J. P., The duty on the boards of guardians on the agricultural labourer's strike. March 1872. 1.—3. edit. 8°. London 1872.

Hauck, Prof. Dr. Alb., Der Communismus im christlichen Gewande. (Bibliothek f. innere Mission, Nr. 6.) gr.-8°. Leipzig 1891.

Haun, Frdr. Jhs., Das Recht auf Arbeit. Ein Beitrag zur Geschichte, Theorie und prakt. Lösung. gr.-8°. Berlin, Puttkammer u. Mühlbrecht, 1889.

Hauptartikel (Die gruntlichen Unt rechten) aller Bauerschafft und hyndersassen der Geistlichen Oberkeyten, von welchen sye sich beschwert vermeynen. (Abgedruckt in Oechsle: Beiträge zur Geschichte des Bauernkrieges, 1830.)

Hausner, Otto, Das menschliche Elend. Geschichte seiner Auffassung und Entwurf einer Statistik desselben. 1. und 2. Aufl. 8°. Wien, Commiss.-Verl. von Perles, 1879. (Sammlung öffentl. Vorträge und Reden, hrsg. von der Red. der „Alma Mater.)

Hausrath, A., Ein Prophet der Volkspartei (Herwegh). Preuss. Jahrbücher, Bd. 59, 1887.

Haussonville, d', Socialisme d'état. et socialisme chrétien. (Revue des Deux Mondes, 1890.) 8°. Paris, impr. Motteroz, 1890.

Haustein, Herm., 1. Die Befreiung des ganzen Grundeigenthums von der Gold- und Silberdespotie. Zweites Lesebuch für Jeden, welcher Geld und Arbeit sucht. gr.-8°. Winterthur (Hegner) 1854.
— 2. Das Grundeigenthum und sein bestes Recht. Erstes Lesebuch für Jeden, welcher Geld und Arbeit sucht. gr.-8°. Winterthur, Steiner, 1854.

Hauteville, Robert Tancred de, De la mission des hautes classes dans la société moderne. 8°. Paris, Dentu, 1863.

Heath, R., The anabaptists and their english descendants. (Contemporary Review, March 1891.)

Hebert. Vide: Procès instruit et jugé au tribunal.

Hébrard, La propriété. Rapport au congrès ouvrier indépendant du Havre (1880). 8°. Béziers, impr. Perdraut, 1881.

Hecker. Vide: Scheu, H.: Der Hochverrathsprocess.

Hecker, F. Vide: Volksfreund (Der).

Heere (im preussischen)! Ein Disciplinarverfahren gegen Premier-Lieutenant Aug. v. Willich, als Folge der durch den Process „Annecke" in dieser Brigade herbeigeführten Vorgänge, mit Vor- und Nachwort. gr.-8°. Mannheim, Hoff, 1848.

Hegewisch. Vide: Baltisch, Fr.

Heilbronner Reformplan. (Abgedr. bei Oechsle: Beiträge z. Gesch. des Bauernkrieges, 1830.

Heilly, Le livre rouge de la Commune. 8°. Paris 1871.

Heilmittel (Das einzige gründliche) gegen das socialdemokratische Uebel. Ein Aufruf aus der Mitte der arbeitenden Bevölkerung an das zur Herbeiführung des Völkerfriedens und der Lösung der socialen Aufgaben von der Vorsehung verjüngte und vorangestellte Deutschland. gr.-8°. Einbeck, Ibbeken, 1890.

Heimann, Ludwig, Zur Geschichte des Strikes. (Die Gegenwart, 1886₁.)

Heine, Heinr. Vide: Geächtete (Der).

Heinrich, Wilh., Zum Kampfe der liberalen Parteien mit der Socialdemokratie. gr.-8°. Leipzig, Minde, 1890.

Heinzen, Karl, 1. Briefe eines Atheisten an einen Frommen. (Die Opposition, 1846.)
— 2. Gegen die Kommunisten. (Die Opposition, 1846.)
— 3. Die Helden des teutschen Kommunismus. Dem Herrn Karl Marx gewidmet. gr.-12°. Bern, Jenni Sohn, 1848.
— 4. 30 Kriegsartikel der neuen Zeit für Officiere und Gemeine in despotischen Staaten. 18°. Neustadt, Selbstverlag, s. a.
— 5. Ueber Kommunismus und Socialismus. (Hrsg. von dem Verein zur Verbreitung radikaler Principien.) 57 pp. kl.-8°. Indianopolis, 1872.
— 6. Teutscher Radikalismus in Amerika. Ausgewählte Vorträge. (Hrsg. von dem Verein zur Verbreitung radikaler Principien.) 8°. 1867.
— 7. Teutsche Revolution. Gesammelte Flugschriften. 8°. Bern, Jenni Sohn, 1847.

Heinzen, K., 8. Ein Steckbrief. 8°. Schaerbeék, Selbstverlag, 1845.
— Vide: Opposition (Die).
— — Stephan: Der Heinzen'sche Staat.
— — Tribun (Der deutsche).

Heise, H. Vide: Hornisse (Die).

Held, Adolf, 1. Die deutsche Arbeiterpresse der Gegenwart. gr.-8°. Leipzig, Duncker u. Humblot, 1873.
— 2. Lösung der socialen Frage. 8°. Berlin 1848.
— 3. Socialismus, Socialdemokratie und Socialpolitik. gr.-8°. Leipzig, Duncker u. Humblot, 1878.
— 4. Socialreform-Theorie zur Beseitigung des allgemeinen materiellen Nothstandes und Begründung des allgemeinen socialen Wohlstandes. gr.-8°. Berlin (Conrad) 1868.

Held, J., Staatsroman. (Staatslexikon von Rotteck u. Welcker, 1865.)

Held. Vide: Socialist (Der). Wochenschr.

Held, Mich. v. Vide: Locomotive.

Held, W. Vide: Locomotive.

Helferich, Geo., 1. Die Ausbeutuug des Arbeiters durch die Socialdemokratie. 2—4. durchgeseh. Aufl. 8°. Duisburg, Raske, 1878.
— 2. Ein Blick in das Innere der Socialdemokratie. Besprochen für das Volk. 8°. Duisburg (Raske) 1878.

Néligon, Le mouvement ouvrier de 1848 à 1870. Discours prononcé à la loge des Trinosophes de Bercy, dans sa tenue solennelle du 19 mars 1880. 8°. Paris, impr. Blanpain, 1880.

Helldorff-Baumersrode, C. v., Verstaatlichung des Grund und Bodens oder Schutzzölle für die Landwirthschaft. Ein offener Brief an einen Landwirth. 8°. Berlin, Staude, 1885.

Hellenbach, Baron, Lazar. Gesetze der socialen Bewegung. Versuch einer Geschichte der Menschheit. gr.-8°. Wien, Bartelmus, 1864.

Helm, E., Trades-unions in relation to national industry. (Manch. Stat. Soc. 1868—69.)

Helvétius, Claude, 1. De l'homme, de ses facultés intellectuelles et de son éducation, ouvrage posthume. 2 vol. gr.-8°. Londres, chez la Société typographique, 1773.
— 2. Le vrai sens du système de la nature. Ouvrage posthume. 8°. Londres, 1774.

Helvétius, Die Socialdemokratie und die Lehrstühle der Volkswirthschaft. (Die Gegenwart, 14. Bd., 1878.)

Hendle, Ernest, Questions politiques et sociales, 8°. Paris, Noirot et Co., 1868.
Contient: Liberté et socialisme. — La réforme sociale par la liberté.

Hennel, Maria. Vide: Outline (An) of the various social systems.

Hennequin, Amédée, 1. Le communisme et la jeune Allemagne en Suisse. 12°. Paris, France, 1850.
— 2. Études sur l'anarchie contemporaine. 1850.
— 3. De l'organisation de la statistique du travail et du placement des ouvriers. 8°. Paris, France, 1848.

Hennequin, Victor, 1. Les amours au phalanstère. 8°. Paris, impr. de Lange-Lévy, 1849.
— 2. Organisation du travail d'après la théorie de Charles Fourier. Exposition faite à Besançon, en mars 1847. 1. édit. 1847. 3. édit. 18°. Paris, librairie phalanstérienne, 1848.
— 3. Programme démocratique. 12°. Paris, libr. phalanstérienne, 1851.
— 4. Programme de la presse démocratique et sociale, interprété au point de vue phalanstérien. 4°. Paris, impr. Lange-Lévy, 1849.
— 5. Sauvons le genre humain. 12°. Paris, Dentu, 1853.
— 6. Théorie de Charles Fourier. Exposition faite à Besançon. 8°. Besançon, impr. de Sainte-Agathe, 1847. 3. édit. 12°. 1849.
— Vide: Phalange, année XV, t. III; année XVII, XVIII et XIX.

Henningsen, W., Den Weltgarten umgraben. Vortrag über gesellschaftliche Uebungen im Arbeiterwesen. gr.-8°. Hamburg 1882.

Henry, E., Les soudoyés du pouvoir et les anarchistes devant l'opinion publique. 8°. Troyes, impr. du „Petit Troyen", 1885.
(Publication du groupe: La Vengeance sociale.)

Henry, Victor, Au troisième congrès ouvrier de France. Les parvenus, étude philosopho-critique. 8°. Draguignan, 1880.

Henseler, C. Vide: Presse (Die freie).

Henss, Ad., Die Revolutionskeime der Vergangenheit u. Zukunft. 8°. Jena, Frommann, 1834.

Hepner, Ad., Die Ikarier in Nordamerika. Eine Warnung vor communistischen Colonial-Gründungen. 8°. New York 1886. (Socialistic Library, Nr. 7)

Héricourt, Mme Jenny d', La femme affranchie. Réponse à MM. Michelet, Proudhon, E. de Girardin, A. Comte, et aux autres novateurs modernes. 2 vol. 12°. (Bruxelles) Paris, E. Dentu, 1860.

Hering, Carl Wilh., Die Arbeiterfrage unserer Zeit im Lichte des Evangeliums von den Arbeitern im Weinberge. Eine Predigt, am Sonntage Septuagesimae 1849 zu Grossenhain gehalten. 1.—3. Aufl. gr.-8°. Grossenhain, Bornemann, 1849.

Hermann, Ghelf, Socialdemokratie und Christenthum. Vortrag geh. auf der Thüringer kirchl. Konferenz am 3. Mai 1888 zu Eisenach. gr.-8°. Gotha, Schloessmann, 1888.

Hermit, Pimlico, An appeal to the chartist proper, in a series of letters, shewing in what manner the people's charter may be rendered worthy of being made a reality. Letters I and II. 8°. London s. a. (1848).

Herold, C., Die ländliche Arbeiterfrage. (Zeitschrift f. Agrarpolitik, Bd. II, 1889.)

Hertz, H. S., Die Lehre von Arbeit und Kapital. Ein Leitfaden zum Unterricht. 12°. Hamburg, Hoffmann u. Campe, 1853.

Hertzka, Theod., 1. Freiland. Ein sociales. Zukunftsbild. 8°. Leipzig, Duncker und Humblot, 1890. 4.—4. durchges. Aufl. gr.-8°. Dresden, Pierson, 1890.
— 2. Die Gesetze der socialen Entwickelung. gr.-8°. Leipzig, Duncker u. H., 1886.
— 3. Socialdemokratie und Socialliberalismus. gr.-8°. Dresden, E. Pierson, 1891.

Hertzka's Dr. Ostafrikanaan. Ein freiländischer Strahl-Reflex aus dem Spiegel eines „Klugen". (Rud. Tambour.) 12°. Leipzig, Schaumburg-Fleischer, 1891.
— Vide: Jastrow, J.: Ein deutsches Utopien.
— — Tambour, R.: Die Reise nach Ostafrikanaan.

Hervé, Valère, Devoirs sociaux du riche et du pauvre. 2. édit. 46 pp. 18°. Paris, Oudin, 1878.

Herwegh, Georg, Ein und zwanzig Bogen aus der Schweiz. 1. Theil. gr.-8. Zürich und Winterthur, Liter. Comptoir, 1843.
(Socialismus und Communismus, p. 74—92.)
— Vide: Gedichte eines Lebendigen.
— — Hausrath: Ein Prophet der Volkspartei.

Herz, Dr. Joh., Noch einige Worte über Freiherrn von Dercsenyi's Studien über ein humanes Mittel gegen den Communismus. (Ztschr. f. österr. Rechtsgelehrsamkeit. 1847$_2$.)

Herzen, Alex., 1. Du développement des idées révolutionnaires en Russie. 8°. Londres, Jeffs, 1853.
— 2. Aus den Memoiren eines Russen. Im Staatsgefängniss in Sibirien. 8°. Hamburg, Hoffmann u. Campe, 1855.

Herzen, A., 3. Le monde russe et la révolution, mémoires 1835—40. Traduits par H. Delaveau. Illustrations de A. Schenk. Seule édit. autorisée par l'auteur. 8⁰. Paris, E. Dentu, 1861.
— 4. Le socialisme russe. (L'Association, no. 23.)
— Vide: Golowine : Der russ. Nihilismus.
— — Iscander.
— — Ufer (Am andern).
Hess, M., 1. Ueber die socialistische Bewegung in Deutschland. (Grün: Neue Anekdota, 1845.)
— 2. Ueber die Noth in unserer Gesellschaft und deren Abhülfe. (Deutsches Bürgerbuch für 1845.)
— 3. Die letzten Philosophen. 8⁰. Darmstadt, Leske, 1845.
— 4. Philosophie der That und Socialismus, (Herwegh: „21 Bogen aus der Schweiz".) 8⁰. Zürich 1843.
— 5. Rechte der Arbeit. Frankfurt a. M. 1863.
— 6. Die Verhandlungen des gesetzgebenden Staatskörpers der Republik Waadt über die sociale Frage. (Rheinische Jahrbücher, 2. Bd.)
— Vide: Geschichte (Heilige) der Menschheit.
— — Gesellschaftsspiegel.
— — Socialismus und Communismus.
— — Triarchie (Die europäische).
Hess, Mme M. M., L'ouvrier, étude sociale. 18⁰. Paris, impr. Jouaust et Sigaux, 1883.
Hesslein, Bernh., Volkswirthschaftlicher Arbeiter-Katechismus. 2. u. 3. Aufl. 16⁰. Leipzig (Haynel) 1865.
Hetze (Die konfessionelle) und die Socialdemokratie. (Christl.-soc. Blätter, Jhrg. 22, 1889.)
Heun, Osc., 1. Zur Arbeiterfrage. Offener Brief an J. Venedey in Oberweiler. gr.-8⁰. Grimma (Gensel) 1869.
— 2. Arbeiterkatechismus. Mit einem Anhange über Pensionen und Wartegelder an Militärinvaliden gegen den Herrn Redacteur des Grimmaischen Wochen- und Anzeigeblattes. Mit einem Inhaltsverzeichnisse. 8⁰. Grimma, Heun, 1865.
Heurtaux-Varsavaux, G., La question sociale au parlament français. (Extrait de la Revue mensuelle du monde latin d'avril 1891.) 8⁰. Laval, Janin, 1891.
Heydrich, Ferd., Das Weltgericht oder die Lösung des socialen Problems. 8⁰. Berlin, Hempel, 1848.

Heymann, Hermann v., Die sociale Krisis und die Aufgaben der evangelischen Kirche. Referat auf der Decanatssynode zu Zwingenberg. gr.-8⁰. Darmstadt, Waitz, 1891.
H. C. Vide: Theorie der Anarchie.
H. M. Vide: Arbeiternoth.
Hickmann, Hugo, Der sociale Krieg. 8⁰. Dresden, Verl. d. sächs. christl. Schriften-Vereins, 1872.
Hieronymi, Wilh., 1. Kritische Blicke des Zeitgeistes in die neueste Schrift des Herrn von Ketteler, Bischofs von Mainz: „Die Arbeiterfrage und das Christenthum". Polemisch-literarische Spitzkugeln. gr.-8⁰. Darmstadt, Diehl in Comm., 1864.
— 2. Utopia, der „Zukunftsstaat" und die „neue Gesellschaft" oder das gelobte Land der Communisten. Ein heiter-ernstes Zeitbild. 8⁰. Mainz, Diemer, 1879.
Hiersemenzel, E., Demokratische Studien. Vortrag. (Abdruck aus der „Vossischen Zeitung" vom 24. Decbr. 1866.) gr.-8⁰. Berlin, Jansen, 1867.
Higgs, H., Frederic Le Play. (Quarterly Journal of Economics, Vol. IV, 1890.)
Hilaire, F., L'Internationale. 16⁰. Fribourg, Haesler et Co., 1872.
Hilbey, C., Le socialisme et la révolution française. 1 feul. in fol. 1 nov. 1848. Paris, typ. de Beaulé et Maignand.
Hildebrand, B., Die sociale Frage der Vertheilung des Grundeigenthums im classischen Alterthum. (Jahrb. f. Nat.-Oek. u. Stat., Bd. 12, 1869.)
Hilferuf (Der) der deutschen Jugend. Monatsschr., hrsg. von W. Weitling, 4 Nrn., Genf 1841.
Mill, Frederic, Measures for Puttingen. End to the abuses of trades-unions. 8⁰. London 1868.
Hillmann, Carl, 1. Praktische Emancipationswinke. Ein Wort zur Förderung der Gewerksgenossenschaften. 8⁰. Leipzig, Genoss.-Buchdr., 1873.
— 2. Die Organisation der Massen. Ein Wort zur Klärung und Befestigung. Eine Gefängnissarbeit, den deutschen Gewerksgenossenschaften gewidmet. 8⁰. Leipzig, Genoss.-Buchdr., 1875.
Hiltrop, Ein Vorschlag zur Organisation der Arbeit. (Arbeiterfreund, 1871.)
Hilty, Dr. Carl, Theoretiker und Idealisten der Demokratie. 8⁰. Bern 1868.
Hinds, Will. Alfr., American communities: brief sketches of economy, Zoar, Bethel, Aurora, Amana, Icaria, the shakers, Oneida,

Wallingford and the brother-hood of the new life. 8°. Oneida, Office of the American Socialist, 1878.

Hintermänner (Die) der Socialdemokratie. Von einem Eingeweihten. gr.-8°. Berlin, Conitzer, 1890.

Hirsch, Die angeblichen socialen Theorien und die wirklichen politischen Bestrebungen des Hrn. Bakunin. (Aus: „Der Volksstaat".) 8°. Leipzig, Genoss.-Buchdr., 1876.

Hirsch, Jenny, Die Bestrebungen zur Förderung der Erwerbsfähigkeit des weibl. Geschlechtes in- und ausserhalb Deutschland. (Arbeiterfreund, Jhrg. 6, 1868.)

Hirsch, Karl, 1. Die Organisation der deutschen Arbeiterpartei. 8°. Berlin 1869.
— 2. Die Parteipresse, ihre Bedeutung und Organisation. 24 pp. 8°. Leipzig, Genoss.-Buchdr., 1876.

Hirsch, Dr. Max, 1. Die deutschen Gewerkvereine und ihr neuester Gegner. Zur Abwehr gegen die Angriffe des Hrn. Prof. L. Brentano und zur Aufklärung über die Geschichte und Leistungen der Gewerkvereine. gr.-8°. Berlin, Staude, 1879.
— 2. Die Perle der deutschen Gewerkvereine. 8°. Berlin 1880.
— 3. Die hauptsächlichsten Streitfragen der Arbeiterbewegung. gr.-8°. Berlin, Steinitz, 1886.

Hirsch, Max, und Hugo Polke. Gewerkvereins-Leitfaden. Eine Aufklärung für Jedermann über die Ziele, Organisation und Leistungen der deutschen Gewerkvereine, nebst Anleitung zur Gründung neuer Ortsvereine. gr.-8°. Berlin, F. Duncker, 1876.

Hirschberg, C., Die Organisation der Arbeit. (Die Gegenwart, 25. Bd., 1884.)

Hirschberg, Rich., Die Lösung der socialen Frage nebst einer Darstellung der wichtigsten socialist. Lehren und der Arbeiterbewegung der letzten Jahre. gr.-8°. Meissen, Mosche, 1871.

Hirschfeld, Ludw. v., Die proportionale Berufsklassenwahl. Ein Mittel zur Abwehr der socialistischen Bewegung. gr.-8°. Leipzig, Grunow, 1885.

Hirtenschreiben (Das) unserer Bischöfe über die sociale Frage. (Christl.-soc. Blätter, Jhrg. 23, 1890.)

Histoire des Anabatistes, ou Relation curieuse de leur doctrine, regne et révolutions tant en Allemagne, Hollande, qu'Angleterre, où il êt traité de plusieurs sortes de Mennonites, Konakres et autres qui en sont provenus. Le tout enrichi de figures en taille douce. 16°. Paris, chez Charles Clouzier, 1615.

Histoire de la communauté des biens dans l'antiquité et dans l'ère chrétienne, ou tradition universelle du catholicisme et de l'humanité, par un catholique. 2 vol. 8°. (Nancy, Bordes frères.) Paris, E. Thorin, 1866.

Histoire de l'Internationale, par un bourgeois républicain. 12°. (Bruxelles) Paris, A. Sagnier, 1873.
Cet ouvrage a été interdit en France.

Histoire des Jacobins depuis 1789 jusqu'à ce jour, ou État de l'Europe en novembre 1820 par l'auteur de l'Histoire des sociétés secrètes. gr.-8°. Paris, Gide fils, 1820.

Histoire des Severambes, peuples qui habitent une partie du troisième continent communement appelé la terre Australe. Contenant une relation du gouvernement, des moeurs, de la religion et du langage de cette nation, inconnue jusqu'à present aux peuples de l'Europe (par Vairasse). 1. édit. 1677. 2 vol. 32°. Paris, chez Cl. Barbin. 2. édit. 1702. Nouv. édit. revue et corrigée. 2 parties. 12°. Amsterdam, chez Ét. Roger. 1716.

Histoire du socialisme par B. M. (Benoît Malon). gr.-8°. Lugano, impr. F. Velandini et Co., 1879.

Historia y proceso de la internacional en España. Discursos pronunciados en las Córtes españoles durante la legislatura de 1870 á 1871, por los señores diputados Jove y Hevia, Candau, Canovas, Nocedal, Rios Rosas, Garrido, Castelar, Salmeron, Pi y Margall y otros, con el origen é historia de la asociacion internacional y con los documentos más importantes de la misma. Madrid 1872.

History (The) of the proceedings of the operative builder's trades-unions in Manchester and the consequent turn-out of the journeymen, masans, bricklayers, joiners, slaters and other trades. 24 pp. gr.-8°. Manchester 1833.

Hitchcock, R. D., Socialism. 12°. New York 1878. 2. edit. 12°. Ibid. 1887.

Hitchman, Francis, 1. The french revolutionary calendar. (National Review, August 1889.)
— 2. Social aspects of the revolution of 1789. (The National Review, May 1886.)

Hitze, Frz., 1. Die Arbeiterfrage. (Staatslexikon, Freiburg i. Br., 1888.)

Hitze, F., 2. Die sociale Frage und die Bestrebungen zu ihrer Lösung. Mit besond. Berücksichtigung der verschied. socialen Parteien in Deutschland. 3 Vorträge. 8°. Paderborn, Bonifacius-Dr., 1877.
— 3. El problema social y su solucion. Tres discursos (versos del aleman). Obra precedida de un estudio sobre el mismo asunto, por D. J. M. Orti y Lara. Madrid 1880.
— 4. Kapital und Arbeit und die Reorganisation der Gesellschaft. Vorträge. gr.-8°. Paderborn 1881.
— 5. Die Quintessenz der socialen Frage. gr.-8°. Paderborn, Bonifacius-Dr., 1880.
— Vide: Arbeiterwohl.
Hoart, West, et Bruneau, L'école polytechnique et les Saint-Simoniens. Vide: Globe, 27 févr. et 4 mars 1832, et Saint-Simonisme: Mesnilmontant, no. 16$_{18}$.
Hobart, Lord, The Internationale and the Manchester school. (The Fortnightly Review, 1872.)
Hobbel, J., Socialistisch onverstand. Met een voorwoord door H. J. Betz. 8°. Amsterdam, J. F. Sikken, 1883.
Hobbes, Thomas, of Malmsbury, 1. Leviathan: or the matter, form and power of a commonwealth ecclesiasticall and civill. fol. London 1651. En flamand: 4°. Amsterdam 1678.
— 2. Leviathan, s. de civitate ecclesiastica et civili. 4°. Amsterdam, Bleau, 1668, 1670.
— 3. Leviathan, oder der kirchliche und bürgerliche Staat. 2 Bde. gr.-8°. Halle, Hendel, 1794.
Hochflut. Socialistische Zeitgedichte. Eine Gabe zum 1. Mai 1891. 1.—3. Aufl. 8°. Leipzig, Leipziger Volksbuchhdl., 1891.
Höchstetter, W. Ch., Sociale Frage und Kirche. Eine von der Haager Gesellschaft zur Vertheidigung der christl. Religion gekrönte Preisschrift. London 1874.
Hochverraths-Process (Der) und die Affaire Marstallinger gegen Engel, Pfleger, Berndt, Sommer, Schmidt, Gröbner, Spiegel, Krondorfer, Winter, Masur, Motz, Komposs, Würges, Wagner, Weich, Spahl, Wetz, Buelacher, Treibenreif, Peukert, Kotidek, Stiassny, Führer, Gams, Kreps, Schenk, Wordak, Heitzer und Hotze. Verhandelt vor dem k. k. Schwurgericht Wien vom 8.—21. März 1883. Nach den stenogr. Berichten bearbeitet und wahrheitsgetreu wiedergegeben. Hrsg. von Jos. Müller. 18°. Wien, Selbstverl. d. Hrsg., 1883.

Hoddesdon, John, Tho. Mori vita et exitus. or the history of Sir Thomas More, sometime Lord High Chancellor. Collected out of several authors by J. H. 8°. London 1652.
Hodgson, E., The genuine trial of Th. Paine, for a libel contained in the second part of Rights of man; at Guildhall, London, December 18, 1792, bevor Lord Kenyon and a special jury: together with the speeches at large of the Attorney-General and Mr. Erskine, and authentic copies of Mr. Paine's letters to the Attorney-General and others on the subject of the prosecution taken in short hand by E. Hodgson. 8°. London 1792.
Hodgson, W., An economic cure of socialism. (National Review, January 1890.)
Hoferichter, Th. Vide: Nees von Esenbeck.
Hoffheinz, Gust. Thdr., Ein Freundeswort an die Arbeiter unserer Provinz. gr.-8°. Königsberg, Gräfe u. Unzer in Comm., 1848.
Hoffmann, Eduard, 1. Ein Beitrag zur Lösung der Arbeiterfrage. 8°. Cincinnati 1882.
— 2. Woher und wohin? Eine populäre Schrift zur Aufklärung über die socialpolitische Bewegung der Neuzeit. gr.-8°. Königsberg, Pfitzer u. Heilmann, 1848.
Hoffmann, Johs., Die Entwickelung der socialistischen Idee und die rechte Art, sich ihrer Fortschritte zu erwehren. gr.-8°. Münster, Theissing, 1882.
— Vide: Arbeiterfreund für den Industriebezirk Crefeld.
Hofgärtner, Fr. Jos., Ueber Proletariat, Landwirthschaft und Auswanderung. Ein zeitgemässes Wort an alle Deutsche. 8°. Augsburg, Rieger, 1849.
Höfken, Gust. Vide: Volkswohl.
Hofstetten, J. B. v., Mein Verhältniss zu Herrn von Schweitzer und zum „Social-Demokrat". gr.-8°. Berlin, Reichardt u. Zander, 1869.
Hohenberg, Arth. v., 1. Die sociale Frage in dem katholischen Deutschland. (Frankfurter zeitgemässe Brochüren. 6. Bd., 1. Heft, 1884.)
— 2. Socialer Katechismus. Grundzüge der gesellschaftlichen Ordnung in Familie, Gemeinde, Staat und Kirche. 8°. Mainz, Kirchheim, 1879.
Hohenthal, Dr. Aug., Der Socialdemokrat in der Westentasche. Ein Wort zur Aufklärung für das deutsche Volk. 1.—5. Tausend. 16°. Mainz, Kupferberg. 1891.

14*

Hoheff, Wilh., Protestantismus und Socialismus. Historisch-politische Studien. gr.-8°. Paderborn 1881. 2. verm. Aufl. gr.-8°. Ebd. 1883.

Hoheff, Kaplan. Vide: Christenthum und Socialismus.

Holbach, Le baron, Système sociale ou principes naturels de la morale et de la politique, avec un examen de l'influence du gouvernement sur les moeurs. 2 vol. 32°. Paris, Niogret, 1822.
— Vide: Mirabaud.

Hole, J., 1. Lectures on social science and organisation of labour. 8°. London, J. Chapman, 1851.
— 2. The working classes of Leeds. 12°. London, Simpkin, 1863.

Holenia, Edm., Der Socialismus und seine Stellung zur Staatsgewalt. Social-politische Studie. 8°. Wels, Haas, 1890.

Holland, M., Réflexions philosophiques sur le système de la nature. 2 vol. gr.-8°. Londres 1772.

Hollard, H., Lettre à messieurs les disciples de Saint-Simon sur quelques points de leur doctrine. 8°. Paris, Delaunay, 1831.

Hölscher, Heinr., Der Communismus als Ziel der Zeitbestrebungen. Ein vollständiger Umriss über die Wesenheit der Gleichheitslehre und über ihre zukünftige Bedeutung. Geschrieben für Jedermann. 12°. Köln, Eisen, 1849.

Holst, Aug. Fr., Die Verwilderung der unteren Volksklasse in Sachsen. 8°. Grimma, Verlags-Compt., 1846.
— 2. Ueber die Verwilderung in einem Theile der unteren Volksklasse. Bitten u. Hoffnungen des Vaterlandes bei der 2. ständ. Versammlung für das Kgr. Sachsen. gr.-12°. Grimma, Verlags-Compt., 1837.

Holtzmann, Dr. H., Die ersten Christen und die sociale Frage. (Wissenschaftl. Vorträge über religiöse Fragen. 5. Samml.) gr.-8°. Frankfurt a. M. 1882.

Holyoake, George Jac., 1. Life and last days of Robert Owen of New Lanark. 3. edit. 28 pp. 8°. London 1866.
— 2. The limits of atheism. Or, why should sceptics be outlaws? 8°. London, J. A. Brook and Co., 1874.
— 3. The trial of theism. 8°. London, June 1858.

Holzschuher, Aug. Frhr. von, Die materielle Noth der unteren Volksklassen und ihre Ursachen. Gekrönte Preisschrift. gr.-8°. Augsburg, Rieger, 1850. 2. Aufl. Ebd. 1850.

Homberg, T., Auch noch ein Beitrag zur heutigen Frauenfrage. 8°. Leipzig 1872.

Homburg, C., Paris in Blut und Feuer, insbesondere die genauesten Mittheilungen über den Todeskampf der Commune. 8°. Karlsruhe, Malsch u. Vogel, 1871.

Homme libre (L'). 4 nos., 8°. Paris 1838.
C'était, quand au fond des idées, le digne pendant du „Moniteur républicain"; son but était le même.

Homme libre (L'), journal républicain radical, quotidien. No. 1, 5 janvier 1884 = 19 nivôse an IX. pet.-fol. Marseille.

Hommes du peuple, l'Etat c'est vous! Réponse au citoyen Proudhon. (Le Nouveau Monde, année 1, no. 5.)

Hompesch, Cte. A. de, 1. Paupérisme et militarisme. 8°. Maestricht 1885.
— 2. Pauperisme en militarisme. Roy-8°. s' Gravenhage, Gebr. Belinfante, 1886.
— 3. Pauperismus und Militarismus. Aus dem Französ. gr.-8°. Leipzig, Findel, 1886.

Hone, Will., The reformists register and weekly commentary. gr.-8°. London 1818.
Vol. I. Nr. 1, Saturday Febr. 1, 1817.
„ 26, „ July 19, 1817.
Vol. II. „ 1, „ July 26, 1817.
„ 14, „ Oct. 25, 1817.

Hönicke, Ed., Das revolutionäre und constitutionelle Treiben, oder der Liberalismus unserer Zeit gr.-8°. Dessau, Fritsche u. Sohn, 1833.

Honnard, M. Vide: Sorel, A. A.

Hooten, C. Vide: New Moral World, Vol. VII.

Hopkins, Ellice, Social wreckage. (The Contemporary Review, July 1883.)

Hopkins, J. B., Nihilism, or the terror unmasked. 12°. London, Newman, 1881.

Hoppé, E., La Russie inconnue, révélations authentiques sur les tendances politiques et sociales des diverses sectes. 8°. Paris, Dentu, 1884.

Hoppe, Dr. J. J. Prof., Das Recht auf Arbeit und die leitende Genossenschaft. gr.-8°. Frankfurt a. M., Foesser's Nachf., 1884.

Hopper, Will. Robinson, An iron master's view of strikes. (The Fortnightly Review, 1865₁.)

Hopps, J. Page, The nihilisms and socialisms of the world. (Contemporary Review, 1890. August.)

Horen (Pariser). A. u. d. T.: Kritische Blätter Hrsg. von G. Maurer und F. Braun. gr.-8°. Leipzig, Weller. 1847. 6 Hefte. (Kayser, B. L. nennt d. J. 1849.)

Horn, Friedr., Die Frage über die Arbeiter-Coalitionen im gesetzgebenden Körper

Frankreichs nebst Schlussbemerkungen für die preussische Gesetzgebung. gr.-8°. Berlin, Frank, 1865.

Horn, J. E., Travail et capital. (L'Association, no. 5.)

Hornbostel, Le socialisme et l'école Cabet, conférence du 5 décembre 1883. 8°. Aix, Makaire, 1884.

Hornisse (Die), Zeitung für hessische Biedermänner. Red.: J. C. J. Raabé. 1. Jhrg. 1848. Aug.—Dec. 23 Nrn. gr.-4°. Cassel, Raabé u. Co. 2. u. 3. Jahrg. Hrsg. von H. Heise u. Kellner. 1849—1850. à 300 Nrn. Imper.-4°. Cassel, Raabé u. Co.

Horseau, Hect. Vide: Luce, Ernest.

Hôtel (L') de Ville, organe de la démocratie socialiste des communes. (Paraît le dimanche.) Année I (juillet 1883). pet.-fol. Paris, Schiller.

Houghton, Lord, On the admission of the working classes as part of our social system; and on their recognition for all purposes as part of the nation. 8°. London 1867.

Hovell-Thurlow, T. J., Trade-unions abroad and hints for home legislation. (Reprinted from a report on the Amsterdam Exhibition of domestic economy.) gr.-8°. London, Harrison, 1870.

Howell, G., 1. The conflicts of capital and labour, historically and economically considered; being a history and review of the trades-unions of Great Britain, showing their origin, progress, constitution and objects in their political, social, economical and industrial aspects. pst-8°. London 1878. 2. and revised edit. brought up to date. 8°. London, Mac Millan, 1890.
— 2. The financial condition of trades-unions. (The Nineteenth Century, Oct. 1882.)
— 3. Social democracy and the trades congress. (New Review, 1890, October.)
— 4. The trades-union congress. (New Review, 1890, Sept.)
— 5. Trades-union congresses and social legislation. (Contemporary Review, Sept. 1889.)
— 6. Trade-unionism: new and old. 8°. London, Methuen, 1891.
— 7. The work of trades-unions. (The Contemporary Review, Aug. and Sept. 1883.)

Hoyer, M., Démocratie et socialisme. 78 pp. 8°. Paris, impr. Chaix et Co., 1879.

H. R. v. N. Vide: Recht auf Arbeit.

Huard, Adolphe, De l'injustice dans la révolution et de l'ordre dans l'église, principes généraux de philosophie pratique, réfutation de P. J. Proudhon. 8°. Paris, Lebigre-Duquesne frères, 1858.

Hubbard, H. W., The poisson of the day: a new social evil. (Macmillans Magazine, July 1882.)

Hubbard, N. Gustave, Saint-Simon, sa vie et ses travaux, suivi de fragments des plus célèbres écrits de Saint-Simon. 12°. Paris, Guillaumin, 1857. (Bibliothèque des sciences morales et politiques.)

Huber, Dr. Jhs., 1. Die Philosophie in der Socialdemokratie. (Zuerst veröffentlicht in der Beilage zur „Allgemeinen Zeitung" 1878.) (Sammlung gesellschaftswiss. Aufsätze, 1. Heft, 1885.)
— 2. Die Philosophie der Socialdemokratie. gr.-8°. München, Ackermann, 1887.
— 3. Der Proletarier. Drei Vorlesungen zur Orientirung in der socialen Frage. 8°. München, Lentner, 1865.
— 4. Socialismus und Communismus. (Artikel in Bluntschli und Brater's Staatswörterbuch, 1865.)

Huber, V. A., 1. Die Arbeiter und ihre Rathgeber. gr.-8°. Berlin, Rauh, 1863.
— 2. Ueber die cooperativen Arbeiterassociationen in England. Ein Vortrag, veranstaltet von dem Central-Verein für das Wohl der arbeitenden Klassen, gehalten am 23. Febr. 1852. gr.-8°. Berlin, Hertz, 1852.
— 3. Ueber Arbeiter-Coalitionen. Ein der Coalitions-Commission nicht vorgelegtes Gutachten. gr.-8°. Berlin, Hertz, 1865.
— 4. Die Arbeiterfrage in Deutschland. (Deutsche Vierteljahrsschr., 1869₃ und ₄.)
— 5. Die Arbeiterfrage in England. (Huber, V. A.: Sociale Fragen, Heft VII, 1869.)
— 6. Association. (Artikel in Bluntschli und Brater's Staatswörterbuch, 1857.)
— 7. Die latente Association. (Huber, V. A.: Sociale Fragen, Heft IV, 1866.)
— 8. Ueber Association mit besonderer Beziehung auf England. 8°. Berlin 1851.
— 9. Sociale Fragen. 7 Hefte. gr.-8°. Nordhausen 1863—69.
— 10. Die wahren und die falschen Freunde der Arbeiter. 14 pp. 8°. (ohne Titelblatt.) Datirt: Wernigerode im Febr. 1869.
— 11. Handwerkerbund und Handwerkernoth. (Huber, V. A.: Sociale Fragen, Heft VI. 1868.)
— 12. Arbeitende Klassen. (Artikel in Bluntschli und Brater's Staatswörterbuch, 1857.)

Huber, V. A. Vide: Handwerkerbund und Handwerkertag.
— — Jäger, Dr. E.: V. A. Huber.
— — Janus.
Hubert, L'esclavage du riche. 1845.
Hubert-Valleroux, P., 1. Les associations coopératives en France et à l'étranger. 8°. Paris, Guillaumin, 1884.
— 2. Des associations ouvrières (sociétés coopératives) et de leur situation légale en France en droit français. 8°. Paris 1869.
— 3. Les associations ouvrières et les faveurs officielles. (Journ. des Écon., 1884, septembre.)
— 4. L'attitude du gouvernement dans les récents conflits entre les ouvriers et les compagnies des mines. (Journ. des Écon., 1886, juin.)
— 5. La loi allemande contre les socialistes et la loi française contre l'association internationale. (Journ. des Écon., 1879, août.)
— 6. Le socialisme aux États-Unis. (Journ. des Écon., 1886, févr.)
— 7. Le socialisme au parlement anglais. (Journ. des Écon., 1888, juin.)
Hübner, Otto, Die Arbeiter und die Maschinen. (Abdr. aus der „Deutschen Reform", Nr. 903, 907, 908 und 919.) gr.-8°. Berlin, Decker, 1850.
Hudeček, R. J., Arbeit und Capitalstrug. Geschrieben für das Bürgerthum. 8°. Wien, Selbstverlag des Verf., 1870.
Hugentobler, A., 1. Communisme et socialisme rationnel. Lettre à M. P. Poulin. 8°. Bruxelles, Lacroix, Verboeckhoven et Co., 1868.
— 2. Dialogue des morts entre Proudhon et Collins. 12°. Bruxelles, Lacroix, Verboeckhoven et Co., 1868.
Hughes (judge), Freder. Denison Maurice as christian socialist. (Économic Review, Vol. I, April 1891.)
Hughes, Th., Account of the lock-out of engineers etc. 1851—52. 8°. Cambridge 1860.
Huguet, Bourreaux et victimes de la commune. 8°. Paris 1871.
Huhn, J. H. Th., Die Arbeiterverführer der Gegenwart. Standrede an die deutschen Arbeiter jeden Standes. gr.-8°. Frankfurt a/M., Hess, 1863.
Hulst, B. Étienne, Le régime légal des associations en Suisse. (Annales de l'école libre des sciences politiques, 1886, avril.)
Humanitaire (L'), organe de la science sociale par May et Chararay. Juillet et août, 1841. 2 nos. 4°.
Hundeshagen, Dr. C. B., Der Communismus und die asketische Socialreform im Laufe der christl. Jahrhunderte. (In „Theologische Studien und Kritiken von Ullmann und Umbreit", 1845.)
Hundhausen, Thdr., Wir sind nicht Socialdemokraten! Antwort auf die Broschüre: „Sind wir Socialdemokraten?" gr.-8°. Berlin, H. Brieger, 1891.
Hunger (Der deutsche) und die deutschen Fürsten. 1. Aufl. 1847. 2. Aufl. 1848.
Hungerbühler, J. M., Die Antwort der Reaction auf die Socialfrage und der schweizerische Demokratismus. Eröffnungsrede des Präs. der St. Gallisch-Appenzellischen gemeinnützigen Gesellschaft, an der Hauptversammlung zu Heiden, den 2. Sept. 1850. (Aus d. Verhandl. abgedr.) 8°. St. Gallen, Huber u. Co., 1850.
Hunt, Thomas, Chartism, trades-unionism and socialism; or, which is the best calculated to produce permanent relief to the working classes? A dialogue. 8°. London, B. D. Cousins, 1840.
Hunzinger, Ab., Das Religions-, Kirchen- und Schulwesen der Mennoniten oder Taufgesinnten wahr und unpartheiisch dargestellt und mit besonderen Betrachtungen über einige Dogmen versehen. 8°. Speyer, Kolb, 1830.
Hürlimann, Dr. H., Kritik des bestehenden Rechtes, principielle Darstellung der verfehlten, von allen Völkern verwirklichten, und der richtigen, Alle ohne Ausnahme dies- und jenseits glückselig machenden Rechts- und Weltordnung. Das bestehende Recht als weltgeschichtlicher Irrthum und Quelle des Unheils der Welt auch speciell nachgewiesen an dem Institute der väterlichen Gewalt und Familienstellung des Kindes nach röm. und göttl. Rechtssystem. gr.-8°. Zürich-Schaffhausen, Brodtmann, 1861.
Husson, Alfred, Philosophie de la république, ou exposition des principes républicains d'après la raison pure. 8°. Paris, Ladrange, 1848.
Huxley, T. H., Social diseases and worse remedies: letters to the Times on Mr. Booth's scheme. 8°. London, Mac Millan, 1891.
Hydre anarchiste (L'). Lyon 1884. (Journ.)
Hyndman, H. M., 1. The historical basis of socialism in England. 8°. London, Paul, Trench and Co., 1883.

Hyndman, H. M. 2. The Chicago riots and the class war in the United States. A reprint from „Times". gr.-8⁰. London 1886.
— 3. The radicals and socialism. (The Nineteenth Century, Nov. 1885.)
— 4. The social reconstruction of England. 8⁰. London, W. Reeves, s. a.
— 5. Revolution or reform. (To Day, Nr. 8.)
— 6. The coming revolution in England. 8⁰. London. Will. Reeves, s. a.
— 7. Socialism and economics: a review. (New Review, Oct. 1890.)
— 8. Socialism and slavery. Being an answer to Mr. Herbert Spencer's attack upon the democratic federation. (Contemporary Review, April 1884.) 8⁰. London, the Modern Press, s. a.
Hyndman, H. M., 9. Socialism made plain. 8⁰. London, Soc.-Dem.-Federat. 337 Strand, s. a.
— 10. Socialism versus Smithism. An open letter to Samuel Smith. 8⁰. London, Modern Press, s. a. (November 24, 1883).
— 11. The text-book of democracy. England for all. 8⁰. London, E. W. Allen, 1881.
— 12. The english workers as they are. (The Contemporary Review, 1887.)
Hyndman, H. M., and Will. Morris, A summary of the principles of socialism, written for the democratic federation. 8⁰. London, Modern Press, 1884.
— Vide: George, H.

I.

Ibach, Fr., Der Socialismus im Zeitalter der Reformation. (Frankfurter zeitgemässe Broschüren, Heft 10, 1880.)
Iconoclast. Vide: Labours prayer.
Iconoclast, and J. Watts, Half hours with the free-thinkers. 3. edit. 8⁰. London. Farrah, 1868.
Ideal (Zum socialen). Studienplan eines Gestorbenen. 8⁰. Dresden, Dr. Alfr. Lehmann, 1888.
I. F. Vide: Phalanstère, année II, no. 25.
I. M. Vide: Phalange, année I, t. I.
I. L. Vide: Socialismus (Der) und das Landvolk.
I. L. C. Vide: Phalanstère, année I. II.
Illinois-Staatszeitung. 1881—90.
Immer mehr Fortschritt, immer mehr Arbeit und Elend. 4. Aufl. (Brennende Fragen, Nr. 11, 1887.)
Immoralité de la doctrine de Fourier. 46 pp. 8⁰. Paris s. a.
Imovilli, Enrico, L'internazionalismo, sue cause e suoi effetti in relazione coll' attuale ordinamento sociale, e rimedi da apporvi. 16⁰. Roma 1878.
Imposture unmasked; in a letter to the labourers and working people of England, on the schemes of the church robbers and revolutionists with regard to the church. By a true Englishman. 8⁰. London, Roak and Varty, s. a.
Inaugural-Adresse der Internationalen Arbeiter-Association. 8 pp. 8⁰. Hottingen-Zürich s. a.
Indépendant (L'), journal de combat socialiste, littéraire et commercial. Paraît le jeudi. Nos. 1, 12 sept. 1889. fol. Paris.
Individualisme (L') et communisme par les citoyens Lefuel, Lammenais, Duval, Lamartine et Cabet. 2. édit. 8⁰. Paris, Desloges, Mai 1848.
Industrie und Proletariat. (Volkswohl. 1. Jahrg.)
Industrie und Proletariat. Ein Wort zur Beherzigung an Deutschlands Industrielle. 1. Nov. 1848 dem Verein zum Schutze deutscher Arbeit mitgetheit von Bleibtreu. 8⁰. Frankfurt a/M. 1848.
Influences (The) of democracy on liberty, property and the happiness of society considered. By an American. To which prefixed an introduction, by Henry Ewbank. gr.-8⁰. London, J. W. Parker, 1835.
Ingram, John K., Work and the workman, being an address to the trades-union congress in Dublin, Sept. 1880. 19 pp. 8⁰. London, Longman, 1880. (Stat. and Soc. Irel., 1880—82.)
Insurgé (L'). Bruxelles 1885. (Journal.)

Intelligence (L'), journal du droit commun. Fondé et rédigé par Lapounneraye. in fol. Sept. 1837—mars 1839.
A partir de 1838, le sous-titre devient: „Journal de la réforme sociale".

Internacional (La). Origen de esta poderosa asociacion de trabajadores, sus estatutos, y reglamento, su organizacion, propaganda, estado actual, etc., demostrados por los discursos pronunciados, acuerdos tomados, y las relaciones, informes y documentos oficiales leidos en los congresos de obreros de Ginebra, Lausana, Bruselas y Basilea. Barcelona 1872.

Internacional (Lo que es la). Folleto escrito por la comision de propaganda del núcleo organizador de la Internacional en Lisboa; traducido al castellano por la comision de propaganda del consejo local de la federacion de las secciones madrileñas. Madrid 1872.

International-anarchiste (L'), Organe révolutionnaire en ital. et en français. No. 1, 16 oct. 1886. fol. Marseille.

Internationale (Die neue). (Christl.- sociale Blätter, Jahrg. XXI, 1888.)

Internationale (A propos de l'). Évangile social selon Pierre Edon, publié par ses disciples. Première partie: Création d'une société; l'alliance nationale du travail et du capital. 47 pp. 18°. Paris, libr. internat., 1872.

Internazionale (Contro l'). 210 pp. 8°. Milano 1872.

Introduction à l'histoire du socialisme à Marseille, par ?!? (Oeuvre de propagande.) 8°. Marseille, impr. écon. etc., 1891.

Investigator (The). Edited by Ch. Southwell. 28 Nrs. fol. London, Hetherington, 1843. (28. Nr. Oct. 7, 1843.)

Ippolito, bar. Franc. d', prof., Il problema sociale dell' operajo e la coscienza popolare. 8°. Napoli 1878.

Irvine, Leigh H. Vide: Armstrong, W. J.: Siberia.

Iscander (A. Herzen), Le peuple russe et le socialisme. Lettre à Mrs. J. Michelet. 58 pp. 8°. Paris, Franck, 1852.

Isenburg-Birstein, Fürst K. zu, Die Parteien im deutschen Reichstag und die Socialdemokratie. gr.-8°. Mainz-Kirchheim, 1877.

Island of liberty; or fallacy of equality and community. 12°. London, Masters, 1848.

Isle inconnue (I.'), ou Mémoires du Chevalier des Gastines. Recueillis et publiés par M. Grivel. 6 vol. 8°. à la Haye, chez les libraires associés, 1802.

Isoard, Mgr., Lettre sur l'union de la paix sociale, à M. F. Le Play. Réponse de M. Le Play. 40 pp. 18°. Paris, Dentu, 1872.

Ithuriel, First prize essay on trades-unions. 66 pp. 8°. Glasgow 1875.

I. Z. Vide: Stimme (Eine russische) über C. Marx.

J.

Jacobinism (French and english). (Quarterly Review, 1889, April.)

Jacoby, Dr. Joh., 1. Meine weitere Vertheidigung wider die gegen mich erhobene Beschuldigung der Majestätsbeleidigung und des frechen, unehrenhaften Tadels der Landesgesetze. gr.-8°. Zürich und Winterthur, Verl. des Lit. Compt., 1842.
— 2. Das Ziel der Arbeiterbewegung. Rede vor seinen Wählern am 20. Jan. 1870. br. 8°. Berlin, A. Cohn, 1870. gr.-8°. Hottingen-Zürich. Schweizer. Genoss. Buchdr., 1883.
— 3. Gesammelte Schriften und Reden.

2 Bde. gr.-8°. Hamburg, O. Meissner, 1872.
Bd. 2 enthält u. A.: Die Grundsätze der preuss. Demokratie. Zwei Reden in der Königsberger Urwähler-Versammlung vom 10. und 11. Nov. 1858. — Der freie Mensch. 1866. — Nationalitätsprincip und staatsrechtliche Freiheit. 1867. — Das Ziel der deutschen Volkspartei. Rede vor den Berliner Wählern am 30. Januar 1866. — Zum demokratischen Programm. Schreiben au Dr. jur. J. A. Rambach in Hamburg 1868. — Das Ziel der Arbeiterbewegung. Rede vor den Berliner Wählern am 7. Januar 1870.

Jacoby, Dr. Joh. Vide: Brasch, Dr. M.: Philosophie und Politik.
— — Fragen (Vier).

Jacoby, Dr. Joh. Vide: Prince-Smith: Dr. J. Jacoby.
— — Prince-Smith: Le but du mouvement ouvrier.
Jacques, Amédée, Le christianisme et la démocratie. 8°. Paris, chez Gabriel, 1851.
Jädicke, G. A., Die Führer der Socialdemokratie. Was sind sie? 1) Revolutionäre. 2) Gotteslästerer. 3) Vaterlandslose. 4) Feinde der Cultur und des Eigenthums. 5) Nichtvertreter der Arbeiter. Bewiesen durch wortgetreue Wiedergabe aus ihren eigenen Worten und Schriften. 4. gänzl. neu bearb. Aufl. gr.-8°. Leipzig, Grieben, 1891. (Die früheren Auflagen erschienen anonym unter dem Titel: „Was sind sie?")
Jäger, Past. Adf., Die sociale Frage im Lichte der Offenbarung, in der Geschichte der Völker und im Irrlicht der Zeit. 2 Bde. gr.-8°. Neu-Ruppin, R. Petrenz, 1891.
Jäger, Dr. Eug., 1. Geschichte der socialen Bewegung und der Socialismus in Frankreich. 1. Bd.: Frankreich bis zur grossen Revolution. gr.-8°. Berlin, van Muyden, 1876. 2. (Titel-)Ausg. gr.-8°. Berlin, Puttkammer u. Mühlbrecht, 1879. 2. Bd.: Die französische Revolution und die sociale Bewegung in Frankreich. 1. Frankreich am Vorabend der Revolution von 1789. gr.-8°. Berlin, Puttkammer und Mühlbrecht, 1890.
— 2. Die Handwerkerfrage. I. Abth.: Geschichte der Handwerkerbewegung bis zum Jahre 1884. 8°. Berlin, Germania, 1887.
— 3. V. A. Huber, ein Vorkämpfer der socialen Reform, in seinem Leben und seinen Bestrebungen dargestellt. 8°. Berlin, Puttkammer und Mühlbrecht, 1879.
— 4. Der moderne Socialismus. Karl Marx, die internationale Arbeiter - Association, Lassalle und die deutschen Socialisten. gr.-8°. Berlin, van Muyden, 1873.
Jahr 2440 (Das). Ein Traum aller Träume; aus dem Französ. (des Mercier) (von Chr. F. Weisse). 8°. Leipzig 1772. N. Aufl. 8°. Leipzig 1782. — Dasselbe zum zweitenmale geträumt (von K. H. Wachsmuth). 8°. Leipzig 1783.
Jahr 2500 (Das) oder der Traum Alradi's; aus einer arabischen Handschrift des 16. Jahrhunderts übersetzt (von Dr. G. G. Mehring). 2 Bdchen. 8°. Berlin 1794—95.
Jahrbuch für Socialwissenschaft und Socialpolitik. Hrsg. von Dr. L. Richter. 1. Jhrg. 2 Theile, 1879—80. 2. Jhrg. 1881. Lex-8°. Zürich-Oberstrass, Ferd. Körber.
Jahrbücher (Deutsch-französische). Hrsg. von A. Ruge und Karl Marx. 1.—2. Liefg. gr.-8°. Paris 1844.
Jahrbücher für Gesellschafts- und Staatswissenschaften. Hrsg. von J. C. Glaser. Jahrg. 1864—1869. 10 Bde. à 6 Hefte. Lex-8°. Berlin, Expedition.
Jahrbücher (Rheinische) zu gesellschaftlicher Reform. Hrsg. unter Mitwirkung Mehrerer von H. Püttmann. 1. Bd. 8°. Darmstadt. 2. Bd. 8°. Belle-Vue bei Constanz, 1845—46.
Jahre (Zwölf) Socialistengesetz. Ein Beitrag zur Geschichte des Socialistengesetzes und der socialdemokratischen Bewegung in Deutschland. gr.-8°. Berlin, Germania, 1890.
Jahren (Nach 10). Material und Glossen zur Geschichte des Socialistengesetzes. I. Historisches. II. Die Opfer des Socialistengesetzes. 148 pp. 8°. London, German Co-operative Publishing Co., 1889.
Jahresbericht (1. und 2.) des leitenden Ausschusses des schweizer. Arbeiterbundes und des schweizer. Arbeitersecretariates. Protokolle der Sitzungen des Bundesvorstandes des schweizer. Arbeiterbundes. gr.-8°. Winterthur, Ziegler, 1889.
J. A. L. Vide: Le Peuple, no. 31.
Jalaguier, Prosper Frédéric, Le socialisme et le christianisme dans les circonstances actuelles. 8°. Montauban, Lapie - Fontanel, 1848. Nouv. édit. 18°. Paris, Grassart, 1889.
Jamar, D. Joaquin, La cuestion social. Conferencias del A. de S. Sebastian. San Sebastian 1879.
James, H. A., Communism in America. 4°. New York 1879.
Jameson, Mrs. Anna, The communion of labour; a second lecture on the social employment of women. 8°. London 1856.
Janet, Paul, 1. Examen critique du contrat social. (Extrait de la Revue critique de législation et de jurisprudence, tom IV.) 8°. Corbeil s. a.
— 2. La famille; leçons de philosophie morale. 1. édit. 1855. 6. édit. révue et corrigée. 12°. Paris, Lévy frères, 1865.
— 3. Le fondateur du socialisme moderne — Saint-Simon. (Revue des Deux Mondes, 15 avril 1876.)
— 4. Charles Fourier. (Le socialisme au XIX. siècle.) (Revue des Deux Mondes, 1 Oct. 1879.)

Janet, Paul, 5. Les origines de la philosophie d'Auguste Comte. Comte et Saint-Simon. (Revue des Deux Mondes, 1 août 1887.)
— 6. Les origines du socialisme contemporain. I. Le socialisme révolutionnaire. II. Le communisme au XVIII. siècle et la conspiration de Babeuf. (Revue des Deux Mondes. 15 juillet, 1 août 1880.)
— 7. Les origines du socialisme contemporain. 12°. Paris, Baillière et Co., 1883.
— 8. Philosophie du bonheur. 8°. Paris, Lévy frères, 1862. 2. édit. 1864. 4. édit. 12°. Ibid. 1873.
— 9. Philosophie de la révolution française. 12°. Paris, Germer Baillière, 1875.
— 10. Saint-Simon et le Saint-Simonisme (cours professé à l'École des sciences politiques). 18°. VII et 171 pp. Paris, Germer-Baillière et Co., 1878. (Bibliothèque de philosophie contempor.)
— 11. La science sociale et la philosophie anglaise. (Revue des Deux Mondes, 1 nov. 1874.)
— 12. Le socialisme moderne. L'école Saint-Simonienne, Bazard et Enfantin. (Revue des Deux Mondes, 1 oct. 1876.)
Janke, Dr. Heinr., 1. Der Communismus der französischen Anarchisten und Jacobiner. (Vierteljahrsschr. f. Volkswirthsch., XX. Jahrg. 1883$_4$.)
2. Der Communismus in der praktischen Volkswirthschaft. (Vierteljahrsschrift für Volkswirthschaft etc. 1880$_4$.)
Jannasch, Rob. jun., 1. Die Strikes, die Cooperation, die Industrial Partnerships und ihre Stellung zur socialen Frage. gr.-8°. Berlin, F. Duncker, 1868.
— 2. Die Trades-Unions oder Gewerkvereine. (Aus „Zeitschr. f. schweiz. Statistik".) gr.-4°. Basel, Schweighauson in Comm., 1871.
Jannet, Cl., 1. Les faits économiques et le mouvement social en Italie. 4°. Paris, Larose et Forcel, 1889.
— 2. L'histoire du régime du travail en Europe. La crise monétaire et les luttes sociales du XVI. siècle. (Bulletin de la Société d'écon. soc. et des unions de la paix sociale, 2. série, tome I, livr. 1 et 2.)
— 3. L'Internationale et la question sociale. 8°. (Aix.) Paris, Durand, 1871.
— 4. Le socialisme et les lois économiques. (Reforme sociale, année XI, 1891.)
Jansen. Vide: Freiheit, Brüderlichkeit, Arbeit.
Janus. Jahrbücher deutscher Gesinnung, Bildung und That. Hrsg. von V. A. Huber. 1845 und 1846 à 24 Hefte. gr.-8°. Berlin,

Besser. 1847, 48 Hefte. gr.-8°. Halle (Berlin, Förstner). 4. Jahrg. 1848. 1.—12. Heft. gr.-8°. Berlin, Förstner.
Jardel, Chevalier, La démocratie modérée et progressive. 8°. Nancy, Vagner, 1851.
Jastrow, J., Ein deutsches Utopien. (Hertzka: Freiland.) (Schmoller's Jahrb. 1891.)
Jeffery, H. Vide: New Moral World, Vol. VI.
Jeffrey, Francis Esq., Combinations of workmen. Substance of the speech of Francis Jeffrey Esq. upon introducing the toast: „Freedom of labour — but let the labourer recollect that in exercising his own rights he cannot be permitted to violate the rights of others." 8°. Edinburgh 1825.
Jellinek, H., 1. Ueber die Bedeutung der letzten 12 Jahre in Deutschland. 1847.
— 2. Die gegenwärtige Krisis der Hegelschen Philosophie. 1847.
— Vide: Denunciations-Sistem (Das).
Jenkin, Fleeming, Trades-unions. How far legitimate. North British Review, March 1858.)
Jenks, Jeremiah W., Die „Trusts" in den Vereinigten Staaten von Amerika. (Jahrbücher f. Nat.-Oek. u. Stat., Bd. 56, 1891.)
Jentsch, Karl, Wird das Elend siegen? Offenes Sendschreiben an den Hrn. Landesgerichtspräsidenten Leopold v. Kunowski. Zur Antwort auf dessen bei Velhagen u. Klasing erschienene Schrift: „Wird die Socialdemokratie siegen?" 8°. Schweidnitz, Leipzig, E. Baldamus in Comm., 1891.
Jervis, J. B., Labour and capital. 12°. New York, 1877.
Joanny-Benuctain, Jean Baptiste Benoit, 1. De la démocratie française et son avenir. 2 vol. 8°. Paris, Joubert, 1844.
— 2. Politique à l'usage du peuple. Triomphe définitif de la démocratie. 8°. Maçon, impr. Robert, 1848.
— 3. De la réalisation des réformes sociales démocratiques. 8°. Paris, Joubert, 1849.
Jobez, Alphonse, Une préface au socialisme, ou le système de Law et la chasse aux capitalistes. 8°. Paris, Comon, 1848.
Jobson, Rob., Trades-unions: an inquiry into their rules and working based on the evidence before the royal commission, showing the folly of all attempts to raise wages by violence and strikes, and the beauty and excellence of the divine laws governing workmen and employers. 8°. London s. a.
Jodendom en socialisme. Een poging tot verbroedering. 8°. Amsterdam, Fortuyn, 1888.

Joenger. Vide: Phalange, t. III.
Joerg, Jos. Edm., Geschichte der social-politischen Parteien in Deutschland. gr.-8°. Freiburg i/Br., Herder, 1867.
Johannet, Aug. Vide: Vérités sociales.
Joigneaux, Pierre, Organisation du travail agricole. 18°. Paris, Guillaumin, 1848.
Joire, le docteur A., Questions industrielles, questions sociales, considérations sur l'état present et l'avenir des classes ouvrières en France. 12°. Paris, Masson et fils, 1870.
Jonas, Alex., 1. Reporter and socialist. An interview explaining the aims and objects of socialism. 2. edit. 8°. New York, Alex. Jonas, 1885.
— 2. Reporter und Socialist. Ein Gespräch über Ziele und Wege des Socialismus. 8°. New York 1884.
Jónás, Johs., Ueber die sociale Frage. Vorlesung. gr.-8°. Budapest, Aigner, 1885.
Jones, Ernest, Labour and capital: a lecture. 8°. London, Simpkin, 1867.
Jones, Lloyd, 1. Robert Owen. The life, times and labours of R. Owen. Edited by his son W. Cairnes Jones. Vol. I. London, Swan Sonnenschein, 1890.
— 2. A reply to Mr. R. Carlisle's objections to the five fundamental facts as laid down by Mr. Owen. 8°. Manchester, A. Heywood, 1837.
Jordan, Prof. Dr. Sylvester, 1. Erkenntnisse zweiter Instanz in der Untersuchungssache gegen den Bürgermeister Dr. Scheffer u. Genossen wegen versuchten Hochverraths, beziehungsweise Beihülfe zu hochverräth. Unternehmungen und sonstigen Vergehen, ertheilt von dem Criminalsenat des Oberappellationsgerichts zu Cassel, auf die von den Mitangeklagten Prof. Dr. Jordan, Dr. Hoch etc. erhobene Berufung gegen das Urtheil des Criminalsenats des Obergerichts zu Marburg vom 14. Juli 1843. Mit Anmerkungen von H. F. Eggena. gr.-8°. Marburg, Elwert, 1846.
— 2. Selbstvertheidigung in der wider ihn geführten Criminal-Untersuchung, Theilnahme an Hochverrath betreffend. Nebst der Appellationsschrift seines Vertheidigers, Obergerichts-Anwalt C. F. Schantz, und einer Denkschrift, die Lehre vom Indicienbeweise enth., von S. Jordan selbst. gr.-8°. Mannheim, Bassermann, 1844. 2. unveränd. Aufl. gr.-8°. Ebd. 1845.
— 3. Urtheil des Oberappellations-Gerichts zu Cassel in der Untersuchungssache gegen den Prof. Dr. Sylvester Jordan wegen verursachten Hochverraths. Nebst den Entscheidungsgründen. gr.-8°. Marburg, Elwert, 1846. (Auch mit dem Umschlagstitel: Sylvester Jordan. Freigesprochen von dem Oberappellations-Gericht zu Cassel. 2. Aufl.)
Jordan's, Sylv., Bewusstsein über seine Schuld oder Unschuld. Mit einem Nachworte. Durch obercensurgerichtliches Erkenntniss vom 21. Oct. 1845 zum Druck verstattet. gr.-8°. Siegen, Friedrich'sche Verl.-B., 1845.
— Nachtrag dazu. gr.-8°. Ebd. 1846.
— Vide: Criminal-Untersuchung d. S. Jordan.
— — Urtheil des Oberappellations-Gerichtes.
— — Urtheil in der Untersuchungssache.
— — Wigand, P.: Vertheidigung Jordan's.
Jordan, Wilh., 1. Ihr träumt! Weckruf an das Ronge-berauschte Deutschland. gr.-8°. Leipzig, Naumburg, 1845.
— 2. Schaum. Dichtungen. 8°. Leipzig, E. Keil u. Co., 1846.
Jösting, Pfr. Werner, Socialdemokratie und Christenthum. Vortrag, geh. im evangel. Arbeitervereine zu Remscheid. 2. Aufl. 16°. Hattingen, C. Hunit sel. Wittwe, 1891.
Jottrand, L. Vide: Courier belge.
Jouanne, Dr., La question sociale résolue par les colonies sociétaires agricoles-industrielles. 8°. Rouen, Deshays, 1885.
Joubert, P. Ch., et A. Sagnier, Le contrat social de l'avenir, suivi d'un projet de constitution du peuple français. 8°. Paris, A. Sagnier, 1871.
Jouham, E., Les aspirations du travail. Études pratiques et critiques sur les antithèses sociales. 230 pp. 16°. Paris, Amyot, 1878.
Jouin, Henry, 1. Union des associations ouvrières catholiques. Congrès de Nantes. Compte rendu de la sixième assemblée générale des directeurs d'oeuvres. (25—29 août 1873.) 8°. Paris, Plon et Co., 1874.
— 2. Union des associations ouvrières catholiques. Congrès de Poitiers. Compte-rendu de l'assemblée générale des directeurs d'oeuvres (26—30 août 1872). III et 236 pp. 8°. Paris, bureau central de l'Union, 1873.
Jourdan, Alfred, Du rôle de l'état dans l'ordre économique, ou économie politique et socialisme. 8°. Paris, Rousseau, 1882.
Journal de la Haute-Cour de justice; ou l'écho des hommes libres, vraies et sensibles. 4°. Red. Hesine. No. 1, 20 fructidor an IV (6 sept. 1796); no. 69, 2 prairial an V.
Journal d'instruction sociale, par les citoyens, Condorcet, Sieyès et Duhamel. 8°. Paris,

l'impr. des sourds-muets, rue du Petit-Musc, près de l'Arsenal. 1 juin — 6 juillet 1793 (suspendu après le no. 6).

Journal de la liberté de la presse. Vide: Babeuf: Journal etc.

Journal des ouvriers, déstiné à fixer leurs droits dans l'ordre social, leurs devoirs, leurs intérêts comme premiers producteurs, leur obligations envers la société et celles de la société envers eux. gr.-12°. Paris 1832.

Journal de la République française. Vide: Ami du peuple par Marat.

Journal officiel de la République française. gr.-fol. Paris, 142 nos. (no. 142 = 22 mai 1871 fin).

Journal des travailleurs, fondé par les ouvriers délégués au Luxembourg. 6 nos. fol. Paris, 4—25 juin 1848.

Journal de la Vraie République. Vide: La vraie République.

Journées mémorables de la révolution française 12 pluviôse an V. Conspiration royaliste contre le directoire. 32°. Paris, Audin, 1827.

Journet, Jean (disciple de Fourier), 1. La bonne nouvelle, ou idée succincte de l'association. 18°. Paris, chez l'auteur, 1843.
— 2. Les sept clameurs du désert, ou le socialisme démasqué. Documents historiques. 12°. Paris, chez l'auteur, 1858.
— 3. Cri d'indignation! Complainte humanitaire. 8°. Paris, l'auteur, 1846.
— 4. Cri de résurrection. Aux vivants et aux morts. 1. édit. Génève 1855. 2. édit. 12°. Paris, l'auteur, 1856.
— 5. Cri suprême. Appel aux honnêtes gens. 32°. Paris, l'auteur, 1846.
— 6. Documents apostoliques et prophétics. 12°. Paris, l'auteur, 1858.
— 7. Jérémie en 1845 (Poésies). 18°. Paris, l'auteur, 1844.
— 8. Le passé et l'avenir; chant harmonien. 12°. Paris, l'auteur, 1857.
— 9. Poésies et chant harmonien. 12°. Paris, l'auteur, juin 1857.
— 10. Résurrection sociale universelle. Cris et soupirs. 5 brochures. 18°. Paris, Raymond, 1840—1841.

Jouvencel, Paul de, Du droit de vivre, de la propriété et du garantisme. 32°. Paris, Masgana, 1847.

Joynes, J. L., 1. The red International. (To Day, Nr. 8.)
— 2. The socialists catechism. 8°. London, Modern Press, 1884.

Joynes, J. L., 3. Songs of a revolutionary epoch. 8°. London, W. Reeves, s. a.

Judex curiae, 1. Die Abänderung des Socialistengesetzes. (Die Gegenwart, Bd. 36, 1889.)
— 2. Das Socialistengesetz und sein Ersatz. (Die Gegenwart, Bd. 35, 1889.)
— 3. Die Strikes und das bestehende Recht. (Die Gegenwart, Bd. 35, 1889.)

Juliu, A., L'ouvrier belge en 1853 et 1886 d'après les budgets comparés de la commission de statistique de l'enquête de travail. (Réforme sociale, année XI, 1891.) 8°. Paris, Levé, 1891.

Julius, G. Vide: Zeitungshalle (Berliner).

Jung, George, L'homme et la nouvelle organisation sociale. 18°. Strasbourg, impr. Mme V. Berger-Levrault, 1840.

Junius, Six letters of the theory and practice of socialism, addressed to all classes of the population of Great Britain. 8°. London, H. Hetherington, s. a.

Junius français (Le), journal politique, par Marat, auteur de l'Ami du peuple. 2—24 juin 1790. 13 nos. 8°.

<small>Dans la bibliothèque du corps législatif à Paris.</small>

Junqua, Dr., 1. L'église démocratique et sociale de la liberté, épître au peuple comprenant: Les décisions de la magistrature belge sur le mariage des prêtres en France et ailleurs, l'exposé d'un projet d'organisation dogmatique et disciplinaire de l'église de la liberté. La déclaration des droits de l'homme de 93 avec commentaires. 8°. Paris, Sandoz et Fischbacher, 1877.
— 2. De la justice dans l'exercice de la souveraineté, ou contrat social des républiques de l'avenir. 18°. Paris, Sandoz et Fischbacher, 1878.
— 3. De la justice dans l'usage de la propriété, ou le contrat économique des républiques de l'avenir. 2 vol. 18°. Paris, Sandoz et Fischbacher, 1878.
— 4. De la sagesse dans la production et de la fraternité dans la consommation, ou le communisme des républiques de l'avenir. 2 vol. 18°. Paris, Derveaux, 1880.

Juristen-Socialismus. (Die Neue Zeit, 1887.)

Just, Albrecht, Gütergemeinschaft. (Encykl. von Ersch u. Gruber, I$_{98}$, 1880.)

Juste, Th., Le passé des classes ouvrières. 12°. Verviers, E. Gilou, 1881.

Justesse, Histoire de la Commune. 8°. Paris, 1872.

Justice (La) sociale, organe républicain socialiste, paraissant le dimanche. No. 1, juin 1886. fol. Marseille.

K.

Kablukow, 1. Die Arbeiterfrage in der Landwirthschaft. 8⁰. Moskau 1884. (In russ. Sprache.)
— 2. Die ländliche Arbeiterfrage. 8⁰. Stuttgart, Dietz, 1887. (Internat. Bibliothek, Heft 11 u. 12.)

Kaempfe, W., Courier d'Autriche: Les résultats du socialisme chrétien, le régime corporatif, l'antisémitisme. (Réforme sociale, année XI, 1891.)

Kahle, Karl Mor., Rousseau's Contrat social beurtheilt. 8⁰. Berlin, Logier, 1834.

Kaiser, Hnr. Wilh., Die Persönlichkeit des Eigenthums in Bezug auf den Socialismus und Communismus im heutigen Frankreich. gr.-8⁰. Bremen, Kaiser, 1843.

Kalb, G., Die Handwerker nach den Forderungen der Gegenwart, mit besonderer Berücksichtigung der Erziehung und Bildung derselben. 8⁰. Berlin, Deutscher Arbeiterkongress-Schriftenverl., 1878.

Kaler, Emil, Wilh. Weitling. Seine Agitation und Lehre im geschichtlichen Zusammenhange dargestellt. 8⁰. Hottingen-Zürich, 1887. (Socialdemokrat. Biblioth., Nr. XI.)

Kalisch, L. Vide: Demokrat (Der).

Kambli, C. W., 1. Das Eigenthum im Lichte des Evangeliums. Ein Vortrag. gr.-8⁰. Frankfurt a. M., Diesterweg, 1882. (Wissenschaftl. Vorträge, über religiöse Fragen, 5. Sammlung.)
— 2. Die socialen Parteien und unsere Stellung zu denselben. gr.-8⁰. St. Gallen, Huber u. Co., 1887.
— 3. Der Hofprediger Stöcker in Zürich. Separat-Abdr. aus Nr. 9 der Zeitstimmen aus der reformirten Kirche der Schweiz. 1881.

Kampf (Der sociale) im 18. Jahrhundert. (Jahrbücher f. Gesellsch.- u. Staatswiss. von Glaser, 1865, 3. u. 4. Bd.)

Kampf (Der) gegen die Socialdemokratie in der Armee (von Otto Clauss). (Schriften zur deutsch. Heeresreform, 3. Heft.) gr.-8⁰. Stuttgart, R. Lutz, 1891.)

Kampffmayer, P., Die ökonomischen Grundlagen des deutschen Socialismus der vierziger Jahre und seine wissenschaftliche Ausbildung durch Marx und Engels vor Abfassung des communistischen Manifestes. (Die Neue Zeit, 1887.)

Kannengieser, A., 1. Catholiques allemands. 12⁰. Paris, Lethellieux, 1891.
Cont.: Le socialisme et le rôle politique du clergé. — La question ouvrière et le rôle social du clergé etc. etc.
— 2. Le socialisme et le rôle politique du clergé en Allemagne. (Extr. du „Correspondant".) 8⁰. Paris, impr. de Soye et fils, 1891.

Kapell, Otto, Gesammelte Gedichte für das deutsche Volk. 8⁰. Berlin, Selbstverlag, 1871.

Kapff, S. C. v., Die Revolution, ihre Ursachen, Folgen und Heilmittel, dargestellt für Hohe und Niedere. Als gekrönte Preisschrift hrsg. vom Centralausschuss für innere Mission der deutschen evangelischen Kirche. 1. u. 2. Aufl. 12⁰. Hamburg, Agentur des Rauhen Hauses. 1851.

Kapff, M. S. C. Vide: Bilder aus dem Arbeiterleben.

Kapital und Arbeit. Von ... (Die Gegenwart, 15. Bd., 1879.)

Kapital (Das) und die Arbeit. Von einem denkenden Menschenfreunde. gr.-16⁰. Wien, Kirsch, 1870.

Kapp, Fr., Der jüngste Aufstand der Eisenbahnarbeiter in den Vereinigten Staaten. 1876.
— Vide: Studien (Demokratische).

Karlen, J. Vide: Unabhängige.

Karlowitsch, Nicolai, Die Entwickelung des Nihilismus. 1. u. 2. Aufl. gr.-8°. Berlin, Behr, 1879. 3. Aufl. gr.-8°. Ebd. 1880.

Karlson, Betrachtungen über den Nothstand der niederen Volksklassen in Deutschland und vornehmlich in Bayern. Lex.-8°. München, Franz in Comm., 1849.

Katechismus (Politischer) für das deutsche Volk. Von einem Freunde des Volkes. 3 Hefte. kl.-8°. Braunschweig, Westermann, 1848.

Katscher, Leop., Socialismus und Strikes in Frankreich. (Die Gegenwart, 23. Bd., 1883.)

Kaufmann, Mor., 1. Nihilism in Russia. (The Contemporary Review, Dec. 1880.)
— 2. The latest phase of French socialism. (National Review, Novbr. 1887.)
— 3. Christian socialism. 8°. London, Kegan Paul, 1888.
— 4. German socialism. (Fortnightly Review, Dec. 1884.)
— 5. The progress of socialism in the United States. (Economic Review, Vol. I, 1891.)
— 6. Socialism; its nature, its dangers, and its remedies considered; founded on the German work „Kapitalismus und Socialismus" by Dr. A. E. F. Schäffle. 8°. London 1874.
— 7. Socialism and the papacy. (National Review, Dec. 1889.)
— 8. Utopias: or schemes of social improvement from Sir Thomas More to Karl Marx. pst.-8°. London, Kegan Paul, 1879.

Kautsky, Karl, 1. Die Arbeiterbewegung in Oesterreich. (Neue Zeit, 1890.)
— 2. Die Bergarbeiter und der Bauernkrieg vornehmlich in Thüringen. (Die Neue Zeit, 1889.)
— 3. Bodenbesitzreform und Socialismus. (Neue Zeit, 1890.)
— 4. Der Einfluss der Volksvermehrung auf den Fortschritt der Gesellschaft untersucht. gr.-8°. Wien, Bloch u. Hasbach, 1880.
— 5. Das „Elend der Philosophie" und „das Kapital". (Die Neue Zeit, 1886.)
— 6. Das „Kapital" von Rodbertus. (Die Neue Zeit, 2. Jhrg.)
— 7. Die Klassengegensätze von 1789. Zum 100-jährigen Gedenktag der grossen Revolution. Sep.-Abdr. aus der „Neuen Zeit", 1889$_{1-4}$. 8°. Stuttgart, Dietz, 1889.
— 8. Kommunistische Kolonien. (Die Neue Zeit, 1887.)
— 9. Karl Marx's ökonomische Lehren. Gemeinverständlich dargestellt und erläutert. (Internat. Bibliothek, 4—6. Heft.) 8°. Stuttgart, Dietz, 1887.

Kautsky, K., 10. Thomas Moore und seine Utopie. Mit einer historischen Einleitung. 8°. Stuttgart, Dietz, 1887—88. (Intern. Bibliothek, Heft 13—16.)
— 11. Das Recht auf Arbeit. (Die Neue Zeit, 2. Jhrg.)
— 12. La répartition du travail dans l'état socialiste. (Revue socialiste, no. 19, juillet 1886.)
— 13. Tchernichewsky et Malthus. (La Revue socialiste, 1880, no. 10, 11.)
— 14. Die socialen Triebe in der Menschenwelt. (Die Neue Zeit, 2. Jhrg.)
— 15. Tschernischewsky u. Malthus. (Jahrb. f. Socialwiss., hrsg. von Richter, 2. Jahrg. 1880.)
— 16. Die Vertheilung des Arbeitsertrages im socialistischen Staate. (Jahrb. f. Socialwiss., hrsg. von Richter, 2. Jhrg., 1880.)

Kautsky, K., und W. Eichhoff, Wie Brentano Marx vernichtet. 1. Marx und Brentano, von K. Kautsky. 2. Hansard, von W. Eichhoff. (Neue Zeit, 9. Jhrg., 1890—91.)

Kautsky, Karl, und Rodbertus, von C. A. S. (Die Neue Zeit, 2. Jhrg.)

Kauts, Jul., A socialismus és communismus rendszerei (der Socialismus und Communismus). (In „Csengery's Budapesti szemle".)

K. B. Vide: Arbeiterbewegung (Die deutsche).
— — Stellung (Die) der Ultramontanen zur Arbeiterfrage.

Kebbel, T. E., Democracy and party. (Nineteenth Century, August 1888.)

Keefer, K., Die Aufgaben unserer Kirche gegenüber dem Eindringen der Socialdemokratie auf dem Lande. (Sammlung theol. und socialer Reden und Abhandl., III. Serie, 2. Heft.) gr.-8°. Leipzig 1891.

Kegel, Max, Ferdinand Lassalle. Gedenkschrift zu seinem 25-jährigen Todestag. 8°. Stuttgart, Dietz, 1889.

Kegel's, Max, socialdemokratisches Liederbuch. 16°. Stuttgart, Dietz, 1891.

Keller, Ludw., 1. Ein Apostel der Wiedertäufer. gr.-8°. Leipzig, Hirzel, 1882.
— 2. Geschichte der Wiedertäufer und ihres Reiches zu Münster. 8°. Münster, Coppenrath's Buchhdlg., 1880.

Kellner. Vide: Hornisse (Die).

Kellogg, Edw., 1. Labor and capital: a new monetary system; the only means of securing the respective rights of labor and property, and of protecting the public from financial revulsions. 8°. New York, J. W. Lowell and Co., 1883.
— 2. Labor and other capital: the rights of each secured and the wrongs of both

eradicated. Or an exposition of the cause why few are wealthy and mang poor, and the delineation of a system, which, without infringing the rights of property will give to labor its just reward. New York 1849.
Kellogg, E., 3. Rights of labour secured, and wrongs eradicated, 8⁰. New York 1849.
Kennard, Mrs. A., Ferdinand Lassalle. (Nineteenth Century, Sept. 1891.)
Kerler, P., Considérations sur la révolution sociale, organisation de la francmaçonnerie, comment lui résister. 8⁰. Rennes, Catel, 1884.
Kerssenbroik, H. a., Anabaptist. furoris hist. narratio. 1564—73.
Keszler, Des grèves, à propos de celle des ouvriers tailleurs (avril 1867). 59 pp. 12⁰. Paris, impr. Goupy, 1867.
Ketteler, Wilh. Emman. Frhr. v., 1. Die Arbeiterbewegung und ihr Streben im Verhältniss zu Religion und Sittlichkeit. Eine Ansprache gehalten am 25. Juli 1869. 2. Aufl. gr.-8⁰. Mainz, Kirchheim, 1869.
— 2. Die Arbeiterfrage und das Christenthum. 1.—3. Aufl. gr.-8⁰. Mainz, Kirchheim, 1864. 4. Aufl. Mit empfehl. Einleitung Sr. Exc. des Staatsministers a. D. Dr. L. Windthorst. gr.-8⁰. Mainz, Kirchheim, 1890.
— 3. La question ouvrière et le christianisme, traduit par Édouard Cloes. 12⁰. Liège, impr. de L. Grandmont-Donders, 1869.
— 4. Die grossen socialen Fragen der Gegenwart. Sechs Predigten geh. zu Mainz im Jahre 1848. gr.-8⁰. Mainz, Kirchheim u. Schott, 1849. gr.-8⁰. Ebd. 1878.
— 5. Liberalismus, Socialismus und Chrithenthum. Rede. 3. Aufl. 8⁰. Mainz, Fr. Kirchheim, 1871.
— Vide: Hieronymi, W.: Kritische Blicke.
Kettle, Rupert, Strikes and arbitrations. 8⁰. London 1866.
Kinkel, Gottfr., Das erste Auftreten des Socialismus in der Malerei. (Deutsche Monatsschrift, 1850.)
— Vide: Zeitung (Neue Bonner).
Kinkel, J. Vide: Zeitung (Neue Bonner).
Király, Frz. v., Betrachtungen über Socialismus und Communismus in ihrem Verhältniss zu den Grundformen des Rechtes, zur polit. Oekonomie, zur socialen Praxis und zur Politik. gr.-8⁰. Leipzig, Duncker u. Humblot, 1869.
Kirchmann, J. H. v., Ueber den Communismus der Natur. Vortrag, geh. im Berliner Arbeiter-Verein im Febr. 1866. 3. Aufl. Verm. durch eine Vertheidigungs-Rede. gr.-8⁰. Heidelberg, Weiss' Verl., 1882.

Kirchmann, J. H. v. Vide: Rodbertus.
Kirsinger, L. Vide: Arbeiterzeitung (Leipziger).
Kirup, Thom., An inquiry into socialism. 2. edit. 8⁰. London, Longman, 1888.
Klein, E., Das Paradies der Socialdemokratie, so wie es wirklich sein wird. Nach socialdemokrat. Schriften für alle besonnenen Arbeiter dargestellt. 1.—4. Aufl. 8⁰. Freiburg i/Br., Herder, 1891.
Klein, Ritter Er. Fd., Freiheit und Eigenthum, abgehandelt in acht Gesprächen über die Beschlüsse der Nationalversammlung. 8⁰. Berlin, Nicolai, 1790.
Kleinmann, Adf., Anarchismus und Antisemitismus. gr.-8⁰. Wien, Lippe, 1888.
Kleinwächter, Friedr., 1. Zur Geschichte der englischen Arbeiterbewegung im Jahre 1872. (Jahrb. f. Nat.-Oekon. u. Statist., Bd. 24, 1875.) gr.-8⁰. Jena, Mauke, 1875.
— 2. Zur Geschichte der englischen Arbeiterbewegung in den Jahren 1873 und 1874. gr.-8⁰. Jena, Fischer, 1878.
— 3. Die Grundlagen und Ziele des sogenannten wissenschaftlichen Socialismus. gr.-8⁰. Innsbruck, Wagner, 1885.
— 4. Lassalle und Louis Blanc. (Zeitschrift f. d. ges. Staatswissenschaft, 1882.)
— 5. Die Staatsromane. Ein Beitrag zur Lehre vom Communismus und Socialismus. gr.-8⁰. Wien, Breitenstein, 1891.
Klencke, H., Das deutsche Gespenst. 3 Bde. 8⁰. Leipzig, Wienbrack, 1846.
Knapp, Geo. Frdr., Die Landarbeiter in Knechtschaft und Freiheit. 4 Vorträge. gr.-8⁰. Leipzig, Duncker u. Humblot, 1891.
Knight, Charles, 1. Capital and labour; including the results of machinery. kl.-8⁰. London, Ch. Knight and Co., 1845.
— 2. Kapital und Arbeit, mit Inbegriff der Ergebnisse der Maschinerie. Aus dem Engl. von Theod. Roth. kl.-8⁰. Stuttgart, Expedition der „Wochenbände", 1847.
— 3. The results of machinery. 12⁰. London 1830.
— 4. The rights of industry, capital and labour. 12⁰. London 1831.
Knortz, Karl, Kapital und Arbeit in Amerika. Vortrag, geh. in der Zionskirche zu Johnstown, Pa. gr.-8⁰. Zürich, Schmidt, 1881.
Knowlton, Ch., Elements of modern materialism: including the idea of a future state; in which all will be more happy, under whatever circumstances they may be placed, than it they experienced no misery in this life. gr.-8⁰. Adams Mass, 1829.

Köbner, S. E., Englische Chartisten und deutsche Socialdemokraten. (Die Gegenwart, 14. Bd., 1878.)
Koch, Frz. v., Die Armen- und Arbeiterfrage unserer Zeit mit besonderer Bezugnahme auf Bayern. 8⁰. Regensburg, Pustet, 1848.
Koch, Jul., Der socialdemokratische Staat mit emancipirten Frauen oder: Was wollen die Socialdemokraten? Nach Schriften und öffentl. Vorträgen namhafter Agitatoren der Socialdemokratie gemeinverständlich dargestellt. 8⁰. Gotha, C. Glaeser, 1891.
Koenigswarter, Louis, 1. Études historiques sur le développement de la société humaine. 8⁰. Paris, A. Durand, 1850.
— 2. Histoire de l'organisation de la famille en France depuis les temps les plus reculés jusqu'à nos jours. Ouvrage couronnée par l'Académie des sciences morales et politiques. 8⁰. Paris, Durand, 1851.
Köhler, Dr. F. V., Die socialen Wirren und das Evangelium. Vortrag. Mit einem Vorworte von Dr. Mühlbäusser. 4. Aufl. 4⁰. Saalfeld, Wiedemann, 1877.
Köhler, Ludw., Freie Lieder. 16⁰. Jena, Luden, 1846.
Kohlweck, Wenzel. Vide: Konkordia.
Kohut, Dr. Adolph, 1. Ferdinand Lassalle. Sein Leben und Wirken. Auf Grund der besten und zuverlässigsten Quellen geschildert. Mit ungedruckten Briefen F. L.'s, Geo. Klapka's, J. Phpp. Becker's und der Gräfin Sophie Hatzfeldt. gr.-8⁰. Leipzig, O. Wigand, 1889.
— 2. Ferdinand Lassalle's Testament und Erben. Mit ungedruckten Briefen der Gräfin Sophie Hatzfeldt, Wilh. Rüstow, Aurel Holthoff u. A. Ein Erinnerungsblatt zum 25-jähr. Todestage Lassalle's am 31. Aug. 1889. 8⁰. Grossenhain, Baumert u. Ronge, 1889.
Kokosky, Samuel, Die Erwerbsfähigkeit der Frauen und ihr Einfluss auf die sociale Stellung derselben. Vortrag, gehalten zu Königsberg am 5. Okt. 1868, nebst einem Nachtrage von demselben. gr.-8⁰. Königsberg, Braun u. Weber, 1869.
Kolb, G. F., Gütergemeinschaft. (Staatslexikon von Rotteck u. Welcker, 1862.)
Kolb, Vict. S. J., Conferenzen über die sociale Frage. 2. verm. Aufl. Mit dem Rundschreiben Leo XIII. über die Arbeiterfrage. gr.-8⁰. Wien, Mayer u. Co., 1891.
Kolisch, Sigm., Anfangsgründe der Freiheit. Ein Büchlein für das Volk. gr.-8⁰. Brünn, Wimmer, 1848.

Kolonie Rapp (Die). 8⁰. Basel 1848.
Kommunismus (Der) in seiner praktischen Anwendung auf das sociale Leben. Nebst einem Anhang: Die Kommunisten in der Schweiz; ein Beitrag zur genaueren Kenntniss der jetzigen Parteiverhältnisse im Kanton Zürich. (A. d. Vorläufer Nr. 59, 60, 67—72, Jahrg. 1843, abgedr.) 8⁰. Schaffhausen, Brodtmann, 1843.
Kommunismus oder Wahlreform. Unkenruf eines alten Abgeordneten. gr.-8⁰. Leipzig, Rossberg, 1882.
Kommunismus (Ueber den) in der Schweiz. Eine Beleuchtung des Kommissionalberichtes des Herrn Dr. Bluntschli über die Kommunisten in der Schweiz (angeblich) nach den bei Weitling vorgefundenen Papieren. 8⁰. Bern, Jenni Sohn, 1843.
Kommunisten! (Was wollen die) 8⁰. Leipzig, Weller, 1848.
Kommunisten (Die) in der Schweiz nach den bei Weitling vorgefundenen Papieren. Wörtlicher Abdruck des Kommissionalberichtes an die H. Regierung des Standes Zürich (von Bluntschli). gr.-8⁰. Zürich, Orell, Füssli und Co., 1843.
Kommunistenfresser (Die schweizerischen) von P. (Deutsches Bürgerbuch für 1846.)
Koneberg, Herm., 1. Die Internationale oder eine Welt voll Trümmer und ein Meer von Blut. 8⁰. Augsburg, Kranzfelder, 1872.
— 2. Der arme Lazarus und der reiche Prasser. 8⁰. Augsburg 1872.
König, R., Zur Charakteristik der Frauenfrage. (Sep.-Abdr. aus dem Daheim.) 8⁰. Leipzig u. Bielefeld 1870.
Konkordia. (Organ der Cigarrenmacher-Association.) Hrsg. von Wenzel Kohlweck, zuletzt von Ludwig Stechan. Erschien erst in Berlin, dann in Bremen, schliesslich in Hannover, 1848, 1849 und (nachdem sie eine Zeitlang eingegangen) 1850.
Konstitution für die deutsche Arbeiter-Union. 8⁰. New York 1870.
Koopmann, Wilh. Heinr., Der Communismus. Eine nachgelassene Schrift. gr.-8⁰. Hannover, Bauer, 1872.
Köppen, Ludw. Vide: Fränkel (Alb.)
Korn, P. A. Vide: Socialreform. Centralorgan.
Koschützki, C. v., Was wir wünschen, was wir wollen. Was wir dürfen, was wir sollen. 2. Ausg. nebst Noten und ausführlicheren Erörterungen über dasjenige, was uns vorzugsweise Noth thut. 8⁰. Tarnowitz, Reimann'sche Buchdr., 1849.

Kosegarten, W., Rousseau gegen Hobbes, oder über das Dogma der Souverainetät des Volkes und über den wahren Grund der Herrschergewalt im Staate. 8⁰. Hamburg 1832.
Kosiolek, Paul, Erwägungen über die Arbeiterfrage. Den deutschen Arbeitern und Arbeiterfreunden gewidmet. 8⁰. Breslau, Gerlich,‎ 1872.
Kozak, Dr. Theoph., Rodbertus - Jagetzow's socialökonomische Ansichten dargestellt. gr.-8⁰. Jena, Fischer, 1882.
Kraemer, Ed., Die Ursachen der Socialdemokratie und ihre Ueberwindung. Ein Wort zur Beherzigung für alle Parteien. 1. u. 2. Aufl. gr.-8⁰. Berlin, F. Luckhardt, 1878.
Krankheit (Die sociale) und die Mittel ihrer Heilung, dargestellt mit besond. Rücksicht auf die Verhältnisse Ungarns und Oesterreich-Ungarns. 12⁰. Oedenburg (Wien, Ficht.) 1880.
Krapotkin (alias Krapotkine, Kropotkin, Kropotkine), Prince, 1. L'anarchie dans l'évolution sociale, conférence à la salle Lévis. 32⁰. Paris, impr. Grave, 1888. 3. édit. 32⁰. Ibid. 1889.
— 2. The coming anarchy. (The Nineteenth Century, 1887.)
— 3. Aux jeunes gens. 2. édit. 32⁰. Genève, impr. jurassienne, 1884.
— 4. An die jungen Leute. Aus dem Franz. übersetzt von Frau J. Schultze. 8⁰. New York, Mor. Bachmann, s. a.
— 5. Appeal to the young. 8⁰. London, Soc.-dem. Federat. 337 Strand, 1890.
— 6. The scientific bases of anarchy. (The Nineteenth Century, 1887, Febr.)
— 7. La conquête du pain. 8⁰. Paris, Tresse et Stock, 1892.
— 8. Law and authority. 8⁰. London, Internat. Pub. Co, 1886.
— 9. Gesetz und Autorität. 8⁰. New York 1887.
— 10. La morale anarchiste. 18⁰. Paris, impr. Grave, 1891.
— 11. Paroles d'un révolté. Ouvrage publié, annoté et accompagné d'une préface par Elisée Reclus. Nouv. édit. 8⁰. Paris, Marpon et Flammarion, 1885.
— 12. The place of anarchism in socialistic evolution. 8⁰. London. Internat. Pub. Co., 1886.
— 13. In Russian and French prisons. 8⁰. London 1887.
— 14. The coming reign of plenty. (Nineteenth Century, June 1888.)
— 15. The great French revolution and its lesson. (Nineteenth Century, June 1889.)

Krapotkin, Prince, 16. War. 8⁰. London. Internat. Pub. Co., 1886.
Krause, Ritter Geo. Fr., 1. Betrachtungen über die Unruhen der Zeit und ihre Ursachen. gr.-8. Gotha u. Erfurt, Hennings, 1831.
— 2. Worin haben die Unruhen der Zeit vorzüglich ihren Grund? Nach dem Volksleben und den Grundsätzen der Nationalökonomie beleuchtet und den Ständen der deutschen Staaten gewidmet. Mit 1 Tab. gr.-8⁰. Ilmenau, Voigt, 1832.
Kraussold, L., Die sociale Bedeutung der Arbeiterfrage vom ethischen Standpunkt. Vortrag in dem polytechn. Verein zu Bayreuth gehalten den 28. Febr. 1866. gr.-8⁰. Bayreuth (Grau'sche Buchh.) 1866.
Kreyssig, Carl Frdr., Denkschrift über die Noth der Arbeiter und insbesondere der gewerbtreibenden Klasse unserer armen Nebenmenschen und deren Abhülfe, zusammengestellt nach 60-jährigen eigenen Erfahrungen etc. gr.-8⁰. Berlin, Heymann, 1849.
Krieg (Der) zwischen der Schweiz und Frankreich im J. 1838. Verursacht durch eine Schürze, einen Spion und die bernische Aristokratie (von Sebast. Seiler). 1843.
Krieg (Der italienische) und die Aufgabe Preussens. Eine Stimme aus der Demokratie (F. Lassalle). 8⁰. Berlin, Frz. Duncker, 1859.
Kriege, Herm. Vide: Volkstribun (Der).
Kriegsmann, Dr. G., Der christlich-liberale Socialismus des François Hüet. (Preuss. Jahrbücher, Bd. 59, 1887.)
Krieter, W., Die geheime Organisation der socialdemokratischen Partei. Nach amtlichen Quellen dargestellt. 8⁰. Magdeburg, A. Rathke, 1887.
Kriminalzeitung (New Yorker). Organ Aug. Willich's. New York 1853.
Kritik des Jahres 1797. Ein Taschenbuch für 1798. 8⁰. Altona, Hammerich.
Kritik (Zur) des socialdemokratischen Parteiprogrammes. Aus dem Nachlass von Karl Marx. (Neue Zeit, 9. Jhrg., 1890—91.)
Kritik der „Quintessenz des Socialismus" von Schäffle. Von einem prakt. Staatsmann. gr.-8⁰. Bielefeld, Velhagen u. Klasing, 1878.
Kritschewsky, B., Die russisch-revolutionäre Bewegung einst und jetzt. (Neue Zeit, 9. Jhrg., 1890—91.)
Krolikowski, 1. Appel apostolique. 1878.
— 2. Aux Panslavistes. 1874.
— 3. La Pologne selon le christ. 1842.
— 4. Polska chrystusova zbratmenie. 1846.

Krolikowski, S. Le salut de la patrie c'est notre drapeau. 1865.
— 6. Système de fraternité. 1849.
— 7. L'unification fraternelle evangelique. 1846.
Kropotkin. Vide: Krapotkin.
Krosigk, Heinr. v., Die neueste Phase des Communismus. Eine Schutzschrift für das Eigenthum. 8⁰. Berlin (Mitscher u. Röstell) 1867.
Krüer, Wilh., 1. Die Socialdemokratie. Neue (Titel-)Ausg. von: „Das Verderbliche der Socialdemokratie". 12⁰. Berlin, Eug. Schneider, (1887) 1890.
— 2. Das Verderbliche der Socialdemokratie. Kulturhistor. Skizze. 8⁰. Minden, Schneider, 1887.
Krüger, Frdr. Heinr., Traum eines Socialdemokraten. Socialpolitische Betrachtungen. 12⁰. Halberstadt, H. Meyer, 1890. 2. Tausend. Ebd. 1891.
Kuhlmann, Georg, Die neue Welt oder das Reich des Geistes auf Erden, Verkündigung. 8⁰. Genf 1845.
Kulemann, W., Die Socialdemokratie und deren Bekämpfung. Eine Studie zur Reform des Socialistengesetzes. gr.-8⁰. Berlin, Heymann, 1890.
Kunowski, Leop. v., Wird die Socialdemokratie siegen? Ein Blick in die Zukunft dieser Bewegung. 1.—6. Aufl. gr.-8⁰. Bielefeld, Velhagen u. Klasing, 1891.
Kunowski, Leop. v. Vide: Jentsch, Karl: Wird das Elend siegen?
Kunth, Glo. J. Chr., Ueber Nutzen oder Schaden der Maschinen, besonders in Fabriken. gr.-8⁰. Berlin, Duncker u. H., 1824. (Aus den Verhandl. des Vereins zur Beförderung des Gewerbefleisses abgedr.)
Kuntz, Dr., Darstellung der socialen Bestrebungen der Gegenwart nebst einem Versuch zur Lösung der socialen Frage. 8⁰. Berlin, Selbstverl. d. Verf., s. a.
Kuntze, J. E., Die sociale Frage und die innere Mission. Zwei Betrachtungen. 8⁰. Leipzig 1873.
Kunzli. Vide: Phalanstère, année, II, no. 5.
Kupczanko, Greg., Der russische Nihilismus. 8⁰. Leipzig, Friedrich, 1884.
Kurrein, Dr. Adf., Die sociale Frage im Judenthum. 8⁰. Mühlheim a. Rh. 1890.
Kuss, Charles. Vide: Phalange, série 3, t. IV etc.
Kutschbach, A., 1. Lassalle's Tod. Im Anschluss an die Memoiren der Helene von Raconitza: „Meine Beziehungen zu Ferd. Lassalle" zur Ergänzung derselben. 8⁰. Chemnitz, Schmeitzner, 1880.
— 2. Sophie Solutzeff — Ferd. Lassalle. Eine Liebesepisode aus dem Leben Ferd. Lassalle's. Kritische Studie. 8⁰. Chemnitz, Schmeitzner, 1881.

L.

Laas, Prof. Ernst, Zur Frauenfrage. (Deutsche Zeit- und Streitfragen, Heft 184, 1883.)
La Barre de Nanteuil, Cte., Le péril social. Que faire pour le conjurer en assurant à la France la prospérité et le calme? 8⁰. Paris, Plon, 1889.
Labigand, Airam. Vide: Cabossel.
Labor and life of the people. Vol. I. East London, edited by Ch. Both. 8⁰. London, Williams and Norgate, 1889.
Labor rewarded. The claims of labor and capital conciliated, or how to secure to labor the whole products of its exertions. By one of the idle classes. (W. Thompson). 8⁰. London 1827.
Laborde, Alexandre de, De l'esprit d'association dans tous les intérêts de la communauté, ou essai sur le complément du bien-être et de la richesse de la France par le complément des institutions. Paris, Gide fils, 1818; 2. édit. augmentée, le même, 1821, 2 vol. 8⁰; 3. édit., le même, 1834, 4 vol., 8⁰. 500 pp.
Labouchère, H., A democrat on the coming democracy. (Fortnightly Review, March 1883.)
Laboulaye, Charles Lefèvre, Organisation du travail. De la démocratie industrielle. 12⁰. Paris, Mathias, Guillaumin, 1848.
Laboulaye, E. Vide: Droit (Le) au travail à l'Assemblée nationale.

Labour and capital, by Fiat Justitia. 8°. London, Elliot Stock, 1875.

Labourers Friend (The); a selection from the publication of the Labourers Friend Society, showing the utility and national advantage of allotting land for cottage husbandry. gr.-8°. 1835.

Labourer's protection (The), the nation's remedy (by John Taylor, Esq.). 8°. London, Sam. Clarke, 1845.

Labour-movement (The), abroad and at home. (Quarterly Review, Nr. 273, 1874.)

Labour's prayer. By „Icnoclast". 8°. s. l. s. a.

Labour-statistics. Statistical tables and report on trades-unions (Parl. pap.). Two reports. fol. London, printed by Eyre and Spottiswoode, 1888.

La Bretonne, Rétif de, La découverte des terres australes. 4 vol. 12°. 1780.

Labusquière, John, Le tiers-état et le peuple ouvrier. 8°. 8 pp. Paris, libr. des publicat. popul., 1879.

Lacelonge. Vide: L'organisation du travail.

Lacombe, Francis, Études sur les socialistes. Le socialisme dans le passé, dans le présent, dans l'avenir. (Recueil d'articles insérés dans le journal „l'Assemblée nationale".) 12°. (Poitiers, Oudin) Paris, Lagny frères, 1850. 8°. Paris, Ad. Delahays, 1866.

Lacordaire, R. O. Vide: Proudhon: Le Miséréré.

Lacoste, Charles, La propriété et la famille. 18°. Agen, Chairou, 1869.

La Coste, G. de, Les fastes de la philosophie, ou le socialisme expliqué. 4°. Auch, Foix. 1850.

Lacoste, ainé, Le réveil de l'homme ou l'organisation sociale. 31 pp. 8°. Paris, impr. Malteste et Co., 1871.

Lacoudrais, De la crise sociale considérée dans ses causes et dans son issue possible; lettre à un vice-amiral. 8°. Paris, Charpentier, 1850.

La Coux, Jules de, Conséquences des grèves, conseils fraternels aux travailleurs. 8°. Paris, Dentu, 1865.

Lacroix, Sigism. Vide: Bebel, A.: Glossen.
— — Guyot, Yves.

Laden, F., Révolution, république et socialisme. 18°. XXXIII et 349 pp. Paris, lib. internat., 1872.

Lafargue, Paul, 1. Die socialistische Bewegung in Frankreich von 1876—1890. (Neue Zeit, 1890.)
— 2. Le crédit ouvrier. (La Revue socialiste. 1880, no. 4.)

Lafargue, Paul, 3. Curs de ieconomie sociala de Paul Lafargue. Materializmul ieconomic a lui Karl Marx. 12°. Paris 1885. (Biblioteca socialista.)
— 4. Le droit à la paresse. 8°. (Paris) Henry Oriol, 1883. (Bibliothèque socialiste.)
— 5. Der 1. Mai und der Stand der socialistischen Bewegung in Frankreich. (Neue Zeit, 9. Jhrg., 1890—91.)
— 6. Karl Marx. Persönliche Erinnerungen. (Neue Zeit, 9. Jhrg., 1890—91.)
— 7. Le matérialisme économique de K. Marx. Vide: Cours d'économie sociale.
— 8. Der wirthschaftliche Materialismus nach den Anschauungen von K. Marx. 8°. Hottingen u. Zürich, Volksbuchhdl., 1886.
— 9. Une page d'histoire. (La Revue socialiste, 1880, no. 8.)
— 10. Das Proletariat der Handarbeit und Kopfarbeit. (Die Neue Zeit, 1887 u. 1888.)
— 11. Le parti ouvrier et l'alimentation publique. (La Revue socialiste, 1880, no. 2.)
— 12. Der allgemeine Strike der Pariser Omnibus- und Tramwaybediensteten. (Neue Zeit, 9. Jhrg., 1890—91.)
— Vide: Guesde, J.

Lafaurie. Vide: Volkstribun (Thüringer).

Laffauris, Le livre des prophètes et du peuple. 32°. Paris, Desloges, 1841.

Laffitte, Pierre. Le positivisme et l'économie politique. Extrait du „Cours de Pierre Laffitte sur l'histoire générale de l'humanité. 2. édit. 8°. Paris, Dunod, 1867.

Laffon de Ladebat, André Daniel, Examen impartial des nouvelles vues de M. Robert Owen et de ses établissements à New-Lanark en Écosse pour le soulagement et l'emploi le plus utile des classes ouvrières et des pauvres, et pour l'éducation de leurs enfants, etc., etc., avec des observations sur l'application de ce système à l'économie politique de tous les gouvernements; traduit de l'anglais de Henry Grey Macnab. 1 vol. 8°. Paris et Londres, Treuttel et Würtz, 1820.

Lafond, César, Les Utopistes, soi-disant babouvistes: réflexions par un travailleur lyonnais. 8°. Lyon, impr. Boursy, 1839.

La Forge, Anatole de, Les utopistes en Italie. 8°. Paris, Castel, 1862.

Lage, Bertha v. der, Ein Wort zur Frauenfrage. 8°. Berlin, H. W. Müller, 1882.

Lage (Die) und Zukunft der arbeitenden Klassen. (Die Gegenwart, Bd. 12, 1856.)

Lagrange. Vide: Droit (Le) au travail à l'Assemblée nationale.

Lagrue, A., Solution de la question sociale. 8 pp. 8⁰. Paris, impr. Voitelain et Co., 1869.
— Vide: Bouchet, F.: Solution de la question sociale.
Lahautière, Rich., 1. Les dejeuners de Pierre. Dialogues. 4 livr. 8⁰. Paris 1841.
— 2. La loi sociale. 32⁰. Paris, Prévot, avril 1841.
— 3. Ueber das gesellschaftliche Gesetz. 8⁰. Biel 1841.
— 4. Kleiner Katechismus der Social-Reform. 8⁰. Biel 1841.
— Vide: Égalité (L').
— — Fraternité (La).
La Hodde, Lucien de, 1. Histoire des sosiétés sécrètes et du parti républicain de 1830 à 48. Louis-Philippe et la révolution de février, portraits, scènes de conspirations, faits inconnus. 8⁰. Paris, Julien, Lanier et Co, 1850.
— 2. Geschichte der geheimen Gesellschaften und der republikanischen Partei in Frankreich. Vom Regierungs-Antritte Louis Philipps bis zur Februar-Revolution 1830—48. Schilderungen, Verschwörungsscenen und unbekannte Thatsachen. Aus dem Französ. gr.-8⁰. Basel, Fel. Schneider, 1851.
Lahusen, Past. Frdr., Die christliche Gemeinde und die sociale Frage. Vortrag im evangel. Verein zu Bremen am 21. Nov. 1890 gehalten. gr.-8⁰. Bremen, Morgenbesser, 1890.
Laicus, Phil., Etwas später! Fortsetzung von Bellamy's Rückblick aus dem Jahre 2000. 1. u. 2. Aufl. 8⁰. Mainz, F. Kirchheim, 1891.
Lalaud, S. Vide: Éclaireur (L') du peuple.
Lallemand, F., Révolutions politiques et sociales de 1848 prédites en 1843. 8⁰. Paris, au comptoir des imprimeurs-unis, 1848.
La Lumia, J., Studii intorno alla questione sociale nell' antichità. I Romani e le guerre servili in Sicilia. (Nuova Antologia, série I, agosto, settembre, e ottobre, 1872.)
Lamartine, Alph. de, 1. Discours prononcé à l'Assemblée nationale sur le droit au travail. 18⁰. Paris, M. Lévy frères, 1848.
— 2. Du droit au travail et de l'organisation du travail. 8⁰. 1845.
— 3. L'état, l'église et l'enseignement. 32⁰. Paris, Pagnerre, 1843.
— 4. Zur socialen Frage: Wie man den Revolutionen vorbeugt. Ein Morgen in London oder der conservative und destructive Socialismus. gr.-8⁰. Aachen, ter Meer, 1851.
Lamartine, A. de, 5. Histoire de la révolution de 1848. 2 vol. 8⁰. Bruxelles, Meline, Cans et Co., 1849.
— 6. L'individualisme et communisme. 12⁰. Paris, Lesloges, 1848.
— 7. Lettre du citoyen Lamartine au citoyen Cabet; protestation contre le communisme. (Extrait du „Bien-public", joural de Mâcon.) 8⁰. 1847.
— 8. J. J. Rousseau, son faux contrat social et le vrai contrat social. 12⁰. Paris, Lévy frères, 1866.
— Vide: Droit (Le) au travail à l'Assemblée nationale.
Lambelin, Roger, Une revendication dangereuse. La trade-union des employés des postes en Angleterre. (Reforme sociale, 1890.)
Lamber, Juliette, Idées antiproudhoniennes sur l'amour, la femme et le mariage. 12⁰. Paris, Taride, 1858. 2. édit. augmentée d'un examen critique du livre: „La guerre et la paix". 12⁰. Paris, Dentu, 1862.
(La 1. édit. est signée: Juliette La Messine, la 2.: Juliette Lamber.)
Lambert, Miss Agnes, The private life of Thomas More. (Nineteenth Century, Oct. 1891.)
Lambert, Émile, 1. Des moyens pratiques d'organiser le travail. Extrait de „l'Abeille", journal français de Berlin. 8⁰. Berlin, Behr, 1846.
— 2. Moyens pratiques d'organiser le travail sans faire concurrence à l'industrie privée. 12⁰. Paris, Moreau, 1848.
— Vide: Avenir des travailleurs.
Lamé-Fleury, E., Une association ouvrière en 1843. (Journ. des Écon., nov. 1860, oct. 1861.)
Lamennais, F., 1. De l'esclavage moderne. 92 pp. 12⁰. Bruxelles 1840.
— 2. Die Sklaverei unserer Zeit. In freier Uebersetzung von J. Eckenstein. 12⁰. Basel, Schabelitz, 1840.
— 3. Les évangiles; traduction nouvelle avec des notes et des réflexions à la fin de chaque chapitre. 3. édit. revue et corr. 8⁰. Paris, Pagnerre et Perrotin, 1846.
— 4. De la famille et de la propriété. 12⁰. Paris, Garnier frères, 1848.
— 5. Paroles d'un croyant. 5. édit. gr.-8⁰. Genève 1834.
— 6. Worte des Glaubens. Uebers. von Ludwig Börne. kl.-8⁰. Herisau, Fr. Egli, 1834.

Lamennais, F., 7. Palabras de un creyente; traducidas por Mariano J. de Larra. 8°. Madrid 1836. Madrid 1853.
— 8. Le livre du peuple. 32°. Bruxelles, Société belge de librairie. 1838.
— 9. Das Buch des Volkes. Aus dem Französ. übers. gr.-8°. Biel, Schneider u. Co., St. Gallen, Scheitlin u. Zollikofer, 1838. — Le livre du peuple. 16°. Paris (Solothurn, Reuter).
— 10. Du passé et de l'avenir du peuple. 18°. Paris, libr. de la bibl. nation., 1875.
— 11. Le pays et le gouvernement. 32°. Paris, Pagnerre, 1840.
— 12. Des progrès de la révolution et de la guerre contre l'église. gr.-8°. Paris, Belin Mandac, 1829.
— 13. Questions du travail. 12°. Paris, Garnier frères, 1849.
— 14. De la société première et de ses lois ou de la religion. 18°. Paris, Garnier frères, 1848. 2. édit. 8°. Paris, Garnier frères, 1848.
— Vide: Cabet: Inconséquences de M. L.
— — Défense du Fourierisme.
— — Dézamy, Th.: M. L. réfuté par lui-même.
— — Profession de foi du sosialisme.
— — Stimmen (Neue) aus Frankreich.
— — Tribune nationale (La),
— — Villarasa: Palabras de un creyente.
— — Weller, E.: Publicistische Stimmen.
La Messine, Juliette. Vide: Lamber, Juliette.
Lammers, A., 1. Religion und Socialismus. (Arbeiterfreund, Jahrg. 13, 1875.)
— 2. Der Socialismus. (A. u. d. T.: Deutsche Volksschriften, I.) 8°. Breslau 1878.
Lamport, Charles, The working classes. (Reprinted from „The Westminster Review" for January 1874.) 8°. London, Trübner and Co., 1874.
Lanabère, Les associations ouvrières, discours à l'audience solennelle de rentrée de la Cour d'appel de Chambery, le 16 oct. 1886. 8°. Chambery, impr. Chatelain, 1887.
Landbevölkerung (Die katholische) im social-demokratischen Zukunftsstaate. (Katholische Flugschriften, Nr. 22.) 16°. Berlin, Germania, 1891.
Landtagsabschiede (Die preussischen). (Von K. Grün.) 8°. Birwinken, 1846.
Lang, Arn. Vide: Beck, Theod.
Lange, Fr. A., 1. J. St. Mill's Ansichten über die sociale Frage und die angebliche Umwälzung der Socialwissenschaft durch Carey. gr.-8°. Duisburg, 1865. (Winterthur, Bleuler-Hausheer u. Co.)

Lange, Fr. A., 2. Die Arbeiterfrage in ihrer Bedeutung für Gegenwart und Zukunft beleuchtet. gr.-16°. Duisburg 1865. (Winterthur, Bleuler-Hausheer u. Co.) 2. umg. u. verb. Aufl. gr.-8°. Ebd. 1870. 4. Aufl. 8°. Winterthur, Bleuler-Hausheer u. Co., 1879.
Lange, Helene, 1. Die ethische Bedeutung der Frauenbewegung. Vortrag. gr.-8°. Berlin, Oehmigke's Verl., 1889.
— 2. Zur Frauenfrage. Vortrag, geh. im Verein deutscher Lehrerinnen und Erzieherinnen im Bürgersaale des Rathhauses zu Berlin. 8°. Berlin, Keller, 1881.
Langenschwarz, Max, Der gesetzgebende Schurke Justinian. 100 pp. 8°. Leipzig, Pönicke u. Sohn, 1848.
Langer, J., Was macht die heutige Gesellschaft so krank? Wie ist ihr zu helfen? Ein Beitrag zur Lösung der sociales Frage. gr.-16°. Luxemburg, Brück, 1879.
Langford, J. A., History and principles of english democracy. 12°. London, J. Chapman, 1854.
Langlais, Jacques, La république sociale. Lettres à un électeur de la Sarthe. 12°. Sablé, Choisnet, 1850.
Langlois, Amédée Jérôme, L'homme et la révolution, huit études dédiées à P. J. Proudhon. 2 vol. 12°. Paris, Germer Baillière, 1867.
— Vide: Le Peuple, no. 190.
— — Proudhon: Caesarisme et christianisme.
— — Proudhon: Correspondance.
Languedoc (Le), organe de la démocratie radicale et socialiste, hebdomadaire, no. 1, 19 déc. 1886 (28 frimaire an XXXV). fol. Montpellier.
Lanjalley, Histoire de la révolution du 18 mars. 8°. Paris 1871.
Lannes de Montebello, M., L'armée, la question sociale, l'ordre public, conférence faite à la salle des capucins. 8°. Paris, impr. Rinny, 1891.
La Noue, C. de, Coup d'oeil sur la question sociale. 8°. VII et 66 pp. Moulins, impr. Desrosiers, 1878.
Laponneraye. Vide: Almanach de la Democratie.
— — Intelligence (L').
Lardennoys, Jean, (La question sociale.) La déclaration des droits de l'homme au congrès des peuples. 8°. Paris, J. Baillière et H. Messager, 1884.
La Rive, T. de, La question sociale, discours prononcé au cercle d'ouvriers d'Annecy (28 janv. 1883). 8°. Annecy, Aubry, 1883.
Larmandie, L. de, La lutte pour l'existence,

conférence faite à Nérac, le 24 décembre 1882. 8⁰. Nérac, impr. Dutilh, 1884.
Laroche. Vide: Persifleur (Le).
Larochefoucault-Liancourt, François-Alex.-Frédéric, Duc de, État des pauvres, ou histoire des classes travaillantes de la société en Angleterre, depuis la conquête jusqu'à l'époque actuelle. (Extrait de l'ouvrage publié en anglais par sir Morton Eden. Paris, Agasse, an VII (1890).) 8⁰.
(Fait partie de la collection Duquesnoy.)
La Sagra, Don Ramon de, 1. Aphorismes sociaux. br.-32⁰. Bruxelles, Perichon, 1848.
— 2. Aforismos sociales, introduccion á la ciencia social. Edicion hecha sobre la cuarta, publicada en Bruselas en 1848. Madrid 1849.
— 3. Aforismos sociales con aplicacion á España. Madrid 1854—55. (Las tres primeras ediciones son de Paris.)
— 4. Banque du peuple. Théorie et pratique de cette institution fondée sur la doctrine fraternelle. 32⁰. Paris, bureau de la banque du peuple, 1849.
— 5. Mon contingent à l'Académie. Sur les condition de l'ordre et des réformes sociales. 8⁰. Paris, Capelle, 1849.
— 6. Le mal et le remède. Aphorismes sociaux, profession de foi. 8⁰. Paris, Baillière, 1859.
— 7. Organisation du travail. Question préliminaire à l'examen de ce problème. 8⁰. Paris, Ledoyen, 1848.
— 8. Le problème de l'organisation du travail devant l'Académie des sciences morales et politiques. 8⁰. Paris, au bureau de la Société de l'industrie fraternelle, 1848.
— 9. Resúmen de los estudios sociales. Madrid 1844.
— 10. Révolution économique. Causes et moyens. 136 pp. 18⁰. Paris 1849.
— 11. Science sociale. Idées préliminaires. 32⁰. Paris, Capelle, 1848.
— 12. La vérité à tous. Aux socialistes. 8⁰. Paris, impr. Maudry, 1849. (Article publié dans „l'Assemblée nationale".)
— Vide: Le Peuple, no. 44 etc.
Lasker, Ed. Vide: Ehe (Die).
Lasker, J. Vide: Egeria.
Lasne, La religion et la monarchie devant la science. Organisation rationelle des institutions démocratiques; solution du problème social. 8⁰. Paris, Guérin, 1882.
Lassalle, Ferd., 1. Die Agitation des Allgem. deutschen Arbeitervereins und das Versprechen des Königs von Preussen. Eine Rede, gehalten am Stiftungsfeste des Allg. deutschen Arbeitervereins zu Ronsdorf am 22. Mai 1864. 8⁰. Berlin, Reinh. Schlingmann, 1864. 8⁰. Leipzig, J. Röthing. 1870. 8⁰. Berlin, Ihring's Nachf., 1874.
Lassalle, Ferd., 2. Offenes Antwortschreiben an das Central-Comité zur Berufung eines allgem. deutschen Arbeitercongresses zu Leipzig. 8⁰. Zürich, Meyer u. Zeller, 1863. 2. Aufl. 8⁰. Zürich 1868. 5. Aufl. 8⁰. Leipzig, Röthing, 1871.
— 3. An die Arbeiter Berlins. Eine Ansprache im Namen der Arbeiter des Allg. deutschen Arbeitervereines. 8⁰. Berlin, Schlingmann, 1863. 3. Aufl. gr.-8⁰. Leipzig 1872. (Braunschweig, Bracke.)
— 4. Zur Arbeiterfrage. Rede bei der am 16. April 1863 in Leipzig abgeh. Arbeiterversammlung. Nebst Briefen des Herrn Prof. Wuttke und Dr. Lothar Bucher. 1. Aufl. Leipzig, Selbstverl. d. Verf. 6. Aufl. gr.-8⁰. Leipzig, Braunschweig, Bracke jr., 1875. 7. Aufl. gr.-8⁰. Berlin, Associat., 1876.
— 5. Arbeiterlesebuch. Rede zu Frankfurt a. M. am 17. u. 19. Mai 1863 nach stenogr. Berichten. gr.-8⁰. Frankfurt a. M. 1863. (Leipzig, F. Fleischer.) 4. Aufl. 8⁰. Leipzig, J. Röthing, 1871. 5. Aufl. gr.-8⁰. Ebd. 1873. 6. Aufl. gr.-8⁰. Berlin, Associat., 1876.
— 6. Arbeiterprogramm. Ueber den besond. Zusammenhang der gegenwärtigen Geschichtsperiode mit der Idee des Arbeiterstandes. 8⁰. Zürich, Meyer u. Zeller, 1863. 3. Aufl. Leipzig, Verlag d. Lassalle'schen Allgem. dtsch. Arbeiterver., 1863. gr.-8⁰. Braunschweig, Bracke jr., 1874. gr.-8⁰. Berlin, Verl. d. „Vorwärts", Berliner Volksblatt, 1891.
— 7. The working man's programme. 8⁰. London, Soc.-dem. Federat., 337 Strand, s. a.
— 8. Meine Assissenrede, gehalt. vor den Geschwornen zu Düsseldorf am 3. Mai 1848 gegen die Anklage, die Bürger zur Bewaffnung gegen die kgl. Gewalt aufgereizt zu haben. 8⁰. Düsseldorf, Schaubsche Buchh. (1849). 8⁰. Braunschweig, W. Bracke, 1876.
— 9. Verschiedene kleinere Aufsätze. 1. Die franz. Nationalwerkstätten. 2. Antwort an Prof. Rau. 8⁰. Berlin, C. Ihrings Nachf., 1874.
— 10. Herr Bastiat-Schulze von Delitzsch, der ökonomische Julian, oder Capital und Arbeit. 8⁰. Berlin, Schlingmann, 1864.
— 11. Capital et travail ou M. Bastiat-Schulze (de Delitzsch). Première traduction

française, avec une notice sur le développement du socialisme en France et en Allemagne et sur la vie de Ferdinand Lassalle, par B. Malon. 18⁰. Paris, impr. Lahure, 1880. 2. édit. 8⁰. Paris, Dervaux, 1881, (Oeuvres cpl. de Malon.)

Lassalle, Ferd., 12. Monsieur Bastiat-Schulze de Delitzsch ou capital et travail, traduit de l'allemand par E. Monti avec une biographie de L. par C. de Paepe. 8⁰. Bruxelles, 1881.
— 13. Briefe an Hans von Bülow (1862—64). 2. Aufl. 8⁰. Dresden u. Leipzig 1885.
— 14. Briefe von F. Lassalle an Carl Rodbertus Jagetzow, mit einer Einleitung von Ad. Wagner. Aus dem literar. Nachlasse von C. Rodbertus-Jagetzow hrsg. von Schumacher-Zarchlin u. Ad. Wagner. 1. Bd. gr.-8⁰. Berlin, Puttkammer u. M., 1878.
— 15. Erwiderung auf eine Recension der Kreuzzeitung über das Buch „Herr Bastiat-Schulze-Delitzsch, der ökonomische Julian im J. 1864". 8⁰. Leipzig, J. Röthing, 1872.
— 16. Die Feste, die Presse und der Frankfurter Abgeordnetentag. Drei Symptome des öffentlichen Geistes. Eine Rede, geh. in der Versammlung des Allg. deutschen Arbeitervereins zu Barmen, Solingen, Düsseldorf. gr.-8⁰. Düsseldorf, Schaub, 1863. 3. Aufl. 8⁰. Leipzig, Allg. dtsch. Arbeiterverein, 1871.
— 17. Fichte's politisches Vermächtniss und die neueste Gegenwart. (Walmesrode's demokr. Studien. Hamburg 1860.) 3. Aufl. 8⁰. Leipzig, J. Röthing, 1871.
— 18. Der Kriminalprocess wider mich wegen Verleitung zum Kassettendiebstahl. 8⁰. Köln 1848.
— 19. Macht und Recht. Offenes Sendschreiben. 8⁰. Zürich, Meyer u. Zeller, 1863. 2. Aufl. Leipzig, Jul. Röthing, 1870.
— 20. Die Philosophie Fichte's und die Bedeutung des deutschen Volksgeistes. Festrede bei der am 19. Mai 1862 von der Philosophischen Gesellschaft in dem wissenschaftl. Kunstverein im Arnimischen Saale veranstalteten Fichtefeier. gr.-8⁰. Berlin, Jansen, 1862.
— 21. Die Philosophie Herakleitos des Dunkeln von Ephesus. Nach einer neuen Sammlung seiner Bruchstücke und der Zeugnisse der Alten dargestellt. 2 Bde. gr.-8⁰. Berlin, Frz. Dunker, 1858.
— 22. Sämmtliche Reden und Schriften, hrsg. von Georg Hotschick. 1. Aufl. 3 Bde. 8⁰. New York, E. Wolff, s. a. (Vorrede datirt 1882.)

1. Bd.: Einführung in F. Lassalle's socialpolitische Schriften. — Offenes Antwortschreiben. — Ueber Verfassungswesen. — Die Feste, die Presse und der Frankfurter Abgeordnetentag. — Arbeiter-Lesebuch. — Macht und Recht. — Arbeiterprogramm. — Offener Brief von Rodbertus. — An die Arbeiter Berlins. — Zur Arbeiterfrage. — Stenogr. Bericht über die strafgerichtlichen Verhandlungen. — Die Wissenschaft und die Arbeiter. — Der Lassallische Kriminalprocess: Das Urtheil 1. Instanz mit krit. Randnoten zum Zweck der Appellations-Rechtfertigung.
2. Bd.: Die indirekte Steuer und die Lage der arbeitenden Klasse. — Der Hochverraths-Process. — Die Agitation des Allg. deutsch. Arbeitervereines und das Versprechen des Königs von Preussen. — Herr Bastiat-Schulze-Delitzsch. — Vertheidigungsrede wider die Anklage der Verleitung zum Kassendiebstahl. — Assisenrede.
3. Bd.: Process gegen F. Lassalle zu Düsseldorf am 27. Juni 1854. — G. E. Lessing vom kulturhistor. Standpunkt. — Der italienische Krieg vom Jahre 1859 und die Aufgabe Preussens. — Herr Julian Schmidt, der Literarhistoriker, mit Setzer-Scholien von F. Lassalle. — Franz von Sickingen. — Das System der erworbenen Rechte.

Lassalle, Ferd., 23. Reden und Schriften. Neue Gesammtausgabe. Hrsg. im Auftrage des Vorstandes der socialdemokr. Partei Deutschlands von Ed. Bernstein. 8⁰. Berlin, Verl. des „Vorwärts", Berl. Volksbl., 1891.
— 24. Ausgewählte Reden und Schriften. 1.—3. Bd. 8⁰. Leipzig, K. F. Pfau, 1891.
— 25. Herr Julian Schmidt, der Literarhistoriker, mit Setzerscholien. 8⁰. Berlin 1862.
— 26. Franz von Sickingen. Eine historische Tragödie. 8⁰. Berlin, Duncker, 1859.
— 27. Die indirecte Steuer und die Lage der arbeitenden Klassen. Eine Vertheidigungsrede vor dem Kgl. Kammergerichte zu Berlin gegen die Anklage, die besitzl. Klassen zum Hass und zur Verachtung gegen die besitzenden öffentl. aufgereizt zu haben. gr.-8⁰. Zürich, Meyer u. Zeller, 1863. gr.-8⁰. Braunschweig, Bracke jr., 1873.
— 28. Das System der erworbenen Rechte. 2 Bde. 8⁰. Leipzig, Brockhaus, 1861. 2. Aufl. hrsg. von Lothar Bucher. 2 Thle. gr.-8⁰. Leipzig, Brockhaus, 1880.
— 29. Tagebuch. Hrsg. und mit einer Einleitung versehen von Paul Lindau. (Aus „Nord und Süd".) 8⁰. Breslau, Schles. Verlagsanst., 1891.
— 30. Ueber Verfassungswesen. Ein Vortrag, geh. in einem Berliner Bürger-Bezirksverein. gr.-8⁰. Berlin, Jansen, 1862. 4. Aufl. 8⁰. Leipzig, Röthing, 1872.
— 31. Meine Vertheidigungsrede wider die Anklage der Verleitung zum Kassettendiebstahl. 8⁰. Köln 1848.

Lassalle, Ferd., 32. Vorrede zum System der erworbenen Rechte. Mit der Nachschrift Lothar Bucher's. (Samml. gesellschaftswiss. Aufsätze, 2. Heft.) gr.-8⁰. München 1891.
— 33. Was nun? Zweiter Vortrag über Verfassungswesen. gr.-8⁰. Düsseldorf, Schaub, 1863. 2. Aufl. 8⁰. Leipzig, Jul. Röthing, 1872.
— 34. Die Wissenschaft und die Arbeiter. Eine Vertheidigungsrede vor dem Berliner Criminalgericht gegen die Anklage, die besitzlosen Klassen zum Hass und zur Verachtung gegen die bestehenden öffentlich angereizt zu haben. gr.-8⁰. Zürich, Meyer u. Zeller, 1863. gr.-8⁰. Braunschweig, Bracke jr., 1874.
— Vide: Krieg (Der italienische).
— — Studien (Demokratische).
Lassalle. Der Hochverraths-Process wider Ferd. Lassalle vor dem Staats-Gerichtshofe zu Berlin am 12. März 1864. 8⁰. Berlin, R. Schlingmann, 1864. 2. Aufl. 8⁰. Leipzig, Verl. des Lassalle'schen Allg. deutschen Arbeitervereins, 1868. 3. Aufl. 8⁰. Leipzig, J. Rötting, 1872.
Lassalle. Der Process Ferd. Lassalle's vor der correctionellen Appellkammer zu Düsseldorf am 27. Juni 1864. (Sep.-Abdr. aus der Düsseldorfer Zeitung, Nr. 176, 177 und 178.) 1. Abdr. Frankfurt a. M. 1866. 5. Aufl. 8⁰. Leipzig, J. Röthing, 1875.
Lassalle. Der Lassalle'sche Criminalprocess. 1.—3. Heft. 8⁰. Zürich, Meyer u. Zeller, 1863.
1. Die Wissenschaft und die Arbeiter. Eine Vertheidigungsrede. 2. Die mündliche Verhandlung nach dem stenogr. Bericht. 3. Das Urtheil erster Instanz mit kritischen Randnoten zum Zweck der Appellationsrechtfertigung.
Lassalle, Ferdinand, (Unsere Zeit, N. F. Bd. 1, 1865.)
Lassalle (Ferdinand) und seine Theorien. Von einem Freunde der Arbeiter. (Heft 6 der „Flugblätter", hrsg. vom Verein für volkswirthschaftlichen Fortschritt in Wien.) 1866.
La Tour, E. de, M. Le Play et les ouvriers européens. 2. édit. 18⁰. Tours, Mame et fils, 1880.
Latour, le Cte. Gustave de, Du mouvement social. 8⁰. Paris, Lecoffre, 1848.
La Tour du Pin, Aynard de. Vide: Phalanstère, année II, no. 14.
Laur, F., Essais de socialisme expérimental: la mine aux mineurs. 32⁰. Paris, Dentu, 1887.
Laurent, F., 1. Le communisme catholique. gr.-8⁰. Bruxelles, impr. de Guyot, 1859.
— 2. Les sociétés ouvrières de Gand. 8⁰. Gand, Clemme et Hoste, 1877. 2. édit.

Gand 1878. 3. édit. 8⁰. Gand, Clemme et Hoste, 1880.
Laurent, G., L'organisation sociale. 8⁰. Paris, impr. Duval, 1886.
Laurent, P. Vide: Barrault, E.
— — Globe 1831, articles.
— — L'Organisateur.
— — Producteur, t. III, IV et V, articles.
— — Saint-Simonisme: Prédications.
Laurentie, L'athéisme social et l'église; schisme du monde nouveau. 156 pp. 8⁰. Paris, Plon, 1869.
Laurentie, Pierre Sébastien, De la démocratie et des périls de la société. 16⁰. Paris, Lagny frères, 1849.
Lautier, G. A., Der Staat als die Organisation der Arbeit und die gegenwärtig dazu vorhand. Mittel. gr.-8⁰. Berlin, Logier, 1848.
La Varenne, Ch. de, Les rouges peints par eux-mêmes. Biographies intimes. 8⁰. Paris, Allouard, 1850.
Laveleye, Auguste de, Du travail à donner aux classes ouvrières considéré comme moyen de gouverner. 8⁰. Paris, Guillaumin, 1841.
Laveleye, Ém. de, 1. L'apôtre de la destruction universelle. — Bakounine et l'Internationale. (Revue des Deux Mondes, 1 juin 1880.)
— 2. Communism. (Contemporary Review, 1890, March.)
— 3. Il congresso dei socialisti ad Eisenach. (Giornale degli Economisti, fasc. XI, novembre 1875.)
— 4. Correspondance avec Agathon de (Potter dans la philosophie de l'avenir sur la question sociale. 1878 et 1879.
— 5. La démocratie et l'économie politique. Discours prononcé à la séance publique de l'Académie, 8 mai 1878.
— 6. Democratie und Socialpolitik. Rede, geh. am 8. Mai 1878 in der öffentl. Sitzung der philos. Klasse der Kgl. belg. Akademie. Autoris. Uebers. von Dr. Karl Bücher. 8⁰. Eisenach, Bacmeister, 1878.
— 7. Grandeur et décadence de l'Internationale. (Revue des Deux Mondes, 15 mars 1880.)
— 8. Die socialen Parteien der Gegenwart. Nach der 2. Aufl. des Originals und mit Autoris. des Verfassers unter Mitwirkung von Prof. Dr. K. Th. Eheberg ins Deutsche übertragen von Reg.-Prakt. Meinh. Eheberg. gr.-8⁰. Tübingen, Laupp, 1884.
— 9. The progress of socialism. (The Contemporary Review, April 1883.)

Laveleye, Émile de, 10. De la propriété et ses formes primitives. (Revue des Deux Mondes, 1 juill., 1 août, 1 sept. 1872 et 1 juin 1873.) 12⁰. Paris, G. Baillière, 1874.
(Trad. en Danois par Aleksis Petersen.)
— 11. Primitive property, transl. by G. R. L. Marriott. 8⁰. London, Macmillan, 1878.
— 12. Das Ureigenthum. Autoris. deutsche Ausg. hrsg. u. vervollständigt von Dr. Karl Bücher. gr.-8⁰. Leipzig, Brockhaus, 1879.
— 13. La propriété collective du sol en différents pays. 8⁰. Bruxelles 1886.
— 14. Rodbertus Jagetzow and scientific socialism. (Economic Review, Vol. I, April 1891.)
— 15. Le socialisme contemporain. 8⁰. Paris, Germer Baillière et Co., Bruxelles, C. Muquardt, 1881. 2. édit. 8⁰. Ibidem, 1883. 3. édit. 18⁰. Paris, Alcan, 1886. 4. édit. 18⁰. Ibid. 1889.
— 16. Le socialismo contemporain en Allemagne. I. Les théoriciens. II. Les agitateurs. Ferd. Lassalle. III. Les socialistes catholiques. IV. Les socialistes conservateurs et les socialistes évangéliques. (Revue des Deux Mondes, 1 sept. et 15 déc. 1876, 15 nov. 1878, 1 févr. 1879.)
— 17. The socialism of to day. Translated by Goddard H. Orpen, together with an account of socialism in England by the translator. 8⁰. London, Field and Tuer, 1885.
— 18. Les tendances nouvelles de l'économie politique et du socialisme. (Revue des Deux Mondes, 15 juillet 1875.)
— 19. Die neuen Ziele der Nationalökonomie und des Socialismus. Autoris. Uebersetzg. gr.-8⁰. Leipzig, Quandt u. Händel, 1875.
— 20. Two new utopias. (Contemporary Review, January 1890.)
— Vide: Cathrein, V.: The champions of agrarian socialism.

Laverdant, D. Vide: Phalange, articles.
— — Savardan, At.

Lavergne, L. de, 1. Le libéralisme socialiste, les écrits de M. Proudhon. (Revue des Deux Mondes, 15 juin 1848.)
— 2. Les réformateurs et les socialistes. L'abbé de Saint-Pierre et ses projets de réforme. (Revue des Deux Mondes, 1 févr. 1869.)

Lavigne, E., Introduction à l'histoire du nihilisme russe. 8⁰. Paris, Charpentier, 1880.

Lavisse, E., Les partis socialistes et l'agitation ouvrière en Allemagne. (Revue du Deux Mondes, 15 sept. 1873.)

Lavollée, C., 1. Les associations ouvrières, la coopération. (Revue des Deux Mondes, 1 févr. 1867.)
— 2. Les sociétés ouvrières. (Revue des Deux Mondes, 15 févr., 1884.)

Lavollée, René, 1. Les classes ouvrières en Autriche. (Journ. des Économistes, sept. 1882.)
— 2. Les classes ouvrières en Europe; études sur leur situation matérielle et morale. 2 vol. 8⁰. Paris, Guillaumin, 1882. 2. édit. revue et complétée d'après les documents les plus recents. 2 vol. 8⁰. Paris, Guillaumin, 1884.
— 3. Une enquête autrichienne sur la situation de la classe ouvrière dans la Cisleithanie. (Extrait des „Séances et travaux de l'Académie des sciences morales.) 8⁰. Paris, Picard, 1888.

Law, William, Remarks upon a late book intituled the fable of the bees, or private vices, publick benofits, in a letter to the author, to which is added a postscript containing an observation or two upon Mr. Bayle. 3. edit. 8⁰. London, W. and J. Junys, 1726.

Law (The) of primogeniture, by P. B. J. (The Republican, Vol. 1.)

Laye, D., Histoire complète des grèves de Decazeville, sous la date lugubre du 26 févr. 1886, qui ont fait tant de bruit en France, et celles de partout ailleurs: Charleroy, Wignéhies, Gand, en Belgique, en Angleterre, en Italie, en Amérique et en Espagne. 32⁰. Toulouse, impr. Boulissière, 1887.

Leader (The). Epistolae obscurorum virorum. XII, XIII. Communism. 8⁰. London 1850.

Lease (Perpetual), or identification of labour with land and capital. 12⁰. London, Simpkin, 1846.

Le Bastier, Jules, 1. Égalisation sociale, ou théories d'une révolution normale fondée sur l'exercise régulier des facultés de l'homme en communauté. 8⁰. Paris, Desessart, 1840.
— 2. De la propriété et de son principe. 8⁰. Paris, comptoir des Impr.-Unis, 1844.

Leblanc, De la France, de l'Europe et de l'influence des sociétés secrètes. 8⁰. Paris, impr. Barbier, 1831.

Lebon.
Quelques pages, lithographiées, rédigées par Lebon, répandues en très-petit nombre parmi les prisonniers de Sainte-Pélagie en 1834, très-peu connues, très-rares et contenant seulement quelques principes. (Malon.)

Lebrecht, Guglielmo, Del socialismo: due letture. 32⁰. Verona 1871.

Lebrun, Lettre à M. le ministre de l'instruction publique et des cultes sur l'économie politique et le socialisme. 20 pp. 8⁰. Paris, Le Chevalier, 1872.

Lechevalier, Jules, 1. L'annonciation. Mission de Rouen, mai 1831. Vide: Saint-Simonisme, Missions, no. 5.

— 2. De l'association et des divers moyens proposés pour la réaliser. (Revue du Progrès social, 4. livr.)

— 3. Déclaration aux Saint-Simoniens. 4⁰. Paris, le 28 nov. 1831.

— 4. Enseignement central. 8⁰. Paris, Capelle, 1831. (Publication Saint-Simonien.) Vide: Saint-Simonisme, Extraits de l'Organisateur, no. 12.

— 5. Études sur la science sociale (théorie de Ch. Fourier). 8⁰. Paris, Capelle, 1834. Cont.: 1) Travaux de Ch. Fourier et principes généraux de son école. 2) Économie sociétaire ou comparaison du principe de l'association donnée par la théorie sociétaire avec les diverses théories d'économie politique. 3) Cinq leçons sur l'art d'associer ou réfutation du Saint-Simonisme au moyen de la théorie sociétaire de Ch. Fourier. 4) Programme d'un cours sur la science de l'humanité professé à Paris dans l'hiver de 1832 à 1833. 5) Programme d'un cours d'économie générale

— 6. Exposition du système social de Ch. Fourier. T. I. (Leçons sur l'art d'associer.) gr.-8⁰. Paris, Paulin, 1832.

— 7. Leçons sur l'art d'associer les individus et les masses, hommes, femmes, enfants, en travaux d'industrie, science et beaux-arts. Exposition du système social de Charles Fourier. 8⁰. Paris, Paulin, 1832.

— 8. Les paroles d'un croyant. (Revue du Progrès social, 5. livr.)

— 9. Qu'est-ce que l'organisation du travail? 1. livr., introduction scientifique et historique. 8⁰. Paris 1848.

— 10. Question sociale, de la réforme industrielle, considérée comme problème fondamental de la politique positive. (Extrait de la „Réforme industrielle", revue phalanstérienne.) 8⁰. Paris, impr. Selligue, 1833.

— 11. Qui donc organisera le travail? Les travailleurs eux-mêmes. Organisons-nous. Discours. fol. 1848.

— 12. Réorganisation des colonies à esclaves, émancipation des noirs, combinée avec la libération de la propriété foncière, l'organisation du travail libre, et la colonisation des terres vacantes. 8⁰. Paris, impr. Didot, 1845.

Lechevalier, Jules, 13. Réponse à quelques objections. Vide: Saint-Simonisme, Extr. de l'Organisateur, no. 18. — Saint-Simonisme, Missions, no. 11.

— 14. Résumé du système social. (Extrait de la Revue de Paris.) gr.-8⁰. Paris, impr. d'Éverat.

— 15. De la restauration de la société française, à propos du livre publié par la „Gazette de France". (Revue du Progrès social, 2. livr.)

— 16. „Aux Saint-Simoniens". Lettre sur la division survenue dans l'association Saint-Simonienne. 8⁰. Paris, impr. d'Éverat, 1831. Vide: Saint-Simonisme, Crises Saint-Simoniennes, no. 4.

— 17. Situation et avenir social de la France. (Revue du Progrès social, 1. livr.)

— Vide: Phalanstère, année I, no. 7 etc.

— — Revue du Progrès social.

Lecler, Adhémard, La quintessence du collectivisme (la propriété). 12⁰. Paris, Carbillet, 1881.

Leclerc, Louis, Simple observation sur le droit de propriété. (Journ. des Écon., oct. 1848.)

Léclus, M. Vide: Revue socialiste.

Le Cour Grandmaison, Ch., La législation anglaise sur les associations ouvrières. (Extrait de „l'Association catholique"). 8⁰. Bar-le-Duc et Paris, à l'oeuvre de Saint-Paul, 1883.

Lecouturier, Charles Henri, La cosmosophie, ou le socialisme universel. 8⁰. Paris, chez l'auteur, 1850.

Lectures to the labouring classes and their employers in the county of Sussex and elsewhere. Note by a follower of W. Cobbett. Lecture I. 3. edit. 8⁰. London, J. Hatchard and Son, 1831.

Lectures on an entire new state of society. 8⁰. s. l. s. a.

Ledain, Alfred, Le socialisme et la république. 8⁰. Paris, Garnier frères, 1849.

Ledru-Rollin, 1. Le 24 février. Les électeurs. 18⁰. Paris, P. Amie l'aîné, 1850.

— 2. Der 13. Juni. 55 pp. 8⁰. Berlin, Löwenherz, 1850.

— Vide: Breynat, Jules: Les socialistes modernes.

— — Droit (Le) au travail à l'Assemblée nationale.

Le Faure, Amédée, Le socialisme pendant la révolution (1789—1798). 12⁰. Paris, Dentu, 1863. 2. édit. 12⁰. Paris, Lacroix, Verboeckhoven et Co., 1867.

Lefèvre, Des coalitions d'ouvriers et de leurs effets. (Journ. des Écon., 1864, avril.)

Lefevre, G. Shaw, Freedom of land. 132 pp. 8°. London 1880.

Lefort, J., L'association internationale des travailleurs. (Journ. d. Écon., 1872, avril.)

Lefrançais, G., Étude sur le mouvement communaliste à Paris, en 1871. 8°. Neuchatel, impr. G. Guillaume fils, 1871.

Legge, F., Triumphant democracy in the XVII. century. (National Review, July and August, 1890.)

Legouvé, E., La question des femmes. 8°. Paris, Hetzel et Co., 1881.

Le Grand, A., Scydromedia, seu sermo, quem Alphonsus de la Vida habuit coram comite de Falmouth de monarchia. Norimb. 1680.

Le Hir, Jean Louis, Harmonies sociales. 8°. Paris, Hugot, 1847.
(La 1. édit. a paru en 1844 sous le pseudonyme Le Léonais.)
— Vide: Harmonie universelle.

Lehmann, Franz Ludwig, Pessimism, positivism and socialism. (To Day, Nr. 9, 11.)

Lehmkuhl, Aug. Vide: Frage (Die sociale) beleuchtet durch die „Stimmen aus Maria-Laach".

Lehn, Dr. Max, 1. Zum Capitel der Frauenfrage. (Neue Gesellschaft, 1. Jhrg, 1877/8.)
— 2. Einiges über das Erbrecht. (Neue Gesellschaft, 1. Jahrg.)
— 3. Das Strafrecht und der Socialismus. (Neue Gesellschaft, 1. Jahrg., 1877/8.)
— 4. Die Wohnungsfrage nach socialistischen Principien gelöst. (Neue Gesellschaft, 2. Jahrg., 1878/9.)

Lehusmann, Ernst Henriet, Die Kunst und der Socialismus. (Sociale Zeitfragen, II. Serie, 4. Heft, 1886.)
— Vide: Zeitfragen (Sociale).

Lehr, Prof. Dr. J., K. Marx, Das Kapital, Kritik der politischen Oekonomie. (Vierteljahrsschr. f. Volkswirthschaft, $1886_{2.\ 3}$.)

Lehre und Schriften August Comte's. (Preuss. Jahrbücher, Bd. 4, 1859.)

Leidesdorf, M., Die Frauenfrage und deren Lösung. 8°. Wien, Selbstverl. d. Verf., 1882.

Leigh (the Canon), Labour organization. (Fortnightly Review, Dec. 1887.)

Leipziger Hochverrathsprocess. Ausführlicher Bericht über die Verhandlungen des Schwurgerichtes in Leipzig in dem Process gegen Liebknecht, Bebel und Hepner wegen Vorbereitung zum Hochverrath vom 11.—26. März 1872. Mit den ungehaltenen Schlussvertheidigungsreden der Angeklagten und einer Schlusscharakteristik des ganzen Processes bearb. von den Angeklagten. 8°. Leipzig, Exped. des „Volksstaat", 1872.

Leithäuser, C. G., Das eherne Lohngesetz nach Lassalle und die Productiv-Associationen. Rede gegen die Socialdemokraten, geh. in der Tonhalle zu Bremen. gr.-8°. Bremen (Valett u. Co.) 1874.

Leixner, Otto v., 1888—1891. Sociale Briefe aus Berlin. Mit besonderer Berücksichtigung der socialdemokratischen Strömungen. 8°. Berlin, Pfeilstücker, 1891.

Le Léonais. Vide: Le Hir, Jean Louis.

Le Lievre, Ch., Le travail et l'association. 16°. Paris, Lecoffre fils et Co., 1868.

Lemaire, Les droits du peuple, la Commune. 8°. Paris 1871.

Lemercier, Vicomte Anatole, Études sur les associations ouvrières. 18°. chez Adrien Leclerc et Co., 1857.

Lemonnier, Ch., 1. Avenir de la femme. Toulouse, juillet, 1831. Vide: Saint-Simonisme, Missions, no. 12.)
— 2. Avenir des partis. (Religion Saint-Simon.) Vide: Saint-Simonisme, Mesnilmontant, no. 16_{81}.)
— 3. Quel but se proposent les Saint-Simoniens? Montpellier, 30 avril 1832. Vide: Saint-Simonisme, Missions, no. 13. — Saint-Simonisme, Mesnilmontant, no. 16_{88}.
— 4. Le Jardin des Tuileries. (Religion Saint-Simon.) Vide: Saint-Simonisme, Mesnilmontant, no. 16_{75}.
— 5. La question sociale. Rapport présenté au congrès de Lausanne, le 27 septembre 1871. Paris, Cherbuliez, 1871.
— 6. Religion Saint-Simonienne. A chacun selon son mérite. A chacun selon son travail. 8°. 1832.
— 7. Les Saint-Simoniens!!! 7 juin 1832. (Religion Saint-Simon.) Vide: Saint-Simonisme, Mesnilmontant, no. 6.
— 8. La Tribune. Ode à Louvel. (Religion Saint-Simon.) Vide: Saint-Simonisme, Mesnilmontant, no. 16_{77}.
— 9. La Vendée. — La Presse. (Religion Saint-Simon.) Vide: Saint-Simonisme, Mesnilmontant, no. 16_{74}.

Lemoyne, N. R. D., 1. Association par phalanges agricoles industrielles. Ensemble du système. Notions élémentaires et pratiques sur la théorie sociétaire, notamment sur la constitution de l'autorité, le quadruple produit, le travail attrayant etc. etc. 8°. Paris

1832. 8⁰. Metz, Mᵐᵉ Thiel; Paris, Carilian-Goeury, 1835.

Lemoyne, N. R. D., 2. Association par phalange, ensemble du système, avec des feuilles, progrès et association, aperçus généraux. 8⁰. Paris, impr. Selligue, 1838.
— 3. Idées d'organisation sociale. Généralités sur les classes et les choses, qui sont organisées dans la société actuelle et sur les choses inorganisées. Exposé d'un système de garanties commerciales. Préludes à l'organisation du travail et de la subsistance. gr.-8⁰. Paris, Capelle, mars 1848.
— 4. Progrès et association. — Calculs agronomiques et considérations sociales. — Problème de l'extinction de la mendicité résolu au moyen de l'agriculture sociétaire. 8⁰. Paris, Carilian-Goeury, 1838.
— Vide: Phalanstère, année I, no. 16 et 21.

Leneveux, Henri Charles, Les grèves. 18⁰. Paris, Pagnerre, 1865.

Leugerke, Alex. v., Die ländliche Arbeiterfrage. Beantwortet durch die bei dem K. Landes-Oekonomie-Collegium aus allen Gegenden der preuss. Monarchie eingegangenen Berichte landwirthschaftl.Vereine über die materiellen Zustände der arbeitenden Klassen auf dem platten Lande. Mit einer Karte vom preuss. Staate. gr.-8⁰. Berlin, Schroeder, 1849.
— Vide: Arbeiterfrage (Die ländl.)

Lenoir, Paul. Vide: Phalange, série 3, t. IV.

Le Nordez, Ernest, La vérité sur la grève des mineurs du bassin houiller de la Loire. 96 pp. 8⁰. Saint-Étienne, impr. Bevevent, 1869.

Lensing, L., Der grosse Bergarbeiterstreik vom J. 1889 im rheinisch-westphälischen Kohlenrevier. Ein Wort zur Abwehr. gr.-8⁰. Dortmund, Gebr. Lensing, 1889.

Lenz, Gust., Fliegende Blätter aus Norddeutschland. 1. Heft: Nationalität. — Volksmajestät. — Gegen die Russen. gr.-8⁰. Greifswald, Herwig u. Droysen, 1848.

Leo XIII., Papst, 1. Ueber die Arbeiterfrage. Rundschreiben Sr. Heiligkeit vom 17. Mai 1891. 12⁰. Köln, H. Theissing, 1891.
— 2. Lettre encyclique en date du 15 mai 1891 de la condition des ouvriers (Rerum novarum). Texte latin et traduction française officielle. 8⁰. Paris, Ch. Poussielgue, 1891.
— 3. De sociale questie, mit het Vatican bezien. Drie zendbrieven van paus Leo XIII. vertaalden ingeleid door E. van Koetsveld. 8⁰. Schoonhaven, van Nooten et zoon, 1889.

Leo XIII., Papst. Vide: Arbeiterfrage (Ueber die).
— — Brüll, Andr.: Die Encyklika.
— — Cazajeux, J.: L'encyclique.
— — Encyklika (Die).
— — Encyklika über die Arbeiterfrage.
— — Flürscheim, M.: Papst und Socialreform.
— — Rundschreiben Sr. Heiligkeit.

Leo, F., Die sociale Frage und die Arbeiterkammern. (Monatsschrift „Deutsche Worte", IX. Jahrg., Wien 1889.)

Leo, Dr. Ottomar, Zur Arbeiterfrage in der Landwirthschaft. gr.-8⁰. Oppeln, Clar's B., 1878.

Leonhardi, Frz. Frhr. v., pens. FML., Collectiv-Vermögen. Ein Beitrag zur Lösung der socialen Frage. gr.-8⁰. Pressburg, Stampfel, 1881. 2. sehr verm. Aufl. gr.-8⁰. Ebd. 1882.

Leopardi, Graf, Des Grafen Leopardi philosophisch-politischer Katechismus. Eine Berichtigung der gangbarsten philosophisch-politischen Lehren und Ansichten unserer Zeit. (Aus dem Italienischen übersetzt von Haza-Radlitz.) kl.-8⁰. Regensburg, Fr. Pustet, 1834.

Lepage, Histoire de la Commune. 8⁰. Paris 1871.

Lepage, E., L'évolution sociale, l'existence des classes laborieuses assurée au moyen d'un système de république aristocratique. 8⁰. Orléans, libr. populaire, 1886.

Lepaulle, Émile, L'édit de maximum et la situation monétaire de l'empire sous Dioclétien. 4⁰. Paris, Rollin et Feuardent, 1886.

Lepeletier, Félix et Amédée. Vide: Babeuf, Procès.

Lepelletier, Déisme et système universel. Théogonie. Cosmographie. Socialisme. 12⁰. Paris, Ladrange, 1844.

Lepelletier, Dr. Almère, Système social complet. Ses applications pratiques à l'individu, à la famille, h la société dans l'intérêt du bien-être, du bonheur et de la civilisation des peuples. 2 vol. 8⁰. Paris, Guillaumin et Co., 1855—56.
— Vide: Thaulow, G.: M. Lepelletier's plan.

Lepetit, E., Del socialismo. Saggio. Studi giuridici e politici. gr.-8⁰. Milano, N. Hoepli, 1891.

Le Play, Pierre Fréd., 1. La constitution essentielle de l'humanité, exposé des principes et des coutumes qui créent la prospérité ou la souffrance des nations. 18⁰. Paris, Dentu; Tours, Mame et fils, 1881.

Le Play, P. F., 2. L'école de la paix sociale, son histoire, sa méthode et sa doctrine. 12°. Tours, Mame, 1882.
— 3. La méthode sociale, abrégé des ouvriers européens. Ouvrage destiné aux classes dirigeantes. gr.-8°. Tours, Mame et fils, 1879.
— 4. Organisation de la famille selon le vrai modèle signalé par l'histoire de toutes les races et de tous les temps. Avec trois appendices par E. Cheysson, F. Le Play et C. Jannet. 1. édit. 12°. Paris, Téqui, 1871. 2. édit. rev. et corrigée. 12°. Paris, Dentu, 1875. 3. édit. enrichie de documents nouveaux, par M. M. Ad. Focillon A. Le Play et Delaire. 8°. Paris, Dentu, 1884.
— 5. L'organisation du travail selon la coutume des ateliers et la loi du décalogue, avec un précis d'observations comparées sur la distinction du bien et du mal dans le régime du travail, les causes du mal actuel et les moyens de réforme, les objections et les réponses, les difficultés et les solutions. 1. édit. u. 2. édit. revue et corrigée. 12°. (Tours, Mame.) Paris, Dentu, 1870. 4. édit. revue et corr. 8°. Tours, Mame et fils, 1877.
— 6. Les ouvriers européens. Lettres de M. R. de Fontenay. (Journ. des Écon., mai, juin 1856.)
— 7. Les ouvriers européens. Études sur les travaux, la vie domestique et la condition morale des populations ouvrières de l'Europe, précédées d'un exposé de la méthode d'observation. fol. Paris, impr. impériale, 1855. 2. édit. 6 vol. 8°. Paris 1879.
— 8. Le programme des unions de la paix sociale avec une introduction de M. H. A. Munro Buttler Johnstone. 8°. Tours, A. Mame, 1876.
— 9, La question sociale et l'Assemblée. Réponse aux questions des députés membres de l'union. 2. édit. rev. et compl. 72 pp. 18°. Paris, Dentu, 1874.
— 10. La réforme sociale en France, déduite de l'observation comparée des peuples européens. 1. édit. 2 vol. 8°. Paris, Plon, 1864. 2. édit. 2 vol. 12°. Ibid. 1866. 3. édit. 2 vol. 8°. 1867. 4. édit. revue et corrig. 3 vol. 18°. Paris, Dentu, 1872. 5. édit. corrig. et refondue. 3 vol. 12°. Paris, Dentu, 1874. 6. édit. corrigée et refondue. 4 vol. 8°. Tours, A. Mame et fils, 1878. 7. édit. 3 vol. 18°. Paris, Dentu, 1889.

Le Play, F., et M. Delaire, La constitution de l'Angleterre considérée dans ses rapports avec la loi de dieu et les coutumes de la paix sociale, précédée d'aperçus sommaires sur la nature du sol et l'histoire de la race. 2 vol. 8°. Tours, Mame et fils, 1875.
— Vide: Cochin, A.: Les ouvriers européens.
— — Cochin, A.: La réforme sociale en France.
— — Delaire: Le progrès de l'école Leplay.
— — Delaire: Les unions de la paix soc.
— — Focillon, A.: La mission.
— — Hippe: Le Play.
— — Isoard: Lettre sur l'union de la paix.
— — La Tour: Mr. Le Play et les ouvriers.
— — Pequignot: Fr. Le Play et l'école de la paix soc.
— — Schäffle: Socialreform.
— — Science sociale (La).
— — Tourville, H.: La nomenclature sociale.
— — Union de la paix sociale.

Lequien, Félix, 1. L'Internationale et l'ouvrier. 12°. Paris, Tolsa 1873.
— 2. Aux ouvriers. Bonheur ou misère. 5. édit. 16 pp. 18°. Paris, Tolsa, 1872.

Lerique, Joseph, Schule und Socialismus. Eine social-pädagogische Studie. (Frankfurter Broschüren, N. F. II. Bd., Heft 5.) gr.-8°. Frankfurt a/M., 1881.

Lermina, J., Histoire de la misère ou le prolétariat à travers les âges. V et 340 pp. 18°. Paris, Décembre-Alonier, 1869.

Le Rousseau, Julien, De l'organisation de la démocratie. 8°. Paris, Capelle, 1850.

Leroux, Jules, Aux ouvriers typographes. De la nécessité de fonder une association ayant pour but de rendre les ouvriers propriétaires des instruments de travail. 8°. Paris, impr. Herhan, 1833.

Leroux, Pierre, 1. Le carrosse de M. Aguado, ou si ce sont les riches qui payent les pauvres? 8°. Paris, G. Sandré, 1848.
— 2. Aux états de Jersey sur un moyen de quintupler pour ne pas dire plus, la production agricole du pays. 8°. London, Universal library, 1853.
— 3. Du christianisme et de son origine démocratique. 1 vol. 16°. Boussac, Pierre Leroux; Paris, G. Sandré, 1848. Nouvelle édit. deux parties. 8°. Boussac, P. Leroux, 1848.
— 4. Comment délivrer la France de la tyrannie? Ou la constitution qui convient aujourd'hui à la France. (L'Espérance, II. livr.)

Leroux, Pierre, 5. Des conciles ou de l'origine démocratique du christianisme. 3. édit. 8°. Lausanne, Jos. Leroux, 1869.
— 6. Discours du citoyen Pierre Leroux, représentant du peuple, etc., sur la fixation des heures de travail. 4°. Paris, Sandré, 1848. (Extrait du Moniteur, du 31 août 1848.)
— 7. Discours sur la situation actuelle de la société et de l'esprit humain. 1. édit. 1841. Nouvelle édition. 2. vol. 16°. Paris, G. Sandré, 1847.
— 8. Doctrine de l'humanité. Solution pacifique du problème du prolétariat. 8°. Boussac, impr. Leroux, 1848.
— 9. De la doctrine de la perfectibilité et du progrès constant. Paris, G. Sandré, 1848.
— 10. De l'égalité suivi d'aphorismes sur la doctrine de l'humanité. 1. édit. 1838. Nouvelle édition. 1 vol. 8°. Boussac, P. Leroux; Paris, G. Sandré, 1848.
— 11. La grève de Samarez. (L'Espérance, 1., 2. et 4. livr.)
— 12. De l'humanité, de son principe et de son avenir, où se trouve exposée la vraie définition de la religion, et où l'on explique le sens, la suite et l'enchaînement du mosaïsme et du christianisme. 1. édit. 2 vol. 1840. 2. édit. 2 vol. 8°. Paris, Perrotin, 1845.
— 13. Malthus et les économistes, ou il y aura-t-il toujours des pauvres? Nouvelle édition. 1 vol. 16°. Boussac, P. Leroux; Paris, Sandré, 1849.
C'est réimpression d'articles qui ont paru dans la Revue sociale en 1846 sous le titre: „De la recherche des biens matériels, ou de l'individualisme et du socialisme."
— 14. De la ploutocratie ou du gouvernement des riches. (Cet écrit a paru en 1843, dans la Revue indépendante.) Nouvelle édition. 16°. Boussac, P. Leroux; Paris, J. Sandré, 1848. 18°. Boussac, impr. P. Leroux, 1849.
— 15. De la politique suivie de sept ans par le parti républicain. (L'Espérance, IV livr.)
— 16. Projet d'une constitution démocratique et sociale, fondée sur la loi même de la vie, et donnant, par une organisation véritable de l'état, la possibilité de détruire à jamais la monarchie, l'aristocratie, l'anarchie, et le moyen infaillible d'organiser le travail national sans blesser la liberté. 1. u. 2. édit. 8°. Paris, Sandré, 1848.
— 17. Réfutation de l'éclectisme. Nouv. édit. 8°. Paris, Gosselin, 1841.
— 18. D'une religion nationale, ou du culte. Nouvelle édition. 18°. Boussac, impr. de P. Leroux, 1846.
Leroux, Pierre, 19. Résumé des hypothèses modernes sur la création. (L'Espérance, 1. livr.)
— 20. Revue sociale, ou solution pacifique du problème du prolétariat. Revue mensuelle, 1845—47. 3 vol. fol.
— Vide: Breynat, J.: Les socialistes modernes.
— — Champseix, G.: Notice biograph. sur P. L.
— — Espérance (L').
— — Globe (Le).
— — Marchal, S.: P. J. Proudhon et P. Leroux.
— — Revue indépendante.
— — Revue sociale.
— — Robert: Éléments de philosophie sociale.
— — Roland, P.: Le Peuple.
Le Roy, Achille, La revanche du prolétariat. 1. édit. 6°. Paris, libr. socialiste internat. Ach. Le Roy, 1885. (Bibliothèque socialiste internat.)
Leroy, l'abbé Louis, Quel sera l'avenir de l'humanité? Problème social proposé et discuté par F. F.; traduit de l'italien par l'abbé Leroy. 16°. Laval, Mary-Beauchêne, 1862.
Leroy-Beaulieu, Anatole, Le socialisme agraire et le régime de la propriété en Europe. (Revue des Deux Mondes, 1 mars 1879.)
Leroy-Beaulieu, Paul, 1. Les aspirations des ouvriers et leurs projets de réforme sociale. Rapports de la délégation ouvrière française à l'exposition de Vienne. (Revue des Deux Mondes, 1 juillet 1875.)
— 2. Le collectivisme, examen critique du nouveau socialisme. 8°. Paris, Guillaumin, 1884. 2. édit. augm. d'une préface. 8°. Paris, Guillaumin, 1885.
— 3. Essai sur la répartition des richesses et sur la tendance à une moindre inégalité des conditions. 8°. Paris, Guillaumin, 1881. 2. édit. revue et corrigée. 8°. Ibid. 1882. 3. édit. rev. et corr. 8°. Ibid. 1888.
— 4. La question ouvrière au XIX. siècle. I. Le socialisme et les grèves. (Revue des Deux Mondes, 1 mars 1870.) II. Les trades-unions et l'association internationale des travailleurs. (R. d. D. M., 15 avril 1870.) III. Les systèmes d'association et la participation aux bénéfices. (R. d. D. M., 15 mai 1870.) IV. Le rôle de la bourgeoisie dans la production. (R. d. D. M., 15 juillet 1870.) 18°. Paris, Charpentier, 1871. 2. édit. 1882.

Leroy-Beaulieu, P. Vide: Potter, Ag.: La propriété foncière.
Lescarret, J. B., Le socialisme en action. (Extr. de la „Gironde") 16⁰. Bordeaux, Peret, 1886.
Lescinczky, Stanislaus, roi de Pologne. Vide: Entretien d'un Européen etc.
Leser (An die) und Theilhaber der Arbeiter-Zeitung. 8⁰. New York, 1874.
Lestrade, Combes Vicomte de, Seul de son siècle en l'an 2000. Traduction et discussion du roman communiste; „Looking backward" de M. Ed. Bellamy. 8⁰. Paris, Guillaumin et Co., 1891.
Letellier, citoyen. Vide: L'organisation du travail.
Lette, Dr. W. A., 1. Die Arbeiter, insbesonders die Lohnfrage in Verbindung mit der Gesetzgebung und freien Concurrenz. (Arbeiterfreund, Jahrg. 2, 1864.)
— 2. Handwerker- und Arbeitervereine. (Staatslexik. von Rotteck u. Welcker, 1862.)
Letters to the Mob. London 1848.
Lettre à la bourgeoisie. Le comité de la commune revolutionnaire: Felix Pyat, Boichot, pour Caussidière absent: Rougée suppléant. Londres, 24 févr. 1854. 32⁰. s. l. s. a.
Lettre a Messieurs Quinet et Michelet, par des prolétaires. 16 pp. 8⁰. Paris 1845.
Lettre d'un disciple de la science nouvelle aux religionnaires prétendus Saint-Simoniens, de l'Organisateur et du Globe, par P. C. R..... x. (Le Globe 1831, no. 146 et 161.) gr.-8⁰. Paris, Rue de Choiseul Nr. 2 bis. 1831.
Lettre à M. Thiers sur le 4. livre de la propriété, par un financier de village (Charles Soullier). 8⁰. Paris, Giraud, 1849.
Lettres d'un habitant de Genève à ses contemporains (par Henri Saint-Simon). 12⁰. s. l. s. a.
Le Vagre, Jehan, Organisation de la propagande révolutionnaire. 8⁰. Paris 1883. (Publications du groupe des 5. et 13. arrondiss.)
Le Vagre, La société au lendemain de la révolution. 8⁰. Paris 1882.
Levasseur, E., 1. De la condition matérielle de la classe ouvrière depuis quinze ans. (Journ. des Écon., nov. 1866.)
— 2. De la condition morale de la classe ouvrière depuis quinze ans. (Journ. des Écon., févr. 1867.)
— 3. Histoire des classes ouvrières en France depuis la conquête de Jules César jusqu'a la révolution. 2 vol. 8⁰. Paris, Guillaumin et Co., 1859.
Levasseur, E., 4. Histoire des classes ouvrières en France depuis 1789 jusqu'à nos jours. 2 vol. 8⁰. Paris, Hachette et Co., 1867.
— 5. Patrons et ouvriers au XVIII. siècle. (Journ. des Écon., juillet, sept. 1865.)
Level. Vide: Droit (Le) au travail à l'Assemblée nationale.
Levinstein, Zur Arbeiterfrage. (A. u. d. T.: Zur Geschichte unserer Zeit. III.) 8⁰. Berlin 1849.
Lévy, Armand, La loi contre les coalitions et la liberté des travailleurs. 18⁰. Paris, Dentu, 1864.
Lexis, Dr. W., Gewerkvereine und Unternehmerverbände in Frankreich. Ein Beitrag zur Kenntniss der socialen Bewegung. (Schriften d. Ver. f. Socialpol., XVII, 1879.)
Leynadier, le citoyen, République française !!! Histoire des mémorables journées de février 1848, écrite d'après les documents officiels fournis par le gouvernement provisoire. 8⁰. Paris, au bureau de la libr. histor., 1848.
Lhuillier, M., Arrivons au but: vote des sien par le peuple; plus de révolution, progrès continu, revision et conciliation. Sécurité.
— Confiance. — Crédit public. — Travail à tous. — Échange immédiat des produits. — Chômage et faillite supprimés. 18⁰. Paris, libr. de la Propagande démocratique et sociale européenne, 1851.
Liadières, M., 1848. — 1830. Dix mois et dix-huit ans. 8⁰. Paris, Comon, 1849.
Liberté, égalité ou la mort. Les souvenirs et les espérances d'un démocrate, dédiés au représentant du peuple français, Drouet: par Lepotit. s. a.
Liberté (La) et le socialisme. (Journal de la vraie République, no. 2.)
Libre-pensée (La) socialiste, tribune libre de tous les groupes de libres-penseurs. Paraît le dimanche. No. 1, 13 sept. 1885 (= 27 fructidor an 93). pet.-fol. Paris, impr. Blanpain.
Libre-penseur (Le) politique, social et anticlérical. No. 1, 6 sept. 1883. fol. Alfortville, Villiers.
Lichtenberg, C. v., Arbeit und Bildung in ihrer Beziehung zum Proletariat. gr.-8⁰. Leipzig, Abel, 1862. 2. (Titel-)Ausg. 1864.
Lichtputze (Die). Ein höchst nothwendiges Organ für die Zeit. Red.: A. v. Behr. 1. Jhrg., 1848, Juni — Dec. 62 Nrn. 4⁰. Cöthen, Neubürger.

Lichtrecht, Siegm. Vide: Zustand (Der rechte) eines Volkes.
Lieber, Fra, Essays on property and labour. 18⁰. New York 1842.
Liebknecht, Wilh., 1. Ein Blick in die Neue Welt. 8⁰. Stuttgart, Dietz, 1887.
— 2. Robert Blum und seine Zeit. 6 Hefte.
— 3. Brief aus Berlin. (Neue Zeit, 9. Jhrg., 1890—91.)
— 4. Die Emser Depesche oder wie Kriege gemacht werden. Berlin.
— 5. Zur orientalischen Frage, oder soll Europa kosakisch werden? Ein Mahnwort an das deutsche Volk. 2. um einen Bogen verm. Aufl., in der die neuesten Phasen der polit. Lage berücksichtigt sind. 8⁰. Leipzig, Höhme, 1878.
— 6. Zur Grund- und Bodenfrage. 1. Aufl. Vortrag, geh. im Saale des Schützenhauses zu Meerane am 12. März 1870. 2. vervollst. Aufl. 8⁰. Leipzig, Genoss.-Buchdr., 1876.
— 7. Hochverrath und Revolution. Berlin, Verlag des „Vorwärts".
— 8. Robert Owen, sein Leben und socialpolitisches Wirken. Berlin.
— 9. Rede über den Antrag auf Beurlaubung der gefangenen socialdemokratischen Reichstagsabgeordneten (Bebel, Hasenclever und Most). 40 pp. 8⁰. 21. Nov. 1874.
— 10. Die Ritter der Arbeit, nach dem Amerikanischen des Zor. 8⁰. Berlin 1888.
— 11. Zu Schutz und Trutz. Festrede, geh. am Stiftungsfeste des Crimmitschauer Volksvereines am 22. October 1871. 4. Aufl. Leipzig, Gen.-Buchdr., 1874. 8⁰. Hottingen-Zürich 1883. 6. Aufl. gr.-8⁰. Berlin, Verlag des „Vorwärts", Berliner Volksbl., 1891.
— 12. Ueber die politische Stellung der Socialdemokratie insbesondere in Bezug auf den Reichstag. Ein Vortrag, geh. in einer öffentl. Versammlung des demokratischen Arbeitervereins zu Berlin am 31. Mai 1869. 8⁰. Leipzig, Thiele's Buchdr., 1869. 3. unveränd. Aufl. Mit einem Vorwort und einem tragikomischen Nachspiel. 8⁰. Leipzig, Genoss.-Buchdr., 1874.
— 13. Was die Socialdemokraten sind und was sie wollen. Neue bericht. u. vervollst. Aufl. 8⁰. Berlin, Verlag des „Vorwärts", Berliner Volksblatt, 1891.
— 14. Wissen ist Macht — Macht ist Wissen. Vortrag, geh. zum Stiftungsfest des Dresdener Arbeitbildung-Vereins am 5. Febr. 1872 und zum Stiftungsfest des Leipziger Arbeiterbildungs-Vereins am 24. Febr. 1872. 2. Aufl. 8⁰. Leipzig, Genoss.-

Buchdr., 1875. Neue Aufl. gr.-8⁰. Berlin, Verl. d. „Vorwärts", Berl. Volksblatt, 1891.
Liechtenstein, Alois Prinz, Die sociale Frage. Rede, geh. am 3. Mai 1877 in der Schlussversammlung d. allg. österr. Katholikentages für die Gesammt-Monarchie. 1. u. 2. Aufl. gr.-8⁰. Wien, Mayer u. Co., 1877.
Lieder (Deutsche) aus der Schweiz. 32⁰. Zürich u. Winterthur, Liter. Comptoir, 1843.
Liederbuch (Socialdemokratisches). 9. Aufl. 32⁰. Hottingen-Zürich, Volksbuchh., 1886.
Liederbuch (Socialistisches) mit Originalbeiträgen von H. Heine, F. Freiligrath, G. Werth und Anderen, hrsg. von H. Püttmann. 2. Aufl. 8⁰. Kassel, J. C. J. Raabe u. Co., 1851.
Die 1. Aufl. erschien 1847 unter dem fingirten Titel: „Album — Originalpoesien etc."
Liederbuch des Königsberger Arbeitervereins. 2. Aufl. 32⁰. Königsberg, Braun u. Weber, 1868.
Liederbuch für Handwerker-Vereine. kl.-8⁰. Berlin, E. Krause, s. a.
Liedersammlung für den Handwerkerbund in Berlin. Hrsg. von Dr. Wunschmann. 32⁰. Berlin, Selbstverlag, 1853.
Liégeois, Jules, Origines et théories économiques de l'association internationale des travailleurs. 57 pp. 8⁰. Nancy, impr. Sordoillet et fils, 1872.
Liesen, Dr. Bernh., Bischof W. E. von Ketteler und die sociale Frage. (Frankfurter zeitgemässe Broschüren, N. F. Bd. III, Heft 12, 1882.)
Life of Albert R. Parsons, with brief history of the labor movement in America. Mrs. Lucy E. Parsons, publisher. 8⁰. Chicago 1889.
Ligue internationale et permanente de la paix; deuxième assemblée générale (24 juin 1869). Discours de MM. Michel Chevalier, Frédéric Passy et du R. P. Hyacinthe. XIV et 216 pp. 18⁰. Paris, Pichon-Lamy et Dewez, Guillaumin et Co., 1870.
Ligue internationale de la paix et de la liberté. (Bulletin officiel des Assemblées tenues à Genève, 7, 8, 9 sept. 1873, 6, 7, 8 sept. 1874, 12, 13 et 15 sept. 1875.)
Lilienfeld, Paul v., Gedanken über die Socialwissenschaft der Zukunft. 1.—4. Thl. gr.-8⁰. Mitau, Behre, 1873, 1875, 1877, 1879. 5. Thl. gr.-8⁰. Hamburg 1881.
1. Thl. Die menschliche Gesellschaft als realer Organismus. 2. Thl. Die socialen Gesetze. 3. Thl. A. u d. T.: Die sociale Psychophysik. 4. Thl. Die sociale Physiologie. 5. Thl. Die Religion, betrachtet vom Standpunkte der realgenetischen Socialwissenschaft, oder Versuche einer natürlichen Theologie.

Lilly, W. S., Darwinism and democracy. (Fortnightly Review, January, 1886.)

Limanowski, Dr. Bolesław, 1. Historja ruchu społecznego w XIX stuleciu. Wydawnictwo młodziezy polskiej. 8⁰. Lwów 1890. (Geschichte der socialen Bewegung im 19. Jahrhundert.)
— 2. Morelly. (Die Zukunft, 1. Jhrg.)

Limousin, Ch. M., 1. L'agitation collectiviste révolutionnaire. (Journ. d. Écon., sept. 1880.)
— 2. Le deuxième congrès d'ouvriers français tenu à Lyon du 28 janv. au 8 févr. 1878. (Journ. des Écon., 1878, mars.)
— 3. Le III. congrès d'ouvriers français tenu à Marseille du 21 au 31 oct. 1879. (Journ. d. Écon., 1879, déc.)
— 4. Le septième congrès de l'Internationale. (Journ. d. Écon., 1874, nov.)
— 5. Coup d'oeil sur l'Internationale. (Journ. des Écon., 1875, avril.)
— 6. Économie politique et socialisme. (Journ. des Écon., 1887, août.)
— 7. Le familistère de Guise. (Journ. des Écon., 1881, sept.)

Lindau, Paul, Ferdinand Lassalle's letzte Rede. gr.-8⁰. Breslau, Schottländer, 1882. (Deutsche Bücherei).

Lindwurm, Dr. Arnold, Das Eigenthumsrecht und die Menschheitsidee im Staate. Eine Kritik und Lösung der socialen Frage. gr.-8⁰. Leipzig, O. Wigand, 1878.

Linel, Dr. Albert, Die kirchliche und die sociale Frage in Deutschland. 8⁰. Frankfurt a. M., Boselli'sche Buchh., 1872.

Linguet, Mémoires sur la Bastille et sur la détention de M. Linguet, écrits par luimême. 8⁰. Londres, impr. de T. Spilsbury, 1783.

List, G. J., Sicherung der arbeitenden Klasse gegen die Uebermacht des Kapitals. 8⁰. Leipzig, Leiner, 1850.

Linton, W. J., 1. The icarien communists of France. (The Republican, Vol. 1.)
— 2. The democratic principle of the people's charter. (The Republican, Vol. 1.)
— 3. Liberty, equality, fraternity. (The Republican, Vol. 1.)

Lintz, Dr. H., Entwurf einer Geschichte der Rechtsphilosophie mit besond. Rücksicht auf Socialismus und Communismus. 8⁰. Danzig, Gebhard'sche Buchhdlg., 1846.

Lion (The) by Rich. Carlile. gr.-8⁰. London.
Vol. I. from Jan. — June 1828.
Vol. II. from July 4 — Dec. 26, 1828.
Vol. III. from Jan. 2 — June 26, 1829.
Vol. IV. from July 3 — Dec. 25, 1829.

Stammhammer, Bibliogr. des Soc. u. Comm.

Lippe, Kurt Graf zu, Für Oesterreichs Arbeiter. October 1848. gr.-8⁰. Linz, Fink in Comm., 1848.

Lippert, Jul., Generalsecr., Die Geschichte der Familie. gr.-8⁰. Stuttgart, Enke, 1884.

Lippe-Weissenfeld, Arnim Graf zur, Der Landwirth und der wachsende Socialismus im Kreise seiner Arbeiter. gr.-8⁰. Leipzig, H. Voigt, 1879.

Lissagaray, 1., Histoire de la Commune de 1871. Lex.-8⁰. Bruxelles, 1876.
— 2. Geschichte der Commune von 1871. Autorisirte deutsche Ausgabe nach dem vom Verfasser vervollständigten französ. Original. gr.-8⁰. Braunschweig, Bracke, 1878. 2. vom Verf. durchgesehene Aufl. gr.-8⁰. Stuttgart, Dietz, 1891.
— 3. History of the Commune (transl. by E. M. Aveling). 8⁰. London, Reeves and Turner, 1886.

List, A., Two phases of the social evil. 8⁰. London, Hamilton, 1861.

Littré, Émile, Conservation, révolution et positivisme. 12⁰. Paris, Ladrange, 1852.

Livesey, J., The Moral Reformer. Nr. 1, Jan. 6, 1838; Nr. 22, Jan. 1839.

Livret (Le), c'est le servage publié par la démocratie pacifique. 32⁰. Paris, libr. sociétaire, 1847.

Lizeray, H., Code du nihiliste, suivi du projet de communauté. 8⁰. Paris, A. Drouin, 1881.

L. L. Vide: Wesen (Das) des arbeitslosen Einkommens.

Lloyd, H. D., A strike of millionaires against miners. 8⁰. Chicago, Bedford, Clarke and Co., 1890.

Lloyd, Jones. Vide: Ludlow, J. M.

Löbe, William, Die landwirthschaftliche Arbeiterfrage. 8⁰. Leipzig, Schmidt u. Günther, 1873.

Lock, La Commune. 8⁰. Paris 1871.

Locker, A., Condition of the working classes in foreign countries. (Brit. Alm., 1871.)

Lock-out (The) of the agricultural labourers. (From our special reporter.) („Times", April — Juni 1874.)

Lockroy, La Commune et l'assemblée. 8⁰. Paris 1871.

Locomotive. Monatsschrift für den deutschen Michel von Held. Monat Juli — December 1843. kl.-8⁰. Halle, Selbstverlag. (In Commission bei Ed. Heynemann.)

Locomotive. Zeitung für politische Bildung des Volkes. Red.: W. Held. Jhrg. 1848, April — Dec., 230 Nrn. 4⁰. Berlin, Lieb-

18

mann. Jhrg. 1849, 300 Nrn. 4°. Berlin, Expedition.

Loevenbruck, Die sociale Gefahr. Wem die Schuld? Wo die Hilfe? gr.-8°. München, Lit.-Art. Anst. Huttler, 1890.

Loewenthal, Ed., Der Militarismus als Ursache der Massenverarmung in Europa und die europäische Union als Mittel einer Ueberflüssigmachung der stehenden Heere. Ein Mahnruf an alle Freunde bleibenden Friedens und Wohlstandes. Potschappel, Lütze, 1870.

Logan, W., The great social evil: its causes, extent and results. pst.-8°. London, Hodder and S., 1871.

Lohse, J., Die Religion und die socialistische Bewegung. Ein protestantischer Vortrag. 8°. Oldenburg, Schulze's Hofbuchh., 1877.

Loin, Dr., Le philosophe Proudhon; esquisse de sa philosophie. 8°. Bruxelles. Lelong, 1862.

Lois sociales, par un socialiste libéral. 16°. 16 pp. Nîmes, impr. Clavel-Ballivet et Co., 1872.

Löll, L., Die Lehre von der Bodenrente als Grundlage der socialistischen und communistischen Idee unserer Zeit. gr.-8°. München 1870. Würzburg, Stuber, 1871.

Longe, Francis D., A critical examination of Mr. Georges „Progress and poverty" and Mr. Mills „Theory of wages". 58 pp. London. Simpkin, s. a.
— 2. An inquiry into the law of „strikes". 8°. Cambridge 1860.

Loria, A., Carlo Marx. (Nuova Antologia, serie II, fasc. VII, 1. aprile 1883, vol. XXXVIII.)

Lorimer, Jas., Political progress not necessarily democratic, or relative equality the true foundation of liberty. pst-8°. London, Williams and N., 1857.

Losch, H., Socialismus und Reichsstatistik. (Schmoller's Jahrbuch, XIII₂, 1889.)

Lösing, Geo. E., Die Strikes, ihre Erscheinung, Beurtheilung und Behandlung nach der heil. Schrift. (Gemeinnützige Vorträge, Heft 2, 1873.) 8°. Barmen, Wiemann, 1873.

Lossau, Paul, Socialdemokratie und Halbbildung. (Neue Gesellschaft, 2. Jahrg., 1878/9.)

Lösung (Die) der Arbeiterfrage durch Reichsfürsorge unter Berücksichtigung der Arbeitseinstellungen. Von v. R. 12°. Berlin, Heymann's Verl., 1886.

Lösung (Zur) der ländlichen Arbeiterfrage.

(Jahrb. f. Gesellschafts- u. Staatswissensch. von Glaser, 1868, 9. Bd.)

Lösung (Zur) der socialen Frage. 8°. Berlin, Brandis in Comm., 1849.

Lösung (Zur) der socialen Frage durch die Frau. Von einer deutschen Frau. gr.-8°. Berlin, Puttkammer u. Mühlbrecht, 1878.

Lösung (Die) der socialen Frage durch Gewerkvereine und Arbeiterschaften. gr.-8°. Berlin, Loewenstein, 1869.

Lösung (Die) der socialen Frage vom Standpunkte der Wirklichkeit und Praxis. Von einem praktischen Staatsmanne. gr.-8°. Bielefeld, Velhagen u. Klasing, 1878.

Lotz, Dr. Walth., Christenthum und Arbeiterbewegung. Ein Zwiegespräch. (Evangelisch-sociale Zeitfragen, 4. Heft, 1891.)
— Vide: Arbeitseinstellungen.

Louandre, Ch., Du travail et des classes laborieuses dans l'ancienne France. (Revue des Deux Mondes, 1 déc. 1850.)

Loudun, Eugène, Les nouveaux Jacobins. 8°. Paris, Dillet, 1869.

Louis Philippe. Vide: Cabet: Louis Philippe.

Lourdoucix, Paul de. Vide: Le Peuple, journal du progres social.

Lovett, Will., and John Collins, Chartism, a new organization of the people, embracing a plan for the education and improvement of the people, politically and socially. 2. edit. 8°. London, J. Watson, 1841.

Löwe, Corn. C., Das Recht auf Arbeit und seine Verwirklichung. Eine exakte Untersuchung. gr.-8°. Leipzig, Levien, 1884. Neue (Titel-)Ausg. gr.-8°. Ebd. 1891.

Löwe, F. Vide: Volksfreund (Der).

Löwenthal, Ed., Die sociale und geistige Reformation des 19. Jahrhunderts als kulturhistorischer Zielpunkt der gegenwärtigen Zeitbewegung dargestellt. gr.-8°. Frankfurt a/M., Bechhold, 1860.

L. S. Vide: Blicke auf d. Soc. und Comm. in Deutschland.
— — Ideen zur Geschichte der Arbeit.

Lübeck, C., 1. Plato's Staat. (Neue Gesellschaft, 1. Jahrg., 1877/8.)
— 2. Die vier schlechten Staatsverfassungen von Plato. (Neue Gesellschaft, 2. Jahrg., 1878/9.)

Lübeck, E, Ein Beitrag zur Frauenfrage. (Deutsche Worte, Jhrg. X, 1890.)

Lubomirski, le prince J., Le nihilisme en Russie. 93 pp. 32°. Paris, Dentu, 1879.

Lucas, Alphons, Les clubs et les clubistes, histoire complète critique et anecdotique des clubs et des comités électoraux fondés à Paris depuis la révolution de 1848. — Déclaration de principes, réglements, motions et publications des sociétés populaires. Détails inédits sur les principaux clubistes, sur l'esprit, les tendances et les actes des réunions dont ils faisaient partie etc. 8⁰. Paris, E. Dentu, 1851.

Luce, Ernest, avec MM. J. Buquet et Hect. Horseau, De l'organisation des ateliers nationaux, et de leur application à divers travaux d'utilité publique et à la colonisation de l'Algérie. 8⁰. Paris, impr. Pommeret, 1848.

Lüchow, J. C., Die Organisation der Arbeit und deren Ausführbarkeit. gr.-8⁰. Berlin (Schneider u. Co.), 1848.

Lucrèce (Le) français; fragmens d'un poëme par Sylvain M . . . l (Maréchal). Nouv. édit. revue, corrigée et considérablement augmentée. gr.-8⁰. Paris, l'an VI.

Ludlow, J. M., 1. Ferdinand Lassalle, the German social-democrat. (The Fortnightly Review, 1869.)
— 2. Lectures on the relations of capital and labour. 12⁰. London, Bezer, 1852.
— 3. The master engineers and their workmen. Three lectures on the relations of capital and labour. 8⁰. London 1852.

Ludlow, J. M., und Lloyd Jones, 1. Die arbeitenden Klassen Englands in socialer und politischer Beziehung. Aus dem Engl. von Jul. v. Holtzendorff. gr.-8⁰. Berlin, Springer's Verl., 1868.
— — 2. Progress of the working class 1832—67. 8⁰. London 1867.

Ludre, le comte de, Socialiste américain et positivistes anglais. 8⁰. Paris, impr. de Soye et fils, 1890.

Lügen (Die socialen) der Gegenwart und die socialen Wahrheiten des Christenthums. Von einem Laien. 8⁰. Bern, Haller'sche Verl.-Buchh., 1868.

Lum, Dyer D., A concise history of the great trial of the Chicago anarchists in 1886. 8⁰. Chicago.

Lüning, H. O., Gedichte. 8⁰. Schaffhausen, Brodtmann'sche Buchh., 1844.

Lüning, Otto, 1. Die Lage der arbeitenden Klassen in England. (Deutsches Bürgerbuch für 1846.)
— 2. Politik und Socialismus. (Diess Buch gehört dem Volke, II, 1845.).
— 3. Vorschläge zur Verbesserung der Lage der arbeitenden Klasse. (Diess Buch gehört dem Volke, I, 1845.)
— Vide: Buch (Dies) gehört dem Volke.
— — Dampfboot (Das westphälische).
— — Weserdampfboot.
— — Zeitung (Neue deutsche).

Luppé, de. Vide: Droit (Le) au travail à l'Assemblée nationale.

Lustrac, A. de, Christianisme et socialisme. 12⁰. Paris, Guillaumin et Co., 1863.

Luthardt, Dr. Chr. Ernst, Die sociale Frage in der Vergangenheit und in der Gegenwart. Vortrag, am Jahresfest des Vereins für innere Mission zu Leipzig den 11. Nov. 1877 geh. gr.-8⁰. Leipzig, Buchh. des Vereinsh., 1878.

Lutte (La), organe anarchiste. No. 1, 1 avril 1883. pet.-fol. Lyon, impr. nouv. (Paraît le dimanche.)

Lutte (La) politique et sociale en Europe à notre époque. 8⁰. Bruxelles, office de publicité, s. a. (1871.)

Lutte sociale (La), organe communiste-anarchiste. Paraît le samedi. Lyon, impr. Pastel. No. 1, 28 août 1886.

Lutz, R., Deutscher Socialismus in amerikanischer Beleuchtung. (Die Gegenwart, 25. Bd., 1884.)

Luzzatti, L., Il socialismo ed le questioni sociali ai parlamenti di Europa. (Nuova Antologia, serie IIa, fasc. I, 1 gennajo 1883, vol. XXXVII.)

L. V. I. Vide: Prostitué (La).

Lyon-Socialiste, organe hebdomadaire des travailleurs de la région de l'Est. No. 1, 14 sept. 1884. pet.-fol. Lyon, impr. Vocher.

M.

Mably, l'abbé Gabr. Bonnot de, 1. Le destin de la France. 8⁰. s. l. 1790.
— 2. Doutes proposés aux philosophes économistes sur l'ordre national et essentiel des sociétés politiques. 12⁰. La Haye, 1768.
— 3. Des droits et des devoirs du citoyen. 1. édit. Kellen, 1789. 2. édit. 8⁰. Kellen, 1791. 32⁰. Paris, Dubuisson et Co., 1865. (Bibliothèque nationale.) 32⁰. Paris, libr. de la biblioth. nation., 1876.
— 4. De la législation, ou principes des loix. 1. édit. 1776. 2 parties. 12⁰. Lausanne 1777. Édit. augmentée de quelques additions par F. J. 8⁰. Amsterdam et Leipzig, Arkstee et Merkus, 1777. 2 parties. 8⁰. Paris, Desray, 1792.
— 5. Ueber die Gesetzgebung oder über die Grundsätze der Gesetze. Aus dem Französ. 2 Theile. 8⁰. Nürnberg, Schwarzkopf, 1779.
— 6. Observations sur l'histoire de France. Nouv. édit. revue par M. Guizot. 3 vol. 8⁰. Paris, chez J. L. J. Brière, 1823.
— 7. Théories sociales et politiques, avec une introduction et des notes par Paul Rochery. 12⁰. Paris, G. Sandré, 1849.
— 8. Oeuvres complètes. 24 vol. 32⁰. Paris, Bossange, Masson et Bresson, 1797.
— Vide: Guerrier, W. de: L'abbé Mably.
Mac-All, R. W., L'Utopie, ou mieux que le bon vieux temps. 12⁰. Paris, Bonheure, 1881.
Macchine (Le) e il socialismo. 32⁰. Milano 1879. (Propaganda socialistica, no. 17.)
Mac Combie, W., Use and abuse; or right and wrong in their relations to labour, capital, machinery and land. London 1852.
Macdonald, W. A., Humanitism: the scientific solution of the social problem. 2 parts. 8⁰. London, Trübner, 1889.
Macé, Kleiner republikanischer Katechismus. 8⁰. Köln 1848.
Mac Ewen, D., Associated Homes. (To Day, no. 17.)
Machereau, 1. Les lanciers du préfet de police. (Religion Saint-Simon.)
— 2. Ce que faisait Napoléon pour exiter l'enthousiasme du peuple. (Religion Saint-Simon.)
Machereau, 3. Du bon et du mauvais prêtre catholique. — Du prêtre Saint-Simonien. (Religion Saint-Simon.)
— 4. Les Saint-Simoniens et les coups de poing. (Religion Saint-Simon.)
— 5. Le Tailleur et le fermier. (Religion Saint-Simon.)
— 6. Qu'est ce qu'un travailleur? (Religion Saint-Simon.) 1—6 Vide: Saint-Simonisme, Mesnilmontant, no. 16.
Machiavel populaire (Le), ou journal de la théorie des révolutions et de l'assemblée civique. 8⁰. Paris 1791.
Mackay, John Henry, Die Anarchisten. Kulturgemälde aus dem Ende des 19. Jahrhunderts. gr.-8⁰. Zürich, Verlags-Magazin, 1891.
Mackintosh, J., The life of Sir Thomas Morus. 2. edit. London 1844.
Mackintosh, T. Simmons, An inquiry into the nature of responsibility as deduced from savage justice, civil justice and social justice. With some remarks upon the doctrine of irresponsibility, as tought by Jesus Christ and Robert Owen: also upon the responsibility of man to god. pt.-8⁰. London, James Watson, 1853. 8⁰. Birmingham, James Guest, s. a.
Mac Nab, Henry Grey, 1. The new views of Mr. Owen of Lanark impartially examined, as rational means of ultimately promoting the productive industry, comfort, moral improvement and happiness of the labouring classes of society, and of the poor; and of training up children in the way in which they should go: also observations on the New Lanark school and on the systems of education of Mr. Owen, of the Rev. Dr. Bell, and that of the new british and foreign system of mutual instruction. gr.-8⁰. London, J. Hatchard and Son, 1819.
— 2. Examen impartial des nouvelles vues de M. Robert Owen et de ses établisse-

ments à New-Lanark, en Écosse, pour le soulagement et l'emploi le plus utile des classes ouvrières et des pauvres, et pour l'éducation de leurs enfants, etc., avec des observations sur l'application de ce système à l'économie politique de tous les gouvernements, etc., etc. Traduit en français par Laffon de Ladébat. 1 vol. 8°. Paris et Londres, Treuttel et Würtz, 1821.

Macrae, David, The social hydra; or the influences of the traffic of pawnbrokers and brokers on the religions, moral and social condition of the working classes and the poor. 42 pp. 8°. Glasgow 1861.

M. A. D. Vide: Le Producteur, t. III.

Madre, de, Oeuvres et associations, leur existence et leur avenir. 24 pp. 8°. Paris, L. Hachette et Co., 1870. 2. édit. 8°. VIII et 64 pp. Ibidem 1873.

Magee, Rev. W. C., Christian socialism; many members, one body; a charity sermon preached at Walcot. 8°. London 1852.

Magen, Hippolyte. Vide: Almanach des opprimés.

Magne, J., Examen du socialisme. 30 pp. 8°. Paris, impr. Hennuyer, 1878.

Magnin, Fabien, Lettre sur la grève des ouvriers du bâtiment à Londres. 8°. Paris, Dunod, 1861.

Mahon de Monaghan, Eugène, L'église, la réforme, la philosophie et le socialisme, au point de vue de la civilisation moderne. 12°. Paris, Pélagaud et Co., 1864. 12°. Luxemburg, Brück, 1864. 2. Aufl. 12°. Ibid. 1864.

Maillard, Histoire des journaux, publiés pendant la Commune. 8°. Paris 1871.

Maillard, L. Y., Les villageois; leurs misères actuelles; des diverses remèdes proposés; leur futur bonheur dans la communauté. Publié par „Le Populaire". 32°. Paris, au bureau du „Populaire", 1848.

Maine, Henry Sumner, Village-communities in the east and west. Six lectures delivered at Oxford. Third edition, to which are added other lectures, addresses and essay. gr.-8°. London, J. Murray, 1876.

Makowiczka, F., Die Arbeiterfrage. Ein Vortrag, gehalten in der von den Vertrauensmännern der Fortschrittspartei in Erlangen am 9. Juni 1869 veranstalteten Versammlung. gr.-8°. Erlangen (Deichert) 1869.

Malapert, Léon, Étude historique sur les coalitions. (Journ. des Écon., 1872, juin.)
— 2. Étude sur l'Internationale et les coalitions. 12°. Paris, Le Chevalier, 1872.

Malardier, A., Aux ouvriers. La coopération et la politique. 12°. Paris, Le Chevalier, 1867.

Malleck, W. H., 1. Property and progress; or a brief enquiry into contemporary social agitation in England. 8°. London, Murray, 1884.
— 2. The science and the revolution. (Fortnightly Review, Nov. 1889.)

Male, Léon, Conférence donnée à la Société d'économie politique de Lyon, le 4 mars 1881, sur le socialisme dans les campagnes. 8°. Lyon, impr. Maugin-Rusaud, 1881.

Malon, Benoît, 1. Les collectivistes français. (Revue socialiste, avril 1887.)
— 2. Les débuts du parti ouvrier. (La Revue socialiste, 1880, no. 11.)
— 3. La troisième défaite du prolétariat français. 8°. Neuchatel, G. Guillaume fils, 1871.
— 4. Le développement du collectivisme en France. (Revue socialiste, nov. 1886, janv. et févr. 1887.)
— 5. Exposé des écoles socialistes françaises. Suivi d'un aperçu sur le collectivisme international. 8°. Paris 1872. 2. édit. 18°. Paris, Le Chevalier, 1872.
— 6. Histoire du socialisme depuis les temps les plus reculés jusqu' à nos jours; avec gravures. 2 vol. Lex.-8°. Paris, Derveaux, 1882—83.
— 7. Storia del socialismo. Traduz. ital. Parte I. Milano, Ambrosoli.
— 8. L'Internationale, son histoire et ses principes. 8°. (Extrait de la République républicaine de Lyon.) 1872.
— 9. Die sociale Lage in Italien. (Die Zukunft, 1. Jahrg.)
— 10. Ferdinand Lassalle. (Revue socialiste, juillet 1887.)
— 11. La législation internationale du travail. (Revue socialiste, déc. 1890.)
— 12. Manuel d'économie sociale. I. partie: Histoire de l'économie politique depuis les Athéniens jusqu' à nos jours. II. partie: Exposé des lois économiques et des phénomènes sociaux. 18°. Paris, Derveaux, 1883. (Oeuvres complètes de B. Malon.)
— 13. Karl Marx et Proudhon. (Revue socialiste, janv. 1887.)
— 14. La morale sociale. 8°. Paris, à la „Revue socialiste", 1887.
— 15. Les morales panthéistes. (Revue socialiste, août et sept. 1886.)
— 16. Le nouveau parti. Tome I: Le parti

ouvrier et ses principes précédé d'une préface de Jules Vallés. 8°. Paris, Derveaux, 1881. 2. édit. augm. des comptes-rendus bibliographiques qu'a motivés la première édition. 8°. Paris, Derveaux, 1882. Tome II: Le parti ouvrier et sa politique. 3. édit. 8°. Paris, Derveaux, 1882.

Malon, Benoît, 17. Le parti ouvrier en France. 2. édit. 8°. Paris, Derveaux, 1882.
— 18. Il partito socialista in Francia. (Opuscoli socialisti: Milano, Ambrosoli.)
— 19. Les précurseurs théoriques du parti ouvrier. (Revue socialiste, mars 1887.)
— 20. Programme électoral des travailleurs. (La Revue socialiste, 1880, no. 10.)
— 21. La question sociale. Histoire critique de l'économie politique. 8°. Lugano 1876.
— 22. Questioni ardenti. Milano, Ambrosoli.
— 23. Revue du mouvement social en France. (Revue socialiste, oct. 1887.)
— 24. Socialisme et collectivisme. (Revue socialiste, oct. 1887.)
— 25. Le socialisme intégral. 2. édit. revue et augm. gr.-8°. Paris, F. Alcan, 1891.
— 26. Le socialisme réformiste. 8°. Paris, à la „Revue socialiste", 1885.
— 27. Il socialismo. 16°. Lodi 1875. (Biblioteca socialista italiana, no. 2.)
— Vide: Histoire du socialisme.

Maly, Jak., Gedanken über die Lösung der socialen Frage. gr.-8°. Prag, Mercy, 1873.

Mamiani, Terenzio, 1. Dei proletari e del capitale. 8°. Roma 1882.
— 2. Delle questioni sociali e particolarm. dei proletarii e del capitale. Libri tre. 8°. Roma 1882.
— 3. Intorno al socialismo. 16°. Torino, P. Marietti 1883.

Mancini, L'avenire dell' associazione. 1845.

Mandet, Ch. (avocat), Fouriérisme. Contre-critique avec exposition des principes. 8°. (Riom) Paris, libr. phalanstérienne, 1847.

Mandeville, Bernard de, M. D., The fable of the bees; or, privat vices, public benefits. 1706. Publ. complete with an essay on charity and charity-schools. 6. edit. 2 vol. 8°. London 1732.
— Vide: Dennis: Vice and luxury.
— — Law, Will.: Remarks.
— — Thorold, J.: A short examination.

Maudl, Heinr., Oesterreichische Socialreformer. (Die Neue Zeit, 2. Jhrg., 1884.)

Mangoldt, Dr. von, Arbeiterverbindungen und Arbeitseinstellungen in England. (Zeitschr. f. Staatssw., 1862_4.)

Manifest (Das kommunistische). 1. Ausg. 1848. Neue Ausg. mit einem Vorwort des Verf.'s. 8°. Leipzig, Exped. d. „Volksstaat", 1872. 3. autor. deutsche Ausg. Mit Vorworten der Verfasser (Karl Marx und Fr. Engels). 8°. Hottingen-Zürich, Schweizer. Volksbuchhdl., 1883. 5. autor. deutsche Ausg. Mit Vorreden von K. Marx u. Fr. Engels. 8°. Berlin, Verl. d. „Vorwärts", Berliner Volksblatt, 1891.

Manifest der kommunistischen Partei. Veröffentlicht im Febr. 1848. „Proletarier aller Länder vereinigt Euch!" 8°. London 1866.

Manifeste de la Ligue sociale. fol. Paris 1848.
Etait à la fois le manifeste d'un „centre universel de propagande et d'agitation socialiste" et le programme d'un journal qui devait être publié sous le titre de: La Ligue sociale. (Hatin.)

Manifeste et programme des socialistes garantistes. 8°. Paris, libr. des sciences sociales, 1876.

Mann, H., Features of society in old and in new England. 16°. Sydney, S. Rider, 1885.
Contents a reply to Mallock's „Property and progress", reflections on the elements of society, the native farmer ete.

Mann, Tom., The development of the labour movement. (Nineteenth Century, 1890, May.)

Mannequin, Th., 1. Le problème démocratique ou la politique du sens commun. Paris 1870.
— 2. La question sociale et la science; par un volontaire de la science. 8°. Amiens, impr. Jeunet, 1888.

Manning (Kardinal) und die sociale Frage. (Christ.-soc. Blätter, 24. Jhrg., 1891.)

Manzuth, Xavier, Le paysan socialiste. Journal et maximes d'un vieux rural. 23 pp. 8°. Saint-Maixent, impr. Guelte et Levesque, 1874.

Marat, J. P., 1. Appel à la nation contre le ministre des finances, la municipalité et le Châtelet de Paris, suivi de l'exposé des raisons urgentes de destituer cet administrateur des deniers publics, de purger cette corporation et d'abolir ce tribunal, rédoutables suppôts du despotisme. 8°. 15 février 1790.
— 2. The chains of slavery. 8°. Edinburgh 1774.
— 3. Les chaines de l'esclavage, ouvrage destinée à développer les noirs attentats des princes contre le peuple, les ressorts secrets, les ruses, les ménées, les artifices, les coups d'état qu'ils emploient pour détruire la liberté et les scènes sanglantes qui accompagnent le despotisme.

2. édit. Paris 1792. Précédées d'un discours préliminaire et accompagnées de nouvelles notes par M. A. Havard. gr.-8°. Paris, Ad. Havard, 1833.

Marat, J. P., 4. Complot d'une banqueroute générale de la France, de l'Espagne et par contrecoup de l'Angleterre et de Hollande. 4°. s. a.
— 5. Dénonciation faite au tribunal public, par M. Marat, l'Ami du peuple, contre M. Necker, premier ministre des finances. 8°. 1789. Nouvelle dénonciation contre M. Necker. 8°. 1790.
— 6. Lettre aux ministres du roi, ou l'Ami du peuple aux ennemis du bien public. 8 pp. 8°. sans date.
— 7. Observations à mes commettants. Vide: Ami du peuple, par Marat.
— 8. Offrande à la patrie ou discours au tiers état de France. 8°. Au temple de la Gloire, 1789.
Avec cette épigraphe: „Quidquid delirant reges, plectuntur Achivi."
— 9. Opinion sur le jugement de l'exmonarque. 8°. Paris 1792.
— 10. Plan de législation criminelle. 8°. Paris 1787, réimprimée 1792.
— 11. Profession de foi de Marat, l'Ami du peuple, adressée aux Français. 8°. s. a.
— 12. Projet de constitution par l'auteur de l'Offrande à la patrie. 8°. Paris 1790.
— 13. Projet de déclaration des droits de l'homme et du citoyen, suivi d'un plan de constitution juste, sage et libre. 8°. 1789.
— 14. Oeuvres recueillies et annotées par A. Vermorel. 8°. Paris, Decembre-Alonnier, 1869.
— Vide: Ami du peuple.
— — Junius français.
— — Moniteur patriote.

Marbot, abbé, 1. Le socialisme et les conférences populaires, conférence donnée le 14 nov. 1883, avec l'allocution de l'abbé Bourcier. 8°. Paris, libr. de la prédication contemporaine, 1884.
— 2. Le socialisme et les conférences populaires. Le souffle vital d'un peuple et la question sociale. Conférences de 1883 et 1884 précédées des allocutions de l'abbé Bourcier. 8°. Aix, Robert et Makaire, 1885.
— 3. Le socialiste Proudhon, conférence du 12 mars 1884. 8°. Marseille, Stuart, 1884.

Marcas, Yves, La question sociale. (Revue socialiste, juillet 1886.)

Marcelli, G., Il socialismo. (Opuscoli socialisti: Milano, Ambrosoli.)

Marchais, A. Vide: Revue républicaine.

Marchal, Charles, 1. Christianisme et socialisme; études historiques. 8°. Paris, Dentu, 1850.
— 2. P. J. Proudhon et Pierre Leroux. Révélations édifiantes. 18°. Paris, Dentu, 1850.
— Vide: Revue sociale.

Marchand, Ch., Aux socialistes, pour leur prouver que la vraie solution du problème social ne se trouve que dans la révélation divine, et que Jésus-Christ est le révélateur définitif. 8°. 1845. (Extrait de la „Revue du XIX. siècle.)

Marchegay, Henri, Silhouette de Proudhon. 12°. Paris, Faure et Co., 1868.

Marcoartu, Don Arturo de, 1. Internationalism. roy.-8°. London, Stevens, 1876.
— 2. El internacionalismo. Dictamenes de las academias de ciencias morales y políticas de España y Francia. 8°. Madrid 1884.

Maréchal, Hubert Joseph, Étude religieuse et sociale sur le mariage, traduite de la Civittà cattolica par H. J. Maréchal. 12°. Tournai, Casterman, 1858.

Maréchal, Sylvain, 1. Almanach des honnêtes gens. 1 feuille. 4°. l'an 1. du regne de la Raison (1788).
— 2. Almanach républicain pour servir à l'instruction publique. 16°. Paris 1793.
— 3. Décades du cultivateur, ou précis historique des événements révolutionnaires de la République française. 2 vol. 18°. Paris 179..
— 4. Dictionnaire des Athées anciens et modernes. 8°. Paris, Grabit, 1800.
— 5. Étrennes de la République française, ou calendrier des républicains. Édit. revue et corrigée, 1793.
— 6. Livre échappé au déluge. 16°. Paris 1784.
— 7. Tableau historique des événements révolutionnaires. 18°. Paris 1795.
— Vide: Culte et loix d'une société d'hommes sans dieu.
— — Lucrèce français (Le).

Marggraff, Herm., Politische Gedichte aus Deutschlands Neuzeit. Hrsg. u. eingeleitet. Neue wohlfeile Ausgabe. 8°. Leipzig, Kösling, 1847.

Margry, Pierre, De la démocratie en France. Réponse à M. Guizot. 8°. Paris, Laisné, 1849.

Maria, L., 1. Socialiste et paysan. Du but, des moyens et de leur légitimité. 31 pp. 8°. Paris, libr. d. publicat. popul., 1879.

Maria, L., 2. Socialiste et paysan. Coup d'œil général. 32 pp. 8⁰. Paris, libr. d. publicat. popul., 1879.
Mariano, Raffaele, 1. Papato e socialismo ai giorni nostri. Studio. 8⁰. Roma 1882.
— 2. Das jetzige Papstthum und der Socialismus. gr.-8⁰. Berlin, Wilhelmi, 1882.
Marield, Jean, Études de socialisme pratique. 18⁰. Paris, Best, 1889.
Mario, Alberto, L'Internazionale. 16⁰. Milano 1879. (Dalla Rivista Republicano, no 32 e 34.)
Märkel, Dr. Paul, Plato's Ideal-Staat. Dargestellt und mit besonderer Rücksicht auf die moderne Zeit beurtheilt. gr.-8⁰. Berlin, Weidmann, 1881.
Marouck, Victor, 1. Les grandes dates du socialisme, juin 1848. 8⁰. Paris, libr. du Progrès, 1880.
— 2. Le socialisme officiel sous la Commune. (La Revue socialiste, 1880, no. 7.)
— 3. Les socialistes en France. (La Revue socialiste, 1880, no. 3.)
Marquardt, F. Vide: Volkshalle (Westphälische).
Marquet, Notice historique sur la fondation de la société de l'union des travailleurs du Tour-de-France. 32⁰. Châteauroux, impr. Aupetit, 1883.
Marr, Wilh., 1. Anarchie oder Autorität? 8⁰. Hamburg, Hoffmann u. Campe, 1852.
— 2. Sieben Briefe über den Stein der Weisen. Ein socialistischer Essay. gr.-8⁰. Bern 1872.
— 3. Das junge Deutschland in der Schweiz. Ein Beitrag zur Geschichte der geheimen Verbindungen unserer Tage. 8⁰. Leipzig, Wilh. Jurany, 1846.
— 4. Katechismus eines Republikaners der Zukunft. 1845.
— 5. Der Mensch und die Ehe vor dem Richterstuhle der Sittlichkeit. Nebst einem Anhang: Zur Charakteristik des deutschen Liberalismus. I. Die Republik Karl Heinzens. II. In eigener Angelegenheit. 8⁰. Leipzig, Jurany, 1848.
— 6. Die Religion der Zukunft. Volksausgabe. 8⁰. Lausanne. 2. Aufl. 8⁰. Bern, Jenni Sohn, 1846.
— 7. Republikaner der Zukunft. 1846.
— Vide: Blätter der Gegenwart.
— — Buch (Diess) gehört dem Volke.
— — Opposition (Die).
Marrast. Vide: Droit (Le) au travail à l'Assemblée nationale.
Marriott, Jos., A catechism on circumstances; or the foundation stone of a community. 2. edit. 8 pp. 8⁰. Manchester and London, s. a.
Marriott, Will. Thakeray, Some real wants and some legitimate claims of the working classes. 8⁰. London, G. Manwaring, 1860.
Martel, M. le Cte. de, Étude sur Fouché et sur le communisme dans la pratique en 1793. 8⁰. Paris, E. Lachaud, 1873.
Martello, T., 1. Falso socialismo e falsa economia politica: prolusione al corso di economia politica nella università di Bologna. 8⁰. Bologna, N. Zanichetti, 1884.
— 2. Storia della Internazionale dalla sua origine al congresso dell' Aja. 16⁰. Padova, Salmin, 1873.
Martens, Dr. Heinr., Socialdemokratie und Socialpolitik in den skandinavischen Reichen. (Schmoller's Jahrb., 1891₄.)
Martensen, Dr. H., 1. Socialismus und Christenthum, übers. von Th. Jörgensen. 8⁰. Kiel, Wechmar, 1875.
— 2. Socialismus und Christenthum. Ein Bruchstück aus der speciellen Ethik. Deutsch von A. Michelsen. 8⁰. Gotha 1875.
Martin, A. Patchett, The great Australian strike. (National Review, 1890, Nov.)
Martin, Ch., Liberté ou communisme. 101 pp. 12⁰. Paris, Ghio, 1878.
— Vide: Phalange, 3. série, t. III.
Martin, Rudolf, 1. Die Entwickelung des Socialdemokratismus zum Anarchismus. (Preuss. Jahrbücher, Bd. 61, 1888.)
— 2. Die Ziele und Ideen der Anarchisten. (Die Gegenwart, Bd. 34, 1888.)
Martin, Th. Henri, Le mal social et ses remèdes pretendus. Études critiques en faveur du vrai remède. 8⁰. Paris, Didier et Co., 1872.
Martinet, l'abbé Antoine. Vide: Statolatrie etc.
Marx, Eleanor, Record of the international popular movement. (To Day, Nr. 1 and 2.)
Marx, Karl, 1. Der 18. Brumaire des Louis Bonaparte. gr.-8⁰. s. l. 1852. 2. Ausg. gr.-8⁰. Hamburg, O. Meissner, 1869.
— 2. Discours sur le libre échange. 8⁰. Bruxelles 1848. Englisch, Boston 1849. (Deutsch in der deutschen Ausgabe von „Misère de la philosophie".)
— 3. Einleitung zur Kritik der Hegel'schen Rechtsphilosophie. (Deutsch-französische Jahrbücher, 1844.)
— 4. Enthüllungen über den Kommunisten-Process zu Köln. 1. Aufl. 1852. Neuer Abdruck, mit Einleitung von Fr. Engels und Documenten. 8⁰. Hottingen-Zürich,

Volksbuchhdlg., 1885. (Socialdemokrat. Bibliothek, 4.)
Marx, Karl, 5. Ueber Holzdiebstahl. (Rheinische Zeitung, Köln 1842.)
— 6. Zur Judenfrage. (Deutsch-französische Jahrbücher, 1844.)
— 7. Das Kapital. Kritik der politischen Oekonomie. I. Bd. 1. Buch. Der Productionsprocess des Kapitals. gr.-8°. Hamburg, O. Meissner, 1867. 2. verb. Aufl. gr.-8°. Ebd. 1872. 3. verb. Aufl. gr.-8°. Ebd. 1883. 4. durchges. Aufl. Hrsg. von Engels. gr.-8°. Ebd. 1890. II. Bd. 2. Buch. Der Circulationsprocess des Kapitals. Hrsg. von Friedr. Engels. gr.-8°. Ebd. 1885.
— 8. Le capital. Traduction de M. J. Roy, entièrement revisée par l'auteur. 4°. Paris, M. Lachatre et Co., 1873.
— 9. Le capital, résumé et accompagné d'un aperçu sur le socialisme scientifique par Gabriel Deville. 18°. Paris, H. Oriol, s. a. (Bibliothèque socialiste.)
— 10. Capital, translated by J. Broadhouse. (To Day, Nr. 22—30.)
— 11. Capital: a critical analysis of capitalist production; from the German by S. Moore and E. Aveling. 2 vol. 8°. (New York, Scribner and Welford.) 8°. London, Sonnenschein, 1887.
— 12. Capital: a critical analysis of capitalist production. New edit. 8°. London, Sonnenschein, 1888.
— 13. Zur Kritik der politischen Oekonomie. 1. Heft. gr.-8°. Berlin, F. Duncker, 1859.
— 14. Ueber die Lage der bäuerlichen Winzer an der Mosel. (Rheinische Zeitung, Köln 1842.)
— 15. Lohnarbeit und Kapital. (Sep.-Abdr. aus der Rhein. Ztg. 1848/9.) 8°. Breslau, Schlesische Volksbuchh., 1880. 8°. Hottingen - Zürich, Schweiz. Genoss.-Buchdr., 1884. Mit einer Einleitung von Friedr. Engels. gr.-8°. Berlin, Verlag des „Vorwärts", Berliner Volksblatt, 1891.
— 16. Wage-labour and capital, translated by J. L. Joynes. kl.-8°. London, Modern Press, 1885.
— 17. Misère de la philosophie. Réponse à la philosophie de la misère de M. Proudhon. 8°. Bruxelles, C. G. Vogler, 1847.
— 18. Das Elend der Philosophie. Antwort auf Proudhon's „Philosophie des Elends". Autorisirte Uebersetzung aus dem Französ. Mit Vorrede und Anmerkungen von Fr. Engels. Mit 2 Anhängen: 1) Auszug aus der Marx'schen Schrift: Zur Kritik der polit. Oekonomie. 1859. 2) Rede über die Frage des Freihandels, geh. am 9. Jan. 1849 in der Demokrat. Gesellschaft zu Brüssel von K. Marx. 8°. Stuttgart, Dietz, 1885.
Marx, Karl, 19. Die rheinischen Provinziallandtagsverhandlungen. (Rheinische Zeitung, Köln 1842.)
— 20. Zwei Reden über die Freihandels- und Schutzzollfrage. Aus dem Französ. von J. Weydemeyer. 8°. Hamm, Schulz, 1848.
— 21. Der Ritter vom edelmüthigen Bewusstsein. (Gegen August Willich.) 1853.
— 22. Herr Vogt. 8°. London, Petsch u. Co., 1860.
— Vide: Engels, Fr.
— — Jahrbücher (Deutsch-französische).
— — Manifest (Das kommunistische).
— — Zeitung (Neue Rheinische).
Marx, K., and Fr. E n g e l s, Manifesto of the communist party (1848). 8°. London, W. Reeves, 1888.
Marx, Karl, vor den Kölner Geschwornen. Process gegen den Ausschuss der rheinischen Demokraten wegen Aufrufs zum bewaffneten Widerstand (9. Febr. 1849). Aus der „Neuen Rheinischen Zeitung". Mit einem Vorwort von Fr. Engels. 8°. Hottingen - Zürich, Volksbuchhdl., 1885. (Socialdemokrat. Bibliothek, 2.)
Marx, Karl. (Die Neue Zeit, 1. Jhrg., 1883.)
Marx-Aveling, Eleanor. Vide: Aveling, Edw.
Maschine und Arbeit. (Oesterr. Monatsschr. f. christl. Socialreform, 1886.)
Maschinenwesen (Das) und die darüber verbreiteten Vorurtheile. gr.-8°. Leipzig, Wigand, 1846, und gr.-8°. Leipzig (Bamberg) 1846.
Mase-Dari, Scioperio e coalizione di operai. 16°. Torino 1887.
Masotti, Gius., Influenze sociali delle macchine: dissertazione per laurea. 4°. Siena 1877.
Masquerier, Lewis. Vide: New Moral World, 3. Series, Vol. II.
Masseres, Isid., 1. Danger et nécessité du socialisme. 18°. Paris, Germer-Baillière, 1883.
— 2. Rêveries de Ch. Fourier, utopie des phalanstériens. 8°. Nantes, impr. de Camille Mellinet, 1844.
Massip, L. P., 1. Doctrine républicaine, ou principes naturels et économiques d'ontologie sociale. 12°. Marseille, Camoin, 1871.
— 2. L'individualisme. Principe et lois des

sociétés démocratiques. 12⁰. Paris, Le Chevalier, 1873.

Massy, J. Robert de, Association internationale des travailleurs, son origine, son organisation, ses moyens d'action, son but et son rôle dans les insurrections. Conférence publique faite à Orléans, salle de l'Institut, le 10 novembre 1871. 8⁰. Orléans, Herluison, 1871.

Masters and Men, A bit of talk between a turn-out and one who has gon back to work. Edited by S. G. O. 8⁰. London, T. W. Boone, 1842.

Mathieu, cardinal. Vide: Proudhon: De la justice dans la révolution.

Matrat, L'avenir de l'ouvrier, travail et prévoyance exposé des moyens de se garantir de la misère. gr.-8⁰. Paris, Guillaumin, 1884.

Mattabon, J. A., 1. Études socialistes. Du communisme. Les Icariens. 12⁰. Paris, Vialat, 1849.

— 2. La propriété est-elle le vol? 12⁰. Krabbe, 1848.

Matthiass, Ernst, Der nächste allgemeine Streike der deutschen Bergarbeiter und seine rationelle Bekämpfung. 8⁰. Ratibor, Schmoer u. Söhne in Comm., 1890.

Mäurer, G., Gedichte und Gedanken eines Deutschen in Paris. 2 Bdchen. 8⁰. Zürich u. Winterthur, 1844.

— Vide: Buch für Leute, die denken.

— — Horen (Pariser).

Maurice, E., The history of the revolutionary movement of 1848—1849 in Italy, Austria, Hungary and Germany. 8⁰. New York, Putnam's Sons, 1887.

Maurice, Fred. Den. Vide: Hughes: F. D. Maurice.

Maurice, S., Fréron démasqué et mis en jugement par le peuple. Vide: Babeuf.

Maurras, Ch., L'évolution des idées sociales. (Réforme sociale, année XI, 1891.)

Maurus, Dr. Heinr., Die Lösung der Arbeiterfrage aus dem Rechtsstandpunkte. gr.-8⁰. Berlin, Hennig, 1890.

Max, Die Anarchisten. Eine Tragikomödie in 2 Aufzügen. 8⁰. New York 1885.

Max, Die Volksliteratur der französischen Demokratie seit 1833. 8⁰. Leipzig, E. O. Weller, 1847. 2. verm. uud wohlfeile Ausg. 8⁰. Ebd. 1850.

Maxse, Captain, The causes of social revolt. 107 pp. 8⁰. London, Longmans etc., 1872.

Maxwell, Herbert, The scottish railway strike. (Nineteenth Century, Febr. 1891.)

Maxwell, Sir John, Suggestions arising out of the present want of employment for labour and capital. 8⁰. London 1852.

May. Vide: Humanitaire (L').

May, Dr. S. Vide: Zukunft (Die), Wochenschrift.

May, Sir T. Erskine, Democracy in Europe. 2 vol. 8⁰. London, Longmans, 1877.

Mayer, V., Das Eigenthum nach den verschiedenen Weltanschauungen. 8⁰. Freiburg i/Br., 1871.

Maynard, le chevalier Alphonse de, 1. Le livre final de l'épopée des âges, ou la démocratie socialiste et le dernier des despotes. 18⁰. 95 pp. Paris, Haton, 1878.

— 2. L'Internationale précurseur de l'Antéchrist. 8⁰. Paris, Bonniol, 1873.

Mayor, J., The scottish railway strike, 1891; a history and criticism. 12⁰. London, Simpkin, 1891.

Mazaroz, Paul, 1. Causes et conséquences de la grève du Faubourg St. Antoine. 8⁰. Paris 1882.

— 2. Études sur l'ouvrier des villes. 8⁰. Paris, E. Lacroix, 1862.

— 3. La revanche de la France par le travail, les besoins et les intérêts organisés. Causes et conséquences de la grève du Faubourg St. Antoine d'octobre et novembre 1882 suivi d'un projet d'organisation pour développer les débouchés des produits français et les apprentissages. 1. édit. 8⁰. Paris, chez l'auteur, 6 déc. 1882.

Mazel, A., Solidarisme, individualisme, et socialisme. 8⁰. Paris, Bonhoure, 1882.

Mazel, Benjamin, 1. Code de l'association, offrant par l'ordonnance et la combinaison de 49 articles, renfermés dans 9 chapitres et un seul titre, toutes les garanties de bien-être que puisse désirer et comporter chaque individu qui entre dans l'association. 18⁰. Paris, Bohaire, 1839.

— 2. Code social. 8⁰. Marseille, V⁶. Camoin, 1843.

Mazeron, C., Étude sur le communisme; dédiée aux classes ouvrières de la France. 8⁰. Montluçon, impr. Herbin, 1881.

Mazure, P. Adolphe, Spiritualisme et progrès social. Esquisses du temps présent. 8⁰. Paris, Delloye, 1835.

Mazzini, Joseph, 1. Foi et avenir. gr.-8⁰. Bienne, impr. de la Jeune Suisse, 1835.

— 2. République et royauté en Italie. Traduction et préface par George Sand. 8⁰. Paris, bureau du Nouveau Monde, 1850.

— 3. Royalty and republicanism in Italy,

or notes and documents relating to the Lombard insurrection and to the royal war of 1848. 8⁰. London, Gilpin, 1850.

Mazzini, Joseph, 4. Des socialistes français. 8⁰. Bruxelles, J. B. Tarride, 1852.
— Vide: Bakounin: Il socialismo.
— — La théologie polit.
— — Barbet, V.: Réponse.
— — Carlyle, Th.: The socialism.
— — Rodbertus: Kleine Schriften.

Mazzini e la questione sociale fino dal 1840. 16⁰. Milano 1874.

M. B. Vide: Geschichte der Internationale.

M. D. Vide: Mots (quelques) sur les souffrances.

Meaning (The) of socialism. (Being the manifesto of the social-democratic federation.) (To Day, Nr. 13.)

Mechanismus (Der industrielle) einer socialistischen Gesellschaft. (Oesterr. Monatsschrift für christl. Socialreform, 1885.)

Medley, D. J., Socialism as a moral movement: a short consideration of its value and its dangers. 8⁰. Oxford, Blackwell, 1884.

Meerheimb, F. v., Geschichte der Pariser Commune vom Jahre 1871. 8⁰. Berlin, Siegfr. Mittler u. Sohn, 1880.

Meeus, le comte Ferdinand de, Les banques populaires. Un mot sur les associations ouvrières. 12⁰. Bruxelles, Goemaere, 1864.

Mehring, Frz., 1. Zur Geschichte der deutschen Socialdemokratie. Ein historischer Versuch. 8⁰. Magdeburg 1877.
— 2. Herr Hofprediger Stöcker, der Socialpolitiker. Eine Streitschrift. gr.-8⁰. Bremen, Schünemann, 1882.
— 3. Kritik des Socialismus. (Neue Gesellschaft, 1. Jahrg., 1877.)
— 4. Die Pariser Commune 1871. (Preuss. Jahrbücher, Bd. 43—45, 1879—80.)
— 5. Die deutsche Socialdemokratie 1877. (Arbeiterfreund, Jahrg. 16, 1878.)
— 6. Die deutsche Socialdemokratie. Ihre Geschichte und ihre Lehre. Eine historisch-kritische Darstellung. gr.-8⁰. Bremen, Schünemann, 1877. 3. durchgeseh. und verm. Aufl. gr.-8⁰. Ebd. 1879.
— Vide: Treitschke (Herr v.), der Socialistentödter.

Mehring, G. G. Vide: Jahr 2500.

Meiners, Cph., Geschichte der Ungleichheit der Stände unter den vornehmsten europ. Völkern. 2 Thle. 8⁰. Hannover, Helwing, 1792.

Meinig, Fr., Der Socialismus und unser täglich Brot. Ein Vortrag, geh. im Fortbildungsverein zu Altenburg am 11. Juni 1877. gr.-8⁰. Leipzig, O. Wigand, 1878.

Meissner, Alfred, 1. Gedichte. 1. Aufl. 1844. 2. stark verm. Aufl. 8⁰. Leipzig, Herbig, 1846.
— 2. Revolutionäre Studien aus Paris (1849). 2 Bde. 8⁰. Frankfurt a/M., Lit. Anst., 1849.
Bd. I. U. A.: Le chant des ouvriers. (Lied der Arbeiter.) — Die Arbeiterassociation. — Bd. II.: Die sociale Bewegung. — Armand Barbès. — Sociale Schulen: 1) Die Communisten, 2) Louis Blanc, 3) Pierre Leroux, 4) Proudhon. — Proudhon's revolutionäres Programm. — Die Socialisten der Bergpartei.

Meitzen, Aug., Die Mitverantwortlichkeit der Gebildeten und Besitzenden für das Wohl der arbeitenden Klassen. Zur socialen und religiösen Bewegung. gr.-8⁰. Berlin, Hertz, 1876.

Mémoire présenté par la fédération jurassienne de l'association internationale des travailleurs à toutes les fédérations !de l'Internationale. gr.-8⁰. Souvillier. au siège du Comité fédéral jurassien, 1873.

Mémoire sur la fixation du maximum du prix des grains dans toute la France. Remis au Comité d'agriculture de la convention nationale, l'an premier de la république. 8⁰. An I.

Memoirs of the year two thousand fife hundred, translated from the French by W. Hoope. 2 vol. 8⁰. London, Robinson, 1772. A new edition revised and corrected. To which is now prefixed some account of the author. 8⁰. Liverpool, W. Jones, 1802.

Memorial to the R. H. the Lords of her Majesty's treasury. The memorial of R. Owen, late of New Lanark but now of Sevenoaks Park, Sevenoaks. 10 pp. 8⁰. Kent, January, 1858.

Menck, Fr., Arbeit und Kapital. Ein Mahnungswort für Arbeitgeber und Arbeitnehmer. 16⁰. Hamburg, Grüning, 1871/2.

Mendés, Les 73 journées de la Commune. 8⁰. Paris 1871.

Menendez de la Pola, D. José, Breve refutacion de los falsos principios económicos de la Internacional. Memoria compuesta de tres diálogos destinados á las clases obreras, laureada con el accessit. Madrid 1874.

Menger, Prof. Dr. Ant., 1. Das Recht auf den vollen Arbeitsertrag in geschichtlicher Darstellung. gr.-8⁰. Stuttgart, Cotta, 1886. 2. verb. Aufl. gr.-8⁰. Ebd. 1891.
— 2. Das bürgerliche Recht und die besitzlosen Volksklassen. Eine Kritik des

Entwurfes eines bgl. Gesetzbuches für das Deutsche Reich. (Aus: „Archiv f. sociale Gesetzgebung und Statistik", II. u. III. Jhrg., 1889 u. 1890.) gr-8°. Tübingen, Laupp, 1890. 2.—3. Tausend. gr.-8°. Ebd. 1890.

Menger, Ant., 3. Socialismus und Socialpolitik. (Allg. Zeitung, Blg., 7. Oct. 1888.)
— Vide: Schwiedland: A propos d'un livre sur le socialisme.
— — Vogelsang: Das Recht auf den vollen Arbeitsertrage.

Menius, H., Der Widerteuffer Lere und geheimniss. (Mit Vorrede Luthers.) Wittenberg 1530.

Mensch (Der) und sein Gott in und ausser dem Christenthum. Von e. Weltlichen (Louise Dittmar). 8°. Offenbach, André, 1846.

Menschheit (Die), wie sie ist und sein sollte. (Von W. Weitling.) 8°. 1838.

Mercier, Louis Seb., 1. Mon bonnet de nuit. 4 vol. 8°. Neuchatel, 1784.
— 2. De J. J. Rousseau considéré comme l'un des premiers auteurs de la révolution. 2 vol. 8°. Paris, Buisson, juin 1791.
— Vide: L'an deux mille quatre cent quatre.
— — Memoirs of the year two thousand five hundred.

Mercier de Larivière, L'heureuse nation, ou relation du gouvernement des Féliciens, peuple souverainement libre sous l'empire des lois. 2 vol. 8°. Paris 1792.
— Vide: Nation (Die glückliche).

Méric, Prof. Dr. E., 1. Les erreurs sociales du temps présent. 12°. Paris, Palmé, 1884.
— 2. Die socialen Irrthümer der Gegenwart. Autorisirte Uebersetzung. 8°. Mainz, Kirchheim, 1889.
— 3. Errores sociales de nuestra época. 4°. Barcelona 1889.

Mérimée, Prosper, Essai sur la guerre sociale. 8°. Paris, impr. F. Didot, 1841.

Merkur (Neuer Rheinischer), von Fr. Steinmann. 1. Bd. 6 Hefte, 8°. Solingen u. Mühlheim a/R., Fr. Amberger, 1846.

Merlino, Fr. Sav., 1. L'intégration économique. Exposé des doctrines anarchistes. (Journ. des Écon., 1889, déc.)
— 2. Socialismo e monopolismo? Saggio critico del sistema economico vigente; dati scientifici del socialismo; schizzo d'un ordinamento comunistico-anarchico: confutazione delle obiezioni in voga contra il socialismo. 16°. Napoli, tip. Aniello Eugenio, 1887.

Mermeix, La France socialiste. Notes d'histoire contemporaine. 8°. Paris, F. Fetcherin et Chuit; Berlin, H. Bahr, 1886.

Mermillod, Mgr. Gaspard, 1. Second discours sur les ouvriers au XIX. siècle, prononcé, en faveur de la société pour l'amélioration et l'encouragement des publications populaires, dans la chapelle de l'Oratoire le 16 mars 1868. 8°. Paris, Lesort, 1868.
— 2. L'église et les ouvriers au XIX. siècle; discours prononcé à Sainte-Clotilde, en faveur du cercle des jeunes ouvriers, le 23 février 1868. 8°. Paris, Lesort, 1868.
— 3. La question ouvrière. 8°. Paris, Palmé, 1872. 8°. Ibid. 1890.

Merschmann, Dr. Frdr., Die Arbeiterfrage. Ein Wort zur socialen Bewegung der Gegenwart. 8°. Leipzig, Böhme, 1878.

Mersen, Ernest, 1. Le communisme. Réfutation de l'Utopie icarienne. 8°. (Nantes, Guerand.) Paris, Garnier frères, 1848.
— 2. Du droit au travail. 18°. (Nantes, Guerand.) Paris, Garnier frères, 1848.
— 3. De la situation des classes ouvrières en France. 12°. Paris, Guillaumin, 1849.

Merz, Heinr., Armuth und Christenthum. Bilder und Winke zum christl. Communismus und Socialismus. gr.-8°. Stuttgart, Cotta, 1849.

Messmer, J. J., Im Strome der Zeit oder Kapital und Arbeit. Bilder aus dem Arbeiterleben der Gegenwart. 8°. Cincinnati 1883.

Meunier, Victor. Vide: Considerant: Le socialisme.
— — Phalange, année XVII, t. VIII.
— — Le travail affranchi.

Meyer, Christ., Zur Geschichte des deutschen Arbeiterstandes. (Preuss. Jahrb., Bd. 43, 1879.)

Meyer, Jul., Armuth und Verbrechen. (Diess Buch gehört dem Volke, II, 1845.)

Meyer, Jürgen Bona, 1. Fichte, Lassalle und der Socialismus. (Deutsche Zeit- u. Streitfragen, Heft 110—111, 1878.)
— 2. Voltaire und Rousseau in ihrer socialen Bedeutung dargestellt. 8°. Berlin, G. Reimer, 1856.

Meyer, Rud., 1. Die ländliche Arbeiterfrage in Deutschland. Socialismus. Auswanderung. Mittel gegen beide. gr.-8°. Berlin, Schindler, 1873.
— 2. Der Emancipationskampf des vierten Standes. 2 Bde. gr.-8°. Berlin, Schindler, 1874 u. 75. Volksausg. 1. Bd. gr.-8°.

Ebd. 1874. 2. verm. Aufl. 1. Bd. gr.-8⁰. Berlin, Bahr, 1882.
Meyer, Rud., 3. Die bedrohliche Entwickelung des Socialismus und die Lehre Lassalle's. gr.-8⁰. Berlin, Schindler, 1873.
— 4. Die neueste Literatur zur socialen Frage. 1. u. 2. Abth. gr.-8⁰. Berlin, Schindler, 1873.
— 5. Der Socialismus in Dänemark. gr.-8⁰. Berlin, Schindler, 1874.
— 6. Die Wirkung der Maassregelungen der Socialdemokratie. gr.-8⁰. Berlin, Aug. Schindler, 1875. (Social-polit. Flugblätter, Lfg. 2.)
Meyer, Theod. Vide: Frage (Die sociale) beleuchtet durch die „Stimmen aus Maria-Laach".
Meyners d'Estrey, Dr., Le socialisme en Chine. (Journ. des Écon., 1890, oct.)
M. H. W. Vide: Phalange, série 3, t. VI.
Michaelis, Rich., Ein Blick in die Zukunft. Eine Antwort auf: Ein Rückblick von Edward Bellamy. (Universalbibliothek, Nr. 2800.) gr.-16⁰. Leipzig, Reclam j. (1891.)
Michaud, L. G., avec M. Villenave, Histoire du Saint-Simonisme et de la famille de Rothschild, ou biographie de Saint-Simon et de Bazard; suivie de la biographie de Mayer Anselme Rothschild et de Nathan, son fils. 8⁰. Paris, Duverger, 1847. (Extr. de la „Biographie universelle.")
Michel (Der deutsche) auf breitester demokratischer Grundlage. Almanach für Deutschlands 34 Einheiten, hrsg. vom Reichshandwurst. 8⁰. Leipzig, Weller, 1849.
Michel (Der deutsche), auf breitester demokratischer Grundlage. Centralorgan für Deutschlands 34 Einheiten, unverantwortlich redigirt vom Hausknecht Johann. 1. Jbrg., Oct.-Dec. 1848. 13 Nrn. 4⁰. Leipzig, Weller.
Michel, A Lyon. 23 nov. 1832. (Religion Saint-Simon.) Vide: Saint-Simonisme, Mesnilmontant, no. 13.
Michel, J., Quelques notes sur l'ouvrage de M. Proudhon, intitulé: De la justice dans la révolution et dans l'église. 12⁰. Paris, L. Vivès, 1859.
Michel, Louise, et Jean Guêtré, La misère. Dessins de Tinagre. Livrais. I. 8⁰. Paris, libr. Républicaine, 1881.
Michelant, Un souvenir de la Commune. (Journ. des Écon., 1871, août.)
Michelet, Carl Ldw., Die Lösung der gesellschaftlichen Frage. gr.-8⁰. Frankfurt a. O., Trowitzsch u. Sohn, 1849.

Michelet, J., 1. La femme. 4. édit. 8⁰. Paris 1862.
— 2. Le Peuple. 8⁰. Bruxelles 1846. 18⁰. Genève, G. Fallot, 1846.
— 3. Das Volk. 8⁰. Mannheim, Hoff, 1846, — Deutsch von P. Str. gr.-8⁰. Nordhausen. Fürst, 1846.
— 4. The People. Translated, with the authors especial approbation. 3. edit. 8⁰. London, Longman, 1846.
— 5. Priests, women and families. Translated from the French (third edition) with the authors permission by C. Cocks. 3. edit. 8⁰. London, Longman etc., 1846.
— Vide: Studien (Demokratische).
Midi socialiste (Le), organe du parti ouvrier. Hebdomadaire paraissant le dimanche. No. 1, 31 juillet 1887. fol. de 4 p. à 3 col. Béziers.
Mignet, A., Des grèves, moyens de les prévenir. 8⁰. Paris 1880.
Mijoul, La familistère de Guise. (Revue socialiste, juillet 1886.)
Mill, John Stuart, 1. Maines village communities. (The Fortnightly Review, 1870.)
— 2. Principles of political economy with some of their application to social philosophy. 2 vol. 8⁰. 1848. 2 vol. 8⁰. Boston 1848. People's edit. London, Longmans, 1871.
— 3. Principles of political economy; abridged, with critical, biographical and explanatory notes etc. by J. Laurence Langhlin (a textbook for colleges). 8⁰. New York, Appleton, 1884.
— 4. Principes d'économie politique avec quelques-unes de leurs applications à l'économie sociale, trad. par MM. H. Dussard et Courcelle-Seneuil, et précédés d'une introduction par M. Courcelle-Seneuil. 2 tomes. Paris 1854. 2. édit. 2 vol. 8⁰. Paris, Guillaumin et Co., 1862. 3. édit. revue sur la 7. édit. angl. 2 vol. 8⁰. XXII et 1151 pp. Paris, Guillaumin et Co., 1872.
— 5. Grundsätze der politischen Oekonomie, nebst einigen Anwendungen auf die Gesellschaftswissenschaft. Aus dem Engl. übersetzt und mit Zusätzen versehen von Adolph Soetbeer. 2 Bde. Lex.-8⁰. Hamburg, Perthes-Besser u. Mauke, 1852. 2. deutsche Ausgabe. Aus der 5. Ausg. des Originals übersetzt v. Ad. Soetbeer. Lex.-8⁰. Ebd. 1864.
— 6. Sul socialismo; con prefazione di Osvaldo Gnocchi-Viani. 16⁰. Milano, Bignami

et Co., 1880. (Biblioteca socialistica, vol. VII.)
Mill, J. St., 7. The subjection of women. 8°. London 1869. 5. edit. 8°. London 1883.
— 8. Die Hörigkeit der Frau. Aus dem Engl. übersetzt von Jenny Hirsch. 8°. Berlin 1869.
— 9. Die Hörigkeit der Frau. Aus dem Engl. von J. Hirsch. Nebst einem Vorbericht, enthaltend eine kurze Uebersicht über den gegenwärtigen Stand der Frauenfrage von der Uebersetzerin. 8°. Berlin 1872. 3. Aufl. 8°. Berlin, Berggold, 1891.
— 10. L'assujettissement des femmes. Trad. de l'anglais par E. Cazelles. 18°. 231 pp. Paris, Guillaumin et Co., 1869.
— 11. Emancipazione della donna, trad. G. Morelli. 16°. Napoli 1870.
— 12. Rechtsansprüche der Arbeit. (Gesammelte Werke, Bd. 11.)
— 13. Thornton on labour and its claims. (The Fortnightly Review, 1869.)
— 14. Gesammelte Werke. Autorisirte Uebersetzung unter Red. von Th. Gomperz. 11 Bde. gr. 8°. Leipzig, Fues, 1869—74.
— Vide: Claims of labour.
— — Frout de Fontpertuis: Un écrit posthume.
— — Lange, F. A.: J. St. Mill's Ansichten.
— — Olivier, S.: J. St. Mill on socialism.
— — Programme of the land-tenure-reform-association.
— — Stirling, J.: De quelques opinions.
Miller, Bernh., Die deutsche Arbeiterbewegung. Ein Beitrag zur Würdigung der Schulze-Delitzsch'schen Genossenschaften und der Lassalle'schen Bestrebungen. gr.-8°. Leipzig, Jünger in Comm., 1863.
Millet, D. José M., La cuestion social. 2. edic. Madrid 1872.
Milner, Thom., The elevation of the people, moral, instructional and social. gr.-8°. London, Snow, 1846.
Minelli, Tullio, Sulla questione operaja. 8°. Rovigo 1872.
Mingasson, Simon, Essai sur les questions sociales du paupérisme, des disettes et famines, et de la propriété du travail, dit droit au travail. 8°. Paris, Ledoyen, 1856.
Minié-Pacha, Du travail des ouvriers, étude d'une organisation rationnelle. 16 pp. 8°. Paris, libr. centrale des publicat. popul., 1879.
Minot, L. Vide: Tonim.
Minteguiga, P. Venancio de. El comunismo,

sus causas, efectos y remedios. Traducida del italiano. Madrid 1878.
Mirabaud, M. (Baron d'Holbach), 1. Système de la nature ou les loix du monde physique et du monde moral. 2 vol. gr.-8°. Londres 1770. 2 vol. (Paris.) Londres 1774. Autre édit. 2 vol. gr.-8°. Londres 1780. Nouv. édit. 2 vol. 8°. Londres 1781.
— 2. The system of nature; or, the laws of the moral and physical world. With memoir by Chas. Bradlaugh. Reprinted verbatim from the best edition. kl.-8°. London, Truelove, 1884.
— 3. System der Natur oder von den Gesetzen der physischen und moralischen Welt. 2. verb. Aufl. 2 Theile. 8°. Frankfurt u. Leipzig, 1791.
— Vide: Holbach, baron de.
Mirabeau. Vide: Babeuf: La nouvelle distinction des ordres.
— — Système sociale.
Mirbach, O. Vide: Volkshalle (Westphälische).
Mirecourt, Eugène de, Lettres à M. P. J. Proudhon en réponse à son livre de la justice dans la révolution et dans l'église. 8°. Paris, chez l'auteur, 1858.
Mirovicz, Jlja, Sophja Perowskaja, die Märtyrerin der russischen Revolution. Biogr. Skizze. Nach russ. Quellen. 2. Aufl. 8°. New York, Wm. Frantz, 1883.
Mismer, Ch., Le credo du XX. siècle. Principes de la reconstruction sociale. 8°. Paris, librairie internationale, 1872.
Mission actuelle des ouvriers. 3. édit. 8°. Paris, Dentu, 1882.
Mitchell, F. W. D., Rent-wages and interest; or how far is Mr. George right? 1. and 2. edit. 8°. Dublin, Alex. Thom and Co., 1883.
Mitis, Ferd. Ritter v., Publicistische Versuche. gr.-8°. Wien, Manz, 1861.
(Enthält u. A.: b) Die Volksherrschaft. 14) Die Quelle der demokrat. Ideen der französ. Revolution.)
Mittel (Radicales) gegen die Noth der Arbeiter von einem Freunde der Arbeiter und der Arbeit. Berlin 1848.
Mittenzwey, L., Ein Beitrag zur Lösung der socialen Frage. (Die Gegenwart, Bd. 37, 1889.)
Mittermaier, Ueber unerlaubte Verbindungen von Seiten der Fabrikherren und Fabrikarbeiter zur wechselseitigen Bedrückung in Bezug auf Arbeitslohn. (Archiv des Kriminalrechts, N. F., 1849.)

Mittheilungen des Centralvereines für das Wohl der arbeitenden Klassen.
1. u. 2. Jahrg. 1.—6. Lfg. gr.-8°. Berlin, Veit u. Co. in Comm., 1849—50. (Red. v. Glaser.)
2. Jahrg. 7.—9. Lfg gr.-8°. Ebd. 1850.
3. Jahrg. 10.—13. Lfg. gr.-8°. Berlin, Trowitzsch u. Sohn in Comm., 1851—52. 14. Lfg. Red. v. C. Schneitler. gr.-8°. Ebd. 1852. 15. Lfg. gr.-8°. Ebd. 1852.
N. F. (1853.) gr.-8°. Berlin, Besser's B.
N. F. 2. Bd. 1.—3. Heft. 1855—56. gr.-8°. Ebd. (Fortsetzung: Zeitschrift d. Centralvereins in Preussen.)

Mittheilungen des Localvereines für das Wohl der arbeitenden Klassen. Hrsg. vom Vorstande des Vereines. Red.: H. Runge. Jahrg. 1850 u. 51. à 4 Lfg. gr.-8°. Berlin, Besser's Verl. (Frz. Dunker).

Mnémonique géographique ou méthode pour apprendre en peu de leçons la géographie, la statistique et la politique (par Ch. Fourier). gr.-8°. Paris, impr. de Carpentier-Méricourt, 1824.
(Réimprimé dans le Mercure de France au XIX. siècle 1830, t. 31, no. 9 et 10, p. 400—412 et 443—453.)

Moffat, R. S., Mr. Henry George the orthodox. An examination of Mr. George's position as a systematic economist, with a review of the competitive and socialistic schools of economy 8°. London, Remington, 1885.

Mohl, R., Die Staatsromane. Ein Beitrag zur Literatur-Geschichte der Staatswissenschaften. (Zeitsch. f. d. ges. Staatsw., 1845,.)

Mohler, Edmond, Sur l'amélioration du sort du travailleur. De l'association des ouvriers. Nécessité d'une nouvelle enquête industrielle, et modèle de statuts pour une caisse de secours et de retraites. 8°. Strasbourg, impr. Silbermann, 1849.

Molesworth, G., Political economy and strikes. (National Review, Febr. 1890.)

Molesworth, W. N., History of the reform question from 1832—1848, and from 1848—1866. (The Fortnightly Review, 1867.)

Molinari, Edmond de, 1. Le mouvement anarchiste en France et l'union ouvrière nihiliste du midi de la Russie. (Journ. des Écon., nov. 1882.)
— 2. Le mouvement nihiliste. (Journal des Écon., mai 1880.)

Molinari, G. de, 1. Les clubs rouges pendant le siège de Paris. 8°. Paris, Garnier frères, 1871. 2. édit. 18°. XXXVI et 394 pp. Paris 1872.
— 2. L'évolution politique et la révolution. 8°. Paris, Guillaumin, 1884.

Molinari, G. de, 3. La guerre civile du capital et du travail. Causes et remèdes. (Journal des Écon., 1886, juillet.)
— 4. Le mouvement socialiste et les réunions publiques avant la révolution du 4 sept. 1870; suivi de la pacification, des rapports du capital et du travail. 12°. Paris, Garnier frères, 1872.
— 5. Le positivisme ou doctrine sociale de M. Auguste Comte. (Journ. des Écon., 1850, oct.)
— 6. M. Proudhon et M. Thiers. (Journal des Écon., 1848, août.)
— 7. Les révolutions et le despotisme, envisagés au point de vue des intérêts matériels. 12°. Bruxelles, Meline et Cans, 1852.
— 8. La Russie et le nihilisme. (Journ. des Écon., 1881, avril.)
— 9. Le socialisme en 1869. (Journ. des Écon., 1869, juin, août, déc.)
— 10. Les soirées de la rue Saint-Lazare, recherches sur les lois économiques et défense de la propriété. 18°. Paris, Guillaumin et Co., 1849.

Moll, C. B., Die sociale Frage in ihrer religions-geschichtlichen Bedeutung. 8°. Königsberg 1872.

Moll, F. W., An das amerikanische Proletariat s. a.

Moll, Jos. Vide: Freiheit, Brüderlichkeit, Arbeit.

Monarchie und Socialismus. Politisch-patriotische Streifzüge auf allen Parteigebieten von einem Urgermanen. gr.-8°. Bern. E. Magron, 1878.

Monarcho-Republicanism. Why does the history of the world present a continued oscillation between monarchical and republicain forms of government? There must be a reason and a remedy; that remedy consists in a new principle monarchorepublicanism. 36 pp. 8°. London 1848.

Monatskalender (Politischer). Hrsg. vom Verleger. 1848, Januar—Sept. 16°. Königsberg, Samter.

Monatsschrift (Berliner). Hrsg. von L. Buhl. Mannheim 1844.

Monatsschrift (Bielefelder). Hrsg. von Karl Grün. 1844.
(Separat nie publicirt; die beiden ersten Hefte vollständig abgedr. in Grün's „Neuen Anecdota".)

Monatsschrift für Gesellschaftswissenschaft und Volkswirthschaft, hrsg. von Frhrn. v. Vogelsang. gr.-8°. Wien, Kirsch. (11.—12. Jhrg. Wien, Heindl.)

1. Jahrg. 1879. 12 Hefte.
2.—4. Jahrg. 1880—82: Oesterr. Monatsschrift etc.
6.—12. Jahrg. 1883—90: Monatsschrift für christl. Socialreform, Gesellschaftswissenschaft für volkswirthsch. und verwandte Fragen.
13. Jahrg. 1891. Hrsg. von Wilh. Frhr. v. Berger.

Monatsschrift für christl. Socialreform etc. Vide: Monatsschrift für Gesellschaftswissenschaft etc.

Monborgne, J. M. Vide: Tableau général de maximum etc.

Monde (Le Nouveau), journal historique et politique rédigé par Louis Blanc. Vol I, no. 1, 15 juillet 1849, à no. 12, 15 juin 1850; vol. II, no. 1, 15 juillet 1850, à no. 6, 1 mars 1851. gr.-8°. Paris, bureau de l'abonnement.

Monfalcon, J. B., Code moral des ouvriers, ou traité des devoirs et des droits des classes laborieuses. 8°. Paris et Lyon, Pélagaud, 1835.

Moniteur patriote (Le), par Marat. No. 1. 8°. Août 1789. (Dans la bibliothèque du corps législatif à Paris.)

Moniteur républicain (Le), Imprimerie de la république. 3 frimaire an XLVI (novembre 1837). 8 nos. fol. Le no. 8 est du 5 thermidor.
(Journal clandestin. En tête une vignette représentant la République assise sur une barricade, le doigt sur la détente d'un fusil. D'un côté on lit: „Prudence, courage, perseverance"; et de l'autre: „Unité, égalité, fraternité."
La Bibliothèque nationale à Paris a les nos. 1 et 8. Hatin a vu les 4 premiers chez M. Pochet. Au bas de chacun des articles du no. 2 se lit le nom de l'auteur au crayon. Les rédacteurs auraient été, d'après cette indication: Thorel, tailleur, Seigneurgens, bonnetier, et Claude Boudin, cordonnier.)

Montagne (La) radicale socialiste, journal quotidien du matin. No. 1, 2 décembre 1883. pet.-fol. Saint-Étienne.

Montaigu, Ch. Jh. de Bouillant de, Organisation du travail et du commerce. 8°. Paris, Guillaumin, 1848.

Montalembert, Charles Forbes Cte. de, De la nouvelle édition de Saint-Simon. (Extrait du „Correspondant".) 8°. Paris, Douniol, 1857.

Montanus, 1. Der Bergwerksstrike. (Die Gegenwart, Bd. 35, 1889.)
— 2. Die Strikedebatte im Reichstage. (Die Gegenwart, Bd. 36, 1889.)

Montégut, É., Le socialisme et les socialistes en province. (Revue des Deux Mondes, 1 sept. 1849.)

Montena, Ferd., Vorschlag zur Gründung von Arbeiterassociationen. (Neue Gesellschaft, 1. Jahrg., 1877.)

Montferrier, de, La révolution de demain. 18°. 31 pp. Paris, Dentu, 1872.

Mont-Gilbert, Des Jacobins et des sociétés populaires dans un gouvernement républicain. 62 pp. 8°. An troisième de la république.

Montpellier, Thdr. Alex. Jos. de, Die Internationale. Wo stammt sie her? Was ist sie? Aufklärung über das Treiben der internationalen Arbeiter-Vereine, nach dem Hirtenschreiben ins Deutsche übertragen von Freunden der ehrsamen Arbeiterklasse. gr.-16°. Luxemburg, Brück, 1871.

Montrevel, Nouvelle histoire de la Commune. 8°. Paris 1885.

Montry, Albert de, Le socialisme, la famille et le crédit. 16°. Paris, Breteau, 1850.

Moor, Carl. Vide: Beobachter der social. Literatur.

Moore, Ely, Trades-unions. An address to the members of the general trades-union of New York. 8°. London, John Cleave, s. a.

M. O. R. Vide: Producteur, t. III et IV.

Morayta, D. Miguel, La Commune de Paris. Ensayo histórico, politico y social. Madrid 1872.

Mord (Der) verübt an Ludwig Lessing aus Freienwalde, oder actenmässig geschichtliche Darstellung der gegen den Zacharias Aldinger von Dörzbach, angeblich Baron von Eib, und übrige Eingeklagte desshalb geführte Untersuchung, nebst Gründen und Urtheil des Criminalgerichtes des Canton Zürich. 8°. Zürich 1837.

More, Cresacre, The life of Sir Thomas More by his grandson. 8°. London 1828.

More, Bacon etc., Ideal commonwealth. 8°. London, Routledge, 1885.

Moreau-Christophe, Louis Mathurin, Du droit à l'oisiveté et de l'organisation du travail servile dans les républiques grecques et romaine. 18°. Paris, Guillaumin et Co., 1849.

Morel, Du malaise social. 8°. Toulouse, impr. Bénichet aîné, 1833.

Morel, A., 1. Les associations ouvrières dans l'empire romain. (L'Association, no. 14.)
— 2. La propriété est-elle le vol? 12°. 1848.
— 3. Le code social; manuel du citoyen français. 16°. Paris, Le Chevalier, 1871.

Morel, J. J., Que vais-je devenir quand je serai vieux? ou la base du socialisme positif. 8°. Lyon, impr. nouvelle, 1884.

Morelly, 1. Code de la nature, ou le véritable esprit de ses lois, de tout temps négligé, méconnu. Partout, chez le vrai sage, 1755, 12º, et 1760, 12º. Réimpression complète augmentée des fragments importants de la Basiliade avec l'analyse raisonnée du système social de Morelly. 8º. Paris, Paul Masgana, 1841. (1. u. 2. edit. anonym.)
— 2. Grundgesetz der Natur. Anonym übersetzt 1846.
— Vide: Code de la nature.
— — Limanowski: Morelly (Zukunft, I).
— — Naufrages des iles flottantes.
— — Villegardelle: Code de la nature.

Morgan, John Minter, 1. The christian commonwealth. To which is added: An inquiry respecting private property. 8º. London, Gilpin, 1850.
— 2. Letters to a clergyman on institutions for ameliorating the condition of the people. Chriefle from Paris in the autumn of 1845. gr.-8º. London, Chapman and Hall, 1846. 12º. London, Longman, 1851.
— 3. Religion and crime; the condition of the people. 8º. London, H. Hooper, 1840.
— 4. Reproof of Brutus. Written in verse. (cit. Holyoake.)
— 5. Revolt of the bees. Vide: Revolt.
— 6. Tracts originally published at various periods from 1819—1838. With an appendix. 2. edit. 8º. London 1851. (Remarks on the practicability of Mr. Owen's plan.)
— Vide: Remarks on the practicability of Mr. Owen's plan.

Morgenstern, Lina, Die Frauenbestrebungen unserer Zeit. (Allgem. Frauenkalender, 3. Jahrg., 1887.) 8º. Berlin, Verlag der deutschen Hausfrauen-Zeitung, 1887.

Morin, A. S. (Miron), Les Hébertistes modernes. 100 pp. 8º. Paris, Hurteau, 1870.

Morin, Étienne François Théodore, Essai sur l'organisation du travail et l'avenir des classes laborieuses. 8º. Paris, Marc-Aurel, 1845 (Guillaumin).

Morin, Georges, Histoire critique de la Commune. Le comité central. La Commune. La Commune au point de vue socialiste. La Commune au point de vue politique. 12º. Paris, librairie internationale, 1871.

Morin, Louis, Propriété et communisme. 8º. Paris, Amyot, 1848.

Morisani, avv. Paolo, Una soluzione della questione sociale in Italia: pensieri. 8º. Napoli 1879.

Morissou, Paul, La question sociale. 8º. Bergerac, impr. Boisserie, 1881.

Morning Star. A phalansterian gazette of universal principles and progressive association; edited by M. James Elmslie Duncan. 1840. (Organ of Ham Communism.)

Morre, Karl, Die Arbeiterpartei und der Bauernstand. Ein ernstes Wort in ernster Zeit. Lex.-8º. Graz, „Leykam" in Comm., 1891.

Morris, Will., 1. Chants for socialists. Nr. I. The day is coming. 8º. London, Reeves, s. a.
— 2. A dream of John Ball and a Kings lesson. 8º. London, Reeves and Turner, 1889.
— 3. Signs of change. Seven lectures. 8º. London, Reeves and Turner, 1884.
— 4. True and false society. 8º· London, W. Reeves, 1885.
— Vide: Hyndman, H. M.
— — Socialists ideal.

Morrison, Cha., Essay on relations between labour and capital. 8º. London, Longman, 1854.

Mort de Talabot le 17 juin 1832. (Religion Saint-Simon.) Vide: Saint-Simonisme, Mesnilmontant, no. 9.

Mortillet, Gabriel. Vide: Politique et socialisme.

Morus, Thomas, 1. Libellus vere aureus, nec minus salutaris quam festivus de optimo reipublicae statu, deque nova insula Utopia. Cura M. Petri Aegidii Antverpiensis et arte Theodorici Martini Alustensis. 4º. Lovanii 1516, mense decembris. (Edit. princeps.) — De optimo reipublicae statu, deque nova insula Utopia. 4º. Antwerpen 1516. 12º. Paris, Gourmont, 1516—17. 4º. Basil, Froben, 1517—18. 4º. Viennae Panon. per Joh. Singrenium, 1519. 4º. Basil 1520. 8º. Hannoviae, typ. Joh. Jac. Hennëi, 1613. castr. lat. Ausg. Col. Agrip. 1629. 32º. Amstelod. apud. Johan. Jansonium, 1631.
— 2. De optimo reipublicae statu, deque nova insula Utopia libri II. Ex prioribus editionibus collatis accurate expressi. 8º. Glasguae, Rob. et And. Foulis, 1750.
— 3. La description de l'isle d'Utopie, où est compris le miroer des républiques du monde, rédigée par esprit par Thomas Morus. Trad. en Franc. par Jehan Leblond. 8º. Paris, Ch. L'Angellier, 1550, avec figures. 18º. Lyon, chez J. Sangrain, 1559. 2. édit. Trad. par Samuel Sorbière,

20

24º. Amsterdam, chez J. Blaen, 1643. 3. édit. Idée d'une république heureuse, ou l'Utopie, trad. du latin par Nic. P. Gueudeville. 12º. Amsterdam, F. L'Honoré, 1715 ou 1730. — Tableau du meilleur gouvernement possible ou l'Utopie de Thomas Morus. En deux livres. Traduction nouvelle par M. Rousseau. 12º. Paris, F. Didot, 1780. 2. édit. 8º. Paris, J. Blanchard, 1789.

Morus, Thomas, 4. L'Utopie de Thom. Morus. Traduction nouvelle par M. Victor Stouvenel. gr.-8º. Paris, Paulin, 1842.

— 5. A most pleasant-work of the best state of public weal; and of the new isle of Utopia, translated by Raphe Robynson. 12º. London, by Abrah. Vele, 1551. — A frutefull pleasant and wittie worke of the best state of a publique weale, and of the newe yle, called Utopia: written in Latine . . . . translated into Englishe by Raphe Robinson, nowe . . . newlie perused and corrected also with divers notes in the margent augmented. 16º. London, by Abrah. Vile, 1554—56. — 3. edit. 1597.

— 6. Utopia, with a preface, translated by Bp. Brunet. 12º. London 1685 (frequently reprinted). — Translated by Gilbert Bishop Brunet. sm.-8º. Glasgow, Foulios, 1762. — Translated by Raphe Robinson, with notes by Dibdin. 4º. 1808. 8º. London, Robert, 1878. — By St. John. 12º. London, H. Bohn, 1845. 12º. London, Virtue, 1849. London, Bennett, 1850. — With notes by J. R. Lumby. 12º. London, Camb. Wareh. 1879. — With preface by Maurice Adam. 8º. London, Walter Scott Camelot Classics, 1886.

— 7. La republica nuovamente ritrovata, del governo dell' isola Eutopia. 8º. Vinegia, per il Doni, 1548.

— 8. La Utopia. 1. edit. Cordova 1636. Traducida del latin al castellano por D. Jerónimo Antonio de Medinilla y Porres. Tercera edicion, corregida y añatida con el resúmen de la vida del autor. Madrid 1805.

— 9. Von der wunderbarlichen Innsel Utopia genant, das ander Buch, durch den wolgebornen hochgelerten herren Thomam Morū Fryherrn vn̄ des durchlūchtigstē, grossmechtigisten Kūnigs zu Engellandt Schatzmeister erstlich zu Latein gar kūrtzlich beschrieben und ussgelegt. In der loblichen Stadt Basel vollendet. (Ueber-

setzer Claudius Cantiuncula von Metz.) 4º. Basel, gedr. d. Joa. Bebeliū, 1524. Morus, Thomas, 10. Utopia. Teutsch. 2 Theile. 8º. Frankfurt, Gensch, 1704.

— 11. Utopien in einer neuen und freyen Uebersetzung von J. B. K. 8º. Frankfurt, Brönner, 1753.

— 12. Utopia. Deutsch von H. Kothe. 8º. Leipzig, Reclam (1874). (Univ. Bibl. 513—14.)

— Vide: Cayley, A.: Memoirs of Sir Th. M.
— — Dareste, A. C.: Thomas Morus.
— — Hoddesdon, J.: Th. Mori vita.
— — Kautsky, K.: Th. Morus.
— — Lambert, A.: The privat life of Th. M.
— — Mackintosh, J.: The life of Th. Morus.
— — More, Cres: The life of Sir Th. More.
— — Rudhart: Th. Morus.
— — Vögelin, Prof. J.: Die Utopia.
— — Warner, F.: Memoirs of the life.
— — Ziegler, Th.: Th. Morus.

Morus, Thomas, und sein berühmtes Werk Utopia. Aus dem Engl. übersetzt. Mit bio- und bibliograph. Einleitung herausgegeben von E. M. Oettinger. kl.-8º. Leipzig, Ph. Reclam, 1846.

Möser, Justus, Wie viel braucht man um zu leben? 1774. (Patriot. Phantasien von Möser.)

Most, Joh., 1. Die Anarchie. 8º. New York 1888.

— 2. Die Arbeit ist die Quelle des Reichthums. (Neue Gesellschaft, 1. Jhrg., 1877.)

— 3. Die Bastille am Plötzensee. Blätter aus meinem Gefängniss-Tagebuch. gr.-8º. Braunschweig, W. Bracke, 1876.

— 4. Die socialen Bewegungen im alten Rom und der Cäsarismus. 8º. Berlin, Allgem. deutsche Assoc.-Buchdr., 1878.

— 5. Zur Geschichte der Arbeiterbewegung in Oesterreich. (Neue Gesellschaft, 1. Jahrg., 1877.)

— 6. Die freie Gesellschaft. Eine Abhandlung über die Principien und Taktik der kommunistischen Anarchisten. 1. Aufl. im Selbstverlag d. Verf., 1884. 3. Aufl. 16º. New York, Selbstverlag, 1884.

— 7. Die Gottespest und die Religionsseuche. 7. Aufl. kl.-8º. New York, s. a. (Revolutionäre Volksschriften, I.)

— 8. Die Hölle von Blackwell's Island. 8º. New York 1887.

— 9. Kapital und Arbeit. Ein populärer Auszug aus: „Das Kapital", von K. Marx. 2. verb. Aufl. 8º. Chemnitz, Genoss.-Buchdr., s. a. (Vorrede 1873.)

— 10. Der Kleinbürger und die Social-

demokratie. Ein Mahnwort an die Kleingewerbtreibenden. 8°. Augsburg, Volksbuchh., 1876.
Most, Joh., 11. Die Lösung der socialen Frage. Ein Vortrag vor Berliner Arbeitern. gr.-8°. Berlin, Allg. deutsche Associat.-Buchdr., 1876.
— 12. Ein Mahnruf an die landwirthschaftliche Bevölkerung. 8 pp. 8°. Chemnitz s. a.
— 13. Das Narrenthum. 8°. New York 1888.
— 14. Die Pariser Commune vor den Berliner Gerichten. Eine Studie über deutschpreussische Rechtszustände. 8°. Braunschweig, W. Bracke, 1875.
— 15. An das Proletariat. 8°. New York 1887.
— 16. Sechs Proletarier-Lieder, gewidmet den Arbeitern Oesterreichs. 2. verb. Aufl. 8°. Chemnitz, Genoss.-Buchdr., s. a.
— 17. Der Stimmkasten. 8°. New York 1888.
— 18. Taktik contra Freiheit. 8°. London 1880.
— Vide: Anonymus Veritas.
— — Gewerbeordnung f. d. Deutsche Reich.
— — Grottkau, Paul.
— — Scheu, H.: Der Hochverrathsprocess.
Mot (Le dernier) du socialisme, par un catholique (Charles François Chevé.) 12°. Paris, Capelle, 1848.
Motley, Lothrop, Democracy: the climax of political progress and the destiny of advanced races. A historical essay. 32 pp. 8°..Glasgow 1869.
Mots (Quelques) sur l'association internationale des travailleurs. 31 pp. 8°. Paris, Lahure, 1870.
Mots (Quelques) sur les grèves et les coalitions, par Léon V. 8 pp. 8°. Paris, impr. Dubuisson, 1878.
Mots (Quelques) sur les souffrances des classes ouvrières, leurs causes et leurs remèdes, par M. D. 23 pp. 12°. Lyon 1879.
Moufang, Dr. Chr., Einige Irrthümer bezüglich der socialen und religiösen Frage. gr.-8°. Würzburg, Wörl, 1877.
Mounier, J. F., Influence des philosophes sur la révolution française. 8°. London 1822.
Moureau, Jules, Le salaire et les associations coopératives. Étude économique, suivie d'une description du familistère de Guise (Aisne). 12°. (Saint-Quentin.) Paris, Guillaumin et Co., 1866.
Mousseaux, M. Gougenot de, Des prolétaires, nécessité et moyens d'améliorer leur sort. 8°. Paris, Mellier frères, 1846.

Mouvement (Le) social. (Le Nouveau Monde, année I, no. 6.)
Movement (The). Anti-persecution gazette and register of progress: a weekly journal of republican politics, anti-theology, and utilitarianism morals. Edited by G. J. Holyoake, assisted by M. G.;Ryall. 68 Nrs. gr.-8°. London 1844—45.
Moyle, Walter, Democracy vindicated. An essay on the constitution and government of the Roman state. From the posthumous works of W. Moyle, with a preface and notes by John Thelwall. 8°. Norwich, J. March, 1796.
Mücke, Lic., Die staatlich-reformatorische oder die ultramontane Lösung der socialen Krisis. Nach einem Vermächtniss Ignaz v. Döllinger's. 2 Hälften. gr.-8°. Berlin, Walther u. Apolant, 1891.
Mühlecker, F. Vide: Sonne (Die).
Muiron, Just, 1. École sociologique phalanstérienne. Communications familières du doyen. 6 livr. 8°. Besançon, Bonvalot, 1862.
— 2. Transactions sociales. 2. édit. 8°. Besançon, Bonvalot, 1860.
— 3. Nouvelle transaction sociale, religieuse et politique de Virtomnius. 8°. Besançon 1832.
— 4. Sur les vices de nos procédés industriels, aperçu démontrant l'urgence d'introduire le procédé sociétaire. 8°. Paris 1824. 2. édit. Besançon, impr. Sainte Agathe, 1839. 3. édit. suivis d'un essai sur l'éducation morale, 1846.
— Vide: Phalanstère, année I, no. 8.
Mülberger, Dr. Arth., 1. Haeckel und der Socialismus. (Neue Gesellschaft, 2 Jahrg., 1878.)
— 2. Proudhon's Theorie des allgemeinen Wahlrechtes. (Annal. d. Deutsch. Reiches, 1891.)
— 3. Der Socialismus und das Landvolk. (Die Zukunft, 1877.)
— 4. Studien über Proudhon. Ein Beitrag zum Verständniss der socialen Reform. gr.-8°. Stuttgart, G. J. Göschen, 1891.
— 5. Die Theorie der „Anarchie". (Neue Gesellschaft, 1. Jahrg., 1877.)
— 6. Von und über Proudhon. (Die Wage, 1878—79.) (10 Aufsätze.)
— 7. Ein Wahlmanifest Proudhon's. Ein Beitrag zur Vorgeschichte der Commune. (Neue Gesellschaft, 1. Jahrg., 1877.)
Müller, C., Die leibliche und geistige Noth der dienenden und arbeitenden Klasse auf

dem platten Lande. Eine Weckstimme an die, welche es angeht. gr.-8°. Berlin, W. Schultze, 1852.

Müller, Ed., 1. Bericht über die Untersuchung betr. die anarchistischen Umtriebe in der Schweiz, an den hohen Bundesrath der schweiz. Eidgenossenschaft erstattet. gr.-8°. Bern, Wyss, 1885.
— 2. Rapport sur l'enquête relative aux menées anarchistes en Suisse, adressé au Conseil fédéral suisse. 8°. Berne, K. J. Wyss, 1885.

Müller, sen. Mor., 1. Zur Arbeiterfrage. Eine Denkschrift, den deutschen Arbeitern und Arbeiterfreunden gewidmet. Pforzheim 1867.
— 2. Ueber den Atheismus unter den Socialdemokraten. Eine Mahnung an die Arbeiterwelt. 8°. Leipzig, Kössling in Comm., 1892.
— 3. Ueber den Zweck, die Mittel und die Organisation der Arbeitervereine, nebst einem Statuten-Entwurf. 8°. Nordhausen, Förstemann's Verl., 1867.

Müllerstein, H. Vide: Zeitgeist (Der).

Mullois, Livre des classes ouvrières et des classes souffrantes. 255 pp. 32°. Paris, biblioth. de tout le monde, 1874.

Mun, A. de, Socialistes et catholiques. 24 pp. 12°. Paris 1878.
— Vide: Courcelle-Seneuil: Les socialistes cléricaux.
— — Orry, A. M.: Le secret de la paix sociale.

Mun (Graf de) über den Stand der christlich-socialen Bewegung in Frankreich. (Christl.-soc. Blätter, 21 Jhrg., 1888.)

Munding, Dr. Karl, Die Lügen des socialistischen Evangeliums und die moderne Gesellschaft. gr.-8°. Stuttgart, Levy u. Müller, 1886. 2. Aufl. gr.-8°. Ebd. 1886.

Mundt, Th., Die Geschichte der Gesellschaft in ihren neueren Entwickelungen und Problemen. 8°. Berlin, Simion, 1844.

Munier, J. B. H., L'opposé du misérable principe de Proudhon. fol. 1848.

Munkus, Dr., Das Weib in der Socialdemokratie und die Mission der kathol. Kirche mit Bezug auf das Proletariat. gr.-16°. Berlin, Huth, 1879.

Munt, José Maria, La república democrático-federal-universal, ó sea la barbárie del siglo XIX. Aviso que da á los pueblos. Lérida 1857.

Murailles (Les) révolutionnaires. Collection complète des professions de foi, affiches, décrets, bulletins de la république, facsimile de signatures. Paris et départements. Illustrées des portraits des membres du gouvernement provisoire, des principaux chefs de clubs, des rédacteurs et gerants des premiers journaux de la révolution. 4°. Paris, J. Bry, 1852.

Murailles (Les) révolutionnaires de 1848. Collection des décrets, bulletins de la république, adhésions affiches, facsimile de signatures, professions de foi etc., précédée d'une préface d'Alfred Delvau. Paris et les départements. 17. édit. entièrement conforme à la première édition et augmentée d'un grand nombre de pièces, de la préface de M. Chevalier, de la table alphabétique, des portraits etc., publiés pour la première fois comme supplément à 16. édition. Affiches coloriées. 2 vol. 4°. Paris, Picard, 1868.

Mursell, A., Addresses to the working people of Birmingham. 8°. London, J. Heywood, 1881.

Muser, Osc., 1. Die sociale Frage und die nächstliegenden socialen Aufgaben der Gesellschaft. Zusammengefasste Reden. gr.-8°. Frankfurt a/M., E. Könitzer's Verl., 1891.
— 2. Socialistengesetz und Rechtspflege (Theorie und Praxis), eine mit aktenmässigen Beispielen belegte Studie für Laien und Juristen. 1.—3. Aufl. gr.-8°. Karlsruhe, Verl. d. Handelsdr. Karlsruhe, 1889.

Mustone, E., Utopie: pensieri politico-sociali. 8°. Torino 1878.

Mystères (Les) de l'Internationale, son origine, son but, ses chefs, ses moyens d'action, son rôle sous la Commune (par Achille Dalsème et Jules Dalsème). 12°. Paris, Dentu, 1871.

Mysterien (Aus den) des russischen Nihilismus. Aufzeichnungen eines ehemaligen Nihilisten. 8°. Leipzig, Friedrich, 1885.

N.

Nachtgedanken des Publicisten Gotthelf Zurecht im Februar 1851. gr.-8°. Leipzig, Fleischer, 1851.

Nadaud, Martin, 1. Histoire des classes ouvrières en Angleterre. Avec une préface de Louis Blanc. gr.-8°. Paris, Lachaud, 1872. 12°. Paris, Lachaud, 1873.
— 2. Les sociétés ouvrières. 32°. Paris, librairie de la Bibliothèque démocratique, 1873.

Nagel, L. Vide: Concordia, Zeitschrift f. d. Arbeiterfrage.
— — Verhandlungen der Bonner Conferenz.

Napoléon ou l'Homme Peuple. (Religion Saint-Simon.) Vide: Saint-Simonisme, Mesnilmontant, no. 16_1.

Naquet, Alfred, 1. Religion. Propriété. Famille. 12°. Paris, Le Chevalier, 1868.
Cette ouvrage a été saisi; une nouvelle édition a été publiée en 1877 en Belgique.
— 2. Socialisme collectiviste et socialisme libéral. 8°. Paris, Dentu, 1890.

Nash, A., Democracy in New South Wales. (The Fortnightly Review, 1887, February.)

Nash, Vaughan and Smith, H. Ll., The story of the dockers' strike. 8°. London, Fisher Unwin, 1890.

Nathusius, Phil. v., Zur „Frauenfrage". gr.-8°. Halle, Mühlmann, 1871.

Nation (Die glückliche) oder der Staat von Felicien. Ein Muster der vollkommensten Freiheit unter der unbedingten Herrschaft der Gesetze. Aus dem Franz. (von Mercier de la Rivière). 2 vol. Leipzig 1794.
— Vide: Mercier de la Rivière.

Nationalist (The). gr.-8°. Boston. Nr. 1, Mai 1889. Nr. 4, Aug. 1889.

Natorp, Dr. Gust., Der Ausstand der Bergarbeiter im niederrheinisch-westphälischen Industriebezirke. (Zum Theil Sonderabdruck aus: „Glückauf".) gr.-8°. Essen, Bädeker, 1889.

Natur (Die), der Mensch, die sociale Republik. Aus einem Briefe. (Deutsche Monatsschrift, 1851_1.)

Naudrès, J., Le socialisme. (Extrait de „l'Encyclopédie des sciences religieuses.) 8°. Paris, Fischbacher, 1882.

Naufrages des îsles flottantes on la Basiliade de Bilpaï. Traduit de l'Indien par Mr. M. (Morelly). 12°. 2 vol. Messine 1753.

Naumann, Fr., 1. Arbeiterkatechismus, oder der wahre Socialismus. Seinen arbeitenden Brüdern dargeboten. 8°. Calw, Vereinsbuchhdlg., 1888.
— 2. Das sociale Programm der evangel. Kirche. 8°. Leipzig, Deichert's Nachf., 1891.
— 3. Was thun wir gegen die glaubenslose Socialdemokratie? Vortrag. 8°. Leipzig, Boehme, 1889.

Naute, J., Des rapports du travail avec le capital. Conférence du 25 août 1880. 32°. Limoges, Charles-Lavauzelle, 1881.

Navarro-Sanchez, Pedro, El trabajo y el obrero. Madrid 1878.

Navel, J. J. Vide: Almanach de la communauté.

Neale, Edward Vansittart, Associated homes: a lecture with three engravings of the familistère at Guise, and a biographical notice of Mr. Godin, its founder. 8°. London, Macmillan and Co., 1880.

Neale, Rev. J. M., Songs and ballads for the people. 24 pp. 8°. London 1844.

Nebe, Gust., Die Stellung der Kirche zur Arbeiterfrage. Ein Wort an Alle, denen die Lösung der Frage am Herzen liegt. Geschrieben im Auftrage des Provincial-Ausschusses f. innere Mission in der Provinz Sachsen. 8°. Halle, Fricke, 1872.

Neergaard, C. B. v., Die Demokratie, der Socialismus und das Christenthum. Sind dies Gegensätze oder nicht? 1. u. 2. Aufl. Kiel, v. Maack, 1869.

Nees von Esenbeck, Dr., Das Leben der Ehe in der vernünftigen Menschheit und ihr Verhältniss zum Staat und zur Kirche. 8°. Breslau, Trewendt, 1845.

Nees von Esenbeck, C. G., Die demokratische

Monarchie. Ein Gesetz-Vorschlag. Der National-Versammlung zu Berlin vorgelegt den 1. Juli 1848, gr.-8°. Berlin, Springer, 1848.

Nees von Esenbeck und Th. Hoferichter, Zwei politische Glaubensbekenntnisse. 8°. Breslau 1848.

Neidhard, Jh. Fr. Vide: Gedanken (Freie) über die bevorstehende Revolution.

Neidhardt, A. M. Vide: Egeria.

Neisser, Max, Ueber die Arbeitsentschädigung im Zukunftsstaate. (Neue Gesellschaft, 1. Jahrg., 1877.)

Netschajew, Revolutionskatechismus. In der deutschen Ausgabe der „L'Alliance de la dém. soc." Braunschweig 1874.

Neujahrs-Almanach für Unterthanen und Knechte. 32°. Leipzig, Weller, 1850.
(Wichtige Literatur f. Soc.-Democr.)

Neumann, A. R., Practicable socialism. (Westminster Review, Sept. 1889.)

Neumann, N. H., Die Aufhebung des Proletariats mit Rücksicht auf Creditgesetze, Wuchergesetze und Armenverwaltung. 16°. Leipzig, Verlagsbureau, 1847. (1. Aufl.) 2. Aufl. gr.-8°. Berlin, Donny u. Sohn, 1877.

Neumann, William, Principien der socialen Ordnung. 8°. Leipzig, Gerhard in Comm., 1857.

Neurath, Doc. Dr. Wilh., 1. Eigenthum und Gerechtigkeit. Nach einem Vortrage, geh. am 24. März 1884 im Saale des „Wiener kaufmänn. Vereines". gr.-8°. Wien, Manz, 1884.

— 2. Franz Quesnay als Socialphilosoph. 8°. Wien 1882.

— 3. Das Recht auf Arbeit und das Sittliche in der Volkswirthschaft. gr.-8°. Wien. "- Manz, 1886.

Neville, R. J. N., Strikes: a concise statement of the criminal law relating to intimidation and picketing. 8°. London, Clowes, 1890.

New-Age, the Concordian Gazette. 1843.

New-Atlantis (The); or ideals old and new emanating from the masters of man, belonging to the great races who conducted the past course of civilisation, culture, and education of humanity: a dialogue, by a disciple of Buckle. 8°. London, Williams and Norgate, 1884.

Newcomb, George B., Theories of property. (Political Science Quarterly Boston, 1886, Dec.)

Newcomb, Simon, A plain man's talk on the labor question. 16°. New York, Harper, 1886.

Newgate Monthly Magazine, or Calendar of men, things and opinions. Published 1825.
(Americ., objected to Owens systems.)

New Moral World. Vide: World (New Moral).

Newton, R. Heber, 1. The religious aspect of socialism. (To Day, Nr. 24, 25 and 26.)

— 2. Communism. (To Day, Nr. 14, 15 and 16.)

— 3. Social Studies. 16°. New York, Putnam's Sons, 1887.
(Contents: The religious aspect of socialism. — Communism.)

Niboyet, Eugénie. Vide: La voix des femmes.

Nicholson, J. S., The effects of machinery on wages. (Being the Cambridge Cobden Prize Essay for 1877.) 56 pp. 8°. Cambridge 1878.

Nicolas, Auguste, 1. L'état sans dieu, mal social de la France. 3. édit. 158 pp. 18°. Paris, Vaton, 1873.

— 2. Du protestantisme et de toutes les hérésies dans leur rapport avec le socialisme (spécialement de l'examen d'un récit de M. Guizot). 1. édit. 1852. 3. édit. 2 vol. 18°. Paris, Vaton, 1869.

— 3. Ueber das Verhältniss des Protestantismus und sämmtlicher Häresien zu dem Socialismus. Nebst einer Einleitung, gerichtet gegen eine Schrift des Herrn Guizot. Aus dem Französ. übers. von Herm. Müller. gr.-8°. Mainz, Kirchheim, 1853.

— 4. Das Verhältniss des Protestantismus und aller Häresien zum Socialismus. Aus dem Französ. übersetzt und mit einem Anhang, enthaltend die Entwickelung des Protestantismus in Deutschland, von einem Priester der Diöcese Paderborn. 8°. Paderborn, Schöningh, 1854.

— 5. Del protestantismo e di tutte le eresie nel loro rapporto col socialismo. 2 vol. 16°. Milano 1857.

Nicollet, B., Des grèves ouvrières, de leurs causes et effets, et des moyens de les prévenir. 8°. Grenoble, chez l'auteur, 1869.

Nicotra, S., Le socialisme. Traduit de l'italien. 18°. Bruxelles, Société belge de librairie, 1890.

Ni dieu ni maitre. Bruxelles 1885. (Journ.)

Nieuwenhaus, F. Domela, 1. Die socialistische Bewegung in Holland. (Neue Zeit, 9 Jhrg., 1890—91.)

— 2. Réforme et révolution. (La Revue socialiste, 1880, no. 10.)

Nihilisme (Le), journal mensuel, dévoué aux intérêts de la liberté de la science. No. 1, 1883. 8°. Paris.

Nihilismus (Der) in Russland. Aufklärungen über Entstehung und Ziele des Nihilismus. Vom Verfasser der Schrift: „Principien der Socialdemokratie und Lassalleschen Lehren, kritisch beleuchtet." gr.-8°. Berlin, Angerstein, 1881.

Nihilismus (Was ist der). Eine sachgemässe Darlegung seines Wesens und seiner Entwickelung von einem Eingeweihten. gr.-8°. Leipzig, Reissner, 1881.

Nihilistes (Les) et la révolution en Russie. 18°. Paris, Leroux, 1882.

Nissie. Vide: Tag (Es muss Tag werden).

Nitti, Fr. S., Il socialismo cattolico: studi sul socialismo contemporaneo. 8°. Torino, L. Roux et Co., 1891.

Noakes, John, The right of the aristocracy to the sol considered. 16 pp. 8°. London 1848.

Noblet, Histoire de la Commune. 8°. Paris 1871.

Noellner, Dr. Fr., Actenmässige Darlegung des wegen Hochverraths eingeleiteten gerichtlichen Verfahrens gegen Pfarrer Dr. Fr. Ludw. Weidig. gr.-8°. Darmstadt, C. W. Leske, 1844.

Noilles, Guill., Aux Anarchistes! Au bord de l'abime ou la vérité à tous. Poème lyrique, didactique, satirique; présentant le tableau historique, philosophique et critique du mouvement et des idées révolutionnaires depuis 1789 jusqu'en 1850 et formant le meilleur cours d'économie politique. gr.-8°. Paris 1851.

Noiret, Ch., Lettre aux ouvriers. 1840 et 1841.

Nöldeke, Theod., Orientalische Socialismus. (Deutsche Rundschau, Bd. 18, 1879.)

Nord und Süd. Monatsblätter f. Unterhaltung u. Zivilisation. Hrsg. von mehreren deutsch. Schriftstellern. 1. Jahrg. 1848. Flawyl, Liter. Verl.- Anst. 2 Hefte. 4°. (Weller.) (Kayser, B. L., nennt 2 Bde., à 6 Hefte.)

Nordhoff, C., Communistic societies of the United States. 8°. London, Murray, 1875.

Nordmann, H., Henry George und unsere Agrarier. (Die Gegenwart, 27. Bd., 1885.)

Normanby, le Marquis, Une année de révolution d'après un journal tenu à Paris en 1848. 2 vol. gr.-8°. Paris, Plon, 1858.

Norris, John M. A., Theory of an ideal world. 8°. London 1691—1701.

Norton, Lord, Democracy and England. (The Nineteenth Century, Febr. 1885.)

Noth (Die) und Rettung (von Sutermeister). 8°. Langenthal 1845.

Noth- u. Hilfsblatt (Allgemeines). Wochenblatt, hrsg. von Julius Treichler, Uster, Wädensweil, Birsfeld. Zürich, Oct. 1845—46.

Nothschrei (Der bittere) des Londoner Auswurfes. Eine Untersuchung des Nothstandes der verworfenen Armuth. Deutsche autoris. Ausg. von Past. H. Hansen. 8°. Brecklum, Christl. Buchh., 1884.

Nothstand (Der) der unteren Volksklassen mit seinen augenfälligen, nahen und entfernten Ursachen und den ausführbaren sichern Mitteln zu seiner radicalen Bekämpfung. Von einem Ostpreussen gr.-8°. Königsberg, Samter, 1848.

Nothwendigkeit (Die) und Zweckmässigkeit der Organisation des christlichen Arbeiterstandes. (Vereinsschriften der „Bischof-Ketteler-Gesellschaft", 1. Heft.) 12°. Aachen 1890.

Nougarede de Fayet, Auguste, Du socialisme et des associations entre ouvriers. Mesures à prendre à l'égard des ouvriers. 12°. Paris, Amyot, 1849.

Noyes, John Humphrey, 1. Dixon and his copyists, a criticism of the accounts of the Oneida Community in „New America", „Spiritual Wifes" and kindred publications. 8°. s. l. Published by the Oneida Community, 1871.
— 2. History of American socialism. roy-8°. (Philadelphia.) London, Trübner, 1870.
— 3. Home talks. Edited by Alfred Barron and George Noyes Miller. Vol. I. 8°. Oneida Community, 1875.
— 4. Socialistic literature. History of American socialism. pst.-8°. New York 1876.
— 5. Salvation from sin, the end of christian faith. gr.-8°. Oneida, published by the Oneida Community, 1876.

Noyes, T. R., Report on the health of children in the Oneida Community. 8°. Oneida 1878.

O.

Oastler, Rich., 1. The Huddersfield dissenters in a fury. And why? Because the mask is falling. A third letter addressed to Edw. Baines. 12 pp. gr.-8⁰. London 1835.
— 2. Factory legislation. A letter caused by the publication of the special report of the executive committee of the National Association. 16 pp. 8⁰. London s. a. (1855.)
— 3. The unjust judge or the sin of the judge's skin. A letter to George Goodman, Mayor of Leeds. 15 pp. gr.-8⁰. Leeds 1836.
— 4. The right of the poor to liberty and life. A speech delivered at a public meeting of the inhabitants of Huddersfield in the Philosophical Hall in that town, Dec. 27, 1837. 53 pp. gr.-8⁰. London 1838.

Obermüller, Wilh., Das Gütergleichgewicht. Eine Lösung der Frage: Wie ist dem Elende der arbeitenden Volksklassen abzuhelfen? gr.-8⁰. Constanz (Glükher) 1840.

Oberwinder, Heinr., 1. Die Arbeiterbewegung in Oesterreich. Eine authentische geschichtliche Darstellung. 2. Aufl. 8⁰. Wien, Hügel, 1875.
— 2. Lassalle's Leben und Wirken. Ein Vortrag, geh. am 26. Januar 1868. 8⁰. Wien, A. Pichler's Wittwe, 1868.
— 3. Socialismus und Socialpolitik. Ein Beitrag zur Geschichte der socialpolit. Kämpfe unserer Zeit. gr.-8⁰. Berlin, Staude, 1887.
— Vide: Scheu, H.: Der Hochverrathsprocess.

Obeso Quevedo, D. Juan de, La Internacional á la luz de la verdad. Santander 1871.

Ocampo, Armand, Le combat social; l'éternelle antithèse. 8⁰. Paris, Ollendorff, 1885.

Oekney, C., Der gegenwärtige Stand der englischen Arbeiterbewegung. (Neue Zeit, Jahrg. VIII, 1889.)

O'Donnell, D. Enrique, La democracia española. Madrid 1858.

Oechelhäuser, Wilh., Die Arbeiterfrage. Ein sociales Programm. gr.-8⁰. Berlin, Springer, 1886.

Oechsle, Fd. Fr., Beiträge zur Geschichte des Bauernkrieges in den schwäbisch-fränkischen Grenzlanden. Mit einer· Vorrede von J. G. Pahl. gr.-8⁰. Heilbronn, Drechsler, 1830.

Oelckers, Thdr., 1. Die Bewegung des Socialismus und Communismus. gr.-8⁰. Leipzig, Fest'sche V.-B., 1844.
— 2. Fürst und Proletarier. Ein Roman aus der Gegenwart. 2 Bde. 8⁰. Leipzig, Klemm, 1846.

Oerter, J. H., 1. The social question in the light of history and the word of truth. 12⁰. New York, E. Glaeser, 1887.
— 2. Der Socialismus der Gegenwart. 3 Vorträge. gr.-8⁰. New York 1878. (Philadelphia, Schäfer u. Koradi.)

Oertzen-Sassen, J. v., Ein Wort über die sociale Frage. Vortrag. gr.-8⁰. Hamburg, Agent. des Rauhen Hauses, 1871.

Oettingen, Alex. v., 1. Was heisst christlich-social? Zeitbetrachtungen. gr.-8⁰. Leipzig, Duncker u. Humblot, 1886.
— 2. J. H. Wichern's Bedeutung für die sociale Bewegung unserer Zeit. (Preuss. Jahrbücher. Bd. 61, 1888.)

O'Flynn, Jas., Social philosophy, causes of social misery. 8⁰. London, Orr, 1856.

Ofner, Dr. Jul., 1. Das Recht auf Arbeit. 8⁰. Wien, Hölder, 1885.
— 2. Das Recht zu leben. (Aus „Monatsblätter des Wissenschaftl. Clubs in Wien".) 8⁰. Wien, Hölder, 1884.

Olave y Diaz, D. Serafin, El bu del socialismo, y la union de la democracia. 8⁰. Madrid 1878.

Oldenberg, Karl, 1. Zur socialen Lage der westphälischen Bergarbeiter. (Schmoller's Jahrbuch, 1891_4.)
— 2. Der russische Nihilismus von seinen Anfängen bis zur Gegenwart. 8⁰. Leipzig, Duncker u. Humblot, 1888.

Oldenberg, Karl, 3. Studien über die rheinisch-westfälische Bergarbeiterbewegung. (Schmoller's Jahrbuch, XIV$_2$. $_3$, 1890.) S.-A. gr.-8°. Leipzig, Duncker u. Humblot, 1890.
— 4. Die Ziele der deutschen Socialdemokratie. (Evangelisch - sociale Zeitfragen, 8.—9. Heft.) Leipzig 1891.

Oldenburg, H., Was wollen die Socialdemokraten? Ein social-politisches Gespräch. 2. Aufl. 8°. Braunschweig, W. Bracke jr., 1876.

Oldham, Alice, The history of socialism. (National Review, 1890, Nov., Dec., 1891, Jan.)

Olias, D. Joaquin Martin de, Historia del movimiento obrera en Europa y América, durante el siglo XIX. 2 tom. Madrid 1874/5.

Oliver, Sydney, J. S. Mill on socialism. (To Day, Nr. 11.)

Olivier, Émile, Démocratie et liberté (1861 —1867.) 8°. Paris, librairie intern., 1867.

Olivier, Georges. Vide: Banquet social.

Olivier, S. Vide: Socialism. Fabian essays.

Opfer (Acht) des Klassenhasses, Leben und und Sterben der verurtheilten Arbeiterführer. 8°. Zürich 1887.

Opinion (L') d'un homme sur l'étrange procès intenté au Tribun du peuple et à quelques autres écrivains démocrates. 8°. Impr. des patriotes.

Opinion du „Morning-Chronicle" sur la Religion Saint-Simonienne. (Globe, 13 févr. 1832.) Vide: Saint-Simonisme, Mesnilmontant, no. 16$_{17}$.

Oppenheim, H. B., 1. P. J. Proudhons Philosophie der Gesellschaft. (Opposition, 1846.)
— 2. Die Wahrheit über die Gewerkvereine. (Die Gegenwart, 3. Bd., 1873.)
— 3. Ueber Wohnungsnoth und Communismus. (Die Gegenwart, 1. Bd., 1872.)
— Vide: Studien (Demokratische).
— — Wagner, Ad.: Offener Brief.

Opposition (Die), hrsg. von K. Heinzen. gr.-8°. Mannheim, H. Hoff, 1846.

Opposition (Die). Ein Blaubuch für die öffentliche Meinung. Redigirt unter Verantwortlichkeit von W. Marr. 1. Heft. (2. Aufl.) gr.-8°. Hamburg, Fischer, 1863.

Oracle of Reason (The) or philosophy vindicated. Edited by Charles Southwell. Vol. I. Nr. 1, Nov. 6, 1841. Nr. 52, Dec. 17, 1842. Vol. II, 1843.

Ordnung (Die), der Mechanismus und die Freiheit der neuen Gesellschaft. Zur Abfertigung der liberalen Sophisten. Von N. G. (Neue Gesellschaft, 1. Jahrg., 1877.)

Ordnung der Widerteuffer zu Münster. 4°. 1535.

Ordre (L') révolutionnaire et la déstinée de l'homme, par A. 8°. Roanne, impr. Chorgnon, 1881.

Ordre social (L'), journal du peuple, moniteur des campagnes. gr.-4°. Paris, 6 mai, 1849.

Orense, José Maria, La democracia tal cual es. Madrid 1862.

Organisateur (L'), journal des progrès de la science générale, recueil périodique Saint-Simonien, fondé par P. M. Laurent. Paris 15 août 1829 — 15 août 1831.

No. 1. Laurent: 1) De la nécessité d'une nouvelle doctrine générale; 2) De l'esprit rétrograde.
 2. Laurent: De la perpétuité des croyances chrétiennes; Des perfectionnements industriels; Les trois écoles.
 3. Carnot: De l'état actuel des sciences. Laurent': Les torys anglais et les républicains de Sparte.
 4. Carnot: De l'état actuel de l'industrie. Laurent: Mélanges de littérature et de politique.
 5. Jules Alisse: Prix proposé par l'Académie (la charité). Laurent: De la crise industrielle de l'Angleterre. — Un mot des débats sur l'industrie; Carnot: Les septembriseurs, scènes historiques.
 6. Laurent: Le théologien et la mère de famille (1. entretien); Carnot: Le monde harmonique. Laurent: Le mémorial catholique.
 7. Carnot: De l'état actuel des beaux arts; Laurent: De la noblesse de la peau. Laurent: Le voleur devant un tribunal d'éclectiques.
 8. Jules Alisse: Considérations sur le luxe. Laurent: Le théologien et la mère de famille. Transon: Un mot sur l'enseignement primaire.
 9. Laurent: Prédominance du matérialisme politique. Fournel: Variété de la philosophie critique. d'Eichthal: Lettre sur les domestiques.
 10. Laurent: Fabrique de vices et de crimes à l'usage des gouvernements. Laurent: Le sabre et le rabot. Laurent: La „Quotidienne" cherche à échapper un reproche de matérialisme politique.
 11. Adolphe Alisse: Sur un article de Benjamin Constant (Revue de Paris, t. VII, 1. livr.). Laurent: Les apostats de la liberté.
 12. Jules Alisse: Du pouvoir et de la liberté. Carnot: De la réforme des prisons. Magnien: Un mot sur la littérature.
 13. Bazard: L'Organisateur. Boulland: Le More de Venise. Enfantin: Bâtir est beau, mais détruire est sublime.
 14. Enfantin: Correspondance avec Paul Bigot à Metz. Laurent: L'industrie de grand chemin. — Les actionnaires.
 15. d'Eichthal: 2. lettre sur les domestiques. Duveyrier: La loi naturelle.

No. 16. Laurent: Méprise du mémorial catholique. Jules Alisse: L'opinion publique et la foi. Laurent: Fragment d'une lettre sur la musique.
17. Fournel: Lettre à un catholique. De Bois le Comte: Au rédacteur.
18. Une mère de famille à un théologien. Eugène et Brémont: Lettre de Brémont: réponse d'Eugène Rodrigue. Marquis de Roissy: Note communiquée.
19. Bazard: Exposition de la doctrine (1. séance).
20. d'Eichthal: Allocution dans une réunion Saint-Simonienne.
21. Bazard: Exposition (2. séance). Laurent: Lettre à un catholique. Transon: Morale transitoire. Laurent: Revenus du pauvre.
22. Transon: De l'association universelle. Laurent: Misère des classes ouvrières.
23. Bazard: Exposition (3. séance).
24. Laurent: Du mariage des prêtres. Laurent: Un mot à un journal catholique.
25. Bazard: Exposition (4. séance). Duveyrier: Lettre à un disciple de Saint-Simon.
26. Laurent: Lettre à un libéral (Madier-Montjan).
27. Bazard: Exposition (5. séance).
28. Raucourt de Charleville: Aux rédacteurs. Réponse d'Enfantin à Raucourt.
29. Bazard: Exposition (6. séance). Laurent: Une séance de police correctionnelle.
30. Enfantin: A Jules Hennecart. Laurent: Détresse des ouvriers en Angleterre. Enfantin: Mysticisme.
31. Duveyrier: Aux chrétiens. Jules Lechevalier à Duveyrier (profession de foi).
32. Laurent. Un disciple de Saint-Simon à ses anciens amis Laurent: Caractère de notre époque. Enfantin: Égoïsme.
33. Bazard: Exposition (7 séance).
34. d'Eichthal: Les sentiments de famille et d'amitié.
35. Bazard: Exposition (8. séance).
36. Jules Lechevalier: Note sur le nouveau christianisme. Laurent: Caractère de notre époque.
37. Bazard: Exposition (9. séance). Renouvier: Fragment d'une lettre à Saint-Paul.
38. Duveyrier: A Bordillon.
39. Bazard: Exposition (10. séance).
40. d'Eichthal: Caractère et vie de Saint-Simon.
41. Bazard: Exposition (11. séance).
42. Margerin à Théophile Bra, sculpteur. Bazard: Exposition (fin de la 11. séance).
43. Bazard: Exposition (12. séance).
44. Lechevalier: Réponse à quelques objections.
45. Bazard: Exposition (fin de la 12. séance). Hoart: à Carnot (profession de foi).
46. Laurent: Correspondance.
47. Bazard: Exposition (13. séance).
48. Transon: Aux élèves de l'école polytechnique (Religion). Saint-Chéron: A un jeune ecclésiastique.
49. Transon: 2. discours (Dieu).
50. Transon: 3. discours (L'humanité). Bazard-Enfantin: Proclamation aux Français.
51. Enfantin: Deux lettres sur la révolution de juillet.

— Vide: Saint-Simonisme: Extraits de „l'Organisateur".

Organisateur belge (L'), Journal de la doctrine de Saint-Simon. Religion. Science. Industrie. Association progressive universelle. gr.-4°. Bruxelles. No. 1 — no. 24, 29 mai 1831 — 27 nov. 1831.

Fondé à Bruxelles par M. Duveyrier, paraît tous les dimanches.

Organisateur du travail (L'), sous la direction du citoyen Letellier. Journal de la société universelle. 2 nos. in fol. Paris, 9 avril 1848.

A reparu au commencement de septembre sous le titre de „l'Organisation du travail" no. spécimen, contenant l'exposé de la „Société universelle".

Organisation van den Arbeid door betere inrigting von het crediet. 8°. Amsterdam 1848.

Organisation der Arbeit? (Wohin führt die sogenannte) gr.-8°. Leipzig, Jurany, 1848.

Organisation der socialdemokratischen Partei Deutschlands. Programm der Partei. gr.-8°. Berlin, Verlag des „Vorwärts", Berliner Volksblatt, 1891.

Organisation industrielle de l'armée. (Le Globe, 8 mars 1832.) Vide: Saint-Simonisme, Mesnilmontant, no. 16₆₃.

Organisation de la propagande socialiste. (Le Nouveau Monde, année I, no. 3.)

Organisation de la démocratie. Le crédit. (Le Nouveau Monde, année I, no. 8.)

Organisation (De l') générale du travail par la création d'une exposition universelle et permanente de tous les produits de notre globe d'un grand centre pour les entreposer d'un marché général, pour leur vent et leur achat. Plan du projet de l'exposition universelle et permanente. gr.-8°. Milan, Treves frères, Paris, V° J. Boyveau, 1878.

Organisation du travail dans les campagnes. Atéliers sociaux agricoles. (Le Nouveau Monde, année I, no. 9. 10.)

Organisation du travail. (Articles de la Revue du Progrès, 1832, publiées en brochure.)

Organisation du travail (L'), la vérité aux ouvriers. Rédact. en chef: Amédée Sellier. 3 nos. fol. Paris, 20—27 avril 1848. (Anti-socialiste.)

Organisation du travail (L'), journal des ouvriers. Rédact. en chef: H. Lacolonge. Collaborat.: Paul Dupont, Jacques Désiré, Savinien Lapointe, Ch. Deslys etc. 22 nos. fol. 3—24 juin 1848.

Originalschriften (Einige) des Illuminatenordens, welche bey dem gewesenen Reg. R. Zwack durch vorgenommene Hausvisitation zu Landshut d. 11. u. 12. Oct. 1786 vorgefunden worden. Auf höchsten Befehl Sr. Churfürstl. Durchlaucht zum Druck befördert. 8⁰. München, Jos. Lentner, 1787.

Orry, A. M., Le secret de la paix sociale, étude dédiée au Cte. A. de Mun. 12⁰. Paris, libr. de l'Oeuvre de St. Paul, 1887.

Oschwald, J. W., Sociale Frage und Kirche. Eine von der Haager Gesellschaft zur Vertheidigung der christl. Religion gekrönte Preisschrift. Leiden 1874.

Osgood, Herbert L., 1. Scientific anarchism. (Political Science Quarterly, Vol. IV, 1889.)
— 2. Scientific socialism. (Political Science Quarterly Boston, 1886, December.)

Osten, M. v. d., Die Fachvereine und die sociale Bewegung in Frankreich. (Schmoller's Jahrb. 1891₄.) gr.-8⁰. Leipzig, Duncker u. Humblot, 1891.

Osten-Sacken, Ein Wort über die sociale Frage. 8⁰. Hamburg 1871.

Osterberg-Verakoff, Max, Die Socialdemokratie, die Ursachen ihrer Verbreitung. 3. Aufl. 12⁰. Stuttgart, Roth, 1890.

Osterwald. Vide: Weserdampfboot.

Ott, A., Du système d'association ouvrière proposé par Buchez. (Journ. des Écon., 1866, juillet.)

Otto, F. W., Arbeit und Christenthum. Eine zeitgeschichtliche Studie. 8⁰. Gütersloh 1871.

Otto, J., Annales anabaptistici. 4⁰. Basel 1672.

Otto, Louise, 1. Das Recht der Frauen auf Erwerb. Blicke auf das Frauenleben der Gegenwart. Mit einem Vorwort von Jos. Heinrichs. gr.-8⁰. Hamburg, Hoffmann u. Campe, 1866.
— 2. Schloss und Fabrik. Roman. 3 Bde. 8⁰. Leipzig, Wienbrack, 1846.
— Vide: Frauen-Zeitung.

Otto-Walster, A., Der Schutz des Arbeiters in den internationalen Arbeiter-Gewerksgenossenschaften. Ein Mahnruf an alle deutschen Arbeiter. 3. gänzl. umgearb. Aufl. 8⁰. Dresden 1871.

Outline (An) of the various social systems and communities which have been founded on the principle of co-operation (by Maria Hennel). 8⁰. London 1844.

Outlines of various social systems. 1844.

Ouverture des travaux du Temple, 1 juillet 1832. (Religion Saint-Simon.) Vide: Saint-Simonisme Mesnilmontant, no. 7.)

Ouvrier (L') normand, journal socialiste, paraissant le dimanche. No. 1, 5 sept. 1886. fol. Caudebec-les-Elbenf.

Ouvrier (L') tel qu'il était, tel qu'il est et tel qu'il pourrait être. Question sociale. 179 pp. 18⁰. Paris, Fischbacher, 1879.

Ouvrier (L') au XIX. siècle. 14 pp. 32⁰. Lyon, impr. Mangin-Rusand; Paris, chez l'auteur, 1872.

Ouvriers (Aux), par un ouvrier (Haspot). Vide: Saint-Simonisme, Extraits de l'Organisateur, no. 17.

Ouvriers (Les) européens, épilogue général. But, plan et premier spécimen d'une collection intitulée: La question sociale au XIX. siècle, d'apres les enseignement de l'histoire universelle et l'observation des peuples contemporains, par une société d'auteurs indépendants les uns des autres, réunis seulement par la communauté du but et du plan, publiée par la comité de la Bibliothèque sociale. 8⁰. Tours, A. Mame et fils, 1879.

Ouvriers (Des) et des machines en France. (Revue Britannique, Tome I.) (réimpr.)

Owen, Robert, 1. Address to all classes, sects and parties, containing an official declaration of principles adapted for practice by the congress of the universal community society of rational religionists. 8 pp. 8⁰. London 1840.
— 2. Address to the electors of Great Britain and Ireland but especially to the electors of the Metropolis of the British Empire and of the world. 12 pp. 8⁰. 1857.
— 3. Address to the human race on his eighty-fourth birthday, May 14, 1854 (from the reporter's notes and Mr. Owens Ms.). With his last legacy to the goverers and governed of all nations. 8⁰. London, Effingham Wilson, 1854.
— 4. Address on opening the institution for the formation of character at New-Lanark, delivered on the 1. of January 1816: being the first public announcement of the discovery of the infant school system. 8⁰. London, the Home Colonization Society, 1841.
— 5. Address delivered at the Meeting in St. Martin's Hall, Lone Acre, London, on the 1. of January 1855. 8⁰. London, Effingham Wilson, 1855.
— 6. Address to Her Royal Highness the Princess Victoria and to Her Majesty the Queen of Great Britain and Ireland. 8⁰. London 1837.
— 7. Address to the sovereigns of the holy-alliance, united in congress at Aix-la-Chapelle, 1818. — Address to the European

21*

governments, 1818. — Mémoire adressé aux souverains de la sainte alliance, etc.; — aux souverains de l'Europe en faveur des classes ouvrières. Traduit de l'anglais par le comte de Lasteyrie. 4°. Paris 1819.

Owen, Robert, 8. An address to the socialists on the present position of the rational system of society; and the measures required to direct most successfully the operations of the universal community society of rational religionists, being the substance of two lectures, delivered in London, previous to the meeting of congress, in May 1841. 8°. London, the Home Colonization Society, 1841.

— 9. Addresses to the delegates in the human race met at worlds fair on the means by which now to unite mankind as one family in interest and feeling. 8°. 1851.

— 10. The book of the new moral world, containing the rational system of society, founded on demonstrable facts, developing the constitution and laws of human nature and of society. 1. edit. London 1820. gr.-8°. London, Effingham Wilson, 1836.

— 11. The book of the new moral world explanatory of the science of society or the social state of man. 2 parts. 8°. London 1842.

— 12. Le livre du nouveau monde moral, contenant le système social rationnel basé sur les lois de la nature humaine. Traduit en franç. par T. W. Thomton. 12°. Paris, Paulin, 1846.

— 13. Das Buch der neuen moralischen Welt, enthaltend die Grundsätze eines vernünftigen Systems der Gesellschaft. Nach der 8. engl. Original-Aufl. übersetzt. kl.-8°. Nordhausen, Fr. Fürst, 1840.

— 14. The catechism of the new moral world. 12 pp. 8°. Manchester, s. a.

— 15. Congress of the advanced minds of the world. (Robert Owen's Millennial Gazette, May 1, 1857.)

— 16. The coming millennium. 1. Series, Tract I. 8°. 1855.

— 17. Constitution of the association of all classes of all nations. (Cit. Dict. de l'écon. pol.)

— 18. A development of the origin and effects of moral evil, and of the principles and practices of moral good exemplified in the following proofs of the irrationality of the old immoral world, contrasted by an exposition of the principles and practices which ensure the rationality of the new moral world. 8°. Manchester, A. Heywood, 1838.

Owen, Robert, 19. Dialogue sur le système social. 8°. Paris, Capelle, 1848. — Deuxième dialogue. sur le systeme social. 8°. Paris, Capelle, 1848.

— 20. A dialogue in three parts between the founder of „the association of all classes of all nations" and a stranger desirous of being accurately informed respecting its origin and progress. 8°. Manchester 1838.

— 21. Essays on the formation of character. 8°. Manchester, Heywood, 1837. The latest edition, revised by the author, and printed with his authority. 8°. London, B. D. Cousins, s. a. (1840). Vide: Owen 58, 59.

— 22. The new existence of man upon the earth. 8 parts. 8°. London, E. Wilson, 1854—55.

Part. I, to which are added the outline of Mr. Owen's early life and an appendix, containing his Addresses etc published in 1815 and 1817.
Part. II, in which is continued the outline of Mr. Owen's life. With an appendix containing the Address on opening the original infant school in 1816, Memorials to the congress at Aix-la-Chapelle in 1818; and Essays on the formation of character first published in 1812—1813.
Part. III, in which is continued the outline of Mr. Owen's life. With an appendix containing the report to the county of Lanark; the report of a committee of the county upon it, and details of experiments in Spade Husbandry, first published in 1820.
Part. IV, in which is continued the outline of Mr. Owen's life, with an appendix containing report of proceedings in Dublin in 1823.
Part. V, in which is continued the outline of Mr. Owen's life, with an appendix containing a collection of evidence respecting New Lanark, from original correspondence and documents and from the published testimony of eye-witnesses etc., and a postscript.
Part. VI, with an appendix containing a record of spiritual communications from Febr. 1854 to Febr. 1855.
Part. VII, with outline of a new government.
Part. VIII, containing a proposed treaty of a holy alliance of governments for the people of the civilised world etc.

— 23. Courte exposition d'un système social rationnel. 4°. Paris, Marc-Aurel, 1848.

— 24. A farewell address. Delivered at the scientific institution John Street, Fitzroy Square on the 9. of June 1850. 8°. London, Effingham Wilson, 1850.

— 25. The future of the human race; or a great, glorious, and peaceful revolution, near at hand, to be effected through the agency of departed spirits of good and superior men and women. 8°. London,

Effingham Wilson 1853. 2. edit., consid. enlarged. 8°. London, E. Wilson, 1854.

Owen, Robert, 26. The inauguration of the millennium, May 14, 1855, being the report of two public meetings; with an introduction. 8°. London, J. Clayton and Son, 1855.
— 27. Institution for the labourers of London. (Cit. Dict. de l'écon. pol.)
— 28. Second lecture on the new religion; or religion founded on the immutuable laws of the universe contrasted with all religions founded on human testimony, as developed in a public lecture. 8°. London, J. Brooks, 1830.
— 29. Six lectures of charity delivered at the institutions of New Lanark upon the thirteenth chapter of the first epistle to the Corinthians. 8°. London, B. D. Cousins, s. a.
— 30. Six lectures delivered in Manchester previously to the discussion between Mr. R. Owen and the Rev. J. H. Roebuck, and an address delivered at the annual congress of the „association of all classes of all nations". 8°. Manchester, A. Heywood, s. a. (1837).
— 31. Lecture on the marriages of the priesthood of the old immoral world, delivered in the year 1835, before the passing of the marriage act. 4. edition: with an appendix, containing the marriages system of the new moral world. 8°. Leeds, J. Hobson, 1840.
— 32. Lectures on an entire new state of society; comprehending an analysis of British society, relative to the production and distribution of wealth; the formation of character, and government, domestic and foreign. 8°. London, J. Brooks, s. a.
— 33. Lectures on the rational system of society, derived solely from nature and experience, as propounded by R. Owen, versus socialism, derived from misrepresentation, as explained by the Lord Bishop of Exeter and others; and versus the present system of society. 8°. London 1841.
— 34. A letter addressed to the potentates of the earth in whom the happiness and misery of the human race are now invested; but especially to Austria, France, Great Britain, Prussia, Russia, Sardinia, Turkey and the United States of North America; because these powers are now at peace with each other and could without war, easely induce all the other governments and people to unite with them in practical measures for the general good of all trough futurity. 8°. 1857.

Owen, Robert, 35. Letters on education, as it is and as it ought to be. 8°. s. l. s. a.
— 36. The life of Rob. Owen written by himself, with selections from his writings and correspondence. Vol. I. 8°. London, Effingh. Wilson, 1857.
— 37. Manifesto of R. Owen, the discoverer, founder and promulgator of the rational system of society and of the rational religion. 6. edition, to which are added a preface and also an appendix. 8°. London, Published at the Social Institution, 1840. 7. edition, to which are added a preface and also an appendix. 8°. London, Published at the Social Institution, 1840.
— 38. The marriage system of the new moral world, with a faint outline of the present very irrational system; as developed in a course of ten lectures. 8°. Leeds, J. Hobson, 1838.
— 39. Great preliminary meeting on the first day of the year 1855, in which by this previous advertissements Mr. Owen had announced that the true millennial state of human existence should commence. With his reasons prefixed for calling these meetings. 2. edit. 8°. London, Eff. Wilson, 1855. 3. edit. 8. London, Eff. Wilson, 1855.
— 40. Millennial Gazette; explanatory of the principles and practices by which, in peace, with truth, honesty and simplicity the new existence of man upon the earth may be easily and speedely commenced.

Nr. 1, March 1, 1856	Nr. 9, Oct. 15, 1856
„ 2, April 1, „	„ 10, Jan. 1, 1857
„ 3, May 1, „	„ 11, Aug. 1, „
„ 4, May 15, „	„ 12, Oct. 1, „
„ 5, June 15, „	„ 13, Nov. 15, „
„ 6, July 1, „	„ 14, Febr. 10, 1858
„ 7, Aug. 1, „	„ 15, May 1, „
„ 8, Oct. 1, „	„ 16, July 1, „

— 41. National labour equitable exchange. (Cit. p. Dict. de l'écon. pol.)
— 42. Observations on the effects of the manufacturing system: with hints for the improvement of those parts of it which are most injurious to health an morals. 1. edit. 8°. London, Hatchard, 1815. 2. edit. 8°. London, 1817.
— 43. Outline of the rational system of society, founded on demonstrable facts, developing the constitution and laws of human natur being the only effectual remedy for the evils experienced by the

population of the world. 12 pp. 8⁰. Manchester-London, s. a.

Owen, Robert, 44. Moral physiology; or a brief and plain treatise on the population question. A new edit. 8⁰. London, E. Truelove, s. a. (The 1. edit. 8⁰. New York 1830. The 8. edit. 8⁰. London 1832.)

— 45. Proceedings of committee of the national-school. (Cit. p. Dict. de l'écon. pol.)

— 46. Proceedings in parliament in sessions 1816, 1817, 1818. — Report to Mr. Sturge's Bourne's committee on the poor-law. (Cit. p. Dict. de l'écon. pol.)

— 47. Rational Quarterly Review and Journal. Vol. I, containing the first four parts, published in 1853 (Febr., May, Aug., Nov.). gr.-8⁰. London 1853.

— 48. Report to the county of Lanark (in 1820) of a plan for believing public distress and removing discontent, by giving permanent productive employment to the poor and working classes. 8⁰. London 1832.

— 49. Report of the discussion between Rob. Owen Esq. and the Rev. W. M. Legg, B. A. which took place in the Town Hall, reading, March 5 and 6, 1839, on Mr. Owen's new views of society. 8⁰. London, Simpkin, Marshall and Co., 1839.

— 50. The reporter's report of R. Owen's may meetings in London for 1858. The past, present and future explained by Rob. Owen. 8⁰. London, Eff. Wilson, s. a.

— 51. The revolution in the minde and practice of the human race; or the coming change from irrationality to rationality. gr.-8⁰. London, Effingham Wilson, 1849. 2. edit. gr.-8⁰. Ibid. 1850.

— 52. Rules of the national community, friendly society. (Cit. p. Dict. de l'éon. pol.)

— 53. Socialism, or the rational system of society. Three lectures delivered in the Mechanic's Institute, London on the 30. March and 3. and 6. April 1840, in reply to the errors and misrepresentations made on this subject in both houses of parliament. 8⁰. London, Effingh. Wilson, 1840.

— 54. Cooperative society proceedings. (Cit. p. Dict. de l'écon. pol.)

— 55. A supplement to the revolution in mind and practice of the human race, shewing the necessity for, and the advantages of this universal change. Also a copy of the original memorial (in english, french and german), which was presented to the sovereigns assembled in congress at Aix-la-Chapelle in 1818, by the late Lord Castlereagh, from the author of this work, shewing the correctness of his anticipations, as proved by subsequent events. To which is added a discours delivered to the socialists of London on the 25. of october 1849. gr.-8⁰. London, Effingham Wilson, 1849.

— 56. Syllabus of four double courses of lectures at the Egyptian Hall, Piccadilly, on the rational system of society derived solely from nature and experience as propounded by R. Owen, versus socialism, derived from misrepresentation, as explained by the Lord Bishop of Exeter and others; and versus the present system of society, derived from the inexperienced and crude notions of our ancestors, as it now exists in all the opposing, artificial, and most injurious divisions in all civilized nations, but more especially in the British empire and in the United States of North America. 8⁰. s. l. 1841.

— 57. Temple of free inquiry. A report of the proceedings consequent on laying the foundation stone of the Manchester-Hall of Science. With an address. 32 pp. 8⁰. Leeds, Hobson, 1839.

— 58. A new view of society, or essays on the formation of the human character, preparatory to the developement of a plan for gradually ameliorating the condition of mankind. London 1812. 2. edit. 8⁰. London, Longman etc., 1816. 3. edit. 8⁰. Ibid. 1817.

— 59. New view of society. Extracted from the daily papers of 30. July and 9. and 10. of August 1817. gr.-8⁰. 83 pp. s. l. Sept. 6, 1817.

— Vide: Crisis (The).

— — Review (The Rational Quarterly).

— — World (The New Moral) (Articles.)

Owen, R., at New Lanark; with a variety of interesting anecdotes. By one formerly a teacher at New Lanark. 8⁰. Manchester, A. Heywood, 1839.

Owen's (Mr.) arrangements for the distressed working classes in three letters, addressed to David Ricardo, Esq. 8⁰. London, Longman etc., 1819.

Owens (Mr.) establishment at New Lanark, a failure!! as proved by Edw. Baines and other gentlemen, deputed with him by the Parishioners of Leeds to visit him

and inspect that establishment, and report thereon. 12 pp. 8°. Leeds 1838.
Owen's, Rob., Journal. Explanatory of the means to well-place, well-employ and well-educate the population of the world. 4 vol. gr.-8°. London, James Watson. — Vol. I, from Nov. 2 to April 26, 1851. Vol. II, from May 3 to Oct. 25, 1851. Vol. III, from Nov. 1 (1851) to April 24, 1852. Vol. IV, from April 24 to Oct. 23, 1852.
(Vol. II—IV: Explanatory of the means to well-place, and well-feed, well-cloth, well-lodge, well-employ, well-educate, well-govern and cordially unite the population of the world.)
Owen, Rob. Dale, 1. An address on the influence of the clerical profession as delivered in the Hall of Science New York. To which is added a tract and a warning. 24 pp. 8°. London, Watson, s. a.
— 2. Address on free inquiry. 8°. London, J. Watson, s. a.
— 3. Address on the hopes and destinies of the human species. 16 pp. 8°. s. l. s. a.
— 4. Darby and Susan. A tale of old England. 8°. London, Farrah, s. a.
— 5. Galileo and the Inquisition. Effects of missionary labours. 8°. London, Watson, 1841.
— 6. A lecture on consistency. 8°. London, Farrah, s. a.
— 7. Moral physiology, or a brief and plain treatise on the population question. A new edit. 64 pp. 8°. London, Truelove, 1832, 8°. s. l. s. a.
— 8. The rational library. Address on the influence of the clerical profession. 80 pp. 8°. s. l. s. a.
— 9 Prossimo's experience on the study of theology „Saftest to Believe". 16 pp. 8°. London, J. Watson, s. a.

Owen, Rob. Dale, 10. Situations: Lawyers. Clergy. Physicians. Men and Women. 8°. London, J. Watson, 1845.
— 11. Popular tracts. 8°. New York 1830.
1) Darby and Susan. 2) Thruth and error. 3) An address to the industrious classes; a sketch of a system of national education by Fr. Wright and an address to the conductors of the New York periodical press by R. D. Owen. 4) Prossimo's experience. 5) Cause of the people. 6) Sermon on loyalty; a remonstrance to god and a sermon on free enquiry. 7) Effects of missionary labours by R. D. Owen, and Religions rivals by J. Neale. 8) Fables by Fr. Wright. 9. The french revolution. 10) Situations by R. D. Owen. 11) Wealth and misery by R. D. Owen. 12) Galileo and the Inquisition, by R. D. Owen. 13) A tract and a warning, by R. D. Owen. 14) The new book of chronicles.
— 12. Wealth and misery. 16 pp. 8°. London, Watson, s. a.
— 13. Wrong of slavery, right of emancipation. 12°. Philadelphia 1864.
Owen, Rob. Dale, and Origen Bacheler, 1. Discussion on the authenticity of the bible. 8°. London, J. Watson, 1840.
— — 2. Discussion on the existence of god and the authenticity of the bible. 8°. London, J. Watson, 1840. 2. edit. 8°. London, James Watson, 1857.
Owen, Rob. Dale, and Francis Wright, Tracts on republican government and national education. Addressed to the inhabitants of the United States of America. 8°. London, Farrah, s. a.
Oyon, A., Une véritable cité ouvrière. Le familistère de Guise; étude. 8°. Paris, librairie des sciences sociales, 1865.
Ozanam, M., Les origines du socialisme. 8°. Paris, impr. de Vrayet de Surcy, 1848.

P.

P. Vide: Baboeuf's Process.
— — Kommunistenfresser (Die schweiz.).
Pachtler, G. M., Die internationale Arbeiterverbindung. gr.-8°. Essen, Fredebeul et Koenen, 1871.
Pacte social (Le) (par Colins). 1835.
Page (Une) d'amour de Ferdinand Lassalle.

Récit. Correspondance.— Confessions. gr.-8°. Leipzig, Brockhaus, 1878.
Page (Une) de l'histoire des associations ouvrières. (Le Nouveau Monde, année II, no. 4.)
Pagès-Duport, A., Journées de juin. Récit complet des événements des 23, 24, 25,

26 et des jours suivants. 8°. Paris, Th. Pirat et fils, 1848.
Paget, Amédée, Introduction à l'étude de la science sociale, contenant un abrégé de la théorie sociétaire, précédé d'un coup d'oeil général sur l'état de la science sociale et sur les systèmes de Fourier, d'Owen et de l'école Saint-Simonienne. 12°. Paris, au bureau de la Phalange, 1838. 12°. Paris, impr. Duverger, 1839.
2. édit. 8°. Besançon, impr. d'Outhenin-Chalandre, 1841.
Paget, Amédée, avec M. E. Cartier, Examen du système Fourier et des principales objections qui y sont faites. 8°. Paris 1844.
Paget, A. Vide: Phalange (articles).
— — Phalanstère (articles).
Puget-Lupicin, Le droit du travailleur. 34 pp. 18°, Paris, impr. Walder, 1869.
Pagnerre. Vide: Almanach démocratique.
Puillottet, P., De l'encouragement aux associations ouvrières voté par l'assemblée constituante. (Journ. des Écon., 1849, Nov., Déc.)
Pain et liberté. Les producteurs, les consommateurs, l'exportation, la situation financière, la famine, l'Internationale. 8°. Orléans, Puget, 1883.
Paine, Thomas, 1. An address to the people of France, on the abolition of royalty. To which is added several interesting extracts on the subject of the french revolution. 8°. London, J. Watson, 1843.
— 2. The age of reason. 1. edit. Paris 1793. 8°. London, Freethought Publishing Company, 1881.
— 3. Agrarian justice opposed to agrarian law and to agrarian monopoly, being a plan for meliorating the condition of man, by creating in every nation a national fund, to pay every person when arrived to the age of 21 years the sum of 15 pounds sterling per annum, during life. 8°. London 1797. 2. edit. 8°. London, J. Watson, 1842.
— 4. Common sense, addressed to the inhabitants of America to which is added an appendix together with an address to the people called Quakers. With an introduction. 1. edit. Philadelphia 1776. 8°. London, J. Watson, 1842.
— 5. The Crisis 1777—1783. 13 Liefg.
— 6. Dissertation on the first principles of government. To which is added the speech, translated, delivered at the tribune of the French convention, July 7, 1795.

8°. London 1795. — Dissertation on the first principles of government. 8°. London 1819.
Paine, Thomas, 7. Abhandlung über die ersten Grundsätze der Regierung, und die Rechte der Menschen. Nebst Verfassung der franzs. Republik vom 4. Nov. 1848. Deutsch von C. G. Allhusen. 8°. Kiel 1841. (Altona, Verlagsbureau.)
— 8. Ueber die Regierungen; aus dem Englischen. 8°. Frankfurt a/M., Varrentrapp, 1795.
— 9. Ueber die Regierungen und die Urgrundsätze derselben; aus dem Engl. 8°. Paris (Cöthen), Aue, 1804.
— 10. A letter to Hon. Thom. Erskine, ou the prosecution of Thomas Williams for publishing the Age of reason. 8°. Paris, printed for the author, 1797.
— 11. Four letters on government; to which are prefixed anecdotes of his life. 8°. London 1792.
— 12. Plan zur Verbesserung der Lage der gesammten Menschheit. 8°. Neustrelitz, Albanus, 1798.
— 13. The rights of man; being an answer to Mr. Burke's attack on the French revolution in two parts. 8°. London 1790. 8°. London, James A. Brook, s. a. 8°. London 1795.
— 14. Die Rechte des Menschen. Eine Antwort auf Herrn Burke's Angriff gegen die franz. Revolution. Aus dem Engl. übers. 8°. Berlin, Voss'sche Buchh., 1792.
— 15. Die Rechte des Menschen. Eine Antwort auf Burke's Angriff gegen die französische Revolution und zugleich eine Kritik des Wesens und des Werthes der verschiedenen bestehenden Regierungsformen. Aus dem Engl. von Dr. F. Hecker. 8°. Leipzig, Arnold, 1851.
— 16. Works. Boston 1856. New York 1883.
— Vide: Hodgson, E.: The genuine trial.
— — Porcupine, P.: The life of Th. Paine.
— — Wakefield, G.: An examination.
— — Watson, R.: An apology for the bible.
Paix et travail. Progrès et conservation. Messieurs: Alphonse de Lamartine. Victor Hugo. Michel Chevalier. 8°. Paris, M. Vinçard, 1841.
Paladini, Leone, Gli scioperi e la questione sociale in Italia, parole ai poveri ed ai ricchi. 18°. Milano 1873.
Paley, Will., Reasons for contentment addressed to the labouring part of the British public. 8°. London, R. Faulder, 1793.

Palle, J., La fin des grèves, vade-mecum du patron et de l'ouvrier. 1. édit. 1869. 2. édit. avec préface et notes inédites. 8°. Paris, Le Chevalier, 1872.

Palmié, Frdr., Zur socialen Frage. 1—5. gr.-8°. Halle a. S., Strien, 1890.

Pape, F. H. L., Die sociale Frage der Gegenwart. Vortrag, geh. am 5. Sept. 1872 auf der Prediger-Conferenz in Hildesheim. 8°. Hannover, Meyer, 1872.

Papers (Occasional) of the Working Mens' Clubs and Institutes. 12 Nr., Aug. 1868. London.

Papiers inédits, trouvés chez Robespierre, Saint Juste, Payan etc., supprimés ou omis par Courtois précédés du rapport de ce député à la convention nationale: avec un grand nombre de fac-similes et les signatures des principaux personages de la révolution. 3 vol. gr.-8°. Paris, Baudouin frères, 1828.
(Collection des Mémoires relatifs à la révolution française.)

Papst. Vide: Scheu, H.: Der Hochverrathsprocess.

Paquin. Vide: Revue démocratique.

Parabole de Saint-Simon. (Religion Saint-Simon.) Vide: Saint-Simonisme, Mesnilmontant, no. 16₁₆.

Paragraphen über das wahre Wesen des Communismus, oder wird einst der Communismus zur Naturnothwendigkeit werden? I. Die Wurzel alles Uebels: Das Geld. hoch-4°. Breslau, Lucas, 1848. Brieg, Schwartz in Comm.

Pare, W., The claims of capital and labour with a sketch of practical measures for their conciliation. 8°. London 1854.

Parieu, Esquirou de, Le droit au travail à l'Assemblée nationale. Paris, Guillaumin et Co., 1848.
— Vide: Droit (Le) au travail à l'Assemblée nationale.

Paris, Louis Philippe d'Orléans, Comte de, 1. Les associations ouvrières en Angleterre (trades-unions). 5. édit. 12°. Paris, Germer Baillière, 1869. (Les quatre premières éditions, publiées en 1869, étaient anonymes.) Nouv. édit. 18°. Paris, C. Lévy, 1884.
— 2. The trades-unions of England, translated by Nassau J. Senior, edited by Th. Hughes. 8°. London 1869.
— 3. Die Gewerkvereine in England (trades-unions). Aus dem Französischen von E. Lehmann. 8°. Berlin 1870.

Paris, Louis Philippe d'Orléans, Comte de, 4. De la situation des ouvriers en Angleterre. Mémoire présenté à la commission d'enquête sur les conditions du travail. 8°. Paris, Lévy frères, 1873. 2. édit. 8°. Ibid. 1873.
— Vide: Roux-Martin: Les associat. ouvrières en Angleterre.

Paris monarchique et Paris républicain, ou une page de l'histoire de la misère et du travail, par l'auteur du Bilan de la France (Perreymond). (La Phalange, année XVIII, tome IX, 1849; année XIX, tome X, 1849.) 8°. Paris, librairie sociétaire, 1849.

Paris sauvé par l'administration des subsistances. 8°. Paris, de l'impr. patriotique et républicaine, l'an II de la république française. (Contrib. à Babeuf.)
Cont.: Dénonciation faite aux comités de salut public et de l'agriculture de la convention d'un complot de famine contre Paris, 28 juillet, l'an II.

Pared, E., L'avenir au travailleur, recherche de la stabilité politique. 12°. Paris, Douniol et Co., 1872.

Parole, den Interessen der Lohnarbeiter gewidmet. 1884—86.

Parole du Père, en date du 3 juin. (Religion Saint-Simon.) Vide: Saint-Simonisme, Mesnilmontant, no. 4.

Parson, Rev. B., Tracts for fustian jackets and smock frocks. Nr. 1—18. 8°. (London) 1848.

Parsons, A. R., Anarchism, its philosophy and scientific basis. 8°. Chicago 1887.

Parsons, Mrs. Lucy E. Vide: Life of Albert R. Parsons.

Partei (Die demokratische) und die Handwerker. gr.-8°. München (Augsburg, Lit. Inst.) 1883.

Parteitag (Der) der österr. Socialdemokratie. (Monatsschrift f. christl. Socialreform, 13. Jhrg., 1891.)

Parteitag (Der socialdemokratische) in Halle a. d. S. (Monatsschrift f. christl. Soc.-Ref., 12. Jhrg., 1890.)

Parti (Le) ouvrier. No. 1, 8 avril 1888. gr.-fol. 4 pp. Paris, impr. Ousset.

Partis ouvriers (Les) en France, par B. M. (La Revue socialiste, 1880, no. 5.)

Partridge, J. Arthur, Our democracy. 8°. London, Trübner, 1866.

Partz, A., Entwurf zu einer Lösung der socialen Frage für Deutschland. 8°. Braunschweig 1849.

Pas (Le premier) à faire, ou le cri de l'indigence sur un moyen de donner au pain

un prix à la portée du pauvre. 22 pp.
8°. 1789.
Pascal, G. de, 1. Le collectivisme et ses doc-
teurs. Étude sur le socialisme contemporain. (Extrait de „l'Université catholique".)
8°. Lyon, Vitte, 1891.
— 2. L'église et la question sociale.
Étude sur l'Encyclique de la condition
des ouvriers. 12°. Paris, P. Lethielleux,
1891.
— 3. Die Kirche und die sociale Frage.
Kurzer Kommentar der päpstlichen Encyklika über die Arbeiterfrage. Aus dem
Französischen von J. Chr. Joder. 12°.
Strassburg i. E., F. X. Le Roux et Co.,
1891.
Paschius, Georges, De fictis rebuspublicis.
4°. Kilonii 1705.
Passot, L., 1. Théorie sociétaire de Charles
Fourier. Conséquences de l'essor sub-
versif et de l'essor harmonique des passions et de leur organisme. 18°. Mâcon,
impr. Chassipolet, 1841.
— 2. Théorie sociétaire de Ch. Fourier.
Lois des destinées futures, par L. Passot;
La fée sociale, par Mélina B . . . x. 18°.
La Croix-Rousse, impr. Lépagnez, 1841.
Passy, Frédéric, 1. Communauté et communisme. 96 pp. 32°. Paris, Pichon-Lamy
et Dewez, 1869.
— 2. Les machines et leur influence sur
le développement de l'humanité. 8°. Paris
1866. 3. édit. 18°. Paris, Hachette et Co.,
1881. 4. édit. 18°. Ibid. 1886.
— 3. Observations présentées à l'Académie
des sciences morales et politiques à propos du rôle de l'état dans la question
ouvrière. 8°. Paris, Picard, 1886.
— 4. La solidarité du capital et du travail.
Conférence sur les intérêts et les devoirs
réciproques des patrons et des ouvriers,
faite le 14 avril 1874, à la mairie du
1 arrondissement de Paris. 32°. Paris,
Sandoz et Fischbacher, 1875.
Forme le tome 29 de la „Bibliothèque Franklin".
Passy, Hippolyte Philipert, 1. Des causes de
l'inégalité des richesses. 1 vol. 18°. Paris,
Pagnerre, Paulin et Co. et F. Didot frères,
1848. (Journ. des Écon., 1848, févr.)
18°. Paris, Firmin Didot et Co., 1881.
(L'édition de 1848 forme le 3. livraison des
petits traités publiés par l'Académie des sciences
morales et politiques.)
— 2. De la liberté en matière de travail
et de propriété. (Journ. des Écon., 1848,
juin.)

Passy, Hippolite Philipert, 3. Utopie. (Dict. de
l'écon. polit. 1853.)
Paternostro, Alessandro, Studio sulla questione
sociale. 16°. Roma 1875.
Patriote de 1840 (Le), journal politique et
littéraire, fondé par Olinde Rodrigues.
Prospectus. 1840. Paris.
Patriote belge (Le) 1844. (Journal.)
Patschke, Pat., Die Bekämpfung der Social-
demokratie auf dem Lande. Vortrag. Hrsg.
vom Evangel. Pressverein in Schlesien.
8°. Leipzig, G. Böhme's Nachf., 1891.
Paul, C. Kegan, William Godwin: his friends
and contemporaries. 2 vol. gr.-8°. London,
Henry S. King, 1876.
Pawek, J., Das Wesen der Arbeiterstrike und
das Verhältniss der Administrativ-Behör-
den zu demselben. gr.-8°. Prag, Kosmack
u. Neugebauer, 1871.
Paysan révolté (Le). Marseille 1882. (Journ.)
P. C. R . . . . x. Vide: Lettre d'un disciple.
Pearson, Charles, Socialism in theory and practice; being a lecture delivered to a wor-
king-class audience. 8°. London, W. Reeves,
s. a. (1884.)
Peccenini, M., Impiego per tutti, ossia il
problema sociale risolto: profili, ristam-
pati dall' Unione democratica di Messina.
32°. Messina, tip. frat. Messina, 1882.
Peck, J., Political economy of democracy,
and capital and labour. 12°. Philadelphia
1879.
Pecqueur, Constantin, 1. Examen du Traité
de la propriété de M. Ch. Comte. (Revue
du Progrès social, 7. livr.)
— 2. Moyen de prévenir le retour des coalitions d'ouvriers. (Revue du Progrès social, 8. livr.)
— 3. De la république de Dieu. Union
religieuse pour la pratique immédiate de
l'égalité et fraternité universelle. Rédigé
à la demande de ses frères. 1 vol. 18°.
Paris, Charpentier, 1844.
— 4. Le Salut du peuple, journal de la
science sociale. 8°. 1849—50.
(Il n'a paru que six cahiers.)
— 5. Théorie nouvelle d'économie sociale
et politique, ou études sur l'organisation
des sociétés. 900 pp. 1 vol. 8°. Paris,
Capelle, 1842.
— Vide: Phalanstère, année I et II.
Pederzani-Weber, Die sociale Frage und die
Frauen. Eine Studie. 8°. Leipzig, M.
Schaefer, 1885.
Peek, Fr., „In darkest England and the way
out." (Contemporary Review, Dec. 1890.)

Pellarin, Charles, 1. Allocutions d'un socialiste: La responsabilité individuelle. 8°. Paris, Capelle, 1847.
— 2. Sur le droit de propriété. Réponse à quelques attaques. 12°. Besançon, impr. Déis, 1840.
— 3. Essai critique sur la philosophie positive. Lettre à M. E. Littré. 8°. Paris, Dentu, 1864.
— 4. Fourier, sa vie et sa théorie. 1. édit. 1843. 2. édit. 1843. 4. édit. 12°. Paris, libr. phalanst., 1849.
— 5. Lettre de Fourier au grand juge (4 nivôse an XII). Fourier et ses contemporains. L'Utopie et la routine. L'expérimentation et l'empirisme en matière sociale. 12°. Paris, librairie des sciences sociales, 1874.
— 6. De la médecine dans l'ordre sociétaire. 1832.
— 7. Notice biographique sur Charles Fourier, suivie d'une exposition de la théorie sociétaire. 12°. Besançon, impr. Déis, 1839.
— 8. La paix sociale, fin de l'hostilité entre le pauvre et le riche. 2 pp. fol. Saint-Germain, impr. Toinon et Co., 1872.
— 9. Souvenirs anecdotiques. Médecine navale. Saint-Simonisme. Chouannerie. (Extrait de la „Gazette médicale de Paris".) 8°. Paris, librairie des sciences sociales, 1868.
— 10. Théorie sociétaire. 4. édit. 12°. Paris, libr. phalanst., 1849.
— 11. Vie de Fourier. 5. édit. augmentée de deux chapitres et d'une préface nouvelle, avec un portrait de Fourier. 12°. Paris, librairie des sciences sociales, E. Dentu, 1871. 1.—4. édit. Vide: Pellarin 4.
— Vide: Phalange (articles).
— — Phalanstère (articles).
Pelletan, Camille, Les associations ouvrières dans le passé. 32°. Paris, librairie de la Bibliothèque ouvrière, 1873.
Pelletan, Eugène, 1. Les droits de l'homme. 1. édit. gr.-8°. Paris, Pagnerre, 1858. 2. édit. 8°. Paris, Pagnerre, 1867.
— 2. Die Menschenrechte. Nach der 3. Aufl. des Originals deutsch von A. W. Peters. 8°. Bremen 1870.
— 3. Histoire des trois journées de février 1848. gr. 8°. Paris, L. Colas, 1848.
— 4. Proudhon et ses oeuvres complètes. (Revue des Deux Mondes, 15 janvier 1866.)
— Vide: Droit (Le) au travail à l'Assemblée nationale.
Pelz, E., Socialistische Bestrebungen in Amerika. (Deutsche Vierteljahrsschrift, 1855₄.)

Pemberton, Rob., An address to the bishops and clergy and all denominations and to all professors and teachers of the christian world on R. Owen's proclamation of the millennial state to commence this year (1855). 8°. London, Saunders and Otley, 1855.
Pembroke, the Earl of, Liberty and socialism. (The National Review, May 1883.)
Pemjean, Lucien, 1. Le drapeau rouge. 8°. Paris 1881.
— 2. Propos socialistes. Plus de frontières. 8°. Paris, librairie socialiste internat., 1884.
— 3. Propos socialistes; le socialisme expérimental. 16°. Paris, Carbillet, 1881.
Penault, Joseph, L'Ami du peuple, ou critique du Livre du peuple et des principes antisociaux qui travaillent aujourd'hui la société. 12°. Vannes, impr. Lamarzelle, 1840.
Pencil'em. Vide: New Moral World, Vol. VI.
Pensées religieuses par un Saint-Simonien croyant à l'égalité de l'homme et de la femme. 8°. Angers, impr. de Ernest Le Sourd, juillet 1833.
Pensées (Simples) d'un travailleur sur la question sociale. 12°. Paris, librairie des sciences sociales, 1871.
People (The); their rights and liberties, their duties and their interests. 4°. London 1848—1850. Vol. I, Nr. 1—52; Vol. II, Nr. 53—104.
People's Charter (The) and Old England for ever. 8°. London, Seeley, 1839.
Péquignot, L., Frédéric Le Play et l'école de la paix sociale. 8°. Besançon, Jacquin, 1883.
Pepoli, Gioachino, La questione sociale: discorsi. 64°. Roma 1880. (Bibliot. dell' Artigiano, anno IV, fasc. 31, aprile 1880.)
Père (Le) à Fournel apôtre. Et la réponse. 18 juillet 1832. (Religion Saint-Simon.) Vide: Saint-Simonisme, Mesnilmontant, no. 10.
Père Duchêne (Le), gazette de la révolution. An I de la république. Gérant: Émile Thuillier; rédact.: Colfavru, président du club des hommes libres; Laroque, président du club de la Montagne; Gautier, délégué au Luxembourg, etc. 35 nos. fol. 10 avril — 24 août 1848. (Les nos. 13, 14 et 19 sont doubles.)
Père Duchêne (Le), La république ou la mort. No. 1, 16 ventôse an 79 (1871), No. 68, 3 prairial an 79. (Au No. 65:

les trois éditeurs responsables: E. Vermersch, A. Humbert, Maxime Vuillaume.) gr.-8°. Paris, impr. Sornet, rue de Croissant 16.

Père Duchesne (Le). Vide: Brunet: Le Père Duchesne.

Pereire, Em., Moyen de supprimer immédiatement les impôts des boissons, du sel et de la loterie. Vide: Saint-Simonisme, Extraits du Globe, vol. II, nos. 7 et 8.)

Pereire, J. (Religion Saint-Simonienne.) Leçons sur l'industrie et les finances prononcées à la salle de l'Athénée, suivies d'un projet de banque. 8°. Paris, au bureau du Globe, 1832. Vide: Saint-Simonisme, Extraits du Globe, vol. II, no. 9.)

Pereire, Isaac, La question religieuse. gr.-8°. Paris, impr. Motteroz, 1878.
Cont.:
1. La mission de l'église.
2. La papauté au seizième siècle.
3. Les fautes de la société civile.
4. La société sans religion.
5. Les causes de l'irréligion.
6. La morale sociale.
7. Les trois phases économiques.
8. La charité et le crédit.
8. Le règne de dieu sur la terre.
10. Réorganisation pacifique de l'Europe.
11. Conclusion et programme. Identité de la religion et de la politique.

Perez Pujol, D. Eduardo, La cuestion social en Valencia. Dictamen, etc. 8°. Valencia 1872.

Péria, Charles, 1. Les économistes, les socialistes et le christianisme. 8°. Paris, Jacques Lecoffre et Guillaumin et Co., 1849.
— 2. Le socialisme chrétien. 80 pp. 8°. Paris, Lecoffre, 1879.

Péron, Les communautées américaines. (La Revue socialiste, 1880, no. 3, 7.)

Perraud, l'abbé Adolphe, Le christianisme et l'ouvrier. Discours prononcé en faveur de l'oeuvre du patronage des apprentis. 36 pp. 8°. Paris, J. Le Clère et Co., 1873.

Perrens, François Tommy, Le démocratie en France au moyen âge, histoire des tendances démocratiques dans les populations urbaines au XIV. et au XV. siècle. 2 vol. 8°. Paris, Didier et Co., 1873. 2. édit. 2 vol. 12°. Ibid. 1873.

Perreymond, Le bilan de la France, ou la misère et le travail. 8°. Paris, librairie sociétaire, 1849.
— Vide: Paris monarchique.
— — Phalange, année XVII, t. VIII.

Perrin. Vide: Scheu, H.: Der Hochverrathsprocess.

Perrot, Jos., 1. Notions de sociologie et de morale. Solution du problème social; définition de la liberté et de l'égalité: mouvement parallèle de richesse et de misère; nécessité de la liquidation sociale etc. 16°. Paris, Dentu, 1885.
— 2. Nos utopies politiques et socialistes devant le sens commun, ou nos cahiers en 1889. 8°. Paris, Ghio, 1889.

Perruche de Velna, Le droit de propriété et son histoire. Discours prononcé à l'audience solennelle de rentrée de la cour d'appel de Besançon le 3 nov. 1877. 46 pp. 18°. Paris, impr. Jacquin, 1878.

Perry, Captain, Oppression!!! The appeal to the people of England, to which is added a development of some of the mysteries of the spy trade, providing the detestable iniquity of the practice and the necessity of its immediate absolution. 8°. London, Lee, 1795.

Perry, G. W., Appeal on behalf of the working classes. 12°. London, Cash, 1846. .

Persifleur (Le), journal mensuel de la république démocratique et sociale. Rédact. en chef: Laroche. 4°. Paris, 14 déc. 1848.

Personen und Zustände Berlins seit dem 18. März 1848. Beiträge zur künftigen Geschichte Preussens. 1. Heft. 8°. Leipzig, E. Keil u. Co., 1849.

Perthaler, Dr. J., Zur Lösung der sozialen Frage. (Ztschr. f. österr. Rechtsgelehrsamkeit, 1848$_1$.)

Perthes, Fr. Matth., Die alte und neue Lehre über Gesellschaft, Staat, Kirche, Schule, Ehe und Arbeit. Für Stadt und Land fasslich dargestellt. 8°. Hamburg, Perthes-Besser u. Mauke, 1849. 2. Aufl. 8°. Ebd. 1849. 3. Aufl. 8°. Ebd. 1849.

Pesch, P. H., De sociale nood en zijne oorzaken. In't Nederlandsch vertaald door A. F. van Beurden. gr.-8°. Roermond, H. van der Marck, 1891.

Petermann (A. Widmann), Was ist eigentlich Socialismus und Communismus, und was bezweckt diese Partei? Ein bürgerl. Gespräch. gr.-8°. Weimar, Voigt, 1850.

Peters, A. Vide: Barrikade (Die).

Peters, H., Bauinsp., Ein Beitrag zur Lohnreform, unter Zugrundelegung der socialökonomischen Ansichten von Rodbertus-Jagetzow aufgestellt. gr.-8°. Tübingen, Laupp, 1884.

Peters, Architect. Vide: Rodbertus: Briefwechsel zwischen Rodbertus und Peters.

Petersen, Erich, 1. Die Bekämpfung der Socialdemokratie. (Preuss. Jahrbücher, Bd. 54, 1884.)
— 2. Die Entstehung und Bekämpfung der Socialdemokratie. (Preuss. Jahrbücher, Bd. 44, 1879.)

Petit, Alexis, La concurrence. Les machines et les ouvriers. Les associations. (Religion Saint-Simon.) Vide: Saint-Simonisme, Mesnilmontant, no. 16_{48}.

Petit, Eugène, 1. L'esprit révolutionnaire en Russie. (Journ. des Écon., 1881, mai.)
— 2. Les grèves en 1888. (Journ. des Écon., 1888, oct.)

Pétition d'un prolétaire à la Chambre des députés. 8°. Paris, au bureau de l'Organisateur, 1831.
(Signé: Ch. Béranger, prolétaire.)

Petit-Reveil (Le) du Midi, journal de la classe ouvrière. No. 1, 31 janv. 1885. pet.-fol. Marseille.

Petzler, J., Life in Utopia. 8°. London, Author's Cooperative Society, 1890.

Petzler, J. Alois, Die sociale Baukunst; oder Gründe und Mittel für den Umsturz und Wiederaufbau der gesellschaftlichen Verhältnisse, besonders wie solche sich in neuester Zeit in England, dem grossen Musterstaat der modernen Civilisation, ausgebildet haben. 1.—9. Heft. 8°. Hottingen-Zürich, Schweizer. Volksbuchhdlg., 1879.

Peu (Un) d'économie sociale, de science sociale, de socialisme, conférence. 8°. Niort, à la Revue de l'Ouest, 1888.

Peuple (Le): Liberté. Égalité. Fraternité. Journal de la république démocratique et sociale. Divisions des fonctions. — Indivisibilité du pouvoir. Directeur: P. J. Proudhon. No. 1 — no. 5, hebdomadaire. No. 6—206 quotidien. No. 1, sept. 1848. No. 206, 13 juin 1849. Le spécimen-No. 1 est daté: septembre. No. 4 = 8—15 nov. No. 5 = 15—21 nov. No. 6 = 23 nov. 1848.
Contient:
Spécimen: De la gratuité du crédit. J. Am. Langlois.
No. 2. Banque du peuple.
3. Le socialisme et la politique.
Du mouvement social dans les corporations ouvrières. G. Duchêne.
4. et cont. Prologue d'une révolution. Louis Ménard.
5. Argument à la Montagne. P. J. Proudhon.
8. Banque du peuple.
10. Le conseil général aux électeurs républicains, démocrates, socialistes.
L'arithmétique du capitalisme.
La Banque de France socialisée. Ch. Fauvety.
Lettres à Pierre Leroux sur l'association. I. Pauline Roland.
Du capital et du travail. G. Duchêne.
No. 17. Cavaignac. P. J. Proudhon.
Plus d'octrois, plus d'exercise. G. Mortillet.
23. Le bilan de la république honnête.
24. De la propriété. Greppo.
Lettres à Pierre Leroux. II. P. Roland.
31. Lettres à Pierre Leroux. III. P. Roland.
La propriété pour tous les paysans. J. A. L.
32. Les paysans.
38. Le socialisme allemand.
Lettres à Pierre Leroux. III (suite). P. Roland.
Systèmes d'agriculture. G. Mortillet.
42. Le sel.
44, 51, 58. Lettre à M. Blanqui sur son rapport rélatif à la situation des classes ouvrières en 1848. Ramon de la Sagra.
51. Lettres d'un catholique sur le socialisme.
58. De l'affranchissement des femmes. Gautier.
66 et 69. La confiance.
68. Le catholicisme et la démocratie.
72. Banque du peuple et syndicats de la production et de la consommation. Chipron.
79. Banque du peuple. Acte. Proudhon.
85. L'agonie de la finance.
86. Pour en finir avec M. Considerant. Proudhon.
86, 93, 100, 113, 127, 134, 148, 155, 162, 176, 204: Sophismes et préjugés populaires en matière d'économie sociale. G. Duchêne.
93, 99, 106, 113, 120, 127, 134, 141: Théorie et pratique de la Banque du peuple. Ramon de la Sagra.
99, 102, 106, 113: Démonstration du socialisme, théorique et pratique, ou révolution par le crédit, pour servir d'instruction aux souscripteurs et adhérens à la Banque du peuple. Proudhon.
Lettres à Pierre Leroux. Suite. Paul. Roland.
106. Que faut-il aux paysans?
Lettres à Pierre Leroux. Suite. P. Roland.
113. Comme quoi les socialistes sont des voleurs (a). Un catholique.
114. L'amendement Bastiat.
120. Comme quoi les propriétaires et rentiers mourront de faim par l'abolition de la rente (b). C. F. Chevé.
121. De l'assistance publique.
127. L'utopie de l'association (c). C. F. Chevé.
139. Le socialisme est-il un parti?
141. Contre-poison (d). C. Fr. Chevé.
147. Liquidation de la Banque du peuple. Proudhon.
148. Poison sur contre-poison (e). C. Fr. Chevé.
149. Un dernier mot sur la Banque du peuple. Proudhon.
152, 153, 155. La république et la coalition. Proudhon.
155. Le retour du marché. C. Fr. Chevé.
Qu'est-ce que la Banque de France sans le crédit gratuit? — Rien. J. Am. Langlois.
157. Propagande anti-socialiste. Proudhon.
169. Dieu c'est le mal. Proudhon.
Les réformes du maitre Jacques. C. F. Chevé.
169 et 183. Rapport sur la situation des classes ouvrières en 1849.
176. Le socialisme jugé par M. Proudhon. Proudhon.
183. Maitre Jacques et son curé. C. F. Chevé.
A chacun selon ses oeuvres; digression sur l'improductivité de l'épargne. Am. Langlois.
Dialogue entre le travail et le capital. C. F. Chevé.

No. 190. Le socialisme et la constitution. Am. Langlois.
Abolition de l'intérêt du capital par le catholicisme. C. F. Chevé.
Un aristocrate de bon foi et un prolétaire socialiste.
190, 197, 204. Socialisme. Doctrine d'Owen. Goupy.
204. De l'influence du travail sur la moralisation de la famille.
Les adieux de Jacques Bonhomme. C. F. Chevé.

Peuple (Au). Des vérités terribles mais indispensables. Tirées de J. J. Rousseau, Mably, Raynal etc., et de tous les philosophes amis des principes de l'égalité. 8°. s. l. s. a.

Peuple (Le) sans-culotte de Paris à la légion de police. 8°. s. l. s. a.

Peuple (Le), journal des proscrits et de la république universelle. Red. Delescluze. Un numéro par semaine. Lex.-8°. Paris. No. 1, 20 nov. 1851.

Peuple (Le), journal du progrès social. Rédact. en chef: Paul de Lourdoucix. fol. Paris, 25 avril 1848.
(Une des nombreuses métamorphoses de la „Gazette de France".)

Peuple souverain (Le), journal des travailleurs. Liberté, égalité, fraternité, solidarité, unité. Rédact. gérant: A. Salières. fol. Paris, 26 mars 1848.
(Fondé par le club républicain des travailleurs libres.)

Peuple (Le) de 1850. fol. Paris. No. 1, 15 juin 1850; No. 33, 13 oct. 1850.
No. 1 et 2 mensuel. Depuis No. 3 troisfois par semaine.

Peuple et bourgeoisie. Suite de cauchemars, songes et rêveries positivisto-socialistes. 8°. Paris, Garnier frères, 1870.

Peuple (Le) socialiste de la Loire. No. 1, 4 mai 1889. fol. Saint-Étienne, Ménard.

Peyron, Élie, Machinisme et socialisme. (Revue socialiste, oct. 1886.)

Pfau, J. A., Die sociale Frage in ihrem Verhältniss zum Christenthum für conservative Freunde dargestellt. gr.-8°. Halle, Fricke, 1866.

Pfeiffer. Vide: Scheu, H.: Der Hochverrathsprocess.

Pfeiffer, Fried., Programm der Socialdemokratie und seine politisch-ökonomische Entwickelung. 1. Heft. 8°. Wien, Selbstverlag, 1869.

Pfeil, L. Graf v., Zur Lösung der socialen Frage. 2. verm. Aufl. gr.-8°. Breslau, Max u. Co., 1874.

Phalange (La), journal de la science sociale découverte et constituée par Charles Fourier. Industrie, politique, sciences, art et littérature. gr.-4°. Paris, au bureau de la Phalange.
Année I, tome I, no. 1, 10 juillet 1836. Parait le 1, le 10 et le 20 de chaque mois; depuis le 1 avril 1837 (no. 27) — no. 36, déc. 1837 en 12 livraisons par an, sous le titre: Journal de l'École sociétaire faisant suite au journal „Le Phalanstère".
Contient:
Déclaration (p. 1). Considerant.
De l'abolition de l'esclavage (p. 23, 51, 81, 123). Dain.
Mauvaise influence de la presse politique (p. 13). Considerant.
Sur l'état actuel des esprits en France. Appel aux hommes sincères de tous les partis (33). Considerant.
La question sociale posée par les forçats (66). Considerant.
Le christianisme et l'industrie (115). Paget.
Accord des intérêts et des éléments sociaux (144). Considerant.
Conditions foudamentales de la réforme sociale. Signification des mots: industrie et travail (177). Paget.
Des causes des révolutions (209). — Paget.
Le pain constitutionel (243). Paget.
Condition de légitimité en répartition des richesses sociales (258). Paget.
Première condition de légitimité d'une doctrine sociale (274). Considerant.
Question de réforme industrielle. Coalition d'ouvriers. Salaire (284, 306). Paget.
Droit au travail (337). Paget.
Une de nos plaies sociales (349). Paget.
Nécessité d'une réforme dans notre législation sociale. Marie Colombe. Droit au travail (379). Considerant.
Du crédit (401). Paget.
Exportation des pauvres (412). Paget.
Du morcellement agricole (443). Paget.
Emancipation des esclaves dans les colonies anglaises (449). E. B.
Incompatibilité de la forme sociale actuelle avec les intérêts individuelle (471). Paget.
Enfants trouvés (490). Tandonnet.
Des dangers qui menacent la société. Envahissement de l'esprit révolutionnaire dans l'armée (497, 529, 625). Considerant.
Les véritables utopistes (503). Pouliquen.
La charité (657). Mad. Vigoureux.
Pensées sociales (849). Villegardelle.
Aux moralistes (853). Considerant.
Imminence de la féodalité industrielle (919). E. B.
Des sociétés coopératives en Angleterre. Extrait de l'Industriel de Bruxelles (961). Villegardelle.
La communauté et l'association (1009). Considerant.
Lettres sur les sociétés Owenistes (1110). Scheurer.
Crise commerciale aux États-Unis (1160). E. B.
Une des erreurs de l'économie politique. Principe de la division du travail (510). Lemoine.
Nullité de l'evangile (593). Mad. E. de Becdelièvre.
Exposition de la théorie sociétaire à Chartres par M. Considerant. Extrait du Glaneur (615, 794). Daly.
Éducation. L'école mutuelle. La salle d'asile (799). Considerant.

Exposition abrégée de la théorie sociétaire. 1) Notions générales; principes. 2) Du système des attractions ou des passions humaines (881, 945). Considerant.
Sur la division du travail et l'exercise parcellaire (925). J. H.
Du lieu des harmonies (929). Paget.
Des caisses d'épargnes, leur théorie. Application à la création de comptoirs communaux cantonaux etc. (953). Considerant.
Remède aux divers esclaves (161). Ch. Fourier.
La chute de l'homme, ou le double mécanisme des passions (317). Ch. Fourier.
Société primitive, dite Eden (417). Ch. Fourier.
Carrière et phases du péché originel (672). Ch. Fourier.
Introduction à la lettre des quatre mouvements (707). Ch. Fourier.
La déraison politique et morale ou le piège des ouvrages biens écrits. Extrait du „Traité" (516). Ch. Fourier.
Le bon sens banni dans l'âge moderne par le bel-esprit (562). Ch. Fourier.
Mort de Fourier (1073—1092).

Tome II (année II), no. 1, janvier 1838, no. 48, 15 décembre 1839. (24 livraisons par an.)
État et avenir des idées sociales. Considerant.
De la propriété. Considerant.
Introduction de la justice distributive dans l'assiette de l'impôt. Considerant.
Dégénération de l'espèce humaine sous le régime actuel de l'industrie. Cantagrel.
Du pouvoir de l'homme sur la nature. F. Devay.
La science sociale est basée sur une théorie aussi simple que rationnelle. Extrait. Stourm.
De la mendicité. Extrait de la Revue du Centre. Julien Blanc.
Encore une rêverie de Fourier adoptée par les hommes de science. Pellarin.
De l'émancipation des noirs. Laverdant.
Abolition de l'esclavage. A. Paget.
Système social de Owen. C. Daly.
Études sur l'association. W. Gagneur.
Sur la déraison sociale. Absurdité de l'engouement du public pour les chemins de fer. Considerant.
Chemins économiques à grande vitesse et à locomoteurs libres, pouvant remplacer les chemins en fer. Considerant.
Garanties commerciales. Lemoyne.
Secours à donner aux ouvriers sans travail.
Quel esclavage le commerçant trouve dans la libre concurrence.
Comme quoi l'économie politique porte un nom qu'elle ne mérite pas. A. Paget.
Des sociétés industrielles par action. Julien Blanc.
Sur notre position sociale. — Féodalité industrielle. — Entrée au garantisme. — Sociétés par actions. Julien Blanc.
Des monopoles. Julien Blanc.
Tendances à la régularisation de la féodalité de l'industrie. Julien Blanc.
Usures dans les campagnes. Extrait. A. Lalande.
De l'intérêt de l'argent et de l'usure. J. Blanc.
Sur la crise industrielle. Julien Blanc.
Du crédit foncier en Pologne. E. Bourdon.
Exposition du système de Fourier par Blanqui.
Opinion de M. Patarien-Lafosse sur la théorie de Fourier. Julien Blanc.
Sur la théorie de Fourier. Extrait. Clairefond.

Le système de Fourier à Rome. Considerant.
La science sociale n'est pas révolutionnaire. Considerant.
Pourquoi le radicalisme social de Fourier se rallie à l'ordre politique établi. Considerant.
Triumvirat continental et paix perpétuelle sous trente ans. (Article publié par Fourier dans le Bulletin de Lyon, le 25 frimaire, an XII (16 déc. 1803).
Acceptation des lettres de change. (Bulletin de Lyon, no. 34, 27 nivôse an XII (18 janv. 1804). Ch. Fourier.
Tome III (16° No. du 1 janv. au 15 août 1840), trois fois par semaine.
Nécessité d'une science sociale. Extrait.
Organisation unitaire de l'assurance. Bourdon.
Cours de M. Blanqui au conservatoire. Révolution complète dans l'économie politique. Considerant.
Sur les travail des enfants dans les manufactures. Extrait.
De l'influence des machines en agriculture. Extrait. Aug. de Gasparin.
Du crédit. Loi sur le privilège de la Banque de France. Jul. Blanc.
Question sociale. Extrait.
Avis au Journal du Peuple. La théorie sociétaire n'est pas une théorie égalitaire. A. Paget.
La médecine dans ses rapports avec l'économie sociale. Joenger.
(Ces trois volumes forment la seconde série, la première est „Le Phalanstère".)

Troisième série, tome I, du 1 sept. au 31 déc. 1840.
Déclaration des principes. Vict. Considerant.
Exposition élémentaire de l'économie sociale de Fourier. Considerant.
Étude critique sur l'organisation du travail. A. Paget.
L'organisation du travail, condition première de l'ordre, de la justice et de la liberté. A. Paget.
Sur le travail des enfants dans les manufactures. A. Paget.
Discussion de la loi relative au travail des enfants dans les manufactures. A. Paget.

Troisième série, tome II, du 1 janvier au 30 avril 1841.
La réforme industrielle condition de l'amélioration du sort des enfants. A. Paget.
Du remède à l'anarchie des idées. A. Paget.
Travail des enfants dans les manufactures. — Organisatation du travail. Extrait.
La réforme politique et la réforme sociale. All. Bureau.
Espérances des réformateurs sociaux. Extrait.
De l'enchainement des questions sociales. — Organisation du travail. — Organisation Industrielle de la commune. Extrait. Alph. Tamisier.
Extinction de la mendicité. Extrait.
Inéfficacité des remèdes moraux pour régénérer la société. Extrait.
Germes de l'association agricole. Louis Barré.
Question du déboisement. W. Gagneur.
Nécessité d'une politique positive. A. Colin.
De l'association des travailleurs et de l'organisation du crédit. Extrait.

Troisième série, tome III, mai—août 1841.
Droit de l'homme au pain quotidien. Considerant.
Les déficits. Aug. Colin.

Influence de la richesse ou de la pauvreté sur la durée de la vie humaine. Extrait. Caspar.
Du traité de commerce avec Hollande. Alph. Toussenel.
Vice du système douanière. — Question des bestiaux. Raoul Bourdon.
Nouveau déficit. Aug. Colin.
Fraudes commerciales. All. Bureau.
Paupérisme en Écosse. Extrait traduit par Louis Barré.
Les garanties commerciales et l'organisation agricole demandées à la tribune de la Chambre des députés. Extrait d'un discours de M. Tourret.
Manifeste des communistes. Aug. Colin.
Sur la mendicité. Extrait.
Association illicite. — Les communistes. All. Bureau.
Corruption politique et sociale. Aug. Colin.
Application de l'armée aux travaux publics. Aug. Colin.
Y-a-t-il une verité sociale? Aug. Colin.
M. Cabet et son procès au „National". Ch. Pellarin.
L'organisation du travail. M. Arago. A. Colin.
Multiplier la propriété sans la morceler. Ch. Pellarin.
Souffrance du commerce. Fr. Cantagrel.
Lettre de M. Cabet.
Affaire de M. Cabet. V. Considerant.
La liberté, la concurrence et l'association. Extrait. Ch. Martin.
Sur le paupérisme. Extrait. M. Tripon.
Éclaircissement sur la question de l'impôt. Raoul Bourdon.
Les démocrates et l'organisation du travail.
Propriété — famille — religion, trad. de l'anglais de A. Brisbane par Louis Barré.
Les lignes de douanes. Aug. Colin.
Ce que Fourier critique dans le passé de l'humanité. A. Paget.
Definition de la liberté. — Réponse à la France.
Extraits de Fourier.
Le mal social et la littérature. Fr. Cantagrel.
Les deux excès de production. Aug. Colin.
Du principe de l'union douanière. A. Colin.
La stabilité et le progrès. A. Colin.
Où va la démocratie? A. Colin.
Économie politique unitaire. A. Colin.

Troisième série, tome IV, sept. — déc. 1841.
Des avantages qu'il y aurait à appuyer de quelques développements psychologiques la théorie de Fourier. Fabry.
Le fatalisme et la doctrine sociétaire. — Lettre de M. de Pompéry. Ch. Pellarin.
La question sociale posée et résolue par les ouvriers. Avis aux hommes du pouvoir. Paul Lenoir.
Nouvelle crise sociale. Aug. Colin.
Les socialistes et leurs accusateurs. Ch. Pellarin.
Coup d'oeil sur la théorie des fonctions. Mémoire de M..., lu dans la 3. section du congrès de Lyon pour répondre à cette question: „Exposer et discuter la valeur des principes de l'école sociétaire fondée par Fourier". T.
Les détracteurs de l'école sociétaire. Ch. Pellarin.
La Phalange démasquée par le Français de l'Ouest. V. Considerant.
Retour à l'union douanière. Aug. Colin.
Immoralité de la doctrine de Fourier. V. Considerant.

Doctrines pacifiques des communistes anglais. Louis Barré.
La politique et la science sociale. A. Colin.
Le mal est social et non politique. A. Colin.
Qui dirigera le mouvement social? A. Colin.
Système national des chemins de fer en France. V. Considerant.
La question coloniale. Desiré Laverdant.
Le mal est social avant tout. Extrait.
Du communisme et des moyens de le combattre. Ch. Kuss.
Comment la France peut prendre le premier rang dans l'exécution des rail-ways. Perreymond.
Les partisans de la misère. Ed. Benoît.

Troisième serie, tome V, janvier—juin 1842.
La réforme électorale et le communisme. Aug. Colin.
Les monopoles. V. Considerant.
Le droit au travail. Ed. de Pompéry.
La concurrence engendre le monopole.
Chemins de fer (diverses articles). Perreymond.
La route de Suez commune à tous les peuples. A. Colin.
La propriété et l'esclavage. L. Barré.
Des institutions de crédit. A. Colin.
Études sociales ou réflexions sur l'esprit et les besoins du siècle.
La vraie science gouvernementale. Fr. Devay.
De la liberté des mers. A. Colin.
Détresse de la classe ouvrière en Angleterre. Fr. Devay.
De l'amélioration du sort des ouvriers employés aux chemins de fer en Allemagne. A. Weill et Émile Bourdon.
Plan financier de S. Robert Peel. V. Considerant.
De l'unité dans l'impôt. Aug. Colin.
Progrès de l'anarchie. V. Considerant.
La science sociale et la religion. Ch. Kuss.
Le choix du travail. Aug. Colin.
La science sociale et la démocratie. Lettre de M. V. Schoelcher. Réponse de M. Vict. Considerant.
La forme du gouvernement et le mal social. Cantagrel jeune.
La charité accidentielle et la charité sociale. A. Colin.
La théorie sociétaire jugée par le „Semeur". Ch. Kuss.

Troisième série, 1. partie du tome VI, du 1 juillet, au 31 déc. 1842.
La crise monétaire en Grande Bretagne. Louis Barré.
Crise sociale en Angleterre. Louis Barré.
Misère du peuple anglais. Extrait.
Sur le Zollverein. Extraits du Journ. des Débats.
Guerre sociale en Angleterre. Aug. Colin.
Débats sur la question du passage de Panama. Desiré Laverdant.
Colonies. Question de l'introduction des laboureurs. Desiré Laverdant.
Le Zollverein. Son origine, son développement. Raoul Bourdon.
Des Isthmes de Suez et de Panama. Émile Bourdon.
Recherche des améliorations sociales. Aug. Colin.
Le crédit et la réforme industrielle. 2 articl. All. Bureau.
Association de la France et du Zollverein. Raoul Bourdon.
L'association appliquée aux communes rurales. A. Savardan.

Question des unions douanières. Desiré Laverdant.
L'impôt sur la rente. Aug. Colin.
La réforme agricole. Aug. Colin.
Politique des unions commerciales. Raoul Boudon.
Communisme théocratique. Ém. Bourdon.
Influence des tarifs des douanes sur la consommation. Le café et la chicorée. Raoul Boudon.
Des moyens de réforme et d'améliorations socialistes. Extrait. Fr. Cantagrel.
Véritable objet de la science économique. Extr. Em. Bourdon.
Entraves douanières. — L'état entrepreneur des transports. Fr. Cantagrel.
Les tarifs de la France et du Zollverein. Raoul Boudon.

Troisième série, 2. partie du tome VI, du 1 janvier au 30 juillet 1843.
Canalisation de l'Isthme de Panama. Desiré Laverdant.
Fourier jugé au point de vue de la philosophie allemand, par M. L. Stein. Ch. Kuss.
Question des sucres. Raoul Boudon.
Caisse d'amortissement. Ém. Bourdon.
Question des sucres. Ed. de Pompery.
Solution de la question des sucres. Émile Bourdon.
La science sociale devant l'Allemagne. Ch. Kuss.
Enrichissez-vous. A. Colin.
Intérêts coloniaux: Bourbon. Émancipation. Introduction de travailleurs libres. Madagascar. D. Laverdant.
De l'exploitation des chemins de fer par l'état. Ém. Bourdon.
De la colonisation et du système coloniale de la France. Raoul Boudon.
Moyen de faire rentrer l'état en possession de ses canaux. Alf. Toussenel.
Réforme du commerce. Aug. Colin.
Le déficit. Aug. Colin.
Propagation phalanstérienne dans l'Amérique du Sud. P. Forest.
Progrès des idées phalanstériennes aux États-Unis. Louis Barré.
La théorie de Fourier est plus morale que toutes les morales connues. Lettre de M. H. W.

La Phalange. Revue de la science sociale, année XIV, série I. 8°. Tome I, premier semestre 1845. Paris.
Système des développements de l'école sociétaire.
Section des trois unités externes. Cosmogénie.
La question religieuse par Hugh Doherty.
De l'incertitude des sciences expérimentales. Victor Meunier.
Nécessité d'une réforme scientifique. Victor Meunier.
Principes d'un nouveau droit administratif. Victor Hennequin.
La guerre des paysans. Alex Veill.

Année XIV, série I, in-8°. Tome II, deuxième semestre, 1845.
Manuscrits de Fourier: Crimes du commerce. Les séries mésuriées.
La question religieuse (contin). Hugh Doherty.
Du droit au travail et son organisation pratique. Fr. Cantagrel.
Principes d'un nouveau droit administratif. Contin. Vict. Hennequin.
Nouveau principe à introduire dans les compagnies actionnaires, par E. B.
De l'aménagement des cours d'eau en général et du Rhône en particulier. A. Rentier.
La guerre des paysans. Contin. A. Veill.

Origines des types philosophiques et sociaux Faust, Don Juan, Hamlet, Alceste, par Eugène Maron.
La liberté selon les économistes, par E. B.
Les liens de famille, par Ch. K.
Mes pensées sur l'oeuvre de Fourier, vers adressés à Fourier, par M. J. A. Godin, et réponse de Fourier.
Aperçus sur le mouvement social, par E.

Année XV, série 1, 8°. Tome III, 1. semestre 1846.
Manuscrits de Fourier: Des séries mésurées (fin). — Des trois groupes d'ambition, d'amour et de famillisme. — Du groupe d'amitié. — Des trois passions distributives.
École sociétaire. — Rente de l'école; Bulletin phalanstérien.
La question religieuse. Contin. Hugh Doherty.
Vues historiques sur la propriété. Alph. Gilliot.
Histoire de la législation industrielle. — Les chambres de commerce. V. Hennequin.
La guerre des paysans. Contin. A. Veill.
Le triomphe du Saint-Simonisme, par E. B.
L'économie politique ferra-t-elle du progrès? par E. B.
Les lois de douane organisent le vol, par E. B.
Ce qui manque à l'économie politique pour être une science, par E. B.
Les utopistes modernes; Ziegenhagen, par Ch. K.
Le salariat condamné par un économiste, par E. B.
L'astrologie et l'économie politique, avec extraits inédits de Fourier, par E. B.

Année XV, série 1. 8°. Tome IV, 2. semestre 1846.
Manuscrits de Fourier: Des cinq passions sensuelles. — Appendice à l'Analyse passionnelle.
La question religieuse. Contin. Par Hugh. Doherty.
De la propriété et des diverses manières légitimes de l'acquérir, par D. Laverdant.
L'isthme de Suez. Projet de M. Aug. Colin.
Saint-Simon et sa doctrine, par M. Paul de Boureulle.

Année XVI, série 1. 8°. Tome V, 1. semestre 1847.
Manuscrits de Fourier: Appendice à l'analyse passionnelle, (fin). — Du parcours et de l'unitéisme. — Égarement de la raison démontré par les ridicules des sciences incertaines. Fragments.
La question religieuse. Contin. Hugh Doherty.
Du droit au travail et son organisation pratique, par F. Cantagrel.
Considérations positives sur la science sociale, par M. Léop. Bresson.
La guerre des anabaptistes, par A. Veill.
Des banques administratives, par E. B.
Association du libre-échange.
Quelques mots sur une opinion de Turgot, par E. B.
Du commerce des blés, par E. B.
De la foi en matière d'économie politique, par E. B.
De l'exportation libre des céréales, par E. B.

Année XVI, série 1. 8°. Tome VI, 2. semestre 1847.
Manuscrits de Fourier: Du clavier puissanciel de caractères. — Des transitions et désordres apparents de l'univers. — Échelle parallèle des attractions sociales. — Détérioration matérielle de la planète.
Considérations positives sur la science sociale. Contin. Par Léop. Bresson.
Du crédit mobilier. — Comptoirs agricoles, par J. Duval.
Du crédit foncier, par Aug. Cieszkowski.

L'école sociétaire en Allemagne, ses amis, et ses ennemis, par Clovis Guyornand.
La religion, la science et l'art en Allemagne, par Clovis Guyornand.
La guerre des anabaptistes. Contin. Par Alex. Veill.
La première des lois, par E. L. (humanité).
Les confusions de l'économisme, par E. B.
Moïse, Jésus, Spinoza et Fourier, par A. Veill.
Jugement secret contre le travail attrayant, par E. B.
Les utopies de l'économie politique, par E. B.
L'immigration des capitaux étrangers, par E. B.

Année XVII, série I. 8°. Tome VII, 1. semestre 1848.
Manuscrits de Fourier: Analyse du mécanisme d'agiotage. — De la méthode mixte en étude de l'attraction. — De la médecine naturelle ou attrayante composée.
La série, loi universelle de la nature, par Hugh Doherty.
Considérations positives sur la science sociale. Contin. Par Léop. Bresson.
La religion, la science et l'art en Allemagne. Contin. Par Clovis Guyornand.
Caractère socialiste de l'hérésie en France, par Clovis Guyornand.
Des poids et mesures, par A. Colin.
Les économistes, par E. B. (Bastiat, Molinari, Garnier, M. Trois-Étoiles, M. Chevalier.)
Examen des doctrines économiques, par Ramon de la Sagra.
Individualisme et solidarité, par E. Delmas.
Le premier des économistes, par E. B.
Des dangers qui courent les forêts, par E. Ch.

Année XVII, série I. 8°. Tome VIII, 2. semestre 1848.
Manuscrits de Fourier: De la sérigermie composée ou binisexe. — Analogie et cosmogénie.
Considérations positives sur la science sociale. Contin. Par Ch. Bresson.
Bilan de la France, ou la crise, la misère et le travail, par M. Perreymond.
Esquisse d'une science morale, par A. Gilliot.
La série, loi universelle. Contin. Par Hugh Doherty.
La tradition socialiste, par Vict. Meunier.
Histoire de la législation française, par V. Hennequin.

Année XVIII, série I. 8°. Tome IX, 1. semestre 1849.
Manuscrits de Fourier: Des lymbes obscures, ou périodes d'enfer social et de labyrinth passionnel. — L'inventeur et son siècle. — Du garantisme. — De la sériosophie, ou épreuve réduite. — Esquisse d'une science morale.
La femme libre, lettre à M. Legouvé par Madem. Henriette ....
Histoire de la législation française. Contin. Par Vict. Hennequin.
Plus de papes, plus de rois, par Hugh Doherty.
L'esprit de l'histoire, par Vict. Meunier.
Impuissance des sciences incertaines, par E. B.
Paris monarchique et Paris républicain, par l'auteur du Bilan de la France.

Année XIX, série I. 8°. Tome X, 2. semestre 1849.
Manuscrits de Fourier: De la sériosophie (suite). — Des diverses issues de civilisation. — Sur l'esprit irréligieux des modernes. — Analogie. — Fragments: 1) Unitéisme. 2) Approvisionnements en harmonie. 3) Hygiène gastronomique. 4) Échos du mouvement en horoscopes méthodiques. 5) Engrenages commerciaux. Monnaie fictive. 6) L'inventeur.
De la série, loi universelle de la nature. Analyse de l'homme, par Hugh Doherty.
Simple explication à mes annis et à mes commettants, par Victor Hennequin.
Histoire de la législation française, par Victor Hennequin.
Paris monarchique et Paris républicain, par Perreymond.

Phalanstère (Le), journal pour la fondation d'une phalange agricole et manufacturière, associée en travaux et en ménage.
Année I, no. 1, prospectus, 1 juin 1832, no. 31, 27 déc. 1832. Année II, no. 1, 4 janv. 1832 (erratum pour 1833), no. 39, 28 févr. 1834.
I. no. 2. De l'attraction industrielle. Condition du régime sociétaire. Guillemon.
3. Nécessité d'une théorie certaine sur l'art d'associer. C. Fourier. Anarchie industrielle. Alph. Tamisier.
4. Suite et fin du programme qui faisait partie du prospectus. Ch. Fourier. Quadruplement du produit ; première condition du progrès social. A. T.
5. Note sur la vignette (le Phalanstère). Abel Transon. De la réforme industrielle. Pecqueur.
6. Revue des utopies du XIX. siècle, et des sociétés d'utopistes parisiens. Ch. Fourier. Bénéfices du ménage sociétaire.
7. Revue des utopies. 2. art. Ch. Fourier. École de M. Ch. Fourier. Jules Lechevalier.
8. Revue des utopies. 3. art. Ch. Fourier. La communauté et l'association. Just Muiron.
9. Devis et tableaux d'un canton sociétaire. Ch. Fourier. Du travail en courtes séances. Ab. Tr. École de M. Ch. Fourier. J. L. C.
10. Devis et tableaux d'un canton d'essai. No. 2. Ch. Fourier. Sur le procédé sociétaire. J. L. C.
11. Les torpilles du progrès. Ch. Fourier. Économie sociétaire. J. L. C. Les droits de l'homme. Pecqueur. Influence des révolutions sur le bonheur social. G. G.
12. Complémens d'aperçus. Ch. Fourier. Économie sociétaire. J. L. C.
13. Guerre des quatre sciences rebelles contre les quatre sciences fidèles. Ch. Fourier. Les droits de l'homme. 2. art. Pecqueur. École de M. Ch. Fourier. 2. art. J. L. C.
14. Le nouveau monde scientifique. Ch. Fourier. Liberté, minimum, attraction industrielle. A. Bureau.
Le no. 15, 7. sept. 1832, porte pour titre : La Réforme industrielle, ou le Phalanstère, journal proposant la fondation d'une phalange, réunion de 1100 personnes, associées en travaux de culture, fabrique et ménage.
15. 85 fermes-modèles en 84 folies. Ch. Fourier. Considérations sur la théorie du Phalanstère. Baudet-Dulary. École de Ch. Fourier. Suite. J. L. C.
16. Approximations sociétaires. Ch. Fourier. Obscurantisme du XIX. siècle. Ab. Tr. Comment et jusqu'à quel point peut-on rendre le travail attrayant. Le Moyne.

No. 17. Dénouement des visions de progrès. Ch. Fourier.
Obscurantisme du XIX. siècle. Ab. Tr.
18. Sur l'émancipation des journalistes. Ch. Fourier.
Exemples d'industrie attrayante. Pellarin.
Économie sociétaire. 3. art. J. L. C.
Symptomes d'une politique nouvelle. Ab. Tr.
Jugemens sur la doctrine de M. Fourier.
19. Sur l'émancipation des journalistes. 2. art. Ch. Fourier.
Théorie sociétaire. Vict. Considerant.
20. Parallèle de moeurs entre l'ordre civilisé et l'ordre sociétaire. Ch. Fourier.
Théorie sociétaire. Suite, V. Considerant.
21. Parallèle de moeurs. Suite. Ch. Fourier.
Énumération des circonstances qui rendent le travail attrayant. Lemoyne.
22. Décadence de la civilisation. Ch. Fourier.
Comment nous entendons la politique des intérêts matériels. Valeur générale d'un essay de réalisation. J. L. C.
Problème social posé par la convention nationale et par l'empereur et pleinement résolu par la théorie sociétaire. Ab Tr.
23. La voile d'Airain. Ch. Fourier.
Le Phalanstère n'est pas une institution d'aumône et de charité. J. L. C.
Théorie sociétaire. Suite. V. Considerant.
École de Fourier. Fin. J. L. C.
24. Mécanisme de répartition proportionnelle. Ch. Fourier.
Commission nommée pour examiner le meilleur système de colonies agricoles. J. L. C.
De la propriété. Ab. Tr.
Pourquoi nous avons accusé le National d'ignorance en matière sociale. J. L. C.
25. Fondation de la colonie sociétaire. Baudet-Dulary.
Mécanisme de répartition proportionnelle. 2. art. Ch. Fourier.
De la propriété. Suite. Ab. Tr.
Économie sociétaire. 4. art. J. L. C.
Considérations à soumettre à la commission des colonies agricoles internes. Ch. Fourier.
26. Fondation de la colonie sociétaire. J. L. C.
Projet d'acte de société. Baudet-Dulary.
Parallèle des caisses d'épargne et tontines avec les actions ouvrières décrites au no. 25: Anarchie industrielle. Ch. Fourier.
Théorie sociétaire. V. Considerant.
Économie sociétaire. 5. J. L. C.
Keppler et Ch. Fourier. Ab. Tr.
27. Colonies agricoles intérieures. Ch. Fourier.
Économie sociétaire. 6. J. L. C.
28. Note complémentaire sur le 1. semestre. Ch. Fourier.
De la Commune. A. Tamisier.
Simplification de l'administration par l'établissement du Phalanstère. Tripont.
La chûte et le progrès. Ab. Tr.
Économie sociétaire. 7. J. L. C.
29. Suite de la note sur le 1. semestre. Ch. Fourier.
Commission des colonies agricoles. Ab. Tr.
Économie sociétaire (conclusion). J. L. C.
30. Condé-sur-Vesgre. V. Considerant.
Fin de la note sur les vices des systèmes proposés jusqu' ici pour les colonies intérieures. Ch. Fourier.

Problème de l'Association domestique agricole abordé par le National. J. L. C.
No. 31. Fondation d'un institut agricole. J. C. L.
Tome II, année 2, 1833.
No. 1. De la réforme industrielle. J. L. C.
Écueils à éviter en fondation de colonies agricoles. Ch. Fourier.
Valeurs sociales de quelques professions. Ch. Pellarin.
Analyse du mécanisme commercial. Extrait de la brochure de M. A. Maurize.
2. Politique industrielle. Ab. Tr.
Imminence de féodalité commerciale. Ch. Fourier.
3. La civilisation ruinant les pauvres. V. Considerant.
Féodalité commerciale. Ch. Fourier.
4. Vice radical de la politique Saint-Simonienne. Ab. Tr.
Option sur deux dénouemens de la crise industrielle. Ch. Fourier.
5. Les deux diversions. Article, adressé à MM. les membres de la commission des colonies agricoles. Ch. Fourier.
Qu'est ce que la réforme industrielle? J. L. C.
Nécessité du régime sociétaire. Baudet-Dulary.
L'intérêt public et l'intérêt particulier. Ch. Pellarin.
Facilités de réalisation. Kunzli.
6. Les fausses économies fiscales. Ch. Fourier.
De l'ordre familial. A. Paget.
De l'agriculture désertée par les capitaux. Ab. Tr.
7. Examen du programme des doctrines républicaines publié par le journal „La Tribune". J. L. C.
Le concert de haut aveugles. Ch. Fourier.
De l'éducation. Ch. Pecqueur.
8. Examen du programme des doctrines républicaines. (Suite et fin.) J. L. C.
Réforme du commerce mensonger. Ch. Fourier.
Le travail attrayant. Hipp. Renaud.
9. Les gasconades philantropiques. Ch. Fourier.
Étude de l'homme. Les physiologistes et M. Fourier. C. Pellarin.
Commerce direct. Lemoyne.
10. Pierre de Touche pour juger les philantropes. Ch. Fourier.
Opinion de la presse parisienne sur la question de réforme industrielle. J. L. C.
De l'éducation. C. Pecqueur.
11. Perfidie des régénérateurs. Ch. Fourier.
Funeste méprise des partis réformateurs. A. Paget.
12. Conclusions contre les réformes politiques et religieuses. Ch. Fourier.
Étude de l'homme. C. Pellarin.
13. Du principe social de juillet selon le Messager. J. L. C.
Les alliés dangereux. Ch. Fourier.
Fausse direction donnée par la philosophie aux sciences morales et politiques. Paulin Deg...
14. Nouvelle économie politique reposant sur l'économie domestique.
Sur le Saint-Simonisme. Aynard de la Tour du Pin.
Revue des candidats. Ch. Fourier.
15. Les ridicules de Longchamp. Ch. Fourier.

23*

De l'état social et de l'état sociétaire. Tripont.
Sur une éloge de la théocratie et de la mainmorte. Ch. F.
Des causes de maladies, considérées du point de vue de la doctrine sociétaire de Ch. Fourier. A. Paget.
No. 16. De la fausse politique industrielle. A. Paget. Deuxième revue des candidats. Ch. Fourier.
Boussole en étude des passions; le ralliement aux vues de dieu.
17. Voies et moyens de la réforme industrielle. J. L. C.
Parallèle des quantités et qualités de produits en civilisation et en harmonie.
18. Du début en association. C. P—n.
Parallèle des quantités etc. Suite et fin.
De l'emploi des moyens industriels et scientifiques. A. Paget.
19. Problème des garanties de la propriété. Ch. Fourier.
Recette pour enrichir les pauvres. C. P—n.
Comme quoi la réforme intégrale de l'ordre social n'est pas aussi difficile qu'on le pense. A. Paget.
Voies et moyens de la réforme industrielle. Suite. J. L. C.
20. Conclusions sur les garanties dues à la propriété interne et externe. Ch. Fourier.
De la Commune (municipale). Baudet-Dulary.
L'industrie recèle les vrais élémens du progrès social. C. P—n.
21. Voies et moyens de la réforme industrielle. Suite. J. L. C.
Nouveauté et utopie. V. C.
Solution de tous problèmes de finance, par l'impôt composé, substitué à l'impôt simple. Ch. Fourier.
22. Voies et moyens de la réforme industrielle. Fin. J. L. C.
Troubles d'Anzin. Grave question sociale. V. C.
Solution de tous problèmes de finance. Suite. Ch. Fourier.
23. Solutions de tous problèmes de finance. Fin. Ch. Fourier.
24. Acte de société de la colonie sociétaire de Condé-sur-Vesgre. Baudet-Dulary.
Culture de terres de la colonie. Devay ainé.
25. Maîtres et ouvriers. Ab. Tr.
Du bonheur du peuple. A. Paget.
Le progrès, le progrès; Masque des faux amis du peuple. Ch. Fourier.
De la possibilité et de la nécessité de rendre les travaux attrayans. J. F.
Création de la science économique par la Revue encyclopédique. C. P—n.
26. La théorie familière ou l'école d'éclosion des instincts, appliqués à tous genres de travaux et d'études. Plan d'essay sur 500 enfans de 5 à 12 ans. Ch. Fourier.
Le jeune parti social. V. C.
A quoi faut-il attribuer ce qu'on appelle perversité humaine? J. Bucellati.
Les faux frères en philantropie, ou la divergence des deux intérêts. Ch. Fourier.
27. Les disciples aventureux.
50 000 livres de rente, galanterie, politique et travail. C. P—n.

No. 28. Solution des deux problèmes bonheur du peuple, et libre arbitre. Ch. Fourier.
Aveuglement du libéralisme. Ch. F.
29. Les géants en utopie et le minimum d'épreuve sociétaire. Question soumise aux capitalistes. C. P—n.
Association industrielle. Ch. Fourier.
30. Double intérêt des classes riches à l'essai de la réforme industrielle. A. Paget.
Mécomptes au sujet des caisses d'épargne.
De l'insuffisance des théories des économistes.
Détail sur l'épreuve minime, en travaux à courtes séances, appliquée à courtes séances, appliquée à 160 enfans de 3 à 12 ans. Ch. Fourier.
31. Seconde détail sur l'épreuve minime etc. Ch. Fourier.
Nécessité d'une science sociale positive. A. Paget.
32. Les crimes du commerce. Ch. Fourier.
Les acharnés en calomnie. Ch. Fourier.
33. Résumé de la doctrine. Ch. Fourier.
Erreur des partis sur les moyens de faire réaliser la liberté. A. Paget.
34. Suicide de la raison au XIX. siècle. Ch. Fourier.
Plaisante contradiction en morale.
35. Spéculation commerciale, qui garantit en bénéfice net 300 p. cent au bout de 6 mois et 1000 p. cent au bout de 6 ans. Ch. Fourier.
36. Cacophonie dans Paris sur les faux droits de l'homme, et l'association fausse. Ch. Fourier.
37. Conseils du commerce et de manufactures. Lumières qu'ils ne donneront pas.
Les folies d'Espagne, de France et d'Angleterre. Ch. Fourier.
Dénonciation de l'économie politique.
38. Trois nœuds gordiens à trancher. Triple dédale en finance, politique, industrie. Ch. Fourier.
39. Les torrens de ténèbres et de politesse chez les hommes du progrès.
(Repris en 1836 sous le titre de „La Phalange".).

Philadelphia-Tageblatt. Philadelphia 1880—81.

„Philanthropes". Practicability of Mr. Owen's plan to improve the condition of the lower classes. 1819.

Philippson, F. C., 1. Die Arbeiterbewegung in England. (Vierteljahresschr. f. Volkswirthsch., 1891_2).
— 2. Das englische Handelsamt und die Arbeiterausstände. (Vierteljahresschr. f. Volksw. etc., 1890_4.)

Philopatris, Die Volksschullehrer und die Socialdemokratie. (Gegenwart, Bd. 37, 1890.)

Philosophie (La) de l'Avenir. Revue du socialisme rationel. Paraissant chaque mois, fondée par Fréd. Borde. 8°. Paris. Année 1, 1875. Année 10, 1885.

Philosophy (socialistic). (London Quarterly Review, Oct. 1888.)

Phoq, Ph., Plus de prolétaires, tous capitalistes; considérations sur la question minière. 8°. Paris, Chaix, 1886.

Picard, le Cte. de, Les associations ouvrières en Angleterre (trades-unions). 5. édit. 18°. Paris, Alcan, 1884.

Piche, Louis, Étude sur la question sociale. 8°. Toulon, Foa, 1889.

Picot, G., 1. Les institutions patronales en France et la lutte contre le socialisme. (Réforme sociale, 1890, no. 107—108.)
— 2. Socialisme et devoir social. (Réforme sociale, année X, 1890.)
— 3. Socialisme et devoir social. 8°. Paris, Picard, 1891. (Extrait du Compte-rendu de l'Acad. des scienc. mor. et pol.)

Pierson, N. G., Arbeitseinstellungen und Arbeitslöhne. (Zeitsch. f. Staatsw., 1876₂.)

Pierstorff, Dr. Jul., Frauenbewegung und Frauenfrage. Vortrag, geh. zu Göttingen am 28. Febr. 1879. gr.-8°. Göttingen, Peppmüller, 1879.

Pillet, M. l'abbé, Les associations catholiques ouvrières. Rapport sur le congrès de Poitiers (26—30 août 1872). 8°. 30 pp. Chambéry, impr. Puthod, 1873.

Pillot, J. J., 1. Ni châteaux, ni chaumières. 1840.
— 2. La communauté n'est plus d'une utopie. 1842.
— 3. Histoire des Égaux. 1840.
(Pas publiée; cité par Stein.)
— Vide: La Tribune du Peuple.

Pinkerton, Allen, Strikers, communists, tramps and detectivs. 1884.

Pinoff, Dr. J., Der Socialismus in seiner wissenschaftlichen Berechtigung. 8°. Breslau, Trewendt, 1848.

Pinoff, Minna, 1. Die Lösung der Existenzfrage der Frau als Grundbedingung für die sittliche und geistige Gleichberechtigung der Frau. Anh.: Denkschrift zum Zwecke der Errichtung von Gewerbeschulen für Frauen. gr.-8°. Berlin, C. Heymann, 1869.
— 2. Die socialen Reformbestrebungen unserer Frauen. Entwurf zu einem Programm für Frauen-Vereine. gr.-8°. Breslau, Maruschke u. Berendt, 1868.

Pintado y Llorca, D. Ignacio, Observaciones filosóficas sobre las causas del communismo. Valencia 1874.

Pixis, Dr. P., Die weltgeschichtliche Sendung des Socialismus. (Neue Gesellschaft, 1. Jahrg., 1877/8.)

Plaidoyer pour l'héritage du pauvre, et l'appanage de l'homme. 23 pp. 8°. Paris 1790.

Planck, K. Ch., Katechismus des Rechts oder Grundzüge einer Neubildung der Gesellschaft und des Staats. gr.-8°. Tübingen, L. F. Fues, 1852.

Planta, Dr. P. C. v., Die Reconstruction der Familie und des Erbrechts. Ein Beitrag zur Lösung der socialen Frage. gr.-8°. Chur, Rich, 1886.

Platform, Statuten und Beschlüsse, nebst kurz gefasstem Bericht der Verhandlungen der Nationalconvention, abgehalten zu Allegheny Pa. vom 6. Dec. 1879 bis zum 1. Jänner 1880. 8°. Detroit 1880.

Platform and constitution of the socialistic labor party. 8°. New York 1886.

Plato, 1. De rebus publicis seu de justo Libri X ex vers. lat. Sozomenes. 4°. Venet. 1526. — De republica vel de justo gr. et lat. Mars. Ficino interprete. 4°. Paris, apud. Jac. Bogardum, 1544.
— 2. De republica libr. X. gr. ed. Fr. Ast. 8°. Jena 1804. Ed. alt. emendat. et auct. 8° maj. Jena, Cröker, 1820. — De republica, Πλάτωνος Πολιτεία, graec. et lat. c. animadvers. crit. et argument. atque commentationibus de totius operis argumento, ingenio, partibus, codic. scriptis etc. Edidit Jh. Jg. Stutzmann. 8°. Erlangen, Heyder, 1807. Ed. II (blos neuer Titel). 1818. — Politia, sive de republica libri X. Recensuit atque explanavit Fr. Astius. 8° maj. Leipzig, Schwickert, 1814. — De republica. Recens et commentar. in us. scholar. instr. Gf. Stallbaum. II vol. 8° maj. Gotha, Hennings, 1829/30.
— 3. La Republique trad. avec des notes de Louis Le Roy. 4°. Paris, Sébastien Nivelle, 1553 et 1555. — Traduite par Mr. Morel. fol. Paris 1600. — Traduite par l'abbé Grou. 2 vol. 12°. Paris, Humblot, 1762. Amsterdam, Rey, 1763.
— 4. Republik in 10 Büchern, übersetzt von Fr. Karl Wolf. 2 Bde. gr.-8°. Altona, Hammerich, 1799. — Republik, übers. und erläutert von G. Fähse. 2 Thle. gr.-8°. Leipzig, Tauchnitz, 1800. — Zehn Bücher vom Staate, übers. von W. Sig. Teuffel. 5 Bde. 12°. Stuttgart, Metzler, 1855—61. (Griech. Prosaiker.)
— 5. Staat, übersetzt von K. Schneider. gr.-8°. Breslau, Schletter, 1839.

Plato, 6. Republic in ten books translated from the greeck by H. Spens. DD. with a preliminary discourse concerning the philosophy of the ancients. 4°. Glasgow 1763.
— Translated by J. L. Davies and D. J. Vaughan. 8°. Cambridge 1852.
— Vide: Lübeck, C., Plato's Staat.
— — Lübeck, C.: Die 4 schlechten Staatsverfassungen.
— — Märkel, P.: Plato's Idealstaat.
— — Prantl: Platon.
— — Quincey, Th.: Plato's Republic.
— — Robidon, B.: La République de Platon.
— — Rosenkranz, K.: Platon.
— — Van Voorthuysen: Dissert. oecon. pol. liter.

Platon, G., Socialisme et charité. (Revue socialiste, oct. et nov. 1886.)

Platter, J., Karl Marx und Malthus. (Jahrbücher f. Nat.-Oek. u. Stat., Bd. 29, 1877.)
— 2. Die Pflichten des Besitzes. 8°. Berlin 1883.
— 3. Das Recht auf Existenz. 8°. Jena 1880.
— 4. Eine neue sociale Theorie. (Deutsche Worte, 1890.)

Plea (A) for liberty: an argument against socialism and socialistic legislation, consisting of an introduction by Herbert Spencer, and essays by various writters. Edited by Th. Mackau. 8°. London, Murray, 1891.

Plener, Ernst v., Ferdinand Lassalle. (Aus: „Allgem. deutsche Biographie".) gr.-8°. Leipzig, Duncker u. Humblot, 1884.

Plimsoll, Sam., „Trusts" in alarm. (Nineteenth Century, May 1891.)

Plummer, J., 1. Capital and labour. Brit. Alm. 12°. London 1873.
— 2. Trades-unions and the Paris Exhibition of 1867. Brit. Alm. 12°. London 1868.

Podoliusky, Serge, 1. Menschliche Arbeit und Einheit der Kraft. (Die neue Zeit, 1. Jahrg., 1883.)
— 2. Darwinisme et socialisme. (La Revue socialiste, 1880, no. 3.)
— 3. Le socialisme de l'unité des forces physiques. (La Revue socialiste, 1880, no. 8.)
— 4. Socialisme, nihilisme, terrorisme. (La Revue socialiste, 1880, no. 6.)

Poincelot, Achille, Le salut des travailleurs. 18°. Paris, Masgana, 1848.

Politique et socialisme par Gabriel Mortillet, ancien président du club des agriculteurs. 7 nos. 8°. Paris 1849.

Politzer, Sigm., Zur Geschichte der ungarländischen Arbeiterbewegung. (Neue Gesellschaft, 1. Jahrg., 1877.)

Polke, Hugo, 1. Die deutschen Gewerkvereine. 8°. Stuttgart, Krabbe, 1879.
— 2. Die deutschen Gewerkvereine und die Socialdemokratie. Mit besonderer Berücksichtigung der englischen Gewerkvereine. 8°. Berlin 1875.
— Vide: Hirsch, Max.

Pollio, L'Internationale noire. 3. édit. 15 pp. 8°. Paris, Le Chevalier, 1872.

Polo, Domenico, Socialismo in arte. Importanza di una cantina sociale sul ferraglio, sull' impianto e coltivazione della vite, . e situazione morale ed economica delle campagne nel medesimo territorio: memorie dettate nell' appendice della Gazzetta di Treviso con alcune aggiunte. 8°. Mestre 1879.

Pomian, F., Lettre sur l'opuscule de P. J. Proudhon: Si les traités de 1815 ont cessé d'exister? 8°. Bruxelles, impr. Mertens et fils, 1864.

Pompery, Édouard de, 1. Appel aux socialistes de toute nuance. Extinction du paupérisme; conséquence du travail-fonction. 8°. Paris, Cerf, 1883.
— 2. Despotisme ou socialisme. 18°. A la librairie phalanstérienne, 1849.
— 3. Le docteur de Tombouctou, essais de science sociale et de philosophie. 8°. Ébrard, 1837.
— 4. Exposition de la science sociale constituée par Fourier. 12°. A la librairie sociale, 1840.
— 5. La question sociale dans les réunions publiques, revendications du prolétaire. 8°. Paris, Degorce-Cadot, 1869.
— 6. Résumé d'une exposition de la science sociale, constituée par C. Fourier faite à Brest et reproduite dans l'Armoricain. gr.-8°. Paris, libr. sociale, nov. 1839.
— 7. Théorie de l'association et de l'unité universelle de Fourier, introduction religieuse et philosophique. 8°. Capelle, 1841.
— Vide: Phalange, série 3, t. V.

Poncelin, Albert, Le prolétarisme, civilisation nouvelle et renovation de la société. Livre I. 32°. Paris, chez l'auteur, 1845.

Poncet, Réponse communiste-icarienne à la Tribune Lyonnaise. 12°. La Guillotière, impr. Bajat, 1845.

Pondération (La) des pouvoirs. La province. Le suffrage universel. Le socialisme. 12°. Paris, Lévy frères, 1874.

Pont, l'abbé J., Du paupérisme et des révolutions. 126 pp. 32⁰. Alençon, impr. Thomas, 1874.

Pontmercy, Baron Marius, Lettres philosophico-socialistes. Lettre I. Les non-récidivistes. 4⁰. Montmédy, Pierrot, 1883.

Poor Man's Guardian (The). Established contrary to „Law" to try the power of „might" against „right". Nr. 1, July 9, 1831. Nr. 186, Dec. 27, 1834. 4⁰. Printed and published by H. Hetherington Savoy Street, Strand.

Popp, J. Vide: Verhandlungen des Parteitages der österr. Socialdemokratie.

Popper, Joseph, Das Recht zu leben und die Pflicht zu sterben. Socialphilosophische Betrachtungen, anknüpfend an die Bedeutung Voltaire's für die neuere Zeit. gr.-8⁰. Leipzig, Erich Koschny, 1878. 2. Aufl. gr.-8⁰. Ebd. 1879.

Populaire (Le), journal des intérêts politiques, matériels et moraux du peuple, fondé par une association patriotique, et dirigé par M. Cabet, député. fol. 1 sept. 1833—4 oct. 1835. — Le Populaire de 1841, journal de réorganisation sociale et politique, dirigé par M. Cabet, ancien député. fol. 14 mars 1841 — 4 ,oct. 1851. Suite du précédent; continué par: Le Républicain, fondé par et pour le peuple, rédigé par le citoyen Cabet et par une association d'écrivains et d'ouvriers. fol. Affiche.

Populaire de 1841 (Le). Journal de réorganisation sociale et politique, dirigé par M. Cabet, ancien député. (Suite du Populaire.) Égalité, fraternité, liberté, unité. Association communautaire. Éducation, moralité, travail, ordre. 14 mars 1841—4 oct. 1851. fol.

Détail:

Année 1, no. 1, 14 mars 1841 — no. 11, 27 févr. 1842. (Le no. 12 paraîtra à la fin de mars.) Mensuel.
Année 2, no. 1, 2 avril 1842 — no. 12, 9 mars 1843. (Le no. 7 étant double remplace le no. 12 et porte sous le titre comme les suivants: „Association communautaire icarienne.") Mensuel.
Année 3, no. 1, 9 avril 1843 — no. 12, 12 juillet 1844. (Le journal n'a pas paru ni en février, ni en mars.) Mensuel.
Année 4, no. 1, 22 août 1844 — no. 12, 16 août 1845, mensuel.
Année 5, no. 1, 19 sept. 1845 — no. 12, 28 août 1846, mensuel.
Année 6, no. 1, 27 sept. 1846, no. 8, 4 avril 1847, — no. 1, hebdomadaire. No. 26, 26 sept. 1847.
Année 7, no. 27, 3 oct. 1847 — no. 92, 17. déc. 1848, hebd.
Année 8, no. 93, 21 janv. 1849 — no. 105, 3 févr. 1850, mens.

Année 9, no. 106, 3 mars 1850 — no. 113, août 1850, mens.
Année 10, no. 114, 7 sept. 1850 — no. 139, 28 févr. 1851, hebd.
Année 11, no. 140, 7 mars 1851 — no. 170, 4 oct. 1851, hebd.

Continué par „le Républicain".

Porcupine, Peter, 1. The Bloody Buoy thrown out as a warning to the political pilots of America; or a faithfull relation of a multitude of acts of horrid barbarity, such as the eye newer witnessed, the tongue never expressed or the imagination concived, until the commencement of the French revolution, to which is added an instructive essay tracing these dreadful effects to their real causes. 239 pp. 8⁰. Philadelphia, s. a.
— 2. The life of Thomas Paine interspersed with remarks and reflexions. 8⁰. Philadelphia, printed. London, reprinted for J. Wright, 1797.
— 3. The trial of republicanism or a series of political papers, proving the injurious and debasing consequences of republican government and written constitutions, with au introductory Address to the Hon. Thom. Erskine. 8⁰. London, Cobbett and Morgan, April 1801.

Porte, Adolphe, Droit au travail, marche des socialistes. 4⁰. Paris, Durand, 1849.
(Six couplets avec refrain.)

Potel, A., Le socialisme en Allemagne. 8⁰. Paris, Thorin, 1890.

Potter, Agathon de, 1. Catéchisme social. 8⁰. Bruxelles, Mayer et Flatteau, 1850.
— 2. Les conservateurs et les réformateurs également utopistes; réflexions à propos de la crise actuelle. 20 pp. 8⁰. Bruxelles, Mayer, 1851.
— 3. Coup d'oeil sur la question des ouvriers, évoquée à son tribunal par la révolution française de 1848. 15 pp. gr.-8⁰. Bruxelles 1848.
— 4. Économie sociale. 2 vol. 12⁰. Bruxelles, impr. Delfosse, 1874.
— 5. La peste démocratique. 8⁰. Bruxelles 1884.
— 6. M. Poulin et le socialisme rationnel. 32⁰. Bruxelles. Decq et Duhent, 1875.
— 7. La propriété foncière individuelle et absolue et la propriété foncière collective sociale à propos de l'essai sur la répartition des richesses de M. P. Leroy-Beaulieu. (Extrait de la Philosophie de l'Avenir no. 69, avril 1881.) gr.-8⁰. Paris, Delaporte, 1881.

Potter, Agathon de, 8. Que faut-il-faire? Pas plus hésiter que s'agiter, mais agir. 8 pp. 8⁰. Bruxelles 1848.
— 9. Qu'est-ce que la guerre et la paix? Examen de l'ouvrage de M. Proudhon sur la guerre et la paix. 12⁰. Bruxelles, chez l'auteur, 1862.
— 10. Résumé de l'économie sociale d'après les idées de Colins. (Extrait de la Philosophie de l'Avenir, no. 66, janv. 1881.) gr.-8⁰. Paris 1881.
— 11. Science sociale. Étude sur le monde physique. 45 pp. 8⁰. s. l. s. a.
— Vide: Wissenschaft (Die sociale).
Potter, Edm., 1. Some opinions on trades-unions and the bill of 1869. 2. edit. 8⁰. London 1869.
— 2. Trades-unions and their tendencies. 8⁰. London, Manwaring, 1861.
Potter, F. S., Andrew Garth's apprentices. 8⁰. London, Christian Knowledge Society, 1888.
Potter, Louis de, La réalité déterminée par le raisonnement ou questions sociales sur l'homme, la famille, la propriété, le travail, l'ordre, la justice, et sa sanction nécessaire, la religion. 8⁰. Bruxelles 1848.
Pottier, Eugène, 1. Poésies d'économie sociale et chants socialistes révolutionnaires. 3 cahiers. 12⁰. Paris, Oriol, s. a. (1884).
— 2. Quel est le fou? Chansons. Avec une préface de Gustave Nadaud. 8⁰. Paris, H. Oriol, 1884.
Pouliquen. Vide: Phalange, année I, t. I.
Pourquoi le socialisme? Vide: Charpillet, Ch. V.
Poursuites dirigées contre notre Père suprême Enfantin, et contre notre Père Olinde Rodrigues. (Extrait du Globe du lundi 23 janv.) 40 pp. 8⁰. Paris, Éverat, imprimeur.
Pownall, G. H., Some considerations affecting the relations of capital and labour. (Manch. Stat. Soc., 1878—79.)
Pozzoni, Zaccaria, La questione sociale lettura tenuta nella solenne chiusura degli studi per l'anno scolastico 1877—78. 32⁰. Como 1879.
P. R. Vide: Francoeur et Giroflet.
Prantl, Platon. (Artik. in Bluntschli u. Brater's Staatswörterbuch, 1864.)
Presse (Die freie). Red. C. Henseler. Elberfeld 1848 — Juni 1849. Wöchentlich 4 mal.
Pressensé, Edmond de, La ruine sociale;

réponse à M. Proudhon: Ni matérialisme, ni jésuitisme. 12⁰. Paris, Ducloux, 1852.
Prétendant (Un nouveau). Justification et réhabilitation de M. Proudhon et de tout le parti socialiste, fusion des partis. Aperçu physiologique et philosophique sur la constitution de l'homme et de la société, cause de destruction et reconstruction par l'antithèse. République et monarchie ou le gouvernement définitif et suprême de la raison à tous qui ont des yeux pour voir et des oreilles pour entendre salut. 8⁰. Paris, Garnier frères, 1850.
Prêtre Saint-Simonien ! (Qu'est ce qu'un.) Religion Saint-Simon. Vide: Saint-Simonisme, Mesnilmontant, no. 16_2.
Prevost. Vide: Le Tribun du Peuple.
Prévost, J. M. Constantin. Vide: Déomanie (De la).
Price, George, Combinations and strikes, their cost and results: comprising a sketch of the history and present state of the law respecting them: with a few suggestions for remedying the evils arising therefrom. London 1854.
Prince-Smith, John, 1. Die sogenannte Arbeiterfrage. (Vierteljahresschrift f. Volkswirthsch. etc., $1864'_4$.)
— 2. Herr Dr. Johann Jakobi über das Ziel der Arbeiterbewegung. (Vierteljahresschrift f. Volkswirthsch. etc., 1870_1.)
— 3. Le but du mouvement ouvrier, réfutation de M. le Dr. Jean Jacobi. Trad. de l'allem. et annoté par Maurice Block. (Journ. des Écon., 1871, oct.)
— 4. Die Socialdemokratie auf dem Reichstage. (Vierteljahresschrift f. Volkswirthsch. etc., 1869_1.)
(Auch Gesammelte Schriften, Bd. I. gr.-8⁰. Berlin 1877.)
— Vide: Wolkoff, Math.: Observations complémentaires.
Principes d'une alliance politique ayant pour but de mettre fin à la lutte du gouvernement contre les partis, et d'opposer à l'esprit révolutionnaire l'initiative du progrès social. gr.-8⁰. 16 pp. s. l. s. a. (Paris, Éverat imprimeur.) (Revue du Progrès social, livr. VI.)
Prinz, A. Vide: Republikaner (Der).
Principien der Social-Demokratie und Lassalle'sche Lehren, kritisch beleuchtet. gr.-8⁰. Berlin, Angerstein, 1878.
Prise d'habit. 6 juin. (Religion Saint-Simon.) Vide: Saint-Simonisme, Mesnilmontant, no. 5.

Prittwitz, M. v., Die Arbeiterfrage und deren Lösung. (Supplementheft zum „Arbeiterfreund".) gr.-8⁰. Berlin, L. Simion, 1873.

Problem (The great social). (Edinburgh Review, Nr. 203, 1854.)

Problème (Le grand) social du jour devant l'admirable prophétie d'Orval, exposée dans son origine, son authenticité et son interprétation. XXIII et 192 pp. 18⁰. Paris, Blériot, 1872.

Problems (The) of capital and labour. Report of the Industrial Remuneration Conference, 1885.

Procès de l'association internationale des travailleurs. VI et 152 pp. 8⁰. Bureau de Paris, Le Chevalier, 1868.

Procès (Troisième) de l'association internationale des travailleurs. Première et deuxième commission du bureau de Paris, suivie des statuts et réglement de l'association. 8⁰. Paris, Armand Le Chevalier, juillet 1870. 2. édit. publ. par la Commiss. de propagande du conseil fédéral parisien. 246 pp. 18⁰. Paris, impr. Barthélemy et Co., 1870.

Procès (Le) des anarchistes devant la police correctionelle et la Cour d'appel de Lyon. 8⁰. Lyon, impr. nouv. 1883.

Procès (Notre) en escroquerie ou poursuites dirigées contre les citoyens Cabet et Krolikowski à l'occasion de la fondation d'Icarie. 8⁰. Paris 1849.

Procès devant la Cour d'assise de Paris contre Cabet. — I. Correspondance depuis le 1 août 1830, avec S. M. Louis Philippe I, Dupont de l'Eure, Barth etc., sur la marche du gouvernement. gr.-8⁰. Paris, Rouanet, 1833. II. partie: Persécution à l'occasion des 5 et 6 juin. gr.-8⁰. Ibid. 1833. III. partie: Réquisitoire, arrêt par défaut, autorisation de la Chambre. gr.-8⁰. Ibid. 1833. IV. partie: Conférence du 6 juin 1832 entre S. M. Louis Philippe, et M. M. Laffitte, Odilon Barot et Arago. gr.-8⁰. Ibid. 1833. V. partie: Audience du 15 avril 1833. gr.-8⁰. Ibid. 1833. VI. partie: M. Cabet défendu et justifié par S. M. Louis Philippe, M. M. de Broglie, Thiers, Soult et autres ministres, MM. Persil, Madier-Montjau et autres députés. gr.-8⁰. Paris, Rouanet, 1833.

Procès de Fieschi et de ses complices devant la Cour de Pairs, précédé des faits préliminaires, du rapport de M. Portalis et de l'acte d'accusation. 3 vol. gr.-8⁰. Paris, Bourdin, 1836.

Procès instruit et jugé au tribunal révolutionnaire contre Hebert et consorts. 162 pp. 8⁰. Paris, an II de la République franç.

Procès des insurgés des 23, 24, 25 et 26 juin 1848. Devant les conseils de guerre de la première division militaire avec un exposé de l'insurrection et le portrait des principaux accusés. Publié par les sténographes de l'Assemblée nationale. Revue par un avocat à la Cour d'appel. 1. section, contenant les causes soumises au I. conseil de guerre. gr.-8⁰. Paris, Giraud et Co., 1848.

Procès complet des Saint-Simoniens avec les portraits des accusés. 8⁰. Paris, B. Warnée ainé, 1832.

Procès des Saint-Simoniens. Extrait de la Gazette des Tribunaux du 13 avril 1832. 8⁰. s. l. s. a. Impr. de Pihan Delaforest.

Procès en Cours d'assises, 27 et 28 août 1832. Avec les portraits du Père, de M. Chevalier, d'Émile Barrault et de Ch. Duveyrier. 8⁰. Paris, impr. chez Carpentier-Méricourt, 19 oct. 1832.

Procès en police correctionelle, 19 oct. 1832. Avec les portraits du Père et de Henri Fournel. 8⁰. Paris, impr. chez Carpentier-Méricourt, novembre 1832.

Procès en police correctionelle, 19 oct. 1832. Parole de H. Fournel pour le Père. (Religion Saint-Simon.) Vide: Saint-Simonisme, Mesnilmontant, no. 12.

Procès (Le) de Solovieff. La vie d'un socialiste russe. 8⁰. Genève 1879.

Process (Der) der Juni-Insurgenten Barthelemi und Racari. 8⁰. Köln 1849.

Process gegen den Anarchisten Hermann Stellmacher, den Mörder des Detectives Blöch u. des Wechselstubenbesitzers Heinr. Eisert. Nebst einer kurzen Darstellung der anarchistischen Bewegung in Wien und Budapest, des vorangegangenen Processes gegen F. Schaffhauser und Joh. Ondra. Verhandelt vor dem Wiener Ausnahmsgerichtshofe. Nach stenograph. getreuen Aufzeichnungen und mit Benutzung von authentischen Gerichtsakten bearb. von Fachjournalisten. 8⁰. Berlin, Wien u. Leipzig, Hugo Engel, s. a. (1884).

Process gegen Dr. H. Tauschinski und 31 Genossen wegen Religionsstörung und geheimen social-demokrat. Verbindungen. Nach stenogr. Aufzeichnungen. 8⁰. Graz, Steiermärk. Genoss.-Buchdr., 1874.

Processe (Zwei politische). Verhandelt vor den Februar-Assisen zu Köln 1849. 1849. (Die Processe sind gegen die „Neue Rheinische Zeitung" geführt worden. Die Broschüre enthält u. A. zwei Reden von K. Marx und K. Schapper.)

Process-Verhandlungen (Die) gegen Ernst Dronke vor dem Zuchtpolizeigericht zu Coblenz am 10. April — 6. Mai 1847. gr.-8⁰. Leipzig, Jurany, 1847.

Producteur (Le), journal de l'industrie, des sciences et des beaux arts. Fondé par Saint-Simon sur son lit de mort et rédigé par ses premiers disciples, O. Rodrigues, Aug. Comte, Bazard, Enfantin, Buchez, Armand Carrel ecc. Epigraphe: L'âge d'or, qu'une aveugle tradition a placé jusqu'ici dans le passé, est devant nous." Paraît toutes les semaines. 8⁰. Paris, Santelet et Co.

Tome I, no. 1—13, 1825.
No. 1. Société commenditaire de l'industrie. I. M. P. J. Rouen.
  Notice biographique sur les industriels célèbres. I. M. J. Allier.
  Compagnie des remorqueurs du Rhône, sous la direction de MM. Seguin, Frères, d'Annonay. M. A. Decaen.
2. Considérations philosophiques sur la littérature. I. M. A. Cerclet.
  Des éffets de la civilisation sur la caractère morale des peuples.
  Institutions des ouvriers employés à l'extraction du gaz, à Glascow.
3. Considérations générales sur l'industrie. I. M. O. R.
  De l'Amérique méridionale dans ses rapports actuels avec le continent européen. I. M. Ad. Blanqui.
  Société commenditaire de l'industrie. II. M. P. J. Rouen.
  De la législation et de la jurisprudence concernant les brevets d'invention, de perfectionnement et d'importation. Théod. Regnault.
  Extraits des journaux anglais; Institution de M. Owen. Découverte d'une nouvelle mer; Commerce de soie.
4. Des sociétés anonymes et en commandite par actions. M. E. Enfantin.
  De l'Amérique méridionale, dans ses rapports actuels avec le continent européen. II. M. A. Blanqui.
  De l'influence des fêtes publiques sur le bien-être de la société. M. P. Enfantin.
5. Considérations sur l'industrie. II. M. O. R.
  Du commerce de la Grèce moderne, considéré dans son influence sur la régénération politique de cette nation I. M. A. Carrel.
  De l'influence de la machine à vapeur sur le prospérité publique. M. A. Blanqui.
6. Considérations sur la baisse progressive du loyer des objets mobiliers et immobiliers. I. M. P. Enfantin.
  Du commerce de la Grèce moderne etc. II. M. A. Carrel.
7. Considérations philosophiques sur les sciences et sur les savans I. M. A. Comte.

  Considérations sur l'état actuel de l'industrie et du commerce en Égypte. M. A. Blanqui.
  De la crise des fonds publics, de la spéculation en général et du jeu à la bourse.
No. 8. Esquisse historique de l'origine et des progrès de l'économie politique. M. A. Blanqui.
  Considérations philosophiques sur les sciences et sur les savans. II. M. A. Comte.
  Sur l'assainissement et la culture du delta du Rhône. M. A. Decaen.
9. Voyage philosophique et industriel dans le départ. du Var. M. A. Blanqui.
  Des partisans du passé et de ceux de la liberté de conscience. M. Saint-Amand Bazard.
10. Réponse à une brochure intitulée: D'un nouveau complot contre les industriels, par M. de Stendhall. M. Carrel.
  Ouverture du canal de jonction entre le canal Érié et la rivière d'Hudson, aux États-Unis d'Amérique. M. A. Blanqui.
  Considérations philosophiques sur les sciences et les savans. III. A. Comte.
  Lettre d'un habitant de la Martinique, sur l'émancipation de Saint-Dominique et sur le moyen de prévenir l'insurrection des esclaves dans les colonies françaises.
  D'une lettre de M. Benjamin Constant au rédacteur de „l'Opinion". M. Saint-Amand Bazard.
11. Du commerce au XIX. siècle par Moreau de Jonnés. I. Ad. Blanqui.
  Le salon des industriels. Garnier.
  Lettres du M. Benj. Constant et du rédacteur général du „Producteur".
12. Considérations sur la baisse progressif du loyer etc. II. M. P. Enfantin.
  Du commerce au XIX. siècle par M. Moreau de Jonnés. II. A. Blanqui.
13. Considérations sur le pouvoir spirituel. Introduction. M. A. Comte.

Tome II, 1826, no. 14—26.
14. Railways compared with canal and common road. I. J. J. Dubochet.
  Des banques d'escompte. I. P. Enfantin.
15. Considérations générales sur l'état actuel des opinions et des intérêts en France. M. Gondinet.
  Transformation philantropique et industrielle de la lôterie. M. Bodin.
16. Railways compared II. J. J. Dubochet.
  Des banques d'escompte. II. P. Enfantin.
17. Examen d'un nouvel ouvrage de M. Dunoyer: La morale et l'industrie dans leurs rapports avec la liberté. M. P. Rouen.
18. Des banquiers cosmopolites. P. Enfantin.
19. Le sol tremble (mobilisation de la propriété). Notions élémentaires d'économie pol. P. Enfantin.
  Tableau comparé du commerce de la Louisiane. Rafuel.
20. Examen des faits, qui prouvent la tendance de la société à s'organiser. J. Allier.
  Du commerce au XIX. siècle par Moreau de Jonnés. III. A. Blanqui.
  Considérations sur le pouvoir spirituel. II. Aug. Comte.
21. De l'agriculture en Europe et en Amérique par M. Deby. Annales agricoles de Roville par C. J. A. Mathieu de Dombasle. M. Decaen.

Considérations sur le pouvoir spirituel. III. art. Aug. Comte.
No. 22. Considérations générales sur l'état actuel des intérêts et des opinions en France A. Gondinet.
Conversion morale d'un rentier. P. Enfantin.
Réflexions sur quelques questions de douanes et de finances discutées actuellement en France et en Angleterre. P. Enfantin.
23. Examen d'un nouvel ouvrage de M. Dunoyer. II. P. Rouen.
Opuscules financiers. (Sur l'éffet des priviléges, des emprunts publics etc. par J. J. Fazy, Paris 1826.) P. Enfantin.
[24. De la morale politique dans l'état actuel de la société et d'un discours de M. Royer-Collard. M. Senty.
Considérations médico-legales sur la liberté morale.
25. Des garanties offertes aux capitaux etc. et de l'influence que peut avoir un canal de Hâvre à Paris, sur la prospérité des villes commerciales de France par M. Ch. Comte. (Paris, chez Delaforest, 1826) P. Enfantin.
Crédit, discrédit, banquiers, industriels producteurs. J. Allier.
26. Prédominance de la doctrine positive sur les doctrines théologique et métaphysique. J. Allier.

Tome III, 3 cahiers paraissant les mois avril, mai, juin 1826.
1. cahier, avril 1826.
Le temps, l'opinion publique. P. Enfantin.
Du morcellement de la propriété foncière. M. A. D.
Comment l'esprit d'association se substitue à l'esprit de conquête. Enfantin.
Considérations sur l'organisation féodale et industrielle. P. Enfantin.
De Henri Saint-Simon. M. O. R.
Troisième et dernier article sur l'ouvrage de M. Dunoyer. M. Rouen.
2. cahier, mai 1826.
Du système d'emprunt comparé à celui des impôts. P. Enfantin.
Du Henri Saint-Simon II. M. O. R.
De la classe ouvrière. P. J. Rouen.
Quelques réflexions sur un ouvrage de M. de La Mennais: De la religion, dans ses rapports avec l'ordre politique et sur un article du Mémorial catholique. M. St.-A. Bazard.
Examen des fragmens philosophiques de M. Cousin. M. Laurent.
3. cahier, juin 1826.
De la concurrence dans les entreprises industrielles. P. Enfantin.
Du traité de législation de M. Ch. Comte. P. Enfantin.
De Henri Saint-Simon. III. M. O. R.
De l'exploitation agricole. M. Rouen.
De la nécessité d'une nouvelle doctrine générale. M. St.-A. Bazard.

Tome IV, contient les trois cahiers de juillet, août et septembre 1826.
1. cahier, juillet 1826.
Considérations sur le système de Law. M. O. R.
Examen des fragmens philosophiques de M. Cousin. II. M. Laurent.
De la circulation. P. Enfantin.
De Henri Saint-Simon. IV. M. O. R.

2. cahier, août 1826.
Conversion morale d'un rentier. II. P. Enfantin.
De la classe ouvrière. II. M. Rouen.
De la spéculation. M. Dubochet.
3. cahier, sept. 1826.
Considérations sur le progrès de l'économie politique dans ses rapports avec l'organisation sociale. P. Enfantin.
Troisième lettre du rentier converti. M. P. Enfantin.
De la division du pouvoir. I. P. Rouen.
Lettre au rédacteur du Producteur sur le système de la coopération mutuelle, et de la communauté de biens, d'après le plan de M. Owen.
Tome V, 1. cahier, oct. 1826.
Considérations sur le progrès de l'économie politique dans ses rapports avec l'organisation sociale. II. Quesnay, Turgot. P. Enfantin.
Considérations sur le pouvoir spirituel. M. Laurent.
Des obstacles à l'établissement de nouvelles doctrines. St.-A. Bazard.
Deuxième lettre au rédacteur sur le système de co-opération mutuelle de M. Owen.

Produktiv-Association (Die erste socialistische) für das Deutsche Reich. Von einem Socialdemokraten. gr.-8°. Leipzig, Minde, 1890.

Profession (Une) de foi du socialisme. Les quatre évangiles traduits et annotés par F. Lamennais. (Tiré de la Bibliothèque universelle de Genève, Mai 1846.)

Programm des demokratisch-socialen Vereins zu Kassel. Im Namen des Comités aufgestellt und vorgelegt von G. Kellner und H. Heise. gr.-8°. Kassel, Appel, 1848.

Programm und Statuten der Arbeiterpartei der Vereinigten Staaten. 8°. Philadelphia 1876.

Programm und Statuten der socialdemokratischen Arbeiterpartei von Nordamerika, gemäss des Kongresses zu Philadelphia. 8°. New York 1876.

Programm der socialdemokratischen Partei Deutschlands, beschlossen auf dem Parteitage zu Erfurt. 1891.

Programme des véritables doctrines socialistes, ou le socialisme commandé par la nature, la justice et la vérité, par Deleuze. 2 nos.; fol. Paris 1849.

Programme de la presse démocratique et sociale. (Journal de la vraie République, no. 8.)

Programme sociale. 8°. Genève 1880.

Programme socialiste. Mémoire présenté au Congrès jurassien de 1880 par la Fédération ouvrière du district de Courtelary. 8°. Genève 1880.

Programme of the land-tenure reform association. With an explanatory statement

by John Stuart Mill. 8°. s. l. s. a. (July 8, 1870.) (Private Draft Copy.)
Progrès social (Le), organe des idées napoléoniennes et des intérêts populaires. No-spécimen in-folio. Paris, décembre 1848.
Progrès (Le) social, journal démocrate-socialiste. No. 1, 14 oct. 1883. Bi-hebdomadaire. pet.-fol. Beziers.
Progress and poverty. (Quarterly Review, January 1883.)
Projet de charte. (Religion Saint-Simon.) Vide: Saint-Simonisme, Mesnilmontant, no. 16₅₁. ₆₂.
Prolétaire (Le) hebdomadaire. Paraît le mardi. No. 1, 1 avril 1885. fol. Paris, impr. Brousse.
Prolétaire (Le) tourangeau. No. 1. Du travail et du pain. 8°. Blois, impr. de Reyval, 1885.
Prolétaires (Des). Nécessité et moyens d'améliorer leur sort, par l'auteur du Monde avant le Christ (Gougenot des Mousseaux, chevalier Henri Royer). 8°. Paris, Mellier frères, 1846.
Proletariat und Arbeit. (Volkswohl, 1. Jhrg.)
Proletariat (Das) und die Waldungen, mit besond. Berücksichtigung der Bayer. Rhein-Pfalz. Ein Beitrag zur Beantwortung der Frage über die materielle Noth der unteren Volksklassen einerseits, und die Sicherstellung des bedrohten Waldeigenthums anderseits. gr.-8°. Kaiserslautern, Tascher, 1851.
Prolétariat (Le), organe officiel de la fédération des travailleurs socialistes en France. No. 1, 5 avril 1884. pet.-fol. Paris.
Proletariat (The) on a false scent. (Quarterly Review, Nr. 263, 1872.)
Prometheus. Organ zur socialen Reform. Hrsg. von H. Püttmann. I u. II. gr.-8°. Herisau 1846.
Prometheus. Hrsg. von Gangloff u. A. Leipzig 1850.
Propagande (La) anti-socialiste. (Journal de la vraie République, no. 11.)
Propagande socialiste. Programme économique des collectivistes rationnels. 32°. Paris, J. Delaporte, s. a.
Propagateur républicain (Le), recueil général des plans, projets et autres écrits sur les améliorations que réclame la prospérité des nations. Signé: Auguste Lambert. 5 nos. in-8°. Paris, mai-juillet, 1848.
Prophétie (La). Mesnilmontant, 1 juin 1832. (Religion Saint-Simon.) Vide: Saint-Simonisme, Mesnilmontant, no. 2.

Property (Primitive) and modern socialism. (Edinburgh Review, Nr. 303, 1878.)
Propriété (De la).
(Réimpression faite en 1839 ou 1840 à Besançon par les soins de M. Just Muiron. C'est article, extrait de „La Phalange", no. 1, juin 1839, parait être de M. Victor Considerant, qui l'a réimprimé dans sa brochure intitulée: „Contre M. Arago. Réclamation du droit de propriété". Paris, juin 1840.)
Propriété (De la) ou la cause du pauvre. Plaidée au tribunal de la raison, de la justice et de la vérité. 8°. Paris 1791.
Propriété (La), c'est le vol; par l'auteur de Caboulot. 12°. Besançon, Turbergue, 1848.
Proscrit (Le), journal de la République universelle. Un numéro de 48 pp. par mois. Redact. Berjean, Daratz, Ch. Delescluze, Dupont, Ét. Arago, Ernest Haugh, L. Declanche etc. gr.-8°. Paris, Londres. No. 1, 5 juillet 1850. No. 3, août 1850.
Prostituée (La). L. V. H. (Religion Saint-Simon.) Vide: Saint-Simonisme, Mesnilmontant, no. 16₆₈.
Protestation (La), organe socialiste, littéraire, scientifique et théâtral. Hebdomadaire. No. 1, 2 octobre 1886. fol. Paris.
Protestation des ouvriers de Paris contre le duel, les bastilles, le monopole de la presse et la peine de la mort, à Cabet. 4 pp. 1 juillet 1841.
Protokoll des 1. allgem. schweizer. Arbeiterbundes zu Olten am 1., 2. und 3. Juni 1873. Hrsg. vom Bureau des Kongresses. 8°. Zürich, Druck der „Tagwacht", 1873.
— des 2. ... zu Winterthur am 24., 25. und 26. Mai 1874. Nebst einem Bericht über den Züricher Rathhausspectakel. 8°. Ibid. 1874.
— des 3. ... zu Basel am 16., 17. und 18. Mai 1875. 8°. Zürich, Volksbuchhdlg., 1875.
— des 4. ... zu Bern am 4., 5., 6. und 7. Juni 1876. 8°. Ibid. 1876.
— des 5. ... zu Neuenburg am 19., 20., 21. und 22. Mai 1877. 8°. Ibid. 1877.
— des 6. ... zu St. Gallen am 31. Mai, 1., 2., 3. Juni 1879. 8°. Ibid. 1879.
— des 7. ... zu Olten am 6., 7., 8. Nov. 1880. 8°. Zürich, Schweizer. Vereinsdr., 1880.
Protokoll über die Verhandlungen des Allgemeinen deutschen socialdemokratischen Arbeiterkongresses zu Eisenach am 7., 8. und 9. August 1869. Stenographisch niedergeschrieben von H. Roller in Berlin und redig. von der Redactions-Commission

des Congresses: Dr. Walster in Dresden, W. Liebknecht, A. Bebel und E. Werner in Leipzig. 8°. Leipzig, Fr. Thiele, 1869.
Protokoll über den 1. Congress der socialdemokratischen Arbeiterpartei zu Stuttgart, 1870. kl.-8°. Leipzig 1870. — 2. Congress 1871 etc.
Protokoll über die Sitzungen des Gewerkschaftscongresses zu Erfurt den 15., 16. und 17. Juni 1872. 8°. Braunschweig. Bracke, 1872.
Protokoll (Officielles) [der 5. National-Konvention der social. Arbeiterpartei von Nord-Amerika, abgehalten am 5., 6., 7. und 8. Oct. 1885 in Cincinati, O. 8°. New York 1886. (Socialistic Library, Nr. 3, March 1, 1886.)
Protokoll des Kongresses der deutschen Socialdemokratie. Abgehalten auf Schloss Wyden in der Schweiz vom 20.—23. Aug. 1880. kl.-8°. Zürich. Herter, 1880.
— . . . in Kopenhagen, abgehalten vom 29. März bis 2. April 1883. 8°. Hottingen-Zürich, Schweiz. Genoss.-Buchdr., 1883.
Protokoll über die Verhandlungen des Parteitages der socialdemokratischen Partei Deutschlands. Abgehalten zu Halle a. S. vom 12.—18. Oct. 1890. 8°. Berlin, Verlag der Expedition des „Berliner Volksblatt", 1890.
Protokoll des Socialisten-Congresses zu Gotha vom 19.—23. Aug. 1876. kl.-8°. Berlin, Allg. deutsche Assoc.-Buchdr., 1876.
— zu Gotha vom 27.—29. Mai 1877. kl.-8°. Hamburg. Genoss.-Buchdr., 1877.
Protonotari, Francesco, Le trades-unions e le ultime fasi della quistione operaja in Inghilterra. (Nuova Antologia, serie I, fasc. XII, dicembre 1875, vol. XXX.)
Proudhon, Pierre Joseph, 1. Actes de la révolution. Résistance. Louis Blanc et Pierre Leroux; précédé de: Qu'est-ce que le gouvernement? Qu'est-ce que Dieu? 16°. Paris, Garnier, 1849.
— 2. Avertissement aux propriétaires, ou lettre à M. Considerant, rédacteur de la „Phalange", sur une défense de la propriété. 12°. Paris, Prevot, 1841. 2. édit. 12°. Paris, Garnier frères, 1848.
— 3. Banque du peuple. Déclaration. Act de société. 4°. 1849.
— 4. Banque du peuple, suivi du Rapport de la commission des délégués du Luxembourg. 12°. 1849.
— 5. Die Volksbank. Eingeleitet, übersetzt und erläutert von Ludwig Bamberger. gr.-8°. Frankfurt a/M., Literar. Anstalt, 1849.
Proudhon, Pierre Joseph, 6. La bible annotée. I. Les évangiles. II. Les actes des apôtres. 12°. Lacroix, Verboeckhoven et Co., 1866 —67. (Oeuvres posthumes.)
(Ouvrage saisi comme hostile à la religion. Les éditeurs ont été condamnés par un jugement.)
— 7. De la capacité politique des classes ouvrières. 12°. Paris, Dentu, 1865.
— 8. De la célébration du dimanche, considérée sous les rapports de l'hygiène publique, de la morale, des relations de famille et de cité. (Sujet proposé par l'Académie de Besançon.) 1. édit. 1 vol. 12°. Besançon 1839. 2. édit. Paris, s. a. 3. édit. 1 vol. 12°. VIII et 72 pp. Garnier frères, 1848. 4. édit. 1850.
1. édit. porte le titre: De l'utilité de la célébration du dimanche, considéré sous les rapports etc. (Quérard.)
— 9. Die Sonntagsfeier aus dem Gesichtspunkte des öffentlichen Gesundheitswesens, der Moral, der Familien- und bürgerlichen Verhältnisse betrachtet. Nach der 3. Original-Ausg. aus dem Franz. übers. von F. H. gr.-8°. Cassel, Raabé u. Co., 1850.
— 10. Die Sonntagsfeier, betrachtet in Hinsicht auf öffentl. Gesundheit, Moral, Familien- und Bürgerleben. Aus dem Franz. 8°. Ratibor, Jacobsohn, 1850.
— 11. Césarisme et christianisme, précédé d'une préface de Langlois. (Ouvrage inédit de Proudhon.) 2 vol. 8°. Paris, C. Marpon et E. Flammarion, 1883.
— 12. Conclusions sur les évangiles de la vie de Jésus.
(Mscr. pas publié, cité par Malon.)
— 13. De la concurrence entre les chemins de fer et les voies navigables. 1845. 2. édit. 12°. XIII et 77 pp. Garnier, frères, 1848. (Journ. des Écon., 1845 mai.)
— 14. Les confessions d'un révolutionnaire, pour servir à la révolution de février. 12°. Paris, Garnier frères, 1849. 4°. Paris, au bureau du journal La Voie du Peuple, 1849. 3. édit. revue corrigée et augmentée par l'auteur. 8°. Paris, Garnier frères, 1851.
— 15. Correspondance de P. J. Proudhon, précédée d'une notice sur P. J. Proudhon, par J. A. Langlois. 14 vol. 8°. Paris, librairie internat., 1874—75.
— 16. Cours d'économie politique.
(Mscr. pas publié, cité par Malon.)
— 17. De la création de l'ordre dans l'hu-

manité, ou principes d'organisation politique. 12⁰. Paris, Prevot et Besançon, Bintot, 1843. 2. édit. 8⁰. Paris, Garnier frères, 1849. Nouv. éd. Paris 1868.

Proudhon, Pierre Joseph, 18. Critique littéraire.
(Mscr. pas publié, cité par Malon.)

— 19. Les démocrates assermentés et les réfractaires. 12⁰. Paris, Dentu, 1863.

— 20. Démonstration du socialisme théorique et pratique pour servir à l'instruction aux souscripteurs et adhérents à la Banque du peuple. br.-4⁰. Paris, impr. de Boulé, 1849. (Feuilleton du journal „Le Peuple".)

— 21. Discours prononcé à l'Assemblée nationale dans la séance du 31 juillet en reponse au rapport du citoyen Thiers, sur la proposition relative à l'impôt sur le revenu. 8⁰. 1848. (Extrait du „Moniteur".)

— 22. Le droit au travail et le droit de propriété, 12⁰. 1848. Reprod. 4⁰. Paris, Garnier frères, 1850.

— 23. Das Recht auf Arbeit, das Eigenthumsrecht und die Lösung der socialen Frage. Uebersetzt von B. F. W. M. 8⁰. Leipzig, Verlagsbureau, 1849.

— 24. Das Recht auf Arbeit und das Recht des Eigenthums. Organisation des Kredits und der Circulation und Lösung der socialen Frage. Kapital und Rente. Uebers. von L. Darimon. 1851.

— 25. Explications présentées au ministère public sur le droit de propriété. 8⁰. 1842.

— 26. La fédération et l'unité en Italie. 12⁰. Paris, Dentu, 1862.

— 27. France et Rhin, oeuvre posthume. 8⁰. Paris 1867.

— 28. Géographie politique et nationalités.
(Mscr. pas publié, cité par Malon.)

— 29. La guerre et la paix; recherches sur le principe et la constitution du droit des gens. 2 vol. 12⁰. Paris, Hetzel, 1861. (Essai de philosophie pratique, no. 13.)

— 30. Histoire de Jéhovah, ou histoire de la conscience juive.
(Mscr. pas publié, cité par Malon.)

— 31. Histoire de Pologne.
(Mscr. pas publié, cité par Malon.)

— 32. Idée générale de la révolution au dix-neuvième siècle, choix d'études sur la pratique révolutionnaire et industrielle. 12⁰. Paris, Garnier frères, 1851. 2. édit. 18⁰. Paris, Garnier frères, 1851.

— 33. Idées révolutionnaires, avec une préface par Alfred Darimon. 12⁰. Paris, Garnier frères, 1849.

Proudhon, P. J., 34. Idées révolutionnaires (les Malthusiens), la réaction, programme révolutionnaire, question étrangère, la présidence, argument à la Montagne, le terme, toast à la révolution, etc., etc. 12⁰. XXVII et 268 pp. 1849.

— 35. Intérêt et principal, discussion entre MM. Proudhon et Bastiat, sur l'intérêt des capitaux. 12⁰. 1849. 8⁰. Garnier frères, 1850.

— 36. De la justice dans la révolution et dans l'église. Nouveaux principes de philosophie pratique adressés A. S. Ém. Mgr. Mathieu, cardinal archevêque de Besançon. 3 vol. 12⁰. Paris, Garnier frères, 1858.
(Ouvrage saisi. L'auteur a été condamné à 3 ans de prison et 4000 fr. d'amende.)

— 37. Die Gerechtigkeit in der Revolution und in der Kirche. Neue Principien praktischer Philosophie. Uebersetzt von Ludwig Pfau. Vom Verf. autor. Ausg. 2 Bde. 8⁰. Hamburg, O. Meissner; Zürich, Meyer u. Zeller, 1858—60.

— 38. Lettre à M. Blanqui sur la propriété. 12⁰. Paris 1840. Deuxième mémoire. 8⁰. Paris, libr. de Prévot, 1841.

— 39. Lettre du citoyen P. J. Proudhon à un de ses amis de Besançon. 4⁰. 1848.

— 40. Les majorats littéraires; examen d'un projet de loi ayant pour but de créer, au profit des auteurs, inventeurs et artistes, un monopol perpétuel. 1. édit. Bruxelles 1862. 2. édit. 12⁰. Paris, Dentu, 1863.

— 41. Die literarischen Majorate. Prüfung des Plans zu einem Gesetze, welches die Schöpfung eines ewigen Monopols zum Besten der Erfinder, Schriftsteller und Künstler bezweckt. gr.-8⁰. Leipzig, J. J. Weber, 1862.

— 42. Manifest. Einleitung zu der von Proudhon redigirten Zeitschrift: Le Peuple. 8⁰. Leipzig, Weller, 1849.

— 43. Manuel du spéculateur à la Bourse. 5. édit. entièrement refondue et notablement augmentée. 12⁰. Paris, Garnier frères, 1857.
(La 1. édit., anonyme, a paru en 1853.)

— 44. Handbuch des Börsen-Speculanten. Nach der 4. Aufl. des Originals bearbeitet. gr.-8⁰. Hannover, Meyer, 1857.

— 45. Mélanges, articles de journaux 1848 —52. 3 vol. 18⁰. Paris, A. Lacroix, Verboeckhoven, 1870. (Oeuvres complètes de Proudhon: tome XVII, XVIII et XIX.)
Details :
Tome I. Art. du Représentant du Peuple 1848: La situation. — Comment les révolutions se

perdent. — La réaction. — Mystification du suffrage universel. — Aux patriotes. — Séance d'ouverture de l'Assemblée nationale. — Résumé de la question sociale : Méthode de solution. Identité de la question politique et de la question économique (1. art.). — Résumé de la question sociale : Banque d'échange (2. art.). — Question étrangère. — Ce que la révolution doit à la littérature. — Programme révolutionnaire. — Adhésions de la banque d'échange. — Le 15 juillet. — Les Malthusiens. — La Calomnie. — Propositions rélatives à un emprunt et à la réunion de la Banque de France au domaine public. Le Peuple 1848. Manifeste du Peuple. — Toast à la révolution. — La constitution et la présidence. — Banque du Peuple. — La présidence — Manifeste électoral du peuple. — Argument à la Montagne. — Cavaignac. — Au citoyen Ledru-Rollin. — Louis Napoléon Bonaparte. — Le serment. Le Peuple 1849. La guerre. — Le président de la république est responsable. — Le président de la république est responsable ; la proposition Rateau le rend inviolable. — Première campagne de Louis Bonaparte. — Pour en finir avec M. Considerant. — Discours prononcé par Proudhon à la séance du 14 février de l'Assemblée nationale sur la demande en poursuite. Erratum. Au correcteur du „Peuple". Tome II. Le Peuple 1849 (suite). Démonstration du socialisme théorique et pratique, ou révolution par le crédit. — Aux citoyens rédacteurs du „Populaire". — Appel aux citoyens de tous les partis. — Apostats et jésuites. — Le droit républicain. — Paroles de Proudhon devant la cour d'assises. — Lettre de Proudhon au président de l'Assemblée nationale. — Aux souscripteurs et adhérents à la Banque du Peuple. — Liquidation de la Banque du Peuple. — Observations des collaborateurs du citoyen Proudhon. — Réponse. — Un dernier mot sur la Banque du Peuple. — Réunions électorales. — Rentrée de M. Guizot. — La république et la coalition (2. art.). — Propagande antisocialiste. — Résistance légale. — Mouvement révolutionnaire. — Dieu c'est le mal. — L'homme est libre. — Le socialisme jugé par M. Proudhon. — Moralité des éléctions de la Seine. — La situation. — Politique du Peuple. — Protocole de la Montagne. — Simples questions. — Nouvelles questions. — Encore des questions. La Voix du Peuple. Aux rédacteurs de la „Voix du Peuple". — Question constitutionnelle. — Qu'est ce que le gouvernement? Qu'est ce que dieu? — Politique personnelle. — Saint Pélagie à l'Élysée, salut. — Mouvement de la révolution : Le socialisme et l'impôt par M. Émile de Girardin (3. art.). — Union républicaine. Tome III. La Voix du Peuple 1849 (suite). Résistance à la révolution (2. art.). — Louis Blanc et Pierre Leroux. — A Pierre Leroux (2. art.). A propos de Louis Blanc. — De l'utilité présente et de la possibilité future de l'état (8 art., 1—3 ex 1849, continuation de 1850). La Voix du Peuple 1850 : Au président de la république le socialisme reconnaissant. — Vive l'empereur. — Philosophie du 10 mars : 'Aux rédacteurs de la „Voix du Peuple" (2. art.). — Proposition adressée à l'Assemblée nationale en faveur de la batellerie. — Élection du 28 avril (4 art.).

— Lettre au citoyen Toussenel. — Élection du 28 avril : à la bourgeoisie parisienne. — Protestation du citoyen Proudhon.
Le Peuple 1850. Aux citoyens Ledru-Rollin, Charles Delescluze, Martin Bernard et consorts, rédacteurs du „Proscrit" à Londres. — Aux rédacteurs du Peuple de 1850. — A. M. E. de Girardin (2. art.)
Intérêt et principal (Articles extraits de la „Voix du Peuple"). Avertissement.
1. lettre de Fr. Bastiat. — Réponse.
2. „ de Fr. Bastiat. — Réponse.
3. „ de Fr. Bastiat. — Réponse.
4. „ de Fr. Bastiat. — Réponse.
5. „ de Fr. Bastiat. — Réponse.
6. „ de Fr. Bastiat. — Réponse.

Proudhon, Pierre Joseph, 46. Le misère, ou la pénitence d'un roi. Lettre au R. P. Lacordaire sur son carême en 1845. 4°. 1849. (Tome XIX, livr. mars 1845 de la „Revue independante".)
— 47. Les normaliens.
(Mscr. pas publié, cité par Malon.)
— 48. Nouvelles observations sur l'unité italienne. 12°. Paris, Dentu, 1865.
— 49. Organisation du crédit et de la circulation, et solution du problème social, sans impôt, sans emprunt etc. 8°. Paris, Guillaumin, 1848. Nouvelle édit. 12°. Paris, Garnier frères, 1849. (La couverture porte : Idées révolutionnaires avec une préface par M. Alfred Darimon.) 3. édit. 8°. Paris, Garnier frères, 1849.
— 50. Philosophie du progrès. Programme. 8°. Bruxelles, Alph. Lebègue, 1853.
(La couverture porte 1860.)
— 51. Filosofía del progreso. Programa. Con una carta del autor sobre sus ideas económicas. Traduccion y prólogo de F. Pi y Margall. Madrid 1868.
— 52. Philosophie der Staatsökonomie oder Nothwendigkeit des Elends. Deutsch bearbeitet von Karl Grün. 2 Bde. gr.-8°. Darmstadt, Leske, 1847.
— 53. La pornocratie, ou les femmes dans les temps modernes. (Oeuvres complètes, 1868 à 76, vol. 33.)
— 54. Du principe de l'art et de sa destination sociale. 12°. Paris, Garnier frères, 1865.
— 55. Du principe fédératif et de la nécessité de reconstituer le parti de la révolution. 12°. Paris, Dentu, 1863.
— 56. Proposition relative à l'impôt sur le revenu, présentée le 11 juillet 1848, par le citoyen Proudhon ; suivie du Discours qu'il a prononcé à l'Assemblée nationale le 31 juillet 1848. 12°. Paris, Garnier frères, 1848.

Proudhon, Pierre Joseph, 57. Proudhon expliqué par lui-même. Lettres inédites de P. J. Proudhon à M. N. Villiaumé, sur l'ensemble des ses principes et notamment sur sa proposition: La propriété, c'est le vol. 8°. Paris, Alcan Lévy, 1866.
— 58. Qu'est-ce que la propriété? ou Recherches sur le principe du droit et du gouvernement. Premier mémoire. 12°. Paris, J.-F. Brocard, 1840 et 1841. Nouv. édit. 2 vol. 12°. Paris, Garnier frères, 1848.
— 59. Qu'est-ce que la propriété? Deuxième mémoire. Lettres à M. Blanqui. 12°. 1841. 2. édit. 155 pp. 12°. Garnier frères, 1848.
— 60. Was ist Eigenthum, oder Untersuchungen über den letzten Grund des Rechts und des Staats. Aus dem Franz. von Meyer. 8°. Bern 1844.
— 61. Rapport du citoyen Thiers, précédé de la proposition du citoyen Proudhon, relative à l'impôt sur le revenu, suivi du discours prononcé à l'Assemble nationale le 31 juillet 1848. 12°. 1848.
— 62. Réponse de M. Proudhon à M. Considerant et réplique. fol. 1849. (Supplément à la „Démocratie" du lundi 19 janv. 1849.)
— 63. Résumé de la question sociale. Banque d'échange (avec une préface et des notes, par Alfred Darimon). 1848. 12°. 6 feuilles. Garnier frères, 1849.
— 64. La révolution sociale, démontrée par le coup d'état du 2 décembre. 1. édit. 12°. Paris, Garnier frères, 1852. 6. édit. augmentée de la lettre de l'auteur au prince-président de la république. 12°. Paris, Garnier frères, 1852.
(Les premières éditions sont de la même année.)
— 65. Die sociale Revolution durch den Staatsstreich am 2. Dec. erwiesen. Nach der 3. franz. Aufl. 8°. Bremen, Kühlmann, 1852. 2. (Titel-)Ausg. 8°. Ebd. 1871. 3. (Titel-)Ausg. 8°. Ebd. 1878.
— 66. Neueste Schrift. Theoretischer und praktischer Beweis des Socialismus oder Revolution durch den Credit. Hrsg. von Thdr. Opitz. gr.-8°. Leipzig, Fernau, 1849.
— 67. Ausgewählte Schriften. 8°. 2 Bde. 1. Bd. Bekenntnisse eines Revolutionärs. Hrsg. von Arn. Ruge. 2. Bd. Revolutionäre Ideen. Mit einem Vorworte von Alfr. Darimon. Leipzig, Verlagsbureau, 1850.
— 68. Solution du problème social. 2 livr. 8°. Paris, Guillaumin, 1848.
(Seules parues. L'ouvrage devait se composer de 20 à 22 livraisons.)

Proudhon, Pierre Joseph, 69. Solucion del problema social. Sociedad de la exposicion pepetua. Traduccion y prólogo de F. Pí y Margall. Madrid 1869.
— 70. Système des contradictions économiques, ou philosophie de la misère. 2 vol. 8°. Paris, Guillaumin, 1846. 2. édit. 2 vol. 12°. Garnier frères, 1849. 3. édit. 3 vol. 8°. Paris, libr. internat., 1867.
— 71. Die Widersprüche der National-Oekonomie oder die Philosophie der Noth; deutsch von Jordan. (Aus: Nationalökonomen der Franzosen und Engländer.) 2 Bde. gr.-8°. Leipzig, O. Wigand, s. a. (1847).
— Uebers. von K. Grün. 2 Bde. 1847.
— 72. System of economical contradictions; or, the philosophy of misery. Vol. I. Translated from the french by B. R. Tucker. 8°. Boston, Trübner, 1888.
— 73. Sistema de las contradicciones económicas, ó filosofia de la miseria. Traduccion y prólogo de Francisco Pi y Margall. 4 tom. Madrid 1870.
— 74. Contradicciones politicas. Teoria del movimiento constitucional en el siglo XIX. Traduccion de Gabino Lizárraga. Madrid 1873.
— 75. Théorie de l'impôt. (Essai d'une philosophie populaire, no. 15.) 12°. Paris, Dentu, 1861.
— 76. Teoria de la contribucion. Traduccion de Roberto Robert. Madrid 1862.
— 77. Théorie du mouvement constitutionnel. (Oeuvres complètes, 1868—76, vol. XXIX.)
— 78. Théorie de la propriété. Appendice. Projet d'exposition perpétuelle. 12°. Paris, libr. internat., 1866. (Oeuvres posthumes.)
— 79. Si les traités de 1815 ont cessé d'exister? Actes du futur congrès. 12°. Paris, Dentu, 1863.
— 80. Oeuvres complètes. 33 vol. 12°. Paris, Lacroix et Co., 1868 à 1876.
Tom.1. Qu'est-ce que la propriété? — Premier mémoire: Recherches sur le principe du droit et du gouvernement. — Deuxième mémoire: Lettre à M. Blanqui sur la propriété.
2. Avertissement aux propriétaires; Plaidoyer de l'auteur devant la Cour d'assises de Besançon; Célébration du dimanche; Du concurrence entre les chemins de fer et les voies navigables. Le misérére.
3. De la création de l'ordre dans l'humanité, ou principes d'organisation politique.
4 et 5. Système des contradictions économiques, ou philosophie de la misère.
6. Solution du problème social.
7. La révolution sociale. — Le droit au travail et le droit de propriété. — L'impôt sur le revenu.

Tom. 8. Du principe fédératif. — Si les traités de 1815 ont cessé d'exister.
9. Confessions d'un révolutionnaire, pour servir à l'histoire de la révolution de février.
10. Idée générale de la révolution au XIX. siècle.
11. Manuel du spéculateur à la bourse.
12. Réformes à opérer dans l'exploitation des chemins de fer.
13 et 14. La guerre et la paix, recherches sur le principe et la constitution du droit des gens.
15. Théorie de l'impôt.
16. Majorats littéraires. Fédération et unité en Italie; nouvelles observations sur l'unité italienne. Les démocrates assermentés.
17—19. Brochures et articles de journaux, lettres etc., depuis févr 1848 jusqu'à 1852.
20. Philosophie du progrès. — La justice poursuivie par l'église.
21—26. De la justice dans la révolution et dans l'église.
27—33. Oeuvres posthumes:
Théorie de la propriété, suivie d'un plan d'exposition universelle.
De la capacité politique des classes ouvrières.
Théorie du mouvement constitutionnel.
La Bible annotée. Les évangiles.
La Bible annotée. Les apôtres.
La pornocratie, ou les femmes dans les temps modernes.
Amour et mariage.
France et Rhin.
Du principe de l'art et de sa destinction sociale.

Proudhon et **Bastiat**, Intérêt et principal. Discussion entre M. Proudhon et M. Bastiat sur l'intérêt des capitaux. (Extraits de la Voix du Peuple.) 8°. Paris, Garnier frères, 1850.

Proudhon, Jean Pierre. Vide: Droit (Le) au travail à l'Assemblée nat.

— — Peuple (Le).

— — Réformes (Des) à opérer.

— — Représentant du peuple.

Proudhon (Pierre Joseph) und seine Schriften. (Unsere Zeit, Bd. 3, 1859.)

Proudhon jugé et traité selon ses doctrines métaphysiques. Réfutation comico-sérieuse de ce grand pamphlétaire, par un solitaire rustique et illettré. 8°. (Toulouse.) Paris, Guérin, 1858.

Provin, Léon, Notice sur l'union des associations catholiques ouvrières. 26 pp. 8°. Reims, impr. coopérative, 1873.

Prozess (Erster politischer) vor dem Geschwornen-Gerichte. Der Dichter Ferd. Freiligrath, angeklagt durch sein Gedicht: „Die Todten an die Lebenden", die Bürger aufgereizt zu haben, sich gegen die landesherrliche Macht zu bewaffnen und auch die bestehende Verfassung umzustürzen. Nach dem am 3. Oct. 1848 zu Düsseldorf stattgehabten Assisenverhandlungen ausführlich mitgetheilt von J. K. H. Nebst einem Anhang, eine kurze Mittheilung des polit. Processes gegen den Notar.-Cand. Jul. Wulff, auch wegen Aufreizung der Bürger zum Umsturz der bestehenden Verfassung. gr.-8°. Düsseldorf, Schaub, 1848.

Publiciste Parisien (Le). Vide: Ami du Peuple, par Marat.

Publiciste (Le) de la République française. Vide: Ami du Peuple, par Marat.

Publicola (John Adams), Observations on Paine's Rights of man, in a series of letters by Publicola. 12°. Newcastle.

Puerari, Eugène, La question sociale et la société. 12°. Paris, Guillaumin et Co., 1874.

Putlitz, St. Gans Edler Herr zu, J. P. Proudhon; sein Leben und seine positiven Ideen. gr.-8°. Berlin, W. Hertz, 1881.

Püttmann, Herm., Sociale Gedichte. 1846.

— Vide: Bürgerbuch (Deutsches).

— — Jahrbücher (Rheinische).

— — Prometheus.

Pyat, Félix. Vide: Brüder (An die französischen).

— — Droit (Le) au travail à l'Assemblée nationale.

Q.

Quack, H. P. G., De socialisten. Personen en stelsels. 2. druck. Roy-8°. Amsterdam, van Kampen und zoon, 1887.

Quack, Pet. W., Katechismus eines Socialisten. gr.-8°. Stuttgart, Quack, 1890.

Quada, G., Della proprietà. 16°. Milano, Bolcheroni, 1877. (Opuscoli socialisti, no. 7.)

Quarck, Dr. Marx, 1. Die internationale Arbeiterbewegung im Jahre 1885. (Deutsche Worte, 1886).

Quarck, Dr. Marx, 2. Zur Geschichte der Strikes. (Neue Zeit, 8. Jahrg., 1885).

Quesnay, Frz. Vide: Neurath W.: Franz Quesnay als Socialphilosoph.

Quest, C. M., Première lettre sur l'eurythmie ou la décuple production comme moyen de satisfaire et de concilier tout le monde. 8°. Paris, impr. Guyot, 1838.
— Deuxième lettre. Les Phalanstériens et les artichants. 8°.
— Troisième lettre. Les melons et le nouveau fronton de Sainte-Geneviève. 8°.
— Quatrième lettre. Suite des melons. Le nouveau fronton de Sainte-Geneviève. 8°.
— Cinquième lettre. Les reines et les enfants trouvés. 8°.

Question ouvrière (La). 2. édit. 8°. Paris, Ethiou-Pérou, 1882.

Question ouvrière (La) dans les pays étrangers. Recueil de rapport sur les conditions du travail, adressés au Ministre des affaires étrangères par les représentants de la République française à l'étranger. 12 tomes. gr. 8°. Paris, Berger-Levrault, 1890—91.

Question sociale (La). Nr. 1, Nov. 1886. Paraît le 1. de chaque mois. fol. Lyon.

Question sociale (La) et l'apostolat de l'ouvrier. Comment tous nous pouvons travailler à l'apostolat de l'ouvrier, par un ami de l'ouvrier. 16°. Louvain, C. Peters, 1891.

Question sociale. Quelques mots sur le travail et son organisation, par A. G. 12°. Le Havre, impr. Mandet, Godefroy et Co., 1880.

Question sociale (La). Paris 1885. (Journ.)

Question sociale. Le sublime ou le travailleur comme il est en 1870 et ce qu'il peut être, par D. P. Paris 1870.

Question sociale (La): Le droit au travail et l'Internationale. Adressé aux ouvriers par un citoyen des États-Unis. 52 pp. 32°. Marseille, lib. Marseillaise, 1879.

Question sociale (La), revue des idées socialistes et du mouvement révolutionnaire des deux mondes. Mensuel. No. 1, 10 févr. 1885., no. 3, 10 avril. 8°. Paris, impr. Reiff.

Question du travail (De la) ou solution proposée par un travailleur sans ouvrage. 12°. Guillaumin et Co., 1849.

Question (The) of population, particularly as to Increase of numbers in the United States, examined, in reply to an article in the „Edinburgh Review" on „Godwin on Population". 8°. London 1821.

Questions économiques et sociales. Ligue des intérêts du travail, du progrès et de la paix sociale. Aux députés élus en 1885, par un „ancien ouvrier". 8°. Paris, impr. Michels, 1886.

Questions (Des) soulevées par le Saint-Simonisme. (Revue des Deux Mondes, 15 août 1832.)

Queue de Robespierre (La), pamphlet démocratique et social. Rédact. en chef: A. de Bassignac. 4°. Paris, 14 mars 1848.

Quincey, Thom. de, Plato's Republic. (Quincey's works, Vols. XI and XII, and Blackwoods Magazine, July 1841).

Quinet, Edgar, 1. Le christianisme et la révolution française. 1. édit. 1845. 2. édit. 8. Paris, Comon, 1846.
— 2. Critique de la révolution. gr.-8°. Paris, libr. internationale, 1867.
— 3. Revision. 32°. Paris, libr. nouv., 1851.

Quintessenz (Die) des Socialismus. (Neue Zeit, 3. Jahrg., 1885.)

Quintessenz (Die) des Socialismus. Von einem Volkswirthe. (Aus „Deutsche Blätter".) (Von Dr. A. Schäffle.) gr.-8. Gotha, Perthes, 1875.

Quistorp, Johs., Der Kern der Arbeiterfrage. Vortrag geh. am 6. März 1872 in der Aula des Johanneums in Hamburg. gr.-8. Stettin, Brandner, 1872.

R.

R. Vide: Sozialismus (Der) und die Kirche.

Raabé, J. C. J. Vide: Hornisse (Die).

Rabeyrin, G., Le communisme. gr.-8°. Paris, bureau du Populaire, 1848.

Rabiosus, Anselmus, Reise nach dem Kürbislande im Jahre 1779 u. 1780. Nebst einer Predigt an die Freygeisterey und Religionsprediger. 2 Thle. 8°. s. l. 1782—83.

Rabourdin, Ch., Louis XVI. et Alexandre II. La vérité aux nihilistes. 8°. Paris, Ch. Delagrave, 1881.

Racari. Vide: Process der Juni-Insurgenten.

Radenhausen, C., Die Socialdemokratie. Ihre Wahrheiten und ihre Irrthümer. gr.-8°. Hamburg, Hoffmann u. Campe's Verl., 1885.

Radical (Le) progressiste, journal des revendications républicaines. No. 1, 20 sept. 1885. pet.-fol. Cavaillon, impr. Mistral.

Radical (Le) socialiste de l'Ouest, journal bi-hebdomadaire. No. 1, 2 nov. 1887. Paraît les jeudis et dimanches. 4°. Tours.

Radikal. Pest 1883—84. (Journal.)

Radikale (Der), von A. J. Becher. Wien, Juli—Oct. 1848. Täglich.

Radikale (Der). Reichenberg 1883—85.

Radike, Jakob, Lehrbuch der Demagogie kl.-8°. Leipzig, s. a. (1848).

Rae, J., Contemporary socialism. 8°. London, Isbister, 1884.
(Contents: Ferd. Lassalle. — Karl Marx. — Federalism of Carl Marlo. — The socialists of the chair. — The christian socialists. — Russian Nihilism.)
2 edit. enlarged. 8°. New York, Scribners Sons, 1891.
— Vide: Champion, H. H.: Rae's Contemporary socialism.

Raffaelli, Niccola, Le cause vere dell' Internazionale. (Estratto dal Fedele.) 32°. Lucca 1874.

Raffalovich, Arthur, 1. La ligue anglaise pour défendre la liberté et la propriété. (Journ. d. Économistes, 1885, novemb.)
— 2. La ligue pour la défense de la liberté et de la propriété en Angleterre et le socialisme agraire de M. Chamberlain. Préface de L. Say. 12°. Paris, Guillaumin, 1886.

Raffalovich, Arthur, 3. Le programme parlementaire des socialistes allemands. (Journ. d. Économistes, 1884, décembre.)
— 4. Le nouveau programme du parti socialiste en Allemagne. (Journal d. Économistes, 1891, août.)
— 5. Le socialisme de M. Schäffle. (Journ. d. Économistes, 1885, mars.)
— 6. Les socialistes allemands à Erfurt. (Journal d. Économistes, nov. 1891.)
— 7. Les trades-unions en Angleterre. (Journ. d. Économistes, mai 1888.)
— 8. Après la victoire des socialistes. Tableau d'avenir d'après M. E. Richter. (Journ. d. Économistes, déc. 1891.)

Raffalovich, Mlle Sophie, 1. Les anarchistes de Boston. (Journ. d. Économistes, 1888, mars.)
— 2. Les représentants du socialisme à l'étranger. (Journ. d. Économistes, 1887, juin.)

Rahm, E. Vide: Arbeiterfrage.

Raibaud-L'Ange, Esprit, Études sur l'homme et sur son entière régénération sociale par la solution complète du problème social de l'organisation du travail, le débrouillement du chaos législatif, gouvernemental. 1. édit. 1833. 2. édit. revue, corrigée et complétée. 8°. Paris, comptoir des imprimeurs-unis, 1845.

Raimondi, Giacomo, Contro l'Internazionale. Milano, fratelli Rechiedei.

Rainer von Reinöhl, Die Höhe des Existenzminimums in Wien. (Deutsche Worte, 10. Jahrg., 1891.)

Rameri, Luigi, L'avvenire della donna. 4°. Udine 1879.

Ramsauer, Pet., Der Arbeitertag in Oldenburg vom 14. Nov. 1869. Ein Bericht, auch in der Ausscheidung des Unwesentlichen, in der Kürzung des Weitläufigen, in Darstellung und Ausdruck unparteiischer

Wahrheit bestrebt, zur selbständigen Beurtheilung der gegenwärtigen Arbeiterbewegung erstattet. gr.-8. Oldenburg, Schulze, 1870.

Ramsay, A. M. Chev. de, Les voyages de Cyrus, histoire morale. Paris 1727.

Raoux, E., La familistère de Guise ou le palais social. Avec une lithographie. 8°. Lausanne 1872.

Rappaport, Phil., Ueber die Arbeiterbewegung in Amerika. (Die Neue Zeit, 1889.)

Rapport sur l'association internationale des travailleurs. Société républicaine du progrès social et politique. 31 pp. 8°. Paris, Garnier frères, 1872.

Rapport envoyé au congrès général de l'association internationale des travailleurs à Bruxelles, le 7 sept. 1874, par la section de propagande de Genève sur la question: Par qui et comment seront faits les services publics dans la nouvelle organisation sociale? 16°. Genève, bureau de la Revue socialiste, s. a. (1874).

Rapport de la commission d'enquête sur l'insurrection qui a éclaté dans la journée du 23 juin et sur les événements du 15 juin. 3 vol. 4°. Paris, impr. de l'Assemblée nationale, 1848. (Assemblée nationale.)

Rapport général fait au Conseil exécutif de la république de Berne concernant les menées des refugiés politiques et autres étrangers en Suisse et plus particulièrement dans le canton de Berne, 1836.

Rapport général adressé au Conseil d'état de Neuchatel sur la propagande secrète allemande et sur les clubs de la jeune Allemagne en Suisse. Impr. par ordre du gouvernement. 8°. Neuchatel, impr. de Henri Wolfrath, 1845.

R. A. R. Vide: Arbeiterverhältnisse (Nordamerik.)

Rasch, Gust. Vide: Struve, Gust.

Raspail, François Vincent, Réformes sociales. (Articles dans le Reformateur 1835 publiés.) 18°. Paris 1872.
— Vide: Ami du Peuple en 1848.
— — Breynat, J.: Les socialistes modernes.

Raspe, Fr. Wilh., Offenes Rundschreiben der Mitglieder des Central-Comité der deutschen Vereine in der Schweiz. Ein ernstes Wort an alle Socialdemokraten. 8°. Zürich, Schabelitz, 1870.

Rastoul, L'église de Paris sous la Commune. 8°. Paris 1872.

Ratkowsky, Matth. Geo., Zwei Vorträge über die Lösung der socialen Frage, gehalten im social-demokrat. „Vereine zur Wahrung der Volksrechte". 8°. Wien, Beck'sche Univ.-B., 1868.

Rau, Prof. Vide: Lassalle: Verschiedene kleinere Aufsätze.

Rau, G. Vide: Sonne (Die).

Raumer, Carl v., 1. Die Bestrebungen der Socialdemokratie besprochen für das Volk. 1. u. 2. verb. Aufl. gr.-16°. Breslau 1878. (Berlin, C. Heymann.) 3.— 5. Aufl. gr.-8°. Berlin, C. Heymann, 1878.
— 2. Das Familienleben des niederen Volkes unter Berücksichtigung der Lehren der Socialdemokratie besprochen für das Volk. 2. Aufl. gr.-16°. Breslau, Dülfer, 1878.
— 3. Die Frau der Socialdemokratie unter Klarlegung des socialistischen Zukunftsstaates nach August Bebel. Beleuchtet. 8°. Berlin, F. Luckhardt, 1884.

Rausch, Prof. Dr. Carl, Das Problem der Armuth. Vorlesungen über die sociale Frage. gr.-8°. Berlin, E. Staude, 1891.

R. D. Vide: Arbeiterverhältnisse (Die).
— — Charakteristik (Zur) der Arbeiterparteien.

Reaktion (Die) und die moderne Finanzweisheit. 8°. Leipzig, Weller, 1849.

Réalisation du communisme; Précis sur Icarie.
— Constitution, lois et réglements de la communauté Icarienne. 8°. Icarie, Jowa U. St, Avril 1880.

Realization of communism. Brief history of Icaria. Constitution, laws and regulations of the Icarian community. 8°. Icaria, Corning, Adams Co., 1880.

Reaney, George Sale, 1. Christian socialism at the congregational union. (To Day, Nr. 11.)
— 2. Socialism and national sobriety. (To Day, Nr. 15.)

Reasons for contentment addressed to the labouring part of the british public together with the fable of the bee hive. 2. edit. 8°. London, Roake and Varty, s. a.

Reb, La révolution sociale, 1882—83. 18°. Paris, Penin et Arnaut, 1883.

Rebell. Nirgendsheim. Organ der Anarchisten deutscher Sprache. (London) 1881—86.

Reboul, J., Du droit au travail et des moyens pratiques d'en assurer l'exercice par la coopération. 30 pp. 8°. Paris, impr. Rigal et Co., 1870.

Recht (Das) auf Arbeit. Eine Wahlflugschrift von H. R. v. N. gr.-8°. Leipzig, Renger. 1884.

Recht (Das) auf Arbeit und seine Verwirklichung. Von einem Parteilosen. gr.-8°. Leipzig, G. Wolf, 1884.

Rechte (Die) jedes Menschen. 8°. Bern, Jenni Sohn, 1844.

Reck, O., Zu den Arbeiterunruhen in Paris. (Die Gegenwart, Bd. 34, 1888.)

Reclus, Élisée, 1. Évolution et révolution. 3. édit. revue et corrigée. 32°. Genève 1884.
— 2. De la mutualité, P. J. Proudhon. Travail et capital. Formule de conciliation. (L'Association, no. 8, 1865.)
— 3. Du progrès de l'idée sociale en Allemagne. 8°. Paris 1864.
— Vide: Coopération (La) ou les nouv. assoc. ouvr.

Reclus, Elie., J. Bedouch etc., Lettre aux ouvriers. (L'Association, no. 2.)

Recurt, Marie, Résurrection du père Enfantin. Quelques lumières sur la doctrine de Saint-Simon. 8°. Paris, Dentu, 1858.

Redner, Leo, Ueber den falschen und wahren Communismus. Vier Vorträge, gehalten im St. Vincenz-Verein zu Danzig. gr.-8°. Danzig, Weber, 1854.

Reform (Sociale). Eine Zeitschrift für Frauen und Männer. Hrsg. u. red. von Louise Dittmar. 1. Jahrg., 1849, Jänner — April, Lex.-8°. 4 Hefte. Leipzig, O. Wigand.
(Kayser, H. L.: Jahrg. 1849 = 12 Hefte.)

Reform (The great social), or the proper distribution of wealth, by W. N. 8°. Birmingham, Houghton, 1885.

Reformation (Die) des Eigenthumrechts zur Lösung der socialen Frage oder Mammonismus und Socialismus. gr.-8°. Berlin, Langguth, 1866.

Reformation (Die sociale). Concurrenzschrift, enth. Vorschläge zur Sanirung der socialistischen Gebrechen des modernen Staates und seiner Gesellschaft, erstattet in Folge Aufforderung des franz. Volkswirthes Isak Pereire in Paris im Monate Jänner 1880. Von einem österr. Patrioten. gr.-8°. Wien (Mayer u. Co.) 1881.

Réforme (La) industrielle ou le Phalanstère. Recueil périodique rédigé par Ch. Fourier et ses principaux disciples. 4°. 2 vol. 1832—33.

Réforme sociale (La) et le centenaire de la révolution. Travaux du congrès tenu en 1889 par la société d'économie sociale et les unions de la paix sociale, précédés d'une lettre de H. Taine, et d'une introduction sur les principes de 1789, l'ancien régime et la révolution. 8°. Paris, impr. Levé, 1890.

Réformes (Des) à opérer dans l'exploitation des chemins de fer, et des conséquences, qui peuvent en résulter, soit pour l'augmentation du revenu des compagnies, soit pour l'abaissement des prix de transport, l'organisation de l'industrie voiturière et la constitution économique de la société (par Pierre Joseph Proudhon.). 12°. Paris, Garnier frères, 1855.

Reformtheologie (Die schweizerische) und die sociale Frage. (Die Zukunft, 1. Jahrg.)

Régénération sociale (La). Prosp. 8°. Paris 1834.

Regierung (Die) des Deutschen Reichs und der deutsche Reichstag in ihrer Stellung zur Socialdemokratie. Die Reden des preussischen Ministers Eulenburg und des Abgeordneten Bamberger in der Reichstagssitzung am 29. Januar 1876. 8°. Leipzig, Genoss.-Buchdr., s. a.

Regnard, A., Les mensonges conventionnels de notre civilisation. (Revue socialiste, août 1886.)

Regner, Thdr., Die Welt ohne Geld. Buch für die Arbeiter. gr.-8°. Wien, Schaumburg u. Co. in Comm., 1848.

Reich, Dr. Ed., Der Staat der Zukunft. Gedanken über die natürlichen Grundlagen des gesellschaftlichen Lebens. gr.-8°. Leipzig, Schlicke 1879.

Reichardt-Stromberg, Mathilde, 1. Frauenrecht und Frauenpflicht. 2. Aufl. 8°. Bonn, Max Cohen u. Sohn, 1870. 3. Aufl. 8°. Leipzig 1883.
— 2. Die Staatsbürgerin. 8°. Leipzig 1880.

Reichenbach, Oscar Graf, 1. Beiträge zur Kritik der Staatswirthschaft. 1. Reihe. (Enthält u. A.: Zur Kritik des Eigenthums und des Kommunismus. — Die kommunistische Person.) 12°. Oldenburg, Stalling, 1854.
— 2. Wahrheiten eines Volksfreundes. Ein periodisches Flugblatt. Nr. 1—2. gr.-4°. Oppeln 1848.

Reichenheim, L., Die sociale Frage und die Mittel zu deren Lösung. (Als Ms. gedr.) 8°. Potsdam 1848.

Reinwald, Ludf., Die Socialdemokratie vom Standpunkte des wahren u. unverfälschten Christenthums. Ein Mahnwort an Staat und Kirche. 1. u. 2. Aufl. gr.-8°. Stuttgart. Leop. v. Müller, 1891.

Reischl, Wilh. Karl, Arbeiterfrage und Socialismus. Vorlesungen, geh. im Sommer-

Semester 1871. Aus seinem Nachlasse hrsg. gr.-8º. München, Stahl, 1874.

Reise nach der Insel Caphar Salama und Beschreibung der darauf gelegenen Republik Christiansburg, nebst einer Zugabe von moralischen Gedanken in gebundener und ungebundener Rede (von D. V. A.), herausgegeben von D. S. G. Esslingen 1741.

Reiswitz, Frbr. G. L. v., und Wadzeck, Beiträge zur Kenntniss der Mennoniten-Gemeinden in Europa u. Amerika. Statist., histor., religiös. Inhaltes. Mit 1 Kupfer u. 1 Karte. gr.-8º. Berlin, Rücker, 1824. (Erschien 1821 u. d. T.: Beiträge zur Kenntniss der Mennoniten-Gemeinde. 8º. Berlin, Stuhr.) — 2. Thl. u. d. T.: Beiträge zur Kenntniss der taufgesinnten Gemeinden oder der Mennoniten, statist., histor., relig. und auch juristischen Inhaltes. Mit 2 lith. Ansichten u. 1 Plane. gr.-8º. Breslau, Leukart, 1829.

Religion (Die) und die Revolution. (Deutsche Monatsschrift, 1851_1.)

Remarks on the practicability of Mr. Rob. Owens plan 1817, in tracts originally published at various periods from 1819 to 1838, with an Appendix by J. M. Morgan. 8º. London, Longman, 1849.

Remarks on the rational system as developed by Robert Owen Esq. and on the prospects of society, in reference to its introduction in to practice by a co-operator. 8º. London 1832.

Remedies suggested, for some of the evils which constitute „the perils of the nation". 8º. London, Seeley, Burnside etc., 1844.

Rémusat, Ch. de, La réforme et le socialisme en Angleterre. (Revue des Deux Mondes, 15 janv. 1855.)

Renard, Ernest, Le parlementarisme et le philosophisme révolutionnaire. 12º. Paris, Dentu, 1872.

Renard, G., Le socialisme actuel en France. (Revue socialiste, sept., nov. et déc. 1887.)

Renaud, Georges, 1. Crédit à l'intelligence. Réponse à la lettre du père Enfantin. 8º. Paris, Guillaumin et Co., 1866.
— 2. La grève des ouvriers veloutiers. (Journ. des Écon., 1866, févr.)

Renaud, Hippolyte, 1. Destinée de l'homme dans les deux mondes. 12º. (Metz) Paris, libr. sociétaire, 1862.

Renaud, Hippolyte, 2. Le matérialisme et la nature. gr.-8º. Paris, libr. des sciences sociales, 1870.
— 3. Solidarité. Vue synthétique de la doctrine de Ch. Fourier. 1. édit. 8º. Besançon, 1842. 3. édit. 18º. Paris, libr. sociétaire, 1847. 6. édit. augmentée d'une notice biographique et d'un portrait de l'auteur. 8º. Paris, libr. des sciences sociales, 1877.
— 4. Solidarität. Kurzgefasste Darstellung der Lehre Fourier's. 1. Thl. 3. Aufl. Deutsch bearb. von Kasp. Bär und Karl Bürkli. kl.-8º. Zürich, Selbstverl. d. Schweizer-Phalanx, 1855.
— Vide: Phalanstère, année II, no. 8.

Renault, Charles, Histoire des grèves. Ouvrage couronné. 8º. Paris 1887.

Renucci, J. E., 1. L'autologie sociale. Je nie à la fois toutes les monarchies et toutes les républiques. J'affirme simplement l'organisation pratique de la souveraineté du peuple sous le nom d'autologie sociale. 8º. Paris, Dentu, 1873.
— 2. De la méthode d'action que les ouvriers doivent employer pour arriver le plus promptement à une solution théorique et pratique de la question sociale. 16 pp. 8º. Marseille, Camoin, 1879.
— 3. Le problème social. 75 pp. 8º. Paris, Dentu, 1872.

Réponse au citoyen Cabet. (La vraie République, no. 85.)

Réponse (très sérieuse) à Timon, par M. le Cte. de Fla . . . . . 32º. Paris, Delaunay, 1838.

Réponse de Rothschild I. roi des juifs à Satan dernier roi des imposteurs (par Frissard). 36 pp. 8º. Paris, Ballay ainé, 1846.

Report of the proceedings of the festival in commemoration to the centenary birthday of Robert Owen, the philanthropist, held at Freemason's Hall, London, May 16, 1871. Will. Pare Esq. in the chair. To which is added Mr Owens „Outline of the rational system of society". 8º. London, E. Truelove, 1871.

Report (The first annual) of the Commissioner of labor. Industrial depression. 8º. Washington 1886.
— (Second annual). Convict labor. 8º. Washington 1887.
— (Third annual). Strikes and lockouts. 8º. Washington 1888.

Report (Fourth annual). Working women in large cities. 8°. Washington 1888.

Report of the meetings of the congress of the Advanced minds of the world, convened by Rob. Owen, held in St. Martins Hall, Long Acre, and in the Literary and Scientific Institution, John Street, Fitzroy Square from the 12. to the 25. of the May 1857. 8°. London, Effingham Wilson, 1857.

Report (Eleventh and final) of the Royal Commissioners appointed to inquire into the organization and rules of trades-unions and other associations together with an Appendix. 8°. London 1869.

Report of trades' societies and strikes. 8°. London, Parker and Son, 1860.

Report on the strikes and lock-outs of 1889 by the labour correspondent of the board of trade. (Parl. pap.) fol. London, printed by Eyre and Spottiswoode, 1890.

Reports, friendly societies, industrial and provident societies and trades-unions. 1883. Part A and B. gr.-8°. London, printed by Henry Hansard and Son. (Ordered by the House of Commons to be printed, 6. Aug. 1884.)

Représentant du peuple (Le), journal des travailleurs. Rédact.-fondat.: Ch. Fauvety et J. Viard. 3 nos. fol. Paris, 27—29 févr 1848.
Le 1 avril 1848 parut:
Le Représentant du peuple, journal quotidien (et hebdomadaire) des travailleurs. Gérant: L. Vasbenter; rédact. J. Proudhon, Ch. Fauvety, J. Viard, Darimon, Langlois, J. Le Chevalier, Lachambaudie, etc. 108 nos. fol. 1 avril — 21 août 1848.
Le Répresentant du peuple ne fut point compris dans les journaux suspendus le 27 juin; mais il s'effaça de lui-même du 10 juillet au 9 août, pendant un mois. Suspendu le 21 août, il essaya de reparaître à Lyon, quelques jours après; mais il fut saisi dés son début. Il tenta alors de se reconstituer à Paris sous le titre:
Le Peuple. Division des fonctions. Indivisibilité du pouvoir. Rédact. en chef: P. J. Proudhon. fol. Mais le no.-spécimen, publié le 2 sept., fut saisi le 3, pour avoir paru sans cautionnement. Le „Peuple" ouvrit allors une souscription pour s'en procurer un, et pendant ce temps son rédacteur en chef écrivit dans le Peuple souverain de Lyon. Enfin il put reparaître le 1 novembre 1848 sous ce titre:
Le Peuple, journal de la république démocratique et sociale. 206 nos. fol. 1 nov. 1848 — 13 juin 1849. Continué par
La Voix du peuple, 1 oct. 1849 — 14 mai 1850. 203 nos. fol. Avec un no.-spec. du 25 sept. Dans le 1. no., une lettre de Proudhon à ses anciens collaborateurs datée de Saint-Pélagie, 30 septembre, et qui se termine ainsi: „Si j'avance, suivez moi; si je recule, tuez moi; si je meurs, vengez moi". Continué par
Le Peuple de 1850. 33 nos. fol. 14 juin — 13 oct. 1850. Avait les mêmes rédacteurs que les précédents, et de plus un conseil de rédaction composé de MM. Michel (de Bourges), E. Baune, Boysset, Coltavru, Deflotte, Eugène Sue, Edgar Quinet et Madier de Montjan (aîné).

Républicain (Le), fondé par le Peuple, rédigé par M. Cabet et par un grand nombre d'écrivains républicains socialistes. Paraîtra tous les dimanches, puis deux ou trois ou quatre ou cinq fois par semaine en attendant qu'il puisse être quotidien. No. 1, samedi 11 oct. 1851, no. 2, 18 oct. 1851. fol.
Cont. d'un format plus grand avec le titre: „Le Républicain, fondé par le Peuple et pour le Peuple. Rédigé par une association d'écrivains et d'ouvriers". No. 1, samedi 25 oct. 1851, no. 6, samedi 20 nov. 1851. hebdomadaire. Continuation du „Populaire".

Républicain (Le vrai), ou le Défenseur des droits du peuple, par Ant. Galland. 8°. Paris, An IV.

Républicain (Le), journal d'observation des sciences sociales, et revue politique, par J. J. Fazy. 2 nos. gr.-4°. Paris 1833.

Republican (The). 14 vol. 8°. London, printed and published by Rich. Carlile. Aug. 27, 1819 — Dec. 29, 1826.

Republican (The). A magazine advocating the sovereignty of the people. Edited by C. G. Harding. Vol. I. 8°. London, J. Watson, 1848.

Republik (Die). Heidelberg, 1. April 1848 — Juli 1849. Täglich.

Republik der Arbeiter. Hrsg. von W. Weitling. New York 1851—54.

Republikaner (Der), von A. Prinz. gr.-fol. Hamburg, April—Dec. 1848. 39 Nrn. Jänner—März 1849 als demokrat. Zeitung. Altona.

République (La), journal du soir. Liberté de la presse, réforme électorale, organisation du travail, association des peuples, éducation pour tous. Ordre, liberté, progrès. Réd. en chef: Eugène Bareste. Collaborateurs: Chatard, Laurent de l'Ardèche, J. Langlois etc. 8 vol. fol. Paris, 26 févr. 1848 — 2. déc. 1851.
(Un des organes les plus ardents des doctrines socialistes.)

République (La) démocratique et sociale de Lichtenbourg. 12°. Paris, Lachaud, 1873.

République occidentale. Ordre et progrès. Rapport à la société positiviste par la commission chargée d'examiner la nature et le plan du nouveau gouvernement révolutionnaire de la République française. 8°. Paris 1848.

République (La) sociale, organe des revendications de la démocratie républicaine. Bi-hebdomadaire. No. 1, 30 sept. 1885. fol. Saint-Etienne, impr. Ménard.

République (La jeune) démocratique et sociale, par Jules Ferrand. 14 juin 1848. Programme. fol. Paris.

République (La) démocratique et sociale. No. 1, 20 déc. 1883. Paraît les jeudis et dimanches. fol. Paris.

République (La) et les républicains; les Saint-Simoniens; les socialistes; les Fouriéristes; les Icariens, etc. 8°. Paris, Garnot, Barba, 1848.

République (La vraie), par le citoyen Thoré, avec la collaboration de Pierre Leroux, George Sand, Barbès etc. 104 nos. fol. 26 mars — 21 août 1848.
N'a pas paru les 25 et 26 juin. — Suspendue le 27, reprise le 9 août, suspendue de nouveau le 21 du même mois, elle fut reprise le 29 mars 1849 sous le titre de:
Journal de la vraie République. Réd.: Thoré. 77 nos. fol. 29 mars — 13 juin 1849.

République (La vraie), organ du parti ouvrier socialiste révolutionnaire crestois, paraissant le mardi et le samedi. No. 1, 12 avril 1884. pet.-fol. Brest.

Resch, Peter, Die Internationale. Studie. gr.-8°. Graz, Moser, 1886.

Response to the call of the national labor union for essays on the following subjects: strikes, cooperation, the public domain etc. 8°. Boston 1871.

Resultate (Die) des Maschinenwesens, namentlich in Bezug auf wohlfeile Production und vermehrte Beschäftigung. (Aus dem Engl. übersetzt.) gr.-8°. Lübeck, v. Rohden's B., 1833. 2. unveränd. Aufl. gr.-8°. Ebd. 1834.

Results (The) of machinery namely cheap production and increased employment exhibited, being an address to the workingmen of the United Kingdom. 3. edit. 12°. London 1831.

Rétif de la Bretonne. Vide: Découverte (La) australe.

Retouret. Vide: Le Globe 1831 et 1832.
— — Reynaud.
— — Saint-Simonisme: Prédications.

Retraite de Mesnilmontant, 6 juin 1832: Parole du Père. — Chants: Avant le repas. Après le repas. (Em. Barrault, apôtre.) — Appel (Bergier). — Le retour du Père, 6 juin 1832 (Rosseau). 12 pp. 8°. s. l. s. a. (impr. d'Everat).

Reuleaux, Prof. F., Die Maschine in der Arbeiterfrage. (Sociale Zeitfragen, 2. Heft, 1885.)
— Vide: Fabian, H. W.: Prof. Reuleaux und C. Marx.

Revanche (La) du forçat, organe de fédération socialiste révolutionnaire de la région du Nord. No. 1, 15 juillet 1883. pet.-fol. Roubais, Desmedt.

Réveil du peuple (Le), journal des intérêts populaires, fondé par une société d'ouvriers. 2 nos. fol. Paris, 19—22 mars 1848.

Réveil (Le) républicain de Limoges, journal des réformes politiques, économiques et sociales, paraissant tous le 15 jours. No. 1, 13 juillet 1884. 4°. Limoges, Ussel et Tarnaud.

Revel, Cesare, Il libro dell'operaio ovvero i consigli di un amico dedicato agli operai. 3. ediz. 16°. Torino 1873. 4. ediz. 16°. Torino 1874.

Review (The Rational Quarterly), conducted by Rob. Owen. 4 Nr. 8°. London, J. Watson, 1853. (Nr. 1, Febr. No. 2, May, Nr. 3, August, Nr. 4, November.)

Révillon, Férdinand, Chants révolutionnaires patriotiques et sociaux français et épisodes politiques de 1780 à 1877. 1. édit. 8°. Genève 1877.

Revolt (The) of the bees. gr.-8°. London, Longman etc., 1826. 3. edit. gr.-8°. Ibid. 1839. 4. edit. gr.-8°. Ibid. 1850. Vide: Morgan 5.

Révolte (La). Paris 1887—89. (Journal.)

Révolté (Le). Genève et Paris 1879—1887. (Journal.)

Revolution (Die). Monatsschrift. Hrsg. von J. Weydemann. New York, 1852.

Revolution (Die) im Jahre 1848. In zwanglosen Heften hrsg. von Karl Grün. I. Heft. A. u. d. T.: Die französ. Februarrevolution. Nach dem Franz. des P. J. Proudhon. Von Karl Grün. gr.-8°. Trier, Lintz, 1848.
(Nur 1 Heft publicirt worden.)

Révolution (La), journal hebdomadaire, politique, économique et financier. No. 1, 26 juin 1886. fol. Marseille.

Révolution (La) démocratique et sociale. Ch. Delescluze, rédacteur en chef, A. Dalican, directeur. 216 nos. fol. 7 nov. 1848— 13 juin 1849.
<small>Plus deux nos. extraordinaires intitulés le 1.: Jean Pierre, laboureur à la Ville-aux-Bois, à M. le Président de la république; et le 2.: Anniversaire du 24 février 1848. Banquet.</small>

Révolution (La) future. (Journal de la vraie République, no. 36.)

Révolution (La) pacifique. (Journal de la vraie République, no. 60.)

Révolution (La) et la question sociale; par un clérical. 8°. Poitiers, Oudin, 1881.

Révolution (La) sociale, organe des travailleurs algériens. No. 1, 21 avril 1889. Bi-mensuel. fol. Constantine, impr. Poulet.

Révolution sociale, pamphlet hebdomadaire, par Édouard Gorges. 2 nos. 32°. Paris, 10 mars 1848.

Révolution (La) sociale, son principe, sa constitution, son programme. 1. fascicule. 8°. Paris, rue du Croissant, 1880.

Révolution sociale (La). Paris 1880—81.

Revolution (The) in France, a warning to the aristocracy and the middle classes of England. 8°. London, Eff. Wilson, 1848.

Revolutionen (Die) der Gegenwart. 1848. Eine genaue und zusammenhängende Darstellung der Bewegungen in Europa. Nebst allen darauf bezüglichen Actenstücken, Proclamationen, Documenten, Verhandlungen etc. Hrsg. von mehreren Publicisten. 6 Hefte und 1 Suppl. 8°. Berlin, Hempel, 1848.

Révolutionnaires (Les) et les premiers congrès. 8°. London 1876.
<small>Réimpr. dans: Mermeix, La France socialiste. 1886.</small>

Revue anarchiste internationale, paraissant le 20. de chaque mois. 1884—1885. 8°. Bordeaux, impr. Rapin.

Revue antipatriote (La). Paris 1884.

Revue démocratique. Liberté, égalité, fraternité. Réd. Paquin. 2 tom. en 1 vol. 32°. Oct. et nov. 1840.
<small>(Son gérant fut condamné, par arrêt de la cour d'assises du 30 novembre, à 3 ans de prison et 6000 fr. d'amende, pour attaques contre les droits constitutionnels du roi et contre la propriété etc. Hatin.)</small>

Revue indépendante, publiée par Pierre Leroux, George Sand et Louis Viardot. 1 nov. 1841 — 24 février 1848. 39 vol. gr.-8°, y compris 3 vol. de bibliographie.
<small>(Fondée pour et par la démocratie. Pierre Leroux acheva de développer dans ce recueil ses doctrines sur les principales questions de la philosophie, déjà exposées dans „l'Encyclopédie nouvelle", qu'il dirigeait. George Sand, Viardot et d'autres de cette nuance, y traitèrent au point de vue démocratique, et avec un remarquable talent, toutes les questions à l'ordre du jour. Publia le 24 février 1848 un no. extraordinaire composé d'un seul article „La victoire du peuple sur la royauté: inauguration de la république", par Pascal Duprat. Hatin.)</small>

Revue du progrès politique, social et littéraire; par Louis Blanc, rédacteur en chef gérant. 8°. Paris 1839—1842.

Revue du progrès social, recueil mensuel politique, philosophique et littéraire, publié par M. Jules Lechevalier. 1834. 3 vol. 8°. (12 livraisons de janvier à décembre; tout ce qui a été publié.) Paris, au bureau du journal et chez Bachelier.

Revue républicaine, journal des doctrines et des intérêts démocratiques, publiée par A. Marchais et Dupont. 10 avril 1834 — juin 1835. Paris. 5 tomes en 3 vol. 8°.

Revue rétrospective, ou archives secrètes du dernier gouvernement 1830—1848. Recueil non périodique. 4°. Paris, Paulin, mars 1848. 33 nos.

Revue sociale, journal de la civilisation et de ses progrès. 8°. Paris 1834.
<small>(Organe de la „Société de civilisation".)</small>

Revue sociale, politique, littéraire, artistique. Réd. en chef: Ch. Marchal. 8°. Paris, avril—juillet, 1843.

Revue sociale, ou solution pacifique du problème du prolétariat, par Pierre Leroux. 4°. Oct. 1845—1847.
<small>„Pour qui connaît Dieu, un journal est un temple. Nous consacrons cette revue à Dieu, sous l'invocation de l'égalité humaine."
(Interrompue à la 4. livraison de la 3 année, fut reprise en janvier 1850 par Jules Leroux. Paul Rochery et Louis Nétré, par le no. 5, année 3. Hatin.)</small>

Revue du socialisme chrétien, ou exposition de la théorie du christianisme considéré dans ses rapports avec les lois de l'univers, les traditions sacrées des peuples et la destinée sociale du genre humain. Aux savants, aux politiques, aux prêtres! Par Victor Galland. 7 nos. 8°. Paris, janvier —juillet, 1849.

Revue (La) socialiste, paraissant le 15 de chaque mois. No. 1, janvier 1885. 8°. Paris, impr. Bellenand, 1885. Année 2, 1886. Année 3, 1887.

Revue socialiste (La), paraissant le 20 de chaque mois. Administration et rédaction M. Léclus. No. 1, 20 janv. 1880. No. 13, 5 sept. 1880. gr.-8°. Lyon, impr. typogr. H. Albert.
<small>(Depuis no. 7, 5 juin 1880: „Organe bimensuel de la science sociale".)</small>

Rey, Joseph, 1. Des bases de l'ordre social. 2 vol. 8°. Angers, Lesourd; Paris, Videcoq, 1837.
— 2. Démocratie pacifique. 8°. Paris 1847.
— 3. Lettres sur le système de la coopération mutuelle et de la communauté de tous les biens, d'après le plan de M. Owen. 16°. Paris, Sautelet, 1828.

Reybaud, Louis, 1. Les agitations des ouvriers en Allemagne. (Journ. des Écon., 1875, janv.)
— 2. Le congrès des trades-unions à Leeds et l'esprit des classes ouvrières en Angleterre. (Journ. des Écon., 1874, févr.)
— 3. Études sur les réformateurs ou socialistes modernes. 1. édit. 1 vol. 8°. Paris, Guillaumin et Co., 1840. 3. édit. 1842. 5. édit. 1848. 7. édit. précédée du rapport de M. Jay et de celui de M. Villemain. 2.. vol. 12°. Ibid. 1864.
Tome I. Saint-Simon. — Charles Fourier. — Robert Owen. — Auguste Comte et la philosophie positive.
Tome II. La société et le socialisme moderne — Les communistes. — Les chartistes. — Les utilitaires. — Les humanitaires. — Les Mormons. (Cette nouvelle édition (7.) est augmentée de Nouvelles études sur Aug. Comte et sur les Mormons.)
— 4. Des idées et des sectes communistes. (Revue des Deux Mondes, 1 juillet 1842.)
— 5. De la liberté économique et des écoles socialistes. Avant-propos à la quatrième édition des „Études sur les reformateurs ou socialistes modernes". (Journ. des Écon., 1844, juin.)
— 6. Jérôme Paturot à la recherche de la meilleure des républiques. 4 vol. 12°. Paris, Lévy frères, 1848. Nouv. édit. entièrement revue et corrigée. gr.-8°. Ibid. 1848. Nouv. édit. entièrement revue et corrigée. 12°. Ibid. 1858. Nouv. édit. entièrement revue et corrigée. 8°. Paris, Calm. Levy, 1880.
— 7. Jérome Paturot auf dem Wege zur Aufsuchung der besten Republik. Aus dem Franz. übers. 4 Bde. 8°. Leipzig, Kollmann, 1848—49.
— 8. La politique allemande à propos des grèves d'ouvriers. (Revue des Deux Mondes, 15 juillet 1873.)
— 9. Socialistes. (Dict. de l'Écon. polit., 1854.)
— 10. Les socialistes modernes. I. Les Saint-Simoniens. (Revue des Deux Mondes, 1 août 1836.) II. Charles Fourier. (Revue des Deux Mondes, 15 nov. 1837.) III.

Robert Owen. (Revue des Deux Mondes, 1 avril 1838.)

Reybaud, Louis, 11. La société et le socialisme. La statistique, la philosophie, le roman. (Revue des Deux Mondes, 1 mars 1843.)
— Vide: Défense du Fourierisme.

Reynaud, Jean, 1. Appel aux hommes religieux. Vide: Saint-Simonisme: Prédications.
— 2. Sur la constitution de la propriété. Vide: Saint-Simonisme, Extraits de l'Organisateur, no. 15.
— 3. Dieu, toujours Dieu. Vide: Saint-Simonisme: Prédications.
— 4. Protestation. Vide: Saint-Simonisme, Extraits du Globe, t. II, no. 12, et Crises Saint-Simoniennes, no. 3.
— 5. De la société Saint-Simonienne. (Extrait de la Revue encyclopédique, no. de janvier 1832.) Vide: Saint-Simonisme, Crises Saint-Simoniennes, no. 8.
— Vide: Le Globe, 1831, no. 269.

Reynaud et Retouret, Dieu, toujours Dieu. Vide: Saint-Simonisme: Prédications.

Reynier, J., La crise ouvrière: travail et capital; dédié aux chambres syndicales. 8°. 16 pp. Lyon, l'auteur, 1879.

Reynolds, Georges, Les prolétaires de Londres, ou les martyrs du travail, imité de l'anglais par Azur-Dutil. 8°. Paris, Azur-Dutil, 1862.

Ribelli, Giovanni, Il papismo, padre del socialismo: riposta all' enciclica papale del 28 dicembre 1878. 16°. Firenze 1879.

Ribert, L., La démocratie selon M. E. Vacherot. 8°. Bruxelles; Lacroix, Van Meenen, 1861.

Ribot, P., Du rôle social des idées chrétiennes, suivi d'un exposé critique des doctrines sociales de M. Le Play. 2 vol. 8°. Paris, Plon et Co., 1878.

Ricardo. Vide: Fontenay, R. de: De la théorie.
— — Rodbertus: Ein Problem.
— — Rodbertus: Widerlegung d. Ricardoschen Lehre.
— — Verijn Stuart: Ricardo u. Marx.

Richard, Albert, 1. La politique socialiste et le devoir actuel de la république, discours prononcé à Tours (le 20 déc. 1881). fol. Tours, Arrault, 1882.
— 2. Le socialisme à propos des élections législatives de 1869. 4 pp. 4°. Lyon, impr. Regard, 1869.

Riche-Gardon, Luc. Pierre, 1. Doctrine démocratique. Traité des devoirs de l'homme et du citoyen, expliqués par leurs rapports, corrélatifs avec les droits naturels, sociaux et politiques. 8º. Paris, H. Souverain, 1850.

Riche-Gardon, Luc. Pierre, 2. Morale socialiste ou civile, mathématiquement expliquée par les lois providentielles du monde moral et synthèse sociale. 8º. Paris, Souverain, 1851.

Richter, Karl Thom., 1. Ueber die Entwicklung des Arbeiterstandes. Vortrag, gehalten am 25. Januar 1866 im nieder-österr. Gewerbe-Verein. 1. u. 2. Aufl. gr.-8º. Wien, Pichler's Wittwe u. Sohn, 1866.
— 2. Die sociale Frage auf der Weltausstellung im Jahre 1867. (Vierteljahresschrift f. Volkswirthsch. etc., 1867$_4$.)
— 3. Das Recht der Frauen auf Arbeit und die Organisation der Frauen-Arbeit. Ein Vortrag, gehalten am 10. Dec. 1866 im Frauenerwerb-Verein zu Wien. gr.-8º. Wien, Pichler's Wittwe u. Sohn, 1867. Mit einem Anh.: Ueber Ausstellungen der Frauenarbeit. Vortrag ebd. 2. verm. Aufl. gr.-8º. Ebd. 1869.

Richter, Emil, 1. Das Licht der Manchestristen. 8º. Leipzig 1873.
(Polemik gegen Prof. Frühauf, veranlasst durch dessen „Briefe über den Socialismus".)
— 2. Menschheit und Capital. Studien über Bewegung und Verhältnisse einflussreicher Erscheinungen des Lebens und der allgem. Entwickelung 1. Bd. gr.-8º. Berlin, Luckhart, 1872. 2. Bd. gr.-8º. Ebd. 1874 —78.

Richter, Eugen, 1. Die Irrlehren der Socialdemokratie, beleuchtet. gr.-8º. Berlin, Verlag „Fortschritt" A.-G., 1890.
— 2. Socialdemokratische Zukunftsbilder. Frei nach Bebel. gr.-8º. Berlin, Verlag „Fortschritt" A.-G., 1891.
— Vide: Raffalovich, A.: Après la victoire des socialistes.

Richter's (Eugen) socialdemokratische Zerrbilder beleuchtet von B. August. gr.-8º. Leipzig, E. Thiele, 1891.

Richter, Dr. L. Vide: Jahrbuch f. Socialwissenschaft.

Riehl, Louis, Socialisme et colonies. 8º. Paris, Robert, 1886.

Riehl, W. H., Der vierte Stand. (Deutsche Vierteljahrsschrift, 1850$_4$.)

Riesberg, C. Vide: Gegenwart (Die).

Rietmann, J. J., Socialistische Träume. 8º. St. Gallen, Huber u. Co., 1858.

Right of property, the natural and artificial right of property contrasted. 8º. London, B. Stell, 1832.

Rights (The) of labour and the nine hours' movement. By a Lady. Edinburgh 1871.

Rights (Our natural). A pamphlet for the people by one of themselves. 43 pp. 8º. Belfast 1836.

Ripari, Pietro, Il quarto stato. Dialogo. (Alm. Lib. Muratore, Anno VIII.) Milano, Battezzati.

Riposta di un socialista all' ultima enciclica di Leone XIII. (Supplemento alla „Plebe", no. 3 del 1879.) 8º. Milano 1879.

Ritter, Dr. (Waldenburg). Vide: Bergarbeiter-Ausstand.

Rittinghausen, 1. La législation directe par le peuple, ou la véritable démocratie. 8º. Paris, libr. phalanst., 1850.
— 2. La législation directe par le peuple et ses adversaires (Louis Blanc, E. de Girardin, P. J. Proudhon). 8º. Bruxelles, Gand et Leipzig, C. Muquardt, 1852.
— 3. Socialdemokratische Abhandlungen. 8º. Köln.
1. Heft: Philosophie der Geschichte. 1869. (2. Aufl., 1872.)
2. Heft: Ueber die Nothwendigkeit der directen Gesetzgebung durch das Volk. 1869.
3. Heft: Die unhaltbaren Grundlagen des Repräsentativsystems. 1869.
4. Heft: Ueber die Organisation der directen Gesetzgebung durch das Volk. 1870.
5. Heft: Widerlegung der gegen die directe Gesetzgebung durch das Volk gerichteten Einwürfe. 1872.

Rivista scientifico-internazionale del socialismo. D'ogni mese in opuscoli di almeno 32 pp. gr.-8º. Anno I., 1880 (?). Milano Ambrosoli.

Röbbelen, Past. H., Unsere Stellung zur Socialdemokratie. Referat, auf der Bezirkssynode zu Celle gehalten. gr.-8º. Celle (Hannover u. Celle, Schulbuchhandlung) 1891.

Robert, Charles, La question sociale. 136 pp. 32º. Paris, Bellaire, 1873.
(Forme le tome 10 de la Bibliothèque Franklin.)

Robert (du Var.), 1. Éléments de philosophie sociale, rédigés d'après les écrits de P. Leroux. Tome I. 8º. Paris, Prévot, 1841 —42.
— 2. Histoire de la classe ouvrière, ou histoire générale des révolutions depuis l'antiquité jusqu' à nos jours. 4 vol. 8º. Paris, Michel, 1845—49.

Robert (du Var.), 3. Histoire des classes ouvrières depuis les esclaves jusqu'au prolétaire d'aujourd'hui. 4 vol. 8°. Paris 1846 —1850.

Robespierre, Franç. Max. Jos.-Isid., 1. Déclaration des droits de l'homme et du citoyen, formulés par Max. Robespierre en 1793. fol. Paris, impr. Mme. Dondey-Dupré, 1848.
— 2. Réponse de M. Robespierre. Aux discours de M. M. Brissot et Quadet du 25 avril 1792, prononcés à la Société des amis de la constitution le 27 du même mois et imprimés par ordre de la Société. 16 pp. 8°. Paris s. a. (1792).
— 3. Oeuvres, avec une notice historique, des notes et des commentaires par Laponneraye; précédées de considérations générales, par Armand Carrel. 3 vol. 8°. Paris, chez l'éditeur, 1840.
— 4. Oeuvres de Robespierre recueillies et annotées par A. Vermorel. 18°. Paris, F. Cournol, 1866.
(Introduction. — Sur la liberté de la presse. — Sur le droit de tester. — Sur l'organisation des gardes nationales. — Sur le suffrage universelle. — Sur l'abolition de la peine de mort. — Sur la guerre. — Sur le parti à prendre à l'égard de Louis XVI. — Sur le projet de supprimer les fonds affectés au culte. — Sur l'instruction publique. — Sur la propriété. — Projet de la déclaration des droits de l'homme et du citoyen. — Sur la constitution. — Sur les principes de moral politique. — Sur le rapport des idées religieuses et morales avec les principes républicaines et sur les fêtes nationales. — Premier discours pour la fête de l'être suprême. — Seconde discours. — Rapport sur le manifeste des rois ligués contre la république. — Notes.)

Robidou, Bertrand, La république de Platon comparée aux idées et aux états modernes. 12. Paris, librairie internationale, 1869.

Robinet, Jean Franç. Eug., Notice sur l'oeuvre et sur la vie d'Auguste Comte. fort vol. 8°. 1860. 2. édit. 1864.

Rocha Guitlèrrez, R., La verdadera y la falsa democracia, doctrina constitucional y proyecto di constitucion politica para la república de Colombia. 8°. Corbeil, impr. Crété, 1887.

Rochat, Louis, Une solution du problème socialiste. Salaires élevés. Vie à bon marché. 8°. Paris, Guillaumin, 1851.

Rochau, A. v., Arbeitseinstellung. (Staatslexikon v. Rotteck-Welcker, 1856.)

Rochery, Paul, Théories sociales et politiques. 12°. Paris, Gust. Sandré, 1849.
— Vide: Mably: Théories sociales.

Rocholl, Dr. Heinr., Was predigt die Socialdemokratie der Kirche? Ein Vortrag, geh. auf dem Vereinstag der Freunde der positiven Union zu Berlin am 17. April 1885. gr.-8°. Magdeburg (Bonn, Schergens) 1885.

Rochoux, Armand, Organisation du travail. Solution présente. 8°. Paris, impr. Gratiot, 1848.

Röckel, A. Vide: Volksblätter.

Rodbertus-Jagetzow, Dr., 1. Zwei verschollene staatswirthschaftliche Abhandlungen. Neu hrsg. u. eingeleitet v. Dr. Max Quarck. gr.-8°. Wien, Pichler's Wittwe u. Sohn, 1885. (Aus „Deutsche Worte, hrsg. v. Pernerstorffer, 1885, 1. Heft.)
— 2. Ansichten über die Mittel zur Lösung der socialen Frage. Vide: Meyer, R.: Emancipationskampf des 4. Standes, I, p. 56.
— 3. Antwort an einen Kathedersocialisten, seine Auffassung der socialen Frage enthaltend. Vide: Meyer, R.: Emancipationskampf des 4. Standes, I, p. 58.
— 4. Bedenken gegen den von den Topographen Roms angenommenen Tract der Aurelianischen Mauer. Beitrag zur Untersuchung der Stärke der Bevölkerung des alten Rom. (Jahrb. f. Nat.-Oek. u. Stat., Bd. 23, 1874.)
— 5. Die sociale Bedeutung der Staatswissenschaft. Vide: Rodbertus. 1. social. Brief an v. Kirchmann, 1850.
— 6. Zur Beleuchtung der socialen Frage. I. Unveränderter Abdr. meines 2. u. 3. socialen Briefes an v. Kirchmann, enth. einen compendiösen Abriss meines staatswirthschaftl. Systems, nebst einer Widerlegung der Ricardo'schen und Ausführung einer neuen Grundrententheorie. gr.-8. Berlin, A. Schindler, 1875. 2. Aufl. hrsg. v. Mor. Wirth. gr.-8. Berlin, Puttkammer u. Mühlbrecht, 1890.
— 7. Handschriftl. Bemerkungen zur Orientirung über seine Beziehungen zu Lassalle. Von Ad. Wagner mitgetheilt in der Einleitung der Schrift: „Aus dem literar. Nachlass v. R. Rodbertus-Jagetzow, hrsg. von H. Schumacher-Zarchlin u. Ad. Wagner. I. Briefe von F. Lassalle an Rodb.-Jag. Mit einer Einleitung von Ad. Wagner. Berlin, Puttkammer, 1878.
— 8. Offener Brief an das Komité des deutschen Arbeitervereines zu Leipzig. 8°. Leipzig, O. Wigand, 1863.
— 9. Sociale Briefe an Kirchmann. 3 St.

Rod

8⁰. Berlin, Gerhard (jetzt Grobe), 1850/1.
1. Brief. Die sociale Bedeutung der Staatswirthschaft.
2. Brief. Kirchmann's sociale Theorie und die meinigen.
3. Brief. Widerlegung der Ricardo'schen Lehre von der Grundrente und Begründung einer neuen Rententheorie.

Rodbertus-Jagetzow, 10. Briefe und socialpolitische Aufsätze. Hrsg. von Dr. Rud. Meyer. 2 Bde. 8⁰. Berlin, Klein, 1882, s. a. Vorrede 1880.
— 11. Briefwechsel zwischen Rodbertus u. dem Architecten Peters. Vide: Wagner in d. Aufsatz: Rodb.-Jag. über den Normal-Arbeitstag. (Zeitschr. f. d. ges. Staatswiss. 1878.
— 12. Briefwechsel zwischen Rodbertus u. dem Minister für die landwirthschaftl. Angelegenheiten Dr. Friedenthal. Mitgetheilt von O. Beta in seiner Schrift: „Die wirthschaftl. Nothwendigkeit und politische Bedeutung einer deutschen Agrarverfassung". Berlin 1878.
— 13. Zur Erkenntniss unserer staatswirthschaftl. Zustände. 1. Heft: Fünf Theoreme. gr.-8. Neubrandenburg, Barnewitz, 1842.
— 14. Zur Erklärung und Abhülfe der heutigen Kreditnoth des Grundbesitzes. I. Die Ursachen der Noth. gr.-8⁰. Berlin, 1868. (Jena, F. Mauke.) II. Zur Abhülfe. gr.-8⁰. Ebd. 1869. 2. Ausg. gr.-8⁰. Jena, Mauke, 1876.
— 15. Zur Frage und Geschichte des allgemeinen Wahlrechts. Ein vergessener Aufsatz von Rodbertus, mitgetheilt und mit Beziehung auf Prof. Dietzel's Buch: „Karl Rodbertus, Jena 1886/8" eingeleitet von Mor. Wirth. (Deutsche Worte 1890.)
— 16. Zur Frage des Realkredits. (Norddeutsche Allg. Ztg. 1868, Nr. 19.)
— 17. Zur Frage des Sachwerthes des Geldes im Alterthum. (Jahrb. f. Nat.-Oek. u. Statist., Bd. 14, 15, 1870.)
— 18. Die preussische Geldkrisis. gr.-8⁰. Anclam, Dietze, 1845.
— 19. Die neuesten Grundtaxen des Herrn Bülow-Cummerow mit Rücksicht auf Steuerverwaltung. gr.-8⁰. Anclam, Dietze, 1847.
— 20. Die Handelskrisen und die Hypothekennoth der Grundbesitzer. gr. 8. Berlin, F. Schneider, 1858.
— 21. Kirchmann's sociale Theorie und die meinige. Vide: Rodbertus sociale Briefe a. v. Kirchmann, (2.) 1850.
— 22. Für den Kredit der Grundbesitzer.

Eine Bitte an die Reichsstände. gr.-8⁰. Berlin, Schneider in Comm., 1849.
Rodbertus-Jagetzow, 23. Was waren mediastini? Und woher der Name? (Jahrb. f. Nat.-Oek. und Statist., Bd. 20, 1867.)
— 24. Briefliche Mittheilungen von Rodbertus an Ad. Wagner, veröffentlicht von Letzterem in dem Aufsatz: Einiges von und über Rodb.-Jag. (Zeitschr. f. ges. Staatswiss. 1878.)
— 25. Aus dem liter. Nachlass von Carl Rodbertus-Jagetzow. Hrsg. v. H. Schumacher Zarchlin u. Ad. Wagner. Bd. I. Briefe von Ferd. Lassalle an Carl Rodbertus-Jagetzow. Mit einer Einleitung von Ad. Wagner. gr.-8⁰. Berlin, Puttkammer u. M., 1878.
— 26. Aus dem liter. Nachlass. Bd. II. Das Kapital. 4. socialer Brief an von Kirchmann. gr.-8⁰. Berlin, Puttkammer u. M., 1884.
— 27. Aus dem liter. Nachlass von R. J., hrsg. von A. Wagner und Th. Kozak. Bd. III. Zur Beleuchtung der socialen Frage. Teil II. Nebst einem älteren Aufsatz: Die Forderungen der arbeitenden Klassen (1837) und einem Sendschreiben an den Londoner Arbeiterkongress (1862). gr.-8⁰. Berlin, Puttkammer u. M., 1885.
— 28. Aus Rodbertus' Nachlass. Hrsg. und mit einem Nachworte versehen vom Wirkl. Geh. Ob.-Reg.-R. Herm. Wagener. gr. 8⁰. Minden, Bruns, 1886.
— 29. Der Normalarbeitstag. (Sep.-Abd. aus der „Berliner Revue".) 8⁰. Berlin, Hickethier, 1871.
— 30. Ein pathologisches Princip. (Berliner Revue, 1873?)
— 31. Ein Problem für die Freunde der Ricardo'schen Grundrententheorie. (Jahrb. f. Nat.-Oek. u. Stat., Bd. 14, 1870.) Dann abgdr. pp. 112—113 d. Abdr. des 3. Briefes in Kirchmann.
— 32. Reclamation Rodbertus' wegen Schutzzöllnerei. (Entnommen d. „Schles. Presse", abgedr. in d. „Augsb. Allg. Ztg.", 1875 v. 26. Oct., Nr. 299.)
— 33. Für das Rentenprincip. (Norddeutsche Landwirthschaftl. Ztg., 1870, 17. u. 24. Sept., 1. u. 5. Oct.)
— 34. Kleine Schriften. Mit einem Anhang: Aufruf an die Deutschen von Jos. Mazzini. Hrsg. von Mor. Wirth. gr.-8⁰. Berlin, Puttkammer u. Mühlbrecht, 1890.

1) Die preuss. Geldkrisis. 1845. 2) Für den Kredit des Grundbesitzers. 1847. 2) Die neuesten

Grundtaxen des H. v. Bülow-Cumerow. 1847. 4) Mein Verhalten in dem Conflict zwischen Krone und Volk. 1849   5) Die Handelskrisen und die Hypothekennoth der Grundbesitzer. 1858. 6) Erklärung. 1861. 7) Seid deutsch. 1861. 8) An Mazzini. 1861. 9) Was sonst? 1861. 10) Offener Brief an das Centralkomitee des deutschen Arbeitervereines zu Leipzig. 1863. 11) Der Normalarbeitstag. 1871. 12) Anhang.

Rodbertus-Jagetzow, 35. Untersuchungen auf dem Gebiete der Nationalökonomie des klassischen Alterthums. (Jahrb. f. Nat.-Oek. u. Statist., Bd. 2, 4, 5, 8, 1863—67.)
— 36. Mein Verhalten in dem Conflict zwischen Krone und Volk. An meine Wähler. gr.-8°. Berlin, Schneider u. Co., 1849.
— 37. Ein Versuch, die Höhe des antiken Zinsfusses zu erklären. (Jahrb. f. Nat.-Oek. u. Statist., Bd. 42, 1884.)
— 38. Widerlegung der Ricardo'schen Lehre von der Grundrente und Begründung einer neuen Renten-Theorie. Rodbertus: Sociale Briefe an v. Kirchmann (3), 1851.

Rodbertus und die Arbeiterversicherung. (Neue Zeit, 1. Jahrg., 1883.)

Rodbertus' Normalarbeitstag (Ueber). Von Hn. (Vierteljahresschrift f. Volkswirthsch. etc., 1878₄.)

Roderich, Es ist zu spät. Politisches Trauerspiel. 8°. Leipzig, W. Jurany, 1848.

Rodrigues, Olinde, 1. Appel. Vide: Saint-Simonisme, Extraits du Globe, vol. 2, no. 11.
— 2. Le disciple de Saint-Simon aux Saint-Simoniens. 13 févr. 1832. Vide: Saint-Simonisme: Crises Saint-Simoniennes, no. 10.
— 3. Le disciple de Saint-Simon aux Saint-Simoniens et au public. Daté: Paris, le 13 février 1832. Vide: Saint-Simonisme: Crises Saint-Simoniennes, no. 11.
— 4. De l'industrie. (Extrait du vol. publiée par Saint-Simon à la fin de 1824, intitulée: Opinions littéraires, philosophiques et industrielles.) (Le Globe, 1831, no. 327 et 328.)
— 5. De l'organisation des banques à propos du projet de loi sur la banque de France. 8°. 1840.
— 6. Organisation du travail et des banques. — Association du travail et du capital ; Moyen de réalisation. Deux placards signés O. Rodrigues et affichés sur les murs de Paris en mars 1848.
— 7. Poésies sociales des ouvriers, réunies et publiées par O. Rodrigues. gr.-8°. Paris, Paulin, 1841.

Rodrigues, Olinde, 8. Olinde Rodrigues à M. Chevalier. Lettres en date des 12, 17 et 18 mars 1832. 8 pp. Impr. chez Lachevardière. Vide: Saint-Simonisme, Crises Saint-Simoniennes, no. 12.
— 9. Projet de constitution populaire pour la république française, suivi des projets, des lois organiques sur la constitution des banques, l'association du capital et du travail, et le mariage, et de développements sur la bourse et la crise financière, et sur les droits politiques des femmes. 8°. 1848.
— 10. Théorie des banques. 8°. 1848.
— 11. Théorie de la caisse hypothécaire, ou examen du sort des emprunteurs, des porteurs d'obligations et actionnaires de cet établissement. 48 pp. 8°. Paris. Delaunay, 1820. En société avec M. Maas.
— 12 Oeuvres de Saint-Simon. T. I et II. 8°. Paris, Naquet, 1832.
— Vide: Paroles d'un mort.
— — Patriote (Le) de 1840.

Roederer, le Cte. Pierre Louis, 1. Discours sur le droit de propriété, lus au Lycée les 9 déc. 1800 et 18 janv. 1801. 8°. Paris. Didot, 1839.
— 2. De la propriété considérée dans ses rapports avec les droits politiques. 18°. 2. édit. Paris, Hect. Bossange, 1830.

Rogeard, A , Les propos de Labienus. (Ouvrage publié par le journal „La Rive Gauche" paraissant à Paris.) 8°. Londres 1869.

Rogers, Prof. Th., Contemporary socialism. (The Contemporary Review, January 1885.)

Rohleder, Franz, Die Pariser Commune vor der Deputirtenkammer in Versailles. Generaldebatte über die Amnestie-Anträge und Rede Raspail's (Vater) vom 16.—18. Mai 1876. Nach dem amtlichen Bericht ins Deutsche übertragen. 8°. Braunschweig, Bracke jr., 1876.

Rohmer, Friedr., Der 4. Stand und die Monarchie. gr.-8°. München, Georg Franz, Ende März 1848.

Roland, Mᵐᵉ Pauline, 1. Programme d'une éducation socialiste. 4°. Paris, G. Sandré, 1849.
— 2. Réponse d'une morte à P. J. Proudhon. (L'Espérance, livr. II, 1858.)
— 3. Thomas Morus. (Revue indépendante, 1846. août, sept.)
— Vide: Peuple, no. 10 etc.

Roldan-Lopez, D. Eusebio, La Internacional y la iglesia. Obra la premiada por la junta diocesana del apostolado de la prensa en Barcelona. Barcelona 1878.

Rolleston, E., The land monopoly; Land, taxation and pauperism. With a chapter on Ireland. 8°. London, Heywood, 1881.

Romang, J. P., 1. Die Bedeutung des Communismus. Aus dem Gesichtspunkte des Christenthums und der sittlichen Cultur gewürdigt. Ein Vortrag, gehalten in der schweizer. Predigergesellschaft. gr.-8°. (Zürich, Schulthess) Bern 1847.
— 2. Anmerkungen und Zugaben zu dem Vortrage über die Bedeutung des Communismus. 8°. Bern, Stämpfli'sche Buchh., 1848.

Romieu, A., Le spectre rouge en 1852. 2. édit. 18°. Paris, Ledoyen, 1851. 3. édit. Paris, Ledoyen, 1851.

Ronge, Jhs., 1. Aufruf an die deutschen Männer und Frauen nebst Grundbestimmungen der freien Kirche. gr.-8°. Hamburg, Niemeyer, 1850.
— 2. Das Verhältniss der jungen Kirche zur socialen Frage. gr.-8°. München, Franz, 1848.
— 3. Ein Zuruf an die Nichtbevorrechteten. 8°. Breslau 1848.

Roscher, W., Betrachtungen über den Socialismus und Communismus. (Schmidt's Zeitschr. f. Geschichtswiss., 1845.)

Rosé, Alex., Auf der Hochwacht der Freiheit und des Rechts. Geschrieben im Kerker 1875. 8°. Olmütz, Selbstverl. d. Verf., 1875.

Rose, Henry, Henry George, a biographical, anecdotal and critical sketch. 8°. London 1884.

Rosenkranz, K., 1. Platon und die Platonische Republik. (Staatslexikon von Rotteck u. Welcker, 1864.)
— 2. J. J. Rousseau. (Staatslexikon von Rotteck u. Welcker, 1865.)

Rosenstein, J., Zur neuesten Geschichte des englischen Gewerkvereinswesens. (Gegenwart, Bd. 38, 1890.)

Rosenthal, Herm., Der Hungerschutz. Ein Vorschlag zur Befestigung des Bestehenden, Bekämpfung der Socialdemokratie und Hungerstillung des armen Mannes. gr.-8°. Berlin, H. Peters Verl., 1888.

Rosmini-Serbati, Antonio, Il comunismo ed il socialismo. Ragionamento. 8°. Firenze 1849.

Rosmini di Serbati. La società e il suo fine. Milano 1839.

Rossbach, J. J., 1. Vier Bücher der Geschichte der Familie. 8°. Nördlingen 1859.

Rossbach, J. J., 2. Die sociale Frage. Ein Vortrag mit Anmerkungen. 1. u. 2. Aufl. gr.-8°. Würzburg, Julien, 1864.
— 3. Geschichte der Gesellschaft. 8 Thle. 8°. Würzburg, Stuber, 1868—75.
1) Die Aristokratie. 2) Die Mittelklassen im Orient und im Mittelalter der Völker des Occidents. 3) u. 4) Die Mittelklassen in der Culturzeit der Völker. 5) Der 4. Stand und die Armen. 1. Abth. 6) Der 4. Stand und die Armen. 2. Abth. 7) Der 4. Stand und die Armen. 3. Abth.: Der Communismus und Socialismus. Zur Lösung der socialen Frage. 8) Vom Geiste der Geschichte.

Rosser, C., Thoughts on the new era of society. A lecture delivered at Mr. Owen's Institution, on Sunday evening, Nov. 13, 1831, On the new era of society, 16 pp. 1831.

Rossi, Aless., Questione operaia e questione sociale. 16°. Torino 1879.

Rossignol, S., De l'avenir de l'ouvrier ou considérations sur l'amélioration du sort des travailleurs. 8°. Paris, impr. Bautruche, 1848.

Rossmässler, E. A., Ein Wort an die deutschen Arbeiter. 8°. Berlin, Alex. Jonas, 1863.

Rothe, G. Vide: Volkstribun (Thüringer).

Rouanet, G., 1. L'Évolution de H. George. (Revue socialiste, oct. 1887.)
— 2. Henry George et Gronlund. (Revue socialiste, août 1887.)
— 3. Un livre socialiste américain. (The co-operative Commonwealth by Laurence Gronlund). (Revue socialiste, fevr. 1887.)
— 4. Le matérialisme économique de Marx et le socialisme français. (Revue socialiste, mai, juin, juillet, sept. et nov. 1887.)
— 5. Le travail des femmes et des enfants. (Revue socialiste, août et sept. 1886.

Roubaud, A., Extrait de la réorganisation sociale, d'après laquelle il n'y aura plus sur la terre de pauvres et des malheureux, d'esclaves et de tyrans. 18°. Avignon, Peyri, 1849.

Rouchot, Histoire du communisme et du socialisme. Vol. I. 8°. Paris 1889.

Rouen, P. J. Vide: Le Producteur (articles).

Rouffiac, Souvenirs de la Commune. 8°. Paris 1883.

Rougier, J. C. Paul, Les associations ouvrières; étude sur leur passé, leur présent, leurs conditions de progrès. 8°. Paris, Guillaumin et Co., 1864.

Rousseau, J. J., 1. Du contrat sociale, ou principes du droit politique. 8°. Frankfurt (Schäfer) 1762. 8°. Amsterdam, chez

Marc Michel Rey, 1762. 12°. Strassburg, Levrault, 1791. 12°. Leipzig, Er. Fleischer, 1796. N. A., 1818. 12°. Paris 1836.

Rousseau, J. J., 2. Le contrat social ou principes du droit politique. Avec des notes, éclaircissements historiques etc. Considérations sur le gouvernement de Pologne et sur sa réformation projetée en avril 1772. Lettre à M. Butta-Foco sur la législation de la Corse. Extrait du projet de Paix perpétuelle de M. l'abbé de Saint-Pierre. Jugement sur la Paix perpétuelle. Polysynodie de l'abbé de Saint-Pierre. Jugement sur la Polysynodie. 8°. Paris, P. Pourrat frères, 1839.

— 3. Treatise on the social contract. 12°. London 1763.

— 4. Der gesellschaftliche Vertrag, oder die Grundregeln des allgem. Staatsrechtes; aus dem Franz. mit Anmerk. von C. F. Geiger. 8°. Marb. 1763.

— 5. Gedanken von dem gesellschaftlichen Leben der Menschen, oder Staatsrecht. 8°. Marb., Müller, 1763.

— 6. Vom gesellschaftlichen Vertrage, oder über die Grundsätze der Staatslehre; aus dem Französ. von Fr. W. Jung. 8°. Frankfurt a/M., Schäfer, 1800.

— 7. Ueber den Gesellschaftsvertrag oder Grundzüge des Staatsrechtes. Deutsch v. A. Marx. 16°. Leipzig, O. Wigand, 1843. (Der französische Classiker. Neue correcte und wohlfeilste Ausg. Rousseau's Werke, 10. Thl.) 4. Aufl., 1862.

— 8. Der Gesellschaftsvertrag oder die Grundsätze des öffentlichen Rechts. Nach dem französ. Originale von M. Frhrn. v. Rast. 8°. Berlin 1873.

— 9. E contrato social, ó principios de derecho politico. Londres 1799, Valencia 1812. Traducido del francés por J. M. Madrid 1880.

— 10. Discours sur l'origine et les fondements de l'inégalité parmi les hommes. gr.-8°. Amsterdam, Marc Michel Rey, 1755. 32°. Paris, libraire de la Bibliothèque nationale, 1867. (Forme le tome 101 de la „Bibliothèque nationale".)

— 11. Discurso sobre el origen y los fundamentos de la desigualdad de condiciones entre los hombres, puesto en castellano por M. Madrid 1822.

— 12. Extrait du projet de Paix perpétuelle de Mons. l'abbé de Saint-Pierre. 8°. s. l. 1761.

— 13. Lettres écrites de la Montagne. 2 parties. gr.-8°. Amsterdam, M. Mich. Rey, 1764; autre édit. ibid. 1765.

Rousseau, Louis, Croisade du XIX. siècle. Appel à la piété catholique à l'effet de reconstituer la science sociale sur une base chrétienne; suivi de l'exposition critique des théories phalanstériennes. gr.-8°. Paris, Debécourt, 1841.

Rousseau, P. Janet, Examen critique du Contrat social de J. J. Rousseau. 8°. Paris, 1853.

Rousseaux, avec M. Bicant, Aux travailleurs. Réfutation des principes de M. Louis Blanc sur l'organisation du travail. 8°. Paris, Martinon, 1848.

Roussel, E. F., et P. Barthels, L'ouvrier belge et la société l'Internationale. 16°. Anvers, J. De Cort, 1869.

Roussel, Napoléon, 1. Encore l'égalité. Quelques mots aux travailleurs. 8 pp. 16°. Nice, impr. Gauthier et Co., 1872.

— 2. Les grèves. Quelques mots aux travailleurs. 8 pp. 18°. Nice, impr. Gauthier et Co., 1872.

Rousselet. Vide: Les sabbats des anarchistes.

Rouvin, Charles, Les sophismes sociaux. 8°. Paris, Delahaye, 1873.

Roux, Xavier, 1. Leon Gambetta u. Karl Marx. Enthüllungen über das Treiben der Internationale, der Freimaurer, sowie der geheimen Secten überhaupt. Nebst Brief einer Nihilistin aus Sibirien. 2. Aufl. 8°. Leipzig, C. Minde, 1880.

— 2. Les utopies et les réalités de la question sociale, précédées d'une lettre de M. F. Le Play (datée le 1. févr. 1876). 8°. Paris, Joseph Albanel s. a.

Rouxel, Le collectivisme rationnel ou la logocratie. (Journ. d. Écon. 1884, mars.)

Roux-Martin, Les associations ouvrières en Angleterre (trades-unions). Étude sur l'ouvrage de M. le Comte de Paris. 15 pp. 8°. Marseille, impr. Barlatier-Feissat père et fils, 1870.

Rouzade, Léonie, 1. Les femmes et la démocratie. (Revue socialiste, juin 1887.)

— 2. Voyage de Théodose à l'île de l'Utopie. 8°. Paris, Lachaud, 1872.

Rouzier, J. C. P., Les associations ouvrières. Étude sur leur passé, leur présent, leurs conditions de progrès. 8°. Paris et Lyon 1864.

Royer, Mme. Clémence, 1. Étude sur la justice et les inégalités sociales. (Journ. des Écon., 1870, déc.)

Royer, Mme Clémence, 2. Les phases sociales des nations (Journ. des Écon., 1876, juillet.)
— 3. Des rapports des principes généraux de l'histoire naturelle avec la solution du problème social. (Journ. des Écon., 1872, sept.)

Rozy, Henry, Le travail, le capital et leur accord. 12°. Paris, Guillaumin et Co., 1871.

Ruche populaire (La), journal des ouvriers, rédigé et publié par eux-mêmes, sous la direction de Vinçard. Décembre 1839 — décembre 1849. 8°.
(En 1849 le sous-titre est: „Première tribune et revue mensuelle rédigée et publiée par des ouvriers libres de tout patronage et signataires de leurs articles".)

Rückblicke auf die socialistische Bewegung in Deutschland. Kritische Aphorismen. (Jahrbuch f. Socialwissenschaft, hrsg. von Richter, 1. Jahrg., 1879.)

Rückerinnerung an den in Zürich entdeckten schweizerischen Kommunismus. 8°. St. Gallen, Huber u. Co., 1843.

Rudhart, G. T., Th. Morus. Nürnberg 1829.

Ruge, A., 1. Die gegenwärtige deutsche Bewegung. Eine Rettung der Religion. (Die Opposition, 1846.)
— 2. Briefwechsel und Tagebuchblätter aus d. J. 1825—1880, hrsg. von Paul Nerrlich. 1. Bd. 1825—47. gr.-8°. Berlin, Weidmann'sche Buchh. 1886.
(Ueber Cabet, Fourierismus, Flora Tristan-L. Blanc, P. Leroux, Marx, Communismus, Weitling, Bakunin, Stirner, Engels.)
— 3. Cabet und der Humanismus. (Ruge: Zwei Jahre in Paris, 1. Bd., 1846.)
— 4. Dezamy und die Pressfreiheit. (Ruge: Zwei Jahre in Paris, 1. Bd., 1846.)
— 5. Fourier und das Problem der bürgerlichen Gesellschaft. (Ruge: Zwei Jahre in Paris, 1. Bd., 1846.)
— 6. Die Gründung der Demokratie in Deutschland oder der Volksstaat und der social-demokratische Freistaat. 8°. Leipzig, Verl.-Bureau, 1849. 2. Aufl. 8°. Ebd. 1849.
— 7. Zwei Jahre in Paris. Studien und Erinnerungen. 2 Bde. 8°. Leipzig, Wilh. Jurany, 1846.

Ruge, H., 8. Der teutsche Kommunismus. (Die Opposition, 1846.)
— 9. Flora Tristan und die union ouvrière. (Ruge: Zwei Jahre in Paris, 1. Bd., 1846.)
— Vide: Jahrbücher (Deutsch-franz.).

Ruhland, G., Die Agitation zur Verstaatlichung von Grund und Boden in Deutschland. (Zeitschr. f. d. ges. Staatswissenschaft, 1887.)

Rules (General) of the association of united workers of America. 8°. New York 1874.

Rules and regulations of the North-american federation of the international workingmen's association (englisch u. deutsch). 1872.

Rundschreiben Sr. Heiligkeit Papst Leo's XIII. über die Arbeiterfrage. (Christl.-soz. Blätter, 24. Jhrg., 1891.)

Runge, H., Pierre Josephe Proudhon. (Staatslexikon v. Rotteck u. Welcker, 1865.)
— Vide: Mittheilungen des Localvereines f. d. Wohl der arbeit. Klassen.

Runzler, Wilh., Beiträge zur Geschichte des Proletariats in der Oberpfalz. 8°. Nördlingen, Beck, 1851.

Ruppert, Dr. Joh., Das sociale System Bazard's. Ein Beitrag zur Zeitgeschichte des Socialismus. gr.-8. Würzburg, Bucher, 1890.

Ruppins, O. Vide: Egeria.

Russom, J., A word to the working classes on their improvement and elevation. 8°. London, Houlston and Stoneman, 1850.

Ruyter, F. de, De leer der sociaal-democraten bestreden. Uitgeg. Sen voordeele van de armen der gemeente Delft. 8°. Delft, C. J. van Doorne, 1888.

Ryall, M. G. Vide: Movement (The).

Ryan, D. J., Arbitration between capital and labor: a history and an argument. 8°. Columbus, A. H. Smythe, 1885.

S.

Sabbats des anarchistes (Les), ou l'espion du manège, par Rousselet. 8⁰. Paris, an VI.

Sabini, J. E., Recherche de la vérité sociale, ou Exposé d'une nouvelle organisation politique et économique de la société. 12⁰. Paris, Ballard, 1850.

Saboulin, Humbert de. La question sociale ou la propriété individuelle contre les communistes et les pillards. 18 pp. 8⁰. Marseille, Crespin, 1872.

Sachtler, H., Die Principien einer gesellschaftlichen Reorganisation, religiös und philosophisch begründet. (Brennende Zeit- und Streitfragen, Heft 3, 1882.)

Saget, P. Vide: Arbeiter-Wacht (Deutsche).

Saggio intorno al socialismo e alle dottrine e tendenze socialistiche. gr.-8⁰. Torino 1851.

Saglio, P., La questione sociale e suo svolgimento: memoria. 8⁰. Milano; E. Quadrio, 1885.

Sagnier, A. Vide: Joubert, Ph. Ch.

Saint-Arroman, A., Réponse à M. le docteur Arthur de Bonnard sur sa brochure intitulée: Organisation d'une commune sociétaire d'après la théorie de Charles Fourier. 8⁰. Paris, Desloges, 1845.

Sainte-Aulaire le Cte., Considérations sur la démocratie. 8⁰. Paris, Garnier frères, 1850.

Sainte-Beuve, Charles Augustin, P. J. Proudhon, sa vie et sa correspondance, 1838—1848. 12⁰. Paris, Levy frères, 1872.

Saint-Chereau, Ch. de, docteur en droit, Essai sur l'organisation de la famille et de la propriété sous la république démocratique. Réforme du Code civil. 8⁰. Le Mans; Julien, Lanier, 1849.

Saintin, Bourgeois et prolétaires, ou l'organisation du travail. 22 pp. 12⁰. Melun, imp. Hérisé, 1872.

Saint-Just, Antoine, 1. Fragmens sur les institutions républicains. gr.-8⁰. Paris, Fayolle, 9 thermidor, an III. 8⁰. s. l. 1800.
— 2. Oeuvres. 8⁰. Paris, Prevot, 1834.
— 3. Rapports. Paris, an III.

Saint-Simon, Henry, 1. Adresse aux philanthropes par H. St. Simon, extraite de son ouvrage sur le Système industriel, avec cette épigraphe: „Dieu a dit: Aimez vous et secourez vous les uns les autres". 8⁰. 46 pp. impr. chez Crapelet, févr. 1821.
(La première partie du Système industriel est indiquée dans le no. du 3 mars 1821 du Journ. de la libr. Oeuvres de S.-S.)

Saint-Simon, H., 2. Air du chant des industriels, par l'auteur des paroles. 4 pp. 8⁰.
(Rouget de Lisle l'avait composé à la prière de S.-S.; en même temps parut sous les formats in-8⁰ et 4⁰. Ce même morceau, gravé dans le format ordinaire de la musique porta pour titre: „Chant des industriels, avec accompagnement de piano, par Rouget de Lisle." On lit au bas: „Se distribue gratuitement chez M. Henri Saint-Simon, rue de Richelieu no 34. Aux dames industrielles!" Oeuvres de S.-S.)

— 3. Des Bourbons et des Stuarts. 8⁰. 16 pp. impr. chez Constant Chantpie, rue Sainte-Anne, no. 20. Janv. 1822.
(Tirée à 1500 exemplaires. Elle fut saisie. C'est sans doute par suite d'une faute d'impression qu' Ol. Rodrigues indique ces brochures comme publiées en 1823. [Le Producteur, tome IV, p. 111 no. de juillet 1826.])

— 4. Suite à la brochure des Bourbons et des Stuarts par H. Saint-Simon. 8⁰. 38 pp. impr. chez Guiraudet, rue Saint-Honoré, no. 315. 24 janv. 1822.

— 5. Catéchisme des industriels. Premier cahier. Décembre 1823. 66 pp. 8⁰. De l'impr. de Sétier, Cour des Fontaines, no. 7.
(Annoncé dans la Revue encyclopédique, no. de janvier 1824, tome XXI, p. 186 et 167. Oeuvres de S.-S.)

— 6. Catéchisme des industriels. Deuxième cahier. Mars 1824.
(Ce cahier fait suite au précédent dont il continue la pagination jusqu'à la page 186. Oeuvres de S.-S.)

— 7. Catéchisme des industriels. Troisième cahier. Avril 1824.
(Ce travail est signé Aug. Comte, élève de H. St.-Simon. Il forme un petit vol. 8⁰. de 189 pp. imprimé chez Sétier et a paru sous le titre de Système de politique positive, première partie. Cette première partie est une réimpression du prospectus répandu en avril 1822, mais avec addition d'une dizaine de pages. La préface, que St.-S. avait mise en tête du contrat social ne s'y

trouve plus, mais dans un Avertissement de deux pages, St.-S. previent les lecteurs que son élève n'a traité que la partie scientifique de son système, et qu'il n'en a point exposé la partie sentimentale et religieuse. A date de cette publication Aug. Comte a cessé de participer aux travaux de Saint-Simon.

La Revue encyclopédique, dans son numéro d'avril 1824 [tome XXII, p. 183 à 185] consacra un article aux trois premiers cahiers de cette publication. Oeuvres de S.-S.)

Saint-Simon, H., 8. Catéchisme des industriels. Quatrième cahier. Juin 1824.

(Ce cahier continue la pagination du précédent jusqu'à la page 236.

L'ouvrage est resté inachevé. Les quatre cahiers forment un vol. de 422 pp. Dans les oeuvres choisies de St.-S. on a imprimé les cahiers I, II, et IV. Oeuvres de S.-S.)

— 9. Nouveau christianisme, avec cette épigraphe: „Celui qui aime les autres a accompli la loi. . . . Tout est compris en abrégé dans cette parole: Tu aimeras ton prochain comme toi-même." (Saint-Paul, Epître aux Romains.) 91 pp. 8°. Paris, impr. de Lachevardière fils, se vendait chez Bossange, chez A. Sautelet, en face de la bourse, et chez Johanneau, rue du Coq-Saint-Honoré, no. 8 bis. 1825.

(En tête se trouve un avant-propos de huit pages rédigé par Ol. Rodrigues. Léon Halévy rendit compte de l'ouvrage dans le no. de mai 1825 de la Revue encyclopédique [tome XXVI, p. 510 à 514] et le Globe du mai 1825 [tome II, p. 560] donna un court article sur le Nouveau christianisme.

Une seconde édition en a été donnée en janv. 1832 avec une préface de trois pages signée Enfantin. En mars 1832 Ol. Rodrigues a réimprimé le Nouveau Christianisme dans la première livraison des oeuvres de St.-S. dont 11 n'a paru que deux livraisons. — Le même ouvrage termine le troisième vol. des oeuvres choisies de St.-S. publiées par M. Lemonnier en 1859. Oeuvres de S.-S.)

— 10. Première circulaire. A toutes les personnes occupés de travaux utiles et indépendants. A toutes celles qui desirent franchement la prosperité de l'industrie. (Avec l'épigraphe: Tout par l'industrie, tout pour elle.) 3 pp. 4°. Juillet 1817.

— 11. Une seconde circulaire donne la liste des personnes qui ont souscrit.

(Une autre lettre intitulée aussi seconde circulaire, mais conçue dans les termes différents était adressée à „toutes les personnes qui font profession de cultiver les sciences dont s'occupe la première classe de l'Institut." Oeuvres de S.-S.)

En sept. 1817 parut le premier cahier du troisième vol. de l'industrie. 40 pp. 4°. impr. chez J. Smith, rue Montmorency 16.

— 12. Circulaire relative à l'Organisateur, troisième livraison. 3 pp. 4°. 26 mars 1820.

Saint-Simon, H., 13. Considérations sur les mesures à prendre pour terminer la révolution, présentées au Roi ainsi qu'à messieurs les agriculteurs, négociants, manufacturiers et autres industriels, qui sont membres de la Chambre des députés, par H. de Saint-Simon. 98 pp. broch.-8°. impr. chez Vigor Renaudière, Marche-Neuf 48. 1820.

(Cette brochure ne se trouve indiquée que dans le no. du 9 sept. 1820 du Journal de la librair., mais ce qui lui donne une date certaine, c'est que, lorsqu'en 1821 St.-S. réimprima toute cette correspondance, il la fit précéder d'une préface dans laquelle on lit [p. 22]: „Ce volume se compose de lettres qui ont été envoyées aux personnes, à qui elles sont adressées, depuis le mois de juin 1820 jusqu'en juillet de 1821."

„Les Considérations etc." se composaient essentiellement de VI lettres. Les quatre premières formant 41 pp sont numérotées; l'espèce d'Adresse au Roi [p. 42 à 78 de l'édition originale] devrait porter no. 5 et la pièce adressée à la foi au Roi et à MM. les agriculteurs, négociants etc. [p. 79 à 98] devrait porter le no VI. Oeuvres de S.-S.)

— 14. No. VII. I. lettre à messieurs les cultivateurs, fabricants, négociants, banquiers et autres industriels. 8 pp. lithographiées, dans le format grand in-4°. De l'impr. lithographique de Lasteyrie, rue du Bac, no. 58. Oct. 1820.

(Indiquée dans le no. du 28 oct. 1820, du Journ. de la libr. Oeuvres de S.-S.)

— 15. No. VIII. II. lettre à messieurs les cultivateurs, fabricants etc. 5 pp. gr.-4°. lithographiées chez Lasteyrie. Oct. 1820.

(Indiquée dans le no. du 4 nov. 1820 du Journ. de la libr. Oeuvres de S.-S.)

— 16. No. IX. III. lettre à messieurs les cultivateurs, fabricants etc. broch.-8°. impr. chez Vigor Renaudière, Marche-Neuf 48. Oct. 1820.

(Indiquée dans le no. du 9 décembre 1820 du Journ. de la libr. Oeuvres de S.-S.)

— 17. Considérations relatives d'une pétition pour demander d'addition d'un article à la loi des finances. 10 pp. 8°. De l'impr. d'Anthoine Boucher, successeur de L. G. Michaud, rue des Bons Enfants, no. 34. 1819.

(Cette brochure n'est pas signée, mais il est facile la y reconnaître la plume de Saint-Simon et le Rapport fait à la Chambre, rapport, qu'on peut lire dans le Moniteur du 10 juin 1819, ne laisse aucun doute à cet égard. Oeuvres de S.-S.)

— 18. Du Contrat social par H. St.-Simon, suite des travaux ayant pour objet de fonder le système industriel. 191 pp. 8°. impr. chez Laurens aîné, rue du Pot-de-fer, no. 14. Avril 1822.

(En tête se trouve une préface de St. S. adressée à messieurs les chefs des travaux de culture, de fabrication et de commerce. Vient ensuite le Prospectus des travaux nécessaires pour réorganiser la société par Aug. Comte. Ce prospectus, dont la pagination suite celle de la préface fut réimprimé plus tard sous le titre de Système de politique positive, prem. partie, comme on va le voir [pp. 8]. Cet ouvrage sous le titre du Contrat social ne fut distribué qu' à une cinquantaine d'exemplaires, sur lesquelles on avait écrit, à la main, le mot: „épreuve". Oeuvres de S. S.)

Saint-Simon, H., 19. Correspondance entre M. de Saint-Simon et M. de Redern. Première lettre; Paris, 21 mai 1807. Deuxième lettre; Paris, 22 juin 1807. Réponse de M. de Redern; Flers, 29 juillet 1807. Réponse de M. de Saint-Simon; Paris, 1. août 1807. Réponse de M. de Redern; Flers, 6 août 1807. Lettre de Saint-Simon à M. le sénateur Boissy d'Anglas; Paris, 2 nov. 1807.
(Les cinq premières lettres forment une brochure in 4° de 14 pp., publiée en 1808. La lettre à M. Boissy d'Anglas est intitulée: Deuxième partie, parce que c'est la suite des cinq premières lettres. En tête on lit: Affaire entre M. de Saint-Simon et M. de Redern.)

— 20. Correspondance avec M. de Redern. 1811.
(Feuilles manuscrites de la main de Saint-Simon; elles faisaient évidemment parties d'un mscr. dont les premières parties sont perdues, car une part d'elles commencent à la p. 7, d'une autre part d'elles s'expriment ainsi: Troisième partie. Cause de leur reconciliation. Oeuvres de S. S.)

— 21. Nouvelle encyclopédie par C. H. de Saint-Simon. Première livraison servant de prospectus. 1810.
(Ce prospectus, comme l'auteur l'intitule, forme 28 pp. 4° imprimés chez Scherff, rue des Bons-Enfants no. 30. En tête se trouve l'épître dedicatoire à Victor de Saint-Simon, son neveu. C'est cette épître, que l'on désigne sous le nom de „Lettre à son neveu". Oeuvres de S. S.)

— 22. Esquisse d'une nouvelle encyclopédie ou introduction à la philosophie du XIX. siècle; ouvrage dédié aux penseurs. Premier aperçu, 8 pp. 4°. De l'imprimerie de Moreaux et Co., rue Traversière-Saint-Honoré, no. 29. Une planche du même format donne la „Tige de l'arbre scientifique de Bacon" placée en regard de la Tige du nouvel arbre scientifique.

— 23. Extraits de l'Organisateur par Henri Saint-Simon. 32 pp. 8°. impr. chez Anthoine Boucher, novembre 1819.
(Saint-Simon annonce que l'ouvrage est encore mscr. et qu'il en publie seulement des extraits. Cet écrit est indiqué dans le no. du Journal de la librairie, qui a paru le 27 nov. 1819. Oeuvres de S. S.)

— 24. Histoire de l'homme. Premier brouillon. Introduction. Deuxième cahier. 57 pp. 4°. Sans date et sans nom d'imprimeur (1810).

Saint-Simon, H., 25. Quelques idées soumises par M. de Saint-Simon à l'assemblée générale de la société d'instruction primaire. 14 pp. 8°. impr. chez Cellot, rue des Grands-Augustins, no. 9. Août 1816.
(La lecture de ce petit mémoire avait été faite à la société le 7 févr. précédent. Oeuvres de S. S.)

— 26. L'industrie littéraire et scientifique liguée avec l'industrie commerciale et manufacturière, ou opinions sur les finances, la politique, la morale et la philosophie, dans l'intérêt de tous les hommes livrés à des travaux utiles et indépendants. Tome I. 191 pp. Paris, Delaunay, libr. au Pal. Royal, 1816 (décembre); impr. chez Cellot, libr. rue des Grands-Augustins, no. 9.
(Au verso du faux titre on lit: „Ce volume se composera de trois parties, qui paraîtront successivement:
Première partie: Sur les finances.
Deuxième partie: Considérations générales sur la politique.
Troisième partie: Rapports politiques entre la France et l'Amérique. Ce volume se compose, en effet, d'un travail sur les finances par Saint-Aubin, ancien membre du tribunat. On en trouve l'indication sous le no. 164 dans le cahier du Journal de la librairie, paru le 18 janvier 1817. Oeuvres de S. S.)

— 27. L'industrie littéraire et scientifique liguée avec l'industrie commerciale et manufacturière. Tome I. II. partie: Politique par Aug. Thierry, fils adoptif de Henry Saint-Simon. 150 pp. impr. chez Cellot, janvier 1817.
(Indiquée sous le no. 165 dans le cahier du Journal de la librairie paru le 18 janv. 1817. Elle est indiquée encore, comme la précédente dans le Censeur [tome I, p. 380 et 381]. Le tome II. du même ouvrage [pp. 222 à 246] contient un compte rendu de la brochure d'Aug. Thierry. Oeuvres de S. S.)

— 28. L'industrie littéraire et scientifique liguée avec l'industrie commerciale et manufacturière. Tome I. III. partie: Finances par Saint-Aubin. 104 pp. impr. chez Cellot, rue des Grands-Augustins, 1817.
(Cette troisième partie est indiquée dans le no. 714 du Journal de la librairie, paru le 1 mars 1817.
Telles étaient les trois publications déjà faites sous le même titre, lorsque Saint-Simon changea ce titre et répandit le prospectus suivant. Oeuvres de S. S.)

— 29. L'industrie, ou discussions politiques morales et philosophiques, dans l'intérêt

de tous les hommes livrés à des travaux utiles et indépendants, avec cette épigraphe: Tout par l'industrie, tout pour elle. Prospectus. 2 pp. 4°. impr. chez C. L. F. Panckoucke, avril 1817.
(Ce prospectus a été réproduit en entier dans le Censeur européen [tome II, p. 371 à 373]. Oeuvres de S. S.)

Saint-Simon, H., 30. L'industrie ou discussions politiques morales et philosophiques dans l'intérêt de tous les hommes livrés à des travaux utiles et indépendants. (Avec cette épigraphe: Tout par l'industrie, tout pour elle.) Tome I. II. partie: Politique par A. Thierry, fils adoptif de Henry Saint-Simon, mai 1817.
(Le Censeur européen [tome III, p. 193 à 208] donna une analyse du t. II. de l'industrie, et le Constitutionnel, dans son no. du 24 juin 1817 lui consacra un article signé B. [Benaben]. Saint-Simon réclama contre la partie de cet article que se rapportait au „Prospectus" et écrivit à son auteur une lettre qui fut insérée dans le no. du 29 juin. Oeuvres de S. S.)

— 31. L'industrie ou discussions politiques morales et philosophiques dans l'intérêt de tous les hommes livrés à des travaux utiles et indépendants. Épigraphe: Tout par l'industrie, tout pour elle. Tome II. 1817.
(Saint-Simon à publié la même année sous le même titre une brochure in 4° de 40 pp. „Il parait, dit M. Quérard, dans la France littéraire, que cette brochure forme le tome III de la collection précédente, car l'année suivante il a été publié, sous le même titre, le premier cahier d'un tome IV.)

— 32. L'industrie. T. IV. I. partie, premier cahier. 19 pp. 4°. De l'impr. de J. Smith, rue Montmorency 16.
(Ce cahier parut en octobre 1817.)
T. IV, premier cahier. 160 pp. 8°. De l'impr. d'Abel Lanoë. L'Épigraphe: Tout par l'industrie, tout pour elle, s'y trouve comme sur les trois premiers vols. Paris, chez Verdière, libraire, quai des Augustins, no 27.
(Le Journal général de France, dans son no. du 13 mai 1818, donne une lettre de Saint-Simon qui prouve, que ce vol. parut à la fin du mai. Oeuvres de S. S.)

— 33. Sur les intérêts politiques des producteurs. 16 pp. 8°. Paris, Moreau, 1822.

— 34. Introduction aux travaux scientifiques du XIX. siècle. 4°. Paris, de l'imprimerie français et allemand de J. L. Scherff, rue des Bons-Enfants, no. 30. 1807.
(On ne lit pas „tome I." sur le titre et le texte s'arrête à la page 176.) Oeuvres de S. S.)

— 35. Introduction aux travaux scientifiques du XIX. siècle. 2 vol. 4°. Paris, impr. chez Scherff, rue des Bons-Enfants, et tirés à cent exemplaires seulement, pour être distribués aux membres de l'Institut. Le 1. vol. forme. 384 pp. Le 2. vol. forme 137 pp.
(Une remarquable analyse de ces deux volumes est le sujet de deux articles rédigés par Olinde Rodrigues et publiés en 1826 dans „Le Producteur [t. III, p. 86 à 109 et p. 281 à 304]. L'édition en 3 vol. que M. Ch. Lemonnier a donnée en 1859 sous le nom d'„Oeuvres choisies de Saint-Simon" reproduit dans le tome I. les deux volumes de l'„Introduction aux travaux scientifiques"; les éditeurs n'ont supprimé que le discours d'introduction de l'Encyclopédie du XVIII. siècle, discours dû', d'une part sait, à la plume d'Alembert, et que Saint-Simon avait cru devoir citer en entier; le discours occupe de la page 163 à la page 372 de son premier volume.
Les deux volumes de l'Introduction furent remis au bureau des longitudes le 14 juin 1808. L'accueil, plus que froid, fait par ce corps savant au travail de Saint-Simon, amena la correspondance: „Lettres au bureau des longitudes".
La première livraison qui forme 75 pp. in 4° sans nom d'imprimeur, se vendit chez Debray, libraire rue Saint-Honoré, vis à vis la rue du Coq. Elle comprend sept lettres; la sixième, qui est la réponse faite par M. Bouvard, président du bureau des longitudes, porte la date du 29 août 1808. La seconde livraison, qui se compose de la huitième lettre, forme 23 pp. in 4°. imprimées chez Scherff. Cette lettre est adressée à la première classe de l'Institut. La troisième livraison est sous une forme différente, la reproduction du plan de travail qu'il avait imprimé en tête de sa premier livraison. Vient ensuite la réimpression pure et simple des 137 pp. du seconde volume de l'„Introduction aux travaux scientifiques". Oeuvres in S. S.)

Saint-Simon, H., 36. I. lettre sur les Bourbons. Au Roi et aux industriels. 8 pp. gr.-4°. lithographiées chez Engelmann, Octobre 1820.

— 37. II. lettre sur les Bourbons. Au Roi. 4 pp. 4°. lithographiées chez Engelmann. Octobre 1820.

— 38. III. lettre sur les Bourbons. A messieurs les industriels. 6 pp. 4°. lithographiées chez Engelmann. Novembre 1820.

— 39. IV. et V. lettres sur les Bourbons. A messieurs les industriels. 39 pp. 8°. impr. chez Vigor Renaudière, Marché-Neuf, no. 48. 1820.

— 40. VI. lettre sur les Bourbons. Au Roi et aux industriels. Résumé générale et conclusion. 26 pp. 8°. impr. chez Crapelet, 1820.
(Indiquée dans le no. du 24 déc. du Journ. de la libr. Oeuvres in S. S.)

— 41. Lettre à l'empereur Alexandre. 1814, octobre.
(En adressant à ce souverain la brochure: „De la réorganisation de la société européenne", Saint-Simon avait accompagné son envoi d'une lettre,

dont O. Rodrigues possédait une copie de la main de Saint-Simon ; il nous a été impossible de retrouver cette lettre. Oeuvres de S. S.)

Saint-Simon, H., 42. Lettre d'envoi à messieurs les industriels. 2 pp. gr.-4°. lithographiées chez Engelmann, rue Louis-le-Grand, no. 27. Octobre 1820.
(Indiquée dans le no. du 4 nov. 1820 du Journ. de la libr. Oeuvres de S. S.)

— 43. Lettre sur l'établissement du parti de l'opposition. 1814.
(A la fin de novembre, ou au commencement de décembre 1814, Saint-Simon adressa, sous ce titre, à MM. Comte et Dunoyer, rédacteurs du „Censeur", une lettre, qui a été publiée dans le t. III de cet ouvrage [pp. 334 à 356] paru en janvier 1815. Oeuvres de S. S.)

— 44. Lettre sur le système du monde.
(M. Quérard attribue cet écrit à Saint-Simon, sans autre explication.)

— 45. Lettres au bureau des longitudes. Vide : Saint-Simon, Introduction aux travaux scientifiques du XIX. siècle.

— 46. Deux lettres à MM. les électeurs du département de la Seine qui sont producteurs. 16 pp. 8°. Paris, Moreau, 1822. (Extrait du „Système industriel".)

— 47. Lettres d'un habitant de Genève à ses contemporains. 103 pp. 12°. Sans lieu, ni date et sans nom d'auteur.
(En mars 1832 Olinde Rodrigues a réimprimé ce premier écrit de Saint-Simon et il lui a donné la date de 1802, sans alléguer de preuve à l'appui de cette indication ; mais nous trouvons dans le journal qui a précédé le „Journal de la Librairie" de M. Beuchot, que les „Lettres d'un habitant de Genève à ses contemporains" ont paru en 1803 : Lettre d'un habitant de Genève à ses contemporains, un petit vol. 12°. (103 pp.) prix 0,75 fr. et 1 fr. de port. Paris, Surosne, libraire, palais du Tribunal, deuxième galérie de bois et chez les marchands de nouveautés. [Journal typographique et bibliographique rédigé par feu M. Roux et continué par Dujardin-Sailly, VII. année, p. 21, no. III, 24 vendémiaire, an XII., lundi 17 octobre 1803].)

— 48. Lettres de Henri Saint-Simon à MM. les jurés, qui doivent prononcer sur l'accusation intentée contre lui, mars 1820. 42 pp. 8°. impr. chez Boucher.
(Ces lettres, au nombre de quatre, furent signées aussi par M. Legouix, qui était chargé de la défense de S. S. Les huit premières pages reproduisent textuellement ce qui a été appelé depuis „Parabole de S S." Oeuvres de S. S.)

— 49. Sur la loi des élections par Henri Saint-Simon. 8°. Paris 1820. 27 pp. impr. chez P. Dupont, Hôtel des Fermes.
(Cette brochure se composé essentiellement de cinq lettres. Oeuvres de S. S.)

— 50. Mémoire introductif de M. de Saint-Simon sur la contestation avec M. de Redern. 25 pp. 4°. Alençon, de l'imprimerie de Malassis le jeune, place du Cours, 1812.

Saint-Simon, H., 51. Mémoire sur l'encyclopédie. 1813, d'après M. Quérard 1812.
(Indiqué à la Bibliographie Saint-Simonienne p. 13 sans description. Après le décès d'O. Rodrigues (17 déc. 1851) ce mscr. n'a pas été trouvé dans les papiers du disciple et on peut émettre des doutes sur son existence. Cependant il y a beaucoup de raisons de pencher pour l'affirmative.
1) On lit dans un article rédigé par O. Rodrigues : „Il n'a été publié qu'un aperçu des Mémoires relatifs à l'encyclopédie sous le titre de „Prospectus d'une nouvelle encyclopédie" qui aparu en 1810. Les autres mémoires inédits ont) été écrit dans le cours de 1813.
2) Dans aucun des mscrs. ou imprimés que nous connaissons ne se trouvent les pages de Saint-Simon que Rodrigues a imprimées en 1826. Oeuvres de S. S.)

— 52. Mémoire sur la gravitation.
(Écrit en 1811, mais inédit. Quérard.)

— 53. Mémoire sur la science de l'homme. 1813.
(Mscr. dont il fit tirer un certain nombre de copies ; la date de ce travail est parfaitement établie par Saint-Simon lui même. Oeuvres de S. S. D'après M. Quérard écrit en 1811, mais inédit.)

— 54. A Messieurs les cultivateurs, fabricants, négociants, banquiers et autres industriels, ainsi qu'à Messieurs les savants qui professent les sciences physiques et mathématiques et à Messieurs les artistes qui professent les beaux-arts. 8 pp. 8°. impr. chez Crapelet, 1820.
(Indiquée dans le no. du 30 déc. 1820 du Journ. de la libr. Oeuvres de S. S.)

— 55. Naissance du christianisme. 1818 et 1819.
(Le mscr. ne s'est pas retrouvé dans les papiers laissés par Olinde Rodrigues. Hubbard ; Saint-Simon, sa vie et ses ouvrages, l'a publié p. 256 à 265. Oeuvres de S. S.)

— 56. Opinion sur les mesures à prendre contre la coalition de 1815, par H. Saint-Simon et A. Thierry, 18 mai 1815. 47 pp. 8°. impr. chez Cellot, rue des Grands-Augustins. (d'après Fournel 14 pp.)
(Le „Censeur" [t. VI, p. 322 et 323] mentionne et résume cette brochure, que M. Lemonnier à réimprimée dans les oeuvres choisies [t. II, p. 335 à 361]. Oeuvres de S. S.)

— 57. Première opinion politique des industriels. 16 pp. 8°. Paris 1821. (Extraits du „Système industriel".)

— 58. Opinions littéraires, philosophiques et industrielles. Paris 1825. 1 vol. 8°. portant pour épigraphe cette phrase de l'introduction: „L'âge d'or qu'une aveugle tradition a placé jusqu'ici dans le passé est devant nous." Il se compose de 392 pp. impr. chez Lachevardière fils, successeur de Cellot, rue de Colombier no. 30, et se vendait chez Bossange père, rue Richelieu no. 60.

Voici les titres des articles qui composent ce vol. et les noms de leurs auteurs.

Introduction. — Léon Halévy.	23 pp.
Opinions philosophiques. — Saint-Simon.	64 „
Fragments historiques. — Saint-Simon.	74 „
Industrie — Banquiers. — O. Rodrigues.	38 „
Législation. — J. B. Duvergier.	27 „
Physiologie. — Dr. E. M. Bailly.	49 „
Mélanges. — Léon Halévy.	56 „
Conclusion. — O. Rodrigues et L. Halévy	61 „
	392 pp.

(Le vol. des Opinions fut annoncé et analysé dans le no. de déc. 1824 (paru au commencement de 1825) de la Revue encyclopédique, tome XXIV., p. 760 à 762. Les deux articles signés par St. S. sont intitulés, le premier: Quelques opinions à l'usage du dix-neuvième siècle; le seconde: De l'organisation sociale, fragments d'un ouvrage inédit." Ils ont été reproduits dans le tome III. des oeuvres choisies, publiées par M. Lemonnier en 1859. Oeuvres de S. S.)

Saint-Simon, H., 59. L'Organisateur. Prospectus de l'auteur. (Août 1819.)
(Ce prospectus fut publié dans divers journaux, notamment dans la quatre-vingtième livraison de la Minerve [deuxième no. d'août 1819], tome VII, p. 95 et 96. Oeuvres de S. S.)

— 60. *L'Organisateur.* Première livraison, seconde édition, augmentée de deux lettres importantes. 42 pp. 8°. impr. chez Anthoine Boucher, nov. 1819. (Fournel 44 pp.)
(Annoncée dans le no. du Journal de la librairie qui a paru le 4 déc. 1819. Oeuvres de S. S.)

— 61. L'Organisateur. Première livraison, troisième édition, augmentée d'une esquisse du nouveau système politique. VI lettres, formant 62 pp. 8°. de l'impr. Anthoine Boucher, décembre 1819.
(Indiquée dans le no. du Journal de la librairie du 18 déc. 1819. Oeuvres de S. S.
M. O. Rodrigues l'a reproduit dans les oeuvres de Saint-Simon, et en a donné une 5. édition en 1848, après la révolution de 1848 sous le titre de „Paroles d'un mort" (anonym). Paris, Chaix. 11 pp. 8°.)

— 62. L'Organisateur. Deuxième livraison. Paris 1820, de l'impr. d'Anth. Boucher.
(Cette livraison renferme les lettres VII. et VIII. et continue la pagination de la précédente livraison jusqu'à la p. 116. Oeuvres de S. S.)

— 63. L'Organisateur. Deuxième livraison, seconde édition considérablement augmentée, de l'impr. d'Anth. Boucher, 1820.
(Cette deuxième édition continue, comme la précédente, la pagination de la première livraison depuis la p. 63, et va jusqu' à la p. 265. L'addition faite commence à la p. 117 et se compose de la suite des lettres depuis IX. jusqu' à XIV. Ainsi, tout ce qui a paru de cet ouvrage, forme, comme on voit, un vol. de 265 pp., et, pour qu' il soit complet, il faut réunir la troisième édition de la première livraison. Oeuvres de S. S.)

Saint-Simon, H., 64. Parabole de Saint-Simon. Vide: Saint-Simon: Lettres de H. de S.-S. à MM. les jurés.

— 65. Le parti national ou industriel comparé au parti anti-national. Extrait de la dixième livraison du Politique (p. 353 — —367). 15 pp. 8°. impr. chez Cosson et publiée en avril 1819.

— 66. Plaidoyer de M. Legouix pour M. H. de Saint-Simon. 55 pp. 4°. impr. chez Chaigneau fils, rue de la Monnaie no. 11, 1820.

— 67. La politique ou essai sur la politique qui convient aux hommes du XIX. siècle par une société de gens de lettres.
(Une première livraison servant de „Prospectus" parut dans les premiers jours de janvier 1819. Elle forme XVII pp. imprimées chez Scherff, passage du Caire no. 54.
La seconde livraison, parue aussi en janv. 1819, contient „l'Essai no. II." et forme 54 pp., signées: M. A. membre de la société de Cincinatus.
Mélanges, première livraison — 56 pp. parut en janv. 1819.
La quatrième livraison, intitulée aussi Mélanges no. II. continue la pagination de la précédente. Elle va de la p. 57 à la p. 116 et parut en février, ainsi que les cinquième (p. 117—164) et la sixième (p. 165—212). Les septième (p. 213 —260), huitième (p. 261—296) et neuvième (p. 297—352) ont paru en mars. Les dixième (p. 353—404) et onzième livraisons (p. 405— 466) sont datée d'avril 1819. Enfin la douzième (p. 467—512) et dernière parut dans la première quinzaine de mai.
Ainsi en comptant les deux prospectus et l'essai no. 2 de l'introduction, ce qui a paru de cet ouvrage forme un vol. de 606 pp.
Il s'imprima d'abord chez J. L. Scherff, puis chez sa veuve et à partir de mars, chez Coson, successeur de Bossange.
Le no. du 13 mars 1819 du Journal de la librairie qui annonce la septième livraison donne aussi l'indication d'un „Prospectus" de 4 pp. en tête de quel on lit: La politique. Ce prospectus nous est inconnu. Oeuvres de S. S.)

— 68. Profession de foi des auteurs de l'ouvrage annoncé sous le titre de Défenseur des propriétaires de domaines nationaux, de la charte et des idées liberales, au sujet de l'invasion du territoire français par Napoléon Bonaparte. 8 pp. 8°. tirées à deux cents exemplaires. Imprimerie de Cellot, mars 1815.
(Cet écrit est indiqué sous le no. 790 du Journal de la librairie, dans le cahier qui a paru le 18 mars 1815. Oeuvres de S. S.)

— 69. Profession de foi du Comte de Saint-

Simon au sujet de l'invasion du territoire français par Napoléon Bonaparte. 15 mars 1815. 4 pp. 8°. impr. chez Cellot, rue des Grands-Augustins, no. 9.

(Ces quatre pages ne furent indiquées que dans un des cahiers de septembre 1815 sous le no. 2136. — Nous n'en connaissons qu'un exemplaire, c'est la bibliothèque du Louvre qui le possède, et la copie qui est entre nos mains a été faite sur cet exemplaire. M. Lemonnier l'a réimprimée dans les oeuvres choisies [t. II, p. 329 à 334]. Oeuvres de S.-S.)

Saint-Simon, H., 70. Projet d'une association des propriétaires de domaines nationaux.

(Saint-Simon l'avait adressé aussi à MM. Comte et Dunoyer, qui l'insérèrent dans le t. IV. du „Censeur" [p. 10 à 31], paru en 1815. Oeuvres de S.-S.)

— 71. Prospectus d'un ouvrage ayant pour titre: „Le Défenseur des propriétaires de domaines nationaux, ou recherches sur les causes du discrédit dans lequel sont tombées les propriétés nationales, et sur les moyens d'élever ces propriétés à la même valeur que les propriétés patrimoniales, par le Comte de Saint-Simon et d'autres gens de lettres. 4 pp. 8°. de l'impr. de Scherff à Paris, févr. 1815.

(Ce prospectus est indiqué sous le no. 469 du „Journal de la librairie" dans le cahier du 11 févr. 1815. — Le „Censeur" [t. IV, p. 352 à 364] reproduit de nombreux passages du prospectus, publié par St.-S., qui, du reste, n'a jamais fait paraître l'ouvrage annoncé. Oeuvres de S.-S.)

— 72. Sur la querelle des abeilles et des frelons, ou sur la situation respective des producteurs et des consommateurs non producteurs. Extrait de la onzième livraison du politique (p. 405—427). 23 pp. 8°. impr. chez Cosson et publiée en avril 1819. (Fournel 22 pp.)

— 73. De la réorganisation de la société européenne par M. le Comte de Saint-Simon et M. A. Thierry, son élève. 112 pp. 8°. de l'impr. d'Adrien Egron, rue des Noyers, no. 37. (1814.)

— 74. Réponse de M. de Saint-Simon à M. de Redern. Alençon, 25 juillet 1812.

(C'est un manuscrit de vingt cinq pages entièrement de sa main, parafé par lui à toutes les pages, et qui, à la dernière page, porte trois fois sa signature entière. Oeuvres de S.-S.)

— 75. Réponse de M. de Saint-Simon à M. de Redern. Première lettre. 7 pp. 4°. Sans nom d'imprimeur. Alençon, 12 août 1812.

— 76. Réponse de M. de Saint-Simon à M. de Redern. Seconde lettre. 4 pp. 8°. Sans nom d'imprimeur. Alençon, 18 août 1812.

Saint-Simon, H., 77. Henri Saint-Simon à MM. les ouvriers. 8 pp. 8°. Paris 1821. (Extrait du „Système industriel".)

— 78. Du système industriel par H. Saint-Simon. Première partie, févr. 1821. Un vol. de 311 pp. 8°. impr. chez Crapelet et édité par Ant.-Aug. Renouard, rue Saint-André des Arts, no. 55.

(Il porte pour épigraphe: „Dieu a dit: Aimez vous et secourez vous, les uns les autres." Cette première partie se compose de plusieurs pièces: 1) Considérations sur les mesures à prendre pour terminer la révolution. 2) VI lettres sur les Bourbons, et 3) Lettre d'envoi à les industriels. C'est, à proprement parler, une seconde édition en tête de laquelle St.-S. plaça une préface de XX pp. et qu'il termina par „l'Adresse aux philanthropes". Oeuvres de St.-S.)

— 79. Du système industriel. Seconde partie. Un vol. de 220 pp. 8°. impr. chez Mme Ve Porthmann, rue Sainte-Anne, no. 43. Avec la même épigraphe que portrait la première partie. Paris, chez l'auteur, rue de Richelieu, no. 34, et chez les marchands de nouveautés. 1821.

(Cette seconde partie fut publiée en six brochures différentes dont la pagination des cinq dernières était changée après le tirage, de manière à former un vol. dont la pagination se suivait. Elles parurent dans l'ordre suivant:
No. 1. Au Roi. Avril. 128 pp. [Indiquée dans le no. du 28 avril 1821 du Journ. de la libr.]
2. A Messieurs les députés, qui sont industriels. Première lettre. Mai. 16 pp.
3. Aux mêmes. Seconde lettre. Juin. 34 pp.
4. Aux mêmes. Troisième lettre. Juillet. 18 pp. [Ces trois lettres ont été indiquées dans les no. des 1 juin, 23 juin et 21 juillet 1821 du Journ. de la libr.]
5. Première opinion politique des industriels, ou lettre de MM. les entrepreneurs des travaux de culture, de fabrication, de commerce et de banque à M. Ternaux, membre de la chambre des députés. 16 pp.
6. A Messieurs les ouvriers. Nov. 1821. 8 pp. Oeuvres de S.-S.)

(Fournel compte à cette écrit aussi: Premier chant des industriels; Musique du chant des industriels, gravée dans le format in-8°. 4 pp. publiée à part et Air du chant des Industriels.)

— 80. Système industriel. Troisième partie, formant 45 pp.

Cette troisième partie se compose de trois brochures dont la pagination ne se suit pas et qui portent les titres suivantes:
I. Travaux philosophiques, scientifiques et poétiques, ayant pour objet de faciliter la réorganisation européenne, par H. St.-S. Janvier 1822. Écrit de 20 pp. 8°. de l'impr. Mme V$_e$ Porthmann, rue St.-Anne, no. 43.
II. Deux lettres à Messieurs les électeurs du départem. de la Seine, qui sont producteurs, par H. St.-S. Juin 1822. 12 pp. 8°. impr. chez Moreau, rue Coquillière, no. 27.

III. Sur les intérêts politiques des producteurs par H. St.-S. 1822. Broch. in-8°. de 13 pp. publiée peu après la précédente et imprimée aussi chez Moreau. Oeuvres de S.-S.)

Saint-Simon, H. 81. Suite des travaux ayant pour objet de fonder le système industriel du contrat social. 192 pp. 8°. Paris, impr. de Laurens aîné, 1882.
(Écrit mentionné par M. Querard.)

— 82. Travail sur la gravitation universelle. Moyen de forcer les Anglais à reconnaître l'indépendance des pavillons. Dédié à l'Empereur, et présenté au Senat conservateur, au Conseil d'état et aux trois premières classes de l'Institut par Henry de Saint-Simon, cousin du Duc de Saint-Simon, auteur des „Mémoires sur la régence". Décembre 1813.
(Les deux écrits: „Mémoire sur la science de l'homme" et „Travail sur la gravitation universelle", que St-S. ne destinait pas à une publicité immédiate, mais dont il envoya les copies à un certain nombre de personnes compétentes, restèrent mscr. jusqu'en 1858, date à laquelle Enfantin les fit imprimer à la suite de son beau travail intitulé: „Science de l'homme, physiologie religieuse" En 1859, une seconde édition de deux mêmes travaux à été donné par M. Lemonnier dans le tome II des „Oeuvres choisies". Oeuvres de S.-S.)

— 83. Travaux philosophiques, scientifiques, ayant pour objet de faciliter la réorganisation de la société européenne. 20 pp. 8°. Paris 1822. (Extrait du „Système industriel", t. III.)

— 84. Catéchisme politique des industriels 1824. Vue sur la propriété et la législation 1818. 2. édit. 8°. Paris, libr. générale de Capelle, 1832.

— 85. Nouveau christianisme. Lettres d'Eugène Rodrigues. L'éducation du genre humain. 2. éditition de ces trois écrits publiée en janv. 1832. 1 vol. de 348 pp. imprimé chez Éverat, Paris. — Économie politique et politique. 2. édit. publiée en mai 1832. 1 vol. 184 pp. Vide: No. 9.
(Ces deux pièces forment un vol. de 532 pp.)

— 86. Oeuvres de H. Saint-Simon. 2 vol. 8°. Paris, Naquet, 1832. Publications d' O. Rodrigues au moment de sa scission. Les deux premières livraisons, les seuls qui aient paru, forment un vol. de 566 pp.
Prospectus. Une page in-8°. Rodrigues annonce les oeuvres complètes de Saint-Simon, devant former dix ou douze volumes in-8.
Première livraison. Elle renferme: Une préface générale du Disciple de Saint-Simon. — Quatre fragments de la vie de Saint-Simon écrits par lui-même. — Les lettres d'un habitant de Genève à ses contemporains 1802. — La parabole politique. 1819. — Le nouveau christianisme.

1825. (Un volume de 201 pages, imprimé chez Éverat.)
Deuxième livraison. Cette livraison renferme: Les deux premiers cahiers du Catéchisme des industriels. — Avis à Messieurs les chefs de maisons industrielles. — Union générale des capacités industrielles et scientifiques. — Le tome quatrième de l'Industrie, publié in-8° par Saint-Simon en 1818. A la suite de la préface on trouve la „Lettre au rédacteur du Journal Général de France" en date du 12 mai 1818. (Cette livraison forme un vol. de 364 pages.)
La troisième livraison annoncée, qui devait contenir le „Mémoire sur la science de l'homme et sur la gravitation", ouvrage inédit de Saint-Simon, n'a pas paru.

Saint-Simon, H., 87. Oeuvres. Précédés de fragments de l'histoire de sa vie écrite par lui-même publiés en 1832 par Olinde Rodrigues. 8°. Paris, Capelle, 1841.
1. Catéchisme politique des industriels.
2. Vues sur la propriété et la législation.
3. Lettres d'un habitant de Genève à ses contemporains.
4. Parabole politique.
5. Nouveau christianisme.

— 88. Oeuvres choisies, précédées d'un essai sur sa doctrine, par M. Lemonnier. 3 vol. 8°. Bruxelles, Fr. van Meenen, 1859.
Contenant:
Vol. I. Essai sur la doctrine de Saint-Simon. — Notice bibliographique. — Lettre d'un habitant de Genève à ses contemporains. — Introduction aux travaux scientifiques du dix-neuvième siècle.
II. Mémoire sur la science de l'homme. — Travail sur la gravitation universelle. — De l'organisation de la société européenne. — Profession de foi du Comte de Saint-Simon au sujet de l'invasion du territoire français par Napoléon Bonaparte. — Opinion sur les mesures à prendre contre la coalition de 1815. — Extraits de l'Organisateur. — Lettres aux Jurés. — Suite à la brochure: Des Bourbons et des Stuarts.
III. Du système industriels (Extraits). — Catéchisme des industriels. — Opinions littéraires, philosophiques et industrielles. — Nouveau christianisme. — Supplément à la Notice bibliographique.

Nouv. édit. 3 vol. 12°. Paris, Castel, 1861.

— 89. Oeuvres de H. Saint-Simon et d'Enfantin publiées par les membres du conseil, institué par Enfantin pour l'exécution de ses dernières volontés, et précédées de deux notices historiques. 47 vol. gr.-8°. Paris, Dentu, 1865—1878.
Vol. I—XIII. Notices historiques.
Vol. XIV—XL et XLVI. Oeuvres de Saint-Simon et d'Enfantin.
Vol. XLI et XLII. Exposition de la doctrine Saint-Simonienne.
Vol. XLIII—XLV. Prédications.
Vol. XLVII. Procès.

Saint-Simon, H. Vide: Enfantin.
— — Globe (Le).
— — Organisateur (L').
— — Producteur (Le).
Saint-Simonisme. 1. **Exposition de la doctrine Saint-Simonienne.** Première année 1828—29. 1 vol. 8⁰. de 327 pp. publié en août 1830. Paris, chez Mesnier, place de le Bourse; de l'impr. d'Éverat, rue de Cadran, no. 16.)
(Dans le no. de l'Organisateur du 27 août 1830 elle est annoncée comme venant d'être mise en vente.)
2. édit. publiée en déc. 1830. 1 vol. 8⁰. de 431 pp., imprimée chez Éverat.
(Cette édition est, typographiquement, la plus soignée.)
3. édit., publiée en août 1831. 1 vol. 8⁰. de 432 pp. imprimée chez Éverat.
(Le Globe du 30 août 1831 annonce cette troisième édition comme venant de paraître.)
Seconde année 1829—30. 1. édit., publiée en déc. 1830. 1 vol. 8⁰. de 172 pp. imprimée chez Éverat.
2. édit. 1 vol. de 324 pp. impr. chez. Éverat.
(Cette seconde édition n'a pas encore paru, quoique son impression ait été commencée en juillet 1831. Le 11 novembre 1831, jour de la scission de Bazard, les dix premières feuilles étaient tirées; et le 28 février 1832, quand se présenta l'huissier agissant à la requête de Bazard, le volume était entièrement terminé.)
Autre édit. 18⁰. Paris, libr. nouvelle, 1854.
— 2. **Crises Saint-Simoniennes.** 12 pièces diverses formant un vol. de 305 pp. 1831—1832.
Scission de Bazard, 11 nov. 1831.
1. Réunion générale de la famille. Séances des 19 et 21 nov. Brochure de 64 pp. publiée dans les premiers jours de décembre 1831.
2. Quelques-unes des pièces in 4⁰. réimprimées dans le format in 8⁰. par le chef de la correspondance.
3. Cérémonie du 27 nov. Protestation de Jean Reynaud.
4. Lettre aux Saint-Simoniens par Jules Lechevalier, 20 déc. 1831.
5. Discussions morales, politiques et religieuses. Première partie, par Bazard. Brochure qui a paru le 20 janv. 1832.
(Une seconde partie était annoncée. Elle n'a jamais paru, et Bazard, mort à Courtry le 29 juillet 1832, n'a laissé aucun manuscrit.)
6. Simple écrit d'Abel Transon aux Saint-Simoniens, 1 févr. 1832.
7. Lettre à M. Enfantin par Toussaint de Belgique, en date du 12 févr. 1832.
8. De la Société Saint-Simonienne, par Jean Renaud. (Extrait de la Revue encyclopédique, no. de janvier 1832, qui n'a paru qu'en mars.)
9. Mémoire d'un predicateur Saint-Simonien, par Édouard Charton. (Extrait de la Revue Encyclopédique, no. de février, qui n'a paru qu'en avril.)
Scission d'O. Rodrigues, 13 févr. 1832.
10. Olinde Rodrigues aux Saint-Simoniens, 13 févr. 1832.
11. Le Disciple de Saint-Simon aux Saint-Simoniens et au public.
12. Olinde Rodrigues à M. Chevalier. Lettres en date des 12, 17 et 18 mars 1832. 8 pp. Imprimées chez Lachevardière.
Saint-Simonisme. 3. **Extraits de l'Organisateur** 1829—31. 19 livrais., formant un volume de 597 pp.
1. Deux lettres à un vieil ami sur les domestiques par Gustave d'Eichthal. L'une extraite du numéro 9 (10 oct. 1829); l'autre extraite du no. 15 (22 nov. 1829).
2. Lettre à un libéral (M. P. Madier de Montjau); par P. M. Laurent. Extraite du no. 26 (7 févr. 1830).
3. Aux chrétiens, par Ch. Duveyrier. Extrait du no. 31 (14 mars 1830).
4. Des sentiments de famille et d'amitié, par Gustave d'Eichthal. Extrait du no. 34 (4 avril 1830).
5. Correspondance par Ch. Duveyrier. Extrait du no. 38 (4 mai 1830).
6. A un catholique. Sur la vie et le caractère de Saint-Simon; par Gustave d'Eichthal. Extrait du no. 39 (19 mai 1830).
7. Treize séances, ou exposition (année 2). Extraits du no. 19 (20 déc. 1829) au no. 47 (13 juillet 1830).
8. Cinq discours aux élèves de l'école polytechnique par Abel Transon. 1. La religion. Extrait du no. 48 (16 juillet 1830). 2. Dieu. Extrait du no. 49 (24 juillet 1830). 3. L'humanité. Extrait du no. 50 (1 août 1830). 4. L'héritage. Extrait du no. 3, année 2 (7 sept. 1830). 5. Appel. Extrait du no. 4, année 2 (11 sept. 1830).
9. La même pièce réimprimée à Bruxelles en 1831, chez Laurent frères.
Extraits de la deuxième année:
10. La Marseillaise, par Michel Chevalier. Extrait du no. 4 (11 sept. 1830).
11. La même pièce réimprimée en mai 1832, pour les feuilles populaires.
12. Enseignement central. Leçon faite par Jules Lechevalier, le jeudi 20 janv. 1831

à l'Athénée. Cette leçon est extrait des nos. 24 et 25 (29 janvier et 5 février 1831).
13. Aux femmes, par Palmire Bazard. Extrait du no. 28 (26 févr. 1831).
14. Enseignement central. Leçon faite par H. Carnot, extraite du no. 35 (16 avril 1831).
15. Sur la constitution de la propriété; prédication faite à Lyon, le 20 mai 1831; par Jean Reynaud. Extrait du no. 39 (14 mai 1831; ce numéro n'a paru qu'en juin).
16. Enseignement central. Deux leçons faites par H. Carnot, extraites des nos. 38 et 40 (7 et 21 mai 1831).
17. Aux ouvriers, par un ouvrier (Haspott). Extrait du no. 42 (4 juin 1831).
18. Réponse à quelques objections par Jules Lechevalier. Extrait du no. 43 (11 juin 1831).
19. Communion générale. Extrait des nos. 47 et 48 (2 et 9 juillet 1831).

Saint-Simonisme. 4. Extraits du Globe. 3 Vol. 1830—1831.
1. vol. de 464 pp.
1. Économie politique, série d'articles du Père extraits du Globe du 28 nov. 1830 au 18 juin 1831. 1. édit. Juillet 1831.
2. Politique européenne, par Michel Chevalier. Extraits du Globe, formant une brochure de 127 pp. publiée en déc. 1832. Elle renferme: Avis. — L'intervention (17 déc. 1830). — Loi des 80 000 hommes. — La France et l'Angleterre (8 déc. 1830). — Direction nouvelle à donner à la politique générale (3 juin 1830). — La Russie et la Pologne (4 juin 1831). — Alliance de la Russie avec la Porte. Equilibre européen. — Rôle de la Russie (18 juin 1831). — La Belgique et la Pologne (14 juin 1831). — Situation de l'Autriche (8 juin 1831). — Du rôle qui convient à l'Allemagne et à la Prusse en particulier (16 juin 1831). — Rôle de la Prusse, 2. article (26 juin 1831). — L'Angleterre (22 juin 1831). — La paix et la guerre (29 juin 1831). — La Pologne (8 mars et 20 oct. 1831). — Alger (10 nov. 1831).
3. Lettres sur la législation dans ses rapports avec la propriété; par A. Decourdemanche. 1. partie. Du 22 nov. 1830 au 5 mars 1831. 2. partie. Du 16 avril au 24 octobre 1831.

2. vol. 1831. 16 pièces formant un vol. de 481 pp.
1. Pétition d'un prolétaire à la Chambre des députés; par Ch. Béranger, ouvrier horloger. Extrait du Globe du 3 févr. 1831.
2. L'art. Prédication d'Émile Barrault. Globe du 2 mai 1831.
3. Quatre articles sur l'hérédité de la propriété par H. Fournel. — L'Oisif antique et l'oisif moderne. Globe du 21 mars 1831. — Trois articles en réponse à une brochure de M. Massias. Globe des 26 juin, 26 août et 27 sept. 1831.
4. La presse. Trois articles de M. Chevalier, extraits du Globe des 1, 6 et 11 juillet 1831.
5. Rapports aux Pères suprêmes sur la situation et les travaux de la famille. Séance du 16 août 1830.
   1. Sur la situation financière. Gust. d'Eichthal.
   2. Sur les travaux de la famille. Stéphane Flachat.
   3. Sur le degré des ouvriers. Henri Fournel.
   4. Sur les enseignements. H. Carnot et Dugied.
   Extraits du Globe des 2 et 3 sept. 1831.
6. Parti politique des travailleurs, prédication de M. P. Laurent. Extrait du Globe du 10 oct. 1831.
7. Moyen de supprimer immédiatement les impôts des boissons, du sel et de la loterie. Examen pratique de la question de l'amortissement; par Em. Pereire. Extrait du Globe, 25 oct. 1831.
8. Les mêmes articles compris dans la brochure précédente, réimprimés avec deux articles de Michel Chevalier. — Projet de discours de la Couronne pour l'année 1831, extrait du Globe du 23 juillet 1831. La Vendée, extrait du Globe du 26 oct. 1831.
9. Leçons sur l'industrie et les finances, faites à l'Athénée; par Isaac Pereire. Extraites du Globe des 9, 10, 16, 24 sept.; 17 oct.; 2, 13 et 14 nov. 1831; Suivies d'un projet de banque présenté le 4 sept. 1830 par les frères Pereire.
10. Correspondance. Extraits du Globe du 18 au 22 nov. 1831.
11. Appel, par Benjamin Olinde Rodrigues. Extrait du Globe du 28 nov. 1831.
12. Cérémonie du 27 nov. Protestation de Jean Reynaud. Extrait du Globe du 28 nov.
13. Événements de Lyon. Extraits du Globe du 25 au 30 nov. 1831.

14. Vue générale sur le nouveau caractère de l'apostolat Saint-Simonien. Morale individuelle; prédication d'Abel Transon. Extrait du Globe du 12 nov. 1831. — Allocution de Laurent, extrait du Globe du 13 déc. 1831.
15. Enseignement des ouvriers du 18 déc. 1831, extrait du Globe du 23 déc. 1831.
16. Enseignement des ouvriers du 25 déc., extrait du Globe du 30 déc. 1831.

3. vol. 11 pièces formant un vol. de 455 pp. 1832.

1. Emprunt Saint-Simonien. Emission de la première série. Extrait du Globe du 1 janv. 1832.
2. Affranchissement de la femme; prédication d'Abel Transon, extrait du 2 janv. 1832.
3. Poursuites. Extrait du Globe du 23 janv. 1832.
4. Est-ce également que le gouvernement a fait suspendre l'exercice du culte Saint-Simonien? Par A. Decourdemanche; extrait du Globe du 26 janv. 1832.
5. Système de la Méditerranée, par Michel Chevalier. Quatre articles extraits du Globe des 20 et 31 janv., 5 et 12 févr. 1832.
6. Politique industrielle. Recueil d'articles extraits du Globe des 8, 21 et 30 mars; 2, 9, 11, 13, 16 et 20 avril; par M. Chevalier, Stephane Flachat, Ch. Duveyrier, Henry Fournel. — Suivi de la réimpression du Système de la Méditerranée.
7. Au Roi, par Henry Fournel. Extraits du Globe du 13 avril 1832.
8. La même pièce réimprimée en mai 1832 pour les feuilles populaires.
9. La même pièce réimprimée encore une fois en juin pour les feuilles populaires.
10. A tous. Tirage à part du dernier numéro du Globe (20 avril 1832). Le Père, M. Chevalier, Barrault, Duveyrier (publiées en avril 1832).
11. La prophétie. Mesnilmontant, 1 juin 1832. Série d'articles du Père, de Ch. Duveyrier, Gustave d'Eichthal, M. Chevalier, Émile Barrault, extraits du Globe des 19 et 24 févr., 26, 28, 29 et 31 mars; 4, 10, 14 et 20 avril 1832.

Saint-Simonisme. 5. Mesnilmontant. Feuilles populaires. 16 pièces diverses formant un vol. de 552 pp. 1832.

1. A tous. C'est le signal du départ pour Mesnilmontant. Avril 1832.
2. La prophétie. Mesnilmontant, 1. juin 1832.
3. Avis en date du 1. juin 1832 qui ajourne au 6 juin la cérémonie de la „prise d'habit".
4. Parole du Père en date du 3 juin. — Chants.
5. Prise d'habit. 6 juin.
6. Les Saint-Simoniens!!! Par Ch. Lemonnier. 7 juin 1832.
7. Ouverture des travaux du Temple. 1 juillet 1832.
8. Chant gravé dans le format in 8°. par un ouvrier Saint-Simonien. Ce chant est l'Appel.
9. Mort de Talabot le 17 juin 1832 à 3 h. $1/_2$ du matin: Récit de ce qui se passa ce jour et les jours suivans.
10. Le Père à Fournel apôtre. Et la réponse. 18 juillet 1832.
11. L'Attente. Angers, sept. 1832.
12. Procès en police correctionnelle 19 oct. 1832. Parole de H. Fournel pour le Père.
13. A Lyon. 23 nov. 1832. Parole de Michel.
14. A Paris. 15 déc. 1832. Parole de Barrault.
15. Sept Chants, ou Chansons Saint-Simoniennes destinées à être distribuées sur la route par les missionnaires de Lyon. Déc. 1832.
16. Feuilles populaires. De mars à juin 1832.

(Presque toutes ces publications ont eu lieu pendant la „Retraite de Mesnilmontant"):

1. Napoléon ou l'homme peuple.
2. Qu'est ce qu'un prêtre Saint-Simonien?
3. La dévote et la grande dame.
4. Sujet de méditation pour les peuples et pour les rois. M. Chevalier. (Globe du 10 déc. 1831.)
5. L'armée guerrière et l'armée pacifique.
6. Morale du jour. Extrait d'une prédication d'Abel Transon (Globe du 2 janv. 1832).
7. Immense utilité des chemins de fer pour améliorer le sort des nations.
8. Les lanciers du préfet de police. Machereau.
9. Le carrier et le maçon. Botiau.
10. Discours prononcé par M. Thouvenel à la Chambre des députés sur les poursuites exercées contre les Saint-Simoniens. Extrait du Globe du 10 février 1832.
11. Napoléon. Ch. Béranger.
12. Qu'est ce qu'un travailleur? Machereau.
13. Le Saint-Simonien et les coups de poing. Machereau.
14. Napoléon. Réimpression de l'article no. 11.
15. Capitaux nécessaires. — Nouvel emploi de l'amortissement. M. Chevalier. (Globe du 30 mars 1832.)
16. Parabole de Saint-Simon. 1819.
17. Opinion du „Morning-Chronicle" sur la

religion Saint-Simonienne. (Globe du 13 février 1832.)
18. L'école polytechnique et les Saint-Simoniens. Lettres de Hoart, West, Bruneau. (Globe des 27 février et 4 mars 1832.)
19. Anglais et Français.
20. La guerre et l'industrie. Grands travaux à établir. Michel Chevalier. (Globe du 8 mars 1832.)
21. Les Saint-Simoniens. — Ce qu'ils ont fait. — Ce qu' ils veulent. Ch. Béranger.
22. L'ouvrier. — Le propriétaire. — Le Saint-Simonien. Ch. Béranger.
23. Comment il serait possible d'améliorer prodigieusement le sort des nations. M. Chevalier. (Globe du 12 févr. 1832.)
24. Un bon gouvernement. Ch. Béranger.
25. Moyen de donner du travail aux ouvriers et la paix à tout le monde. — Le chemin de fer du Havre à Marseille. Ch. Duveyrier. (Globe du 21 fév. 1832.)
26. Comment le Peuple peut s'élever. Camayou.
27. Du bon et du mauvais prêtre catholique. — Du prêtre Saint-Simonien. Machereau.
28. L'Hôtel Dieu. Émile Haspott.
29. Les prêteurs à la petite semaine. — Les banquiers. — Les banques Saint-Simoniennes. Ch. Béranger.
30. Du Saint-Simonisme. (Extrait de la Gazette d'Augsbourg) Voir le Globe du 13 mars 1832.
31. Nécessité des formules politiques. — Les nôtres. M. Chevalier. (Globe du 21 mars 1832.)
32. Nos chances. — Les trois ducs. M. Chevalier. (Globe du 21 mars 1832.)
33. Le Choléra-Morbus. M. Chevalier. (Globe du 9 avril 1832.)
34. Mesures prises contre le choléra-morbus. Mesures à prendre pour assurer l'existence des travailleurs. Ch. Béranger.
35. De l'émancipation successive des peuples. A. Surbled.
36. La femme du peuple. Delagoutte.
37. Les chiffonniers. Ch. Béranger.
38. Le choléra. — Assainissement de Paris. Stéphane Flachat. (Globe du 2 avril 1832.)
39. Le choléra à Paris. Stéphane Flachat.
40. Le choléra. — Napoléon. — L'ordre légal. Ch. Béranger.
41. Au Roi. Henri Fournel. (Globe du 13 avril 1832.)
42. Les empoisonnements. — La violence. Ch. Béranger.
43. Fin du choléra par un coup d'état. Michel Chevalier. (Globe du 11 avril 1832.)
44. Travaux publics. — Fêtes. Ch. Duveyrier. (Globe du 11 avril 1832)
45. Les Maîtrises. — Organisation d'une armée pacifique. Ch. Béranger.
46. Les cochers. — La concurrence. — Histoire d'un travailleur. Ch. Béranger.
47. Les manoeuvres à maçons et les poupiers. Ch. Béranger.
48. La concurrence. — Les machines et les ouvriers. — Les associations. Alexis Petit.
49. Le temps perdu. Ch. Béranger.
50. Au Roi. Réimpression de l'article 41.
51. Projet de Charte.
52. La propriété. Ch. Béranger.
53. Notes et lettres relatives aux secours que nous avons offerts pendant que le choléra régnait avec le plus d'intensité, extraites du Globe du 9 au 14 avril 1832.
54. La guerre détruit tout commerce et toute industrie. Ch. Béranger.
55. L'instruction du peuple. — La presse. Ch. Béranger.
56. Les bonnes intentions ne suffisent pas pour gouverner. Ch. Béranger. (Globe du 17 avril 1832.)
57. Ce que faisait Napoléon pour exciter l'enthousiasme du peuple. Machereau.
58. Les orphelins. Émile Haspott.
59. Le tailleur et le fermier. Machereau.
60. L'armée. — La concurrence. Ch. Béranger.
61. Ce qu'il faut pour être roi. — La légalité. Ch. Béranger.
62. Projet de Charte. Réimpression de l'article 51.
63. Organisation industrielle de l'armée. (Globe du 8 mars 1832.)
64. L'égalité devant la loi. Ch Béranger.
65. Le peuple français. Ch. Béranger.
66. La concurrence. Ch. Béranger.
67. La Marseillaise. M. Chevalier. (Organisateur du 11 sept. 1830; Globe du 28 avril 1832)
68. La prostituée. L. V. H.
69. Le Roi président le Conseil des ministres. Ch. Béranger.
70. Le but d'un gouvernement. Ch. Béranger.
71. Progrès des communications entre les peuples. A. Surbled
72. Organisation industrielle. Le Père. (Globe du 25 avril 1832)
73. Les médecins. Émile Haspott.
74. La Vendée. — La presse. Ch. Lemonnier.
75. Le Jardin des Tuileries. Ch. Lemonnier.
76. La Révolution. — La Réforme. — Le Peuple français. Ch. Béranger.
77. La Tribune. — Ode à Louvel. Ch. Lemonnier.
78. Le Bourgeois. — Le Révélateur. M. Chevalier. (Globe du 28 mars 1832)
79. La mairie. — Le mariage. Ch. Béranger.
80. L'Émeute. 7 juin 1832. Ch. Béranger.
81. Avenir des partis. Ch. Lemonnier.
82. Événements d'hier. — Ordonnance de M. de Montalivet. 7 juin 1832. Ch. Béranger.
83. Des républicains et du juste-milien. A. Surbled.
84. Parallèle. Ch. Béranger.
85. L'Émeute. — Le Travail. 9 juin 1832. Ch. Béranger.
86. De l'élection. A. Surbled.
87. La Voix de Dieu. 21 juin 1832. Ch. Béranger. (C'est par erreur que cette pièce porte la date du 21 juillet.)
88. Quel but se proposent les Saint-Simoniens? Ch. Lemonnier.

Saint-Simonisme. 6. Retraite de Ménilmontant 6 juin 1832. Parole du Père. — Chants: Avant le repas. Après le repas. Em. Barrault, apôtre. — Appel. Bergier. — Le retour du Père, 6 juin 1832. Rousseau. 12 pp. 8°. s. l. s. a. (impr. d'Éverat).

Saint-Simonisme. 7. Missions. Églises des provinces. — Publications en langues étrangères. — Petits écrits publiés autour de nous. 38 pièces diverses, formant un vol. de 547 pp.
1. Les cinq discours d'Abel Transon réimprimés à Bruxelles pendant la mission de 1831.
2. De la suspension des conférences publiques sur la doctrine Saint-Simonienne. Versailles, 1 mai 1831.
3. Prédication de Jean Reynaud à Lyon le 20 mai 1831.
4. Aux femmes. Par Palmire Bazard. Morceau extrait de l'Organisateur par Jules Lechevalier en mission à Rouen. Mai 1831. 8 pp. Imprimés chez D. Brière à Lyon.
5. L'annonciation. Par Jules Lechevalier. Mission de Rouen; mai 1831.
6. La même pièce réimprimée à Dieppe. Même mission.
7. La même pièce réimprimée à Besançon. Mission de Jules Lechevalier et Capella dans l'Est, juillet 1831.
8. La même pièce réimprimée à Metz.
9. La même pièce réimprimée à Strasbourg.
10. Programme de l'enseiguement qui devait être fait à Strasbourg et qui fut interrompu par le retour de Jules Lechevalier au moment de la scission du 11 nov. Un tableau grand in-4°.
11. Réponse à quelques objections par Jules Lechevalier. Strasbourg, oct. 1831.
12. Avenir de la femme, brochure rédigée par Ch. Lemonnier. Toulouse, juillet 1831.
13. Quel but se proposent les Saint-Simoniens? Par Ch. Lemonnier. Montpellier, 30 avril 1832.
14. La même pièce réimprimée à Chastelnaudary.
15. Morceau écrit par Ch. Lemonnier à bord du bateau du canal de Languedoc, le 5 mai 1852. Castres.
16. Enseignement, par Curie. Mulhausen, mai 1832.
17. Enseignement populaire. Chastelnaudary, juin 1832.
18. Aperçu des vues morales et industrielles des Saint-Simoniens, par Gust. Biard. Blois, juin 1832.
19. Les apôtres à Mesnilmontant, par Cognat. Lyon, 9 juillet 1832.
20. Nécessité d'un nouveau parti politique, par A. Freslon. Angers, 30 juillet 1832.
21. Les Saint-Simoniens des spoliateurs!!! Par Durand. Rodez, sept. 1832.
22. L'attente. Angers, sept. 1832.
23. Emile Barrault à M. Naudin. Troyes, 20 déc. 1832.

(Les autres 15 pièces diverses [24—38] n'ont pas été publiées par nous. Fournel.)

Saint-Simonisme. 8. Le Père. (Fournel a réuni dans ce volume le petit nombre des écrits du Père (Enfantin) qui ont été livrés à l'impression postérieurement à ses travaux du „Producteur". Ils forment un vol. de 432 pp.)

I. Économie politique et politique. Première édition. Juillet 1831.
Préface.
Première partie: Économie politique.
1. Impôts, emprunts, amortissement. 28 nov. 1830.
2. Suite. 1 déc. 1830.
3. Fictions de l'amortissement. 12 déc. 1830.
4. Accroissement de la dette publique, réduction de l'intérêt. 21 déc. 1830.
5. Emprunt, impôt, amortissement, réduction. 27 déc. 1830.
6. Les oisifs et les travailleurs. — Fermages, loyers, intérêts, salaires. 7 mars 1831.
7. Suite du précédent. — Mesures transitoires. 14 mars 1831.
8. Abolition des successions collatérales. 28 mars 1831.
9. Fonctions politiques selon les oisifs et selon les travailleurs. 21 mars 1831.
10. Institution des banques. 4 avril 1831.

Deuxième partie: Politique Saint-Simonienne.
11. Caractères différentes de la politique constitutionnelle et de la politique Saint-Simonienne. 11 avril 1831.
12. Organisation industrielle. Mairie, banque, budget, administration. 25 avril 1831.
13. Organisation scientifique. Savants perfectionnants, savants enseignants. Université.
14. Organisation scientifique (suite). Université, académie, collèges. 1 juin 1831.
15. Organisation religieuse. Le prêtre, l'homme et la femme.

II. Lettres à Charles Duveyrier sur le calme, juin 1830. — A François et Pfeiffer sur le dogme, juillet 1831. — Réimpression de l'article du Prêtre, extrait du Globe du 18 juin 1831.
(Ces diverses morceaux forment 22 pp. publiées en décembre 1831.)

III. Morale. Avril 1832. 211 pp.
(C'est cet écrit qui a été condamné par la Cour d'assises le 28 août 1832.) Il renferme:
1. Réunion générale de la famille. Séances des 19 et 21 nov. 1832.
2. Premier enseignement du Père. 28 nov. 1831. Transformation du Dogme. Réhabilitation de la chair.
3. Deuxième enseignement. L'histoire. 30 nov. 1831.

4. Troisième enseignement. 2 déc. 1831. L'autorité et la liberté. — La loi vivante.
5. Quatrième enseignement. 5 déc. 1831. Suite de La loi vivante.
6. Cinquième enseignement. 7 déc. 1831. Morale.
7. Les trois familles par E. Barrault. Articles extraits du Globe des 7, 12 et 19 mars 1832.
IV. A tous. Avril 1832.
V. Écrit du 3 juin 1832.
VI. Le Père à Fournel apôtre.
VII. L'attente. Angers, sept. 1832.

Saint-Simonisme. 9. Dix pièces diverses.
Vol. de 554 pp. 1830—1831. (Dans ce vol. sont réunies toutes les brochures qui ne sont pas extraites d'aucun des journaux et qui ont été publiées à Paris.)
1. L'éducation du genre humain, de Lessing, traduit pour la première fois de l'allemand sur l'édition de Berlin de 1785 par Eugène Rodrigues. Ouvrage publié dans les premiers jours de janvier 1830, peu de jours avant la mort d'Eugène Rodrigues (13 janv. 1830). 36 pp. 8°. Paris, chez Fromont, 1830.
2. Aux artistes. Par Émile Barrault. Brochure publiée en mars 1830 chez Alexandre Mesnier. 84 pp. 8°. Paris 1830.
3. Lettre au président de la Chambre des députés, en date du 1. oct. 1830. Elle est signée: Bazard-Enfantin, chefs de la religion Saint-Simonienne. Elle a été entièrement rédigé par Bazard. 8 pp. 8°. De l'impr. Éverat.
(Cette lettre a été reproduite dans le Globe du 13 sept. 1831.)
4. La même pièce. Réimprimée chez Éverat en 1831. 8 pp.
5. Résumé du premier volume d'Exposition. Par Hippolyte Carnot. Extrait de la Revue Encyclopédique, cahier de nov. 1830. 45 pp. Brochure publiée en déc. 1830; impr. chez Madame veuve Thuau.
6. La même pièce. 2. édition. Mai 1831. 45 pp. impr. chez Éverat.
7. La même pièce. 3. édition. Déc. 1831. 45 pp. impr. chez Éverat.
8. Lettres sur la religion et la politique. Par Eugène Rodrigues. 1. édition :
Introduction.
1. lettre. L'époque actuelle.
2. „ La philantropie et le sentiment religieuse. — Missions des disciples de Saint-Simon.
3. „ Progrès de la conception théologique.
4. „ La Trinité.
5. „ Identité de la politique et de la religion.
6. lettre. Analogie du culte et de l'industrie dans l'antiquité.
7. „ La vie future.
8. „ Constitution de l'avenir.
9. „ Préjugés scientifiques.
10. „ Le catholicisme. — Le millénium.
11. „ Évolution du christianisme.
12. „ Le protestantisme. — La prêtrise.
13. „ Le clergé de l'avenir. — Nécessité de compléter la bible. — Vues sur la propriété.
14. „ Le dogme chrétien. — Le dogme Saint-Simonien.

(Ces lettres qui avaient été adressées partie à Bürns, partie à Rességuier, en 1828 et 1829, sont suivies d'une réimpression de l'Éducation du genre humain, par Lessing. Ces diverses morceaux forment 197 pp. et sont publiées en janv. 1831 chez Mesnier; de l'impr. d'Éverat.)

9. Lettres du Père Enfantin à Charles Duveyrier, juin 1830. — A François et Pfeiffer, chefs de l'église de Lyon, juillet 1831. — Réimpression de l'article du Prêtre, extrait du Globe du 28 juin 1831. Ces divers morceaux forment un écrit de 22 pages, publié au commencement de déc. 1831. De l'impr. d'Éverat.
10. Réunion générale de la famille. Séances des 19 et 21 nov. 1831. — Note sur le mariage et le divorce par Olinde Rodrigues. 64 pp. De l'impr. d'Éverat.
(Cette brochure n'est autre que le commencement du livre intitulé : Morale.)

Saint-Simonisme. 10. Pièces diverses.
1. Deux lettres lithographiées, adressées par Saint-Simon aux industriels en 1820.
2. Lettre manuscrite adressée à M. Ardoin par quelques industriels, sous la date de février 1825.
3. Circulaire in 4°. annonçant la suspension du Producteur. 12 déc. 1826.
4. Indication des prédications, enseignements, publications qui existaient au commencement de 1831.
5. Onze circulaires du Globe. 1831—1832.
6. Crise Saint-Simonienne. Huit pièces in-4°. 1831.
Ce sont les suivantes:
a) Circulaire du 22 nov., signée M. Chevalier.
b) Réponse de Bazard, en date du 23 nov.
c) Déclaration de Jules Lechevalier, en date du 28 nov.
d) Lettre du Père à Ch. Lemonnier, en date du 8 déc. Lithographiée.
e) Protestation des membres de l'église de Toulouse, en date du 9 déc.
f) Lettre de M. Chevalier aux chefs des églises Saint-Simoniennes des départemens, en date du 20 déc. Lithographiée.
g) Lettre du Père à Ribes aîné, de Montpellier, en date du 23 déc. Lithographiée.
h) Lettre de Band à Fraisse de Montpellier, en date du 23 déc. Lithographiée.

7. Lettre en date du 28 déc. 1831 où sont annoncées les emprunts qui vont être faits. Lithographiée.
8. Seconde lettre relative aux emprunts, en date du 16 janv. 1832. Lithographiée.
9. Lettre de M. Chevalier aux chefs des églises, en date du 30 janv. 1832. Lithographiée.
10. Lettre au chefs des églises des départemens, en date du 27 févr. 1832. Lithographiée.
11. Lettre d'Alexis Petit à M. Louvot Demartinécourt. 5 avril 1832. — Lettre de Joucières à Canet. 2 avril 1832. Lithographiée.
12. Lettre de Michel Chevalier aux chefs des églises des départements, en date du 5 avril 1832. — Lettre du Père à Edmond Talabot en mission à Brest. 4 avril 1832. — Lettre de Talabot au Père. 1 avril 1832. — Lettre de Rousseau au Père. 31 mars 1832. — Lettre de Pellarin au Père. 31 mars 1832. — Lettre de Michel Chevalier à Carlier de Dunkerque, en date du 22 mars 1832. Ces six lettres lithographiées.
13. Missions et publications des départemens.
   a) A mes concitoyens, par Curie. Mulhausen le 25 août 1831. Lithographiée.
   b) Réfutation de la réponse de M. le passeur Graf à ma lettre à mes concitoyens, par Curie. 28 oct. 1831. De l'impr. de J. Risler et Co. à Mulhausen.
   c) Aux Lyonnais. Par Ribes et Massol. Février 1832. 4 pp. 4°. De l'impr. de Charvin à Lyon. Cette proclamation a été reproduite dans le Globe du 17 févr. 1832.
14. Aux lecteurs du Globe. Par Ch. Lemonnier. Paris, 26 mai 1832. 3 pp. 4°.
15. Avis. Par Caboche. Mai 1832.
16. Les Saint-Simoniens!!! Par Ch. Lemonnier. 7 juin 1832.
17. Lettres de Ch. Lemonnier. — Lettre de Reverchon, en date des 21, 25 et 28 juin 1832.
18. Les deux premières feuilles du „Livre Nouveau" dont l'impression a été suspendue faute d'argent. Août 1832.
19. Lettre de Ch. Lemonnier aux chefs des églises des départemens, en date du 4 sept. 1832. Lithographiée.
20. L'attente. Lithographiée.
21. Procès des Saint-Simoniens. 1 p. 4°. De l'impr. de Petit.
   (Le gouvernement s'est hâté de faire crier dans les rues la condamnation en Cour d'Assises.) Cette pièce n'est pas timbrée.
22. Acquittement du Père Enfantin.
   (C'est la pièce que nous avons fait crier dans les rues après l'acquittement en police correctionnelle 20 oct. 1832. Fournel.)
23. Lettre de M. Chevalier en date du 11 oct. 1832 à l'occasion du départ pour Lyon de Hoart et Bruneau. Lithographiée.
24. Lettre de M. Chevalier en date du 7 nov. 1832 à l'occasion du départ pour Lyon de Roger et Massol. Lithographiée.
25. Lettre du Père à la Reine des Français. 9 nov. 1832.
26. Invitation pour le jour des morts, en date du 12 déc. 1832.
27. Chansons Saint-Simoniennes.
   1. Le loi de Dieu. 1831. Par Lagache.
   2. Adieux au Père. Le temple de Dieu.
   3. Nouvelle profession de foi d'un libéral. Vinçard.
   4. Chant Saint-Simonien. „Soldats, ouvriers" etc.
   5. Le peuple par Achille Rousseau.
   6. Le rêve de Morat. Par Morat. 14 déc. 1832.
   7. A la femme. Par Mercier. 14 déc. 1832.
   8. Le Père. Par Mercier.
   9. L'homme nouveau. Par Morat.
   10. La Saint-Canaille. Par Mercier.
   11. L'avenir est à nous. Par Vinçard.

Saint-Simonisme. 11. Prédications.
(Les Prédications ont commencé à la rue Monsigny, le 11 avril 1830. Le 10 oct. suivant a eu lieu la première prédication à la Salle Taitbout. Les deux volumes renferment les œuvres principales des six prédicateurs qu'a eus la religion Saint-Simonienne de 1830 à 1831.)

Tome 1. Mars 1832. Un vol. de 606 pp.
1. La bonne nouvelle. Abel Transon. 11 juillet 1830.
2. Réalisation de la doctrine Saint-Simonienne. P. M. Laurent. 25 juillet 1830.
3. Nous sommes les hommes de l'avenir. P. M. Laurent. 22 août 1830.
4. Liberté, égalité, ordre public. P. M. Laurent. 5 sept. 1830.
5. L'incrédulité. E. Barrault. 28 nov. 1830.
6. La charité. E. Barrault. 25 avril 1831.
7. Apologia. P. M. Laurent. 3 oct. 1830.
8. État de l'Europe. P. M. Laurent. ? oct. 1830.
9. Les femmes. E. Barrault. 7 nov. 1830.
10. La propriété. Jean Reynaud. 20 mai 1831. Lyon.
11. La hiérarchie. E. Barrault. 21 nov. 1830.
12. Le sacerdoce. E. Barrault. 5 déc. 1830.
13. L'intervention. E. Barrault. 30 janv. 1830.
14. L'intervention. P. M. Laurent. 6 févr. 1831.
15. Le loi de sang. E. Barrault. 26 déc. 1830.
16. L'association universelle. E. Barrault. 20 févr. 1831.

17. Unité de la religion et de la politique. E. Barrault. 9 janv. 1831.
18. La religion Saint-Simonienne. E. Barrault. 16 janv. 1831.
19. La consécration de la matière. E. Barrault. 19 juin 1831.
20. Dieu. Abel Transon. 10 avril 1831.
21. Unité de la religion, de la politique et de la morale. E. Barrault. 27 févr. 1831.
22. Morale du monde. Abel Transon. 6 mars 1831.
23. Le mariage. E. Barrault. 13 mars 1831.
24. Le monde. E. Charton. 8 mai 1831.
25. Dégoût du présent. — Besoin d'avenir. E. Charton. 29 mai 1831.
26. L'art. E. Barrault. 1 mai 1831.
27. Saint-Simon. Abel Transon. 22 mai 1831.
28. L'éducation. Abel Transon. 26 juin 1831.
29. Qui nous sommes. E. Barrault. 12 juin 1831.
30. Les anniversaires de juillet. E. Barrault. 31 juillet 1831.

Tome seconde. 1832. Un vol. de 419 pp. mis en vente chez Johanneau, rue du Coq-St.-Honoré, no. 8 bis.

1. Le passé s'écroule. — L'avenir surgit. É. Barrault. 14 août 1831.
2. Les partis. E. Barrault. 28 août 1831.
3. L'oeuvre Saint-Simonienne. Abel Transon. 4 sept. 1831. Pièce lue le même dimanche par Olinde Rodrigues.
4. Politique. — Morale. — Religion. Abel Transon. 11 sept. 1831.
5. Notre politique est religieuse. Laurent. 18 sept. 1831.
6. Appel aux hommes religieux. Reynaud. 25 sept. 1831.
7. Dieu, toujours Dieu. Reynaud. 2 oct. 1831. Allocution de Moïse Retouret. Même dimanche.
8. Parti politique des travailleurs. Laurent. 9 oct. 1831.
9. La voix de Dieu. Moïse Retouret. 23 oct. 1831. L'hérédité. Laurent. Même dimanche.
10. La philantropie. La religion. E. Barrault. 30 oct. 1831.
11. La famille humaine. Moïse Retouret. 6 nov. 1831. — Allocution de Laurent. Même dimanche.
12. 13 nov. 1831. Ce dimanche et le suivant il n'y a pas eu de prédication.
13. 27 nov. 1831. Parole du Père. — Appel d' O. Rodrigues. — Improvisation de Barrault. — Protestation de J. Reynaud. — Parole de Talabot. — Parole de Baud.
14. 4 déc. 1831. Improvisation de Barrault. — Parole du Père. — Coup de sifflet d'un assistant. — Parole de Baud.
15. L'apostolat Saint-Simonien. Abel Transon. 11 déc. 1831.
16. Les hommes positifs. E. Barrault. 18 déc. 1831.
17. Le prolétaire et la femme. Moïse Retouret. 25 déc. 1831.
18. Affranchissement des femmes. Abel Transon. 1 janv. 1832.
19. Aux travailleurs. Moïse Retouret. 8 janv. 1832.
20. L'orient et l'occident. E. Barrault. 15 janv. 1832.
21. 22 janv. 1832. M. Desmortiers, avec ses gendarmes, ferme la Salle Taitbout. — Otello. — Don Juan. Par E. Barrault. Deux articles extraits du Globe des 1 et 20 févr. 1832. Ils font suite à la prédication sur l'orient et l'occident.

Saint-Simonisme. 12. Les deux procès. Ils forment ensemble un volume de 512 pp. Paris 1832.

Procès en Cour d'assises. 27 et 28 août 1832. Avec les portraits du Père, de M. Chevalier, d'Émile Barrault et de Ch. Duveyrier. Un volume de 405 pp. imprimé chez Carpentier-Méricourt.
Ce volume a paru le 19 oct. 1832.

Procès en police correctionnelle. 19 oct. 1832. Avec les portraits du Père et de Henri Fournel. Un volume de 107 pp., imprimé chez Carpentier-Méricourt.
Ce volume a paru en novembre 1832.

Saint-Simon, Graf Heinrich v. („Merkur", hrsg. von Stöpel, Sept.—Nov. 1880.)

Saint-Simoniens (Aux) et aux Saint-Simoniennes. Sur la nécessité et la possibilité de rallier la doctrine de Saint-Simon à la foi chrétienne et au christianisme temporel annoncé dans les écritures (par Marie Felix). 8°. Paris, impr. d'Éverat, juillet 1837.

Saint-Simonisme (Le) en action. Un article du Courrier de l'Europe. (Le Globe, 1831, no. 60.)

Saint-Simonisme (Du). Extrait de la Gazette d'Augsbourg. (Religion Saint-Simon.) Vide: Saint-Simonisme, Mesnilmontant, no. 16_{30}.

Saisset, É., Du passé et de l'avenir du socialisme. (Revue des Deux Mondes, 1 févr. 1849.)

Saive, A., L'avenir de l'ouvrier, dédié à la

classe ouvrière et placé sous sa protection. 8°. Paris, impr. Bailly, 1842.

Sala, Mor. Frhr. v., Die Arbeiterbewegung der Gegenwart. Vortrag in der Katholiken-Versammlung der Linzer Diöcese am 3. Aug. 1870. in Steyr. gr.-8. Wien, Kirsch, 1871.

Salaires (Des) et des grèves. 16°. Paris, impr. Chaix, 1886. (A. s. l. t.: Société des publications libérales, no. 1.)

Sulès, Mme, The Master Key of social reform, or the gradual abolition of hereditary property, which will secure without any injustice or any taxation: I. The abolition of imperial and local debts. II. The nationalization of the land and most other property. III. The certain maintenance of the four classes having a moral right to live without working. 99 pp. 8°. London, s. a.

Sallères, Auguste, Le Panthéon démocratique et social. Histoire des réformateurs philosophes, politiques, socialistes, depuis les sectes du moyen âge jusqu'à nos jours; précédée d'un aperçu sur la marche des progrès pendant la période chrétienne. Avec une préface de Robert (du Var). 8°. Paris, rue Dauphine, juin 1848.

— Vide: Le Peuple souverain.

Salmon, E., 1. Democracy and the drama. (National Review, Oct. and Nov., 1888.)

— 2. The working classes and religion. (National Review, Mai 1888.)

Salomon, Dr. F. Vide: Arbeiterzeitung (Deutsche).

Salt, H. S. Vide: Socialists ideal.

Salut du peuple (Le), journal de la science sociale. Rédact. en chef le citoyen Mallarmet, ouvrier monteur en bronze. 6 nos. 8°. Paris, 10 déc. 1849 — 10 mai 1850.

Salut social (Le), moniteur du commerce véridique, journal des droits de l'homme, rédigé par les opprimés. Rédact. en chef: Le Vieux de la Montagne; premier rédact. adjoint: le Dr. Arthur de Bonnard. 2 nos. fol. Paris, 19— 23 juin 1848.

Salzwedel, Wilh. v., Das Proletariat, seine Erscheinung, seine Ursachen und seine Abwehr. gr.-8°. Königsberg, Samter, 1853. (Berlin, Ehle.)

Sammito, M. Aldisio, La questione sociale. 8°. Piazza Armerina 1880.

Sammlung politischer Flugschriften des J. 1848. 8°. Leipzig, Weller, 1848.

Sampson, L., The rebellion of 1950. Battle of London (a dream of the future). (To Day, Nr. 22.)

Samter, Adolph, 1. Das Eigenthum in seiner socialen Bedeutung. gr.-8°. Jena, Fischer, 1879.

— 2. Das Eigenthum und der Socialismus. (Neue Gesellschaft, 2. Jahrg., 1878.)

— 3. Der Eigenthumsbegriff. (Jahrbücher f. Nat.-Oekon. u. Statist., Bd. 30.) gr.-8°. Jena, Fischer, 1878.

— 4. Die Eigenthumsfrage. (Die Gegenwart, 18. Bd., 1880.)

— 5. Gesellschaftliches und Privat-Eigenthum als Grundlage der Socialpolitik. gr.-8°. Leipzig, Duncker u. Humblot, 1877.

— 6. Socialistische Irrthümer, sociale Wahrheiten. (Die Gegenwart, 11. Bd., 1877.)

— 7. Privateigenthum und gesellschaftliches Eigenthum. (Sep.-Abdr. aus „Die Waage", 1876, Nr. 22 u. 23.)

— 8. Social-Lehre. Ueber die Befriedigung der Bedürfnisse in der menschlichen Gesellschaft. gr.-8°. Leipzig, Duncker u. Humblot, 1875.

Sanchez-Ruano, J., El socialismo en España. Madrid 1865.

Sand, George, 1. Le culte de la France. (La vraie République, no. 48.)

— 2. Le dogme de la France. (La vraie République, no. 47.)

— 3. La religion de la France. (La vraie République, no. 46.)

— Vide: Almanach de la démocratie.

— — Buynat, J.: Les socialistes modernes.

— — Revue indépendante.

Sandner, Chrph., Die Arbeiterfrage kritisch untersucht behufs Erzielung socialer Reform und Entwaffnung der Socialdemokratie. gr.-8°. Nördlingen, Beck, 1879.

Sandou, Les socialistes et la société. 8°. Paris, Garnier frères, 1849.

Sangalli, Elisabeth, Arm und Reich. Ein Arbeiter-Roman. 2 Bde. 8°. Leipzig, Jurany, 1849.

Sans, Émile (de l'Ariège), Paris et la Commune. 15 pp. 8°. Paris, Lahure et Co., 1871.

Santangelo Spoto, Dr. Ippolito, La tendenza delle classi sociali inferiori nella 2ª metà del secolo XIX; contributo alla scienza dell' amministrazione. 8°. Palermo 1886.

Sarasin, K. Vide: Kapital und Arbeit.

Sarda y Salvany, Le mal social, ses causes, ses remèdes. Mélanges et controverses sur les principales questions religieuses et sociales du temps présent. 2 vol. 16°. Paris, Lethielleux, 1890.

Sargant, Will. Lucas, 1. Social innovators

and their schemes. 8°. London, Smith, Elder u. Co., 1858.

Sargant, Will. Lucas, 2. Robert Owen, a biography; with an exposition of his social philosophy. pst.-8°. London, Smith and Elder, 1860.

Sarrazin, Jacques, Un cercle d'ouvriers. 70 pp. 18°. Paris, Haton, 1873. 3. edit. Ibid.

Sarrepont, Guerre des communeux de la Commune. 8°. Paris 1871.

Sartorius, Georg, Versuch einer Geschichte des deutschen Bauernkrieges oder der Empörung in Deutschland zu Anfang des 16. Jahrh. 8°. Berlin, Joh. Fr. Unger, 1795.

Sartorius v. Waltershausen, A., 1. Boykotten, ein neues Kampfmittel der amerikanischen Gewerkvereine. (Jahrbücher f. Nat.-Oek. und Statist., 45. Bd., N. F. XI, 1885.)
— 2. Die Gewerkvereine in den Vereinigten Staaten von Amerika. (Jahrb. f. Nat.-Oekon. u. Statist., Bd. 40, 41 u. 42, 1883—84.)
— 3. Der moderne Socialismus in den Vereinigten Staaten von Amerika. gr.-8°. Berlin, Bahr, 1890.

Sartorius von Waltershausen (Herr) über den modernen Socialismus in den Vereinigten Staaten von Amerika. (Neue Zeit, 9. Jhrg., 1890—91.)

Sass, Friedr., Berlin in seiner neuesten Zeit und Entwickelung. gr.-8°. Leipzig, Kofka, 1847.

Sassóli-Tomba, march. Achille, La questione sociale nelle nostre campagne. 8°. Bologna 1879.

Saulais, S., Le vraie socialisme; ou l'union du capital et du travail (leurs rôles et droits respectifs dans la grande famille du prolétariat). 8°. Paris, Masquin, 1882.

Saunders, Will., Trades-unionism. Question: Is the development of trades-unionism a serious national danger? 24 pp. 8°. London, s. a.

Sauriac, Xavier, 1. Catéchisme du prolétariat Paris. 8°. Paris, impr. nat., 1881. 3. édit. 8°. Ibid. 1882.
— 2. Réforme sociale, ou catéchisme du prolétaire. gr.-8°. Paris 1834.
— 3. Un système d'organisation sociale. 8°. Paris, impr. Beaulé, 1850. 3. édit. 12°. Toulouse 1869. 4. édit. 8°. Paris, impr. Cinqualbre, 1879. 5. édit. 18°. Paris, impr. Cinqualbre, 1881. 6. édit. 18°. Paris, Balitout, 1883.

Savardan, At[e] **et D. Laverdant,** Colonie maternelle. Appel aux Phalanstériens. 8°. Paris, à la libr. phalanst., 1851.

Savardan, A. Vide: Phalange, série 3, t. VI.

Savigny, Mich., Le mouvement socialiste en Amérique et en Allemagne. Révolution de la vapeur. 16°. Niort, impr. Bourreau, 1891.

Savy, C., Quelques mots sur le socialisme en Allemagne. (Extrait du „Correspondent".) 8°. Paris, impr. de Soye et fils, 1890.

Say, Jean Bapt., 1. Olbie. Paris 1799.
Sur la question de l'Institut: Quels sont les moyens et les institutions les plus efficaces pour fonder la bonne harmonie d'un peuple? (Couronnée 1793.)
— 2. Olbien, oder Versuch über die Mittel zur Umbildung der Sitten einer ganzen Nation; aus dem Französ. von C. Mohr. gr.-8°. Andernach 1800. (Hölscher in Coblenz.)
— Vide: Hodgson, A.: Letter to M. J. B. Say.

Say, L. Vide: Raffalovich, A.: La ligue pour la défense de la liberté.

Sbarbaro, P., Degli operai nel secolo XIX. 3 vol. 32°. Milano, Maglin, 1869.

Scalzotto, A., Le macchine e il socialismo. (Opuscoli socialisti: Milano, Ambrosoli.)

Schaack, Mich. J., Anarchy and anarchists: A history of the red terror and the social revolution in America and Europe. 8°. Chicago, F. J. Schulte and Co., 1889.

Schaefer, Dr. W., Die Unvereinbarkeit des socialistischen Zukunftsstaates mit der menschlichen Natur. Ungehaltene Rede, dem socialdemocrat. Wahlverein in Hannover gewidmet. gr.-8°. Hannover, Schüssler, 1878. 2.— 5. Aufl. gr.-8°. Berlin, Oppenheim, 1890. 6. Aufl. gr.-8°. Ebd. 1891.

Schäfer, Theod. Vide: Warte (Westphälische).

Schäffle, Dr. Albr. Eberh. Frdr., 1. Die Aussichtslosigkeit der Socialdemokratie. Drei Briefe an einen Staatsmann zur Ergänzung der „Quintessenz des Socialismus". 1. u. 2. unver. Aufl. gr.-8°. Tübingen, Laupp, 1885. 3. Aufl. gr.-8°. Ebd. 1887. 4. Aufl. gr.-8°. Ebd. 1891.
— 2. Die Bekämpfung der Socialdemokratie ohne Ausnahmegesetz. (Zeitschr. f. Staatswiss., 1890.) gr.-8°. Tübingen, Laupp, 1890.
— 3. Der collective Kampf ums Dasein. Zum Darwinismus vom Standpunkt der Gesellschaftslehre. (Zeitsch. f. Staatswiss. 1876_1. $_2$, 1879_2.)
— 4. Kapitalismus und Socialismus mit besonderer Rücksicht auf Geschäfts- und

Vermögensformen. Vorträge zur Versöhnung der Gegensätze von Lohnarbeit und Kapital. gr.-8°. Tübingen, Laupp, 1870. 2. gänzlich umgearb. Aufl. gr.-8°. Ebd. 1878.

Schäffle, Dr. Albr. Eberh. Frdr., 5. Le Play's Socialreform in Frankreich, in Beziehung auf Religion, Erbrecht, Familie, Arbeit, Association, Pauperismus und staatliche Selbstregierung. (Deutsche Vierteljahrsschrift, 1865₄.)
— 6. Die Quintessenz des Socialismus. 2. Aufl. gr.-8°. Gotha, F. A. Perthes, 1877. 13. Aufl. gr.-8°. Ebd. 1891. (Die 1. Aufl. erschien anonym, 1875. Vide: Quintessenz des Socialismus.)
— 7. La quintessenza del socialismo (tradotta e corredata di prefazione e aggiunte da Andrea Costa). (Biblioteca socialista, vol. 10.) Milano, Ambrosoli, 1880.
— 8. La quintessence du socialisme. Traduction française de B. Malon. 18°. Paris, libr. du Progrès, 1880.
— 9. The quintessence of socialism. English edition. Translated from the 8. German edition. Under the supervision of Bernard Bosanquet. 8°. London, Sonnenschein, 1888.
— 10. Zur rechtsphilosophischen Theorie des Ausnahmerechtes. (Zeitschrift f. Staatswissenschaft, 1891.)
— Vide: Bahr, H.: Die Einsichtslosigkeit des Herrn S.
— — Kritik der Quintessenz des Socialismus.
— — Raffalovich, A.: Le socialisme de M. S.

Schäftner. Vide: Scheu, H.: Der Hochverrathsprocess.

Schalk, Dr. K., 1. Die Ehe und die alte Gesellschaft. (Neue Gesellschaft, 1. Jahrg., 1877.)
— 2. Stellung des Socialismus zu den modernen Schutzbestrebungen. (Neue Gesellschaft, 2. Jahrg., 1878.)

Schall, Ed., Social-Revolution oder Reformation. Ein Wort an das deutsche Volk. gr.-8°. Braunschweig, Wollermann, 1890.

Schaper, Ludw., Geschichte der socialen Frage. gr.-8°. Braunschweig, Sommermeyer, 1885.

Schärz, S., Frei Land. Die Bodenbesitzreform oder wie wird die Hauptquelle der Armuth verstopft und das Volk von Steuern und Hypothekarschulden befreit? 8°. Bern, Schmid, Francke u. Co., 1889.

Schasler, Max, Der Materialismus als socialistisches Princip. (Die Gegenwart, 22. Bd., 1882.)

Schauberg, J., Actenmässige Darstellung der über die Ermordung des Studenten Ludwig Lessing aus Freienwalde in Preussen bei dem Criminalgericht des Canton Zürich geführten Untersuchung. 8°. Zürich, Schulthess, 1837.

Schauer, H. G., 1. Die englische Arbeiterbewegung. (Monatsschrift f. christl. Socialreform, 13. Jhrg., 1891.)
— 2. Zur socialen Bewegung. (Monatsschrift f. christl. Socialreform, 12. Jhrg., 1890.)
— 3. Parerga zur Philosophie des Londoner Dockerstrikes. (Monatsschr. f. christl. Socialreform, 13. Jhrg., 1891.)
— 4. Die Philosophie des Londoner Dockerstrikes. (Monatsschr. f. christl. Socialreform, 1890.)
— 5. Der australische Strike. (Monatsschr. f. christl. Socialreform, 13. Jhrg., 1891.)

Schédo-Ferroti, E. K., Die internationale Arbeiterbewegung. Populäre Betrachtungen. 8°. Berlin, Behr, 1872.

Scheel, H. v., 1. Die sociale Frage. Vortrag, geh. im Grossrathssaale zu Bern am 3. Decbr. 1872. 8°. Bern, Jent u. Reinert, 1873.
— 2. Frauenfrage und Frauenstudium. (Jahrbücher f. Nat.-Oekon. u. Statist., 22. Bd., 1874.)
— 3. Unsere social-politischen Parteien. (Unsere Zeit, N. F. 9. Jhrg, 1 u. 2, 1873.)
— 4. Unsere socialpolitischen Parteien. 8°. Leipzig 1878.
— 5. Das Recht auf Arbeit. (Unsere Zeit, 1885, 7. Heft.)
— 6. Socialismus und Communismus. (Handbuch der polit. Oekonomie, hrsg. von Schönberg, 1. u. 2. Aufl., 1882—84.)
— 7. Die Theorie der socialen Frage. gr.-8°. Jena, Mauke, 1871.
— 8. Werden wir Communisten? (Die Gegenwart, 13. Bd., 1878.)

Scheele, E., Systematische Darstellung der Lippstädter Gütergemeinschaft. gr.-8°. Lippstadt, Lange, 1857.

Scheffer, Dr. Vide: Urtheil in der Untersuchungssache.

Scheicher, Dr. Jos., Consist.-R., Der Klerus und die sociale Frage. Moralsociologische Studie. gr.-8°. Innsbruck, F. Rauch, 1884.

Scheidmann, Gust., Der Communismus und das Proletariat. 8°. Leipzig, Jurany (jetzt Kittler), 1848.

Scheimpflug, Dr. Karl, 1. Eigenthum oder

Anweisung auf den Arbeitsertrag? (Oester. Monatsschr. f. christl. Socialreform, 1885.)

Scheimpflug, Dr. Karl, 2. Ueber das Recht der Arbeit. (Oesterr. Monatsschr. f. christl. Socialreform, 1888.)

Schellwien, Rob., Die Arbeit und ihr Recht. Rechtlich-volkswirthschaftliche Studien zur socialen Frage. gr.-8°. Berlin, Puttkammer u. M., 1882.

Scherer, Edmond, La démocratie et la France. Études. 8°. Paris, libr. nouv., 1883. 2. édit. 8°. Ibid. 1884.

Scherpenzeel-Heusch, le baron J. L. de, Solution pratique du principe démocratique en rapport avec l'ordre. 8°. Bruxelles, Rosez, 1863.

Scherr, Johannes, Die Nihilisten. 8°. Leipzig, O. Wigand, 1885.

Scheu, Andr. Vide: Scheu, H., Der Hochverraths-Process.

Scheu, Heinr., Der Hochverraths-Process gegen Oberwinder, Andr. Scheu, Most, Papst, Hecker, Perrin, Schönfelder, Berka, Schäftner, Pfeiffer, Dorsch, Eichinger, Gehrke und Baudisch. Verhandelt vor dem k. k. Landesgerichte in Wien, begonnen am 4. Juli 1870. Nach stenogr. Berichten bearb. u. hrsg. 8°. Wien, Selbstverl. d. Hrsg., 1870.

Scheurer. Vide: Phalange, année I, t. I.

Schiel. Vide: Zeitung (Demokratische).

Schiffmann, La formule, essai de solution de la question sociale. 8°. Paris, Jouve, 1888.

Schings, J., Die christlich-sociale Partei in ihren Bestrebungen dargestellt in dem Entwurfe zu einem christlichen Arbeiterkatechismus und dem Berichte über die erste Generalversammlung der christlich-socialen Vereine Rheinlands und Westphalens zu Elberfeld am 6., 7. und 8. März 1870. 2. Aufl. 8°. Aachen 1870.

— Vide: Arbeitsrecht.

Schinker, Th., Adresse und Petition der Taglöhner in den ritterschaftlichen Gütern des Grossherzogth. Mecklenburg an die hohe Abgeordnetenkammer in Schwerin. 8°. 1849.

Schippel, Max, 1. Das moderne Elend und die moderne Uebervölkerung. Ein Wort gegen Kolonien. gr.-8°. Leipzig, F. Duncker, 1883. Vide: Wirth, Mor.: Bismarck, Wagner, Rodbertus.

— 2. Das moderne Elend und die moderne Uebervölkerung. Ein Erkenntniss unserer socialen Entwicklung. (Internat. Bibliothek, I. Serie. 21.—23. Heft, Stuttgart 1888.)

Schirges, Geo. Vide: Egeria.

— — Telegraph (Der).

— — Werkstatt (Die).

Schirmacher, Käthe, Das dunkle England. ("In darkest England", Booth.) Unsere Zeit, 1891₁.)

Schläger, E., R. W. Emerson und der Socialismus. (Die Gegenwart, 26. Bd., 1884.)

Schlecht, J. Th., Die Poesie des Socialismus. Ein Beitrag zur deutschen Literaturgeschichte im letzten Jahrzehnt. gr.-8°. Würzburg, Woerl, 1883.

Schlesinger, Max, Die Beamten des Socialismus. (Neue Gesellschaft, 2. Jhrg., 1878.)

Schlieben, Rich. v., Die Arbeiterfrage und die conservative Partei. Rede, geh. in einer Versammlung conservativer Männer am 23. Febr. 1879 zu Chemnitz. gr.-8° Chemnitz (Winter) 1879.

Schlöffel, Ad. jr. Vide: Volksfreund (Der).

Schlöffel, Gust. Ad., Dokumente der Revolutionen der Gegenwart. Kampf der jungen Pressfreiheit mit dem alten Beamtenthum. Schlöffel's des jüngeren Pressprocess verhandelt vor dem Kammergericht in Berlin. Vollständig aus den Akten mitgetheilt von ihm selbst. gr.-16°. Berlin, Stargardt, 1848.

— Vide: Darstellung (Getreue) d. Processes Schlöffel.

— — Wahrlieb, Fr.: Schlöffel u. Wander.

Schlosser, Gust., Welche socialen Verpflichtungen erwachsen dem Christen aus seinem Besitz? Vortrag, geh. auf dem Congress für innere Mission zu Magdeburg am 14. Sept. 1878. gr.-8°. Frankfurt a/M., Heyder u. Zimmer, 1879.

Schlosser, J., Zur Lösung der Arbeiterfrage, mit besonderer Berücksichtigung der naturgesetzlichen Ernährung der Arbeiterbevölkerung und die Mittel zur Verbesserung der Lebensverhältnisse derselben. gr.-8°. Leipzig, Grunow, 1868.

Schlosser, J. G., Seuthes, oder der Monarch; an Jacobi. 8°. Strassburg 1789.

Schlüter, Herm., 1. Beiträge zur socialen Geschichte des Jahres 1848. (Neue Zeit, 3. Jhrg., 1885.)

— 2. Die kommunistischen Kolonien Nordamerikas. (Neue Zeit, 2. Jhrg., 1884.)

Schmeltz, Jules. Vide: La Tribune nationale.

Schmettau, H. v., Der Socialismus und seine Propheten. Kurz zusammengestellt. 8°. Berlin 1863.

Schmerzensschrei (Der) der „Ausgestossenen" Londons. Eine Untersuchung über die

Lebensverhältnisse der elenden Armen. Aus dem Engl. imp.-8°. Wien, Verlag d. „Deutschen Worte", 1884.

Schmid, J. Ch., Bauernkrieg. (Art. in der Encyklopädie von Ersch u. Gruber, VIII).

Schmidt (von Danzig), Die Erbschaft des Vereines. Rede über die Aufgabe der Handwerkervereine, gesprochen im Berliner Handwerkervereine. 16°. Berlin, Veit u. Co., 1848.

Schmidt, Frz., Die deutsche Philosophie in ihrer Entwicklung zum Socialismus. (Deutsches Bürgerbuch für 1846.)

Schmidt, J., Wer sind die Urheber der Volksverarmung? Eine wohlgemeinte Warnung. 8°. Berlin, Selbstverl. d. Verf., 1848.

Schmidt, Osc., Darwinismus und Socialdemokratie. Vortrag. gr.-8°. Bonn, E. Strauss, 1878.

Schmidt, P., Zur Geschichte und Charakterisirung des Socialismus in Skandinavien. (Arbeiterfreund, Jhrg. 27, 1889.)

Schmidt, W. Ad., Die Zukunft der arbeitenden Klassen und die Vereine für ihr Wohl. Eine Mahnung an die Zeitgenossen. gr.-8°. Berlin, Veit u. Co., 1845.

Schmidt-Warneck, Prof. Dr., 1. Die Eigenthumsfrage der Neuzeit. Vom socialgeschichtlichen Gesichtspunkte. 8°. Reval 1887.
— 2. Social, socialistisch, sociologisch. Ein Nachwort zum 2. evangelisch-socialen Congress. 1. u. 2. Aufl. gr.-8°. Braunschweig, Grüneberg, 1891.

Schmieding (Dortmund). Vide: Bergarbeiter-Ausstand.

Schmit, J. H., A few words addressed to the labouring classes. Translated from the French. 16 pp. 8°. London 1848.

Schmit, J. P., Deutscher Arbeiter-Katechismus. 16°. Leipzig, Brügmann, 1848.

Schmitthenner, Frdr., Ueber Pauperismus und Proletariat. gr.-8°. Frankfurt a/M., Heyer, 1848 (jetzt Gerold in Wien).

Schmitz, Pfr. A., Unsere Aufgaben gegenüber der Socialdemocratie. Rede, geh. auf dem Katholikentag in Koblenz. 12°. Trier, Paulinus-Dr., 1890.

Schmoller, Dr. Gustav, 1. Die Arbeiterfrage. (Preuss. Jahrbücher, Bd. 14 u. 15, 1864 —65.)
— 2. Die ländliche Arbeiterfrage mit besonderer Rücksicht auf die norddeutschen Verhältnisse. (Zeitschr. f. Staatsw., 1866$_2$. $_3$.)
— 3. Arbeitseinstellungen und Gewerk-

vereine. Referat auf der Eisenacher Versammlung vom 6. u. 7. Oct. 1872 über die sociale Frage. (Jahrbücher f. Nat.-Oekon. u. Statist., Bd. 19, 1872.)

Schmoller, Dr. Gust., 4. Die geschichtliche Entwicklung der Unternehmung. I u. II. Die älteren Arbeitsgenossenschaften und die ältere agrarische Familienwirthschaft. III—V. Handel, Handwerk und Hausindustrie. (Schmoller's Jahrbuch für Gesetzgebung, Verwaltung etc., 1890$_3$. $_4$.)
— 5. Die sociale Frage und das preussische Staat. (Preuss. Jahrbücher, Bd. 33, 1879.)

Schnacke, Fr., Die Arbeiter-Aufstände in Frankreich seit 1830. (Dies Buch gehört dem Volke, II, 1845.)

Schnauffer. Vide: Volksfreund.

Schneideck, Gust. Heinr., Der Strike. Eine Geschichte aus dem socialen Leben der Gegenwart. 12°. Berlin, Eckstein's Nachf., 1886.

Schneider, Joh., Katechismus für freie Gemeinden. gr.-8°. Leipzig, Weller, 1849.

Schneider, S. R., Das Problem der Zeit und dessen Lösung durch die Association. 8°. Gotha, Hennings, 1834.

Schoelcher, Victor, La famille, la propriété et le christianisme. 101 pp. 32°. Paris, lib. de la Bibl. démocr., 1873. 2. édit. 32°. Ibid. 1875.
— Vide: Phalange, série 3, t. V.

Scholz, J. der Dritte, Criminal-Geschichte der Gräfin von Görtz-Wrisberg und mehrerer anderer des Hochverrathes Angeklagten. 8°. Nürnberg, Herold u. W., 1835.

Schönberg, Gustav, 1. Zur landwirthschaftlichen Arbeiterfrage. (Zeitsch. f. Staatsw., 1875$_3$.)
— 2. Die sittlich-religiöse Bedeutung der socialen Frage. 8°. Stuttgart, Levy u. Müller, 1876. 2. Aufl. 1876.
— 3. Die Frauenfrage. Vortrag, geh. zu Basel am 15. Febr. 1870. 8°. Basel 1872. (Oeffentl. Vorträge geh. in der Schweiz, Bd. II, Heft 4.)

Schönberg, M., Die Ziele und Bestrebungen der Socialdemokratie. Eine Beleuchtung des socialdemokratischen Programms. 1. —3. verb. Aufl. gr.-8°. Leipzig, Kössling, 1878. 4. verb. u. verm. Aufl. Ebd. 1879. 6. unveränd. Aufl. 8°. Leipzig, Levien, 1889. 7.—9. verb. Aufl. Ebd. 1890.

Schönfeld, Otto, Kurze Bearbeitung der Arbeiterfrage vom landwirthschaftlichen Standpunkt aus. 8°. Wriezen (Riemschneider) 1872.

Schönfelder. Vide: Scheu, H.: Der Hochverrathsprocess.

Schepen, Le socialisme et la démocratie. (Revue socialiste, août 1887.)

Schott, Clara, Der Verfall des Staates durch den Staat. Beitrag zur socialen Frage. 8°. Leipzig, Pfau, 1885.

Schrader, Frdr., Die Arbeiterfrage in Mecklenburg. Ein Wort zur Verständigung. gr.-8°. Neubrandenburg, Brünslow, 1848.

Schramm, C. A., 1. Rodbertus, Marx, Lassalle. Socialwissenschaftliche Studie. 8°. München, Viereck, s. a.
— 2. Die Werththeorie von Karl Marx. (Die Zukunft, 1. Jhrg.)

Schramm, Conr. Bernh. Vide: Wochenblatt (Kiel-Altonaer demokratisches).

Schramm, Rud., Die Internationale vor dem Reichstage und die sociale Frage. Lex.-8°. Mailand, Schramm, 1878.

Schrecker, Pfr. Emil, Wie sind die socialen Probleme der Gegenwart auf der Kanzel zu behandeln? Vortrag, auf der Mansfelder Pastoralkonferenz gehalten. gr.-8°. Leipzig, Fr. Richter, 1891.

Schreiber, Der deutsche Bauernkrieg. 3 Bändchen. 8°. Freiburg 1863—66.

Schübler, Ed., Die Noth der Handwerker und Arbeiter. 8°. Stuttgart, Sonnewald, 1851.

Schüler Darwins (Ein) als Vertheidiger des Socialismus. (Neue Zeit, 9. Jhrg., 1890—91.)

Schuler-Libloy, Frdr., Der Socialismus und die Internationale nach ihren hervorragendsten Erscheinungen in Literatur und Leben. 3 Vorträge. Leipzig 1875. (Aus Histor.-politische Bibliothek. gr.-8°. Leipzig, Koschny, 1864—76.)

Schullern-Schrattenhofen, Hermann v., Die Lehre von den Produktionselementen und der Socialismus. (Jahrbücher f. Nat.-Oek. u. Statist., 44. Bd., N. F. 10, 1885.)

Schultz, Dr. (Bochum). Vide: Bergarbeiter-Ausstand.

Schulz, Adph., Ueber die Betheiligung der ländlichen Arbeitnehmer an dem Gutsertrage. Eine Erörterung gegen den Socialismus. (Aus „Georgika". gr.-8°. Leipzig, Schmidt u. Günther, 1871.

Schulz, Wilh., u. C. Welcker, Geheime Inquisition, Censur und Kabinetsjustiz in verderblichem Bunde. Schlussverhandlung mit vielen neuen Aktenstücken über den Process Weidig. gr.-8°. Carlsruhe, G. Braun, 1845.

Schulz-Bodmer, W., 1. Communismus. (Staatslexikon von Rotteck u. Welcker, 1859.)
— 2. Communismus und Socialismus seit 1848. (Staatslexikon von Rotteck u.Welcker, 1859.)

Schulze, Frdr. G., Die Arbeiterfrage nach den Grundsätzen der deutschen Nationalökonomie, mit Beziehung auf die aus Frankreich nach Deutschland verpflanzten Systeme des Feudalismus, Merkantilismus, Physiokratismus, Socialismus, Communismus und Republikanismus. (Schulze, Frdr. G.: Deutsche Blätter f. Landwirthsch., Nat.-Oek. u. Polit., Bd. II, 1. u. 2. Heft.) gr.-8°. Jena, Frommann, 1849.

Schulze, Jul., Das eherne Gesetz. Ein Wort an die deutschen Arbeiter. Hrsg. vom mittelrheinischen Fabrikanten-Verein. 8°. Frankfurt a/M. 1872.

Schulze-Delitzsch, Herm., 1. Die Abschaffung des geschäftlichen Risiko des Herrn Lassalle. Ein neues Kapitel zum deutschen Arbeiterkatechismus. 8°. Berlin, F. Duncker, 1866.
— 2. Associationsbuch für deutsche Handwerker und Arbeiter. 8°. Leipzig, Keil, 1853.
— 3. Kapitel zu einem deutschen Arbeiterkatechismus. Sechs Vorträge vor dem Berliner Arbeiterverein. 8°. Leipzig, Keil, 1863.
— 4. Die sociale Frage. 8°. Berlin 1869.
— 5. Der industrielle Grossbesitz und die Arbeiterbewegung in Deutschland mit besond. Hinweisung auf die Gewerkvereine. Vortrag gehalten in Berlin am 25. März 1870. gr.-8°. Berlin, F. Duncker, 1870.
— 6. An die preussischen Handwerker. Als Antwort auf viele Anfragen. gr.-8°. Berlin, Duncker, 1861.
— 7. Die arbeitenden Klassen und das Associationswesen in Deutschland als Programm zu einem deutschen Congress. 8°. Leipzig, G. Mayer, 1858. 2. verm. Aufl. gr.-8°. Leipzig, Keil, 1863.
— 8. Sociale Rechte und Pflichten. Vortrag, gehalten am 14. Febr. 1866 in Berlin. (Sammlung gemeinverständl. wissenschaftl. Vorträge, Heft 8, 1866.)
— Vide: Gerstner, L. J.: Vergleichende Darstellung.
— Miller, B.: Die deutsche Arbeiterbewegung.

Schulze-Delitzsch und Lassalle. (Deutsche Vierteljahrsschrift, 1863_3.)

Schulze-Delitzsch oder Lassalle? Wem sollen wir folgen? Eine Vergleichung der beiden Systeme Selbsthilfe und Staatshilfe von einem Arbeiter. 8⁰. Wien, Pichler's Wittwe u. Sohn, 1868.

Schulze-Gävernitz, G. v., Vermeidung und Beilegung von Arbeitsstreitigkeiten (Strikes etc.) in England. (Schmoller's Jahrbuch, XIII$_3$, 4, 1889.)

Schumacher, H., J. H. v. Thünen und Rodbertus. Kapitalisationsprincip oder Rentenprincip. gr.-8⁰. Rostock, Leopold, 1870.

Schumm, Ant., Maximil. Robespierre. 8⁰. Freiburg i. B., Herder, 1885.

Schüren, N., Die Katheder-Socialisten und die Manchester-Egoisten oder der Socialismus und Communismus im Frack. 8⁰. Leipzig 1873.

Schuster, Dr. Vide: Geächtete (Der).

Schuster, R., Die Social-Democratie. Nach ihrem Wesen und ihrer Agitation quellenmässig dargestellt. 8⁰. Stuttgart 1875.

Schützenberger, Frédéric, Les lois de l'ordre social. 2 vol. 8⁰. Paris, Joubert, 1849—1850.

Schvarcz, Jul., Die Demokratie. 1. Bd. Lex.-8⁰. Leipzig, Duncker u. H., 1877—82. (Neue Titel-Aufl. Leipzig 1884.)

Schwarzkopf, O. Dek., Arbeit und Arbeiter. (Samml. v. Vorträgen, VI. Bd., Hft. 3, 1881.)

Schwarz-Roth-Gold! Ueber teutsche Freiheit und Einheit. Von E. Weller. 3 Hefte. 8⁰. Leipzig, Weller, 1847—48. Neue Titel-Ausg. 3 Hefte in 1 Bde. 8⁰. Ebd. 1850.

Schweitzer und Bebel oder Bismarck? Beurtheilung der Arbeiterfrage von der politischen Seite und der Aussichten ihrer Lösung in den nächsten Jahren vom alten Schäfer Thomas, dem Verfasser der Prophezeiungen für 1870, 1871/2, 1872/3 und derjenigen, welche betitelt ist: Wie sieht Europa und namentlich Deutschland im Jahre 1900 aus? 8⁰. Schleiz, Hugo Heyn, 1872.

Schwiedland, Dr. Eugen, 1. Die Arbeitseinstellungen in Amerika. (Jahrb. f. Nat.-Oek. u. Stat., N. F. Bd. 19, 1889.)
— 2. A propos d'un livre sur le socialisme: Menger, Das Recht auf den vollen Arbeitsertrag. (Revue d'économie politique, mars-avril 1888.)
— 3. Das Recht auf den vollen Arbeitsertrag. (Die Gegenwart, Bd. 31, 1887.)

Science sociale (La) suivant la méthode de F. Le Play. Paraît tous les mois. T. I, livr. 1, janv. 1886. 8⁰. Paris, Firmin Didot.

Scoresby, Will., Lectures on socialism delivered in the Parish-Church Bradford. 52 pp. 8⁰. London 1840.

Scrope, G. Poulett, The rights of industry, or the social problem of the day as exemplified in France, Ireland and Britain. 8⁰. London 1848.

Séances (Treize) on exposition. Vide: Saint-Simonisme, Extraits de l'Organisateur, no. 7.

Séances (Les) officielles de l'Internationale à Paris, pendant le siège et pendant la Commune. 12⁰. Paris, Lachaud, 1872. 3. édit. 12⁰. Paris, Lachaud, 1872.

Secrétan, Ch., Le droit de la femme. 2. édit. 8⁰. Lausanne et Paris 1886.

Sectionen (An alle) und Mitglieder der internationalen Arbeiter-Association. (Unterzeichnet: Der Generalrath.) 8⁰. New York 1875.

Seelhoff, W. Vide: Volksblatt.

Segretain, E. A., Socialisme catholique. 18⁰. (Laval, Feillé,-Grandpré.) Paris, Lecoffre, 1849.

Seidel, Past. L., Die Frauenfrage und die innere Mission mit besonderer Rücksicht auf die Frauen und Töchter des Arbeiterstandes. Vortrag, geh. auf der Konferenz für innere Mission zu Nürnberg am 15. Sept. 1885. 1. u. 2. Aufl. gr.-8⁰. Nürnberg, Rau, 1885.

Seidemann, Jh. Karl, Thomas Münzer. Eine Biographie nach den im Kgl. sächs. Hauptstaatsarchive zu Dresden vorhandenen Quellen bearbeitet. gr.-8⁰. Dresden u. Leipzig, Arnold'sche Buchh., 1842.

Seiler, Sebast., Das Complot vom 13. Juni 1849 oder der letzte Sieg der Bourgeoisie in Frankreich. Ein Beitrag zur Geschichte der Gegenwart. 8⁰. Hamburg, Hoffmann u. Campe, 1850.
— Vide: Eigenthum (Das) in Gefahr.
— — Krieg (Der) zwischen der Schweiz und Frankreich.
— — Weitling (Der Schriftsteller W.).

Selchow, E. v., Geh. Reg.- u. Landr. a. D., Die Petersburger Mordthat des 13. März 1881 und Europas Volkswirthschaft oder Staaten-Wirthschafts-Genossenschaften als Anti-Socialismus. Zeitgedanken eines Socialisten der Praxis. gr.-8⁰. Breslau, Dülfer, 1881.

Selchow-Rudnik, E. v., Organisationsplan für die Arbeit der Landwirthschaft. Ein Beitrag zur Bekämpfung der Socialdemocratie auf dem Lande. gr.-8⁰. Berlin, Aktiengesellschaft „Pionier" in Komm., 1891.

Seligman, Edwin R. A., The christian socialists. (Political Science Quarterly Boston, 1886, June.)
Sellier, Amédée. Vide: L'organisation du travail.
Semaine (La), socialiste, critique, illustrée. Année 1, no. 1, 25 févr. 1883. pet.-fol. Paris, Masquin.
Sémérie, Eugèue, La grande crise (1789—1871). 18⁰. Neuchatel, impr. L. A. Bosel, 1874.
Semler, Heinr., Geschichte des Socialismus und Communismus in Nordamerika. gr.-8⁰. Leipzig, Brockhaus, 1880.
Semmig, Herm., Sächsische Zustände nebst Randglossen und Leuchtkugeln. Zunächst ein Ruf an das sächsische Volk. gr.-8⁰. Hamburg, Vogel, 1846.
— Vide: Stimme (Die) des Volkes.
Sempé, J., 1. Catéchisme du travailleur. 62 pp. 32⁰. Paris, libr. Madre, 1873.
— 2. Grèves et grévistes. 62 pp. 32⁰. Paris, Maire, 1870.
Sempronius, Histoire de la Commune de Paris en 1871. 4. édit. 18⁰. Paris, Décembre-Alonnier, s. a.
Sendschreiben an das Haus Israel. 8⁰. Leipzig, Naumburg, 1847.
Senty, M. Vide: Producteur, t. II.
Seoane, D. Juan A., Reflexiones sobre la organizacion del trabajo y la associacion de las clases laboriosas. Madrid 1845.
Sérandon, de, et Cognat, Marius, Le socialisme, ses formes diverses, ses illusions, conférence (19 déc. 1883). 8⁰. Marseille, Blanc et Bernard, 1884.
Sering, Max, 1. Die Arbeitseinstellungen in Grossbritannien. (Handwörterb. der Staatswissenschaften, I, 1890.)
— 2. Die Arbeitseinstellungen in den Vereinigten Staaten von Amerika. (Handwörterbuch der Staatswissenschaften, I, 1890.)
— 3. Die sociale Frage in England und Deutschland. (Schmoller's Jahrb., XIV₂, 1890.)
Sers, A. de, Question du travail. Associations populaires. 8⁰. Toulouse, impr. Douladoure, 1849.
Sethos, histoire ou vie tirée de monumens anectodes de l'ancienne Egypte (par l'Abbé de Terrasson). 2 vol. Amst. 1732.
Settegast, H., Die Arbeiterfrage in der Landwirthschaft. Vortrag, geh. in der Generalversammlung sämmtl. centralisirter landwirthschaftl. Vereine Schlesiens am 9. April 1872. 8⁰. Breslau, Korn, 1872.

Sèze, Jos. de, Les grèves, leur causes et leur résultats. (Réforme sociale, 1890.)
Shaftesbury, K. G. Earl of, Speeches (1838 —67) upon subjects having relation chiefly to the claims and interests of the labouring class. 8⁰. London 1868.
Shaw, Albert, 1. Icaria, a chapter in the history of communism. 8⁰. New York, Putnam's Sons, 1884.
— 2. Ikaria. Ein Beitrag zur Geschichte des Kommunismus. Autoris. Ausgabe, deutsch von M. Jacobi. 8⁰. Stuttgart, Lutz, 1886.
Shaw, G. B. Vide: Socialism. Fabian essays.
— — Socialists ideal.
Shaw, J. J., Some economic fallacies of trades-unionists. (Brit. Assoc. Rep. 8⁰. 1878.)
Shelley, Percy Bysshye, The masque of anarchy, to which is added queen liberty; song to the men of England. With a preface by Leigh Hunt. 8⁰. London, J. Watson, 1842.
— Vide: Aveling, Edw. 4.
Shepherd (The), a London weekly periodical illustrating the principles of universal science. Edited by J. E. Smith. Printed in the years 1834 and 1835. 4⁰. London. Nr. 1, August 30, 1834. Nr. 52, August 22, 1835.
(It succeed Mr. R. D. Owen's „Crisis" of 1833.)
Shipton, G., Trade-unionism, new and old. (Murray's Magazine, 1890.)
Siciliani, Pietro, Socialismo, Darwinismo e sociologia moderna. 16⁰. Bologna, Zanichelli, 1879. 3. ediz. interamente rifusa ed accresciuta delle questioni contemporanee. 16⁰. Bologna, N. Zanichelli, 1885.
Sickinger, C., Forderungen und Sünden des Arbeiterstandes. gr.-8⁰. Mainz, Kirchheim, 1873.
Sicre, Jérôme, Socialisme, égalité sociale. 16⁰. Paris, libr. du Progrès, 1882.
Siden, Thomas, History of the Sevarites or Sevarambi, a nation inhabiting part of the third continent, commonly called Terra Australis incognita. 12⁰. 1671. 12⁰. 2 parts. London 1675—79. 8⁰. 1738. Vide: Histoire des Severambes.
Sidgwick, Prof., Economic socialism. (Contemporary Rev., Nov. 1886.)
Sieg (Der) der Socialdemokratie als Frucht des Kartells. Nüchterne Wahlbetrachtungen. — Judenthum und Antisemitismus. Glossen zu einem lehrreichen Aufsatze. Zwei Abhandlungen über brennende Fragen von . · . 1.—3. Aufl. gr.-8⁰. Leipzig, Th. Fritsch, 1890.

Siegfried, Jules, La misère, son histoire, ses causes et ses remèdes. 276 pp, 18⁰. Paris, Germer-Baillière et Co., 1879.

Siegwart, Karl, 1. Der Communisten-Staat. Culturhistorische Studie. 3. verb. Separat-Ausg. 8⁰. Berlin, Denicke's Verl., 1873. 3. verb. Aufl. 2. Abdr. 8⁰. Ebd. 1878.
— 2. Klima und Sklaverei. Des Communisten-Staates 2. Theil. Studie. (Aus: „Deutsche landw. Zeitung".) gr.-8⁰. Berlin, Denicke, 1878.

Siegwolf, A. St., Ueber die Arbeiter-Bewegungen der Gegenwart. 8⁰. Frauenfeld, Verl.-Compt., 1857.

Sieyes, le Cte. Emm. Jos., 1. Déclaration des droits de l'homme en société. 8⁰. Versailles, Beaudouin, 1789.
— 2. Erklärung der Rechte des Menschen in Gesellschaft. 1789. (Politische Schriften, I, 1796.)
— 3. Qu'est ce que le tiers état? 8⁰. Paris, janv. 1789.
— Vide: Journal d'Instruction sociale.

Signes (De quelques) de désorganisation sociale. 69 pp. 8⁰. Paris, Didier et Co., 1872.

Signoret, A., Conseils aux électeurs. Programme des futurs représentants à l'assemblée législative, ou Projet d'organisation qui résout complètement la grande question sociale. Ordre, confiance, travail, crédit, et subsidiairement prospérité de l'agriculture, du commerce et de l'industrie etc. 8⁰. Paris, impr. Poussielgue, 1849.

Sigwart, C., 1. Thomas Campanella und seine politischen Ideen. (Preuss. Jahrbücher, Bd. 18, 1886.)
— 2. Thomas Morus. (Artik. in Bluntschli u. Brater's Staatswörterbuch, 1862.)

Simon, Alex., Die Auswanderung der Demokraten und Proletarier und die deutschnationale Colonisation des südamerikan. Freistaates Chile. 8⁰. Stuttgart, Expedition der Sonne, 1848.

Simon, C. G., Étude historique et morale sur le compagnonnage et sur quelques autres associations d'ouvriers, depuis leur origine jusqu'à nos jours. 8⁰. (Nantes.) Paris, Capelle, 1853.

Simon, C. J., De la démocratie et la décentralisation en France. 8⁰. Paris, Ducloux, 1849.

Simon, Jules, 1. La famille. 18⁰. Paris, Degorce-Cadot, 1869.
— 2. L'ouvrière. 1.—3. édit. 8⁰. Paris, Hachette et Co., 1861. 13. édit. 8⁰. 1891.
— 3. Die Arbeiterin. Nach der 3. Orig.-Ausg. in das Deutsche übertragen von Frdr. Nessler. Einzig rechtmässig autoris. deutsche Uebertragung. gr.-8⁰. Zürich, Kiesling, 1862.

Simon, Jules, 4. Le travail. 8⁰. Paris, libr. internat., 1866. — Le même. 12⁰. Ibid. 1867.
— 5. El trabajo y la redencion del proletariado. Traduccion de Luis Carreras. Barcelona 1869.
— 6. Le travail organisé et le travail libre. (Revue des Deux Mondes, 1 sept. 1859.)

Simon, Ludw., Das allgemeine Stimmrecht und die Arbeiterdiktatur. (Deutsche Monatsschrift, 1851₁.)
— Vide: Studien (Demokratische).

Simon, Richard, An examination of Mr. Henry Georges doctrines on progress and poverty. 8⁰. London, Bemrose and Sons, s. a. (1882).

Simonetti, O., Campanella. (Revista Nap., vol. III.)

Simoulu, L., Une insurrection ouvrière à Florence en 1378. (Extrait du Journ. d. Écon., 1873, déc.) 8⁰. Paris, Guillaumin et Co., 1873.

Simplex, Innocenz, Der Glaube des Socialismus. 8⁰. Löbau (Westpr.), R. Skranczek, 1878.

Simplicius, Jonas, Brief aan de Heere Justus Japertus wegens te toestand van de godsdienstige en burgerlyke levens-wyze van den landen Simplicitas en Luxuries. 8⁰. s. l. s. a. (1748.)

Sittliche (Ueber das) im Socialismus. (Neue Gesellschaft, 1. Jahrg., 1877.)

Sketches of popular tumults; illustrative to the evils of social ignorance. 8⁰. London, C. Knight and Co., 1837.

Sketchley, 1. Les Owenistes et les coopérateurs en Angleterre. (La Revue socialiste, 1880, no. 8.)
— 2. A review of european society with an exposition and vindication of the principles of social democracy. 8⁰. London, W. Reewes, s. a. (1884).

Skoda, E. J. L. de, Vivre et travailler, ou l'économie sociale selon le droit démocratique. 12⁰. Paris, Comon, 1849.

Smiles, S., Workmen's earnings, strikes and savings. 8⁰. London, J. Murray, 1862.

Smith, B. L. (Mrs. Bodichon), Women and work. London 1857.

Smith, Goldwin, 1. The organization of democracy. (The Contemporary Review, March 1885.)
— 2. False hopes; or fallacies, socialistic

and semi-socialistic, briefly answered. 12⁰. London, Cassel, 1886.
Smith, Hawkes. Vide: New Moral World, Vol. V and VI.
Smith, Herbert, A letter to the labouring classes in their own behalf. 8⁰. London 1838.
Smith, H. Ll. Vide: Nash, Vaughan and Smith, H. Ll.
Smith, J. E. Vide: The Shepherd.
Smith, L., Les coalitions et les grèves d'après l'histoire et l'économie politique avec un appendice de lois de divers pays. 8⁰. Paris, Guillaumin et Co., 1886.
Smith, L. O., 1. Le mouvement ouvrier de 1883 en Suède ou „l'Arbetarnes Ring" (le „Ring" ouvrier). fol. Stockholm 1883. — 2. Prospectus des cuisines économiques des „Rings" ouvriers à Stockholm. fol. Stockholm 1884.
Smith, Dr. Otto, Die schwedische Arbeiterbewegung von 1883 und das Gothenburger Ausschanksystem. Inaug.-Diss. gr.-8⁰. Tübingen, Laupp, 1886.
Smith, Samuel, Fallacies of socialism exposed, being a reply to the manifesto of the Democratic Federation. 20 pp. 8⁰. London 1884.
Smitti, Achille, L'ordre et le progrès au XIX. siècle. Recherches sur les causes qui ont produit l'esprit révolutionnaire et sur les moyens d'y remédier. 8⁰. Paris, Dentu, 1858.
S. N. Vide: Socialism as it should be.
Sobrier. Vide: Commune de Paris.
Social-Correspondenz. Organ des Centralvereines für das Wohl der arbeit. Classen. Hrsg. von Dr. Vict. Böhmert und Arth. v. Studnitz. 1. Jahrg. April—Dec. 1877. 76 Nrn. gr.-4⁰. Dresden, Exped. 2.—8. Jhrg. 1878—1884 à 52 Nrn. gr.-4⁰. Ebd. (Jhrg. 1884 hrsg. von Böhmert. Fort setzung. Vide: „Volkswohl".)
Social-Demokrat (Aus dem). Leitartikel und Aufsätze aus dem Organ der socialdemokratischen Partei. 8⁰. Berlin, Selbstverl. von W. Grüwel, 1868.
Socialdemokrat (Der). New York 1875 und 1876.
Socialdemokrat (Neuer). Berlin 1875—76.
Socialdemokratie (Die) in Deutschland und das Socialistengesetz. Von A. Z. (Jahrbuch f. Socialwissenschaft, hrsg von Richter, 1. Jhrg., 1879.)
Socialdemokratie (Die) vor dem deutschen Reichstage. 1. Heft. Entwurf eines Gesetzes gegen die gemeingefährlichen Bestrebungen der Socialdemokratie nebst Motiven und Anlagen. 2. Heft. Erste Berathung des Gesetz-Entwurfes gegen die gemeingefährlichen Bestrebungen der Socialdemokratie. Stenogr. Bericht der Verhandlungen des Deutschen Reichstages am 16. u. 17. Sept. 1878. 8⁰. Hamburg, Genossensch.-Buchdr., 1878.
Socialdemokratie (Die) vor dem deutschen Reichstage. Stenographischer Bericht der Verhandlungen am 18. und 19. Febr., 30. und 31. März und 2. April 1886. 5 Hefte. 8⁰. Stuttgart, Dietz, 1886.
Socialism made plain; being the social and political manifesto of the Democratic Federation. 8⁰. London, W. Reeves, s. a. (1883).
Socialism set at rest by the Weekly Dispatch. And resuscitated by the London district board of the Universal Community Society. 8⁰. London, Watson, 1840.
Socialism. Fabian essays by G. B. Shaw, Sidney Webb, W. Clarke, S. Olivier, Annie Besant, G. Wallas and H. Bland. Edited by G. Bernard Shaw. 8⁰. London, Walter Scott, 1890.
Socialism and anarchism. Antagonistic opposites. 8⁰. New York 1886.
Socialism (Christian). A dialogue. London 1850.
Socialism in England. (Quarterly Review, Oct. 1883.)
Socialism (English) and communistic associations. (Edinburgh Review, Nr. 189, 1851.)
Socialism (German) in America. (The North American Review, Avril-May 1879.)
Socialism, labor and capital. (Subjects of the Day, Nr. 3.) 8⁰. London, Routledge, 1890.
Socialism and selfhelp. (London, Quarterly Review, July 1889.)
Socialism unmasked; a plain lecture from the French of Gourard. 12⁰. London, Slater, 1850.
Socialisme (Le). 48 pp. 18⁰. Toulouse, Souyeux, 1879.
Socialisme (Le) allemand. gr.-8⁰. Berlin, Wilhelmi, 1889.
Socialisme conservateur. Essai de fraternité chrétienne et pratique, par deux soldats. (L'Avertissement et signé: G. de Leyssac et E. H. de La Pierre.) 8⁰. Paris, Dentu, 1851.
Socialisme dévoilé (Le), dialogues entre un socialiste et un bourgeois, par Gust. Biard, ex-rédacteur en chef du journal „la Presse du Peuple". 5 nos. Paris, sept. 1848.
Socialisme. Trois leçons du professeur E. Cherbuliez sur Fourier, son école et son

système, reproduites et réfutées par un ministre du saint évangile. 8°. Paris, rue de Seine, 1844.
Socialisme et libre-échange. Deuxième lettre à M. Gambetta. 20 pp. 8°. Paris, impr. Brière, 1878.
Socialisme Napoléonien (Le), organe de la Ligue démocratique pour l'extinction du paupérisme. 2 nos. fol. Paris, janvier-février, 1849.
Socialisme pratique. Histoire d'une association ouvrière. L'imprimerie nouvelle 1870 —1878. 8°. Paris 1878.
Socialisme (Le) en projet de loi. (Le Nouveau Monde, année I, no. 3.)
Socialisme (Le) en Russie. Étude contemporaine (par Charles de Bussy). 8°. Paris, Franck, 1860.
Socialisme (Le) et la société. Notes soumises aux souverains de l'Europe par un sujet fidèle. gr.-4°. Au Château de Saint-Benoît, sur Vaugneray (Rhone), 1880.
Socialismo (Il). Torino 1854.
Socialismo (Il). 32°. Milano 1879. (Propaganda socialista, no. 21.)
Socialismo católico por E. A. Segretain. — Los economistas, los socialistas y el cristianismo, por Cárlos Perin. Madrid 1850.
Socialismo (Del) y de su remedio. Bilbao 1871.
Socialismus und Anarchismus in Europa und Nordamerika während der Jahre 1883—1886. Nach amtl. Quellen. gr.-8°. Berlin, Wilhelmi, 1887.
Socialismus (Der) und Communismus in Frankreich. (Die Gegenwart, Bd. 1, 1848.)
Socialismus (Der) in Deutschland. (Die Gegenwart, Bd. 7, 1852.)
Socialismus, der Erzfeind, steht vor der Thüre von Meister Arnold. 12°. Strassburg i. E., Le Roux et Co., 1891.
Socialismus (Der) ist die consequente Fortbildung des Liberalismus. (Aus „Kreuzzeitung".) gr.-8°. Berlin, Beck, 1877.
Socialismus (Der) und das Landvolk, von J. L. (Arbeiterfreund, 16. Jhrg., 1878.)
Socialismus (Der) und die Wissenschaft. (Die Zukunft, 1. Jhrg.)
Socialist (Der). Wochenschrift zur Förderung der Volkswohlfahrt. Hrsg. und red. von Held. 1. Jhrg. Mai—Dec. 1849. 35 Nrn. gr.-4°. Berlin, Expedition.
Socialist (Der). Pest 1882. (Journal.)
Socialist (Der). New York 1885—88. (Journ.)
Socialist (The American). Devoted to the enlargement and perfection of home. fol. Oneida, N. Y. Vol. I, Nr. 1, March 30,

1876. Nr. 40, Dec. 28, 1876. Vol. II, 1877. 52 Nr. Vol. III, 1878. 52 Nr. Vol. IV, 1879. 52 Nr.
Socialist (The Christian), a journal for those who work and think for permanent value for all times. 4°. Monthly. Nr. 1, June 1883. Nr. 12, Mai 1884. London, Will. Reeves.
Socialiste (Le), journal de la réorganisation sociale. 1848. (Annoncé par affiches comme devant paraître le 5 avril.)
Socialiste (Le), journal de l'égal échange. 4 nos. gr.-4°. Juillet 1849.
Socialiste (Le), organe du parti ouvrier. No. 1, 29 août 1885. pet.-fol. Paris, impr. Deladéreere.
Socialiste (Le), organe du parti ouvrier de la région du Centre. Paraît le samedi. No. 1, 20 avril 1889. pet.-fol. Commentry, impr. Peynet.
Socialiste (Le bon), organe hebdomadaire des travailleurs et des flâneurs. No. 1, 30 nov. 1884. pet.-fol. Lyon.
Socialiste (Le) de Marseille. No. 1, 7 sept. 1889. fol. Marseille, 11, rue de la Paix.
Socialiste (Le), le plus inamovible et le plus rusé, c'est le serpent, ou Réfutation de quelques erreurs de M. Jules Favre, député socialiste, par un prêtre catholique et amovible. La préface et signée J. M. J. 8°. Paris, impr. de Marc-Aurel, 1850.
Socialisten und Anarchisten in der Schweiz. (Die Gegenwart, Bd. 25, 1884.)
Socialistenkongresse (Zwei weitere). (Christl.-soc. Blätter, Jhrg. 22, 1889.)
Socialistes anglais (Les). (Revue britannique, série IV, tome XXVII.)
Socialists ideal (The). 1. Art by W. Morris. 2. Politics by G. Shaw. 3. Literature by H. S. Salt. (New Review, Jan. 1891.)
Société (La) au lendemain de la révolution. 8°. Paris 1882. (Publications du groupe des 5. et 13. arrondis.)
Society (The) of beasts. Important and interesting proposal, addressed to Robert Owen, Esq. 16 pp. 8°. March 4, 1840.
Society as it is and society as it ought to be; or social diseases and social remedies. Part I. By a Liverpool merchant. 8°. Liverpool 1847.
Soden, H. Frhr. v., Reformation und sociale Frage. (Evangelisch-sociale Zeitfragen, 6. Heft.) Leipzig 1891.
Soetbeer, Dr. H., 1. Die Arbeitseinstellungen in Belgien. (Handwörterbuch der Staatswissenschaften, I, 1890.)
— 2. Die Stellung der Socialisten zur Mal-

thus'schen Bevölkerungslehre. Eine von der philos. Fakultät der Georg-Augusts-Universität zu Göttingen gekrönte Preisschrift. gr.-4⁰. Berlin, Puttkammer u. M., 1886.
Soirées (Les trois) d'un aristocrate et d'un démocrate. 8⁰. Impr. de J. Girouard, s. a. La première traite de la doctrine des Jacobins. La seconde du gouvernement le plus propre à l'empire français. La troisième, enfin, de l'état dans lequel la république doit entretenir les frontières de l'empire pour résister aux efforts de l'Europe coalisée contre la liberté française, efforts qui doivent être tentés à l'ouverture de la belle saison.
Solsy, Histoire de la Commune. 8⁰. Paris 1880.
Sokeloff, N., Die sociale Revolution. gr.-8⁰. Bern, Jenni, 1869.
Solitaire (Le), Qu'est-ce que la démocratie? C'est la désorganisation sociale! 18⁰. Paris, Alcan Lévy, 1884.
Solitaire (Le). La femme ne doit pas travailler. 18⁰. Paris, Ghio, 1885.
Solms, Princessin Maria v. Vide: Welzhofer, M. M.: Ueber die Organisation der Arbeit.
Solon, V. H., Déclaration du droit au travail. 8⁰. Paris, Durand, 1848.
Solovieff. Vide: Procès de Solovieff.
Solution définitive d'un problème fort compliqué ou moyen d'affranchir le travail de l'exploitation du capital individuel. Suivi de réflexions sur quelques questions importantes du domaine de l'économie politique. 8⁰. Leipsic, Twietmeyer, 1848.
Somers, R., Trade-unions: Appeal to the working classes and friends. pst.-8⁰. London, Longmans, 1876.
Sommes-nous libres ou ne le sommes-nous pas? Si nous sommes libres, nous pouvons parler. Si nous ne sommes pas libres, il faut le devenir. gr.-8⁰. Paris, s. a.
Sonne (Die), Organ der württembergischen Arbeiter-Vereine, von F. Mühlecker, früher von G. Rau. Stuttgart, 18. Mai 1848—30. Juni 1849, täglich.
Soper, F. L., How to nationalize the land. (Nineteenth Century, Oct. 1889.)
Sorge, F. A., 1. Die Arbeiterbewegung in den Vereinigten Staaten 1850 — 1860. (Neue Zeit, 9. Jhrg., 1890—91.)
— 2. Die Arbeiterbewegung in den Vereinigten Staaten 1860—1866. (Neue Zeit, 9. Jhrg., 1890—91.)
— 3. Die Arbeiterbewegung in den Vereinigten Staaten 1866— 1876. (Neue Zeit, 10. Jhrg., 1891—92.)
Soto y Barona, D. José de, Consideraciones sobre la organizacion social. Teruel 1840.

Soullier, Charles. Vide: Lettre à M. Thiers.
Sources and limits of the rights of the people. 8⁰. London, James Ridgway, 1850.
Southey, Robert, Sir Thomas More: or, Colloquies on the progress and prospects of society. 8⁰. 2 vol. London 1824. 8⁰. 2 vol. 1829. 8⁰. 2 vol. 1831. 8⁰. 1 vol. 1837.
Southwell, Charles, 1. The impossibility of atheism demonstrated: with hints to nominal atheists in a letter to the freethinkers of Great Britain. 8⁰. London, J. Watson, s. a.
— — 2. Socialism made easy, or a plain exposition of Mr. Owen's views. 8⁰. London, J.Watson, 1840. 8⁰. London, J.Watson,1845.
— Vide: Carpenter, W.: The trial of Ch. Southwell.
— — Investigator (The).
— — Oracle of the reason (The).
Souvenirs (Les) d'un démocrate et ses chagrins sur l'état actuel de la patrie. Au peuple et à ses armées. 25 germinal an IV.
Soux, Hil., La révolution sociale par la révolution intellectuelle. 4⁰. Paris, Brasseur, 1885.
Sozialdemokrat (Der). Organ der Sozialdemokratie deutscher Zunge. Erscheint wöchentlich einmal in London fol. Zürich u. London 1879—89.
Sozialdemokrat (Der) kommt. Ein Warnungsruf an unser katholisches Landvolk von einem alten Dorfpfarrer. 1.—4. Aufl. 5.—10. neu durchgesehene Aufl. gr.-8⁰. Freiburg i/Br., Herder, 1890. 11.—17. unveränd. Aufl. gr.-8⁰. Ebd. 1891.
Sozialdemokraten (Sind wir)? An die Gebildeten unserer Tage. 8⁰. Berlin, Wiesenthal, 1891.
Sozialdemokratie. 8⁰. Gernsbach 1882.
Sozialdemokratie (Die) im Jahre 1888. (Christlich-sociale Blätter, 1888.)
Sozialdemokratie (Die) in Schweden und Norwegen. (Oest. Monatsschr. f. christl. Soc.-Reform, 1888.)
Sozialdemokratie und Sozialliberalismus. (Neue Zeit, 9. Jhrg. 1890—91.)
Sozialdemokratie (Die) und der moderne Staat. gr.-8⁰. Berlin, Brachvogel u. Ranft, 1890.
Sozialism (Der) und die Kirche von R. (Aus dem Westphälischen Kirchenblatte abgedr.) 8⁰. Paderborn, Schöningh, 1848.
Sozialismus (Der moderne) und Communismus im Vergleich zu dem Sozialismus der letzten zwei Jahrtausende (von Jul. Frühauf). (Aus „der Arbeiterfreund".) gr.-8⁰. Halle, Buchh. d. Waisenh., 1870.

Sozialismus (Der internationale). (Christl.-soz. Blätter, Jhrg. 23, 1890.)
Sozialismus (Der) und der Katholizismus. (Christl.-soz. Blätter, Jhrg. 13, 1890.)
Sozialismus und Kommunismus und die „Philosophie der That" (von M. Hess). In Herwegh's „Einundzwanzig Bogen aus der Schweiz", p. 74—92, resp. 309—322. 1843.
Sozialismus und Liberalismus. (Christl.-soz. Blätter, Jhrg. 23, 1890.)
Sozialismus (Der) und die heutige Productionsordnung. (Christl.-soz. Blätter, 1888.)
Sozialismus und Schule. (Christl.-soz. Blätter, Jhrg. 22, 1889.)
Sozialismus (Der) und die Staatsgewalt. (Christl.-soz. Blätter, Jhrg. 22, 1889.)
Spauracchiui, Girolamo, Socialdemokratische Hobelspäne eines philosophischen Tischlergesellen. 1. Bändchen. kl.-8°. Bern, E. Magron, 1878.
Speeches (Complete) of the Chicago Anarchists. 8°. Chicago. s. a.
Spence, Thom., The nationalization of the land in 1775 and 1882. Being a lecture delivered at New-Castle-On-Tyne by Th. Spence 1775. Reprinted and edited with notes and introduction by H. M. Hyndman, 1882. 8°. London, E. W. Allen, 1882.
Spencer, Herb., The coming slavery. (Contemporary Review, April 1884.)
— Vide: Fairman, Fr.: H. Spencer on socialism.
Spielberg, Otto. 1. Der Kampf gegen die bestehende Ordnung. gr.-8°. Zürich, Verlags-Magazin, 1887.
— 2. Das Menschen-Ideal und seine Erfüllung. 8°. Zürich, Verl.-Magazin, 1886.
Spies, Aug., 1. Autobiography, published by Ninna van Zandt. 8°. Chicago 1887.
— 2. Die Nihilisten; hrsg. vom Literarischen Club. 8°. St. Louis 1888.
— 3. Reminiscenzen von Aug. Spies, hrsg. von Frau Christine Spies. 8°. Chicago 1888.
Spirit (The) of despotism, dedicated to Lord Castlereagh. 6. ed. 94 pp. gr.-8°. London, W. Hone, 1821.
Spitz, A., Der Sozialismus im Reichslande. (Dasbach's Volksbibliothek. 2. Folge, 16. Heft.) 8°. Trier, Paulinus-Dr., 1891.
Spoll, Édouard Auguste, P. J. Proudhon. Étude biographique. (Extrait du „Courrier français".) 32°. Paris, Lebrigre-Duquesne, 1868.
Spoto, Santangelo. La question ouvrière en Italie. (Réforme sociale, année X, 1890.)
Sprague, Ph. W., Christian socialism, what and why? With appendix address of the Bishop of Durham on socialism. 16°. New York, Dutton, 1891.
Sprecher (Der) oder Rheinisch-westphälischer Anzeiger. Jahrg. 1844, Bd. 81 u. 82, hrsg. von Dr. K. Grün. gr.-4°. Hamm, Wesel, Bagel.
(Socialistisch im Jahre 1844, früher bloss politisch-radical. Adler.)
Squirrell, M. P., Has machinery lessened labour of mankind? 8°. Norwich, Norwich Democratic Association (1885).
Staat und Gesellschaft der Zukunft. Eine Studie von R. E. 8°. Altona, Harz, 1885.
Staat (Der wahre christliche) oder die Religion der Zukunft und das Ziel der Revolution. Die letzten Consequenzen der Lehre Jesu des Essäers, geschöpft aus den „Enthüllungen über die wirkliche Todesart Jesu". 8°. Leipzig, Ch. E. Kollmann, 1849.
Staat (Der wohleingerichtete) des bisher von Vielen gesuchten, aber nicht gefundenen Königreiches Ophir, welcher die völlige Kirchenverfassung .... vorstellt. Leipzig 1699.
Staat (Der isolirte socialistische). Von G. V. (Jahrbuch f. Socialwiss., hrsg. v. Richter, 1. Jhrg., 1879.)
Staatsbürger (Der freie). Tageblatt, hrsg. von Gust. Dietzel u. Lang. Nürnberg 1848—49.
Staatskrankheit (Die) (von Const. Frantz). 8°. Berlin, Schneider u. Co., 1849. 8°. Ebd. 1852.
Staatszeitung (New Yorker). New York 1882.
Stackelberg, Fr. Vide: Alexejew, L.: Durch Socialismus.
Staffa da Vincenzo, Avv. Cav. Scipione, Degli scioperi degli operai nel secolo XIX. 16°. Napoli 1875.
Stahl, Fr. Wilh., 1. Die Arbeiterfrage sonst und jetzt. (Deutsche Zeit- u. Streitfragen, Heft 6, 1872.)
— 2. Kritik der socialen Reformen Frankreichs und ihrer Folgen. Vortrag. gr.-8°. Erlangen, Blaesing, 1848.
Stahr, Ad. Vide: Studien (Demokratische).
Stamm, A. F., Socialistisches Wahlprogramm. Zürich 1871.
Stamm, Dr. A. Th., Die Erlösung der darbenden Menschheit. Segensreiche Belehrungen über die schon überwundenen Eigenthums-Anmassungen und über die noch bestehende Codificirung der Urgrundlage aller Arbeit als Privateigenthum und verkäufliche Waare, sowie über die fried-

liche, sittlich-wirthschaftliche Reform zur fortschreitenden Erlösung vom körperlich-geistigen Elend. 1. Aufl. 1871 (abgekürzter Titel). 2. verm. Aufl. Zürich, Schmidt, 1873. 3. rev. u. ergänzte Aufl. gr.-8°. Stuttgart, Dietz, 1884.

Stand (Ueber den vierten) und die socialen Reformen. 8°. Magdeburg 1844.

Stand (Der gegenwärtige) der Arbeiterbewegung in Europa. Von R. D. (Die Gegenwart, 10. Bd., 1876.)

Stanton, Th., The woman question in Europa. 8°. London, S. Low, 1884.

Starcke, C. N., The primitive family. 8°. London, Kegan Paul, 1889.

Statement of the masters builders of the Metropolis in explanation of the differences between them and the workmen respecting the trades-unions. 8°. London. 1834.

Statolatrie, ou le communisme legal, par l'auteur de la „Solution de grands problèmes" (l'abbé Antoine Martinet). 18°. Paris, Lecoffre, 1848.

Statuten des Kommunisten-Klubs in New York. 8°. New York 1847.

Statuten und Verwaltungsregeln der nordamerikanischen Föderation der Internationalen Arbeiter-Association. 8°. Philadelphia 1874.

Statuti, Michelangelo, La soluzione del problema sociale in rapporto all' Internazionale ed ai moderni socialisti. 8°. Napoli 1872.

Statuts de l'association internationale des travailleurs. 8 pp. 12°. Genève 1872.

Steccanella, V., Del comunismo. 8°. Roma, tip. di Propaganda fide, 1883.

Stechau, L. Vide: Arbeiterhalle (Deutsche).
— — Konkordia.

Steele, F. E. Marshall, Radicalism and socialism. (To Day, Nr. 29.)

Stegemann, Dr. Rich., 1. Die ökonomische Grundanschauung von Karl Marx. (Preuss. Jahrbücher, 57. Bd., 1886.)
— 2. Die Idee des Socialismus. Aus einem Vortrage, gehalten in der „Concordia" zu Remscheid. (Aus „Zeitschr. f. Handel u. Gewerbe".) gr.-8°. Berlin, Nitschke u. Loechner, 1888.
— 3. Das System des kritischen Socialismus. (Die Gegenwart, Bd. 32, 1887.)

Stegmayer, Carl, Die Radicalen. 8°. Innsbruck, A. Witting, 1849.

Stehlin, W. N., 1. Wie es bis jetzt zugegangen; warum die Revolutionen; Schilderung der Berliner Revolution; wie die Staatsverfassung besser einzurichten und wie Arbeit zu schaffen wäre. Eine Volksschrift in Gesprächform für Jedermann verständlich. gr.-12°. Düsseldorf, Engels, 1848.

Stehlin, W. N., 2. Wie steht es jetzt mit Revolution, Politik und Arbeitslosigkeit? Mit Anhang: Das grosse deutsche Einigungsfest zu Düsseldorf am 6. Aug. 1848. Ein Volksschriftchen. 12°. Düsseldorf, Engels, 1848.

Stein, C. Vide: Volkszeitung (Anhaltische).

Stein, Dr. Lor. v., 1. Der Begriff der Arbeit und die Principien des Arbeitslohnes in ihrem Verhältnisse zum Socialismus und Communismus. (Zeitsch. f. d. ges. Staatsw., 1846₂.)
— 2. Der Begriff der Gesellschaft und die sociale Geschichte der französ. Revolution bis zum Jahre 1830. gr.-8°. Leipzig, O. Wigand, 1850. 2. (Titel-)Ausg. Ebd. 1855. Vide: Stein, Nr. 6, 1. Bd.
— 3. Die socialistischen und communistischen Bewegungen seit der 3. französ. Revolution. Anhang zu Stein's Socialismus und Communismus des heutigen Frankreichs. 8°. Leipzig u. Wien, 1848.
— 4. Die Frau auf dem socialen Gebiete. 16°. Stuttgart, Cotta, 1880.
— 5. Die industrielle Gesellschaft. Der Socialismus und Communismus Frankreichs von 1830–1848. gr.-8°. Leipzig, O. Wigand, 1850. 2. (Titel-)Ausg. Ebd. 1855. Vide: Stein, Nr. 6, 2. Bd.
— 6. Geschichte der socialen Bewegung in Frankreich von 1789 bis auf unsere Tage. 3 Bde. gr.-8°. Leipzig, O. Wigand, 1850. 1. Bd. 2 Abtlgen. A. u. d. T.: Der Begriff der Gesellschaft und die sociale Geschichte der französ. Revolution bis zum Jahre 1830. 2. Bd. A. u. d. T.: Die industrielle Gesellschaft. Der Socialismus und Communismus Frankreichs 1830—48. 3. Bd. A. u. d. T.: Das Königthum, die Republik und die Souveränität der franz. Gesellschaft seit der Februarrevolution 1848.
— 7. Der amerikanische Socialismus und Communismus. („Nord und Süd", 1880, Oct., Nov.)
— 8. Der Socialismus und Communismus des heutigen Frankreichs. gr.-8°. Leipzig, O. Wigand, 1842. 2. umgearb. u. verm. Aufl. 2 Bde. Lex.-8°. Ebd. 1848.

Steinbach, Dr. Emil, Ueber die Pflichten des Besitzes. Vortrag, geh. im Wissenschaftl. Club am 5. Nov. 1885. (Monatsblätter des Wissenschaftl. Club, VII. Jhrg., Nr. 2. Wieder abgedruckt in der „Wiener Allgemeinen Zeitung" 7. u. 8. Febr. 1891.)

Steinheil, G., 1. Die Arbeiterfrage. gr.-8°. Rathenow, Haase, 1876.
— 2. La république et la question ouvrière. 16 pp. 32°. Paris, Franklin, 1873.
— Vide: Capital und Arbeit.
Steinmann, Fr., Pauperismus und Communismus, ihre Ursachen und die Mittel zur Abhülfe. 12°. Solingen, Amberger, 1846.
— Vide: Merkur (Neuer Rheinischer).
Stella, Studien über die sociale Frage. gr.-8°. Wien, Gerold in Comm., 1848.
Stellmacher, Herm. Vide: Process gegen den Anarchisten H. Stellmacher.
Stellung (Die) der Frau im Zukunftsstaat. (Die Gegenwart, Bd. 38, 1890.)
Stellung (Die) des Reiches zur socialdemokratischen Partei. Schreiben eines nationalliberalen Reichstagsmitgliedes an den ehemal. Redacteur der unterdrückten „Hamburger Rundschau" und Antwort des Letzteren. Hrsg. von Herm. Grüning. 1. u. 2. Aufl. 8°. Hamburg, Grüning, 1889.
Stellung (Die) der Ultramontanen zur Arbeiterfrage von K. B. (Arbeiterfreund, 2. Jhrg., 1864.)
Stenger, Gilbert, Guise, ses manufactures, son familistère. 72 pp. 8°. Laon, impr. de Coquet et Stenger, 1867.
Stephan (ps. Born), Der Heinzen'sche Staat. 8°. Bern 1847.
Stephen, James Fitzjames, Die Schlagwörter Freiheit, Gleichheit, Brüderlichkeit in ihrer ethischen, socialen und politischen Anwendung. Aus dem Engl. übers. von Ernst Schuster. gr.-8°. Berlin, Puttkammer u. Mühlbrecht, 1874.
Stepniak, Sergius, 1. A female nibilist. 26 pp. 8°. Boston, Tucker, 1885.
— 2. La Russia sotteranea, profili e bozzetti rivoluzionarj dal vero. Con prefazione di Pietro Lavroff. 8°. Milano, Fratelli Treves, 1882.
— 3. Das unterirdische Russland. Aus dem Ital. von M. Trautner. 8°. Bern, Jenni, 1884.
— 4. The Russian storm-cloud; or, Russia in her relations to neighbouring countries. gr.-8°. London, Sonnenschein, 1886.
— 5. La Russie sous les Tzars. 532 pp. 2. édit. 8°. Paris, nouv. libr., 1887.
— 6. Le Tzarisme et la révolution. Trad. de l'Anglais. 8°. Paris, Dentu, 1886.
Stern, Prof. Dr. Alfr., 1. Ueber die 12 Artikel der Bauern und einige andere Aktenstücke aus der Bewegung von 1525. Ein Beitrag zur Geschichte des grossen deutschen Bauernkrieges. gr.-8°. Leipzig, Hirzel, 1868.
Stern, Prof. Dr. Alfr., 2. Die Socialisten der Reformationszeit. (Samml. gemeinverständl. u. wissenschaftl. Vorträge, Heft 421, 1883.)
Stern, Daniel, Lettres républicaines. gr.-8°. Paris, Amyot, 1848.
(13. lettre: Aux ouvriers de Paris. 14. lettre: A M. de Lamartine.)
Stern, J., 1. Die sociale Krankheit, ihre Ursachen und ihre Heilung. 2. verb. Aufl. 8°. Stuttgart, Kaliwoda, 1889.
— 2. Die Religion der Zukunft. 3. gründl. neu bearb. u. verm. Aufl. 8°. Stuttg., Dietz, 1889.
— 3. Thesen über den Socialismus, sein Wesen, seine Durchführbarkeit und Zweckmässigkeit. 2. Aufl. 8°. Stuttgart, Dietz, 1889. 4. Aufl. 8°. Ebd. 1891.
Stern, Dr. M. L. Rabb., Der Socialismus und die jüdische Weltanschauung. Vortrag, geh. am 16. Febr. 1884 im „Vereine zur Verbreitung der Wissenschaft des Judenthums" in Prag. Hrsg. von Verehrern des Verfassers. gr.-8°. Prag, Brandeis, 1884.
Stern, Maurice Rhold. v., Alkohol und Sozialismus. Ein Appell ans Volk. gr.-8°. Zürich, Verl.-Magaz., 1889.
Sternberg, P. C. Vide: Volksblatt.
Stiebeling, Geo. C., 1. Ueber den Einfluss der Verdichtung des Capitals auf den Lohn und die Ausbeutung der Arbeit. (Die Neue Zeit, 1886.)
— 2. Die wirthschaftliche Entwickelung der Vereinigten Staaten in dem Jahrzehnt 1870—1880. 8°. New York 1886. (Socialistic Library, Nr. 5, Mai 1, 1886.)
— 3. Die Erzeugung und Vertheilung des Arbeits-Ertrages in den Vereinigten Staaten. 8°. New York 1886. (Socialistic Library, Nr. 4, April 1, 1886.)
— 4. Socialismus und Darwinismus. Eine krit. Studie. 8°. New York, L. W. Schmidt, 1879.
Stiebeling's (Herrn Dr.) Theorie der Kapitalsverdichtung. (Die Neue Zeit, 1888.)
Stieber. Vide: Wermuth und Stieber.
Stieda, Dr. W., Volkswirthschaftl. Bedeutung der Arbeitseinstellungen u. geschichtl. Rückblick. (Handwörterb. d. Staatswiss., I, 1890.)
Stieve, Fel., Der oberösterreichische Bauernaufstand des Jahres 1526. 2 Bde. gr.-8°. München, M. Rieger, 1891.
Stigand, W., The war of the comunidades. (The Fortnightly Review, 1872.)
Stilch, F. A., 1. Democratie und Socialismus. Eine Vorlesung im Demokrat. Vereine zu Breslau. 8°. Breslau, Schulz u. Co., 1848.

Stilch, F. A., 2. Die schlechte Zeit, oder Geld, Speculation und Arbeit. Einige Betrachtungen über die Leiden der Gegenwart und ihre Abhilfe. 12⁰. Breslau, Schulz u. Co., 1844.

Stimme (Eine russische) über Karl Marx. Von J. Z. (Die neue Zeit, 1. Jhrg., 1883.)

Stimme (Die) des Volkes. Organ der Arbeiter. Von H. Semmig. 1. Jhrg. 1848. April—Dec. 39 Nrn. gr.-4. Leipzig, Leiner.

Stimmen (Neue) aus Frankreich über Politik und sociales Leben. Mit Beiträgen von Lamennais, L. Blanc, Comenin, Constant, Dezamy u. A. 8⁰. Leipzig, Weller, 1847. Gesammt-Titel-Ausgabe. 8⁰. Ebd. 1850.

Stirling, James, 1. De quelques opinions de M. Stuart Mill sur l'unionisme ouvrier. Trad. par M. T. N. Benard. (Journ. des Écon., 1870, oct.)

— 2. Unionism, with remarks on the report of the commissioners on trades-unions. br.-8⁰. 58 pp. Glasgow 1869.

— 3. L'unionisme des ouvriers en Angleterre. Traduit par M. J. N. Benard. (Journ. des Écon., 1870, févr.) 8⁰. Paris, Guillaumin et Co., 1870.

Stirling, J. H., The community of property, nationalization of land. 12⁰. Edinburgh, Oliver and B., 1885.

Stirner, M., Der Einzige und sein Eigenthum. 8⁰. Leipzig 1845. 2. Aufl. 8⁰. Leipzig, O. Wigand, 1882.

Stöcker, Adf., 1. Arm und Reich. Vortrag, geh. im Münster zu Basel am 18. März 1891. (Aus: „Christl. Volksbote".) 8⁰. Basel, Geering, 1891.

— 2. Die Bibel und die sociale Frage. Vortrag im Evangel. Arbeiterverein zu Nürnberg am 22. Sept. 1879 geh. 2. Aufl. gr.-8⁰. Nürnberg, Raw, 1879. 17. Aufl. gr.-8⁰. Ebd. 1891.

— 3. Christlich-sozial. Reden und Aufsätze. gr.-8⁰. Bielefeld, Velhagen u. Kl., 1885. 2. Aufl. gr.-8⁰. Berlin, Buchhdlg. der Berliner Stadtmission, 1890.

— 4. Zur Handwerkerfrage. Ein Vortrag, geh. zu Breslau Ende März 1880. gr.-8⁰. Breslau, Max u. Co., 1880.

— 5. Die soziale Lage und Frage. Vortrag, geh. in Villingen, am 10. Oct. 1890. 8⁰. Gernsbach, Christl. Colportage-Verein, 1890.

— 6. Innere Mission und sociale Frage. (Bibliothek f. innere Mission, 5. Heft.) gr.-8⁰. Leipzig 1891.

— 7. Die socialen und kirchlichen Nothstände in grossen Städten. Vortrag. 8⁰. Stuttgart, J. F. Steinkopf. 1888.

Stöcker, Adf., 8. La questione sociale e la chiesa, specialmente in Germania: discorso tenuto alla nova conferenza internationale dell' aleanza evangelica. 8⁰. Firenze, tip. Claudiana, 1891.

— 9. Sozialdemokratie und Sozialmonarchie. Vortrag. (Evangelisch-soziale Zeitfragen, 5. Heft.) Leipzig 1891.

— 10. Socialdemokratisch, Socialistisch und Christlich-social. Vortrag, geh. in Braunschweig am 30. März 1880. 1. u. 2. Aufl. gr.-8⁰. Braunschweig, Grüneberg, 1880.

— 11. Die persönliche Verantwortung der Besitzenden und Nichtbesitzenden in der socialen Bewegung der Gegenwart. Vortrag, geh. in der St. Martinskirche zu Basel. gr.-8⁰. Basel 1881.

— 12. Das deutsche Volk im Kampf mit seinen Verderbern. Vortrag, gehalten am 1. Nov. 1891 im Deutsch-sozialen Verein zu Freiberg. 8⁰. Freiberg i. S. (Nossen, P. Westphal) 1891.

— Vide: Kambli, C. W.: Der Hofprediger Stöcker.

— — Mehring, F.: Herr Hofprediger Stöcker.

— — Was will eigentlich Stöcker?

Stockmeyer, D. Iman., Grundzüge eines christlichen Socialismus im Gleichniss vom ungerechten Haushalter. Vortrag. (Aus: „Kirchenfreund".) gr.-8⁰. Basel, Bahnmeier, 1879.

Stoeckert, Georg, Die Socialdemokratie und die Schule. (Die Gegenwart, Bd. 36, 1889.)

Stoffel, J., 1. De oplossing der sociale kwestie door opheffing van het privaat grondbezit. 8⁰. Deventer, A. W. Havenaar Rutering, 1889.

— 2. Het sociale vraagstuk opgelost (maar niet door en huismiddel). Een proeve. 8⁰. Deventer, W. Hulscher, 1885.

Stolp, Dr. Herm., Die Reform des Eigenthumrechts als Grundlage der Socialreform und die neue privat- und wirthschaftliche Regelung des gesammten Handwerks- und Gewerbebetriebes. gr.-8. Berlin, Issleib, 1884.

Stolz, F. Vide: Briefe einer Nihilistin.

Stöpel, Frz., 1. Die sociale Frage. Neue Ideen zur Lösung derselben. gr.-8⁰. Berlin, C. Ulrich u. Co., 1888.

— 2. Die freie Gesellschaft. Versuch einer Schlichtung des Streites zwischen Individualismus und Socialismus. gr.-8⁰. Chemnitz, Schmeitzner, 1881.

Stöpel, Frz., 3. Sociale Reform. Beiträge zur friedlichen Umgestaltung der Gesellschaft. gr.-8°. Leipzig, O. Wigand.
  I. Das Kapital. Enthüllungen der Mittel zur Beseitigung der Geldherrschaft und Befreiung der Arbeit. 1884.
  II. Die Bevölkerungsfrage. 1884.
  III. Das Recht auf Arbeit. In seiner Gerechtigkeit und Heilsamkeit für die Gesellschaft, sowie als Vorbedingung für jede rationelle Reform der Armenpflege nachgewiesen. 1884.
  IV. u. V. Der Grundbesitz mit besond. Beziehung auf dessen Lage in Deutschland. Grundzüge einer rationellen Agrarpolitik. 1884.
  VI. Die Genossenschaften der Arbeiter und Handwerker in Gegenwart und Zukunft. 1885.
  VII. Die socialen Aufgaben des Staats und der Gemeinden. 1885.
  VIII. Theorie und Praxis der Besteuerung. Mit besond. Berücksichtig. auf Preussen u. Deutschland. 1885.
  IX. Die Wirthschafts- und Socialpolitik des Fürsten Bismarck. 1885.

Storace, Alfonso M., Il socialismo e l'Italia. 8°. Napoli 1879.

Sturm. Vide: Phalange, annee II, t. II.

Strafforello, Gustavo, La questione sociale ovvero capitale e lavoro. Ammaestramenti e consigli agli operai. (Biblioteca per l'educazione del popolo.) 16°. Torino 1872.

Strassburger, K., Zur Kritik der Lehre Marx' vom Kapital. (Jahrbücher f. Nat.-Oekon. u. Statist., Bd. 16, 1871.)

Streber, F. L., Revolutionäre Diplomatic. Reflexionen und Charakteristiken. gr.-8°. Berlin, Hoffmann u. Co., 1849.

Streik (Ein) im 18. Jahrhundert. (Oesterr. Monatsschr. f. christl. Socialreform, 1887.)

Strelt-Coburg, F. Vide: Dorfzeitung (Neue deutsche).

Strike (Vom). (Monatsschr. f. christl. Socialreform, Jhrg. 11, 1889.)

(Strike.) Sollen wir „striken" oder nicht striken? Ein klare und wahre Auseinandersetzung über die Folgen dieses Schrittes, namentlich für den Arbeiter. Hamburg 1865.

Strike, Arbeitslohn und Arbeitstag. Eine socialistische Controverse („Volksstaat" contra Al. Meyer. (Annalen d. Deutschen Reiches f. Gesetzgebung etc., 1874.)

Strike (Der grosse) in den preussischen Kohlenrevieren. (Christl.-sociale Blätter, Jhrg. 22, 1889.)

Strike (The) in the B— mill: a study. 16°. Boston, Ticknor and Co., 1887.

Strike (To) or ,not to strike! That's the question. By a working-man's friend. 8°. Manchester, Abel Heywood, 1861.

Strikes (Ueber die). (Christl.-sociale Blätter, Jhrg. 23, 1890.)

Strikes. (Quarterly Review, Nr. 212 (1859).

Strikes and disturbances. Belgium. 8°. London 1886.

Strikes, by the executive of the San Francisco international workmens association. (To Day, Nr. 14, 1885.)

Strikes and lock-outs, or the law of combination. By a barrister. 8°. London 1867.

Strini, Ernesto, Catechismo del operaio. 18°. Torino e Genova 1873.

Strobeck, O. Vide: Arbeiterzeitung (Leipziger).

Strobel, G. Th., Leben, Schriften und Lehren Thomas Münzer's, des Urhebers des Bauernaufruhrs in Thüringen. gr.-8°. Nürnberg, Monath u. K., 1795.

Ströll, Moritz, Die Parteiungen im socialen Kampf. Eine sociale Studie. gr.-8°. München, Grubert, 1872.

Stromeyer, Frz., Organisation der Arbeit. In 6 Lfg. gr.-8°. Belle-Vue, Verl. u. Sort.-B., 1844—45.

Struve, G. v. Vide: Zuschauer (Deutscher).

Struve, Gust., und Gust. Rasch, Zwölf Streiter der Revolution. 8°. Berlin, Wegener, 1867.

Studer, Herm. Vide: Auswanderung nach Hoch-Texas II.

Studien (Demokratische). Unter Mitwirkung von L. Bamberger, K. Grün, Moritz Hartmann, Fr. Kapp, F. Lassalle, Michelet, H. B. Oppenheim, Ludw. Simon (aus Trier), Ad. Stahr, Carl Vogt u. A. hrsg. von Ludw. Walesrode. 2 Bde. 8°. Hamburg, O. Meissner, 1860—61.

Studnitz, Arth. v., Ueber die englische Arbeiterbewegung. (Arbeiterfreund, Jhrg. 13, 1875.)

— 2. Die Arbeitersperre in Süd-Wales. (Arbeiterfreund, Jahrg. 13, 1875.)

— Vide: Social-Correspondenz.

Stumpf, Thdr., Die sociale Frage in Vergangenheit und Gegenwart. Ein Vortrag. gr.-8°. Bonn, Henry, 1868.

Stursberg, H., Die Weltanschauung der Socialdemokratie im Kleide socialdemokratischer Poesie. Vortrag, gehalten im „Christl.-

socialen Verein" zu Barmen. gr.-8. Barmen, Wiemann, 1878.

Stuve, Jh., Abhandlung über den Einfluss geheimer Gesellschaften auf das Wohl der Menschheit. Herausg. von Fr. Mossdorf. Nebst einem Anhange des Herausgebers. gr.-8⁰. Freiburg, Craz u. G., 1812.

Sucker, Osw., Die ländliche Arbeiterfrage, ihre Bedeutung und die Mittel zur Anwendung der daraus entstehenden Schäden. gr.-8⁰. Breslau, Fiedler u. Hentschel, 1874.

Sudre, Alfred, 1. Histoire du communisme, ou Réfutation historique des utopies socialistes. 18⁰. Paris, Victor Lecou, 1849. 4. édit. 1850. Édition d'après la quatrième de Paris: 8⁰. Bruxelles 1850. 5. édit. Paris, Guillaumin et Co., 1856.
— 2. Geschichte des Communismus oder historische Widerlegung der socialistischen Utopien. Nach der 5. Aufl. des von der franz. Akademie preisgekrönten Originales übers. von Osc. Friedrich. Mit einem ergänz. Nachtrag von Otto Wenzel. gr.-8⁰. Berlin, Staude, 1882. 2. (Titel-)Ausg. gr.-8⁰. Ebd. 1887.
— 3. Storia del comunismo, o confutazione istorica delle utopie socialiste. 16⁰. Livorno 1852.
— 4. Historia del communismo ó refutacion histórica de las utopias socialistas, traducida del francés y precedida de un prólogo por Don Juan Mañé y Flaquer. 1. ed. 1856. 2. ed. 1860. 3. ed. Barcelona 1872.

Sue, Eug., Der Hirte von Kravan. 2 Bde. I. Gespräche über Republik und Monarchie. II. Demokratische und socialistische Gespräche. 8⁰. Leipzig, Wigand, 1849.

Suffield, Father Rodolph, Fenianisme and the english people. A statement of facts. 8⁰. London, Thom. Richardson and Son, 1868.

Sumner, Prof. W. Graham, 1. What social classes owe to each other. 16⁰. New York 1884.
— 2. Les devoirs respectifs des classes de la société. Traduit par J. G. Courcelle-Seneuil. 32⁰. Paris, Guillaumin, 1884.
— 3. Sociale Pflichten, oder was die Klassen der Gesellschaft einander schuldig sind. Autor. Uebersetzung von M. Jacobi. Mit einem Vorwort von Dr. Th. Barth. 8⁰. Berlin, Staude, 1887. gr.-8⁰. Ebd. 1890.

Surbled, "A., 1, De l'élection. (Religion Saint-Simon.) Vide: Saint-Simonisme, Mesnilmontant, no. 16_{8G}.
— 2. De l'émancipation successive des peuples. (Religion Saint-Simon.) Vide: Saint-Simonisme, Mesnilmontant, no. 16_{35}.
— 3. Progrès des communications entre les peuples. (Religion Saint-Simon.) Vide: Saint-Simonisme, Mesnilmontant, no. 16_{71}.
— 4. Des républicains et du juste-milieu. (Religion Saint-Simon.) Vide: Saint-Simonisme, Mesnilmontant, no. 16_{8J}.

Suspension (De la) des conférences publiques sur la doctrine Saint-Simonienne. Versailles, 1 mai 1831. Vide: Saint-Simonisme, Missions, no. 2.

Sutermeister. Vide: Armennoth (Keine) mehr!
— — Noth (Die) und Rettung.

Swett, Leonard', In the supreme court of Illinois. The anarchist's case. 8⁰. Chicago 1887.

Sybel, Heinr. v., 1. Die Lehren des heutigen Socialismus und Communismus. gr.-8⁰. Bonn, Cohen u. Sohn, 1872.
— 2. Le dottrine odierne del socialismo e comunismo tradotte col consenso dell' autore ed illustrate di note ed appendice dal dott. Demetrio Giulio Calzoni, con una sua prefazione. 16⁰. Venezia 1875.

Sylvain M—l. Vide: Lucrèce français.

System und Folgen des Illuminaten-Ordens aus den gedruckten Originalschriften gezogen. In Briefen. 8⁰. München, Strobl, 1787.

System (Elementary) of socialism: theoretical and practical, by a disciple of Mr. H. George. 12⁰. Oxford, Shrimpton, 1884.

Système politique et social des égaux, extrait de l'ouvrage de Buonarroti. 18⁰. Paris 1862.

Système (Le) de Fourier étudié dans ses propres écrits. 18⁰. Paris, Delay, 1842.

Système de remède à la détresse sociale actuelle. 8⁰. Metz, de l'impr. de Collignon, 1832.

Système social, ou Principes naturels de la morale et de la politique, avec un examen de l'influence du gouvernement sur les moeurs (par Mirabeau père). 3 vol. gr.-8⁰. Londres 1773.

Systeme (Geschichtsphilosophische und socialistische). Von A. H. (Deutsche Vierteljahrsschr., 1853_1. $_2$.)

T.

T. Vide: Phalange, 3. série, t. IV.
Tableau général de maximum de la république française (par J. M. Monborgne). 3 vol. 8⁰. Paris, Belin, an II (1794).
Tafel, R. L., Socialism and reform in the light of the new church: lectures. 8⁰. London, J. Spiers, 1891.
Tag (Es muss Tag werden). Red. Nissle. München, 6. Dec. 1848 — 18. Jan. 1849. 9 Nrn.
Tag (Der jüngste). Organ der Demokratie Oberhessens. Hrsg. von A. Becker. Giessen 1848.
Tagwächter (Der). Wochenblatt. Hamburg 1847—48.
Taine, H. A., Socialism as government. (The Contemporary Review, Oct. 1884.)
Talandier, Une lettre sur le socialisme réformiste. (La Revue socialiste, 1880, no. 13.)
Tambour, Rud., Die Reise nach Ostafrikanaan. gr.-4⁰. 4 pp. Wien (Leipzig, Literar. Anstalt A. Schulze) 1891.
— Vide: Hertzka's, Dr., Ostafrikanaan.
Tamisier, Alphonse. Vide: Phalange, 3. série, t. II.
— — Phalanstère, année I, no. 3 et 28.
Taschenbuch (Demokratisches) für das deutsche Volk. Anhang: Charakterbilder der französischen Revolution. Neue Titel-Ausg. 8⁰. Leipzig, Weller, 1849.
Tauschinski, Dr H. Vide: Process gegen Dr. Tauschinski.
Taylder, T. W. P., The Mormon's own book; or Mormonism tried by its own standards reason and scripture. 8⁰. London, Partridge, Oakey and Co., 1855.
Taylor, John. Vide: Labourer's protection.
Tchernychewsky, N. G., Que faire? Roman. 8⁰. En vente chez tous les librairies. 1875.
— Vide: Kautsky, K.: Tchernichewsky und Malthus.
Teachings (New social) by Politicus. 8⁰. London, Paul, 1886. (On political economy, competition, socialism etc.)

Tebeldi, Albr., Das Eigenthum. gr.-8⁰. Stuttgart, Hallberger, 1848.
Telegraph (Der). Red. von Geo. Schirges und Feod. Wehl. gr. 8⁰. Hamburg, Hoffmann u. Campe, bis Juli 1848. (Kayser, B. L., giebt Jhrg. 1848 als Jhrg. 11 an mit 52 Nrn.)
Telemachi, des Printzen von Ithaca, Staats-Roman, in Versen durch B. Neukirch. 1. Thl. fol. Sultzbach 1727. 2. u. 3. Thl. fol. Ebd. 1739. — Von L. E. von Faramond übersetzt. 8⁰. Wien, Monath, 1749. Vide: Fenelon.
Tellicz, Associations ouvrières. 15 pp. 8⁰. Lille, impr. Danel, 1869.
Temme, J. D. H., Der Studentenmord in Zürich. Criminalgeschichte. 8⁰. Leipzig, Dürr, 1872.
Tenaille, A., L'Internationale, son but, son danger. 8⁰. Paris, Dentu, 1880.
Tenaille de Vaulabelle, Math. Vide: Clairville et Cordier.
Tenaille (La), organe des travailleurs de la région de Saône-et-Loire et des comités révolutionnaires creusotins (Paris). No. 1, 20 août 1882. 4⁰. Paris.
Tendenzprocess (Der politische) gegen Gottschalk, Annecke und Esser. 8⁰. Köln (Lengefeld) 1849.
Terrasson, l'abbé de. Vide: Sethos, Histoire ou vie.
Terre et liberté. Paris 1884—85. (Journal.)
Terson, J., Idéalie. Voyage d'un rêveur dans le devenir de notre monde. 18⁰. Paris, Ernest Leroux, 1882.
— Vide: Droits (Les) du peuple.
Tessendorf (Herr) und die deutsche Socialdemokratie. Socialisten-Process, verhandelt am 16. und 18. März vor dem Stadtgericht zu Berlin. Nach stenogr. Aufnahme. kl.-8⁰. Berlin, H. Rackow, 1875.
Testut, Oscar, 1. Association internationale des travailleurs. 8⁰. Lyon, impr. Vingtrinier, 1871.
— 2. L'Internationale, son rôle depuis le 4 septembre. Instructions données par le

conseil général à ses correspondants en France. Agissements du conseil fédéral des sections parisiennes. Ses émissaires parcourent les départements. Les menées revolutionnaires de l'Internationale. Ses exploits à Paris, Lyon, Marseille. 8⁰. Lyon, impr. Rossier, 1871. 3. édit. revue et augmentée. 12⁰. Paris, Lachaud, 1871.

Testui, Oscar, 3. L'Internationale. (Son origine; son but; son caractère; ses principes; ses tendances; son organisation; ses moyens d'action, ses ressources; son rôle dans les grèves, ses statuts; ses congrès, son développement. Tableau de la situation actuelle de l'Internationale en France, en Europe et en Amérique.) 3. édit. revue et augm. 8⁰. Paris, E. Lachaud, 1871.

— 4. Die Internationale. Ihr Wesen und ihre Bestrebungen. gr.-8⁰. Leipzig, Frohberg, 1872.

— 5. L'Internationale et le Jacobinisme au ban de l'Europe. 2 vol. gr.-8⁰. Paris, Lachaud, 1872.

— 6. Le livre bleu de l'Internationale. Rapports et documents officiels lus aux congrès de Lausanne, Bruxelles et Bâle par le conseil général de Londres et les délégués de toutes les sections de l'Internationale. 12⁰. Paris, Lachaud, 1872.

Texas (Au)! ou Exposé fidèle des hauts faits de science sociale exécutés par les grands hommes de la Phalange et de la démocratie pacifique dans le Nouveau Monde. 8⁰. Paris, à la libr. univers. de Joubert, juin 1850.

Thakeray, S. W., The land and the community. With a preface by H. George. 2 parts. 12⁰. New York, Appleton, 1889.

Thätigkeit (Die parlamentar.) des deutschen Reichstags und der Landtage und die Socialdemokratie. 2. Aufl. 32⁰. Leipzig, Genoss.-Buchdr., 1873.

Thaulow, G., M. Lepelletier's Plan einer National-Erziehung. 8⁰. Kiel, Schröder, 1848.

Thelemann, Otto, Die Socialdemokratie nach ihrem Ursprung und ihrem Wesen. Ein geschichtlicher Vortrag. 8⁰. Detmold, C. Schenk, 1877.

Thellier de Poncheville, L'ouvrier aux siècles passés: jugement de Louis Blanc; l'oeuvre révolutionnaire jugée par Proudhon: les révolutionnaires politiques, etc.; conférence du 11 nov. 1883 sur les questions ouvrières. 16⁰. Arras, impr. Laroche, 1884.

Théodelphe, J., 1. Un ministère de l'organisation du travail. 12⁰. Paris, Desloges, 1848.

Théodelphe, J., 2. Aux ouvriers citoyens. 12⁰. Paris, Desloges, 1848.

Théodorowitch, Le mouvement social en Serbie. (La Revue socialiste, 1880, no. 2.)

Theorie (Die) der Anarchie, kritisch beleuchtet von H. G. (Jahrbuch f. Socialwissensch., hrsg. v. Richter, 1. Jhrg., 1879.)

Theorie (Die) des Socialismus und die erfahrungsmässige Praxis des gesunden Menschen-Verstandes. Ein Punkt auf das i für gewisse Enthusiasten. gr.-8⁰. Leipzig, Dyk, 1849.

Théorie de l'association et de l'unité universelle de Ch. Fourier, etc. 8⁰. Paris, librairie sociétaire, 1841—43.

Théorie générale de Fourier. Mémoire de M · · · . Lu dans la 5ᵉ section du congrès le 5 sept. 1841 par M. Victor Considerant pour répondre à cette question du programme: „Exposer et discuter la valeur des principes de l'école sociétaire fondée par Fourier." (Congrès scientifique de France.) gr.-8⁰. Lyon, chez Nourtier, 1841.

Théorie des loix civiles ou principes fondamentaux de la société. 2 vol. pt.-8⁰. Londres 1767.

Théorie des quatro mouvements et des destinées générales (par Ch. Fourier). 8⁰. Leipzig (Lyon) 1808.
(425 pp. plus 6 pp. non chiffrées et intitulées: „Omissions et transpositions. Erreurs très graves, formant contre-sens introduction", qui se trouvent avant le discours préliminaire; et pp. 426—28 la table des matières et en outre un tableau intitulée: „Tableau du cours du mouvement social" qui se place pp. 56. Barbier. Phalange, année II, tome II. no. 1.)

Théorie du progrès (De la véritable). (Le Nouveau Monde, année II, no. 1.)

Theorien (Die angeblichen socialen) und die wirklichen politischen Bestrebungen des Herrn Bakunin. (Sep.-Abdr. aus dem „Volksstaat".) Leipzig, F. Thiele, s. a.

Theory of christian socialism. (British Quarterly Review. Oct. 1884.)

Thesen (Die Haider und Salzburger) über die Handwerkerfrage, Arbeiterfrage und Agrarfrage. Ein nachträglicher Commentar von einem deutschen Mitgliede des Comités kathol. Socialpolitiker. gr.-8⁰. Frankfurt a/M. Foesser's Nachf., 1894.

Thétard, A., De l'association du travail et du capital. 2. édit. 8⁰. Paris, Garnier frères, 1872.

Thiers, Louis Adolphe, 1. Du communisme. br.-18⁰. Paris, Paulin et Lheureux, 1849.

Thiers, Louis Adolphe, 2. Discours prononcé à l'Assemblée nationale sur le droit au travail. 18⁰. Paris, Lévy frères, 1848.
— 3. Discours dans „Le droit au travail au Luxembourg" et à l'Assemblée nationale avec une introduction par Émile Girardin. 2 vol. 18⁰. 1849.
— 4. Du droit de propriété. 2 vol. gr.-16⁰. Paris, Didot, 1848.
(Dans la collect. des „Petits traités" publiés en 1848 par l'Académie des sciences morales et politiques.)
— 5. The rights of property, a refutation of communism and socialism. 12⁰. London 1848.
— 6. Enseignement universel sur la propriété et le droit au travail. 32⁰. 1848.
— 7. De la propriété. 8⁰. Paris, Paulin, 1849. Réimprimé en partie, 2 petits. vol. 16⁰, dans la collection des „Petits traités publiés par l'Académie des sciences morales et politiques". Nouv. édit. aug. d'un choix de maximes et de pensées extraits de l'histoire du Consulat et de l'Empire. 460 pp. 18⁰. Paris, L'heureux et Co., 1868.
— 8. De la propriété. Du droit de propriété. — Du communisme. — Du socialisme. — De l'impôt. 8⁰. Paris, Paulin et Lheureux, 1848. Édit. populaire. 12⁰. Ibid. 1848.
— 9. Das Eigenthum. Aus dem Französ. übers. von A. Schneider. 7 Hefte. br.-8⁰. Berlin, Sacco, 1848.— Ueber das Eigenthum. Ins Deutsche übers. von P. E. Obermayer. 1. u. 2. Hälfte. gr.-8⁰. Mannheim, Schwan, 1848. — Ueber das Eigenthum. Aus dem Französ. übers. von A. Häseler. gr.-8⁰. Nordhausen, Büchting, 1848.
— 10. Das Eigenthum und seine Gegner. Populärer Auszug von Ludw. Hahn. gr.-8⁰. Breslau, Gosohorsky, 1849.
— 11. Ueber das Eigenthum und das Recht auf Arbeit. Eine Rede. Uebers. von Karl Ziegler. 8⁰. Lemgo, Meyer, 1849.
— 12. Rapport, précédé de la proposition du citoyen Proudhon rélative à l'impôt sur le revenu, et suivi de son discours prononcé à l'Assemblée nationale le 31 juill. 1848, conforme au Moniteur universel. 4⁰ et 12⁰. 1848.
— Vide: Blanc, L.
— — Cabet: Dialogue sur les bastilles.
— — Clavé, J.: Une association d'ouvriers bûcherons à Thiers.
— — Droit (Le) au travail à l'Assemblée nationale.
— — Lettre à M. Thiers.

Thihl, Neuheidnische und christlich-socialo Grundsätze. (Socialpolit. Broschüren, H. 2.)
Thikötter, Dr. Jul., Die metaphysische Grundlage des hierarchisch-jesuitischen und des socialdemokratischen Systems und ihre Bekämpfung. gr.-8⁰. Bremen, Nössler, 1891.
Thimm, Rud., 1. Der Communismus kein Schreckgespenst — sondern die Quelle irdischer Glückseligkeit. Eine zeitgemässe Abhandlung zur Beachtung und Aufklärung, seinen Mitbürgern gewidmet. 8⁰. Leipzig, Leiner, 1848.
— 2. Der Pflasterkasten unserer Zeit, oder gründliche und praktische Anleitung, den allgemeinen Krebsschaden, der bereits alle Nationen angefressen hat, immer weiter um sich greift, radical zu curiren. 8⁰. Leipzig, Leiner, 1848.
— 3. Der Proletarier als Instmann auf dem Lande von seiner Wiege bis zur Bahre. Wichtiger Beitrag zur Sittengeschichte unseres Jahrhunderts. 8⁰. Leipzig, Leiner, 1848.
Thompson, Dr. Jos. P., Der Arbeiter, seine falschen und seine wahren Freunde. Aus dem Engl. übers. von Pred. F. Hausig. 8⁰. Berlin 1881.
Thompson, Will., 1. An appeal of one half of the human race, women, against the pretensions of the other half, men, to retain them in political and thence in civil and domestic slavery; in reply to a paragraph of Mr. Mill's celebrated „Article on government". 8⁰. London, Longman and Co., 1825.
— 2. Practical directions for the speedy and economical establishment of communities, on the principles of mutual co-operation, united possessions, and equality of exertions and of the means of enjoyment. 8⁰. London, Strange, 1830.
— 3. An inquiry into the principles of the distribution of wealth most conducive to human happiness; applied to the newly proposed system of voluntary equality of wealth. gr.-8⁰. London, Longman etc., 1824. A new edit. by Will. Pare. 8⁰. London, Wm. S. Orr and Co., 1850. New edit. 8⁰. London, Ward and L., 1869.
— 4. Labour rewarded. The claims of labour and capital conciliated, or, how to secure to labour the whole products of its exertions. 8⁰. London, Hunt and Clarke, 1827.
Thomson, J. Turnbull, Social problems into

the laws of influences. 8°. London, Kegan Paul, 1878.
Thonissen, J. J., 1. Le socialisme et ses promesses. Société pour l'émancipation intellectuelle. 2 vol. 12°. Bruxelles 1850. (Encycl. populaire Belge.) 2. édit. 8°. Paris, Julien, Lanier et Co., 1851.
— 2. Le socialisme dans le passé. Société pour l'émancipation intellectuelle. 3 vol. 12°. Bruxelles 1851. (Encyclop. populaire Belge.)
— 3. Le socialisme depuis l'antiquité jusqu' à la constitution française du 14 janv. 1852. 2 vol. gr.-8°. Louvain, Valinthout et Co., 1852.
Thoré, Théophile, 1. Liberté. 18°. Bruxelles, Ch. Vanderauwera, 1850.
— 2. La vérité sur le parti démocratique. gr.-8°. s. l. s. a. (Paris 1840.) 2. édit. gr.-8°. Paris, Desessart, Rouanet etc., 1840.
— Vide: République (La vraie).
Thornton, Will. Thom., 1. On labour, its wrongful claims and rightful dues, its actual present and possible future. 8°. London 1869. 2. edit. London 1870.
— 2. Die Arbeit, ihre unberechtigten Ansprüche und ihre berechtigten Forderungen, ihre wirkliche Gegenwart und ihre mögliche Zukunft. Mit Autorisation des Verf. aus dem Engl. übertragen, sowie durch Anmerkungen erläutert und vermehrt von Hugo Schramm. gr.-8°. Leipzig, Klinkhardt, 1870.
— 3. Del lavoro, delle sue pretese, e dei suoi diritti; del suo presente et del suo futuro possibile, tradotto dalla seconda edizione inglese da Sidney Sonnino e Carlo Fontanelli. 16°. Firenze 1875. (Bibliotheca di scienze sociali, edita da Leopoldo Franchetti e Sidney Sonnino.)
— 4. Organisation, mécanisme intérieur et politique des trades-unions en Angleterre. Trad. de M. H. Thibaut. (Journ. des Écon., 1869, août.)
— 5. Stray chapters from the forthcoming work on labour. I. The claims of labour and its rights of capital. II. The rights of capital. III. The origin of trades-unions. IV. The ends of trades-unionism. V. Ways and means of trades-unions. (The Fortnightly Review, 1867 u. 1868.)
Thorold, John, A short examination of the notions advanced in a late book intituled the fable of the bees, or private vices, public benefits. 8°. London, Langley, 1726.
Thouvenel, M., Discours prononcé par M.

Thouvenel à la Chambre des députés sur les poursuites exercées contre les Saint-Simoniens. (Extrait du Globe du 10 févr. 1832.) Vide: Saint-Simonisme, Mesnilmontant, no. 16_{10}.
Thumser, Schlagfertiger gefahrloser Uebergang vom stohenden zum arbeitenden Friedensheere. 8°. München 1870.
Thun, Alphons, Geschichte der revolutionären Bewegungen in Russland. 8°. Leipzig, Duncker u. H., 1883.
Thurlow, T. J. H., Trades-unions abroad, and hints for home legislation. roy.-8°. London, Harrison, 1870.
(Reprinted from a Report on the Amsterdam Exhibition of domestic economy.)
Thwing, C. F., The family: an historical and social study. 8°. Boston, Lee and Shepard, 1887.
Tikhomirov, L., 1. L'évolution de la commune agraire en Russie. (Journ. d. Écon., 1887, juin.)
— 2. Russia, political and social. 2 vol. 8°. London, Sonnenschein, 1887.
Tissot, Cl. Jos., 1. Examen de la question du droit au travail. 18°. Dijon, Douillies, 1848.
— 2. Histoire de Robespierre. 2 vol. 8°. Paris 1844.
Tobien, Dr. W., Vortrag über die Mitarbeit der Bildungsvereine bei der Bekämpfung der Socialdemokratie. 8°. Hagen, Butz, 1878.
Tocqueville, Vicomte Alexis. 1. De la démocratie en Amérique. 1. édit. 1835. 13. édit. revue et augmentée d'un Examen comparatif de la démocratie aux États-Unis et en Suisse et d'un Appendice. 2 vol. 12°. Paris, Pagnerre, 1850. 15. édit. revue avec le plus grand soin et augmenté de la préface mise en tête des oeuvres complètes. 3 vol. gr.-8°. Paris, Lévy frères, 1868. (Oeuvres cpl. de Tocqueville publiées par Madame de Tocqueville). 16. édit. 3 vol. Paris, Michel. 1874.
— 2. Democracy in America. 4 vol. 8°. London, Saunders, 1840. New edit. 2 vol. 8°. London, Longman, 1862. — By H. Reeve. 2 vol. 8°. London 1875.
— 3. De la democracia en América, traducida al español por D. Leopoldo Borda. 2 tom. Paris 1837. 1842. — Traducida al español por D. L. Roa do Brandaris. Madrid 1843. — Con un exámen de la democracia en los Estados-Unidos y en Suiza, seguido de un estudio sobre el carácter democrático de la sociedad española, por E. Chao. Madrid 1854.

Tocqueville, Vicomte Alexis, 4. Sur le droit au travail. 32°. 1848.
— Vide: Droit (Le) au travail à l'Assemblée nationale.
Tod (Der) des Pfarrers Dr. Fr. Ludw. Weidig. Ein aktenmässiger und urkundlicher belegter Beitrag zur Beurtheilung des geheimen Strafprocesses und der politischen Zustände Deutschlands. gr.-8°. Zürich u. Winterthur 1843.
To Day (Journal). Nr. 1, January 1884. Nr. 30, June 1886. (Monthly. 8°. London.)
Todt, Rud., Der radicale deutsche Socialismus und die christliche Gesellschaft. Versuch einer Darstellung des socialen Gehaltes des Christenthums und der socialen Aufgaben der christl. Gesellschaft auf Grund einer Untersuchung des Neuen Testamentes. gr.-8°. Wittenberg, Rust, 1877. 2. verm. u. verb. Aufl. gr.-8°. Wittenberg, Herosé's Verl., 1878.
— Vide: Brake, G.: Der christl. Socialismus des Pfarrers Todt.
Toffoli-Addali, L., Saggio del problema sociale. 16°. Torino, Marietti, 1883.
Tolain, H., 1. L'Internationale. Discours prononcés à l'Assemblée nationale, séances des 4 et 13 mars 1872. 32°. Paris, Dentu, 1872.
— 2. De la république du travail, conférence faite au Cirque américain, le 20 avril 1879. 15 pp. 8°. Paris 1879.
Tollay, C., L'ouvrier capitaliste. 18°. Paris, Krabbe, 1848.
Tollebi, Des droits de la femme au point de vue du socialisme. 18°. Paris, Sandoz et Fischbacher, 1878.
Tolstoi, Count., On the right of revolution. (New Review, July 1891.)
Tompkins Square Outrage (The), appeal of John Swinton adressed to the legislature through the committee of grievances and delivered in the Assembly Chamber at Albany. 1874.
Tonim (pseud. pour L. Minot), La question sociale et le congrès ouvrier de Paris. (Conditions rationnelles de l'ordre économique, social et politique. État de la capacité morale et politique du prolétariat.) 18°. Paris, Marie Blanc, s. a. (1877.)
Tönnies, Ferd., Gemeinschaft und Gesellschaft. Abhandlung über den Communismus und Socialismus als empirische Culturformen. gr.-8°. Leipzig, Fues, 1887.
— Vide: Baltzer, Aug.: Ferd. Tönnies.
Torres Cabrera, Conde de, Reflexiones sobre algunas de las doctrinas emitidas por el Sr. Fernandez Cuesta en su vindicacion de la democracia española. Madrid 1858.
Torrigiani, P., Le associazioni degli operai ed un nuovo libro del Conte di Parigi. (Nuova Antologia, serie Iª, settembre 1869.)
Toscin (Le) des travailleurs. Comité de rédaction: Émile Barrault, F. Delente ouvrier. 24 nos. fol. 1 juin—24 juin 1848.
Toubeau, Le prolétariat agricole en France depuis 1789 d'après les documents officiels. 8°. Versailles, impr. Cerf et fils, 1882.
Toulgoët, A., Masques et visages ou les socialistes et leurs adversaires en face de la constitution. Pamphlet. 32°. Paris, Garnier frères, 1848.
Tourville, H., La nomenclature sociale, d'après Fr. Le Play, suivie de: La science sociale est-elle une science? par le même, et Des lois du travail, par Prosper Prieur. 8°. Paris, Didot, 1887.
Toussaint, de Belgique, Lettre à M. Enfantin. 12 févr. 1832. Vide: Saint-Simonisme, Crises Saint-Simoniennes, no. 7.
Toussenel, A., 1. L'esprit des bêtes. Vénerie française et zoologie passionnelle. 8°. Paris, libr. phalanst., 1848.
— 2. L'esprit des bêtes. Le monde des oiseaux, Ornithologie passionnelle. 8°. Paris, libr. phalanst., 1853.
— 3. Travail et fainéantise, programme démocratique. 8°. Paris, impr. Desoye, 1849.
— Vide: Le travail affranchi.
Toynbee, Arnold. „Progress and poverty", a criticism of Mr. H. George, being two lectures. 54 pp. 8°. London, Kegan Paul, 1883.
Tracts (Phalansterian). No. 1 et 2. à 8 pp. s. l. 1844.
Tracts (Social).
1. Observations upon political and social Reform.
2. A calculation of the results of the industry of 500 persons on the working classes.
3. The pull all together.
4. Man the creature of circumstances.
5. Human nature, or the moral science of man.
6. The religion of the New Moral World.
7. Outline of the rational system of society by R. Owen.
8°. s. l. s. a.
Trade's societies and strikes. Report of the committee on trades societies appointed by the national association for the promoting of social science, presented at the fourth

annual meeting of the association at Glasgow, sept. 1860. gr.-8°. London 1860.
Trades-Unions (Die). (Die Neue Zeit, 1. Jhg., 1883.)
Trades-Unions. (Quarterly Review, Nr. 246, 1867.)
Trades-Unions, by a Trade-Unionist. (The Fortnightly Review, 1887.)
Trades-Unions, strikes and locks-out. 8°. London, W. and R. Chambers, s. a. (1861). (Chambers Social Science Tracts.)
Transon, Abel, 1. (Religion Saint-Simonienne.) Affranchissement des femmes. Prédication du 1 janv. 1832. 8°. Paris, au bureau du Globe, 1832, et Saint-Simonisme, Extrait du Globe, vol. III, no. 2.
— 2. L'apostolat Saint-Simonien. Vide: Saint-Simonisme, Predications, vol. II, no. 15.
— 3. Dieu. Saint-Simonisme, Prédications.
— 4. Cinq discours aux élèves de l'École polytechnique. Paris, vers 1832. Vide: Saint-Simonisme, Extraits de l'Organisateur, no. 8 et 9.
— 5. Simple écrit d'Abel Transon aux Saint-Simoniens, 1 févr. 1832. Vide: Saint-Simonisme, Crises Saint-Simoniennes, no. 6.)
— 6. L'éducation. Vide: Saint-Simonisme, Prédications.
— 7. Morale du jour. (Globe, 2 janv. 1832.) Vide: Saint-Simonisme, Mesnilmontant, no. 16₆.
— 8. Morale du monde. Vide: Saint-Simonisme, Prédications.
— 9. La bonne nouvelle. Vide: Saint-Simonisme, Prédications.
— 10. Politique — Morale — Religion. Vide: Saint-Simonisme, Prédications.
— 11. Saint-Simon. Vide: Saint-Simonisme, Prédications.
— 12. Théorie sociétaire de Ch. Fourier ou art d'établir en tout pays des associations domestiques-agricoles de quatre à cinq cent familles. gr.-8°. Paris, au bureau du Phalanstère, 1832.
— 13. Teoría societaria de Cárlos Fourier, ó arte de establecer en todo país asociaciones doméstico agrícolas de 400 á 500 familias. Exposicion sucinta, traducida por P. L. Huarte. Madrid 1842.
— 14. Vue générale sur le nouveau caractère de l'apostolat Saint-Simonienne. — Morale individuelle. Prédic. du 11. déc. (Le Globe, 1831, no. 346, et Saint-Simonisme, Extrait du Globe, vol. II, no. 14.)

Transon, Abel. Vide: Le Globe, 1831, no. 66 u. 346.
— — Phalanstère, année I, no. 5.
Traub, Thdr., Warum gehen wir nicht mit der Socialdemokratie? Ein Wort an die deutschen Arbeiter. 8°. Stuttgart, J. F. Steinkopf, 1891.
Travail et capital. L'Internationale et le christianisme (par l'abbé ...). 47 pp. 8°. Paris, lib. du XIX. siècle, 1872.
Travail, liberté, propriété pour tous. Appel d'un Américain aux riches et aux prolétaires de l'Europe. gr.-8°. s. l. (Paris) 1846.
Travail (Le), véritable organe des intérêts populaires. Rédacteur. en chef: E.-A. Dambel. 11 nos. fol. 28 mai — 23 juin 1848.
(A partir du no. 6, le sous-titre porte en plus: „donnant en entier le compte-rendu des travaux et de séances du Club de la révolution".)
Travail (Le), journal des intérêts moraux et matériels des classes ouvrières, politique, moral et industriel. 4°. Paris 1842.
Travail affranchi (Le) par Vidal, Toussenel, Victor Meunier, Vinçard etc. 24 nos. 4°. et spécimen. 7 janv. — 17 juin 1848.
Travail (Le) de Lyon. 3 nos. 1840.
Travailleur (Le). Genf 1877—1878. (Journ.)
Travailleur libre (Le), organe spécial des ouvriers des villes et des campagnes, journal fondé par la défense des idées socialistes. fol. Paris, juin 1848.
Travailleur (Le), journal de la classe ouvrière, paraissant tous les samedis. 1. année, 1881. pet-fol. Marseille. 2. année, 1882. 3. année, 1883.
Travailleur (Le) Troyen, organe de l'union ouvrière socialiste. No. 1, 1 janv. 1883. pet.-fol. Troyes.
Travis, Henry, English socialism. Part I and II. 8°. London, Heywood, 1880.
Treichler, Jul., Politische Grundsätze. 1846.
— Vide: Noth- und Hilfsblatt (Allgemeines).
— — Volksblatt.
Treitschke, Georg Karl, Geschichte Thomas Münzer's. (Allgem. histor. Archiv I. Leipzig 1811.)
Treitschke, Heinr. v., 1. Der Socialismus und seine Gönner. (Preuss. Jahrbücher, Bd. 34, 1874.)
— 2. Der Socialismus und seine Gönner. Nebst einem Sendschreiben an Gust. Schmoller. gr.-8°. Berlin, G. Reimer, 1875.
— 3. Der Socialismus und der Meuchelmord. (Preuss. Jahrbücher, Bd. 41, 1878.)
— 4. Die gerechte Vertheilung der Güter.

Offener Brief an Gust. Schmoller. (Preuss. Jahrbücher, Bd. 35, 1875.)
Treitschke, Heinr. v., 5. Noch ein Wort zur Arbeiterfrage. (Preuss. Jahrbücher, Bd. 39, 1877.)
Treitschke (Herr von), der Socialistentödter, und die Endziele des Liberalismus. Eine socialpolitische Replik (von Frz. Mehring). 8°. Leipzig, Genoss.-Buchdr., 1875.
Treizième (Le), organe de la démocratie socialiste de l'arrondissement. No. 1, 4 nov. 1883. fol. Paris.
Trenn, A. L., Die sociale Frage und ihre Lösung. gr.-8°. Berlin, Reichardt u. Co., 1848.
Treub, M. W. F., De radicalen tegenover de sociaaldemocratische partij in Nederland. Voordracht gehouden op maandag 26 Jan. 1891 van den sociaal-democratischen bond. gr.-8°. Amsterdam, S. L. van Looy, 1891.
— Vide: Clemens: Kritiek.
— — van der Goes: M. W. F. Treub.
Treuhorst, Remig, Wie wird sich die Zukunft des Arbeiterstandes gestalten? 12°. Aachen, J. Schweitzer, 1891.
Triarchie (Die europäische) (von M. Hess). gr.-8°. Leipzig, O. Wigand, 1841.
Tribaut, Jules, Anarchie sociale, ou la loi du plus fort. 8°. Paris, impr. Desoye, 1849.
Tribun (Der deutsche) (von Karl Heinzen). 2 Hefte ohne Titelblatt (nicht mehr u. so erschienen.) 1. Heft 86 pp., 2. Heft 132 pp. 32°. Schweiz 1845.
Tribun (Le) du peuple. Vide: Babeuf.
Tribun (Le) du peuple et l'Ami des défenseurs de la patrie, par Prévost et Donnier. 8°. Paris, 21 fruct. an V — 3 pluv. an VI. 90 nos.
Tribun (Le) du peuple, par N. de Bonneville. 4 nos. 8°. 1789. Paris. Par le même: Le Vieux Tribun du peuple. 1789 —1790. 2 part. 8°. Paris.
Le Vieux Tribun et sa bouche de fer. 1796, 8 envois en 1 vol. 8°. Paris.
A la fin deux appendices: 1. L'Hymne des combats, par Nicolas Bonneville. 2. Lettre de Thomas Payne sur les cultes. Lettres à l'imitation de celles de Junius, dans lesquelles l'auteur, un de ses pères du socialisme, s'efforce de donner à la révolution la direction qu'il croit la plus conforme aux besoins et au bonheur de l'humanité. Nouvelle répartition des biens et communauté des femmes; telle est sa théorie du bonheur parfait. (Hatin.)
Tribun (Le) du peuple, organe des travailleurs. Rédacteur: A. Constant (dit l'abbé Constant). 5 nos. fol. Paris, 16—30 mars 1848.

Tribune (La), organe radical socialiste de la Provence. No. 1, 26 juin 1886. fol. Marseille.
Tribune (La), organe de la démocratie radicale de la région du Rhône. No. 1, 8 févr. 1887. fol. Lyon.
Tribune (La) de 1848. Signé: l'un des rédacteurs, Laberge. 5 nos. fol. 9—13 mars 1848.
Tribune (La) nationale, organe des intérêts de tous les citoyens. Rédacteurs: Lamennais, Jules Schmelz, Alphonse Esquiros. 26 févr. — 6 juin 1848. fol.
(L'exemplaire de la Bibliothèque nationale se compose ainsi: 26 févr., no. 1; 12 mars no. spécimen, no. 1, avec une circulaire aux instituteurs adhérente au journal, mais hors de son cadre et destinée à en être détachée; avril, spécimen no. 1; 30 mai, journal quotidien, sans no. d'ordre; et enfin les nos. des 1 juin, 2 et 3 (un seul pour les deux jours), 4, 5, 6.)
Tribune (La) du peuple, recueil philosophique et historique, par J. J. Pillot. 7 nos. 4°. 1838.
Tribune (La) des peuples, revue internationale du mouvement social, avec un bulletin mensuel des publications nouvelles de la librairie des Deux Mondes. Spécimen, 30 déc. 1885, no. 1 janv. 1886, no. 2 mai 1886, no. 3, juin 1886, no. 8, déc. 1886. 8°. Paris, librairie des Deux Mondes.
Tribüne (Die deutsche). Ein constitutionelles Tagblatt, hrsg. von J. G. A. Wirth. 4°. München. 1. Juli 1831 — 21. März 1832.
Triden, l'abbé E. N., Ou le socialisme ou le catéchisme. 18°. Troyes, Anner-André, 1858.
Tripon. Vide: Phalange, série 3, t. III.
— — Phalanstère, I, no. 28, II, no. 15.
Tristan, Mme Flora, 1. De l'émancipation de la femme. 1845.
— 2. Méphis ou le Prolétaire, roman philosophique et social. 2 vol. 8°. Paris 1838.
— 3. Le passé et l'avenir, dessin théogonique avec un texte explicatif. 1845.
— 4. Le tour de France, état actuel de la classe ouvrière sous l'aspect moral, intellectuel et matériel. 1845.
— 5. Union ouvrière. 18°. Paris, Prévot, Rouanet, 1843. 2. édit, contenant un chant. 18°. Monmartre, impr. Worms, 1844. Autre édit. 18°. Lyon, impr. Rey jeune, 1844.
— Vide: Ruge, A.: Fl. Tristan.
Trost, Karl, Socialismus und Socialpolitik

Kritischer Rück- und Vorblick. gr.-8°. Stuttgart, Cotta, 1887.

Trottet, Jean Pierre, De la question sociale, ou des conditions de la paix intérieure. 8°. Paris, Ducloux, 1849.

Trouessart, Édouard, Du mouvement social et réformiste. 128 pp. 8°. Paris, Hurtau, 1871.

Trümpelmann, Aug., Was hat der Landmann von der Socialdemokratie zu erwarten? gr.-8°. Leipzig, R. Werther, 1891.

Trümpert, R., Ein Zwiegespräch über die Socialdemokratie und ein Versuch ihrer Ueberwindung im Frieden. gr.-8°. Heilbronn, Henninger, 1878.

Truth. San Francisco 1882—84. (Journal.)

Tuckwell, W., Christian socialism and other lectures: delivered on Sunday evenings in the Town Hall Birmingham. 12°. Birmingham, Hudson, 1891.

Tufferd, Fréd., Les chevaliers du travail. (Revue socialiste, août 1887.)
— 2. Le parti du travail. (Revue socialiste, oct. 1887.)
— 3. Un programme social. 8°. Paris, Bouriaud, 1887. (Bibliothèque international.)
— 4. Le socialisme en Amérique. (Revue socialiste, mai et juin 1887.)

Turgard, B. Aux socialistes. Le nocher, la la source et le vieillard. Fable. 8°. Paris, impr. Soupe, 1848.

Turquan, V., Les grèves en France depuis 1874. (L'Économiste français, 1889.)
— Vide: Angot des Retours.

Tyrrell, Lieut.-Col., The congress and socialism. pst.-8°. London, Trübner, 1878.

U.

Ubaudi, Pierre, Idées émises dans le but de l'organisation sociale. 8°. Paris, impr. Wittersheim, 1848.

Uebergang (Der) von der capitalistischen zur socialistischen Productionsweise von K. K. (Jahrbuch f. Socialwissenschaft, hrsg. von Richter, 1. Jhrg. 1879.)

Uechtritz, O. v., Der Adel in der christlichsocialen Bewegung der Gegenwart. (Zeitfragen des christl. Volkslebens, Bd. 9, Heft 7, Heilbronn 1884.)

Ufer (Am andern). Aus dem Russisschen. Manuscript (von Herzen). gr.-8°. Hamburg, Hoffmann u. Co., 1850.

Uhlhorn, D. Gerh. Abt., Zur socialen Frage. I. Socialismus und Christenthum. II. Von der christl. Barmherzigkeitsübung. 2 Vorträge. Neue Einzel-Ausgabe. 8°. Stuttgart, Gundert, 1886.

Ulfers; S., Middelen door socialisten in het werk gesteld tot het bereiken van hun doel. 8°. Utrecht, Breijer, 1891.

Ulrich, Geh. Reg.-R., Die Arbeiterausstände und der Staat. (Jahrb. f. Nat.-Oek. u. Stat., N. F. Bd. 19, 1889.)

Umsturz oder Fortschritt? (Sociale Fragen und Antworten, Heft 3, 1879.)

Unabhängige (Der) von J. Karlen. Wochenblatt. Bern, Jänner, 1849.

Unger, Dr. S., Fortschritt und Socialismus. gr.-8°. Berlin, Puttkammer u. M., 1886.

Union (L'), bulletin des ouvriers, rédigé et publié par eux-mêmes, fondé par l'ancien comité de la „Ruche populaire". fol. et 4°. Décembre 1843—sept. 1846.

Union des associations ouvrières catholiques. Congrès de Mans. Compte-rendu de la onzième assemblée générale des directeurs d'oeuvres, 17 à 23 oct. 1881. 8°. Toulouse, impr. Saint-Cyprien, 1883.

Union (L') de la paix sociale. No. 2. Lettre à M. Fr. Le Play par M. Lucien Brun. Réponse de M. F. Le Play. Documents sur l'Union. 36 pp. 18°. Paris, Dentu, 1873.

Union (L') sociale par le partage des intérêts; ouvrier et capital, par „un solitaire". 8°. Bourges, Pigelet et Tardy, 1885.

Union (L') sociale, revue populaire illustrée. 13 nos. 4°. Paris, 15 avril—7 juillet 1849. (Propagande antisocialiste.)

Union (L') socialiste, organe du comité des 4 cantons élu en réunions publiques. No. 1, 18 sept. 1889. fol. St. Étienne, impr. Ledin, 1889.

Union (L') socialiste révolutionnaire, organe

du comité électoral central de la Seine. Paraît les mercredi et les samedi. No. 1, 26 sept. 1885. fol. Paris.

Unzufriedenheit (Die) der Völker und die Ursachen und Mittel derselben abzuhelfen. gr.-8°. München, Jaquet, 1833.

Ursachen und Heilung der Arbeiternoth. Dem Berliner Ortsvereine gewidmet von A. Z. gr.-8°. Berlin, Vereins-B., 1845.

Ursachen (Ueber) und Abhülfe der Noth des Arbeiterstandes. Von einem Unparteiischen. gr.-8°. Eilenburg, Schreiber, 1852.

Ursachen (Die) der Entstehung und Weiterentwickelung der Socialdemokratie, ihre Analyse und die Mittel zur Besserung der socialen Lage von einem prakt. Bürger. gr.-8°. Berlin, F. Luckhardt, 1880.

Urtheil des Oberappellations-Gerichtes zu Cassel in der Untersuchungssache gegen den Professor Dr. Sylvester Jordan wegen versuchten Hochverrathes. Nebst den Entscheidungsgründen. gr.-8°. Marburg, Elwert, 1846.

Urtheil in der Untersuchungssache gegen den Bürgermeister Dr. Scheffer, den Dr. L. Eichelberg, den Prof. Dr. Sylvester Jordan etc. wegen versuchten Hochverrathes, beziehungsweise Beihilfe zu hochverrätherischen Unternehmungen und sonstigen Vergehen, nebst den Entscheidungsgründen. 8°. Marburg, Elwert, 1843.

Urwähler (Der) Wochenblatt. Hrsg. von W. Weitling. Berlin 1848.
(Nur 5 Nrn. publicirt, Adler, 4 Nrn. Weller.)

Urwähler-Zeitung. Organ für Jedermann aus dem Volke. 4°. Berlin, Nr. 1, 29. März 1849. Nr. 226, 30. Dec. 1849.
(Fortsetz. der Zeitschrift: „Der Urwähler" seit 1. Oct. 1848, Redact. Wilh. Weitling, Verlag: Rud. Liebmann in Berlin. Der Urwähler-Zeitung folgte dann die Berliner Volkszeitung.)

Ussel, Ph. d' (le Vicomte), La démocratie et ses conditions morales. 12°. Paris, E. Plon, Nourrit et Co., 1884.

Uster. Vide: Noth- und Hilfsblatt (Allgemeines).

Utiensenovic, Og. M., Die Hauscommunionen der Südslaven. Eine Denkschrift zur Beleuchtung der volksthümlichen Acker- und Familienverfassung des serbischen und des croatischen Volkes. Wien 1859.

Utilité (Immense) des chemins de fer pour améliorer le sort des nations. (Religion Saint-Simon.) Vide: Saint-Simonisme, Mesnilmontant, no. 16_7.

Utopie (Eine sociale). (Monatsschrift f. christl. Soc.-Ref., 12. Jahrg., 1890.)

Utopie (L'), Journal des paysans. Tome I. (No. 3, 15 oct. 1849.) gr.-8°. Blois, au bureau du Journal des paysans.

Utopie (L') de la liberté. Lettres aux socialistes (d'un rêveur). (Journ. des Écon., 1848, juin.)

Utopien, 10 Thesen wider die Socialdemokratie. Von . · . gr.-8°. Berlin, Friedrichs u. Co., 1890.

Uvix, Dr., Étude sur la question sociale du XIX. siècle. 8°. Athènes 1885.

V.

Vacherot, Étienne, La démocratie. 12°. Paris, Chamerot, 1860. 2. édit. considérablement augmentée et suivie du texte du jugement rendu en France contre l'ouvrage. 8°. Bruxelles, van Meenen et Co., 1860.
(Cette édition a été saisie en France par la police.)

Vaillant, R., Le mouvement social en France et à l'etranger. (Revue socialiste, janv. 1887.)

Vairasse, D. Vide: Histoire des Sevarambes.

Vaisse, Jean Louis, Manifeste socialiste. (Extrait du „Quatrième État".) 8°. Toulouse, Fournier, 1884.

Valbert, G., William Booth, Général de l'armée du salut et son livre sur l'extinction du paupérisme. (Revue des Deux Mondes, 1 févr. 1891.)

Valder, Louis, La crise sociale. 46 pp. 8°. Paris, Madre, 1868.

Valeri, Roland, Lettres électorales. Le capital et le travail. L'instruction publique. 8°. Paris, impr. de Cosse, 1849.

van den Bergh, Z., De sociaaldemocraten en hun tegenstanders. gr.-8°. Amsterdam, S. L. van Looy, 1891.

van der Goes, F., Mr. M. W. F. Treub over de sociaaldemocraten. gr.-8°. Amsterdam, S. L. van Looy, 1891.

van der Mey, H. W., Russland en het Nihilismus. 8°. Haarlem, W. C. de Graaf, 1881.

Van Voorthuysen, Everardus, Dissert. oecon. polit. literaria qua Platonis doctrina de communione bonorum, mulierum et librorum, in libris de republica proposita, sub examen vocatur. 8°. Trajecti ad Rhen. Broese, 1850.

Va-nu-pieds (Le), organe du cercle Vallés, socialiste, révolutionnaire, indépendant. No. 1, mars 1887. 4°. Paris.

Varchmin, F. W. v., Die sociale Bewegung der Gegenwart in ihrer Bedrohung der Familienhaftigkeit und des Staatslebens und mit besonderem Bezug auf die bevorstehenden deutschen Reichstagswahlen. Köstritz 1876.

Varigny, M. C. de, 1. L'invasion chinoise et le socialisme aux États-Unis. (Revue des Deux Mondes, 1 oct. 1878.)

— 2. Un socialiste chinois au XI. siècle. (Revue des Deux Mondes, 15 févr. 1880.)

Varnbühler, Th. v., Ein socialistisches Ideal im Widerspruch gegen die Socialisten. Zwei Aufsätze. 8°. Leipzig 1878.

Vassalli, A., Kritische Untersuchung über die absolute Demokratie. 8°. Zürich 1871.

Vaughan et Aubry, Association internationale des travailleurs (section Rouennaise). De son rôle dans les circonstances actuelles. 19 pp. 8°. Rouen, impr. Cagniard, 1871.

Vaughan. Vide: Nash, Vaughan and Smith.

V. C. Vide: Phalanstère, année II (articles).

Veill, Alex. Vide: Phalange, année XIV etc. (articles).

Veit, Mor., Saint-Simon und der Saint-Simonismus. Allgemeiner Völkerbund und ewiger Friede. gr.-12°. Leipzig, Brockhaus, 1834.

Velten, W., Zur Reform der evangelischen Arbeitervereine. gr.-8°. Düsseldorf, Bagel, 1888.

Venedey, Jac., 1. Die Arbeiterbewegung nach ihren Hauptrichtungen. br.-8°. Kaiserslautern (Rohr) 1869.

— 2. Darstellung der Verhandlungen vor den Assisen zu Köln über die Theilnahme an dem am 30. August 1830 in Aachen stattgehabten Aufruhr, enthaltend den Anklageakt, das Zeugenverhör, die Rechtfertigung der Angeklagten, die Vertheidigung, das Resumé und das Urtheil. 8°. Köln, Papers, 1831.

Venedey, Jac., 3. John Hampden und die Lehre vom gesetzlichen Widerstande. 2. Aufl. 8°. Belle-Vue bei Constanz 1844.

— Vide: Geächtete (Der).

Vengeance (La) anarchiste, organe hebdomadaire. Année I, no. 1, 6 mars 1883. pet.-fol. Paris.

Vengeur (Le), organe de la fédération socialiste révolutionnaire de la région du Nord. Paraît le dimanche. No. 1, 29 juillet 1883. Lille, Contat.

Ventosa, Don Ricardo, Las asociaciones de obreros. 18°. Madrid 1882.

Venturini, Ar. Vide: Decisioni (Due opposte) sulla Internazionale.

Verax. Vide: New Moral World, Vol. I.

Verbrüderung (Die). Correspondenzblatt aller deutschen Arbeiter. Red. Born. 1. Jahrg. 1848. Oct.—Dec. 26 Nrn. 2. Jahrg. 1849. 104 Nrn. gr.-4°. Leipzig, Schreck in Comm.
(Bildet die Fortsetzung der Leipziger „Arbeiter-Zeitung".)

Verfolger (Die) der Bosheit. Von M. Wessel. Köln, 17. Febr.—30. Juni 1849. 20 Nrn.

Verhandlungen der Bonner Conferenz für die Arbeiterfrage im Juni 1870. Hrsg. vom Sekretär des Ausschusses (L. Nagel). 8°. Berlin 1870.

Verhandlungen der Eisenacher Versammlung zur Besprechung der socialen Frage am 6. u. 7. Oct. 1872. Auf Grund der stenograph. Niederschrift von H. Roller, hrsg. vom ständigen Ausschuss. 8°. Leipzig, Duncker u. H., 1873.

Verhandlungen des 2. österreichischen socialdemokratischen Parteitages, abgehalten zu Wien am 28., 29. u. 30. Juni 1891 im Galleriesaale des Hotel „Union". Nach dem stenographischen Protokolle. gr.-8°. Wien, L. Weiss in Comm., 1891.

Verhandlungen der Delegirten-Conferenz der Internationalen Arbeiter-Association, abgehalten zu Philadelphia am 15. Juli 1876.

Verhandlungen des Parteitages der österr. Socialdemokratie in Hainfeld 30.—31. Dec. 1888 und 1. Jan. 1889. Nach dem stenogr. Protokoll hrsg. von J. Popp und G. Häfner. 8°. Wien, Deuticke, 1889.

Verhandlungen der am 26. und 27. Sept. 1890 in Frankfurt a/M. abgehaltenen Generalversammlung des Vereins für Socialpolitik über die Reform der Landgemeindeordnung in Preussen und über Arbeitseinstellungen und die Fortbildung des Arbeitsvertrages. (Schriften des Vereins f. Socialpolitik, Bd. 47.) gr.-8°. Leipzig, Duncker u. H., 1891.

Verrijn Stuart, C. A., Ricardo und Marx. 8°. 's Gravenhage 1890.

Vérité démocratique (La). Exposé et application des principes de la vraie démocratie, à l'amélioration du sort des ouvriers et à l'organisation réelle du travail. Rédact. A. Warrin. 2 nos. 8°. Paris, mars, 1848.

(A paru encore sous le titre de: La vraie démocratie, recueil périodique, exposé et application etc. 8°. s. d.)

Vérité (La) sur la question ouvrière (par Henri V, dit le sous-titre.). 8 pp. 8°. Paris, impr. Dubuisson et Co., 1872.

Vérité (La) au peuple, journal des départements de la Drôme et de l'Ardèche. 4°. Valence 1797.

(L'esprit de cette feuille était le Jacobinisme pur. Hatin.)

Vérités sociales inconnues ou méconnues, par Aug. Johannet. 2 nos. 12°. Paris, janv. et févr., 1850.

Vermorel, Auguste, Le parti socialiste. 12°. Paris, libr. intern., 1870.

Verney, Fr. W., Trades-unions among women. (Fortnightly Review, August 1888.)

Vero, V. de, É canaglia il proletario? Critica della scienza e della vita. 8°. Napoli, tip. dell' Accademia delle scienze, 1884.

Véron, Eugène, La liberté et les associations ouvrières. 16°. Grenoble, Maisonville et fils, 1864.

Vertilgung (Die) des Pauperismus. Vom Prinzen Napoleon Louis Bonaparte. Nach der 3. Aufl. des franz. Originals übersetzt von P. Str. kl.-8°. Nordhausen, Fürst, 1846.

Verzeichniss socialdemokratischer Schriften der Schweizerischen Volksbuchhandlung und Expedition des „Socialdemokrat". 19 pp. 8°. Hottingen-Zürich, Genoss.-Buchdr., 1886.

Verzier, Horace. Vide: Droit du vivre.

Vésinier, P., 1. Histoire de la Commune de Paris. 8°. Londres, Chapman et Hall, 1871.
— 2. History of the Commune. (Transl.) 8°. London, Chapman, 1872.

Veuillot, Eugène, Les conclusions du socialisme. 18°. Paris, Garnier frères, 1849.

Veuillot, Louis, Dialogues socialistes. L'esclave Vindex, le lendemain de la victoire, la légalité, épilogue. VII et 380 pp. Paris, Palmé, 1872.

Viardot, Louis. Vide: Revue indépendante.

Vibert, T., Le droit divin de la démocratie. 18°. Paris, Ghio, 1881.

Vidal, François, 1. Les économistes libéraux et les socialistes. (Revue indépendante, 1844, février.)
— 2. De la lutte du capital et du travail en agriculture. (Revue indépend., 1844, janv.)
— 3. De la répartition des richesses, ou de la justice distributive en économie sociale; ouvrage contenant l'examen critique des théories exposées, soit par les économistes, soit par les socialistes. 8°. Paris, Capelle, 1846.
— 4. Vivre en travaillant. Projet, voies et moyens de réformes sociales. 18°. Paris, Capelle, 1848.
— Vide: Le travail affranchi.

Vidal y Plá, D. Juan de la Cruz, La revolución filosófica, moral, religiosa y social, puesta al alcance de todos. Barcelona 1873.

Vidieu, Histoire de la Commune. 8°. Paris 1876.

Viellard, J. B., Catéchisme socialiste ou collectiviste. 8°. Lyon, l'auteur, 1881.

Vierteljahresbericht (Zweiter) des fungirenden Generalrathes an alle Sectionen der nordamerikan. Föderation. 8°. New York 1874.

Vigié, Aman, Économie sociale. Étude sur l'extinction du paupérisme et de la mendicité, sur les syndicats, les grèves, l'influence sociale des machines. 16°. Marseille, Achard, 1886.

Vigoureux, Mme Clarisse, 1. Paroles de providence. 8°. Paris, libr. phalanst., 1834.
— 2. édit. 18°. Paris, libr. phalanst., 1847.
— 2. Théorie sociétaire: Parole de providence. (Revue du progrès social, 10. livr.)

Vilarrasa, D. Eduardo María, Palabras de un creyente á los gobiernos y al pueblo, ó réfutacion de los pensamientos y planes socialistas de la escuela de Lamennais. Revisada por el ilustrísimo Sr. D. Tomás Sivilla. Barcelona 1858.

Villard, A., Histoire du prolétariat ancien et moderne. 8°. Paris, Guillaumin et Co., 1882.

Villedieu, La Commune de Paris. 8°. Paris 1871.

Villegardelle, François, 1. Accords des intérêts et des partis, ou l'industrie sociétaire. 8°. Bordeaux, Gazay, 1836.
— 2. Accord des intérêts dans l'association et besoin des communes, avec une notice sur Charles Fourier. 32°. Paris, au bureau de la Société bibliophile (Capelle), 1844.
— 2. édit. améliorée et augmentée. 32°. Paris, Capelle, 1848.

Villegardelle, Francois, 3. La cité du soleil, de Campanella. Traduit du latin. 32⁰. Paris, Paul Masgana, 1840.
— 4. Code de la nature, de Morelly, avec analyse raisonnée et une notice sur l'auteur. 32⁰. Paris, Guarin (Capelle), 1840.
— 5. Histoire des idées sociales avant la révolution française, ou les socialistes modernes devancés et dépassés par les anciens penseurs et philosophes, avec textes à l'appui. 32⁰. Paris, Guarin (Capelle), 1846.
— 6. Geschichte der socialen Ideen vor der französ. Revolution, oder: Die alten Denker und Philosophen die Vorläufer und Vorkämpfer der neueren Socialisten. Nebst Beweisstellen. Nach dem Französ. von Ludw. Köppen. gr.-8⁰. Berlin, Riess, 1846.
— 7. Pourquoi nous n'avons pas la république. 18⁰. Paris, Garnier frères, 1851.
— 8. Versöhnung der Interessen in der Association. 1850.
— Vide: Phalange, année I, t. 1.
Villenave, M. Vide: Michaud, L. G.
Villeneuve, Charles, 1. L'anarchie et le comité de salut public en 1793. 18⁰. Paris, Charavay, 1885.
— 2. Epîtres au peuples: I. Ordre et travail. (En vers.) 8⁰. Paris, impr. Poussielgue, 1848.
Villermé, Louis Réné, 1. Des associations ouvrières. 16⁰. Paris, Paulin, Pagnerre et F. Didot, 1849. (Fait parti de la Collection des petits traités, publiés par l'Académie des sciences morales et politiques.)
— 2. Sur les cités ouvrières. (Journ. d. Écon., 1850, avril.) 8⁰. Paris, J. B. Baillière, 1850.
— 3. Du droit au travail et du droit à l'assistance. (Extr. d. Journ. d. Écon.) 8⁰. Paris, Guillaumin, 1849.
Villetard, Edmond, Histoire de l'Internationale. 12⁰. Paris, Garnier frères, 1871.
Villiaumé, N. Vide: Proudhon expliqué par lui-même.
Villeniers, Em. Vide: Droit (Le) au travail etc.
Vinçard, Pierre ainé, Histoire du travail et des travailleurs en France. 3 vol. 8⁰. Paris, Pierre Vinçard, 1845—47.
— Vide: Ruche populaire (La).
— — Travail affranchi (Le).
Vindication (A) of the rights of men in a letter to the R. H. Edm. Burke, occasioned by his Reflexions on the revolution in France. gr.-8⁰. London, Johnson, 1790.
Vinet, A., 1. Du socialisme considéré dans son principe. 8⁰. Genève, J. Cherbuliez, 1846.
— 2. Der Socialismus in seinem Princip betrachtet. Aus dem Französ. übers. von D. Hofmeister. Mit einem Vorwort von A. Neander. gr.-8⁰. Berlin, Dümmler, 1849.
Violand, Ernst, Die sociale Geschichte der Revolution in Oesterreich. gr.-8⁰. Leipzig, O. Wigand, 1850.
Viossat, Victor, L'organisation du travail. 8⁰. Lyon, impr. Chanoine, 1848.
Virieu, de, Les associations ouvrières. Participation des ouvriers aux bénéfices du patron. 31 pp. 8⁰. Paris, Baratier frères et Dardelet, 1874.
Virmaitre, La Commune à Paris. 8⁰. Paris 1871.
Virtomnius, Les nouvelles transactions sociales, religieuses et scientifiques. Tome I (tome II n'a pas paru). 8⁰. Paris, Bossange père, 1832.
Visit (A) to Harmony Hall. Reprinted from „The Movement". With emendations and a new and curious Vindicatory Chapter. Dedicated to the socialists of England and Scotland. By G. J. H. 8⁰. London 1844.
Vissering, Simon, Prosopographia der socialism. 8⁰. Amsterdam 1888.
Vögelin, Prof. S., 1. Die Utopia des Thomas Morus. (Neue Gesellschaft, 1. Jhrg., 1877.)
— 2. Ueber das Wesen und die Zielpunkte der Socialdemokratie. Rede, geh. im Züricher Kantonsrathe den 9. Aug. 1881. gr.-8⁰. Bern, Lange u. Co., 1881.
Vogelsang, Frhr. C. v., 1. Die Bauernbewegung in den österr. Alpenländern. Eine Skizze. (Sep.-Abdr. aus der Oesterr. Monatsschrift f. Gesellschaftswissensch., 1881, Febr.) 8⁰. Wien, Kirsch, 1881.
— 2. Die sociale Erneuerung. (Oesterr. Monatsschr. f. christl. Socialreform, 1887.)
— 3. Die Freiheit der Arbeit. (Oesterr. Monatsschr. f. christl. Socialreform, 1887.)
— 4. Das Recht auf den vollen Arbeitsertrag. (Oesterr. Monatsschr. f. christl. Socialreform, 1886.)
— Vide: Monatsschr. f. Gesellschaftswissensch.
Vogelsanger, Der schweiz. Grütliverein. 1881.
Vogler, Dr. Max, Ferdinand Lassalle. Sein Leben und Wirken. 1. u. 2. Lfg. (Bibliothek d. menschl. Wissens.) Dresden 1888—90.
Vogt, Carl, Mein Process gegen die allgemeine Zeitung. Stenographischer Bericht, Dokumente und Erläuterungen. 8⁰. Genf, December, 1859.
— Vide: Marx, K.: Herr Vogt.
— Studien (Demokratische).
Vogt, Carl und Carl Marx oder die Bürstenheimer. (Stimmen der Zeit, 1861₂, Beilage zu Nr. 39.)

Voisin, Jules, 1. Essai sur la question sociale, l'organisation du travail et du capital. 16 pp. 8°. Paris, Dentu, 1872.
— 2. La question ouvrière ou question sociale. 2. édit. 8°. Cognac, Vincent, 1884.
Voisins, L. T., 1. Le droit au travail et à l'existence, expliqué par un ouvrier qui a vécu dans toutes les classes de la société, n'à été qu'à l'école du travail et est arrivé à l'âge de 42 ans. fol. 1849.
— 2. L'opulence et la misère soulagée avec le vote universel: Plus de révolutions et bien-être général. fol. 1849.
— 3. Le positif; réforme des abus. Réflexions d'un ouvrier, après sa journée, appellant l'attention des hommes de bien sur les vices que la société possède et pour tacher de les détruire. fol. 1849.
— 4. Sujet historique d'amélioration pour la société, proposé à la suite de la révolution de février 1848. 4°. 1849.
Voix (La) des femmes, journal socialiste et politique, organe des intérêts de toutes. Signé: La directrice: Eugénie Niboyet. 46 nos. fol. 19 mars—20 juin 1848.
(Il y a 2 éditions du no. 1, l'une datée du 19 mars, l'autre du 20; le dernier no, le 46, est chiffré par erreur 45.)
Voix (La) nouvelle. Foi et liberté. Indépendance et probité. fol. Toulouse 1846—47.
Voix (La) du peuple. fol. Paris. No. 1, 1 oct. 1849. No. 223, 14 mai 1850.
Voix (La) du peuple, organe du groupe „le Progrès social"; paraissant le samedi. No. 1, 23 août 1884. pet.-fol. Marseille, Bertin.
Voix (La) du peuple. Organe socialiste de la région du Nord. No. 1, 11 nov. 1883. Paraît le dimanche. pet.-fol. Roubaix.
Voix (La) du peuple. Journal socialiste quotidien. No. 1, 2 févr. 1887. fol. Paris.
Voix du Proscrit (La). Organe de la république universelle. Un numéro par semaine. Lex-8°. Paris, 27 oct. 1850—6 sept. 1851. Année I = 26 nos. (27 oct. 1850 —19 avril 1851.) Année II = 20 nos. (26 avril — 6 sept. 1851.)
Völcker, Dr. G., Die Schule und die sociale Frage. gr.-8°. Schönebeck, Senff, 1891.
Volk (Das). Organ des Centralcomités für Arbeiter. Hrsg. vom Schriftsetzer Born. 3 mal wöchentlich. Berlin 1848. (Nur vom 25. Mai — 29. August.)
Völkerbund (Commercieller). Zeitschr. gr.-8°. Wien. Nr. 1, 22. April 1848. Nr. 9, 24. Mai 1848.
Volkmar, Leop., Vertheidigung des wegen seines Buches: „Schicksale eines Proletariers" der Erregung von Missvergnügen gegen die preuss. Regierung angeklagten Schriftstellers Ehrenreich Eichholz. (Abdr. aus Hitzig's Annalen für Criminal-Rechtspflege, Bd. 41.) gr.-8°. Altenburg, Helbig, 1847.)
Volksbedürfnisse und Reformen. I und II. München, Franz, 1848. I. Generalia. II. Proletarier und Proletariat. A. u. d. T.: Betrachtungen eines deutschen Proletariers.
Volksblatt von W. Seelhoff und P. C. Sternberg. Trier, seit 1848, wöchentl. 4 mal.
Volksblatt. Red. Fr. Crüger. Danzig 1849.
Volksblatt. Hrsg. von Treichler. Zürich 1853.
Volksblatt (Allgemeines). Populärer Monatsbericht über die wichtigsten Zeitfragen. 1. Jahrg. 1845, Jän. — Sept. 9 Nrn. gr.-4°. Köln, Boisserée.
Volksblätter von A. Röckel. Dresden, 26. Aug. 1848 — 29. April 1849.
Volksfreund (Der). Redact.: E. O. Weller. 8°. Leipzig, Weller. 1. Jhrg. 1848, April — Juni.
(Nr. 1—12. Kayser, B. L.)
Volksfreund (Der), von G. A. Wolff. Lemgo, früher Rempel in Bielefeld, seit 10. Juni 1848 wöchentlich.
Volksfreund (Der). Red. F. Löwe. Hamburg 1848—1849.
Volksfreund (Der). Tageblatt. Hrsg. von Ad. Schlöffel jr. Berlin 1848, 5. April — 30. Juni. 9 Nrn.
Volksfreund (Der), von F. Hecker, dann von Schnauffer. Imp.-4°. Rheinfelden, Mai — Dec. 1848. Wöchentl. 2 mal.
(Kayser, B. L., Juli — Dec. 1848, 61 Nrn.)
Volkshalle (Westphälische), von F. Marquardt, früher von O. Mirbach. Münster, seit 1. Jänner 1849 täglich.
Volksspiegel. Monatsschrift für politisches und sociales Leben. Red. unter Verantwortlichkeit des Herausgebers Ferd. Behrend. 2.—3. Jahrg. 4°. Breslau, Trewendt, Jan. 1847 und 48 März. (Der 1. Jahrg. u. d. T.: Breslauer Volksspiegel, eine unterhaltende und belebrende Monatsschrift zur Beförderung der Volksbildung. gr. - 4°. Breslau, Trewendt, 1846.)
Volksstaat (Der), oder: Was wollen die Socialdemokraten? Ein Kirchweihgespräch. 12°. Karlsruhe, Reiff, 1890.
Volksstaat (Der). Organ der socialdemokratischen Arbeiterpartei. Leipzig 1870—76.
Volkstaschenbuch. Hrsg. von F. Behrend. 1847. 8°. Breslau, Trewendt.

Volkstribun (Der). Organ der deutschen Social-Reform-Association. Wochenblatt, hrsg. von Herm. Kriege. New York 1846, Jan. — Dec.

Volkstribun (Thüringer). Organ der Demokratie. Red.: Lafaurie u. G. Rothe. gr.-8⁰. Jena, 19. Juli — 9. Dec. 1848; 5. Mai — 17. Juli 1849. (Kayser, B. L., nur 1848.)

Volkswille (Der). Will das Volk eine Constitution? 8⁰. Leipzig, Weller, 1847.

Volkswohl. Allgemeine Ausgabe der „Social-Correspondenz", Organ des Centralvereins für das Wohl der arbeitenden Klassen. Hrsg. v. Dr. Vict. Böhmert. (Jahrg. 1—8. Vide: Social - Correspondenz.) 9. Jahrg. 1885. 52 Nrn. gr.-4⁰. Dresden u. Minden. 15. Jhrg. 1891.

Volkswohl. Monatsschrift für sociale und politische Reform. Hrsg. von Gust. Höfken. 1. Jhrg. 1849. 1.—6. Heft. gr.-8⁰. Frankfurt a. M., Liter. Anstalt. — Dass. 1. Jhrg. 1849, Juli — Dec. 6 Hefte. gr.-8⁰. Heidelberg, E. Mohr in Comm.

Volkszeitung (Anhaltische) von A. Behr und C. Stein. Wöchentl. 3 mal. Cöthen. 12. Dec. 1848 — Mai 1849.

Volkszeitung (New Yorker). New York. Tageblatt 1883—84. Wochenblatt 1885—90.

Volkszeitung (Schlesische). Wochenblatt, hrsg. von Herm. Brehmer. Breslau 1850.

Vollmar, Geo. v., 1. Ueber die nächsten Aufgaben der deutschen Socialdemokratie. 2 Reden, gehalten am 1. Juni und 6. Juli 1891 im „Eldorado" zu München. gr.-8⁰. München, M. Ernst, 1891. — 2. Der isolirte socialistische Staat. Eine socialökonomische Studie. 8⁰. Zürich, Volksbuchhdlg., 1878.

Verbote (Der). Politische und socialökonomische Zeitschrift. Centralorgan der Sektionsgruppe deutscher Sprache der Internationalen Arbeiterassociation, redig. von Joh. Ph. Becker. 1866 —71 (monatlich). gr.-8⁰. Genf, Verlag d. Association.

Vorwärts. Centralorgan der Socialdemokratie Deutschlands. Leipzig, Berlin 1876—1892.

Vorwärts! Eine Sammluug von Gedichten für das arbeitende Volk. 8⁰. Zürich, Volksbuchhandlg., 1886

Vorwärts! Pariser deutsche Zeitschr. Wöchentlich 2 mal. Hrsg. von H. Börnstein und Lazarus Bernays. Paris 1844, Jan. — Dec.

Voyages et aventures de Lord Carisdall en Icarie. Vide: Cabet.

Vrau, Jules, Proudhon et son système économique. 12⁰. Paris, Ledoyen, 1853.

Vuillemin, E., La grève d'Anziu. 8⁰. Lille 1884.

Vuillmet, La cosmopolie ou la république universelle. 32⁰. Bruxelles, Alliance typographique, 1869.

W.

Wach, Dr. Ad., Die christlich-sociale Arbeiterpartei. Ein Vortrag. gr.-8⁰. Leipzig, Tauchnitz, 1878.

Wachenbusen, Otto, Grundsätze der Nationalökonomie, sowie des Staatssocialismus und der Socialdemokratie. gr.-8⁰. Leipzig, O. Wigand, 1886.

Wachsmuth, K. H. Vide: Jahr 2440.

Wachsmuth, Wilh., Aufstände und Kriege der Bauern im Mittelalter. (Raumer's histor. Taschenbuch, 1834.)

Wächtler, K., Die Arbeiterfrage vom christlich-ethischen Standpunkte beleuchtet. gr.-8⁰. Bielefeld, Velhagen u. Klasing, 1872.

Wade, John, History and political philosophy of the middle and working classes. 12⁰. London 1833 (Mc Cull. Bibl.). 2. edit. 1834. gr.-8⁰. Edinburgh, Will. and Rob. Chambers, 1842. 4. edit. consid. extended. gr.-8⁰. Ibid. 1842.

Wädensweil. Vide: Noth- und Hilfsblatt (Allgemeines).

Wadzeck. Vide: Reiswitz, Frhr. G. L. v.

Wage (Die). Eine Zeitschrift für Bürgerleben, Wissenschaft und Kunst, hrsg. von Ludw. Börne. 1. u. 2. Bd. 1818 — 1821. Frankfurt a. M., Hermann'sche Buchhandlg.

Wagener, F. W. H., Die Mängel der christlich-socialen Bewegung. (Sociale Zeitfragen, 1. Heft, 1885.)
Wagener, H., Die Lösung der socialen Frage. 8⁰. Bielefeld 1878.
Wagner, Adolph, 1. Die Abschaffung des privaten Grundeigenthums. gr.-8⁰. Leipzig, Duncker u. Humblot, 1870.
— 2. Offener Brief an Herrn H. B. Oppenheim. Eine Abwehr manchesterlicher Angriffe gegen meine Rede über die sociale Frage auf der October-Versammlung. 8⁰. Berlin 1872.
— 3. Einiges von und über Rodbertus-Jagetzow. (Zeitschr. f. Staatsw., 1878_1.)
— 4. Rede über die sociale Frage. Geh. auf der freien kirchl. Versammlung zu Berlin am 12. Oct. 1871. (Aus „Verhandlungen der kirchl. October-Versammlung in Berlin".) gr.-8⁰. Berlin, Wiegandt u. Grieben, 1872.
— 5. Rodbertus-Jagetzow über den Normalarbeitstag, nebst einem Briefwechsel darüber zwischen Rodbertus und dem Architecten H. Peters. (Zeitschr. f. Staatsw., 1878_1.)
— Vide: Wirth, M.: Bismarck, Wagner, Rodbertus.
Wagner, Joh. Phil., Was ist die Ursache des Nothstandes der Arbeiterklasse und in welcher Weise kann demselben entgegengewirkt werden? 8⁰. Frankfurt a. M., Brönner, 1848.
Wagner (Richard) und der Socialismus. (Deutsche Worte, 11. Jhrg., 1891.)
Wahrenburg, Constant. v., Die glückseeligste Insul auf der ganzen Welt, oder das Land der Zufriedenheit. 8⁰. Nürnberg, Monath, 1723.
Wahrheit (Die) über die Bergarbeiterstrike. Von einem Königlichen Bergrathe. (Die Gegenwart, Bd. 36; 1889.)
Wahrheit, Freiheit und Recht. Ein Beitrag zur Lösung der socialen Frage. Von ** 8⁰. Barmen, Wiemann, 1890.
Wahrheitsfreund, Nik., Der Darwinismus, ein Grundirrthum unserer Zeit, eine Grundlehre der Socialdemokratie. (Katholische Flugschriften, Nr. 17.) 16⁰. Berlin, Germania, 1891.
Wahrlieb, Fried., Schlöfel und Wander, oder die Verschwörung zu Warmbrunn. Eine Stimme aus dem Volke. 40 pp. Bellevue bei Konstanz 1845.
Wakefield, Gilbert, An examination of the age of reason, or an investigation of true and fabulous theology by Thom. Paine. gr.-8⁰. London 1794.
Walcker, Dr. Carl, 1. Die Arbeiterfrage mit besonderer Berücksichtigung der deutschen Gewerkvereine. gr.-8⁰. Bernburg, Bacmeister, 1881.
— 2. Arbeiterlesebuch. gr.-8⁰. Karlsruhe, Macklot's Verl., 1890.
— 3. Die Bergarbeiterstrikes u. die Einigungsämterfrage. (Die Gegenwart, Bd. 35, 1889.)
— 4. Die Folgen des socialdemokratischen Parteicongresses. (Die Gegenwart, Bd. 38, 1890.)
— 5. Die sociale Frage mit besond. Berücksichtigung landwirthschaftlicher Reformen und der Decentralisation der Bevölkerung. Ein Suppl. zu den Lehrbüchern der Nationalökonomie. gr.-8⁰. Berlin, Springer's Verl., 1873.
— 6. Zur Geschichte des russischen Socialismus. (Unsere Zeit, N. F. 13. Jahrg., 1877.)
— 7. Die inneren Interessengegensätze der verschied. Handarbeiterklassen. (Vierteljahresschr. f. Volkswirthschaft etc., 1885_3.)
— 8. Die Socialistenfrage im Reichstage. (Die Gegenwart, Bd. 33, 1888.)
— 9. Die Strikes und die inneren Interessengegensätze der Handarbeiterklasse. 8⁰. Leipzig, Rossberg, 1886. (Vermehrter Sep.-Abdr. aus der Vierteljahresschr. f. Volksw., Polit. u. Kultur.)
— 10. Die Ueberwindung der Socialdemokratie. (Die Gegenwart, Bd. 34, 1888.)
— 11. Die Ursachen und die Heilmittel der socialdemokrat. Umsturzbestrebungen. gr.-8⁰. Berlin, C. Heymann's Verl., 1879.
— 12. Die Verhütung und Beilegung von Streiks. gr.-8⁰. München, Literar. Institut Dr. M. Huttler, 1892.
Walcker, Dr. R., Die neueste Vertheidigung d. russischen Agrarcommunismus. (Vierteljahresschr. f. Volkswirthschaft etc., 1875_3.)
Wald, Carl, Socialdemokratie u. Volksliteratur. 8⁰. Berlin (Leipzig, Stauffer) 1889.
Walden, H. Vide: Egeria.
Walesrode, Ludw. Vide: Studien (Demokratische).
Waley, Jacob, On strikes and combinations with reference to wages and the condition of labour. (Journal Statistical Society, Vol. XXX, London 1867.)
Wallace, Alfr. Russel, 1. How to nationalize the land: a radical solution of the Irish land problem. (The Contemporary Review, Nov. 1880.)

Wallace, Alfr. Russel, 2. Land nationalization, its necessity and its aims. Being a comparison of the system of landlord and tenant with that of occupying ownership in their influence on the well-being of the people. 2. edit. 8⁰. London, Trübner and Co., 1882.
— 3. The „why" and the „how" of land nationalization. 24 pp. 8⁰. London 1883.
Wallas, G. Vide: Socialism, Fabian essays.
Wallon, H., La révolution du 31 mai et le fédéralisme en 1793, ou la France vaincue par la Commune de Paris. 2 vol. 8⁰. Paris, Hachette, 1886.
Wallon, J., Le positivisme, ou la foi d'un athée. 8⁰. Paris, Douniol, 1858.
Walras, Léon, L'économie politique et la justice: examen critique et réfutation des doctrines économiques de M. P.-J. Proudhon, précédées d'une introduction à l'étude de la question sociale. 8⁰. Paris, Guillaumin et Co., 1860.
Walter. Vide: Zeitung (Trierische).
Walther, C. F. W., Communismus und Socialismus. Verhandlungen der 1. deutschen evang.-luth. Gemeinde U. A. C. zu St. Louis, Mo. gr.-8⁰. St. Louis, Mo. 1878. (Dresden, H. J. Naumann.)
Wampen, Henry, A remark on strikes and unions. 8⁰. Westminster, printed by T. Brettell and Co., s. a.
Wauder. Vide: Wahrlieb, F.: Schlöfel und Wander.
Ward, C. O., A history of the ancient working people from the earliest known period to the adoption of christianity by Constantine. 8⁰. Washington, W. H. Lowdermilk, 1889.
Ward, James, 1. Louis Blanc on the working classes; with corrected notes and a refutation of his destructive plan. 8⁰. London, Bentley, 1848.
— 2. Workmen and wages at home and abroad or the effects of strikes, combinations and trades' unions. 8⁰. London 1868.
Warner, Ferd., Memoirs of the life of Sir Th. More, to which is added the History of Utopia, translated into English. 8⁰. London 1758.
Warnkönig, Darstellung des Saint-Simonismus und seines Verlaufes. (Krit. Zeitschr. f. Rechts-Wiss. des Auslandes, Bd. IV, Nr. 3, 1831.)
Warnkönig, Wilh., Socialdemokraten und Jesuiten. Ein deutsches Wort an das gläubige deutsche Volk. 12⁰. Berlin, Germania, 1890. (Katholische Flugschriften, Nr. 8.)
Warren, Jos., Equitable commerce: a new development of principles as substitutes for laws and governments, for the harmonious adjustment and regulation of the pecuniary, intellectual and moral intercourse of mankind proposed as elements of new society. 8⁰. New York 1852.
Warrin, A. Vide: La vérité démocratique.
Warschauer, Prof. Dr. Otto, 1. Geschichte des Socialismus und neueren Communismus. 1. Abth. Saint-Simon und der Saint-Simonismus. gr.-8⁰. Leipzig, G. Fock, 1892.
— 2. Der König von Zion. Ein Beitrag zur Geschichte der Gütergemeinschaft. Vortrag, geh. am 15. Nov. 1884 im Berliner Handwerker-Verein. gr.-8⁰. Leipzig, Fock, 1884.
— 3. Geschichtlich-kritischer Ueberblick über die Systeme des Communismus und Socialismus und deren Vertreter. (Zeitschr. f. Staatswiss., 1890.)
Warte (Westfälische). Monatsschrift für die Interessen des Volkes. Red. von Theod. Schäfer. 1847. 6 Nrn. gr.-4⁰. Arnsberg, Solingen, Amberger.
Was ist ein Communist? 8 pp. 16⁰. Druck von M. Ducloux in Lausanne, s. a.
Was ist Eigenthum! Darin das einzige Mittel, die jetzigen Staatsgewalten vor den unsinnig communistischen Ideen zu retten, eine Erweiterung von der guten Sache der Seele. gr.-8⁰. Wandsbeck 1843. (Leipzig, Hermann.)
Was ist der Saint-Simonismus? Oder Lehren, Grundsätze und Verfassung der in neuester Zeit entstandenen Simonistischen Religion, welche jetzt so grosses Aufsehen erregt und in Frankreich bereits zahlreiche Anhänger gefunden hat, nebst Nachrichten über das Leben ihres Begründers. 61 pp. 8⁰. Quedlinburg u. Leipzig, Basse, 1832.
Was sind sie? 1) Revolutionäre, 2) Gotteslästerer, 3) Vaterlandslose, 4) Nichtvertreter der Arbeiter. Bewiesen durch wortgetreue Wiedergabe aus ihren eigenen Worten und Schriften. (Von G. A. Jädicke.) 2. u. 3. Aufl. gr.-8⁰. Chemnitz, May, 1890. 4. Aufl. Vide: Jädicke.
Was! Wie? Wohin? 2 Hefte. 8⁰. Breslau, Trewendt, 1848.
Was will eigentlich Stöcker? Zeitgemässe Betrachtungen eines Nüchternen. gr.-8⁰. Stuttgart, M. Brennwald, 1891.

33*

Wathlcd, Ernest, Une solution du problème social. 8°. Orléans, impr. Pagnerre, 1851.
Waterhouse, Alfr., A chapter in the history of strikes being a letter to Vernon Lushington. 22 pp. 8°. Manchester 1865.
Watson, Rich., An apology for the Bible in a series of letters addressed to Thom. Paine. New edit. 8°. London 1823.
Watson, R. Spence, The organization of unskilled labour. (Contemporary Review, 1890, August.)
Watts, J., 1. Strikes. (Brit. Assoc. Rep., 1861.)
— 2. Strikes and their effects on wages, profits and accumulations. (Stat. Soc. Journ., 1861.)
— 3. Trade societies and strikes, machinery and co-operative societies. 8°. Manchester 1865.
— Vide: Iconoclast.
Wayland, T., Equalisation of property and the formation of communities. 1831.
Webb, Sidney, Socialism in England. 8°. Baltimore, Murphy and Co., 1889. (Publications of American Economic Association, Vol. IV, Nr. 2.)
— Vide: Socialism, Fabian essays.
Weber, Pfr.-Lic., Die Aufgaben, welche die Arbeiterbewegung in ihrem gegenwärtigen Stadium der Kirche stellt. (Samml. theol. u. soc. Reden u. Abhdlgn., I. Serie, 11. Heft, Leipzig 1889.)
Weberelend (Das) in Schlesien. (Preussische Jahrbücher, Bd. 67, 1891.)
Weber-Strike (Der) zu Crimmitschau. (Aus „Süddeutsche Post".) (Socialpolit. Zeitfragen, Heft 1, 1883.)
Wedemeyer, L. W. v., Die ländliche Arbeiterfrage und die unser ganzes Staatsleben corrumpirende Macht des Grosskapitals. gr.-8°. Berlin, Niendorf, 1875/6.
Weeks, Jos. D., Statistics of wages, necessaries of life, trades societies and strikes and lockouts. (Tenth Census of the United States, 1880.) 8°. Washington 1886.
Wegweiser auf dem Gebiete der social-demokratischen Literatur Deutschlands. 8°. Leipzig (Weller) 1848. 3. verm. Aufl. (bis Dec. 1848). Ebd. 1849.
Wehl, Feod. Vide: Telegraph (Der).
Wehr' Dich. Von A. Becker. Giessen, seit 6. März 1848 wöchentlich 3mal, bis 1. Jan. 1849 als: „Der jüngste Tag".
Weickard, M. A. Vide: Gedanken eines Weltbürgers.
Weidemeyer, Jos. Vide: Zeitung (Neue deutsche).

Weidig, Pfarrer. Vide: Noellner, Dr.: Actenmässige Darlegung.
— — Tod (Der) des Pfarrers Weidig.
Weiler, Julien, 1. Le cinquième état devant la réglementation du travail; deux études sur les questions ouvrières. 18°. Bruxelles 1888.
— 2. La grève de Mariemont et les conseils de conciliation et d'arbitrage. (Journ. d. Écon., 1889, mai.)
Weill, Alex., 1. Der Bauernkrieg. 8°. Darmstadt, C. W. Leske, 1847.
— 2. Génie de la monarchie. Édit. popul. 12°. Paris 1850.
— 3. La guerre des paysans et des Anabaptistes. Nouv. édit., rev., corr., augm. et précédée d'une nouvelle préface. 8°. Paris, Dentu, 1886.
— 4. Rothschild und die europäischen Staaten. 8°. Stuttgart, Franckh, 1844.
— 5. Der Staat und die Industrie. kl.-8°. Stuttgart, Franckh, 1843.
— 6. Staatsentwürfe über Preussen und Deutschland. 8°. Stuttgart, Franckh'sche Buchhdlg., 1843. 8°. Darmstadt, Leske, 1845.
— Vide: Phalange, série 3, t. V.
Weill, A., und Edg. Bauer, Berliner Novellen. 8°. Berlin, Verl.-Buchhdlg., 1843.
Welshaupt, Adam, 1. Apologie des Missvergnügens und Uebels. 2. verm. ganz umgearb. Aufl. 2 Bde. 8°. Frankfurt u. Leipzig 1790.
— 2. Das verbesserte System der Illuminaten mit allen seinen Graden und Einrichtungen. Neue verm. Aufl. 8°. Frankfurt u. Leipzig, Grattenauer's B., 1788.
Weiss, Dr. Bela, 1. Zur Lehre vom Eigenthum. (Zeitsch. f. Staatsw., 1877_1.)
— 2. Die neuere Richtung der Arbeiterbewegung. br.-8°. Pest 1873.
Weiss, Carl, Der Nothstand unter den Frauen und die Abhülfe desselben. Ein Beitrag zur Frauenfrage. gr.-8°. Berlin, Brigl, 1870.
Weiss, Guido. Vide: Zeitschrift des Centralvereins in Preussen f. das Wohl der arbeitenden Klassen.
Weiss, Dr. J. G., Die Lehre Henry George's. (Deutsche Zeit- und Streitfragen, N. F. Heft 92.) gr.8°. Hamburg 1891.
Weitbrecht, Karl, Was ist's mit der Socialdemokratie? Gemeinfasslich beantwortet. 12°. Stuttgart, Levy u. Müller, s. a. (1879). 2.—6. Aufl. Ebd. 1885. 7. durchges. Aufl. 8°. Ebd. 1888.

Weitling, Wilh., 1. Briefe an die Landsleute. 1847.
— 2. Das Evangelium eines armen Sünders. gr.-8⁰. Bern, Jenni, 1845. 2. vollst. verm. u. verb. Aufl. gr.-8⁰. Birsfeld 1846. 3. Aufl. New York 1847.
Französisch als: Critique religieuse du communisme. Vevay 1846.
— 3. Garantien der Harmonie und Freiheit. 8⁰. Vivis, Selbstverl., 1842, December. 2. Aufl. 8⁰. Ebd. 1845. 3. Aufl. gr.-8⁰. Hamburg 1849.
— 4. Kerkerpoesien. 8⁰. Hamburg, Hoffmann u. Campe, 1844.
— 5. Die Menschheit, wie sie ist und sein sollte. 1. Aufl. anonym 1838. 2. Aufl. Bern, Jenni Sohn, 1845.
— 6. Ein Nothruf an die Männer der Arbeit und Sorge. 8⁰. New York 1847. 2. Aufl. 1848.
— Vide: Communistes (Les) en Suisse.
— — Generation (Die junge).
— — Hilferuf (Der) der deutschen Jugend.
— — Menschheit (Die), wie sie ist.
— — Republik der Arbeiter.
— — Urwähler (Der).
— — Urwählerzeitung.
Weitling (Der Schriftsteller Wilhelm) und der Kommunistenlärm in Zürich. Eine Vertheidigungsschrift. (Von Sebast. Seiler.) 8⁰. Bern, Jenni Sohn, 1843.
Weitling (Wilh.) und sein System. (Die Zukunft, 1. Jahrg.)
Welcker, C. Vide: Schulz, Wilh.
Weller, E. O., 1. Ueber Abhülfe des gesellschaftlichen Elends. (Rheinische Jahrbücher, 2. Bd.)
— 2. Die Freiheitsbestrebungen der Deutschen im 18. und 19. Jahrhundert dargestellt in Zeugnissen ihrer Literatur. 1. Aufl. 8⁰. Leipzig, Weller. 2. verm. Aufl. 8⁰. Leipzig, Weller, 1849.
— 3. Sociale Merkzeichen aus dem vorigen Jahrhundert. (Rheinische Jahrb., 2. Bd.)
— 4. Publicistische Stimmen aus Frankreich. Mit Beiträgen von Lamenais, Constant, Dezamy u. A. 8⁰. Breslau, Schulz, 1846.
— Vide: Schwarz-Roth-Gold!
— — Volksfreund.
Wells, the Dean of, Christianity and socialism. (Contemporary Review, Nov. 1889.)
Welzhofer, Max. Mor., Ueber die Organisation der Arbeit und ihr Verhältniss zur Gegenwart. Für Nationalökonomen, Arbeitsherren und Arbeiter. Nach Briefen der Prinzessin Maria von Solms an den Prinzen . . . . gr.-8⁰. Leipzig, O. Voigt, 1862.
Wemyss, Earl of, Socialism in England 1888 and 1889. A speech in the House of Lords, Mai 19, 1890. With appendix of authorities and statistics. gr.-8⁰. London 1890.
Wendel-Hippler (pseud. für G. Allhusen), Aufruf an die Arbeiter. 1850.
Werkstatt (Die). Eine Monatsschrift für Handwerker. Red. Georg Schirges. 1. Bd. 3 Hefte. Lex.-8⁰. Hamburg, Verl.-Compt., 1845. 2. Bd. Ebd. 1846. Supplement zum 2. Bd. 1847. 3. Bd. Vierteljahresschrift für Handwerker, 1847. Figurentafeln und Supplement zum 3. Bd. 1847.
Wermuth und Stieber, Die kommunistischen Verschwörungen des 19. Jahrhunderts. Im amtlichen Auftrage zur Benutzung der Polizeibehörden der sämmtlichen deutschen Bundesstaaten. 2 Bde. 8⁰. Berlin 1853—54.
Werner, Pfr. Jul., 1. Die sociale Frage im Zeitalter der Reformation. (Samml. theol. u. soc. Reden u. Abhdlgn., I. Serie, 10. Heft.) Leipzig 1889.
— 2. Socialrevolution oder Socialreform? gr.-8⁰. Halle a/S., Schwetschke, 1891.
Wesen (Das) des arbeitslosen Einkommens, und sein besonderes Verhältniss zu Amt und Adel. Von L. S. (Deutsche Vierteljahrsschrift, 1852_4.)
Weserdampfboot (Das). Wochenblatt. Hrsg. von Dr. Otto Lüning u. Osterwald. Bielefeld 1844. 2 Hefte. Forts. siehe: Dampfboot (Westphälisches).
Wessel, M. Vide: Verfolger (Die) der Bosheit.
West. Vide: Heart etc.
Westcott, B. F., Bishop of Durham, 1. Social aspects of christianity. 8⁰. London, Macmillan, 1887.
— 2. Socialism. Read before Hull congress. 8⁰. London, W. Reeves, 1890.
Westphal, Dr. A., Kriegervereine gegen Socialdemokratie. Ein Mahnwort an die gebildeten Stände. Hrsg. vom Vorstande des Deutschen Kriegerbundes. gr.-8⁰. Berlin (Funcke u. Naeter) 1891.
Wetterleuchten (Das) der socialen Revolution und was geschehen muss, um einen Arbeiter-Krieg abzuwenden. Ein Mahnruf an die gebildeten und besitzenden Klassen, besonders an die Hirten der kirchl. Gemeinden. 8⁰. Breklum, Christl. Buchh., 1885.

Weydemann, J. Vide: Revolution (Die). Monatsschrift.
What is a revolution. 8⁰. London 1819.
Whitman, Sidney, Der deutsche und der englische Arbeiter. (Preussische Jahrbücher, Bd. 66, 1890.)
Wichern. Vide: Arbeiter (An die socialdemokratischen).
— — Oettingen, A. v.: J. H. Wichern's Bedeutung.
Wichura, Victor, Die vereinigte Arbeit (Association) und die Theilnahme des Staates an der Aufhülfe der Arbeiter. Ein Versuch zur Beantwortung der socialen Frage. 8⁰. Ratibor, Jakobsohn in Comm., 1849.
Wider das Demagogenthum in Nürnberg. Beitrag zur Zeitgeschichte. Ende Juni 1878. 32 pp. 16. Aufl. 8⁰. Nürnberg, Ballhorn.
Widmann, Adolph, Die Gesetze der socialen Bewegung. gr.-8⁰. Jena, Mauke, 1851.
— Vide: Petermann.
Wiede, Dr. F., 1. Kritische Darstellung der socialwissenschaftlichen Theorien Emil Acolla's. (Neue Gesellschaft, 1. Jhrg., 1877.)
— 2. Der Militarismus. Socialphilosophische Untersuchungen in gemeinverständlicher Form. gr.-8⁰. Zürich, Verlags-Magazin, 1877.
— 3. Ueber das Recht auf Arbeit und unsere gesellschaftlichen Verhältnisse im Allgemeinen. Ein Mahnwort zum inneren Frieden. gr.-8⁰. Berlin, R. Pohl, 1885.
— Vide: Gesellschaft (Die neue).
Wigand, Paul, Vertheidigung Jordans. Ein Nachtrag zu dessen Selbstvertheidigung. gr.-8⁰. Mannheim, Bassermann, 1844.
Wilbrand, Conrad, Die heutige Arbeiterbewegung in ihrem Zusammenhange mit der socialen Entwickelung. (Vierteljahresschrift f. Volkswirthschaft etc., 1873_2.)
Wild, Chrph., 1. Das Neueste über die Socialdemokratie. 8⁰. Berlin, Bichteler u. Co., 1878.
— 2. Ueber und wider die Socialdemokraten! gr.-8⁰. Berlin, Bichteler u. Co., 1877. 2. Aufl. gr.-8⁰. Ebd. 1878.
Wilde, O., The soul of man under socialism. (Fortnightly Review, Febr. 1891.)
Wilks, Washington, 1. The half century, its history, political and social. 2. edit. revised and enlarged. 8⁰. London 1853.
— 2. Christian republicanism. (The Republican, Vol. 1.)
Willich, Aug. Vide: Heere (Im preussischen).
— — Kriminal-Zeitung (New Yorker).
Willkomm, Ernst, 1. Eisen, Gold und Geist.
Ein tragikomischer Roman. 3 Theile. 8⁰. Leipzig, Kollmann, 1843.
— 2. Weisse Sclaven oder die Leiden des Volkes. Ein Roman. 5 Theile. 8⁰. Leipzig, Kollmann, 1845.
Wilmanns, C., Die „goldene Internationale" und die Nothwendigkeit einer socialen Reformpartei. 1.—3. Aufl. gr.-8⁰. Berlin, Niendorf, 1876.
Winckler, W., Ueber Ursache und Ziel der gegenwärtigen Arbeiterbewegung. Vortrag. 8⁰. Wismar, Hinstorff, 1872.
Winn, H., Property in land: an essay on the new crusade. 12⁰. New York, Putnam's Sons, 1888.
Winter, Georg, 1. Die erste socialpolitische Arbeiterbewegung in Deutschland. (Die Gegenwart, 28. Bd., 1885.)
— Sociale Bewegungen und Theorien im Zeitalter der Reformation und in der Gegenwart. (Vierteljahresschr. f. Volkswirthsch., 1891_4.)
Winter, Vit. Ant., Geschichte der bayer. Wiedertäufer im 16. Jahrhundert. 8⁰. München, J. Lindauer, 1809.
Winterer, Pfr. L., 1. Die sociale Gefahr und der Socialismus während der letzten zwei Jahre in Europa und Amerika. Autoris. Uebersetz. aus dem Französ. 8⁰. Mainz, Kirchheim, 1885.
— 2. Le socialisme international. Coup d'oeil sur le mouvement socialiste de 1885 à 1890. 8⁰. Mülhausen i/E., Gangloff in Comm., 1890. 8⁰. Paris, V. Lecoffre, 1890.
— 3. Der internationale Socialismus von 1885—1890. Genehmigte Uebersetzung aus dem Französ. von Jhs. Berg. gr.-8⁰. Köln, Bachem, 1891.
— 4. Der Socialismus in den letzten drei Jahren. Uebersetzg. aus dem Französ. von Dr. P. Sch. gr.-8⁰. Köln, Bachem, 1882.
Wiroubeff, Le communisme russe. gr.-8⁰. s. l. s. a. (Versailles, impr. Cerf.)
Wirth, J. G. A., 1. Das Nationalfest der Deutschen zu Hambach. Unter Mitwirkung eines Redactions-Ausschusses beschrieben. 1. Heft. gr.-8⁰. Neustadt a/H. 1832.
— 2. Die Rechte des deutschen Volkes. Eine Vertheidigung vor den Assisen zu Landau. 16⁰. Nancy, Sept. 1833.
— Vide: Tribune (Die deutsche).
Wirth, Max, 1. Die Arbeiterfrage. 5. Flugschrift des volkswirthschaftlichen Vereines für Südwest-Deutschland. gr.-8⁰. Frankfurt a/M., Exped. d. „Arbeitgebers", 1863.
— 2. Die sociale Frage. (Samml. gemein-

verständl. wissenschaftl. Vorträge, Heft 156, 1872.)
Wirth, Max, 3. Lois du travail au XIX. siècle. Traduit de l'allemand par la baronne de Crombrugghe. gr.-8⁰. Bruxelles, Muquardt, 1874. Paris, Guillaumin et Co.
— 4. Der drohende Untergang des Nachlasses von Rodbertus-Jagetzow. Zur Beleuchtung der Herausgeberthätigkeit der Herren Prof. A. Wagner und Dr. Th. Kozak. gr.-8⁰. Leipzig, G. Fock, 1884.
— Vide: Arbeitgeber (Der). Centralorgan.
Wirth, Moriz, Bismarck, Wagner, Rodbertus, drei deutsche Meister. Betrachtungen über ihr Wirken und die Zukunft ihrer Werke. Mit einem Beitrage: Das moderne Elend und die moderne Uebervölkerung. Ein Wort gegen Kolonien. Von Max Schippel. gr.-8⁰. Leipzig, Mutze, 1883. 2. (Titel-) Ausg. 1885.
Wiss, Dr. Ed., 1. Die Socialdemokraten eine wissenschaftliche Macht. (Vierteljahresschr. f. Volkswirthschaft, 1885_1.)
— 2. Socialdemokratie und Schutzzoll. (Vierteljahresschr. f. Volkswirthsch. etc., 1878_4.)
— 3. Socialismus und Staatssocialismus. (Vierteljahresschr. f. Volkswirthsch., 21. Jahrg., 1884_3.)
— Vide: Demokrat (Der).
Wissenschaft (Die sociale) nach Colins und de Potter mit einer biographischen Skizze über beide Schriftsteller von Dr. C. de Paepe. (Jahrbuch f. Socialwissenschaft, hrsg. von Richter, 1. Jhrg., 1879.)
Witte, Prof. Emil, 1. Arbeit und Besteuerung des Menschen. Eine Warnung vor dem Socialismus. gr.-8⁰. Leipzig, Findel, 1881.
— 2. Das Recht auf Arbeit und seine Verwirklichung. (Sociale Zeitfragen, 8. Heft, 1885.)
Witte, H. Vide: Frage (Zur christl.-socialen).
Wittich, M., Der Socialismus und die Kunst. (Neue Gesellschaft, 2. Jhrg., 1878.)
Wittig, Ludw., 1. Die Commune von Paris. 4⁰. Stuttgart, Vogler u. Beinhauer, 1872.
— 2. Ein Jahrhundert der Revolutionen. Geschichtliche Entwickelung der Kämpfe für und gegen die Volksfreiheit vom amerikanischen Unabhängigkeitskriege bis in die neueste Zeit. 2 Theile. Lex.-8⁰. Zürich, Verlags-Magazin, 1874—75.
Wochenblatt (Demokratisches). Leipzig 1868 u. 1869.
Wochenblatt (Kiel-Altonaer demokratisches).

Wöchentlich 1mal. Hrsg. von Conrad Bernhard Schramm. Altona 1848—49.
Wodehouse, Thomas, A grammar of socialism. 2. edit. quer-32⁰. London, F. Verinda, 1884.
Woethe, Anny, Das Gift unserer Zeit. (Lohnverhältnisse der Arbeiterinnen. Verbesserung der Sittenzustände. Lösung der Frauenfrage.) 8⁰. Cannstadt, Stehn, 1885.
Wohin führt die sogenannte Organisation der Arbeit? gr.-8⁰. Leipzig, W. Jurany, 1848.
Wohin steuern wir? Socialpolitik oder Humanitätsdusel? Zugleich ein Versuch eines Beitrages zur Geschichte des Bergarbeiterstreikes und des Ausfalles der diesjährigen Reichstagswahlen, nebst einer Schlussbetrachtung über die Folgen des Rücktrittes des Fürsten Bismarck. Von einem alten Gewerken. 8⁰. Hagen i/W., Risel u. Co., 1890.
Woker, D. F. W., Christenthum und Socialdemokratie. Predigt-Entwürfe. 1. Reihe. 8⁰. Paderborn, Schöningh, 1891.
Wolf, Gerson, Die Demokratie und der Socialismus. 8⁰. Wien 1849.
Wolf, Jul., Das Räthsel der Durchschnittsprofitrate bei Marx. (Jahrb. f. Nat.-Oek. u. Stat., Bd. 57, 1891.)
Wolff, G. A. Vide: Volksfreund (Der).
Wolff, Osk., Die heutige Socialdemokratie und der Staat. 1. u. 2. verm. Aufl. gr.-8⁰. Berlin, Puttkammer u. Mühlbrecht, 1878.
Wolfsohn, L., Italian secret societies. (Contemporary Review, May 1891.)
Wolkoff, Matthieu, Observations complémentaires à l'article de M. Prince-Smith sur le but du mouvement ouvrier. (Journ. d. Écon., 1871, déc.)
Wollmann, Moriz, 1. Die Arbeiterbewegung in Belgien. (Die Gegenwart, 1886_1.)
— 2. Der Socialismus in Belgien. (Die Gegenwart, Bd. 31, 1887.)
Wollny, Dr. F., Kritik des Socialismus. 8⁰ Leipzig, O. Wigand, 1890.
Wollstonecraft, Mary, 1. A vindication of the rights of woman: with strictures of political and moral subjects. 8⁰. Boston, Thomas and Andrews, 1792. 2. edit. London, J. Johnson, 1792.
— 2. Défense des droits des femmes, suivie de quelques considérations sur les sujets politiques et moraux. 2 parties. 8⁰. Paris, Buisson; Lyon, Bruyset frères, 1792.
— 3. Rettung der Rechte des Weibes mit Bemerkungen über politische und moralische Gegenstände. Aus dem Engl. über-

setzt. Mit einigen Anmerkungen von Ch. G. Salzmann. 2 Bde. kl.-8°. Schnepfenthal 1794.

Wolowski, L., 1. Le droit au travail. (Journ. des Écon., 1848, oct.)
— 2. La liquidation sociale (et observations sur cet article par Joseph Garnier). (Journ. des Écon., 1870, avril.) 16 pp. 8°. Paris, Guillaumin et Co.
— 3. De l'organisation du travail. 8°. Paris, Paulin, 1844.
— Vide: Droit (Le) au travail à l'Assemblée nationale.

Wolting, Maxim., Das Problem der Ehe bei Fourier und Tolstoi. Eine Studie. (Neue Zeit, 9. Jhrg., 1890—91.)

Woodhull, Victoria, A lecture of the great social problem of labor and capital. 8°. New York 1871.

Woolsey, T. D., Communism and socialism, their history and theory. 8°. London, Low; New York, Ch. Scribner's Sons, 1880.

Working man's companion (The). The results of machinery, namely cheap production and increased employment, exhibited: being an address to the working men of the United Kingdom. 3. edit. 8°. London, Ch. Knight, 1831.

Working man's companion (The), The rights of industry: addressed to the working men of the United Kingdom by the author of „The results of machinery". § I. Capital and labour. 8°. London, Ch. Knight, Nov. 15, 1831.

Workshops (National). (Quarterly Review, Nr. 173, 1850.)

World (The New Moral). A London weekly publication developing the principles of the rational system of society. Conducted by Rob. Owen and his disciples.

Vol. I. Nr. 1, Nov. 1, 1834. Nr. 52, Oct. 24, 1835.
  Contents:
  On the financial consolidated tyranny of modern times. Verax.
  Hints for the formation of an association.
  Proposed alteration in the paper currency.
  Association of all nations; or more fully: The association of all classes of all nations to form a new moral world, and three dialogues upon it.
  Power and effects of machinery.
  On property. Owen.
  Dialogues between a stranger and the founder of the New Moral World.
  Rich and poor. Mrs. Leman Grimstone.
  Some account of the extraordinary experiment Mr. Owen made at New Lanark in Scotland.

Vol. II. The New Moral World, or Millennium, a London weekly publication etc. conducted by the disciples of Rob. Owen. London, printed and published for the „Association of all classes of all nations". Nr. 53, Oct. 31, 1835. Nr. 104, Oct. 22, 1836.
  Lecture on the present state and prospects of society.
  Lecture on the moral progress and development of man.
  Lecture on the principles of government.
  Lecture on the destiny of industry and of man.
  Lecture on the social affections.
  Lecture on the introduction of the new system.
  Lectures by R. Owen.
  Lectures by R. Owen on the moral science of man.
  Lectures on the morality of the various classes. Rev. W. J. Fox.
  The science of society.
  Equality.

Vol. III. The New Moral World and Manual of science. Manchester and London. Nr. 105, Oct. 29, 1836. Nr. 156, Oct. 21, 1837.
  Origin of factory bills, for the relief of infant labourers.
  The socialist of France.
  The socialists's campaign for 1837.
  What can the socialists now do?
  Socialists and strangers.
  Organization in reference to societies.
  Social meetings.
  Desolatory hints to socialists.
  Poor laws.
  National remedies for national evils.
  Free trade.
  Cooperative settlement in America.
  Persecution of the socialists.
  Poverty.
  Why is labour disagreable?
  How may labour be made agreable?

Vol. IV. Nr. 157, Oct. 28, 1837. Nr. 208, Oct. 20, 1838.
  The socialists and their opponents.
  The state and prosperity of society.
  Socialism, alias Owenism.
  Socialism.
  The effects of machinery on manual labour, and on the distribution of the produce of industry.
  Mr. Bernard's remarks on the social system.
  Reply to Mr. Bernard's strictures on the social system.
  Is private property necessary to make men industrious?
  Have the working classes the means of establishing communities?
  Trades-unions.
  Corn-laws.
  The socialists and the clergy.
  Sketch of the history of socialism.
  Socialism.
  Discussion on Owenism.
  Comparative condition of labourers in the present and former times.
  Socialism in France.
  Plan for erecting social institutions.
  On for community.

Vol. V. The New Moral World, or Gazette of the Universal Community Society of rational religionists. New Series. Nr. 1, Oct. 27, 1838. Nr. 37, July 6, 1839.
Social destiny. Victor Considerant.
Socialism in France. „La Phalange".
On the advantages of employing hired labourers in communities.
Woman as she is and as she ought to be.
How do poor men live?
Socialism. Public discussion.
Social improvement.
On social science Hawkes Smith.
Advoice to social missionaries.
The evils of large cities and their remedy.
Rational radicalism. Aristocracy, democracy and social inequalities.
Man's legislation.
Woman and the laws.

Vol. VI. Nr. 38, July 11, 1839. Nr. 62, Dec. 28, 1839. (Errata: Nr. 38 and 39 have for error the year 1838, the Nr. 39 and 54 are double the Nr. 40 and 55 are deficient.)
Mr. Owen on the social missionaries.
Social destiny. Victor Considerant.
Owenism versus Fourierism.
Causes of political difficulties and of labour agitation, which society has now the means to calm and remove.
The political and moral economy of socialism. By a social missionary.
Chartism and socialism. W. Hawkes Smith.
Socialism and „Physical force". H. Jeffery.
On property (translated from „La Phalange").
Socialism in France. Art. 1—3. Ch. Fourier.
The antiquity of socialism.
Fourierism versus socialism.
The originality of socialism.
Socialism as it should by advocated.
Notice of Rob. Owen and outline of his system (from the German).
Manufactures and trades suited to the tytherly community.
The sabbath.
Fourierism. Article I—VI. Amo.
Our social and political crisis. Pencilem.
The necessity and advantages of a junction of educational and economical reformers.
Lectures against socialism,
A national and rational remedy for rational and irrational evils.
Superiority of social reform. Rich. Crowther.
Christianity as it is and socialism as it is. John Finch.

Vol. VII. Nr. 63, January 4, 1840. Nr. 88, June 27, 1840. (Nr. 68 with supplement.)
Fourierism. Art. VII. Amo.
Socialism.
Home and foreign trade.
The political and moral economy of socialism.
John Milton the socialist.
Proceedings in the House of Lords respecting socialism. (Supplement to Nr. 68, 8 Febr. and 15 Febr.)
Machinery and Malthusianism.

A chapter from Fourier and his system. M me Gatti de Gamond (translat).
The revolution working out by the discovery of James Watt.
Character of socialists by their opponents.
Condition of woman.
The principles and effects of charitable institutions.
What is socialism? A. H. M.
Socialism in France.
Labour and capital. C. Hooton.
Nr. 82 (with supplement, 83, 84, 85, 86 and 87 content the proceedings of congress.
Remarks on a new theory for improving the condition of the working classes.

The third enlarg. Series. fol. Vol. I. (Vol. VIII. since the commenc.) Nr. 1, July 4, 1840. Nr. 26, Dec. 26, 1840.
What is socialism? Amo.
Thoughts on human improvement and social progression.
Unhealthy habitations in great town.
The comparative influence of political and social institutions.
Fourier and Owen.
The associative principle.
Condition of woman.
The sunday question.
Fourierism. Amicus.
Robert Owen and socialism.
The doctrines of Saint-Simon.
A hint to socialists on manners and dress.
Elevation of the labouring class.
Progress of machinery and end of competition.
Causes and cures for „Juvenile depravity".
Remarks upon and specimen of a new book of genesis, as illustrative of Saint-Simonism cosmogony.

Vol. II. (IX. since the commencement.) Nr. 1, January 1841. Nr. 26, June 26, 1841.
Short essays on socialism.
Comments on the „Outline of the rational system of society.
On the doctrines of Fourier and Owen.
Emigration.
On what is called Fourierism? John G. Bamby.
Emigration, an instrument of civilisation. Lewis. Masquerier.
Christian socialists in America.
Translation from Fourier's False industry and its antidote.
Origin and fundamental principles of socialism, or true christianity.
Community. Omega.
Mr. Bamby „Phalansterianism".
Socialism and the bread tax.
Political influence of socialists.

Vol. III. (X. since the commencement.) Nr. 1, July 3, 1841. Nr. 52, June 25, 1842.
Establishments in Holland for the relief of mendicity.
Home colonies.
On the condition of the people.
Free trade or home colonization.
Fourierism and Owenism.
Free-trade and corn law repeal.
What is socialism?

Effects of education upon the working classes.
Great economy of the community family system.
Address to the disciples of the rational system of society. R. Owen. XXXIII articles.
Social and moral condition of the manufacturing districts of Scotland.
The ten hours' factory question.
The working of the old world. — The high pressure system.
Proposed alterations in the laws of the universal community of rational religionists.

Vol. IV. (XI. since the commencement). Nr. 1, July 2, 1842. Nr. 52, June 24, 1843.
Address to the disciples of the rational system of society. (Contin. Art. 34—40.) R. Owen.
Can the manufacturing system be extended, or remedy national distress?
The crisis. — Modern feudalism. — Duty of socialists.
Present position and future policy of the socialists.
The circumstances that surround the labouring classes.
A peaceful revolution of society.
Over-population and over-production.
Society and its tendencies.
Slave-labour.
Catholic socialism in Britanny and Algers.
Home colonies on new principles and practices.
Necessity for an increased public agitation of socialism.
The two ways of governing the world.
What is the cause of national distress? How is it to be removed?
What is in the interest of government and people now to do?
Preliminary charter of the rational system. R. Owen.
Socialism in Ireland.
Social evils and legislative wisdom.
A plan for relieving public distress and removing discontent by giving permanent productive employment to the poor and working classes. R Owen.
American socialism.

Vol. V. Nr. 1, July 1, 1843. Nr. 52, June 22, 1844.
A plan for relieving public distress. (Contin.)
Mr. Owen's plan for pacifying Ireland.
The crisis. Free-trade or home colonies.
On the necessary co-operation of both sexes for human advancement.
On the truth of the fundamental maxim of socialism.
Progress of social reform on the continent.
The communists in Germany.
Internal management of co-operative establishments.
Social reform in America.
Communism and Fourierism.
Emigration upon co-operative principles.
Regulation of labour in factories.
Agrarianism in America.
The individualism of socialism.

Vol. VI. Nr. 1, June 29, 1844. Nr. 62, Aug. 30, 1845.
Plan for improving the condition of the labouring classes.
The social condition of the people.
Necessity for a reorganization of society.

The production of wealth.
The principle of co-operation.
National economy: Distribution.
A few words about Malthus and Ad. Smith.
The philosophy of socialism.
What is socialism?
Social and moral condition of woman.
Mr. Owen on Fourierism.

The continuation of the New Moral World Owen's was: The Moral World, the advocate of the rational system of society. London, Nr. 1, Aug. 30, 1845—Nr. 11, Nov. 8, 1845. Continued under the old title: The New Moral World, Nr. 73, Nov. 15, 1845—Nr. 85, Jan. 24, 1846. From Jan. 24, 1846 this journal was united with the „Commonweal" edited by Hill.

Wort (Ein einfaches) an die hannoveranischen Arbeiter. 8°. (Celle 1867.)

Wort (Ein) zur Arbeiterfrage nach den kais. Erlassen vom 4. Febr. 1890. gr.-8°. Berlin, Wilhelmi, 1890.

Wort (Auch ein) zur Arbeiterfrage, vom ökonomisch-socialen Standpunkte aus. (Jahrbücher f. Gesellschafts- u. Staatswiss. von Glaser, 1864, 1. Bd.)

Wort (Noch ein) zur socialen Frage im Königreich Sachsen von E. W. gr.-8°. Döbeln, Schmidt, 1887.

Wort (Ein) über den Socialismus. (Dies Buch gehört dem Volke, I, 1845.)

Wort (Ein) zur Verständigung in der socialen Frage von C. A. S. gr.-8°. Berlin, Rubenow, 1871.

Wright, C. D., Third annual report of commissioners of labor, 1887: strikes and lockouts. 8°. Washington, Government Printing Office, 1888.

Wright, Francis. Vide: Owen, Rob. Dale.

Wright, H. G., Marriage and its sanctions. 8 pp. 8°. Cheltenham, 1840.

Wright, Th., Our new masters. (Composition and condition of the working classes. The English working classes and the Paris Commune. English republicanisme. The press and the people.) 8°. London 1873.

Wuarin, Louis, Le socialisme anglo-saxon et son nouveau prophète (H. George). (Revue de Deux Mondes, 1886. 1 avril.)

Wulff, Jul. Vide: Process (Erster politischer).

Wünsche und Forderungen (Die) der Arbeiter an ihre Arbeitgeber und an den Staat. Zur Verständigung und Beruhigung Aller allseitig beleuchtet und erläutert von dem Arbeiter Vincens Veritas. 8°. Leipzig, Matthes, 1848.

Wunschmann, Dr. Vide: Liedersammlung für den Handwerkerbund in Berlin.
Wurzbach, A. v., Ferdinand Lassalle. kl.-8°. Wien u. Leipzig, Hartleben, 1871. (Zeitgenossen, 3. Heft.)
Wyneken, Ernst, F., Die weltgeschichtliche Bedeutung des modernen Socialismus. Vortrag, geh. zu Hamburg am 26. Januar 1876. gr.-8°. Gotha, F. A. Perthes, 1876.

Wynter, Dr. Andrew, Our social bees. 10. edit. 1868. 2. Ser. New edit. London, Hardwicke, 1869.
Wyss, Dr. Fr., Die Idee des Rechts mit besonderer Rücksicht auf die socialistischen Theorien. Akademischer Vortrag, geh. den 12. Febr. 1852. gr.-8°. Zürich, Schulthess, 1852.

Y.

York, Th., Die industrielle Arbeiterfrage und die Forderung eines neuen Arbeiterrechts. Vortrag, geh. auf der Volksversammlung des Congresses der socialdemokratischen Arbeiterpartei zu Coburg am 19. Juli 1874. 8°. Hamburg, Th. York, s. a. 2. Aufl. 8°. Leipzig, Genossenschaftsbuchdr., 1876.
Yorke, Onslow, 1. Secret history of the international working mens association. 8°. London 1872.

Yorke, Onslow, 2. Geheime Geschichte der internationalen Arbeiter-Association. Aus dem Englischen autoris. Uebersetzung. 8°. Berlin 1872, Stuttgart, Krabbe.
Youl, Edward, Words of a labourer. (The Republican, Vol. 1.)
Yvert, Comte, L'indifférentisme social et la propriété; histoire d'un propriétaire chrétien. 8°. Paris, Dumoulin, 1884.

Z.

Zaccone, Pierre, 1. Histoire de l'Internationale et de la plupart des associations ouvrières affiliés. Debut de l'Internationale, ses progrès, son influence, ses ressources, les grèves etc. etc. 70 livraisons de 8 pp. Paris, Bunel, 1871.
— 2. Los dramas de la Internacional. Madrid 1872.
Zacharias, Otto, Zur Geschichte des Communismus. (Die Gegenwart, 24. Bd., 1883.)
Zacher, Dr., 1. Die rothe Internationale. 1.—3. Aufl. gr.-8°. Berlin, Hertz, 1884.
— 2. L'Internationale rouge. Trad. de l'allemand. 18°. Paris, Hinrichsen, 1885.
— 3. The red Internationale. (Notes by E. M. Geldart.) 8°. London, Sonnenschein, 1886.
Zahn, F. Vide: Arbeitseinstellungen.
Zakrzewski, C. A., Zur ländlichen Arbeiterfrage im Osten Deutschlands. (Jahrbuch f. Gesetzgebung, Verwaltung etc., 1890₃.)

Zeit (Die neue) von einem alten Constitutionellen. 9 Bde. 16°. Stuttgart, F. G. Franckh, 1830—31.
Zeit (Die Neue). Revue des geistigen und öffentlichen Lebens. Lex.-8°. Stuttgart, Dietz. 1. Jhrg. 1883. 8. Jhrg. 1890.
Zeitfragen (Evangelisch-sociale). Hrsg. mit Unterstützung des evangelisch-socialen Congresses von Prof. Otto Baumgarten. 1. Serie. 10 Hefte gr.-8°. Leipzig, Grunow, 1891.
Zeitfragen (Sociale). Eine Sammlung von gemeinverständlichen Aufsätzen. Hrsg. von Ernst Henriet Lehnsmann. 1.—16. Heft. 1885—1886. gr.-8°. Minden, Bruns. II. Serie. 1.—16. Heft. gr.-8°. Berlin, George u. Fiedler, 1886. 17.—25. hrsg. von Th. Müller, 1888. N. F. Hrsg. von Thr. Müller u. Fürrer. Heft 26. Ebd. 1889.
Zeit- und Streitfragen (Social-politische). 1.—10. Heft. 1883—1885. 11.—35. Heft. 1886. 8°. München, Pollner (Viereck, 1886).

Zeitgeist (Der). Ein Volksblatt für Deutschland. Probeblatt: 4°. Karlsruhe, 14. Juni 1832. 14. Juli 1832—27. Juni 1833. 75 Nrn.

Zeitgeist (Der). Monatsheft für das sociale Leben der Gegenwart. Red. H. Müllerstein, Hamburg. 1. Jahrg. 4°. Hamburg, Jensen, 1889.

Zeitschrift des Centralvereins in Preussen für das Wohl der arbeitenden Klassen. Im Auftrage und unter Mitwirkung des Vorstandes und des Ausschusses des Vereines hrsg. von Guido Weiss. 1. Jhrg. 1858 — 4. Jhrg. 1861. 4 Hefte. gr.-8°. Leipzig, Hübner.
(Fortsetzung dieser Zeitschrift bildet der „Arbeiterfreund".)

Zeitschrift (Kommunistische). London, Sept. 1847. 1 Nr.

Zeitung des Arbeiter-Vereines zu Köln. Freiheit, Brüderlichkeit, Arbeit. Verleger u. Drucker: J. A. Mermet. 4°. Köln. Nr. 1, 23. April 1848. Nr. 40, 22. Oct. 1848. Fortgesetzt u. d. T.: F r e i h e l t, B r ü d e r - l i c h k e i t, A r b e i t. Nr. 1, 26. Oct. 1848. Nr. 32, 24. Juni 1849.

Zeitung (Neue Bonner), von J. Kinkel, früher von G. Kinkel. Seit 1. Mai 1848 täglich, bis Neujahr 1849 als Bonner Zeitung.

Zeitung (Demokratische). Red.: Schiel. Oct. — Dec. 1848. 13 Nrn. Imp.-4°. Neustadt a. H.

Zeitung (Neue) von den Widerteuffern zu Münster. (Mit Luther's Vorrede und Melanchthon's Propositiones.) 4°. Nürnberg 1535.

Zeitung (Neue deutsche). Organ der Demokratie. Tageblatt, hrsg. von O. Lüning u. Joseph Weydemeyer. Zuerst in Darmstadt, dann in Frankfurt a. M. 1. Juli. 1848—1849.

Zeitung (Neue Kölnische) für Bürger, Bauern und Soldaten. Tageblatt. Hrsg. von F. Annecke und F. Beust. Köln, 10. Sept. 1848 — Juni 1889.

Zeitung (Neue Rheinische). Organ der Demokratie. fol. Köln. Nr. 1, 1. Juni 1848. Nr. 301, 19. Mai 1849. Redactions-Comité: Karl Marx, Redacteur en chef, Heinrich Bürgers, Ernst Dronke, Friedr. Engels, Georg Weerth, Ferd. Wolff, Wilh. Wolff.

Zeitung (Neue Rheinische). Politisch-ökonomische Revue, red. von Karl Marx. 1850. 6. Hefte. 8°. London, Hamburg, Schubert u. Co., in Commission.

Zeitung (Triersche). Tageblatt. Hrsg. von Walter. Trier. Socialistisch seit 1844 bis mindestens 1849.

Zeitung (Westdeutsche). Hrsg. von Dr. Herm. Heinr. Becker. Köln, 25. Mai 1849—50.

Zeitungshalle (Berliner) von G. Julius. Seit 1847 täglich. Dec. 1848 — März 1849 red. von Wolf in Neustadt-Eberswalde.

Zeller, J., Zur Erkenntniss unserer staatswissenschaftlichen Zustände. 2. erhebl. erweit. Aufl. gr.-8°. Berlin, Bahr, 1885.
(I. Abriss der von Dr. Rodbertus-Jagetzow verfassten Schrift gleichen Inhaltes. II. Kritische Beleuchtung und Erweiterung derselben. III. Handelskrisen. IV. Ueber die internat. staatswirthschaftlichen Beziehungen. Anhang: Rodbertus-Jagetzow. 1) Die sociale Bedeutung der Staatswirthschaft. Erster socialer Brief an v. Kirchmann. 2) Der Normalarbeitstag. [Beides im Originaltext.])

Zetkin, Ossip, Die barfüssige Bande. Ein Beitrag zur Kenntniss der arbeitenden Klassen in Russland. (Die neue Zeit, 3. Jhrg., 1885.)

Ziegler, Prof. Dr. Theob., 1. Die sociale Frage eine sittliche Frage. 1.—4. Aufl. 8°. Stuttgart, G. J. Göschen, 1891.
— 2. Thomas Morus und seine Schrift von der Insel Utopia. Rede zur Feier des Geburtstages Sr. Maj. des Kaisers Wilhelm II., geh. in der Aula der Universität Strassburg am 27. Jan. 1889. gr.-8°. Strassburg, Heitz, 1889.

Zimmermann, Dr. W., Allgemeine Geschichte des grossen Bauernkrieges. Nach handschriftl. und gedruckten Quellen. 2 Thle. gr.-8°. Stuttgart, F. H. Köhler, 1841. Neue Aufl. gr.-8°. Stuttgart, Dietz, 1891.

Zinkeisen, J. W., Der Jakobiner-Klub. Ein Beitrag zur Geschichte der Parteien und der politischen Sitten im Revolutions-Zeitalter. 2 Bde. 8°. Berlin, Decker, 1852.

Zirckel, Dr. Otto, Die Demokratie und die socialen Verhältnisse Nord-Amerikas verglichen mit den neuesten derartigen Bestrebungen in Europa und einige Notizen über die Auswanderung nach den Vereinigten Staaten. gr.-8°. Halle, H. W. Schmidt, 1849.

Zironi, Enr. Ferdinando, 1. L'operaio del lavoro manuale: L'operaio del pensiero — L'istruzione operaia — Divisione della borghesia dal proletariato. 16°. Bologna 1879.
— 2. L'origine della schiavitù del l'operaio. 8°. Bologna 1874.
— 3. L'origine de l'esclavage dans l'ouvrier. 16°. Bologne, Fava e Garagnani, 1874.

Zukunft (Die). Socialistische Revue. Mit Beiträgen namhafter socialist. Schriftsteller. Lex.-8⁰. Berlin, Allg. Deutsche Associations-Buchdr. 1. (einz.) Jahrg. Oct. 1877 —Sept. 1878.
Zukunft (Die). Wochenschrift für socialpolit. Fragen. Red.: Dr. S. May. 1. Jhrg. April 1884—März 1885. 52 Nrn. gr.-4⁰. Berlin, Heinicke.
Zukunft (Die). Pest 1884. (Ztschr.)
Zukunft (Die) des 4. Standes. (Christl.-soc. Blätter, 21. Jhrg., 1888.)
Zukunftsreich (Das socialdemokratische). (Sociale Fragen und Antworten, Heft 2, 1879.)
Zukunftsstaat (Der). Zwölf Briefe eines Arbeiterfreundes an das „Schweidnitzer Stadtblatt". Hrsg. im Auftrage des Antisocialdemokrat. Vereins zu Schweidnitz. gr.-8⁰. Schweidnitz (Weigmann) 1878.
Zúniga, Nicasio A., La reaccion y la revolucion en presencia del catolicismo ó solucion del problema social. Madrid 1864.

Zuns, Dr. Jul., Einiges über Rodbertus. I. Das Rodbertus'sche Grundrentenproblem. II. Zur Kritik der „Kreditnoth". gr.-8⁰. Berlin, Puttkammer u. M., 1883.
Zuschauer (Deutscher). Red. G. v. Struve. fol. Mannheim, Hoff. Jänner 1847—15. Oct. 1848. 1 Probenummer vom 13. Juni 1849. Neustadt a/H.
(Kayser, B. L. Jänner 1847 — Juni 1848. Mannheim. 2. Jhrg. Juli—Dec. 1848. 26 Nrn. Basel.)
Zustände (Die) der arbeitenden Klasse, 1847. Beleuchtet und gezeichnet von einem Proletarier. Ein Beitrag zur socialen Reform des 19. Jahrhunderts. gr.-8⁰. Düsseldorf (Engels) 1847.
Zweifel, H., Die Constitution der Menschheit oder die socialen Naturgesetze — zusammen das ewige Gesetz des Staates — als die unübersteiglichen Schranken des Socialismus und Ultramontanismus, die naturgesetzliche sociale Reform. 8⁰. Zürich 1877.

Sach-Register.

Adressen. Vide: Aufrufe, Ansprachen.
Agrarsocialismus. Agrarian socialism. Socialisme agraire.
  Bocock. — Cathrein, V., 1. — Cobbett, W., 1. Cooper, Th. — Gadioli, M. — George, H., 2, 3, 4. — George's Agrarsocialismus. — Lefevre, G. S. — Leroy-Beaulieu, A. — Raffalovich, A., 2. — Rolleston, E. — Walcker, Dr. R.
  — Vide auch: Bodenbesitzreform.
  — — Landwirtschaft.
  — — Verstaatlichung von Grund und Boden.
Allmende u. sociale Frage.
  Becker, B., 1.
Almanache, socialistische, etc.
  Almanach. — Cabet, 1. — Commune (La). — Maréchal, S., 1, 2. — Michel (Der deutsche). — Neujahrs-Almanach. — Taschenbuch (Demokratisches). — Volkstaschenbuch.
Alpen. Vide: Demokratie in den Alpen.
Alterthum. Vide: Arbeiterassociationen im Alterthum.
  — Arbeiterfrage im A.
  — Sociale Bewegung im A.
Amerika. Vide: Arbeiterassociationen in Amerika.
  — Arbeiterbewegung in A.
  — Arbeiterfrage in A.
  — Arbeiterlage in A.
  — Arbeitseinstellung in A.
  — Communismus in A.
  — Demokratie in A.
  — Socialdemokratie in A.
  — Socialismus in A.
Anabaptistes. Vide: Wiedertäufer.
Anarchismus. Anarchisme. Anarchism.
  Adler, G., 1, 5. — Anarchismus. — Andrieux. — Arnold, M. — Bericht, 2. — Courtois, A., 1. — Darnaud, E. — Deville, G., 1, 2. — Enderli. — Entscheidung. — Garin, J., 1, 2. — Gautier, E., 2. — Geel, A. — Gesellschaft (Die moderne). — Greulich, H., 3. — Grottkau, P. — Gumprecht, W., 1. — Hennequin, A., 2. — Henry, E. — Hyndman, H. M., 1. — Krapotkin, 1–16. — Lum, D. D. — Mackay, J. H. — Marr, W., 1. — Martin, R., 1, 2. — Max. — Merlino, F. S., 1. — Molinari,

Ed. de, 1. — Most, J., 1. — Mülberger, Dr. A., 5. — Müller, Ed. — Noilles, G. — Opfer (Acht). — Osgood, H. L., 1. — Parsons, A. R. — Phalange (La), 3. série, V. — Procès (Le) des anarchistes. — Process gegen den Anarchisten H. Stellmacher. — Raffalovich, Sophie, 1. — Sabbats des anarchistes. — Schaack, M. J. — Shelley, P. B. — Socialism and anarchism. — Socialismus und Anarchismus. — Socialisten. — Speeches (Complete). — Stirner, M. — Swett, L. — Theorie (Die) der. Anarchie. — Tribout, J. — Villeneuve, Ch., 1.
Anarchismus. Zeitschriften.
  L'Affamé. — L'Alarme. — Anarchist (3 Nrn.). — Arbeit (Graz). — Arbeit (Villach). — Arbeiterfreund (London). — Audace (L'). — Autonomie. — Bataille (La) — Ça ira. — Cri du peuple. — Critique sociale. — Défi (Le). — Drapeau noir. — Drapeau rouge. — Droit anarchique. — Droit social (1882). — Égalitaire (1885). — Émeute (L'). — Étendard (L'). — Forçat du travail (Le). — Freedom. — Freiheit. — Glaneur (Le). — Guerre sociale (La). — Hydre anarchiste (L'). — Insurgé (L'). — International-anarchiste (L'). — Lutte (La). — Lutte sociale (La). — Ni dieu ni maitre. — Paysan révolté (Le). — Question sociale (La), 1885. — Radikal. — Radikale (Der) (Reichenberg). — Rebell. — Révolte (La). — Révolté (Le). — Révolution sociale (La), Paris 1880. — Revue anarchiste. — Revue antipatriote (La). — Socialist (Der), Pest. — Terre et liberté. — Travailleur (Le). — Vengeance (La) anarchiste. — Zukunft (Die), Pest.
  — Vide auch: Communismus, anarchistischer.
  — — Nihilismus.
Anschauungen, sociale. Vide: Sociale Anschauungen.
Ansprachen. Vide: Aufrufe.
Antiquité, Antiquity. Vide: Alterthum.
Antisemitismus.
  Antisemitismus. — Kleinmann, Ad. — Sieg (Der).
  — Vide auch: Judenthum.
Arbeit. Allg.
  Agricola, Fel. — Baltzer, Ed., 1. — Boillet, Ch. — Bray, J. F. — Castell (Tha) of labour. — Chollet. — Cicchitti-Suriani. — Cochut, A., 4. — Cook, J. — Ers, R., 1. — Felix, R. P., 8, 9. — George, H., 13, 14, 15. — Godin, A., 3, 4. — Hess, M., 5. — Jouham, E. — Kellog, E., 3. — Lammenais, F., 13. — Lieber, Fra. — Mill, J. St., 12, 13. — Navarro-Sanchez. — Phalanstère (Le) I, $_{19,\ 21}$, II, $_{8,\ 25}$. — Podolinsky, S., 1. —

Arbeit   Arbeiter

Potter, L. de. — Prolétaire (Le) tourangeau. — Saint-Simonisme, Mesnilmontant, 16_{85}. — Scheimpflug, Dr. K., 2 — Schellwien, Rob. — Simon, J., 4, 5. — Stamm, Dr. A. Th. — Thornton, W. Th., 1—3, 5. — Tolain, H., 2. — Toussenel, A., 3. — Vinçard, P. — World (The New Moral), Vol. III.
— Vide auch: Müssiggang.
— **Einfluss der Arbeit.**
Ancelin, C. Fr. — Most, J., 2. — Peuple (Le), 204.
— **Freiheit der Arbeit.**
Baudrillart, H., 5. — Chevalier, M., 13. — Courcelle-Seneuil, 4. — Gibon, A., 1. — Jeffrey, Fr. — Passy, H. P., 2. — Vogelsang, Frhr. C. v., 3.
— **Geschichte der Arbeit.**
Arbeit und ihr Entwickelungsgang. — Audiganne, A., 7. — Jannet, Cl., 2. — Vinçard, P.
— **Gesetze der Arbeit.**
Arcès-Sacré. — Tourville, H. — Wirth, M., 3.
— **Organisation der Arbeit.**
Audiganne, A., 1, 3, 4. — Blanc, L., 22—26. — Bobin, A. — Bonnard, A. de, 1, 2. — Boureulle, P. de, 2. — Boyer, Ad., 2. — Briancourt, M., 3. — Canstadt, C. — Carolus, F. — Chevalier, M., 12, 20, 21, 22. — Compagnon, Al. — Coquelin, Ch. 1. — Cornu. — Coulon, J. J. — Courcelle-Seneuil, 3 — Decorde. — Didier, R. — Faidherbe, A. — Faucher, L., 5. — Fontarive, L. — Forest, P., 2. — Fraysse, C. B. — Gaume, J., 1, 2. — Gentil, J. A. 1. — Gratiot, L. M. A. — Grieb, Ch. F., 2. — Guérard, F. — Guibal, A. — Hennequin, V., 2. — Hiltrop. — Hirschberg, C. — Hole, J. — Joigneaux, P. — Laboulaye, Ch. L. — Lamartine, A. de, 2. — Lambert, E., 1, 2. — La Sagra, 6, 7. — Lautier, G. A. — Lechevalier, J., 9, 11, 12. — Leigh. — Le Play, P. F., 5. — Leroux, P., 16. — Lüchow, J. C. — Minié-Pacha. — Montaigu, Ch Jh. — Moreau-Christophe. — Morin, M. E. F. Th. — Organisateur du travail. — Organisation van den Arbeid. — Organisation der Arbeit. — Organisation (De l') générale du travail — Organisation du travail — Phalange (La) I, 3 série, I, II; 3. série, III — Question sociale. — Quelques mots. — Raibaud, L'Ange. — Rochoux, A. — Rodrigues, O., 6. — Rousseaux avec M. Bicant. — Saintin. — Selchow-Rudnik, E. v. — Seoane, D. J. A. — Simon, J., 6. — Stromeyer, Frz. — Théodelphe, J., 1. — Viossat, V. — Voisin, J., 1. — Watson, R. Sp. — Weiler, Jul. — Welzhofer, M. M. — Wohin führt die sog. Organisation? — Wolowski, L., 3.
— **Recht auf Arbeit.**
Adler, G., 6. — Béclard, J. — Blanc, L., 40, 41, 42. — Blanc, L. und Thiers. — Bolton, C. — Bousquet, G. — Considerant, V., 23. — Créditouvrier. — Droit au travail. — Essai sur le paupérisme. — Faucher, L., 2, 3, 4. — Fourteau, J. B. — Garnier, J., 3. — Gilles, F., 2 — Girardin, E. de, 2. — Hahn, O. — Haun. Frdr. J. — Hoppe, J. J. — Kautsky, K., 11. — Lamartine, A. de, 1, 2. — Löwe, C. C. — Menger, A., 1. — Merson, E., 2. — Mingasson, S. — Neurath, W., 3. — Ofner, Dr. J. — Parieu, Esq. de, — Phalange (La) I, 3. série, V, XIV_2, XVI_1. — Proudhon, P. J., 22, 23, 24. — Question sociale (La). — Le droit au travail. — Reboul, J. — Recht (Das) auf Arbeit. — Recht (Das) auf Arbeit. — Rights (The) of labour. — Scheel, H. v., 5. — Skoda, E. J. L. — Solon, V. H. — Stöpel, Fr., 3. — Thiers, L. A., 2, 3, 6, 8, 11. — Tissot, Cl. J., 1. — Tocqueville, A., 4. — Villermé, L. R., 3. — Voisins, L T., 1. — Wiede, Dr. F., 3. — Witte, Prof. E.. 2. — Wolowski, L., 1.

Arbeit. Vide auch: Arbeitslosigkeit.
— — Armee und Arbeit.
— — Capital und Arbeit.
— — Christenthum und A.
— — Ministerium für A.

Arbeiten, öffentliche, u. Socialismus.
Guesde, J., 7.

Arbeitende Klasse. Geschichte.
Baumstark, Dr. E., 1. — Cassagnac, A. G. de, 1, 2. — Du Cellier, F. — Dupont, E — Eden, F. M. — Garrido, F., 1. — Geiser, Br., 3. — Juste, Th. — Larochefoucault - Liancourt. — Levasseur, E., 3, 4. — Meyer, Chr. — Nadaud, M., 1. — Richter, K. Th., 1. — Robert du Var, 2, 3. — Vinçard, P. — Wade, J. — Ward, C. O.

Arbeiter. Allg.
Armengol. — Baude, J. J. — Bertheau, Ch. — Boyer, Ad., 1. — Chambord, H. Cb. Cte. de. — Cobbett, W., 5. — Dunoyer, Ch., 2. — Felsen, H. — Fox, W. J. — Gehote (Die 10). — Gibon, A., 2. — Goujon, J. — Guary, H. — Hess, M. M. — Houghton, Lord. — Huber, V. A., 12. — Lamport, Ch. — Lette, W. A., 1. — Mazzaroz, J., 2. — Mermillod, G., 1. — Michelet, J., 2, 3, 4. — Mission. — Mullois. — Navarra-Sanchez, P. — Producteur (Le), III_1, IV_2. — Proudhon, P. J., 7. — Saint-Simonisme, Mesnilmontant, $16_{19}, 22$. — Santangelo Spoto, Dr. J. — Simon, J., 2 u. 3. — Tufferd, Fr., 1. — Zirone, E. F., 1, 2, 3.
— Vide auch: Bergarbeiter.
— — Ländliche Arbeiter.
— — Vierter Stand.

Arbeiter u. Arbeitgeber.
Arbeiter und Arbeitgeber. — Arbeitgeber. — Levasseur, E., 5. — Masters und Men.
— Vide auch: Arbeitgeber.

Arbeiter u. Armuth.
Ahlfeld, Frdr.
— Vide auch: Armuth.

Arbeiter u. Bürger.
Bourgeois et ouvriers. — Erz, R., 2. — Labusquiere, J. — Saintin.
— Vide auch: Bürgerthum.

Arbeiter u. Fenier.
Althaus, Fr.
— Vide auch: Fenier.

Arbeiter u. Gesellschaft.
Felix, Ldwg., 1. — Gruneau, A. — Guillemin, J.
— — Vide auch: Gesellschaft.

Arbeiter u. Krieg.
Burt, Th.

Arbeiter u. Maschinen.
Arago, Fr. D. — Fontenay, R. de, 2. — Friedländer, E. D., 2. — Hübner, O. — Maschine. — Ouvriers (Des). — Reuleaux, F. — Saint-Simonisme, Mesnilmontant, 16_{46}.

Arbeiter u. Maschinen. Vide auch: Maschinen.
Arbeiter u. Moral.
Grün, A., 2. — Holst, Aug. F., 1, 2. — Monfalcon, J. B.
— — Vide auch: Moral.
Arbeiter u. Religion.
Salmon, E., 2.
— — Vide auch: Religion.
Arbeiter u. Socialdemokratie.
Freimuth, J. — Giesekke. — Hansen, G. — Helferich, G., 1.
— — Vide auch: Socialdemokratie.
Arbeiter. Vide auch: Capital und arbeitende Klasse.
— — Kirche und Arbeiter.
— — Liberalismus und Arbeiter.
— — Polizei und Arbeiter.
Arbeiterassociationen (Gewerkvereine). Associations ouvrières.
Arbeiterverbindungen. — Associations ouvrières. — Aufruf. — Banquet (Le premier). — Benoit-Duportal. — Blanc, P., 1. — Brentano, L., 4, 5. — Cattaneo, R. G. — Character. — Chaudey, G., 2. — Cherbuliez, A. E., 1. — Citoyens (Aux). — Coalitions. — Cochut, A., 1, 2. — Desmoulins, A., 2. — Drevet, J. P. — Fougueray, H. R. — Flottard, E. — Foignet, A. — Gostick, J. — Graham, P. — Hillmann, C., 1, 2. — Hirsch, M., 1, 2. — Hirsch, M., und H. Polke. — Hovel-Thurlow, T. J. — Huber, V. A., 3. — Hubert-Valleroux, P., 1, 3. — Hunt, Th. — Jannasch, R., 2. — Jenkin, Fl. — Jobson, R. — Labour-Statistics. — Lamé-Fleury, E. — Lanabère. — Lavollée, C., 1. — Lefèvre. — Lemercier, A. — Leroy-Beaulieu, P., 4. — Levy, A. — Lösung (Die) der socialen Frage durch G. — Mase-Dari. — Meeus, F. de. — Meissner, A., 2. — Mohler, Ed. — Montena, F. — Oppenheim, H. B. — Ott, A. — Page (Une) de l'histoire. — Paillottet, P. — Phalange (La), I, 3. série II. — Plummer, J., 2. — Potter, Ed., 1, 2. — Rouzier, J. C. P. — Schmoller, G., 4. — Schulze-Delitzsch, H., 2. — Seoane, Dr. J. A. — Simon, C. G. — Socialisme pratique. — Statement. — Stöpel, Fr., 3. — Tellitez. — Thurlow, T. J. H. — Torrigiani, P. — Ventosa, Dr. R. — Véron, Eug. — Villermé, L. R., 1. — Virieu, de. — World (The New Moral), Vol. IV. — Zaccone, P., 1.
Arbeiterassociationen im Altertum.
Morel, A., 1. — Pelletan, C.
— — Vide auch: Alterthum.
Arbeiterassociationen in Amerika.
Bennis, Edw. — Champion, H. H., 1. — Farnam, H. W. — Moore, E. — Rules (General). — Rules and regulations. — Sartorius v. Waltershausen, A., 1, 2. — Sartorius v. Waltershausen (Herr).
— — Vide auch: Amerika.
Arbeiterassociationen in Australien.
Bruce-Smith.
— — Vide auch: Australien.
Arbeiterassociationen in Deutschland.
Block, M., 1. — Brentano, L., 2. — Polko, H., 1, 2. — Schulze-Delitzsch, H., 7.
— — Vide auch: Deutschland.

Arbeiterassociationen in England (Trades-Unions).
Associations ouvrières en Angleterre. — Baernreither, J. M., 1, 2. — Beckett, Ed. — Beesly E. Sp., 3. — Brassey, Th. — Brentano, L., 3, 6. — Burns, John. — Bustead, Th. W. — Campbell. J. H. M. — Carlyle, Th., 5. — Castelot, E. — Chadwick. — Coopération (La). — Correspondence. — Cummings, E. — Decrais, J. — Entwickelung. — Front de Fontpertuis, A., 1. — Gewerkvereine (Die) in England. — Gewerkvereine (Die englischen). — Harrison, Fr., 4, 7, 8. — Hasbach, W., 2. — Hill, F. — History (The) of the proceedings. — Howell, G., 1—7. — Huber, V. A., 2. — Ithuriel. — Lambelin, R. — La Cour Grandmaison, Ch. — Mangoldt, Dr. v. — Paris, L. Ph. d'Orléans, 1—4. — Phalange (La) I. Picard, le Cte. de. — Polko, H., 2. — Protonotari, F. — Report (Eleventh and final). — Report of trades-societies. — Reports, friendly societies. — Rosenstein, J. — Roux-Martin. — Saunders, Will. — Shaw, J. J. — Shipton, G. — Somers, R. — Stirling, J., 1—3. — Thornton, W. Th., 5, 6. — Thurlow, T. J. H. — Trades-Unions. — World (The New Moral), Vol. IV.
— — Vide auch; England.
Arbeiterassociationen in Frankreich.
Dumay, J. B. — Engländer, S., 2. — Enquête de la commission. — Ferraris, C. F., 1. — Horn, Fr. — Hubert-Valleroux, P., 2. — Leroux, J. — Lexis, W. — Marquet.
— — Vide auch: Frankreich.
Arbeiterassociationen in Italien.
Ferraris, C. F., 2.
— — Vide auch: Italien.
Arbeiterassociationen in Russland.
Frühauf, J., 1. — Grünwaldt, C.
— — Vide auch: Russland.
Arbeiterassociationen in Schweden.
Smith, L. O., 2.
— — Vide auch: Schweden.
Arbeiterassociationen in der Schweiz.
Bechtle, O. — Binkert. — Braun, Ad. — Hulot, B. E. — Jahresbericht.
— — Vide auch: Schweiz.
Arbeiterassociationen u. Nationalindustrie.
Belm, E.
Arbeiterassociationen u. Socialismus.
Nougarede de Fayet.
Arbeiterassociationen. Vide auch: Arbeiterorganisation.
— — Arbeitseinstellung und Arbeiterverbindungen.
Arbeiter-Ausbeutung.
Ausbeutung. — Lamenais, F., 1, 2. — Stiebeling, G. C., 1.
Arbeiterbefreiung.
Folgen (Die socialen).
Arbeiterbewegung.
Arbeiterbewegung. — Arbeiterbewegung (Die internationale). — Arbeiterfrage, 10. — Champion, H. H., 2, 4. — Elevation (The). — Freude, C. G. A. — Giffen, R., 1, 2. — Graichen, H., 2. — Hellgon. — Hirsch, M., 3. — Hirschberg, R. — Jacoby, Jh., 1. — Ketteler, W. E., 1. — Labour-

movement. — Man, T. — Meyer, R., 2. — Ollas, D. J. M. — Peuple (Le), 2. — Prince-Smith, J., 2, 3. — Quarck, Dr. M., 1. — Sala, M. Frbr. v. — Schédo-Ferroti, E. K. — Siegwolf, A. St. — Stand (Der gegenwärtige). — Venedey, J., 1. — Weiss, Dr. B., 2. — Wilbrand, C. — Winckler, W. — Wolkoff, Mat. — World (The New Moral) VI.

Arbeiterbewegung in Amerika.
Arbeiterbewegung in Argentinien. — Aveling, Edw., 1, 3, 4. — Bulletin of the soc. lab. mov. — Ely, R. T., 1. — Life of A. R. Parsons. — Rappaport, Phil. — Sorge, F. A., 1—3.
— — Vide auch: Amerika.

Arbeiterbewegung in Australien.
Adams, Fr.
— — Vide auch: Australien.

Arbeiterbewegung in Belgien.
Wollmann, Mor., 1.
— — Vide auch: Belgien.

Arbeiterbewegung in Deutschland.
Adler, G., 3. — Arbeiterbewegung (Die deutsche). — Arbeiterbewegung (Die). — Lavisse, E. — Miller, B. — Reybaud, L., 1. — Schulze-Delitzsch, H., 5. — Winter, G. 1.
— — Vide auch: Deutschland.

Arbeiterbewegung in England.
Alfred. — Geschichte (Zur) der engl. Arb.-Bew. — Kleinwächter, Fr., 1, 2. — Oekney, C. — Philippson, F. C., 1. — Schauer, H. G., 1. — Studnitz, A. v., 1.
— — Vide auch: England.

Arbeiterbewegung in Frankreich.
Barberet, J., 2.
— — Vide auch: Frankreich.

Arbeiterbewegung in Oesterreich.
Arbeiterbewegung (Zur soc.). — Kautsky, K., 1. — Most, Jh., 5. — Oberwinder, H., 1. — Politzer, S.
— — Vide auch: Oesterreich.

Arbeiterbewegung in Schweden.
Smith, L. O, 1. — Smith, Dr. Otto.
— — Vide auch: Schweden.

Arbeiterbewegung. Vide auch: Christenthum und Arbeiterbewegung.
— — Handwerkerbewegung.
— — Sociale Bewegung.

Arbeiterbildungswesen. Vide: Arbeiterunterricht.
— — Bildungswesen.
— — Unterricht.

Arbeitercongresse.
Arbeitercongresse. — Baudrillart, H., 2. — Beschlüsse, 1, 2. — Burns, J. — Ceinmar, O. de. — Decrais, Jul. — Dormoy, J. — Hamy, J. — Harrison, Fr., 1. — Henry, V. — Lassalle, J. — Limousin, Ch. M., 2, 3. — Protokoll des 1. allg. schweiz. Arbeiterbundes. — Protokoll über die Verbandlungen. — Protokoll über die Sitzungen. — Protokoll (Officielles). — Ramsauer, P. — Reybaud, L., 2. — Tonim.
— Vide auch: Congresse.
— — Socialdemokratische Parteitage.

Arbeitercredit.
Crédit-ouvrier. — Dagneaux, A. — Lafargue, P., 2.

— Vide auch: Credit.

Arbeiterehen. Vide: Ehe.
— — Familie.

Arbeitereigenthum. Vide: Eigenthum.

Arbeiterforderungen.
Dupuynode, G., 4. — Écho des ouvriers. — Frage (Die sociale) im Vordergrunde. — Leroy-Beaulieu, P., 1. — Marriott, W. Th. — Rodbertus-Jagetzow, 27. — Shaftesbury, K. G. — Sickinger, C. — Simon, Ld. — Thornton, W. Th., 1—3. Wünsche und Forderungen. — York, Th.
— Vide auch: Mai, der erste.
— — Programme.
— — Socialistische Forderungen.

Arbeiterfrage. Allg.
Alleau, Th. — Ansichten. — Arbeiter (Was will der)? — Arbeiterfrage, 1, 3, 4, 7, 8, 9, 10, 12, 14, 16, 17, 18, 19. — Becher, E. — Boylesve, M. de. — Brentano, L., 11. — Capital und Arbeit. — Cervone, R. — Chevalier, M., 20, 21, 22. — Clases obreras. — Dieckmann, H. W. — Diefenbach, J. — Erz, R., 2. — Fallacies (Economic). — Faulenbach, W. — Fava, A. J. — Fechenbach-Laudenbach, 1, 2, 3. — Février. — Freppel. — Godefroy, A. — Hean, O., 1. — Hitze, Fr., 1. — Ippolito, Fr. — Koch, Frz. v. — Koslolek, P. — Kraussold, L. — Lange, Fr. A., 2. — Lassalle, 4. — Leroy-Beaulieu, P., 4. — Levinstein. — Makowiczka, F. — Mermillod, G., 3. — Merschmann, Fr. — Meyer, R., 2. — Minelli, Fr. — Müller, Mor., 1. — Newcomb, S. — Oechelhäuser, W. — Potter, A. de, 3. — Prince-Smith, J., 1. — Question ouvrière. — Question ouvrière. — Question du travail. — Quistorp, J. — Rossi, Al. — Sandner, Chr. — Schmoller. G., 1. — Schulze, Fr. G. — Sers, A. de. — Stahl, Fr. W., 1. — Steinheil, G., 1. — Thesen. — Treitschke, H. v., 5. — Verhandlungen der Bonner Conferenz. — Vérité (La). — Voisin, J., 2. — Walcker, Dr. C., 1. — Wirth, M., 1. — Wort (Ein) zur Arbeiterfrage. — Wort (Auch ein) zur Arbeiterfrage. — York, Th.
— Vide auch: Sociale Frage.

Arbeiterfrage (Ländliche).
Arbeiterfrage, 11. — Herold, C. — Kablukow, 1, 2. — Lengerke, A. v. — Leo, O. — Löbe, W. — Lösung (Zur) der ländlichen A. — Meyer, R., 1. Schmoller, G., 2. — Schönberg, G., 1. — Schönfeld, O. — Settegast, H. — Sucker, Osw. — Wedemeyer, L. W. v. — Zakrzewski, C. A.
— — Vide auch: Ländliche Arbeiter.

Arbeiterfrage im Alterthum.
Arbeiterfrage, 6.
— — Vide auch: Alterthum.

Arbeiterfrage in Amerika.
Aubrey, 1.
— — Vide auch: Amerika.

Arbeiterfrage in Belgien.
Dauby, J., 3.
— — Vide auch: Belgien.

Arbeiterfrage in Deutschland.
Allard, A. — Arbeiterfrage, 13. — Block, M., 2. — Danneil, Fr. — Huber, V. A., 4. — Schrader, Fr. — Schweitzer und Bebel oder Bismarck.
— — Vide auch: Deutschland.

Arbeiterfrage in England.
Auspitzer, Dr, E. — Huber, V. A., 5.
— — Vide auch: England.
Arbeiterfrage in Italien.
Spoto, S.
— — Vide auch: Italien.
Arbeiterfrage in Oesterreich.
Deutsch, Ed.
— — Vide auch: Oesterreich.
Arbeiterfrage in der Schweiz.
Böhmert, V., 1.
— — Vide auch: Schweiz.
Arbeiterfrage. Geschichte.
Cherouny, H. W.
Arbeiterfrage. Lösung derselben.
Becher, E. — Blanckertz, S. — Hoffmann, Ed., 1.
— Lösung (Die) der A. — Lösung (Zur) der ländlichen A. — Maurus, H. — Prittwitz, M. v. — Schlosser, J.
Arbeiterfrage u. Christenthum.
Hieronymi, W., 1. — Ketteler, W. E., 2, 3. — Perraud, Ad. — Wächtler, K.
Arbeiterfrage u. Geschäftsstockung.
Arbeiterfrage, 2.
Arbeiterfrage u. Parlament.
Arbeiterfrage, 5. — Hurth, Th.
Arbeiterfrage u. die Parteien.
Glaser, J C., 2. — Schlieben, R. v.
Arbeiterfrage u. Politik.
Glaser, J. C., 1.
Arbeiterfrage u. Socialismus.
Böhmert, V., 5. — Godin, A., 6. — Reischl, W. C.
Arbeiterfrage u. Steuern.
Böddinghaus, F. — Lassalle, F., 27.
Arbeiterfrage. Vide auch: Collectivismus u. Arbeiterfrage.
— — Evangelium und Arbeiterfrage.
— — Papst und Arbeiterfrage.
— — Recht, brgl. und Arbeiterfrage.
— — Staat und Arbeiterfrage.
Arbeiterfreunde.
Amis des ouvriers. — Huber, V. A., 1, 10. — Labourer's Friend. — Thompson, Dr. J. P.
Arbeiterinnen-Verbindungen.
Dilke, Lady, 1, 2. — Dilke, Lady and F. Routledge. — Verney, F. W.
Arbeiterinteressen.
Bailleul, J. Ch. — Parole. — Shaftesbury, K. G. — Smith, Herb. — Walcker, Dr. C., 7, 9.
Arbeiterkammern u. sociale Frage.
Leo, F.
— Vide auch: Einigungsämter.
Arbeiterlage. Allg.
Address, 7. — Aperçu. — Audiganne, A., 5. — Barbaro. — Barry, P., 2. — Browson, O. A. — Buquet, A. — Clémenceau. — Cochin, A., 1. — Cochut, A., 3. — Degenkolb. — Dulucq. — Fix, Th., 1, 2. — Frankenstein, Kuno, 2. — Friedlieb, L., 2. — Glaser, J. C., 3. — Glory (The). — Hall, G. R. — Lage (Die). — Lavollée, R., 2. — Le Play, P. F., 3, 6, 7. — Levasseur, E., 1, 2. — Ouvrier (L'). — Ouvrier (L') au XIX. siècle. — Peuple (Le), 169. — Question sociale.

Le sublime. — Sbarbaro, P. — Thellier de Poncheville. — Tristan, Fl., 4. — World (The New Moral), Vol. IV, VII, X, XI. — Zustände (Die).
— — Vide auch: Arbeiterfrage.
Arbeiterlage in Amerika.
Arbeiterverhältnisse in Nordamerika. — Aveling, Ed., 2. — Report (The first annual).
— — Vide auch: Amerika.
Arbeiterlage in Belgien.
Condition (Material). — Julin, A.
— — Vide auch: Belgien.
Arbeiterlage in Deutschland.
Bebel, A., 16. — Whitman, S.
— — Vide auch: Arbeiterlage, Allg.
— — Deutschland.
Arbeiterlage in England.
Engels, Fr., 8, 9. — Enquête sur les classes labor. — Green, S. G. — Hole, J., 2. — Hyndman, H. M., 12. — Ingram, J. K. — Labor and life of the people. — Lectures to the labouring classes. — Ludlow, J. M., und L. Jones, 1, 2. — Lüning, O., 1. — Organisateur, 30. — Phalange (La), 3. série, V. — Reybaud, L., 2. — Reynolds, G. — Whitman, S. — Wright, Th.
— — Vide auch: England.
Arbeiterlage in Frankreich.
Arbeiterverhältnisse in Frankreich. — Blanqui, J. A., 1, 3, 4. — Camescasse, 1. — Condition (De la). — Darmestetter. — Joire, A. — Louandre, Ch. — Merson, E., 3. — Peuple (Le), 44. — Producteur (Le) I.
— — Vide auch: Frankreich.
Arbeiterlage in Griechenland.
Drumann, W.
Arbeiterlage in Italien.
Cesare, R. de. — Drumann, W. — Paladini, L.
— — Vide auch: Italien.
Arbeiterlage in Oesterreich.
Eichhorn, R. — Lavollée, R., 1, 3. — Lippe, K.
— — Vide auch: Oesterreich.
Arbeiterlage in Russland.
Brants, V. — Zetkin, O.
— — Vide auch: Russland.
Arbeiterlage in der Schweiz.
Arrivabene, J.
— — Vide auch: Schweiz.
Arbeiterlage, Verbesserung.
Alciator, B. — Allard. — Arbeit und Capital. — Arbeiter (Der deutsche). — Arbeiterglück. — Arbeiterstande. — Beiträge, 1. — Boyer, Ad. 2. — Chevalier, M., 20, 21, 22. — Coalitionsfreiheit. — Dupont, J. F. — Emancipation (Die). — Freude, C. G. A. — Gisekke. — Labourer's protection. — Lepage, E. — Lüning, O., 3. — Mohler, Ed. — Mots (Quelques). — Obermüller, W. — Phalange (La), 3. série, V. — Poincelot, A. — Reasons. — Rossignol, S. — Russom, J. — Saint-Simonisme, Messnimontant 16$_{84}$. — Schlosser, J. Tollay, C. — World (The New Moral), VIII, 3. série VI.
Arbeiterleben.
Arbeiterleben. — Audiganne, A., 6. — Ballin. — Becker, B. 4. — Bertheault. — Bilder. — Booth,

Arbeiterleben — Arbeitseinstellung

Ch. — Brochard, A. Th. — Delagoutte. — Messmer, J. J. — Raumer, C. v., 2.
Arbeiterleben. Vide auch: Ehe.
— — Familie.
Arbeiterlesebücher.
About, Edm., 1. — Alléon. — Arnaud, C. — Benard, T. N., 1. — Dauby, J., 1. — Egron, A. C. — Funk, V. — Lassalle, 5. — Regner, Th. — Revel, C. — Walcker, Dr. C., 2.
— Vide auch: Catechismen.
Arbeiternoth.
Ansichten. — Arbeiternoth. — Archer. — Bebel, A., 24. — Black, C., 1. — Buret, A. E. — Cabet, 35. — Claims. — Dupasquier, H. — Kreyssig, C. F. — Mittel (Radicales). — Müller, C. — Organisateur, 22. — Schübler, Ed. — Ursachen. — Ursachen (Ueber). — Wagner, J. Ph. — Webereleud.
— Vide auch: Elend.
— — Sociale Noth.
Arbeiterorganisation.
Bedeutung. — Black, C., 2. — Bobin, A. — Brentano, L. 8. — Briefwechsel. — Bücker, K., 1. — Nothwendigkeit (Die).
Arbeiterparteien.
Arbeiterpartei (Die deutsche). — Arbeiterpartei d. Ver. Staaten. — Champion B. H., 3. — Charakteristik. — Deynaud, S., 2. — Entstehung. — Le Globe, VII, 304. — Guesde, J., et P. Lafargue. — Hirsch, K., 1. — Lafargue, P., 11. — Malon, B., 2, 16, 17, 18, 19. — Morre, K. — Partis ouvriers (Les). — Platform. — Programm und Statuten der Arbeiterpartei. — Saint-Simonisme, Extraits du Globe II₃. — Saint-Simonisme, Prédications II₃. — Tufferd, A., 2. — Wach, A.
— Vide auch: Arbeiterfrage und Parteien.
— — Armee und Arbeiterpartei.
Arbeiterpartei, socialdemokratische.
Beckendahl, F. — Bracke, W., 1. — Entstehung. — Programm u. Statuten der soc.-dem. Arbeiterpartei. — Protokoll über den 1. Congress.
— Vide auch: Arbeiterfrage u. Parteien.
— — Arbeitercongresse.
— — Socialdemokratische Parteitage.
Arbeiterprocesse. Vide: Processe.
Arbeiterprogramme.
Lassalle, P., 6, 7. — Malon, B., 20. — Programm und Statuten der Arbeiterpartei. — Programm u. Statuten der soc.-dem. Arbeiterpartei.
— Vide auch: Programme.
Arbeiterrecht.
Paget-Lubicin. — York, Th.
— Vide auch: Recht.
Arbeiterstädte.
Fourier, Ch., 4. — Villermé, L. R., 2.
— Vide auch: Wohnungsfrage.
Arbeiterunruhen.
Anlass. — Arbeiterunruhen. — Arbeitseinstellung. — Brown, C. O. — Bücher, K., 2. — Doehn, R. — Friedländer, E. D., 1. — Harrison, Fr., 9. — Kapp, F. — Reck, O. — Schnacke, Fr. — Simonin, L. — Strikes and disturbances.
— Vide auch: Arbeitseinstellung.
— — Volksemeuten.

Arbeiterunterricht. Vide: Bildungswesen.
— Unterricht.
Arbeitervereine.
Bericht 1, 3, 4. — Lassalle, 1. — Lavollée, C., 2. — Lette, W. A., 2. — Müller, Mor., 3. — Nadaud, M., 2. — Papers (Occasional). — Rodbertus-Jagetzow, 8. — Ruge, A., 9. — Sarrazin, J. — Tristan, Fl., 5. — Vogelsanger.
Arbeitervereine, katholische.
Congrès des directeurs. — Harmel, L. — Jouin, H., 1, 2. — Laurent, F., 2. — Pillet, M. — Provin, L. — Union des assoc. ouvr. catholiques.
Arbeitervereine, protestantische.
Velten, W.
— Vide auch: Handwerkervereine.
Arbeiterverführer.
Huhn, J. H. Th.
Arbeiterwohnungen. Vide: Arbeiterstädte.
— — Wohnungsfrage.
Arbeiterzeitschriften.
Advocate. — Arbeiter (Der) auf dem prakt. Erzichtelde. — Arbeiterfreund. — Arbeiterfreund f. Crefeld. — Arbeiterin. — Arbeiterwacht. — Arbeiterwohl. — Arbeiterzeitung (Deutsche) — Arbeitgeber. — Atelier (L'). — Blatt f. Arbeiter. — Bulletin (Le). — Commune sociale (La). — Concordia. — Défenseur de la république. — État (Le quatrième). — Held, A., 1. — Mittheilungen des Centralvereines. — Mittheilungen des Localvereines. — Ruche populaire. — Social-Correspondens. — Volkswohl. — Zeitschrift des Centralvereines in Preussen.
Arbeiterzukunft.
Address, 7. — Beesly, E. Sp., 2. — Camus, M. — Czyoski, J. — Delamotte, J. Ch. — Dupin, Ch., 3. — Lage (Die). — Matrat. — Morin, E. F. Th. — Parod, E. — Rossignol, S. — Saive, A. — Schmidt, W. Ad. — Treuhorst, R. — Zukunft (Die) des 4. Standes.
Arbeitgeber. Vide: Arbeiter u. Arbeitgeber.
— Arbeitseinstellung der Unternehmer.
— Internationale der Unternehmer.
Arbeitseinstellung. Allg.
Angot de Rotours. — Arbeitseinstellung. — Arbeitseinstellungen (Die). — Arbeitseinstellungen. — Barberet, J., 1. — Batbie, A., 1, 2. — Benoit-Duportal. — Bevan, G. P. — Block, M., 5. — Borde, Fr., 2. — Boyle, J. — Briefwechsel. — Bustead, Th. W. — Caillat. — Chaudey, G., 1. Coppée, Fr. — Dakus, J. A. — Dauby, J., 2. — Degoix, P. — Dodd, W. H. — Dumon-Meynard, F. — Du Saussois. — Fellows, F. P. — Fliniaux, E. — Frage (Die soc.) beleuchtet durch die „Stimmen aus Maria Laach". — Gibon, A. — Godimus, Z. J. — Hastings, J. P. — Heimann, Ldw. — Hopper, Will. — Jannasch, R., 1. — La Coux, J. de. — Laya, D. — Leneveux, H. Ch. — Longe, Fr. D., 2. — Mignot, C. — Nicollet, E. — Palle, J. — Pawek, J. — Petit, E., 2. — Pinkerton, A. — Price, G. — Quarck, Dr. M., 2. — Renault, Ch. — Response. — Rochau, A. v. — Roussel, Nap., 2. — Schneideck, G. H. — Sempé, J, 2 — Sezé, Jos. de. — Smiles, S. — Staffa da Vincenzo, Scip. — Stieda, Dr. W. — Streik (Ein). — Strike (Vom). — (Strike). — Strike (To). — Strikes (Ueber die). — Strikes.

35*

Arbeitseinstellung — Armuth

— Strikes and disturbances. — Strikes and lock-outs. — Trades-Unions, strikes and lock-outs. — Verhandlungen der am 26. u. 27. Sept. 1890. — Vigié, A. — Walcker, Dr. C., 9, 12. — Waterhouse, A. — Watts, J., 1.

Arbeitseinstellung der Unternehmer.
Escoffier, H. — Grèves (Les) des patrons. — Lloyd, H. D.

Arbeitseinstellung in Amerika.
Adler, Fel. — Dietrich, B. — Fruwirth, C. — Report (Third annual). — Schwiedland, Dr. E., 1. — Sering, M., 2. — Strike (The). — Wright, C. D.
— — Vide auch: Amerika.

Arbeitseinstellung in Australien.
Dean, S. — Fitzgerald, J. D. — Martin, A. P. — Schauer, H. G., 5.
— — Vide auch: Australien.

Arbeitseinstellung in Belgien.
Soetbeer, Dr. H., 1.
— — Vide auch: Belgien.

Arbeitseinstellung in Deutschland.
Beitrag. — Bergarbeiter-Ausstand. — Böhmert, V., 6. — Eichhorn, 1, 2. — Eschenbach, A. — Lensing, L. — Matthiass, E. — Montanus, 1, 2. — Natorp, Dr. G. — Reybaud, L., 8. — Strike (Der grosse). — Wahrheit (Die). — Walcker, Dr. C., 3. — Weber-Strike (Der). — Wohin steuern wir?
— — Vide auch: Deutschland.

Arbeitseinstellung in England.
Ashworth, H., 1, 2. — Ausstand. — Bear, W. E. — Bergarbeiterstrike. — Dalziell, A. — Eichthal, E. d', 1. — Magnin, F. — Mangoldt, Dr. v. — Maxwell, H. — Mayor, J. — Nash, Vaughan and Smith. — Philippson, F. C., 2. — Report of trades-societies and strikes. — Report on the strikes and lockouts of 1889. — Schauer, H. G., 3, 4. — Sering, M., 1.
— — Vide auch: England.

Arbeitseinstellung in Frankreich.
Barraquier, G. — Beaumont, 1. — Bernard, Fr. — Bonnassieux, J. — Clémenceau. — Clément, J. — Delor, A. — Grèves (Les) en 1870. — Katscher, L. — Keszler. — Lafargue, P., 12. — Le Nordez, E. — Mazaroz, P., 1, 3. — Renaud, G., 2. — Turquan, V. — Vuillemin, E. — Weiler, Jul.
— — Vide auch: Frankreich.

Arbeitseinstellung in der Schweiz.
Becker, Jh. Ph., 1. — Courcelle-Seneuil, 4.
— — Vide auch: Schweiz.

Arbeitseinstellung u. Arbeiterverbindungen.
Batbie, A., 1. — Beraud, J. B. M. — Crouzel, A. — Desmousseaux de Givré, E. — Dunning, T. J. — Gautier, A. — Mangoldt, Dr. v. — Mots (Quelques). — Schmoller, G., 3. — Smith, L. — Trades societies and strikes. — Wampen, H. — Ward, J., 2. — Watts, J., 3. — Weeks, J. D.

Arbeitseinstellung u. Arbeitszeit.
Hancock, W. N. — Strike, Arbeitslohn und Arbeitstag.

Arbeitseinstellung u. Bibel.
Lösing, G. E.

Arbeitseinstellung u. politische Oekonomie.
Molesworth, G.

Arbeitseinstellung u. Recht.
Judex curiae, 3. — Neville, R. J. N.

Arbeitseinstellung u. Socialismus.
Leroy-Beaulieu, P., 4.

Arbeitseinstellung u. Staat.
Ulrich.

Arbeitseinstellung. Vide auch: Aussperrung.
— — Lohnfrage und Arbeitseinstellung.

Arbeitsertrag, Recht auf den vollen.
Kautsky, K., 12, 16. — Labor rewarded. — Menger, A., 1. — Scheimpflug, Dr. C., 1. — Schulz, Ad. — Schwiedland, E., 2, 3. — Stiebeling, G. C., 3. — Thompson, W., 3, 4. — Vogelsang, Frhr. C. v., 4.

Arbeitsloses Einkommen.
Atkinson, E., 2. — Wesen (Das).

Arbeitslosigkeit.
Ajasson de Grandsagne. — Baernreither, J. M., 3. — Bähler, S. — Blanc, L., 30. — Phalange (La), II. — Stehlin, W. N., 2.

Arbeitslosigkeit u. Socialismus.
Arnold, A.
— — Vide auch: Arbeit, Recht auf.
— — Arbeitsnachweis.

Arbeitsnachweis.
Duveyrier, Ch., 3. — Hennequin, A., 3. — Laveleye, A. de. — World (The New Moral), XI.
— — Vide auch: Arbeitslosigkeit.

Arbeitszeit.
Blanc, L., 6. — Leroux, P., 6. — Rights (The) of labour. — Rodbertus-Jagetzow, 29. — Rodbertus' Normalarbeitstag. — Wagner, Ad., 5. — World (The New Moral), X.
— — Vide auch: Arbeitseinstellung u. Arbeitszeit.

Aristokratie u. Demokratie.
Aristocratie (De l'). — World (The New Moral), V.

Armee.
Cicchitti-Suriani. — Loewenthal, Ed. — Wiede, Dr. F., 2.

Armee u. Arbeit.
Conti, A. — Durand, F. — Fontarive, L. — Phalange (La), 3. serie, III. — Saint-Simonisme, Mesnilmontant 16₆₉. — Thumser.

Armee u. Arbeiterpartei.
Engels, Fr., 11.

Armee u. Demokratie.
Army (The).

Armee u. sociale Frage.
Lannes de Montebello.

Armee u. Socialismus.
Blanch, L.

Armee. Vide auch: Armuth u. Militarismus.
— — Revolution u. Armee.

Armuth (Pauperismus).
Adresse. — Blanc, L., 29. — Bull, G. S. — Campbell, H. P. — Essai sur le paupérisme. — Mingasson, E. — Pont, J. — Rausch, C. — Schmidt, J. — Schmitthenner, Fr. — World (The New Moral), Vol. III.

Armuth. Beseitigung der Armuth.
André, P., 1, 2. — Armennoth. — Bonaparte, L. N. — Chevalier, M., 23. — Extinction. — Girardin, E. de, 1. — Godin, A., 2. — Lemoyne, N. R. D., 4. — Phalanstère (Le), II$_{19}$. — Pompery, E., 1. — Socialisme Napoléonien (Le). — Steinmann, Fr. — Vertilgung des Pauperismus. — Vigié, A.

Armuth u. Association.
Gatti, M., 3.

Armuth u. Militarismus.
Hompesch, A. de, 1, 2, 3.

Armuth u. Verbrechen.
Meyer, Jul.

Armuth. Vide auch: Arbeiter u. Armuth.
— — Elend.
— — Reichthum und Armuth.
— — Sociale Noth.

Art. Vide: Kunst.

Artels. Vide: Arbeiterassociation in Russland.

Association.
Blanc, P., 2. — Block, M., 2. — Farre, J. J. — Faucher, L., 7. — Fourier, 2, 3, 16. — Garnier, J., 1. — Le Globe, VII, 52, 83, 85, 90. — Gronlund, L., 1. — Huber, V. A., 6, 7, 8. — Journet, J., 1. — Laborde, A. de. — Lechevalier, J., 2, 7. — Le Lievre, Ch. — Lemoyne, N. R. D., 3, 4. — Leroy-Beaulieu, P., 4. — Mac Ewen, D. — Madre, de. — Malapert, 1, 2. — Malardier, J. — Mancini. — Mazel, B. — Michelet, J., 2, 3, 4. — Neale, E. V. — Organisateur, 22. — Outline (An). — Owen, R., 17, 20. — Pecqueur, C., 2. — Peuple (Le), 10, 127, 152. — Phalange (La), I, II, 3. série, III. — Phalanstère (Le), I$_{9, 8}$. II$_{18}$. — Producteur (Le), III$_1$. — Productiv-Association. — Saint-Simonisme, Mesnilmontant 16$_{19}$. — Saint-Simonisme, Prédications I$_{18}$. — Schneider, S. R. — Sers, A. de. — Théorie de l'association. — Villegardelle, Fr., 8. — Wichura, V. — World (The New Moral), Vol. I, III, VIII.

— Vide auch: Armuth und Association.
— — Lohnfrage und Association.

Association internationale des travailleurs. Vide: Internationale.

Associations ouvrières. Vide: Arbeiterassociation.

Ateliers nationaux. Vide: Nationalwerkstätten.

Atheismus.
Becher, Lym. — Bertalus, Ev. — Culte. — Discussion. — Dulk, A., 1. — Dupanloup, F. — Fourier, Ch., 6. — Gottespest (Die). — Heinzen, K., 1. — Holyoake, G. J., 2. — Laurentie. — Maréchal, S. — Most, M., 7. — Nicolas, A., 1. — Peuple (Le), 169. — Southwell, Ch., 1. — Wallon, J.

Atheismus u. Socialdemokratie.
Atheismus (Der). — Gottlosigkeit (Die). — Müller, Mor., 2.

Atheismus u. sociale Gefahr.
Athéisme (L').

Atheismus. Vide auch: Christenthum.
— — Kirche.
— — Religion.

Aufrufe. Ansprachen. Adressen.
Address. — Appeal, 2, 3. — Arbeiter (An die).
— Arbeiter (An die soc.-dem.). — Andiffret, G. — Banquet (Le premier). — Barbès, Ad. — Bauer, Fr. — Bebel, A., 5. — Beck, Th. — Brief (Offener). — Brüder (Für die französ.). — Deutschen (An die). — Dupuy-Quinet. — Eberstein, Bar. Ch. — Gautier, L. — Gottschalk, A., 1. — Harkort, F., 1. — Hoffheinz, G. Th. — Lassalle, 3. — Lequien, F., 2. — Moll, F. W. — Most, J., 12, 14. — Mursell, A. — Noiret, Ch. — Ouvriers (Aux). — Owen, R., 1—9, 24. — Paley, W. — Perry, Capt. — Perry, G. W. — Reclus, É., et J. Bedouch. — Rodbertus-Jagetzow, 8. — Rossmässler. — Roussel, Nap., 1. — Saint-Simon, H., 1. — Saint-Simonisme, Prédications II$_{19}$. — Schinker, Th. — Schmitt, J. H. — Schulze-Delitzch, H., 6. — Stern, Dan. — Théodelphe, J., 2. — Wendel-Hippler. — Wort (Ein einfaches). — Youl, Ed.

Ausbeutung der Arbeiter. Vide: Arbeiterausbeutung.

Aussperrung. Lockouts.
Dietrich, B. — Fellows, F. P. — Hughes, Th. — Lock-out (The). — Report (Third annual). — Report on the strikes and lock-outs of 1889. — Strikes and lock-outs. — Studnitz, A. v., 2. — Trades-Unions, strikes and lock-outs. — Weeks, J. D. — Wright, C. D.

— Vide auch: Arbeitseinstellung.

Auswanderung.
Simon, Al. — World (The New Moral), IX, 3. series, V. — Zirckel, Dr. O.

— Vide auch: Texas.

Avenir. Vide: Zukunft.

Babeuf, Gracchus.
Advielle. — Analyse de la doctrine de B. — Analyse der Lehren B. — Babeuf, Gr. — Babeuf's Process. — Babouvisten (Die) — Buonarroti. — Coët, E. — Deville, G., 3. — Essigny, G. d'. — Fleury, Ed., 1, 2. — Guillaume, J. — Janet, P., 6, 7. — Journal de la Haute-Cour de Justice. — Journées mémorables. — Lafond, C. — Liberté, égalité ou la mort. — Opinion (L') d'un homme. — Paris sauvé. — Pillot, J. J., 3. — Souvenirs (Les) d'un démocrate. — Système politique et social des égaux.

Banken. Vide: Credit.
— Tauschbanken.
— Volksbanken.

Banque du Peuple. Vide: Volksbanken.

Banquetreden. Vide: Aufrufe, Ansprachen.

Bauernbewegung.
Agitation. — Vogelsang, Frhr. C. v., 1.

Bauernkrieg.
Arnoul, A. — Bauernkrieg. — Baumann, F. L., 1—3. — Bebel, 1. — Bensen, H. W., 1. — Bund (Der). — Burckhardt, Ed. — Cornelius, 2. Czerny, 2. — Engels, Fr., 2. — Fries, L. — Hartfelder, K. — Hauptartikel. — Heilbronner Reformplan. — Oechsle, F. F. — Phalange (La), XIV$_{1, 2}$. — Sartorius, G. — Schmid, J. Ch. — Schreiber. — Stern, Dr. A., 1. — Stieve, F. — Strobel, G. Th. — Treitschke, G. K. — Wachsmuth, W. — Weill, Al., 1, 3. — Zimmermann, Dr. W.

Bauernstand u. sociale Frage.
Göler, E.
Befreiung. Vide: Arbeiterbefreiung.
Belgien. Vide: Arbeiterbewegung in Belgien.
— Arbeiterfrage in B.
— Arbeiterlage in B.
— Arbeitseinstellung in B.
— Sociale Bewegung in B.
— Socialismus in B.
Bergarbeiter.
Fournière, E., 3. — Hubert-Valleroux, P., 4. — Kautsky, K., 2. — Oldenberg, K., 1, 3.
Beseitigung der Armuth. Vide: Armuth, Beseitigung.
Beseitigung des Capitalzinses. Vide: Capitalzins-Beseitigung.
Besitz. Vide: Eigenthum.
— Pflichten des Besitzes.
— Ungleichheit des Besitzes.
Bevölkerungswesen.
Baltisch, Fr., 2. — Dupuynode, G., 3. — Garnier, J., 6. — Godwin, W., 4, 5. — Godwin, W., On population. — Graham, J. — Kautsky, K., 4. — Owen, R., 44. — Question (The) of population. — Schippel, M., 1, 2. — Soetbeer, Dr. H., 2. — Stöpel, Fr., 3. — World (The New Moral), VII, XI.
Bewegung, sociale. Vide: Sociale Bewegung.
Bibel u. sociale Frage.
Stöcker, A., 2.
— Vide auch: Arbeitseinstellung u. Bibel.
— — Evangelium.
— — Christenthum.
Bienfaisance. Vide: Wohlthätigkeit.
Bildungswesen u. Socialdemokratie.
Douai, D. A., 2. — Habrich, L. — Harbort, Fr. — Helvetius. — Lossau, P. — Philopatris. — Stoeckert, G.
Bildungswesen u. sociale Frage.
Völcker, Dr. G.
Bildungswesen u. Socialismus.
Bastiat, Fr., 4, 5. — Bildungsdifferenz. — Lebrun. — Lerique, J. — Socialismus und Schule.
— Vide auch: Unterricht.
Bodenbesitzreform u. Socialismus.
Flürscheim, M., 1. — Gilles, F., 1. — Kautsky, K., 3. — Liebknecht, W., 6. — Schärz, S.
— Vide auch: Agrarsocialismus.
— — Verstaatlichung von Grund u. Boden.
Bodenrente.
Fontenay, R. de, 5. — Löll, L. — Rodbertus-Jagetzow, 9, 31, 33, 38. — Zuns, Dr. J.
— Vide auch: Rodbertus.
Branntwein u. Socialismus.
Stern, M. R. v.
Budget. Vide: Socialistisches Budget.
Bürger. Vide: Arbeit und Bürger.
— Kleinbürger und Socialdemokratie.
Bürgerthum.
Collin, I. — Leroy-Beaulieu, P., 4. — Sieyes, Em. J., 3.

C. Vide auch: K.
Cabet.
Atelier (L'). — Beluze, J. P. — Bibliothèque sociale. — Biographie. — Breynat, J. — Cabet. — Cabet's Voyage en Icarie. — Communautaire. — Dezamy, Th., 1. — Hornbostel. — Individualisme. — Lamartine, A. de, 7. — Merson, E., 1. — Phalange (La), 3. série, III. — Populaire (Le). — Populaire de 1841 (Le). — Procès (Notre) en escroquérie. — Procès devant la Cour d'assise. — Protestation des ouvriers. — Réponse au citoyen Cabet. — Républicain (Le). — République (La) et les républicains. — Ruge, A., 2, 3.
— Vide auch: Colonien, ikarische.
Caesarismus.
Caesarism. — Proudhon, P. J., 11. — Stepniak, S., 6.
— Vide auch: Tyrannei.
Campanella.
Amabile, L., 1, 2. — Ancona, 1, 2. — Baldachini, M. — Berti, D., 1, 2. — Campanella. — Capialbi, T. — Colet. — Cyprianus. — Dareste, A. C. — Ferrari, G., 4. — Gruber. — Sigwart, C., 1. — Simonetti, O.
Capital.
Bastiat, Fr., 1, 2, 3. — Bauer, Edg., 1. — Böhm-Bawerk, E. — Cours d'écon. soc. — Franck, Ad., 1. — Marx, K., 7—12. — Rodbertus-Jagetzow, 26. — Strassburger, K.
— Vide auch: Gemeincapital.
Capital u. Arbeit.
Arbeit und Capital. — Arbeit und Geld. — Arbeit und Kapital. — Arbeitseinstellungen (Die). — Atkinson, E., 1. — Baudrillart, H., 3, 8. — Bauer, Edg., 1. — Baumstark, E., 2. — Beckmann, J. D. — Bettziech, H. — Bitzer, Fr., 1. — Blanqui, A., 2. — Bolles, A. S. — Borie, V. — Cadman, H. W. — Capital und Arbeit. — Capital and labour. — Capital et travail. — Carlod. — Caron, E. — Chaudey, G. — Chesnelong, C. — Cheysson, E. — Collin, B. — Corandin, V. — Corsi, O. — Courcy, A. de, 1, 3. — David, avoc. — Dieterici, C. F. W. — Droits du travail. — Du Cellier, F., 2. — Dühring, E., 1. — General Committees. — Godin, A., 2. — Gostick, J. — Graham, P. — Hake, F. R. T. v. — Herts, H. S. — Hitze, Fr., 4. — Horn, J. E. — Howell, G., 1. — Hudeček, R. J. — Immer mehr Fortschritt. — Jervis, J. B. — Jones, E. — Kapital und Arbeit. — Kapital (Das) und die Arbeit. — Kellogg, E., 1, 2. — Knight, Ch., 1, 2, 4. — Knortz, K. — Labor rewarded. — Labour and capital. — Lassalle, 10, 11, 12. — Lease (Perpetual). — Ludlow, J. M., 2, 3. — Mac Combie, W. — Marx, K., 15, 16. — Maxwell, J. — Menck, Fr. — Messmer, J. J. — Molinari, G. de, 3, 4. — Morrison, Ch. — Most, Jh., 9. — Naute, X. — Pare, W. — Passy, F., 4. — Peck, J. — Peuple (Le), 10, 176. — Plummer, J., 1. — Pownal, G. H. — Problems (The). — Reclus, É., 2. — Reynier, J. — Rodrigues, O., 9. — Rozy, H. — Ryan, D. J. — Saulais, S. — Socialism, labor and capital. — Solution définitive. — Stilch, F. A., 2. — Stöpel, Fr., 3. — Strafforello, G. — Thétard, A. — Thompson, W., 4. — Thornton, W. Th., 5. — Travail et capital. — Valori, R. — Vidal, F., 2. — Voisin, J., 1. — Woodhull, V. —

Working man's companion (The). — World (The New Moral), VII.
Capital u. arbeitende Klassen.
Chevalier, M., 4. — Cicchitti-Suriani. — Lint, G. J. — Mamiani, T., 1, 2. — Richter, Em., 2. — Stiebeling, G. C., 1. — Union (L') sociale.
Capitalismus.
Ellis, H. — Leroux, P., 14. — Peuple (Le), 10.
Capitalismus u. Socialismus.
Diest-Daber. — Schäffle, Dr. A., 4.
— Vide auch: Christenthum und Capitalismus.
Capitalzins u. dessen Beseitigung.
Bastiat, Fr., 6. — Bouchet, F. — Brown, W. — Peuple (Le), Spéc., 155, 190. — Proudhon, P. J., 35. — Proudhon et Bastiat.
Carbonarismus.
Boyer, P. D. — Denkschriften.
— Vide auch: Geheime Gesellschaften.
Catechismen.
Alary. — André père. — Blanc, L., 3. — Catechisme, 5, 6. — Guesde, J. — Hesslein, B. — Heun, O., 2. — Katechismus (Politischer). — Macé. — Marr, W., 4. — Naumann, Fr., 1. — Potter, A., de, 1. — Sauriac, X., 1, 2. — Schings, J. — Schmit, J. P. — Schneider, Jh. — Schulze-Delitzsch, H., 3. — Sempé, J., 1. — Strini, E. — Viellard, J. B.
Catechismus u. Socialismus.
Armknecht, Past. O., — Tridon, E. N.
Chansons, Chants. Vide: Gedichte, Gesänge.
Charity. Vide: Wohlthätigkeit.
Charlatanismus, socialer. Vide: Socialer Charlatanismus.
Chartismus.
Briton (The true). — Carlyle, Th., 1, 2. — Chartism. — Chartist Circular. — Chartistenbewegung. — Gammage, R. C. — Hermit, P. — Hunt, Th. — Köbner, S. E. — Lovett, W. — Reybaud, L., 3. — World (The New Moral), VI.
— Vide auch: Sociale Bewegung in England.
— — Socialismus in England.
Christenthum, Christianisme, Christianity.
Cabet, 5. — Calland, V., 2. — Christianity triumphant. — Front de Fontpertuis, A., 6. — Gaume, J., 1, 2. — Schoelcher, V.
Christenthum u. Arbeit.
Otto, F W.
Christenthum u. Arbeiterbewegung.
Lotz, W.
Christenthum u. Capitalismus.
Aveling, E. B.
Christenthum u. Communismus.
Hauck, A. — Romang, J. P., 1, 2.
Christenthum u. Demokratie.
Gerando, G. — Jacques, A. — Leroux, P., 3, 5. — Neergaard, C. B. v.
Christenthum u. Socialdemokratie.
Hermann, G. — Hetze (Die konfessionelle). — Jösting, W. — Reinwald, Ludf. — Schmitz, Pfr. A. — Warnkönig, W. — Woker, D. F. W.
Christenthum u. sociale Frage.
Boehmer, H. — Borgstede, A. v. — Bourgeois, J. — Frage (Die sociale) im Lichte des Christenthums. — Höchstetter, W. Ch. — Holtzmann, Dr. H. — Lahusen, Fr. — Manning (Kardinal). — Pfau, J. A. — Ribot, P.
Christenthum u. sociale Probleme.
Abelous, L. — Schrecker, Pfr. E. — Westcott, B. F.
Christenthum u. Socialismus.
Barry, R. A. — Behrends, A. J. F. — Best, K. D. — Cabrini, A. — Carlier, J. J. — Christenthum. — Dezamy, Th., 3, 4. — Felix, R. P., 2, 3. — Gladden, W. — Granger, S., 2, 3. — Gross, J. — Guyot, Y., 1, 2. — Jalaguier. — Ketteler, W. E., 5. — Lügen (Die socialen). — Lustrac, M. — Marchal, Ch., 1. — Martensen, Dr. H., 1, 2. — Neergaard, C. B. v. — Perin, Ch., 1. — Rousseau, Louis. — Saint-Simon, 9, 55, 85. — Socialismus und Katholicismus. — Todt, R. — Uhlhorn, D. G. A. — Wells, the Dean of. — World (The New Moral), VI.
Christenthum. Vide auch: Atheismus.
— — Bibel.
— — Catechismus und Socialismus.
— — Christlich-sociale Bewegung.
— — Christlicher Socialismus.
— — Christus.
— — Demokratie und Christenthum.
— — Evangelium.
— — Kirche.
— — Kirchenväter und Socialismus.
— — Nouveau christianisme.
— — Papst.
— — Religion.
Christlicher Socialismus. (Christlich-social.)
Application. — Benedict. — Benoist, Ch. — Bishop, D. — Blätter (Christl.-sociale). — Brake, G. — Cadman, H. W. — Campbell, W. H. — Cazajeux, J., 3, 4. — Cherrier. — Chouteau, O. — Christian-Socialists. — Courcelle - Seneuil, 6. — Denkschrift. — Drumont, E. — Fava, A. J. — Frage (Zur christl.-soc.). — Frage (Die sociale). — Girdlestone, E. D., 1, 2. — Haussonville. — Hirtenschreiben (Das). — Kaempfe, W. — Kambli, C. W., 3. — Kaufmann, M., 3. — Kriegsmann, Dr. G. — Magee, W. C. — Merz, H. — Mun, A. de. — Nitti, Fr. S. — Oettingen, A. v., 1. — Perin, Ch., 2. — Rae, J. — Reaney, G. S., 1. — Revue du socialisme chrétien. — Schings, J. — Segretain, E. A. — Seligman, Edw. — Socialism (Christian). — Socialismo católico. — Socialist (The Christian). — Sprague, Ph. W. — Stöcker, A., 3, 10. — Stockmeyer, D. J. — Theory. — Thihl. — Todt, R. — Tuckwell, W. — Uechtritz, O. v. — Wach, Ad. — Wagener, F. W. H. — World (The New Moral). IX.
Christlich-sociale Bewegung in England.
Brentano, L., 1. — Forti, E. — Hughes (judge).
— — Vide auch: England.
Christlich-sociale Bewegung in Frankreich.
Mun (Graf de). — World (The New Moral), XI.
— — Vide auch: Frankreich.
Christlich-socialer Staat.
Gothein, E. — Morgan, J. M., 1. — Staat (Der wahre christliche).

Christus Christus.
Bierbower, A. — Comba, P. V. — Fava, A. J. — Mackintosh, T. S. — Marchand, Ch.
— Vide auch: Christenthum.
Church. Vide: Kirche.
Cités ouvrières. Vide: Arbeiterstädte.
Citizen, Citoyen. Vide: Bürger.
Civil law. Vide: Recht.
Classe ouvrière. Vide: Arbeiter.
Classes dangereuses. Vide: Gefährliche Klassen.
Collectivismus, Collectivisme, Collectivism.
Azzali, L., 2. — Bax, E. B., 1. — Borde, Fr., 1. — Boulard, E. — Courtois, A., 1. — Delaporte, J. — Deynaud, S., 1. — Gnocchi-Viviani, O., 1. — Guesde, J., 1, 2, 3. — Laveleye, E. de, 13. — Lecler, Ad. — Leroy-Beaulieu, P., 2. — Malon, B., 1, 4, 5. — Naquet, A., 2. — Pascal, G. de, 1. — Propagande socialiste. — Rouxel. — Viellard, J. B.

Collectivismus u. Arbeiterfrage.
Fontenay, R. de, 4.
Collectivismus, revolutionärer.
Limousin, Ch. M., 1.
Collectivismus u. Socialismus.
Malon, B., 24. — Naquet, A, 2.
Colonien, ikarische.
Cabet, 6, 7, 49—52. — Colonie icarienne. — Engländer, S., 3. — Hepner, Ad. — Hinds, W. A. — Mattabon, J. A., 1. — Poncet. — Réalisation du communisme. — Realization of communism. — Shaw, A., 1, 2.
— Vide auch: Cabet.
Colonien, landwirthschaftliche.
Colonie agricole.
Commune, Pariser.
Arnault, L., 1, 2. — Arnould, A. — Arsac, J. d'. — Audebrand. — Audiganne, A., 2. — Baron. — Beaumont, 2. — Becker, B., 7. — Beslay, Ch. 2. — Block, M., 4. — Braun, K., 3. — Chevalet. — Cladel, L. — Claretie, J., 1, 2. — Clère. — Commune (Die). — Commune (The). — Dauban, C. A. — Desmoulins, A., 3. — Du Camp, M. — Dupont, Fr. — Engels, Fr., 3. — Enquête parlementaire. — Führer (Die). — Guerronnière. — Harrison, Fr., 3, 5. — Heilly. — Homburg, C. — Huguet. — Journal officielle de la République française. — Justesse. — Laujalley. — Lefrançais, G. — Lemaire. — Lepage. — Lissagaray, 1—3. — Lock. — Lockroy. — Maillard. — Malon, B., 3. — Marouck, V., 2. — Meerheimb, F. v. — Mehring, Frz., 4. — Mendès. — Michelant. — Montrevel. — Morayta, D. M. — Morin, G. — Most, Jh., 14. — Noblet. — Rastoul. — Rohleder, Frz. — Roufflac. — Sacs, Em. — Sartepont. — Sempronius. — Soisy. — Stigand, W. — Vésinier, P., 1, 2. — Vidieu. — Villedieu. — Virmaitre. — Wallon, H. — Wittig, Ldw., 1. — Wright, Th.

Communismus, Communisme, Communism.
Anarchismus u. C. — Armand, C. — Arouet. — Baudrillart, H., 1. — Becker, A., 1. — Bekenntniss (Comm.). — Blanqui, A., 2. — Brief (3). — Briefe (3). — Cabet, 8—11, 18, 29, 41. — Communiste (Le). — Dethloff. — Dio (vuole). — Dupuynode, G., 1. — Fontenay, R. de, 1. — Franck, Ad., 2. — Garcia, Ruis, 1. — Gaume,

280 Communismus

J., 1, 2. — Gerebetzoff, N. — Grottkau, P. — Heinzen, K., 3. — Hölscher, H. — Kommunismus (Der). — Kommunismus oder Wahlreform. — Kommunisten (Was wollen die)? — Koopmann, W, H. — Krosigk, H. v. — Laveleye, E. de, 2. — Leader (The). — Manifest. — Martin, Ch. — Marx, K., and Engels. — Mattabon, J. A., 1. — Mazeron, C. — Meissner, A., 2. — Merson, E., 1. — Minteguiga, P. — Newton, R. H., 2, 3. — Oppenheim, H. B., 3. — Owen, R. — Paragraphen: — Passy, Fr, 1. — Phalange (La), 3. série, III, V, VI. — Pinkerton, A. — Pintado y Llorca. — Rabeyrin, G. — Redner, L. — Reichenbach, Osc. Grf., 1. — Reybaud, L., 3, 4. — Ruge, A., 2. — Scheel, H. v., 8. — Scheidtmann, G. — Schulz-Bodmer, W., 1. — Siegwart, K., 1, 2. — Statolatrie. — Steccanella, V. — Thiers, L. A., 1, 8. — Thimm, R., 1. — Was ist ein Communist? — World (The New Moral), 3. series, V. — Zeitschrift (Kommunistische).

Communismus (anarchistischer).
Cabossel. — Janke, H., 1. — Lutte sociale (La). Merlino, F. S., 2. — Most, Jh., 6.
Communismus, katholischer.
Laurent, F., 1. — Merz, H.
Communismus in Amerika.
Elcho, R. — James, H. A. — Semler, H.
— — Vide auch: Amerika.
Communismus in Deutschland.
Bavoux, E. — Ruge, H., 8. — World (The New Moral). 3. series, V.
— — Vide auch: Deutschland.
Communismus in England.
Communistes (Les). — Owen, R.
— — Vide auch: England.
Communismus in Frankreich.
Communistes (Les). — Compte-rendu. — Linton, W. J., 1. — Martel, M le Cte.
— — Vide auch: Frankreich.
Communismus in Russland.
Walcker, Dr. R. — Wirouboff.
— — Vide auch: Russland.
Communismus in der Schweiz.
Communistes (Les). — Hennequin, A., 1. — Kommunismus (Der). — Kommunismus (Ueber den) in der Schweiz. — Kommunisten (Die) in der Schweiz. — Kommunistenfresser (Die schweizer.). — Rückerinnerung. — Weitling, W.
— — Vide auch: Schweiz.
Communismus. Gegner.
Arnd, K. — Avril, V. — Cabet, 21. — Heinzen, K., 2. — Kommunistenfresser (Die schweizer). — Lamartine, A. de, 7.
Communismus. Geschichte.
Anti-Rouge. — Armknecht, Frd. — Arnoul, A. — Bewegungen (Die soc. u. comm.). — Bouctot, J. G. — Drumann, W. — Geschichte (Zur) des C. — Grün, A., 3. — Hundeshagen, Dr. C. B. — Janet, P., 6, 7. — Sudre, A., 1—4. — Wermuth u. Stieber.
Communismus. Mittel gegen den C.
Dercsényi, Frh. J. v. — Glaubrecht, C. — Herz, J. — Phalange (La), 3. série, IV. — Steinmann, Fr. — Was ist Eigenthum!

Communismus. Vide auch: Christenthum u. Communismus.
— — Demokratie u. Communismus.
— — Eigenthum, Gesammteigenthum.
— — Gütergemeinschaft.
— — Individualismus u. Communismus.
— — Politische Oekonomie u. Com.
— — Protectionismus u. Com.
— — Socialismus u. Com.

Communitäten.
Bertrand, L., 1. — Beschreibung. — Bogošic, V. — Bray, C., 1. — Cabet, 14, 19, 20, 35, 42, 44, 52. — Cardias. — Community. — Denman, W. — Dezamy, Th., 2. — Gatti, M., 4. — Gomme, G. L. — Hinds, W. A. — Kautsky, K., 8. — Le Bastier, J., 1. — Maillard, L. Y. — Maine, H. S. — Marriott, J. — Mill, J. St., 1. — Nordhoff, C. — Noyes, J. H., 1. — Noyes, T. R. — Outline (An). — Owen, R., 48, 52. — Owen, R., at New Lanark. — Owens (Mr.) establishment at New Lanark. — Passy, F., 1. — Péron. — Pillot, J. J., 2. — Schlüter, H., 2. — Socialism (English). — Statuten des Kommunisten-Klubs. — Thompson, W., 2. — Tikhomirov, L., 1. — Utiensenovic, Og. M. — Wayland, T. — World (The New Moral), Vol. IV, V, IX, X.

— Vide auch: Colonien, ikarische.
— — Eigenthum, Gesammteigenthum.
— — Familistère.
— — Gütergemeinschaft.
— — Phalanstère.

Comte, A.
Caird, E. — Déomanie. — Desages, L. — Gruber, H. — Janet, P., 5. — Lehre und Schriften. — Molinari, G. de, 5. — Roybaud, L., 3. — Robinet, J. F. E.

— Vide auch: Positivismus.

Condition des ouvriers. Condition of the working classes. Vide: Arbeiterlage.

Congresse.
Annales. — Bennoist, Ch. — Protokoll des Socialisten-Congresses — Schmidt-Warneck, Prof., 2. — Socialistenkongresse. — Tyrell.

— Vide auch: Arbeitercongresse.
— — Einigungscongresse.
— — Eisenacher Conferenz.
— — Socialdemokratische Parteitage.

Constitution. Vide: Verfassung.

Contrat social.
Beauclair, P. L. de. — Berthier, G. Fr. — Boinvilliers-Desjardins. — Foronda, Val. de. — Francon, A. — Galeotti, E. — Gudin, P. Ph., 1, 2. — Janet, P., 1. — Kable, K. M. — Rousseau, J. J., 1—9. — Rousseau, P. J. — Saint-Simon, H., 18.

— Vide auch: Rousseau.

Co-operation. Vide: Association.

Credit.
Carolus, F. — Enfantin, 4. — Fontariva, L. — Organisation de la démocratie. — Phalange (La), I, III, XVI. — Producteur (Le), II₂₅. — Proudhon, P. J., 49, 66. — Rodbertus-Jagetzow, 14,16, 22.

Credit und Handel und Socialismus.
Coignet, F., 1, 2. — Considerant, V., 6. — De Montry.

Credit. Vide auch: Arbeitercredit.
— — Tauschbanken.
— — Volksbanken.

Crédit gratuit. Vide: Capitalzins-Beseitigung.

Criminalrecht und Socialismus.
Colajanni, N. — Ferri, E. — Lehn, M., 3.

— Vide auch: Armuth und Verbrechen.
— — Processe.
— — Mord.

Dänemark. Vide: Socialismus in Dänemark.

Darwinismus u. Demokratie.
Lilly, W. S.

Darwinismus u. Socialdemokratie.
Ammon, G. — Schmidt, Osc. — Wahrheitsfreund, Nik.

Darwinismus u. Socialismus.
Boucher, A. — Darwinismus. — Furrer, K. — Gautier, E., 1. — Mülberger, A., 1. — Podolinsky, S., 2. — Schäffle, Dr. A., 3. — Schüler Darwins (Ein). — Siciliani, P. — Stiebeling, G. C., 4.

Demagogenthum.
Demagogenthum. — Radike, J. — Wider das Demagogenthum.

— Vide auch: Anarchismus.
— — Revolution.
— — Socialdemokratie.

Demokratie social. Vide: Socialdemokratie.

Demokratie.
Alletz, Ed., 1—4. — Andelarre, J. — Anthony, C. — Barbet, Aug., 2. — Bandrillart, H., 5. — Bryce, J. — Campi, E. — Campoamor, Dr. R. — Conditions essentielles. — Dupuy, G. — Fellowes, R. B. — Froude, J. A. — Garcia, Ruiz, 1. — Garrido, F., 2, 4. — Griffin, L. — Guizot, Fr. P., 4. — Hiersemenzel, E. — Hilty, C. — Influences (The). — Jardel. — Kebbel. T. E. — Lasne. — Laurentie, P. S. — Legge, T. E. Le Rousseau, J. — Linton, W. J., 2. — Mannequin, Th., 1. — May, T. E. — Motley, L. — Orense, J. M. — Organisation de la démocratie. — Phalange (La), 3. série, III. — Potter, A. de, 5. — Proudhon, P. J., 19. — Rey, J., 2. — Ribert, J. — Riche-Gardon, L. P., 1. — Rittinghausen, 1, 2. — Rocha-Guitiérrez. — Sainte-Aulaire. — Scherpenzeel-Heusch, Bar. J. J. — Schvarcz, J. — Smith, G., 1. — Solitaire (Le). — Studien (Demokratische), 1. — Sue, E. — Taschenbuch (Demokratisches). — Ussel, Ph. d'. — Vacherot, É. — Vassalli, G. — Vibert, T.

Demokratie in den Alpen.
Denman, W.

— Vide auch: Alpen.

Demokratie in Amerika.
Democracy. — Duden, Gf. — Gillett, E. H. — Tocqueville, A., 1, 2, 3. — Zirckel, Dr. O.

— Vide auch: Amerika.

Demokratie in Australien.
Nash, A.

Demokratie in Australien. Vide auch: Australien.
Demokratie in Deutschland.
Brass, Aug., 2. — Donandt, F. — Findel, J. G., 1. — Ruge, A., 6.
— — Vide auch: Deutschland.
Demokratie in England.
Brodrick, G., 2. — Hyndman, H. M., 11. — Langford, J. — Norton (Lord). — Partridge, J. A.
— — Vide auch: England.
Demokratie in Frankreich.
Bonnetain, J. — Bürgerkönigthum (Das). — Casamajor. — Gouraud, Ch., 3. — Guizot, Fr. P., 1, 2, 3. — Hennequin, V., 3, 4. — Joanny-Bonnetain, J. B., 1, 2. — Margry, P. — Max. — Perrens, F. T. — Scherer, Edm. — Simon, C. J.
— — Vide auch: Frankreich.
Demokratie in Spanien.
Garrido, F., 3, 4. — O'Donnell, D. E. — Torres Cabrera.
— — Vide auch: Spanien.
Demokratie auf dem flachen Lande.
Bacque, P.
— — Vide auch: Landwirthschaft.
Demokratie u. Communismus.
Cabet, 12.
Demokratie u. Socialismus.
Brodrick, G. C., 1—3. — Garrido, F., 5. — Hoyer, M. — Schopen. — Stilch, F. A. — Wolf, G.
Demokratie. Zukunft der D.
Guilbert, Mgr. — Harwood, G. — Laboubère, H.
Demokratie. Vide auch: Aristokratie und Demokratie.
— — Armee und Demokratie.
— — Christenthum und Dem.
— — Darwinismus und Dem.
— — Eigenthum und Dem.
— — Familie und Dem.
— — Frauen und Dem.
— — Freiheit und Dem.
— — Kirche und Dem.
— — Litteratur und Dem.
— — Politische Oekonomie und Dem.
— — Proletariat und Dem.
— — Socialdemokratie.
— — Unterricht und Dem.
— — Volksherrschaft.
Despotismus. Vide: Tyrannei.
Deutschland. Vide: Arbeiterassociationen in Deutschland.
— Arbeiterbewegung in D.
— Arbeiterfrage in D.
— Arbeiterlage in D.
— Arbeitseinstellung in D.
— Communismus in D.
— Demokratie in D.
— Socialdemokratie in D.
— Sociale Frage in D.
— Socialismus in D.

Doctrinen, sociale. Vide: Sociale Doctrinen.
Droit, Le. Vide: Recht.
Droit au travail. Vide: Arbeit, Recht auf.
Droit de vivre. Vide: Recht auf Existenz.
Droit naturel. Vide: Naturrecht.
Droits de l'homme. Vide: Menschenrechte.

Économie politique. Vide: Politische Oekonomie.
Économie rurale. Vide: Landwirthschaft.
Education. Vide: Erziehung.
Eglise. Vide: Kirche.
Ehe.
Besant, A., 1. — Blackburn, J. — Celly, H. — Cook, J. — Ehe (Die). — Ehe, Ehescheidung. — Maréchal, H. J. — Marr, W., 5. — Michelet, J., 2, 3, 4. — Nees von Esenbeck, Dr. — Owen, R., 38. — Rodrigues, O., 9. — Saint-Simonisme, Mesnilmontant, 16$_{79}$. — Saint-Simonisme, Prédications, I$_{22}$. — Schalk, Dr. K., 1. — Wolting, M. — Wright, H. G.
— Vide auch: Familie.
Eigenthum.
Acollas, Em., 2. — Baerenbach, Fr. v. — Bastiat, Fr., 7, 8, 9. — Baudrillart, H., 3, 6, 7. — Besprechungen. — Biard, J. B. — Bluntschli, J. C. — Braun, K., 2. — Briefe (1). — Chleborad, F. L. — Comte, Ch. L. — Danos. — Deantoni, A. — Decourdemanche, 2. — De-Franceschi, G., 3. — Dupuit, J. — Eigenthum und Arbeit. — Every, C. A., 1. — Faucher, L., 6. — Fouillée, A., 1. — Garnier, J., 7. — Le Globe, VII, 65, 102, 106, 153, 315. — Goubaux. — Hébrard. — Kambli, C. W., 1. — Klein, Er. — Laveleye, E. de, 10, 11, 12. — Le Bastier, J., 2. — Lettre à M. Thiers. — Lieber, Fra. — Mayer, V. — Newcomb, G. B. — Pecqueur, C., 1. — Peuple (Le), 24, 31. — Phalange (La), II, 3. série, V, XV$_5$. — Phalanstère (Le), I$_{14\ 25}$ II$_{19}$. — Potter, L. de. — Propriété (De la). — Propriété (De la). — Propriété (La). — Proudhon, P. J., 38, 58, 59, 60, 78. — Quada, S. — Robespierre, 4. — Roederer, Cte. P. L., 2. — Saint-Simonisme, Extraits du Globe, I$_8$. — Saint-Simonisme, Mesnilmontant, 16$_{55}$. — Saint-Simonisme, Prédications, I$_{10}$. — Samter, Ad., 1, 3, 4. — Scheimpflug, Dr. K., 1. — Schmidt-Warneck, Prof., 1. — Stirner, M. — Tebeldi, A. — Thiers, L. A., 4—11. — Was ist Eigenthum! — Weiss, Dr. B., 1. — World (The New Moral), Vol. I, VI. — Yvert, Comte.
Eigenthum. Aufhebung und Vertheidigung des Eigenthums.
Avertissement. — Brissot de Warville. — Bruère, M. — Claireville, Nic. — Eigenthum (Das) ist unverletzlich. — Giraud d'Hubert. — Krosigk, H. v. — Mattabon, J. A., 2. — Morel, A., 2. — Propriété (La). — Proudhon, P. J., 2. — Raffalovich, A., 1, 2. — Stamm, Dr. A. Th.
Eigenthum. Einfluss des Eigenthums.
Alibert, H.
Eigenthum. (Gesammt-Eigenthum.)
Bluntschli, 3. — Bonnet-Dufrier. — Duncker, Ldw. — Duthoit, H. — Guesde, J., 6. — Stirling, J. H.

Eigenthum | 283 | Existenzminimum

Eigenthum. Geschichte des Eigenthums.
Arnold, W. — Azcárate, G. de. — Dargun, L. — Engels, Fr., 20. — Felix, Ldw., 2. — Frout de Foutpertuis, A., 3. — Phalange (La), XV$_1$.

Eigenthum. Gesellschaftliches und privates.
Barsanti, P. — Bernstein, E., 1. — George, H., 4. — Gesellschaftl. und Privateigenthum. — Potter, A. de, 7. — Saboulin, H. de. — Samter, Ad., 5, 7.

Eigenthum. Recht des Eigenthums.
Abeille, L. P. — Bemerkungen, 1. — Cherbuliez, A., 2, 3. — Considerant, V., 4, 23. — Le Globe, VII$_{293}$. — Leclerc, L. — Lindwurm, A. — Molinari, G. de, 10. — Passy, H. P., 2. — Pellarin, Ch., 2. — Perruche de Velna. — Proudhon, P. J., 22, 23, 24, 25. — Reformation (Die) des Eigenthumsrechts. — Right of property. — Roederer, Cte. P. L., 1. — Stolp, Dr. H. — Thiers, L. A., 4—11.

Eigenthum. Theilung in kleine Lose.
Aeolus.

Eigenthum u. Communismus.
Arnd, K. — Communisme. — Eigenthum (Das) in Gefahr. — Morin, L. — Reichenbach, Osc. Grf., 1.

Eigenthum u. Demokratie.
Fouillée, A., 2. — Saint-Chereau, Ch.

Eigenthum u. Familie.
Lacoste, E. — Lamenais, F., 4. — Naquet, A., 1. — Phalange (La), 3. série, III. — Schoelcher, V.

Eigenthum und Gerechtigkeit.
Neurath, W., 1.

Eigenthum u. Socialismus.
Bonomelli, G. — Cicchitti-Suriani. — Dronilhet de Sigalas. — Franceschi, G. de. — Kaiser, H. W. — Peuple (Le), 113. — Property (Primitive). Samter, Ad., 2.

Eigenthum. Vide auch: Communismus.
— — Grundeigenthum.

Einigungsämter.
Chalain, L. — Schulze-Gävernitz, G. v. — Walcker, Dr. C., 3.
— Vide auch: Arbeiterassociationen.
— — Arbeiterkammern.

Einigungscongresse.
Arbeiterpartei der Ver. Staaten.
— Vide auch: Congresse.

Einkommen. Vide: Arbeitsloses Einkommen.

Einrichtungen, sociale. Vide: Sociale Einrichtungen.

Eisenacher Conferenz.
Brämer. — Eisenacher Versammlung. — Eras, W. H., 2. — Laveleye, E. de, 3. — Schmoller, G., 3. — Verhandlungen der Eisenacher Versammlung.
— Vide auch: Congresse.

Elend.
Boucher de Perthes. — Cry (The). — Elend. — Farre, J. J. — Hausner, O. — Holzschuber, A. — Karlson. — Michel (Louise) et J. Guétré. — Nothschrei (Der bittere). — Nothstand (Der). — Paris monarchique. — Perreymond. — Phalange (La), 3. série, IV. — Proudhon, P. J., 46, 70, 71, 72, 73. — Schippel,

M., 1, 2. — Schmerzensschrei (Der). — Siegfried, Jul. — Weller, E. O., 1.
— Vide auch: Arbeiternoth.
— — Sociale Noth.

Emeuten. Vide: Arbeiterunruhen.
— Arbeitseinstellung.
— Volksemeuten.

Emigration. Vide: Auswanderung.

Enfantin. Vide: Saint-Simon.

England. Vide: Arbeiterassociation in England.
— Arbeiterbewegung in Engl.
— Arbeiterfrage in Engl.
— Arbeiterlage in Engl.
— Arbeitseinstellung in Engl.
— Chartismus.
— Christlich-sociale Bewegung in Engl.
— Communismus in Engl.
— Demokratie in Engl.
— Sociale Bewegung in Engl.
— Sociale Frage in Engl.
— Socialismus in Engl.
— Socialreform in Engl.

Erbrecht.
Agnès, J. A. — Blanc, L., 5, 7. — Braun, K., 2. — Cook, J. — De-Franceschi, G., 1. — Eigenthum und Erbrecht. — Le Globe, VII, 210, 282—84, 299, 300, 302. — Law (The). — Lehn, M., 2. — Planta, P. C. v. — Saint-Simonisme, Extraits du Globe, II$_8$. — Saint-Simonisme, Prédications, II$_0$ — Salès, Mme.

Ernährung und Moralität.
Bertrand, L., 2.
— Vide auch: Moral.
— — Volksernährung.

Erscheinungen, sociale. Vide: Sociale Erscheinungen.

Erziehung.
Bondivienne, L., 3. — Considerant, V., 24. — Education. — Godwin, W., 1. — Owen, R., 35. — Phalange (La), I. — Phalanstère (Le), II$_{10}$. — Roland, Mme, 1. — Saint-Simonisme, Prédications, I$_{28}$. — World (The New Moral), X.
— Vide auch: Volkserziehung.

État. Vide: Staat.

État socialiste. Vide: Socialistische Zukunftsbilder.
— Zukunftsstaat.

Europäische Republik.
Brissac, V.

Evangelium u. Arbeiterfrage.
At, P. — Becker, B., 2. — Hering, C. W.
— Vide auch: Christenthum u. Arbeiterfrage.
— — Papst und Arbeiterfrage.

Evangelium u. sociale Wirren.
Köhler, Dr. F. V.

Evangelium u. Socialismus.
Colantuoni, R.

Existenz. Vide: Recht auf Existenz.

Existenzminimum.
Möser, Just. — Rainer von Reinöhl.

36*

Familie.
Achelis, Th. — Bergeron. — De-Franceschi, G., 2. — De Montry. — Engels, Fr., 19, 20. — Franck, Ad., 4. — Frout de Fontpertuis, A., 3. Giraud-Teulon. — Janet, P., 2. — Koenigswarter, L., 2. — Le Play, P. F., 4. — Lippert, J. — Planta, Dr. P. C. v. — Potter, L. de. — Rossbach, J. J., 1. — Simon, J., 1. — Starcke, C. N. — Thwing, C. F.
Familie u. Demokratie.
Saint-Chereau, Ch.
Familie. Vide auch: Arbeiterleben.
— — Ehe.
— — Eigenthum und Familie.
Familistère.
Becker, B., 5. — Famillstère. — Fischer, Marie. — Förster, A. — Godin, A., 5. — Guérin, U., 2. Häntschke, H. — Limousin, Ch. M., 7. — Mijoul. — Moureau, J. — Neale, E. V. — Raoux, E. — Stenger, G.
— Vide auch: Communitäten.
Femme. Vide: Frauen.
Fenier.
Suffield, F. R.
— Vide auch: Arbeiter und Fenier.
Forderungen. Vide: Arbeiterforderungen.
— Programme.
— Socialistische Forderungen.
Fortschritt u. Socialismus.
Ciurri, C. — Unger, Dr. S.
Fortschritt, socialer. Vide: Socialer Fortschritt.
Fourier, Ch. Leben.
Barbier, O. A. — Bebel, A., 6. — Becker, B., 5. — Booth, A., 1. — Cantagrel, F. — Courcelle-Seneuil, 2. — Dain, Ch. — Ginoux, J. — Pellarin, Ch., 4, 7, 11. — Villegardelle, Fr., 2.
Fourierismus.
Analisis del socialismo. — Bases. — Berbrugger, L. A. — Bonnard, A. de, 2. — Bouillier, Fr. — Briancourt, M., 2. — Budan de Bois-Laurent. — Catéchisme de Fourier. — Cherbuliez, A. E., 8. — Chevalier, Em. — Churon, A. L. — Coignet, F. — Considerant, V., 10, 12, 13, 15. — Daurio, C. P. — Défense du Fouriérisme. — Doherty, H., 1. — Engels, Fr., 7. — Ferrari, G., 2. — Forest, P., 1, 2. — Fourier. — Gatti, M., 1, 2, 4. — Le Globe VIII$_{ar}$. — Gorsse, H. — Greulich, H., 1. — Guilbaud, P A., 1, 2. — Guillon, F. — Harelle. — Hennequin, V., 2, 6. — Immoralité. — Janet, P., 4. — Lechevalier, J., 5, 6, 7. — Lemoyne, N. R. D., 1. — Mandet, Ch. — Masseron, J., 2. — Mulron, J., 4. — Paget, A. — Paget, A., et M. E. Cartier. — Passot, L., 1, 2. — Pellarin, Ch., 4, 5, 6, 7, 10. — Phalange (La). — Phalanstère (Le). — Pompery, Ed., 4, 6, 7. — Quest, C. M. — Renaud, H., 1—4. — République (La) et les républicains. — Reybaud, L., 3, 10. — Ruge, A., 2, 5. — Saint-Arroman, A. — Socialisme, trois leçons. — Système (Le) de Fourier. — Théorie de l'association. — Théorie générale de Fourier. — Transon, Ab., 12, 13. — Toussenel, A., 1—3. — Vigoureux, Mme Cl., 1, 2. — Villegardelle, Fr., 1, 2. — Wolting, M. — World (The New Moral) VI, VII, VIII, IX, X, 3. series, V, VI.

Fourierismus. Vide auch: Phalanstère.
Frage, sociale. Vide: Sociale Frage.
Frankreich. Vide: Arbeiterassociation in Frankreich.
— Arbeiterbewegung in Fr.
— Arbeiterlage in Fr.
— Arbeitseinstellung in Fr.
— Christlich-sociale Bewegung in Fr.
— Communismus in Fr.
— Demokratie in Fr.
— Sociale Bewegung in Fr.
— Sociale Frage in Fr.
— Sociale Parteien in Fr.
— Socialismus in Fr.
— Socialreform in Fr.
Frauen u. Demokratie.
Rouzade, L., 1.
Frauen in der Socialdemokratie.
Munkus, Dr. — Raumer, C. v., 3.
Frauen u. sociale Frage.
Pederzani-Weber.
Frauen u. Socialismus.
Ellis, H. H.
Frauenfrage.
Allart, H. — Allen, G. — Alonso y Rubio. — Angerstein, Wilh. — Anthony, C. — Appeal, 1. — August, O. — Aveling, E., and E. Marx. — Bacci, P. A. — Bebel, A., 7—10, 14. — Benfey-Schuppe. — Blackburn, H. — Bondivienne, L. — Boucher de Perthes. — Bridel, L. — Cabet, 19—20. — Caritas, M. — Coignet, C. — Constant, A. — Cramer, N. v. — Droits de la femme. — Dumas, A. — Émancipation (L'). — Engell-Günther. — Fawcett, H., 1. — Frankenstein, Kuno, 1. — Frauenbewegung. — Frauenfrage. — Frauen-Zeitung. — Freimuth, W. — Gagern, C. v. — Gedanken über die Fr. — Goldschmidt, H. — Hardenberg, S. — Harrison, Fr., 2. — Héricourt, J. — Hirsch, J. — Homberg, T. — Jameson, A. — Kokosky, S. — König, R. — Laas, E. — Lage, B. v. d. — Lange, H., 4. — Legouvé, E. — Lehn, M., 1. — Leidesdorf, M. — Lösung (Zur) der soc. Frage durch die Frau. — Lübeck, E. — Michelet, J., 1. — Mill, J. St., 7—11. — Morgenstern, L. — Nathusius, Ph. v. — Otto, Louise, 1 — Peuple (Le), 58. — Pierstorff, Dr. J. — Pinoff, M., 1, 2. — Rameri, L. — Reichardt-Stromberg, M., 1, 2. — Richter, K. Th., 3. — Saint-Simonisme, Extraits du Globe III$_a$. — Saint-Simonisme, Missions, 12. — Saint-Simonisme, Prédications I$_a$, II$_{16}$. — Scheel, H. v., 2. — Schönberg, G., 3. — Secretan, Ch. — Seidel, L. — Smith, B. L. — Solitaire (Le). — Stanton, Th. — Stein, Dr. L. v., 4. — Thompson, W., 1. — Tolleti. — Tristan, Fl., 1. — Weiss, C. — Woethe, A. — Wollstonecraft, M., 1—3. — World (The New Moral), V, VII, VIII, 3. series VI.
— Vide auch: Ehe.
— — Familie.
Freiheit u. Demokratie.
Brunialti, A. — Olivier, É.
Freiheit u. Socialismus.
Clément, A., 2. — Dezamy, Th., 6. — Liberté

Freiheit (La). — Pemberton (The Earl of). — Utopie (L') de la liberté.
Freiheit der Arbeit. Vide: Arbeit, Freiheit.
Friede, socialer. Vide: Socialer Friede.
Friedensliga (Internationale).
Bulletin officiel. — Ligue internationale.
Fünfter Stand.
Feehenbach-Laudenbach, 4. — Weller, Jul.
— Vide auch: Proletariat.
Future State. Vide: Socialistische Zukunftsbilder.
— Zukunftsstaat.
Futurity, Coming ages. Vide: Zukunft.

Galeerensclaven u. sociale Frage.
Phalange (La) I₁.
Gedichte, Gesänge, Lieder.
Barricaden - Lieder (Deutsche). — Barrikaden-Kämpfer. — Beck, K., 1—4. — Boissy. — Bruderschaftslieder. — Carpenter, E., 1, 4. — Censurflüchtlinge. — Chansonnier républicain. — Cry (The). — Dilly, A. — Dronke, E., 1. — Freiligrath, 1—4. — Garnier, H. — Gedichte. — Harring, H. — Hochfluth. — Jordan, W., 2. — Journet, J., 7, 8, 9. — Joynes, J. L., 3. — Kapell, O. — Kegel, Max. — Köhler, Ldw. — Lieder (Deutsche). — Liederbuch (Socialdemokr.). — Liederbuch (Socialistisches). — Liederbuch des Königsberger Arbeitervereins. — Liederbuch für Handwerkervereine. — Liedersammlung. — Lucrèce. — Lüning, H. O. — Marggraff, H. — Meissner, A., 1, 2. — Morgan, J. M., 4. — Morris, W., 1, 3. — Most, Jh., 16. — Neale, J. M. — Porte, A. — Pottier, E., 1, 2. — Püttmann, H. — Révillon, Férd. — Rodrigues, O., 7. — Saint-Simon, H., 2. — Saint-Simonisme, Mesnilmontant 8, 15. — Saint-Simonisme, Pièces diverses 27. — Schlecht, J. Th. — Villeneuve, Ch., 2. — Vorwärts! — Weitling, W., 4.
Gefahr. Vide: Socialdemokratie, Gefahr ders.
— Sociale Gefahr.
— Socialistische Gefahr.
Gefährliche Klassen.
Brace, Ch. L. — Cère, P. — Frégier, H. A., 1, 2.
Gefühlssocialisten.
Gumprecht, W., 2.
Geheime Gesellschaften.
Bottard, E. — Chenu, A. — Denkschriften. — Deschamps. — Fritschel, G. — Frost, Th. — Gedanken eines Weltbürgers. — Generalbericht. — Geschichte der geh. Verbindungen. — La Hodde, 1, 2. — Leblanc. — Lucas, A. — Marr, W., 3. — Molinari, G. de, 1. — Rapport général adressé au Conseil d'état. — Roux, X., 1. — Stuve, Jh. — Wolffsohn, L.
— Vide auch: Carbonari.
Gemeinkapital.
Capital (La) pour tous. — Leonhardi, Frz.
— Vide auch: Capital und Socialismus.
Gerechtigkeit u. Socialdemokratie.
Bemerkungen, 2.
— Vide auch: Eigenthum und Gerechtigkeit.

Gesammteigenthum. Vide: Eigenthum, Gesammteigenthum.
Geschäftsstockung. Vide: Arbeiterfrage und Geschäftsstockung.
Geschichte. Vide: Arbeit, Geschichte.
— Arbeitende Klasse, Gesch.
— Arbeiterfrage, Gesch.
— Communismus, Gesch.
— Eigenthum, Gesch.
— Proletariat, Gesch.
— Sociale Bewegung, Gesch.
— Sociale Frage, Gesch.
— Socialismus, Gesch.
— Socialismus und Communismus, Gesch.
Gesellschaft.
Bonnain, P. G. — Buisson, E. — Constitution. — Cornette, A., 2. — Florent-Lefebvre, L. — Focacci, G. — Gesellschaft (Die moderne). — Girdlestone, E. D., 3. — Glinka, D., 2, 3. — Goldenberg, G. — Hamilton, R. — Koenigswarter, L., 1. — Mundt, Th. — Rosmini dé Serbati. — Rossbach, J. J., 3. — Sabini, J. E. — Sachtler, H. — Société (La). — Society as it is. — Southey, R. — Stein, Dr. L. v., 2, 5. — Théorie des lois civiles. — World (The New Moral), Vol. II, IV, XI.
Gesellschaft. Organisation der Gesellschaft.
Dupré. — Haslam, C. J.
Gesellschaft und Socialismus.
Félix, R. P., 5, 6, 7. — Figueroa, J. L. — Reybaud, L., 3, 11. — Sandon. — Socialisme (Le) et la société.
Gesellschaft, socialistische.
Effertz. O.
Gesellschaft (Neue).
Colins, 13. — Edelmann, J. — Ordnung (Die). — Warren, J.
Gesellschaft. Vide auch: Arbeiter u. Gesellschaft.
— — Individuum und Gesellschaft.
Gesetze. Vide: Arbeit, Gesetze der.
— Sociale Bewegung, Gesetze der.
— Socialistengesetz.
Gesetze, sociale. Vide: Sociale Gesetze.
Gewerkvereine. Vide: Arbeiterassociation.
Grèves. Vide: Arbeitseinstellung.
Griechenland. Vide: Arbeiterlage in Griechenland.
Grundeigenthum.
Campbell, G. — Haustein, H., 1, 2. — Stöpel, Fr., 3. — Winn, H.
Grundeigenthum. Recht darauf.
Noakes, J.
Grundeigenthums-Vertheilung.
Hildebrand, B.
— Vide auch: Agrarsocialismus.
— — Eigenthum.
— — Verstaatlichung von Grund u. Boden.
Grundrente. Vide: Bodenrente.
Guerre. Vide: Krieg.

Gütergemeinschaft.
Arbeiterfrage, 14. — Comte, Ch. L. — Histoire de la communauté des biens. — Just, A. — Kolb, G. F. — Obermüller, W. — Scheele, E. — Van Voorthuysen, Ev. — Warschauer, Dr. O., 2.
— Vide auch: Communitäten.

Güter-Vertheilung.
Cherbuliez, A. E., 5. — Ensor, G. — Phalange (La), I_1. — Reform (The great social). — Thompson, W., 3. — Treitschke, H. v., 4. — Vidal, Fr., 3.
— Vide auch: Eigenthum.
— — Grundeigenthum.

Handwerkerbewegung.
Handwerkerbewegung. — Handwerkerbund. — Huber, V. A., 11. — Jäger, E., 2. — Partei (Die demokrat.). — Stöcker, A., 4. — Thesen.
— Vide auch: Arbeiterbewegung.
— — Sociale Bewegung.

Handwerkerstand.
Bock, Frz. — Friedlieb, L., 2. — Kalb, G.

Handwerkervereine.
Lette, W. A., 2. — Schmidt (von Danzig).
— Vide auch: Arbeiterassociationen.
— — Arbeitervereine.

Heere. Vide: Armee.

Hegel.
Bonnier, Ch. — Marx, C., 3.

Heilsarmee. Salvation Army.
Booth, Mme. — Booth, W. — Day down. — Farrer, 1. — Fehr, J. — Huxley, T. H. — Schirmacher, K. — Valbert, G.

Hérédité. Heredity. Vide: Erbrecht.

Histoire, History. Vide: Geschichte.

Holland. Vide: Socialismus in Holland.

Ideale. Vide: Sociale Ideale.
— Socialistische Zukunftsbilder.

Illuminaten.
Essai sur la secte. — Originalschriften (Einige). — System und Folgen. — Weishaupt, Ad., 2.

Individuum und Gesellschaft.
Carpenter, E., 3. — Catechism (The) of man.

Individualismus.
Massip, L. P., 2. — Phalange (La) XVII_1.

Individualismus u. Communismus.
Alvarez, D. C. — Individualisme. — Lamartine, A. de, 6.

Individualismus u. Socialismus.
Allen, G. — Alvarez, D. C. — Biondi, U. — Fernouil, Th., 2. — Gerard, P. A. — Mazel, A. — Stöpel, Fr., 2. — World (The New Moral), 3. series VI.

Industrie.
Chevalier, M., 17, 25. — Duveyrier, Ch., 4. — Doherty, H. — Dupin, Ch., 4. — Enfantin, 11. — Fourier, Ch., 9, 10, 11. — Fourier, Karl. — Gentil, J. A., 2. — Globe (Le), vol. VII et VIII. — Lechevalier, J., 10. — Phalange (La), XV_1. — Phalanstère (Le) $I_{2,5,14,19}$ $II_{1,2,4,5,10,16}$ $II_{17,19,20,21,29,50^*}$ III_9. — Producteur (Le) $1_{2,5,11}$. — Rodrigues, O, 4. — Saint-Simon,

H., 1, 5, 6, 7, 8, 13—16, 78, 79, 80. — Saint-Simonisme, Extraits du Globe II_9. III_9. — Saint-Simonisme, Mesnilmontant 16_{72}. — Scrope, G. P. — Weill, Al., 5. — World (The New Moral), Vol. II, X, XI.

Industrie im Socialistenstaate.
Caruthers, J. — Mechanismus (Der industr.).
— Vide auch: Zukunftsstaat.

Innere Mission.
Danneil, Fr. — Frank, Arn. — Guth, H. — Kuntze, J. E. — Seidel. Past. L. — Stöcker, A., 6.

Instruction. Vide: Bildungswesen.

Interessen. Vide: Arbeiter-Interessen.

Internationale.
Alliance. — Association intern. — Bakounin, M., 8. — Bauer, Edg., 4. — Becker, Jh. Ph., 1. — Beesly, E. Sp., 1. — Belliard, Em. — Beschlüsse, 3. — Beta, H. — Bignami, E. — Blanc, L., 1. — Blanqui, A., 2. — Broquet, J. A. — Bürgerkrieg. — Casaval, Z. — Cassisa, G. — Commune (Die). — Commune (The). — Complot (Ein). — Conférence. — Congrès (Le). — Curci, R. P. — Decisioni. — Delaporte, J. — Depeyre. — Desdouits, Th. — Devillez, A. — Dunoyer, A. — Eden, Bp. — Eichhoff, W. — Favre, L. — Ferran, J. M. — Forni, E. — Foulc, E. — Fribourg, P. — Friedlieb, L., 1. — Garcia-Ruiz, 2. — Gaussen, M., 5. — Geschichte (Zur) der I. — Gnocchi-Viviani, O., 2, 3. — Golovine, J., 3. — Guéroult, G. — Guyon, E. — Hilaire, F. — Histoire de l'Internationale. — Historia y proceso de la internacional. — Hobart, Lord. — Hubert-Valleroux, P., 5. — Immovili, E. — Inaugural-Adresse. — Internacional (La). — Internacional (Lo que es la). — Internationale (Die neue). — Internationale (A propos de l'). — Internazionale (Contro l'). — Jäger, E., 4. — Jannet, Cl., 3. — Joynes, J. L., 1. — Koneberg, H. — Laveleye, E. de, 1, 7. — Lefort, J. — Lequien, F., 1. — Leroy-Beaulieu, P., 4. — Liégeois, J. — Limousin, Ch. M., 4, 5. — Malapert, J. — Malon, B., 8. — Marcoartu, A., 1, 2. — Mario, A. — Martello, T., 2. — Massy, J. R. — Maynard, Alph. de. — Mémoire présenté. — Menendez de la Pola. — Montpellier, Th. A. — Mots (Quelques). — Mystères (Les). — Obeso Quevedo. — Pachtler, G. M. — Pain et liberté. — Pollis. — Procès de l'assoc. internat. — Procès (Troisième) de l'assoc. internat. — Quarck, Dr. M., 1. — Raffaelli, N. — Raimondi, G. — Rapport sur l'assoc. internat. — Rapport envoyé au congrès. — Resch, P. — Roldan-Lopez, D. E. — Roussel, E. F., et P. Barthels. — Roux, X., 1. — Schramm, R. — Schuler-Libloy, Fr. — Séances (Les). — Sectionen (An alle). — Statuten n. Verwaltungsregeln. — Statuts. — Tenaille, A. — Testut, O., 1—6. — Tolain, H., 1. — Travail et capital. — Vaughan et Aubry. — Verhandlungen der Delegirten-Conferenz. — Villetard, Ed. — Wilmanns, C. — Yorke, O., 1, 2. — Zaccone, P., 1, 2. — Zacher, Dr., 1—3.

Internationale der Unternehmer.
Chotteau, L.

Irrthümer. Vide: Sociale Irrthümer.
— Socialismus, Irrthümer.

Italien. Vide: Arbeiterassociation in Italien.
— Arbeiterfrage in I.

Italien. Vide: Arbeiterlage in I.
— Sociale Bewegung in I.
— Sociale Frage in I.
— Socialismus in I.

Jakobiner.
Archenholz. — Aulard, F. A. — Dictionnaire des Jacobins. — Guerrier, W. — Histoire des Jacobins. — Jacobinism. — Janke, H., 1. — Loudun, E. — Mont-Gilbert. — Soierées (Les trois). — Zinkeisen, J. W.
—. Vide auch: Revolution 1789.

Journals, Journaux. Vide: Zeitschriften.

Judenthum u. Socialdemokratie.
Berg, Alex. — Sendschreiben.

Judenthum u. sociale Frage.
Kurrein, Dr. A.

Judenthum u. Socialismus.
Bloch, S. — Jodendom. — Stern, Dr. M. L.
— Vide auch: Antisemitismus.

Juristen-Socialismus.
Juristen-Socialismus.

K. Vide auch: C.

Kalender.
Allbusen. — Hitchman, Fr., 1. — Maréchal, S., 5. — Monatskalender.

Katholicismus u. Socialdemokratie.
Hammerstein, L. v., 1. — Peuple (Le), 68.
— Vide auch: Communismus, katholischer.
— — Christenthum.
— — Kirche.

Kinderarbeit.
Blanc, L., 45. — Phalange (La), III, 3. série I, II. — Rouanet, G., 5. — World (The New Moral), Vol. III.

Kirche u. Arbeiterfrage.
Mermillod., G., 2. — Nebe, G. — Stellung (Die) der Ultramontanen. — Weber, Pfr. Lic.

Kirche u. Demokratie.
Bordes-Pages.

Kirche u. Socialdemokratie.
Burgdorf, A. — Keefer, K. — Rocholl, Dr. H.

Kirche u. sociale Frage.
Albertus, J. — Oschwald, J. W. — Pascal, G. de, 2, 3. — Reformtheologie. — Scheicher, Dr. Jos. — Stöcker, A., 8.

Kirche u. Socialismus.
Freza, J. — Gefahr (Die sociale). — Grün, K., 9. — Kannengiesser, A., 1, 2. — Socialism (Der). — Tafel, R. L. — World (The New Moral), Vol. IV.

Kirche und Staat.
Bauer, Edg., 3.

Kirche. Vide auch: Bibel.
— — Christenthum.
— — Evangelium.
— — Papst.
— — Protestantismus.
— — Religion.
— — Sekten.

Kirchenväter u. Socialismus.
Chon, M.
— Vide auch: Christenthum und Socialismus.
— — Kirche und Socialismus.

Kleinbetrieb.
Böhmert, V., 4.

Kleinbürger u. Socialdemokratie.
Auerbach, A. — Most, Jh., 10.

Königthum, sociales. Vide: Sociales Königthum.

Krieg. Vide: Arbeiter und Krieg.
— Armee.
— Socialer Krieg.

Krisen. Vide: Arbeiterfrage und Geschäftsstockung.
— Sociale Krisen.

Kunst u. Socialismus.
Bryce, L. S. — Gunding, K. — Kinkel, G. — Lehnsmann, E. H. — Wagner, Rich. — Wittich, M.

Labor. Vide: Arbeit.

Labourer. Vide: Arbeiter.

Labour movement. Vide: Arbeiterbewegung.

Labour question. Vide: Arbeiterfrage.

Lage der Arbeiter. Vide: Arbeiterlage.

Ländliche Arbeiter.
Arbeiter (Die ländl.). — Knapp, G. F.

Ländliche Verwaltung u. sociale Frage.
Caruso, G.

Landwirthschaft u. Socialdemokratie.
Trümpelmann, A.

Landwirthschaft u. Socialismus.
Contzen, H., 1.

Landwirthschaft. Vide auch: Agrarsocialismus.
— — Arbeiterfrage, ländliche.
— — Bauernbewegung.
— — Bauernstand und sociale Frage.
— — Colonien, landw.
— — Demokratie auf dem flachen Lande.
— — Grundeigenthum.
— — Socialismus auf dem flachen Lande.

Lassalle, Ferd. Biographie.
Aaberg. — Aschinasi. — Becker, B., 3. — Brandes, G., 1, 2. — Cimone. — Kegel, Max. — Kennard, A. — Kohut, Dr. Ad., 1, 2. — Kutschbach, A., 1, 2. — Lassalle, Ferd. — Oberwinder, F., 2. — Plener, E. — Rodbertus-Jagetzow, 7, 25. — Vogler, Dr. M. — Wurzbach, A. V.

Lassalle, Ferd. Lehren und Schriften.
Becker, B., 6. — Bernstein, Ed., 2. — Block, M., 1. — Bracke, W., 2. — Brasch, M., 2. — Büchner, L., — Cohn, G., 1. — Dawson, W. H. — Gerstner, L. J. — Graichen, H., 1. — Hahn, Ludw. — Jäger, E., 4. — Kleinwächter, Fr. — Lassalle, F. — Lassalle, F., und seine Theorien. — Laveleye, E. de, 16. — Leithäuser, C. G. — Lindau, P. — Ludlow, J. M., 1. — Malon, B., 10. — Menger, Pr. A., 1. — Meyer, J. B., 1, 3.

— Page (Une) d'amour. — Principien. — Rae, J.
— Schramm, C. A., 1. — Schulze-Delitzsch, II.,
1. — Schulze-Delitzsch und Lassalle. — Schulze-
Delitzsch oder Lassalle.
Liberalismus u. Arbeiter.
Brentano, L., 7.
Liberalismus u. Socialdemokratie.
Socialdemokratie und Socialliberalismus.
Liberalismus u. Socialismus.
Lavergne, L. de, 1. — Socialismus (Der) ist die consequente Fortbildung. — Socialismus und Liberalismus.
Liberté, Liberty. Vide: Freiheit.
Litteratur u. Demokratie.
Gosse, E. — Salmon, E.
Litteratur u. Socialdemokratie.
Wald, C.
Litteratur. Vide: Sociale Frage, Litteratur.
— Socialdemokratie, Litteratur.
— Socialismus, Litteratur.
Lockouts. Vide: Aussperrung.
Lohn.
Delaporte, J., 2. — Deynaud, S., 2. — Guesde, J., 5. — Leithäuser, C. G. — Lotte, W. A., 1. — Mittermaier. — Phalange (La), I_4, XV_1. — Schulze, J.
Lohn u. Arbeit.
Arbeit und Lohn. — Brassey, Th. — Smiles, S. — Stein, Dr. L. v., 1. — Woethe, A.
Lohnerhöhung.
Casaux, Ch. de. — Girardin, E. de, 1. — Rochat, L.
Lohnfrage und Arbeitseinstellung.
Batbie, A., 2. — Dumesnil-Marigny. — Pierson, N. G. — Salaires (Des). — Strike, Arbeitslohn und Arbeitstag. — Waley, Jac. — Watts, J., 2.
Lohnfrage und Association.
Baudrillart, H., 9. — Moureau, J.
Lohngleichheit.
Bruck, E.
Lohnreform.
Peters, H.
Lohnregulirung, staatliche.
Bebel, A., 18.
Lose, Theilung des Eigenthums in kleine Lose. Vide: Eigenthum.
Louis Philippe.
Bürgerkönigthum (Das). — Cabet, 30.

Mai (Der 1.).
Delmorès, J. — Lafargue, P., 5.
— Vide auch: Arbeiterforderungen.
Mariage, Marriage. Vide: Ehe.
Marx, Karl.
Adler, G., 4. — Block, M., 6. — Bonnier, Ch. — Brentano, L., 9, 10, 12. — Cafiero, C. — Calberla, G. M. — Capital by C. Marx. — Célébration. — Clemens. — Cohn, G., 2. — Cours d'écon. soc. — Deville, G., 4, 7. — Engels, Fr., 6, 10, 12, 13. — Enss, A. — Fabian, H. W. — Fontenay, R. de, 3. — Gerlach, Dr. O. — Gross, G. — Heinzen, K., 3. — Jäger, Dr., 4. — Kampffmayer, P. — Kautsky, K., 5, 9. — Kautsky und

Eichhoff. — Kritik (Zur). — Lafargue, P., 3, 6, 7, 8. — Lehr, J. — Loria, A. — Malon, B., 13. — Marx, K. — Menger, A., 1. — Most, Jh., 9. — Platter, J., 1. — Processe (Zwei politische). — Rae, J. — Rouanet, G., 4. — Roux, X., 1. — Ruge, A., 2. — Schramm, C. A., 1, 2. — Stegemann, Dr. R., 1. — Stimme (Eine russische). — Strassburger, K. — Verrijn, St. — Vogt, C., und Carl Marx. — Wolf, Jul.
Maschinen. Einfluss derselben.
Armand, E. — Babbage, Ch. — Bernhardi, A. — Burg, Ad. v. — Knight, Ch., 3. — Kunth, G. J. C. — Maschinenwesen. — Masotti, G. — Michelet, J., 2, 3, 4. — Nicholson, J. S. — Passy, Fr., 2. — Phalange (La), III. — Producteur (Le), I_6. — Resultate (Die). — Results (The). — Reuleaux, F. — Squirrell, M. P. — Vigié, A. — Working man's companion (The). — World (The New Moral), Vol. I, IV, VII, VIII.
Maschinen. Zerstörung derselben.
Address, 2. — Article (The).
— Vide auch: Arbeiterunruhen.
— — Arbeitseinstellung.
— — Volksemeuten.
Maschinen u. Socialismus.
Macchine (Le). — Peyron, E. — Scalzotto, A.
— Vide auch: Arbeiter und Maschinen.
Materialismus.
Schasler, H.
Maximum.
Barrère. — Chatellier, A. du. — Derubigny-Berteval. — Garnier, J., 5. — Lepaulle, E. — Mémoire sur la fixation. — Tableau général.
Menschenrechte.
Acollas, Em., 1. — Acte constitutionnel. — Boucheseiche, J. B. — Brandat, P. — Dambor. — Déclaration des droits. — Erklärung. — George, H., 15. — Hodgson, E. — Junqua, Dr., 1. — Lardennoys, J. — Marat, J. P., 13. — Paine, Th., 7, 13, 14, 15. — Pelletan, E., 1, 2, — Phalanstère (Le), $I_{11\ 12}$. — Publicola, J. A. — Rechte (Die) jedes Menschen. — Robespierre, 1, 4. — Sieyes, Em. J., 1, 2. — Vindication (A.).
Militarismus. Vide: Armee.
Ministerium für Arbeit.
Blanc, L., 32. — Théodelphe, J., 1.
Misère, Misery. Vide: Elend.
Moral.
Barni, J. — Bouvard, Ad. — Camescasse, 2. — Enfantin, 10. — Green, Th. — Malon, B., 14, 15. — Saint-Simonisme, Prédications, $I_{21\ 22}$, II_4. — World (The New Moral), Vol. II.
Moral u. Socialismus.
Cicchitti-Suriani. — Gronlund, L., 2. — Sittliche (Ueber das).
— Vide auch: Arbeiter und Moral.
— — Ernährung und Moral.
— — Recht.
Mord u. Socialismus.
Treitschke, H. v., 3.
— Vide auch: Criminalrecht.
Mormonen.
Busch, M. — Reybaud, L., 3. — Taylder, T. W. P.
Mouvement ouvrier. Vide: Arbeiterbewegung.

Mouvement social. Vide: Sociale Bewegung.
Müssiggang. Oisiveté.
Lafargue, P., 4. — Moreau-Christophe. — Saint-Simonisme, Extraits du Globe, II ₂. — Toussenel, A., 3.
— Vide auch: Arbeit.

Napoleon III.
Blanc, L., 21. — Bonaparte, L. N. — Marx, K., 1. — Progrès social (Le).
Nationalization of land. Vide: Agrarsocialismus.
— Verstaatlichung von Grund und Boden.
Nationalwerkstätten.
Augenzeuge. — Guérard, F. — Luce, E. — Workshops (National).
Naturrecht.
Bonald. — Code de la nature. — Helvetius, Cl., 2. — Holland, M. — Mirabaud, M., 1—3. — Morelly, 1, 2.
Naturrecht u. Socialismus.
Halleux, L.
Naturwissenschaften. Vide: Darwinismus.
Neue Gesellschaft. Vide: Gesellschaft, neue.
Nihilismus.
Armstrong, W. J. — Arnaudo, G. B., 1—4. — Bemmelen, P. v. — Bodornikin, P. — Bois-gobey, F. — Bottard, E. — Briefe (2). — Buccellati, A. — Camarra, G. — Carnazza, G. — Denunziations-Sistem. — Dippel, J. — Frédé, P. — Funck-Brentano. — Geffcken, F. H., 1. — Geschichte (Zur) des russischen N. — Golowine, J., 4. — Hanne, J. W. — Herzen, A., 4. — Hopkins, J. B. — Hopps, J. P. — Karlowitsch, N. — Kaufmann, M., 1. — Kupczanko, Gr. — Lavigne, E. — Lizeray, H. — Lubomirski, le prince J. — Molinari, E. de, 1, 2. — Molinari, G. de, 8. — Mysterien (Aus den). — Nibilisme (Le). — Nihilismus (Der). — Nihilismus (Was ist der)? — Nihilistes (Les). — Oldenberg, K., 2. — Podolinsky, S., 4. — Rabourdin, Ch. — Rae, J. — Roux, X., 1. — Scherr, J. — Selchow, E. v. — Spies, A., 2. — Stepniak, S., 1—4, 6. — Van der Mey, H. W.
— Vide auch: Anarchismus.
— — Russland.
Noth. Vide: Arbeiternoth.
— Elend.
— Sociale Noth.
Nouveau christianisme. Vide: Saint-Simon.

Oeffentliche Arbeiten. Vide: Arbeiten, öffentliche.
Oesterreich. Vide: Arbeiterbewegung in Oesterreich.
— Arbeiterfrage in Oest.
— Arbeiterlage in Oest.
— Sociale Bewegung in Oest.
— Socialreform in Oest.
Oisiveté. Vide: Müssiggang.
Ordnung. Vide: Sociale Ordnung.

Organisation. Vide: Arbeit-Organisation.
— Arbeiterorganisation.
— Gesellschaft, Organisation.
— Sociale Organisation.
Orient. Vide: Socialismus im Orient.
Ouvrier. Vide: Arbeiter.
Owen, Robert.
Address, 1. — Addresses. — Aiton, J. — Analisis del socialismo. — Analysis. — Association of all nations. — Booth, A., 2. — Brindley, J. — Correspondence. — Crisis (The). — Economist (The). — Finch, J. — Fleming, A. — Fourier, Ch., 13. — Le Globe, VII, 140. — Holyoake, G. J., 1. — Jones, Ll., 1, 2. — Laffon de Ladebat. — Liebknecht, W., 8. — Mackintosh, T. S. — Mac Nab, H. G., 1, 2. — Memorial. — Morgan, J. M., 6. — Newgate Monthly Magazine. — Owen, R. — Paget, A. — Pemberton, R. — Peuple (Le), 190. — Phalange (La), II. — Philanthropos. — Producteur (Le), I₂, IV₂, V₁. — Remarks on the practicability. — Remarks on the rational system. — Report of the proceedings. — Report of the meetings. — Review (The Rational Quarterly). — Rey, J., 3. — Reybaud, L., 3, 10. — Rosser, C. — Sargant, W. L., 2. — Shepherd (The). — Sketchley, I. — Society (The) of beasts. — Southwell, Ch., 2. — Tracts (Social), 6, 7. — World (The New Moral).

Papst u. Arbeiterfrage.
Arbeiterfrage, 15. — Brüll, And. — Boudignon. — Cazajeux, J., 1. — Encyclica (Die). — Encyclica über die Arbeiterfrage. — Flürscheim, M., 2. — Leo XIII. — Pascal, G. de, 2, 3. — Ribelli, G. — Riposta. — Rundschreiben.
Papstthum und sociale Bewegung.
Bebel, A., 19.
Papstthum u. Socialismus.
Cicchitti-Suriani. — Kaufmann, M., 7. — Mariano, E., 1, 2.
— Vide auch: Christenthum.
— — Kirche.
Pariser Commune. Vide: Commune, Pariser.
Parlament u. Socialdemokratie.
Prince-Smith, J., 4. — Regierung (Die). — Socialdemokratie (Die) vor dem deutschen Reichstage. — Thätigkeit (Die parlamentari.).
Parlament u. sociale Frage.
Böhmert, V., 3. — Hess, M., 6. — Heurtaux-Varsavaux, G. — Luzzatti, L.
Parlament u. Socialismus.
Luzzatti, L. — Walcker, Dr. C., 8. — World (The New Moral), VII.
— Vide auch: Arbeiterfrage u. Parlament.
Parteien. Vide: Arbeiterfrage u. Parteien.
— Arbeiterparteien.
— Socialdemokratische Parteien.
— Sociale Parteien.
— Socialistische Parteien.
— Socialpolitische Parteien.
Pauperismus. Vide: Armuth.

Paysan, Peasant. Vide: Bauern.
Peuple, People. Vide: Volk.
Pflichten. Vide: Sociale Pflichten.
Pflichten des Besitzes.
Devoir (Du). — Hauteville, R. T. de. — Meitzen, A. — Platter, J., 2. — Schlosser, G. — Steinbach, Dr. E.
Phalanstère.
Antidote. — Becker, B., 5. — Briancourt, M., 4. — Considerant, V., 9. — Fourier, Ch., 8. — Hennequin, V., 1, 4. — Lemoyne, N. R. D., 1, 2. — Morning Star. — Muiron, J., 1. — Phalange (La), 3. série, VI$_2$. — Phalanstère (Le). — Réforme (La) Industrielle. — Rousseau, Louis. — Savardan, A., et D. Laverdant. — Tracts (Phalansterian). — World (The New Moral), IX.
— Vide auch: Fourier.
Philanthropie. Vide: Socialismus, philanthropischer.
— Wohlthätigkeit.
Philosophie. Vide: Sociale Philosophie.
— Socialismus, Philosophie.
Politik u. Socialismus.
Fournet, E. — Lüning, O., 2. — Peuple (Le), 2. — Politique et socialisme.
— Vide auch: Arbeiterfrage u. Politik.
Politische Oekonomie, Économie politique, Political economy.
Enfantin, 6, 7. — George, H., 1. — Phalange (La), 3. série VI$_1$, XV$_1$, XVI$_3$, XVII$_1$. — Phalanstère (Le), II$_{14\ 25\ 37}$. — Producteur (Le), I$_9$, II$_{19}$, IV$_3$. — Proudhon, P. J., 16. — Saint-Simonisme, Extraits du Globe, I$_1$. — Saint-Simonisme, Le Père, 1.
Politische Oekonomie. Kritik.
Engels, Fr., 18. — Malon, B., 21. — Marx, K., 7—13.
Politische Oekonomie u. Communismus.
Janke, R., 2.
Politische Oekonomie u. Demokratie.
Clamageran, J. J. — Laveleye, E. de, 5, 6. — Peck, J.
Politische Oekonomie u. Socialismus.
Bsin, F. W. — Bramwell, Lord, 1. — Chevalier, M., 9. — Colins, 2. — Dameth, H., 1. — Eichthal, K. d', 3. — Golovine, J., 1. — Hyndman, H. M., 7. — Jannet, Cl., 4. — Jourdan, A. — Limousin, Ch. M., 6. — Martello, T., 1. — Schullern-Schrattenhofen, H. v. — Socialisme et libre-échange. — Socialismus (Der) und die heutige Productionsordnung. — Vidal, Fr., 1.
Polizei u. Arbeiter.
Cobbett, W., 6.
Population. Vide: Bevölkerungswesen.
Positivismus.
Comte, A. — Laffitte, P. — Lehmann, Fr. L. — Littré, E. — Molinari, G. de, 5. — Pellarin, Ch., 3. — Phalanstère (Le), II$_{31}$. — Producteur (Le), II$_{26}$. — Reybaud, L., 3. — Wallon, J.
— Vide auch: Comte, A.
Presse.
Address, 6. — Cherbuliez, M., 16. — Ruge, A., 4. — Saint-Simonisme, Extraits du Globe, II$_4$. — Saint-Simonisme, Mesnilmontant 16$_{74}$.

Principien. Vide: Socialistische Principien.
Privateigenthum. Vide: Eigenthum.
Probleme. Vide: Sociale Probleme.
Processe u. dergl.
Andrieux. — Anonymus Veritas. — Aston, L., 1. — Barbès, A. — Bauer, Edg., 3. — Becker, H. — Bernard, Mart. — Bernays, C. L. — Bracke, W., 1. — Cabet, 32—34, 36—40. — Carpenter, W. — Chemnitzer Monstre-Socialistenprocess. — Chemnitz-Freiberger Socialistenprocess. — Claus, F. O. — Criminalprocedur. — Criminaluntersuchung. — Darstellung (Getreue). — Dowiat. — Enderli. — Enfantin, 12. — Entscheidung. — Eras, W. H., 1. — Freiberger Socialistenprocess. — Geheimbundprocess. — Gottschalk, A., 2. — Grün, K., 2. — Heere (Im preuss.) — Hochverrathsprocess (Der). — Jacoby, Dr. — Jordan, Sylv. — Lassalle, 8, 18, 27, 31, 34. — Lassalle, der Lassalle'sche Criminalprocess. — Lassalle, Der Hochverrathsprocess. — Lassalle, Der Process. — Leipziger Hochverrathsprocess. — Marx, K., 4. — Marx, K., vor den Kölner Geschworenen. — Mord (Der). — Most, J., 3. — Noellner, Dr. Fr. — Opfer (Acht). — Procès (14 Nrn.). — Process. — Processae. — Processverhandlungen. — Process (Erster politischer). — Saint-Simonisme, Pièces diverses, 21, 22. — Saint-Simonisme, Les deux procès. — Schauberg, J. — Scheu, H. — Schlöffel, G. A. — Scholz, J., der Dritte. — Schulz, W., und C. Welcker. — Swett, L. — Temme, J. D. H. — Tendenzprocess (Der politische). — Tessendorf (Herr). — Tod (Der) des Pfarrers Weidig. — Urtheil des Oberappellationsgerichtes. — Urtheil in der Untersuchungssache. — Venedey, J., 2. — Vogt, C. — Volkmar, L. — Wahrlieb. — Wirth, J. G. A., 2.
Programme. Vide: Arbeiterprogramme.
— Socialdemokratische Programme.
— Sociale Programme.
— Socialistische Programme.
Proletariat.
Argent (L'). — Baader, Fr. v. — Bensen, H. W., 2. — Beringuer, F. — Beta, H. — Beuf, J. — Boiley, P. — Buzon, J. — Chevalet, Em. — Dupuynode, G., 2. — Eichholz, Eh. — Florencourt, F. v. — Führböter, F. W. — Gay, N. — Globe (Le), VII$_{560}$. — Guyot, Y., 3. — Harkort, F. 2. — Hofgärtner, F. J. — Huber, Jhs., 3. — — Industrie u. Proletariat. — Lafargue, P., 10. — Lermina, J. — Le Roy, A. — Letters to the Mob. — Lettre à MM. Quinet et Michelet. — Lichtenberg, C. v. — Mamiani, T., 1, 2. — Mousseaux, M. G. — Petition. — Poncelin, A. — Proletaires (Des). — Proletariat u. Arbeit. — Proletariat (Das) u. die Waldungen. — Proletariat (The). — Runzler, W. — Saint-Simonisme, Prédications II$_{17}$. — Salzwedel, W. v. — Saurlac, X., 1, 2. — Schmitthenner, Fr. — Thimm, R., 3. — Toubeau. — Vero, V. de. — Volksbedürfnisse.
Proletariat. Abschaffung desselben.
About, Edm., 2. — Dumon-Meynard, F. — Glaubrecht, C. — Leroux, P., 8. — Neumann, N. H. — Phoq, Ph.
Proletariat. Geschichte.
Angerer, Dr. Jh. — Lermina, J. — Villard, A.

Proletariat   291   Religion

Proletariat (Ländl.) u. Demokratie.
Descola, E.
-- Vide auch: Fünfter Stand.
Propriété, Property. Vide: Eigenthum.
Protectionismus u. Communismus.
Bastiat, Fr., 10, 11, 12.
Protestantismus u. Socialdemokratie.
Beyschlag, Dr. W. — Röbbelen, H.
Protestantismus u. sociale Frage.
Becker, P. W. — Beischlag, W., und Th. v. d. Goltz. — Eck, S. — Frage (Die soc.) und die preuss. Landeskirche. — Grotz, A. — Heymann, H. v. — Jäger, Past. Ad. — Naumann, Fr., 2. — Soden, Frhr. H. v.
Protestantismus u. Socialismus.
Galimberti, L. — Hohoff, W. — Nicolas, A., 2—5.
Protestantismus. Vide auch: Arbeitervereine, protest.
— — Kirche.
— — Religion.
Proudhon.
Analisis del socialismo. — Bastiat, Fr., 6. — Beauchery, A. — Boixe, Pr. — Boniface, J. — Breynat, J. — Chauvelot, B. — Cherbuliez, A., 2. — Colins, 9. — Coquelin, A., 2. — Denis de Châteaugiron. — Déomanie. — Dessirier, J. B. — Diehl, K. — Engels, Fr., 21. — Engländer, S., 4. — État (L'). — Forcade, E. — Foucher de Careil. — Gastineau, B., 2. — Geel, A. — Giraud d'Hubert. — Grégoire, E. — Hack, Fr. — Hamerton, Ph. G. — Héricourt, J. — Hommes du peuple. — Huard, A. — Hugentobler, A., 2. — Lamber, J. — Langlois, A. J. — Lavergne, L. de, 1. — Loin, Dr. — Malon, B., 13. — Marbot, J. — Machal, Ch., 2. — Marchegay, H. — Marx, K., 17, 18. — Mattabon, J. A., 2. — Meissner, A., 2. — Menger, A., 1. — Michel, J. — Mirecourt, E. de. — Molinari, G. de, 6. — Mülberger, Dr. A., 2, 4, 6, 7. — Munier, J. B. H. — Oppenheim, H. B., 1. — Pelletan, E., 4. — Peuple (Le). — Pomian, F. — Potter, A. de, 9. — Pressensé, Ed. — Prétendant (Un nouveau). — Proudhon, P. J. — Proudhon, P. J., u. seine Schriften. — Proudhon jugé. — Putlitz. — Reclus, E., 2. — Représentant du peuple. — Rittinghausen, 2. — Roland, Mme P., 2. — Runge, H. — Sainte-Beuve, Ch. A. — Spoll, Ed. A. — Thellier de Poncheville. — Thiers, L. A., 12. — Vrau, J. — Walras, L.

Question ouvrière. Vide: Arbeiterfrage.
Question sociale. Vide: Sociale Frage.

Radikalismus.
Bamford, S. — Bauer, Br. — Bavoux, E. — Biergans, Frz. Th. — Blanc, L., 28. — Cicchitti-Suriani. — Daly, J. B. — Darnaud, E. — Delory. — Denunziations-Sistem. — Desewffy. — Dilke, C. W. — Heinzen, K., 6. — La Varenne, Ch. de. — Stegmayer, C. — Treub, M. W. F. — World (The New Moral), V.
Radikalismus u. Socialismus.
Hyndman, H. M., 3. — Steele, F. E. M.
Rationalismus u. Socialismus.
Desprez, H. — Dessaux, C.

Reaction.
Becker, B., 8.
Recht.
Baron, J. — Evangelium. — Hürlimann, Dr. H. — Wyss. Ed.
Recht (Das bürgerl.) und die Arbeiter.
Courcy, A. de, 2. — Desjardins, A. — Gierke, O. — Glasson, E. — Menger, A., 2.
Recht (Bürgerl.) und socialer Frieden.
Duverger, A., 1.
Recht. Vide auch: Arbeit, Recht auf.
— — Arbeiterrecht.
— — Arbeitseinstellung u. Recht.
— — Arbeitsertrag, Recht auf den vollen.
— — Eigenthum, Recht dess.
— — Grundeigenthum, Recht auf.
— — Juristensocialismus.
— — Menschenrechte.
— — Moral.
— — Recht auf Existenz.
— — Rechtsordnung und sociale Frage.
— — Volksrechte.
Recht auf Existenz.
Droit (Du) de vivre. — Jouvencel, P. de. — Larmandie, L. de. — Menger, A., 1. — Oastler, R., 4. — Ofner, Dr. J., 2, — Phalange (La), 3. série III. — Platter, J., 3. — Popper, J. — Schäffle, Dr. A., 3. — Voisins, I. T., 1.
Rechtsordnung u. sociale Frage.
Frage (Die soc.) und die Rechtsordnung.
Réforme sociale. Vide: Socialreform.
Reichthum u. Armuth.
Aschieri, L. — Baltisch, Frz., 1. — Barry, P., 1. — Cherbuliez, A. E., 5, 6. — Dialogue. — George, H., 9, 10, 11, 12. — Owen, R. D., 12. — Sangalli, El. — Stöcker, A., 1. — World (The New Moral), Vol. I.
Reichthum u. sociale Frage.
Gaussen, M., 1.
Religion.
Bonneville, N. — Dupuis, C. F. — Gilliot, A. — Lamennais, F., 14. — Mensch (Der). — Religion (Die). — Ruge, A., 1. — Saint-Simonisme, Prédications I$_{17\ 20\ 21}$, II$_{4-7\ 10}$.
Religion der Laien.
Castellani, A.
Religion u. Socialdemokratie.
Dietzgen, J., 1.
Religion u. Socialismus.
Bax, E. B., 3. — Buchanan, R, 2. — Glaube (Der) des S. — Gronlund, L., 2. — Lammers, A., 1. — Lohse, J. — Newton, R. H., 1, 3. — Phalange (La), XVII$_1$. — Simplex, Inn.
Religionsersatz.
Druskowitz, Fr. H. — Guy. — Leroux, P., 18.
Religiöse Frage.
Bellamy, H. — Frage (Die relig.). — Goegg, A. — Pereire, Js. — Phalange (La), XIV$_{1,2}$. XV$_2$. XVI$_1$.
Religion. Vide auch: Arbeiter u. Religion.
— — Bibel.
— — Christenthum.
— — Evangelium.

Religion   292   Russland

— — Kirche.
— — Papst.
— — Protestantismus.
— — Vernunftcultus.

Republik.
Aimel, H. — Becker, H. — Bedarride, J. — Cloots, An., 2, 4. — Guyot, J., 1. — Husson, A. — Laden, F. — Massip, L. P., 1. — Munt, J. M. — Phalanstère (Le), II, 8'. — Porcupine, P., 3. — Propagateur républicain. — Proscrit (Le). — République et les républicains. — Robldou, B. — Rosenkranz, K., 1. — Saint-Just, A. — Villegardelle, Fr., 7. — Vuilmet. — Wilks, W., 2. — Wright, Th.

Republik (Sociale).
Ange. — Langlais, J. — Natur (Die). — République (La) démocratique et sociale. — République (La jeune) démocratique et sociale.

Republik u. Socialismus.
Fischer, F. — Ledain, A.

Republik. Vide auch: Europäische Republik.
— — Socialismus, republikanischer.

Revolution. Allg.
Balsillie, D. — Barrikade (Die wandernde). — Belleforest. — Blot, le P. — Camescasse, 2. — Claye, L. — Coeurderoy, E. — Cohen, J. — Deloge, A. — Digeon, E. — Dromel, J. — Dulac, H. — Duprat, P., 2. — Électeur (Aux). — Erhard, Jh. B. — Esprit (L'). — Ferrari, G., 1, 3. — Fortlage, C. — Gallus. — Gedanken (Freie). — Görres, J. — Heuss, Ad. — Kapff, S. — Laden, F. — Langlois, A. J. — Le Vagre. — Machiavel populaire (Le). — Mallock, W. H., 2. — Molinari, G., 2, 7. — Ordre (L'). — Phalange (La), I₁. — Phalanstère (Le), I₁₁. — Pont, J. — Proudhon, P. J., 32, 33, 34, 36, 37, 67. — Reclus, É, 1. — Religion (Die). — Renard, E. — Révolutionnaires (Les). — Saint-Simon, H., 13—16. — Saint-Simonisme, Mesnilmontant, 16₇₆'. — Smitti, A. — Stahlin, W. N., 2. — Strøber, F. L. — Struve, G., und G. Rasch. — Tolstoi, Count. — Venedey, J., 3. — What is a revolution?

Revolution 1789.
Anecdotes. — Blanc, L., 10, 11. — Cabet, 23. — Gallois, L. — Garet, E. — Harrison, Fr., 6. — Hitchman, Fr., 2. — Janet, P., 9. — Kautsky, K., 7. — Krapotkin, 15. — Linguet. — Marat, J. P. — Maréchal, Sylv. — Mitis, F. — Monnier, J. F. — Papiers inédits. — Procès Instruit. — Quinet, Edg., 1, 2.

Revolution 1789. Principien.
Andelarre, J. — Baudrillart, H., 3, 4. — Brettes, F. — Du Boys, A. — Duvoisin, J. B. — Ferneuil, Th., 1. — Goudounèche, L. — Guyot, J., 2.

Revolution u. Armee.
Phalange (La), I₁.

Revolution u. sociale Frage.
Chapot, L.

Revolution der Zukunft.
Chirrer, A., 3. — Hyndman, H. M., 6. — Montferrier, de. — Révolution (La) future. — Sampson, L.

Revolution. Vide auch: Collectivismus, revolutionärer.

— — Sociale Revolution.

Revolutionäre Bewegungen.
Bauer, Edg., 2. — Becker, Jh. Ph., u. Esselen. — Berliner Bluthochzeit. — Beslay, Ch. — Blanc, L., 9, 27, 35, 36, 37. — Blos, W. — Brass, A., 1. — Cabet, 4, 46. — Chauvière, E. — Correspondance. — Crueger, Fr. — Darstellung (Aktenmässige). — Dunoyer, Ch. — Edmonds, G. — Engels, Fr., 1. — Februar-Revolution. — Golovine, J., 2. — Heinzen, K., 7. — Hönicke, Ed. — Krause, G. F., 1, 2. — Lallemand, F. — Lamartine, A. de, 5. — Lamenais, F., 12. — Le Vagre, J. — Leynadier. — Liadières. — Liebknecht, W., 2. — Maurice, E. — Mirovicz, J. — Murailles (Les). — Normanby. — Organisateur, 51. — Pagès-Duport. — Pelletan, E., 3. — Personen. — Peuple (Le), 4. — Procès des insurgés. — Proudhon, P. J., 1, 14. — Rapport général fait au Conseil exécutif. — République occidentale. — Revolution (Die) im Jahre 1848. — Revolution (The). — Revolutionen (Die) der Gegenwart. — Seiler, Seb. — Stahlin, W. N., 1. Thun, Alph. — Violand, E. — Weller, E. O., 2. — Wirth, J. G. A., 1. — Wittig, Ldw., 2.

Rights of labour. Vide: Arbeit, Recht auf Arbeit.

Robespierre.
Brunnemann, K., 1, 2. — Desessarts. — Félix (citoyen). — Hamel, E. — Papiers inédits. — Queue de Robespierre. — Robespierre. — Schumm, A. — Tissot, Cl. J., 2.

— Vide auch: Revolution 1789.

Rodbertus-Jagetzow.
Adickes, F. — Adler, G., 7, 8. — Bahr, H., 2, 3. — Bemerkungen, 3. — Dietzel, H., 1, 2. — Emele, S., 2. — Engels, Fr., 10. — Kautsky, K., 6. — Kautsky, K., u. Rodbertus. — Kozak, Dr. Th. — Lavaleye, E. de, 14. — Menger, A., 1. — Peters, H. — Rodbertus-Jagetzow, 1—38. — Rodbertus und die Arbeiterversicherung. — Rodbertus' Normalarbeitstag. — Schramm, C. A., 1. — Schumacher, H. — Wagner, Ad., 3, 5. — Wirth, M., 4. — Wirth, Mor. — Zeller, J.

Rousseau, J. J.
Alvarado de la Peña. — Baudrillart, H., 3. — Bluntschli, 4. — Haffner, P. — Kosegarten, W. — Lamartine, A. de, 8. — Mercier, L. S., 2. — Meyer, J. B., 2. — Rosenkranz, K., 2. — Rousseau, J. J.

Rural Economie. Vide: Landwirthschaft.

Russland.
Engels, Fr., 17. — Entwickelung. — Golovine, J., 5. — Herzen, A., 1, 2, 3, 4. — Hoppé, E. — Iscander. — Kritschewsky, B. — Petit, E., 1. — Stepniak, S., 5. — Thun, Alph. — Tikhomirov, L., 2. — Walcker, Dr. R.

— Vide auch: Arbeiterassociationen in Russland.
— — Arbeiterlage in R.
— — Communismus in R.
— — Nihilismus.
— — Sociale Bewegung in R.
— — Socialismus in R.

Saint-Simon.
Analisis del socialismo. — Booth, A., 3. — Brothier, L., 2. — Des Guerrois, Ch. — Eichthal, G. d', 1. — Enfantin, 18. — Hubbard, N. G. — Janet, P., 3, 5. — Montalembert, Ch. F. — Organisateur, 40. — Producteur (Le), III$_{1, 2}$, IV$_{1}$. — Saint Simon. — Saint-Simonisme. — Saint-Simon, Graf Heinr. v.

Saint-Simonisme.
Ami du prolétaire. — Barrault, E., 2. 3. — Biard, G., 1. — Boissy. — Booth, A., 3. — Bourgeois, C. F. — Bretschneider, K. G. — Brothier, L., 2. — Büchlein der Freiheit. — Carnot, L. H., 2, 3. — Carové, Fr. W. — Chants. — Coinces, Ad. — Crampon, A. — Dagneaux, A. — Decourdemanche, 1. — Déomanie. — Duguet, Ch. — Eichthal, G. d'. — Enfantin. — Essai contre les S.-S. — Fourier, Ch., 13. — Fournel, H., 2. — Garnier, H. — Globe (Le). — Hollard, H. — Janet, P., 10, 12. — Lechevalier, J., 3, 16. — Lettre d'un disciple. — Menger, Prof. A., 1. — Michaud, J. B., et M. Villenave. — Organisateur (L'). — Organisateur belge (L'). — Paget, A. — Patriote de 1840 (Le). — Pensées religieuses. — Phalange (La), XV$_{1, 2}$. — Phalanstère (Le), II$_{4, 14}$. — Poursuites. — Procès complet des Saint-Simoniens. — Procès des Saint-Simoniens. — Procès en police correctionelle. — Producteur (Le). — Questions (Des) soulevées. — Recurt, M. — Renaud, G., 1. — République (La) et les républicains. — Retraite de Mesnilmontant. — Reybaud, L., 3, 10. — Reynaud, J. — Rodrigues, O. — Saint-Simon, H. — Saint-Simonisme. — Saint-Simoniens (Aux). — Saint-Simonisme (Le) en action. — Veit, M. — Warnkönig. — Warschauer, Dr. O., 1. — Was ist der Saint-Simonismus? — World (The New Moral), VIII.

Salaire, Salariat. Vide: Lohn.
Salvation Army. Vide: Heilsarmee.
Sammelwerke. Soc. Abhandlungen.
Arbeitsrecht. — Beiträge, 2. — Blanc, L., 4, 20, 34. — Buch (Dies) gehört dem Volke (von Lüning). — Bürgerbuch (Deutsches). — Egeria. — Flugschrift. — Fragen und Antworten. — Hendle, E. — Huber, V. A., 9. — Jacoby, Jh., 2. — Prometheus. — Sammlung. — Stimmen (Neue) aus Frankreich. — Studien (Demokratische). — Weller, E. O., 4. — Zeitfragen (Evangelisch-sociale). — Zeitfragen (Sociale), — Zeitfragen (Socialpolitische).

Schutzzoll u. Socialdemokratie.
Wiss, Dr. Ed., 2.

Schweden. Vide: Arbeiterassociationen in Schweden.
— Arbeiterbewegung in Schw.
— Socialdemokratie in Schw.

Schweiz. Vide: Arbeiterassociationen in der Schweiz.
— Arbeiterlage in der Schw.
— Arbeitseinstellung in der Schw.
— Communismus in der Schw.
— Sociale Frage in der Schw.
— Socialismus in der Schw.

Secret Societies. Vide: Geheime Gesellschaften.

Sekten. Vide: Heilsarmee.
— Illuminaten.
— Kirche.
— Mormonen.
— Wiedertäufer.

Selbsthilfe u. Socialismus.
Benfey, R. — Schulze-Delitzsch oder Lassalle? — Socialism and selfhelp.

Serbien. Vide: Sociale Bewegung in Serbien.
Skandinavien. Vide: Socialdemokratie in Skandinavien.
— Socialismus in Skandinavien.

Socialdemokratie.
Barth, Th., 1. — Bemerkungen, 2. — Blum, H. — Dircknick-Holmfeld. — Eynern, E. v., 2. — Fauth, Ad. — Fricke, L. W. — Gambs, J. — Gareis, C. — Glogan, G. — Gruppen (Die zehn). — Hammann, O., 1. — Hammerstein, L. v., 2. — Held, A., 3. — Helferich, G., 2. — Hertzka, Th., 3. — Hintermänner (Die). — Hohenthal, Dr. A. — Huber, Jhs., 1, 2. — Klein, E. — Liebknecht, W. — Maynard, Alph. de. — Oldenburg, H. — Principien. — Radenhausen, C. — Raspe, Fr. W. — Raumer, C. v., 1, 2. — Richter, Eug., 1. 2. — Rittinghausen, 3. — Schönberg, M. — Schuster, R. — Sketchley, J. — Socialdemokrat (Aus dem). — Socialdemokraten (Sind wir)? — Socialdemokratie. — Spauracchini, G. — Stöcker, A., 9, 10. — Stursberg, H. — Thelemann, O. — Van den Bergh, Z. — Van der Goes, F. — Vögelin, S., 2. — Volksstaat (Der). — Wachenhusen, O. — Weitbrecht, K. — Wild, Chr., 1. 2. — Wiss, Dr. Ed., 1.

Socialdemokratie in Amerika.
Douai, A., 3.
— — Vide auch: Amerika.

Socialdemokratie in Deutschland.
Bourdeau, J. — Bracke, W., 1. — Emele, S., 1. — Geschichte (Die) der soc.-dem. Partei. — Gespenst (Das rothe). — Hasbach, W., 1. — Isenburg-Birstein. — Köbner, S. E. — Leixner, O. v. — Mehring, Frz., 1, 5, 6. — Oldenberg, K., 4. — Polko, H., 2. — Prince-Smith, J., 4. — Socialdemokratie (Die) in Deutschland. — Vollmar, G. v., 1. 2.
— — Vide auch: Deutschland.

Socialdemokratie in Schweden.
Socialdemokratie (Die) in Schweden.
— — Vide auch: Schweden.

Socialdemokratie in Skandinavien.
Martens, H.
— — Vide auch: Skandinavien.

Socialdemokratie in Spanien.
Bark, E., 1.
— — Vide auch: Spanien.

Socialdemokratie. Aussichtslosigkeit ders.
Aussichtslosigkeit. — Bahr, H., 1. — Schäffle, Dr. A., 1.

Socialdemokratie. Bekämpfung ders.
Arbeitgeber (Der). Unabhäng. Organ. — Beleuchtung. — Berfried, Edg. — Beyschlag, Dr. W. — Blum, H. — Bracke, W., 3. — Durch! — Ehlers, O. — Eynern, E. v., 2. — Fleischmann, O. — Frank, Arn. — Freimaurerei und

Socialdemokratie

Socialdemokratie. — Friedrich, C. — Habrich, L. — Heilmittel. — Heinrich, W. — Hundhausen, Th. — Jädicke, G. A. — Kampf (Der) gegen die Socialdemokratie. — Kraemer, Ed. — Kulemann, W. — Naumann, Fr., 3. — Patschke, Pat. — Petersen, E., 1, 2. — Richter, Eug., 1. — Richter's (Eug.) soc.-demokr. Zerrbilder. — Rosenthal, H. — Ruyter, F. — Sandner, Chr. — Schäffle, Dr. A., 2. — Selchow-Rudnik, E. v. — Socialdemokrat (Der) kommt. — Stöcker, A., 12. — Thikötter, Dr. J. — Tobien, Dr. W. — Traub, Th. — Trümpert, R. — Utopien. — Walcker, Dr. C., 10, 11. — Was sind sie? — Westphal, Dr. A. — Wild, Chr., 2.

Socialdemokratie. Gefahren derselben.
Bluntschli. 2. — Crome, G. — Krüer, W., 1, 2.

Socialdemokratie. Litteratur.
Verzeichniss. — Wegweiser.

Socialdemokratie. Wachsen u. Verbreiten.
Asmussen, P., 2. — Fortschritt. — Geiser, Br., 1. — Jentsch, K. — Osterberg-Verakoff, M. — Sieg (Der). — Socialdemokratie (Die) im J. 1888. — Ursachen (Die) der Entstehung.

Socialdemokratie. Zerfall.
Findel, J. G., 2.

Socialdemokratie. Zukunft.
Bebel, A., 25. — Dietzgen, J., 2. — Krüger, F. H. — Kunowski, L. v. — Martin, R., 1.

Socialdemokratische Partei
Krieter, W. — Organisation der soc.-demokrat. Partei. — Thoré, Th., 2. — Treub, M. W. F.

Socialdemokratische Parteitage.
Boetticher, Fr. — Erfurter Parteitag. — Parteitag (Der). — Parteitag (Der socialdemokrat.). — Protokoll des Congresses. — Protokoll über die Verhandlungen des Parteitages. — Raffalovich, A., 7. — Verhandlungen des 2. österr. soc.-dem. Parteitages. — Verhandlungen des Parteitages der österr. Socialdemokratie. — Walcker, Dr. C., 4.

Socialdemokratisches Programm.
Entwurf. — Fortschritt. — Kritik (Zur). — Meaning (The). — Pfeiffer, Fr. — Programm des demokr.-soc. Vereines. — Programm der soc.-demokr. Partei. — Schönberg, M. — Socialism made plain.

Socialdemokratie. Vide auch: Arbeiter u. Socialdemokratie.

— — Arbeiterparteien u. Soc.-Dem.
— — Atheismus u. Soc.-Dem.
— — Bildungswesen u. Soc.-Dem.
— — Christenthum u. Soc.-Dem.
— — Darwinismus u. Soc.-Dem.
— — Frauen in der Soc.-Dem.
— — Gerechtigkeit u. Soc.-Dem.
— — Judenthum u. Soc.-Dem.
— — Kirche u. Soc.-Dem.
— — Kleinbürger u. Soc.-Dem.
— — Landwirthschaft u. Soc.-Dem.
— — Liberalismus u. Soc.-Dem.
— — Litteratur u. Soc.-Dem.
— — Parlament u. Soc.-Dem.
— — Protestantismus u. Soc.-Dem.
— — Religion u. Soc.-Dem.
— — Schutzzoll u. Soc.-Dem.
— — Staat vom soc.-dem. Standpunkte.
— — Staat u. Soc.-Dem.
— — Zukunftsstaat.

Sociale Anschauungen.
Anschauungen.

Sociale Bewegung.
Cazajeux, J., 2. — Chronique. — Contzen, H., 2. — Delbert, Ph. — Doherty, H., 2. — Filangieri, C. — Guérin, U., 1. — Hoffmann, Ed., 2. — Kuntz, Dr. — Latour, G. de. — Löwenthal, Ed. — Marx, El. — Maurras, Ch. — Meissner, A., 2. — Milner, Th. — Mouvement (Le). — Oettingen, A. v., 2. — Phalange (La), 3. série IV, XIV. — Potter, A., 2. — Schauer, H. G, 2. — Schlüter, H., 1. — Trouessart, E. — Vaillant, R. — Varchmin, F. W. v.

Sociale Bewegung im Alterthum.
Most, Jh., 4.
— — Vide auch: Alterthum.

Sociale Bewegung in Belgien.
Bewegung (Soc.). — Grün, K., 3.
— — Vide auch: Belgien.

Sociale Bewegung in England.
Bewegung (Soc.). — Mallock, W. H., 1.
— — Vide auch: England.

Sociale Bewegung in Frankreich.
Blamon, E. — Grün, K., 3. — Jäger, E., 1. — Malon, B., 23. — Osten, M. v. d. — Stein, Dr. L. v., 3. 6. — Vaillant, R.
— — Vide auch: Frankreich.

Sociale Bewegung in Italien.
Gnocchi-Viviani, O., 4. — Jannet, Cl., 1.
— — Vide auch: Italien.

Sociale Bewegung in Oesterreich.
Bewegung (Soc.)
— — Vide auch: Oesterreich.

Sociale Bewegung in Russland.
Blumenthal, A.
— — Vide auch: Russland.

Sociale Bewegung in Serbien.
Théodorowitch.

Sociale Bewegung. Geschichte.
Bebel, A., 1. — Bewegungen (Sociale). — Front de Fontpertuis, A., 4, 5. — Jannet, Cl., 2. — Limanowski, B., 1. — Molesworth, W. N. — Weller, E. O., 3. — Winter, G., 2.

Sociale Bewegung. Gesetze.
Hellenbach, L. — Widmann, Ad.

Sociale Bewegung. Vide auch: Arbeiterbewegung.
— — Handwerkerbewegung.
— — Papst u. sociale Bewegung.
— — Sociale Frage.
— — Socialismus.

Socialer Charlatanismus.
Felix, R. P., 1. — Gastineau, B., 1.

Sociale Doctrinen
Bonnin, C. J. B.

Sociale Einrichtungen

Sociale Einrichtungen.
Ballanche, P, S., 1.
Sociale Entwickelung.
Hertzka, Th., 2.
Sociale Erscheinungen.
Aphorismen.
Socialer Fortschritt.
Frézouls, A. — Principes. — Théorie du progrès.
Sociale Frage.
Alfieri, G. — Antworten. — Arenal. — Aschieri, L. — Baltzer, Aug. — Barbeck, H. — Beck, R. J. — Bellissen, Cyp. — Beutner, G. F. — Biedermann, K., 3. — Böhmert, V., 2, 7. — Bois, Ch. — Borde, Fr., 3. — Brämer. — Cámara, S. — Cherbuliez, A. E., 4. — Chesnelong, Ch. — Chevalet, Em. — Contzen, H., 3. — Coulon, J. J. — Cuestion social (La). — Dameth, H., 2. — Daudigny. — Decous de Lapeyrière. — Defoe, D., 1, 2. — Denkschrift. — Dittmar, L. — Dupuy, P., 2. — Ebenhoch, A. — Eisenacher Versammlung. — Ellero, P. — Enquête sur la quest. soc. — Errera, A. — Eymard, E. — Février. — Förster, P. E. — Fouquet, F. — Frage (Die soc.). — Frage (Zur soc.). — Frage (Die soc.). — Franz, J., 2. — Fries, Ed. — Gaussen, M., 2. — Gemelli, C., 2. — German, F. — Gespräch (Ein). — Goegg, A. — Goltz, Th. — Graudi, A. — Gruben, Frbr. v. — Guccione, A. — Hitze, Fr., 5. — Jamar, D. J. — Jónás, J. — Ketteler, W. E., 4. — Kolb, Vict. — Kuntze, J. E. — Lange, Fr. A., 1. — La Noue, C. de. — La Rive, T. de. — Laveleye, E. de, 4. — Lemonnier, Ch., 5. — Liechtenstein, Al. Prinz. — Liesen, B. — Marcas, Y. — Millet, J. M. — Moll, C. B. — Morisson, P. — Muser, O., 1. — Oerter, J. H. — Oertzen-Sassen, J. v. — Osten-Sacken. — Palmie, Fr. — Pape, F. H. L. — Paternostro, A. — Pensées (Simples). — Pepoli, G. — Phalange (La), III, 3. série IV. — Piche, L. — Pompery, Ed., 5. — Pozzoni, Z. — Puerari, E. — Question sociale. — Questions économiques et sociales. — Révolution (La) et la question sociale. — Richter, K. Th., 2. — Robert, Ch. — Rodbertus-Jagetzow, 3, 6, 27. — Rossbach, J. J., 2. — Roux, X., 2. — Sammito, M. A. — Scheel, H. v., 1, 7. — Schönberg, G. J. — Schott, Cl. — Schramm, R. — Schulze-Delitzsch, H., 4. — Stella. — Stöcker, A., 5, 6. — Tonim. — Trottet, J. P. — Uhlhorn, D. G. A. — Uvix, Dr. — Verhandlungen der Eisenacher Versammlung. — Voisin, J., 1, 2. — Wagner, Ad., 4. — Walcker, Dr. C., 5. — Walras, L. — Wirth, M, 2. — Wort (Ein) zur Verständigung. — Ziegler, Prof. Th.
Sociale Frage in Deutschland.
Emele, S., 1. — Hohenberg, A. v., 1. — Linel, A. — Schmoller, G., 5. — Sering, M, 3. — Wort (Noch ein).
— — Vide auch: Deutschland.
Sociale Frage in England.
Cabet, 17. — Sering, M., 3.
— — Vide auch: England.
Sociale Frage in Frankreich.
Barbes, Ad. — Blanc, L., u. Thiers. — Cabet, 17. — Le Play, P. F., 9.
— — Vide auch: Frankreich.
Sociale Frage in Italien.
Morisani, P. — Paladini, L. — Sassóli-Tomba, m. A.

Sociale Frage

— — Vide auch: Italien.
Sociale Frage in der Schweiz.
Hungerbühler, J. M.
— — Vide auch: Schweiz.
Sociale Frage in Spanien.
Perez Pujol, D. E.
— — Vide auch: Spanien.
Sociale Frage. Geschichte.
Auerbach, H. B. — Biedermann, K., 2. — Contzen, H., 3, 4. — Fava, Nic. — Fisch, C. — Holtzmann, Dr. H. — La Lumia, J. — Luthardt, Dr. Ch. E. — Ouvriers (Les) européens. — Schaper, Ld. — Stumpf, Th. — Werner, Pfr. Jul., 1.
Sociale Frage. Literatur.
Meyer, R., 4.
Sociale Frage. Lösung derselben.
Arnaud, J. F. — Averbeck, H. — Baszynski, J. — Baustein (Ein). — Beitrag. — Beiträge, 3. — Beyer, F. — Blaeser, O. — Blume, Th. — Busch, E. — Butow, O. — David, A. — Deutsch, S. — Dubois, F. — Engell-Günther. — Fauvety, Ch. — Felix, G. — Frage (Die soc.), ihre Bedeutung u. Lösung. — Frage (Die soc.) u. ihre Lösung. — Frage (Die soc.) nebst Vorschlägen zur Lösung. — Geittner, F. — Gemeine (Die sociale). — Gerstler, J. — Godin, A., 7. — Guillard, C. — Held, A., 2. — Hirschberg, R. — Hitze, Fr., 2, 3. — Jonanne, Dr. — Kuntz, Dr. — Lagrue, A. — Langer, J. — Lösung (Zur) der soc. Frage. — Maly, J. — Michelet, C. L. — Mittenzwey, L. — Most, Jb., 11. — Mücke, Lic. — Partz, A. — Peccanini, M. — Perrot, J., 1. — Perthaler, J. — Pfeil, L. Grf. v. — Ratkowsky, M. G. — Reichenheim, L. — Renucci, J. E., 2. — Rodbertus-Jagetzow, 2. — Rossbach, J. J., 3. — Rossi, Al. — Saglio, P. — Schiffmann. — Stamm, Dr. A. Th. — Statuti, M. — Stoffel, J., 1, 2. — Stöpel, Frz., 1. — Trenn, A. L. — Wagener, H. — Wahrheit, Freiheit u. Recht.
Sociale Frage. Vide auch: Allmende u. soc. Frage.
— — Arbeiterfrage.
— — Arbeiterkammern u. soc. Fr.
— — Armee u. soc. Fr.
— — Bauernstand u. soc. Fr.
— — Bibel u. soc. Fr.
— — Bildungswesen u. soc. Fr.
— — Christenthum u. soc. Fr.
— — Eisenacher Conferenz.
— — Frauen u. soc. Fr.
— — Galeerensclaven u. soc. Fr.
— — Judenthum u. soc. Fr.
— — Kirche u. soc. Fr.
— — Parlament u. soc. Fr.
— — Protestantismus u. soc. Fr.
— — Rechtsordnung u. soc. Fr.
— — Reichthum u. soc. Fr.
— — Revolution u. soc. Fr.
— — Sociale Bewegung.
— — Wissenschaft u. soc. Fr.

Socialer Friede.
Anti-Guizot. — Braun, K., 1. — Butenval. — Chevalier, M., 23. — Delaire, A., 2. — Focillon, A. — Isoard, Mgr. — Le Play, P .F., 2, 8. — Orry, A. M. — Pellarin, Ch., 8. — Péquignot, L. — Union de la paix sociale.
— Vide auch: Recht, brgl. u. soc. Friede.

Sociale Gefahr.
La Barre de Nanteuil. — Loevenbruck. — Winterer, Pfr. L., 1.
— Vide auch: Atheismus u. soc. Gefahr.

Sociale Gesetze.
Lahautière, R., 2, 3. — Lois sociales.

Sociale Ideale.
Ideal (Zum socialen). — New Atlantis. — Socialists Ideal (The). — Spielberg, O., 2. — Varnbühler, Th. v.

Sociale Irrthümer.
Dictionnaire des erreurs. — Meric, E., 1—3. — Moufang, Dr. Chr. — Rouvin, Ch.

Sociales Königthum.
Hahn, Ldw.

Socialer Krieg.
Guerre (De la). — Hickmann, H. — Kampf (Der sociale). — Lutte (La) politique. — Merimée, P. — Ocampo, Arm. — Phalange (La), 3. série VI$_1$. — Spielberg, O., 1.

Sociale Krisen.
Baudet-Dulary, 1. — Chirac, A., 2. — Chollet. — Clément, A., 1. — Delwaide, H. — Duboul, J. — Eck, S. — Heymann, H. v. — Lacoudrais. — Phalange (La), 3. série IV, VI$_1$. — Signes (De quelques). — Valder, L. — World (The New Moral), VI.

Sociale Noth.
Dobna, B. — Dufau, P. — Evangelium. — Gilon, E. — Hess, M., 2. — O'Flynn, J. — Pesch, P. H. — Stilch, F. A., 2. — Stöcker, A., 7.
— Vide auch: Arbeiternoth.
— — Elend.

Sociale Ordnung.
Bancal, H. — Bellée, A. S. — Bertauld, A. — Bitzer, Fr., 2. — Bouvet, Fr. — Budan de Bois-Laurent, 2. — Duvoisin, J. B. — Essai analytique. — Grundlagen (Die). — Hohenberg, A. v., 2. — La Sagra, 5. — Neumann, Will. — Rey, J., 1. — Schützenberger, Fr.

Sociale Organisation.
Barre, Ch. — Bernier de V. — Boichot, J. B. — Brown, J., 1, 2. — Darimon, A. — Demangeon-Biolley. — Jung, G. — Lacoste ainé. — Laurent, G. — Producteur (Le), IV$_3$. — Roubaud, A. — Sauriac, X., 3. — Signoret, A. — Soto y Barona, D. José de. — Ubaudi, P.

Sociale Parteien.
Kambli, C. W., 2. — Laveleye, E. de, 8. — Phalanstère (Le), II$_{33}$. — Ströll, M.
— Vide auch: Parteien.

Sociale Parteien in Frankreich.
Blondeaux, C. — Brothier, L., 1. — Courthe. — Hairdet, J.
— — Vide auch: Frankreich.

Sociale Pflichten.
Hervé, V. — Schulze-Delitzsch, H., 8. — Stöcker, A., 11. — Sumner, W. G.

Sociale Philosophie.
Boyer. — Du Rosoy, J. P. — Fournière, E., 2. — Neurath, W., 2. — Pompery, Ed., 3. — Proudhon, P. J., 50, 51, 52. — Robert du Var, 1.

Sociale Probleme u. deren Lösung.
Aubrey, 2. — Danré de C. — Della Bona, G. — Dupré. — Farrer, 2. — George, H., 5, 6, 7, 8, 11. — Graham, W., 1. — Heydrich, F. — Leroy, L. — Macdonald, W. A. — Problem (The great social). — Problème (Le grand). — Proudhon, P. J., 49, 68, 69. — Raibaud L'Ange. — Renucci, J. E, 3. — Rochat, L. — Royer, Cl., 3. — Schneider, S. R. — Scrope, G. P. — Thomson, J. T. — Toffoli - Addali, L. — Watbled, E. — Zúniga, N. A.
— Vide auch: Christenthum und soc. Probleme.

Sociale Programme.
Centralstatut. — Programme, sociale. — Raffalovich, A., 3, 4. — Tufferd, Fr., 3.
— Vide auch: Programme.

Sociale Revolution.
Bakounin, M. — Bax, E. B., 4. — Blind, C. — Considérations. — Conty. — Fontarive, L. — Foulger, J. C. — Kerlor, P. — Lallemand, F. — Maxse. — Owen, R., 25. — Prondhon, P. J., 64, 65. — Reb. — Révolution (La) pacifique. — Révolution sociale. — Révolution (La) sociale. — Schall, Ed. — Sokoloff, N. — Soux, H. — Vidal y Plá. — Werner, Pfr. Jul., 2. — Wetterleuchten (Das).

Sociale Systeme.
Arribas. — Baraya. — Barbet, Aug., 3. — Bray, C., 1. — Combe, A. — Holbach, le baron. — Lechevalier, J., 14. — Lepelletier, A. — Outline. — Outlines. — Owen, R., 19, 23. — Ruppert, Dr. J. — Sargant, W. L., 1. — Système social. — Warschauer, Dr. O., 3. — World (The New Moral), Vol. IV.

Sociale Theorien.
Bromiley, A. — Hirsch. — Mably, G., 7. — Phalange (La), I$_1$. — Platter, J., 4. — Rochery, P. — Rodbertus-Jagetzow, 9, 21. — Wiede, Dr. F., 1. — Winter, G., 2.

Sociale Uebel.
Baal. — Evils of England. — Evils (Greatest of our social). — Hubbard, H. W. — List, A. — Logau, W. — Macrae, D. — Morel. — Phalange (La), 3. série IV. — Staatskrankheit (D e). — World (The New Moral), XI.

Sociale Uebel. Heilmittel.
Azzali, L., 1. — Chastaing, M. — Darstellung. — Förster, P. E. — Krankheit (Die sociale). — La Sagra, 6. — Martin, Th. B. — Remedies suggested. — Sarda y Salvany. — Stern, J., 1. — Système de remède. — Thimm, R., 2.

Sociale Zustände.
Burdon. — Lechevalier, J., 17. — Malon, B., 9. — Semmig, H. — Unzufriedenheit.

Socialisme agraire. Vide: Agrarsocialismus.

Socialismus. Socialism.
Análisis del socialismo. — Angerer. — Arouet. — Avogadro, E. — Baggio, Cb., 1, 2. — Barbari (I nuovi). — Becker, Aug., 2. — Bergeret, Dr. Bertrand, A. C. — Bertrand, L., 3. — Biard, G., 2. — Biedermann, K., 3. — Blanc, L., 15,

34, 40, 41, 42, 43. — Bologne, L. — Bondivienne, L., 2. — Boureulle, P. de, 1. — Bower, S. — Brac de la Perrière. — Brettes, F. — Briefe, 4, 5. — Brissac, H., 1. — Broadbent, H. — Brown, T. E. — Brydges, E. — Buch (Dies) gehört dem Volke (von Marr). — Buchanan, R., 1. — Buchholz, Fr. — Bugeaud. — Burdet-Chevallier. — Busan, Th. — Campbell and Bannister. — Campistron, L. — Camus, M. — Carpenter, E., 2. — Cassel, J. — Catéchisme, 6. — Cathrein, V., 2, 3. — Cée, J. P. — Charpillet, Ch. V. — Chassay, F. E. — Chatel. — Chevalier, E. — Chirac, A., 1. — Cohn, G., 3. — Colins, 12. — Considerant, V., 18, 19. — Cook, J. — Copeland, J. — Cornette, A., 1. — Cortes, D., 1—3. — Cosnac, G. J. — Dalmasso, G. — Dalman, J. M. — Delaroa, J. — Delolme, J. L. — Delory. — Donation. — Ducuing, F. — Dulac, Cl. — Elements. — Emele, S., 2. — Every, C. A., 2. — Exeter. — Eynern, E. v., 2. — Fabian Essays. — Fairman, F., 1, 2. — Fliegenschmidt, C. — Fontana, F. — Forcade, E. — Fothergill, S. — Francoeur et Girofiet. — Front de Fontpertuis, A., 2, 6. — García Ruiz, 1. — Garnier, J., 2. — Gaussen, M., 3. — Gay, J. — Geffcken, F. H., 2. — Geiser, Br., 2. — Géraud, P. — Gérome, J. P. — Gottschalk, C. — Graham, W., 2. — Grieb, Ch. F., 1. — Guépin, A., 3. — Guesde, J., 4. — Gunton, G. — Güttinger, G. — Held, A., 3. — Hess, M., 4. — Hitchcock, R. D. — Hopps, J. P. — Hunt, Th. — Hyndman, H. M., 8, 9, 10. — Hyndman, H. M., and Will. Morris. — Jonas, A., 1, 2. — Joynes, J. L., 2. — Junius. — Kaufmann, M., 6. — Kirup, Th. — Lacombe, Fr. — La Coste, G. de. — Laden, F. — Lammers, A., 2. — La Sagra, 12. — Laur, F. — Lavergne, L. de, 2. — Lebrecht, G. — Lecouturier, Ch. H. — Lehmann, Fr. L. — Lepelletier. — Lepetit, E. — Leroux, P. — Lescaret, J. B. — Mably, G. — Magne, J. — Mahon de Monaghan. — Malon, B., 25, 26, 27. — Mamiani, T., 3. — Marbot, 1, 2. — Marcelli, G. — Marr, W., 2. — Mazel, B., 2. — Medley, D. J. — Meinig, F. — Menschheit (Die). — Merlino, F. S., 2. — Meyer, J. B., 1. — Mill, J. St., 6. — Mot (Le dernier). — Muiron, J., 2, 3. — Naudrès, J. — Naumann, Fr., 1. — Nicotra, S. — Owen, R. — Owen, R. D. — Pacte social (Le). — Paine, Th. — Pearson, Ch. — Pecqueur, C., 3—5. — Pellarin, Ch., 1. — Pemjean, L., 1—3. — Penault, J. — Perthes, F. M. — Petzler, J. A. — Peu (Un). — Peuple (Le), 51, 139, 176. — Picot, G., 2, 3. — Pixis, Dr. P. — Planck, K. Ch. — Podolinsky, S., 4. — Pompery, E, 2. — Pondération (La). — Profession (Une). — Programme des véritables doctrines. — Programme socialiste. — Proudhon, P. J., 20. — Quack, H. P. G. — Quack, Pet. W. — Quintesseuz (Die). — Raffalovich, Sophie, 2. — Raibaud - L'Ange. — Reaney, G. S., 2. — Reybaud, L., 5, 9. — Riche-Gardon, L. P., 2. — Riehl, L. — Sabini, J. E. — Sachtler, H. — Saggio. — Saint-Just, A. — Schäffle, Dr. A., 6—9 — Schläger, E. — Schlesinger, M. — Schuler-Libloy, Fr. — Scoresby, W. — Sérandon, de. — Sicre, J. — Sidgwick, Prof. — Socialism, Fabian Essays. — Socialism and anarchism. — Socialism unmasked. — Socialisme (Le). — Socialisme conservateur. — Socialisme dévoilé. — Socialismo (Il). — Socialismo (Il). — Stegemann, Dr. R., 2, 3. — Stern, J., 3. — Stöcker, A., 10. — Sue, E. — System (Elementary). — Taine, H. A. — Talandier. — Teachings (New social). — Theorie (Die) des Socialismus. — Thiers, L. A., 8. — Thonissen, J. J., 1. — Toulgoët, A. — Treitschke, H., 1, 2. — Turgard, B. — Uebergang (Der). — Ulfers, S. — Veuillot, E. — Veuillot, L. — Viellard, J. B. — Vinet, A., 1, 2. — Vissering, S. — Voisins, L. T. — Warren, J. — Westcott, B. F. — Wilde, O. — Wodehouse, Th. — World (The New Moral), Vol. III, IV, V, VI, VII, VIII, IX, X, XI, 3. série V, VI. — Wort (Ein) über den Socialismus. — Wyneken, E. F. — Zweifel, H.

Socialismus in Amerika.
Cognetti de Martiis, 2. — Desmoulins, A., 1. — Ely, R. T., 3. — Hubert-Valeroux, P., 6. — Kaufmann, M., 5. — Ludre. — Noyes, J. H., 2, 4. — Pelz, E. — Sartorius v. Waltershansen, A., 3. — Savigny, M. — Semler, H. — Socialism (German) in America. — Socialismus und Anarchismus. — Stein, Dr. L. v., 7. — Stiebeling, G. C., 2. — Tufferd, Fr., 4. — Varigny, M. C., 1. — Vierteljahresbericht. — World (The New Moral), XI.

— — Vide auch: Amerika.

Socialismus in Belgien.
Wollmann, Mor., 2.

— — Vide auch Belgien.

Socialismus in Dänemark.
Meyer, Rud., 5.

Socialismus in Deutschland.
Bamberger, L., 2. — Biedermann, C., 1, 2. — Chailley, J. — Dawson. — Ely, R. T., 2. — Engels. — Hess, M., 1. — Jäger, E., 4. — Kampffmayer, P. — Kaufmann, M., 4. — Lassalle, F. — Laveleye, E. de, 16. — Lutz, R. — Marx, K. — Peuple (Le), 38. — Potel, A. — Raffalovich, A., 3, 4, 5, 6, 8. — Reclus, E., 3. — Rückblicke. — Savigny, M. — Savy, C. — Socialisme (Le) allemand. — Socialismus in Deutschland. — Spitz, A.

— — Vide auch: Deutschland.

Socialismus in England.
Bewegung (Soc.). — Chubb, P. — Clarke, W. — Cunningham, W. — Demos. — Hubert-Valleroux, P., 7. — Hyndman, H. M., 1. — Lamartine, A. de, 4. — Laveleye, E. de, 17. — Owen, R. — Remusat, Ch. — Socialism set at rest. — Socialism in England. — Socialism (English). — Socialistes anglais (Les). — Travis, H. — Visit (A) to Harmony Hall. — Webb, S. — Wemyss, Earl of. — World (The New Moral), XI.

— — Vide auch: England.

Socialismus in Frankreich.
Babeuf, G. — Boulanger. — Breynat, J. — Challey, J. — Chatellier, A. du. — Chevalet, Em. — Ely, R. T., 2. — Empire (L'). — Fourier, Ch. — Hilbey, C. — Jäger, E., 1. — Katscher, L., 1. — Kaufmann, M., 2. — Lafargue, P., 1. — Malon, D., 5. — Marouck, V., 3. — Mermeix. — Montégut, E. — Proudhon. — Renard, G. — Richard, A., 2. — Rouanet, G., 4. — Saint-Simon. — Sand, G., 1—3. — Socialismus und Communismus in Frankreich. — Stein,

Dr. L. v., 3, 5, 6, 8. — World (The New Moral), Vol. III, IV, V, VI, VII.
— — Vide auch : Frankreich.

Socialismus in Holland.
Nieuwenhaus, F. D., 1.

Socialismus in Italien.
Boccardo. — Borghesia. — Storace, A. M.
— — Vide auch : Italien.

Socialismus im Orient.
Meyners d'Estrey. — Nöldecke, Th. — Varigny, M. C. de, 2.

Socialismus in Russland.
Socialisme (Le) en Russie. — Walcker, Dr. C., 6.
— — Vide auch: Russland.

Socialismus in der Schweiz.
Socialisten.
— — Vide auch: Schweiz.

Socialismus in Skandinavien.
Schmidt, P.
— — Vide auch : Skandinavien.

Socialismus in Spanien.
Bark, E., 2. — Sanchez-Ruano, J.
— — Vide auch: Spanien.

Socialismus auf dem flachen Lande.
Bacque, P. — Lippe-Weissenfeld, Arn. — Malo, L. — Manzuth, X. — Maria, L., 1, 2. — Mülberger, Dr. A., 3. — Socialismus (Der) und das Landvolk.
— — Vide auch: Landwirthschaft.

Socialismus u. Communismus. Allg.
Blicke. — Communismus. — Fallati. — Gemelli, C., 1. — Heinzen, K., 5. — Herwegh, G. — Huber, Jhs., 4. — Hugentobler, A., 1. — Kautz, Jul. — Király, F. v. — Lintz, H. — Petermann. — Roscher, W. — Rosmini-Serbati. — Rossbach, J J., 3. — Scheel, H. v., 6. — Schüren, N. — Socialismus und Communismus in Frankreich. — Socialismus (Der moderne). — Socialismus und Communismus. — Sybel, H. v., 1, 2. — Tönnies, F. — Walther, C. F. W.

Socialismus u. Communismus. Geschichte.
Grajirena, D. A. — Oelckers, Thd. — Rouchot. — Schulz-Bodmer, W., 2. — Semler, H. — Stein, Dr. L. v., 3, 5, 6, 7, 8. — Warschauer, Dr. O., 3. — Woolsey, T. D.

Socialismus. Bekämpfung. (Antisocialistisch.)
Beugnot, A. A. — Birch, Edw. — Bonjean, L. B. — Bussy, Ch. — Cherbuliez, A. E., 7. — Comme quoi. — Dulk, A., 3. — Fliegenschmidt, C. — Gandon, P. — Girenas. — Gourand, Ch., 1, 2. — Grünewald, Rect. — Guerra inoruenta. — Hamon, H. D., 1, 2. — Hirschfeld, Ldw. v. — Hodgson, W. — Munding, K. — Organisation du travail (L'). — Peuple (Le), 157. — Phalange (La), 3. série IV. — Picot, G., 1. — Plea (A). — Potter, F. S. — Propagande (La) antisocialiste. — Schulz, Ad. — Selchow, E. v. — Socialismo (Del). — Socialismus, der Erzfeind. — Treitschke (Herr v.). — Union (L') sociale. — Witte, Prof. Em., 1. — World (The New Moral), Vol. III, IV.

Socialismus. Bewegung.
Agitation. — Année socialiste. — Bakunin, M., 7. — Betocchi, A. — Bewegung des Soc. — Courcelle-Seneuil, 1. — Cripps. — Laveleye, E. de, 9. Meyer, R., 3. — Molinari, G. de, 4. — Organisation de la propagande soc.

Socialismus. Geschichte.
Adler, G., 9. — Anti-Rouge. — Aulnis de Bouruill. — Benard, T. N., 2. — Besant, A., 2. — Bewegungen (Die soc. und comm.). — Blanc, L., 12—17, 39. — Block, M., 3. — Bouctot, J. G. — Brunet, Ch. — Bussy, Ch. — Camoin de Vence. — Caussidière, 2, 3. — Clavé, J. — Cognetti de Martiis, 1. — Conizen, H., 5. — Conlet, J. — Courcelle-Seneuil, 5. — Darimon, A. — Du Chatellier. — Dühring, E., 3. — Engels, Fr., 5, 15, 16. — Faber, E. — Favre, L. — Fawcett, H., and M. G. Fawcett. — Fourteau, J. B. — Geschichtsverlauf. — Graham, W., 3. — Grant, J. — Grünberg, C., 1—4. — Hirschberg, R. — Histoire du socialisme. — Hoffmann, Jhs. — Ibach, Fr. — Introduction. — Jäger, E., 1. — Janet, P., 6, 7. — Jobez, A. — Laveleye, E. de, 15, 16, 17. — Le Faure, A. — Malon, B., 6, 7. — Maronck, V., 1. — Molinari, G. de, 9. — Noyes, J. H., 2, 4. — Oerter, J. H., 2. — Oldham, A. — Rae, J. — Rogers, Prof. Th. — Salières, Aug. — Schmettau, H. — Sémérie, Eug. — Socialismus und Anarchismus. — Stern, Dr. A., 2. — Thonissen, J. J., 2, 3. — Villegardelle, Fr., 5, 6. — Walcker, Dr. C., 6. — Wilks, W., 1. — Winterer, Pfr. L., 2—4. — World (The New Moral), Vol. IV.

Socialismus, internationaler.
Dragomanow, M., 1, 2. — Socialismus (Der internationale). — Winterer, Pfr. L., 3, 4.

Socialismus. Irrthümer.
Fröbel, J., 2. — Gaussen, M., 4. — Samter, Ad., 6. — Smith, G., 2. — Smith, Sam. — Socialiste (Le), le plus inamovible. — Sudre, A., 1—4.

Socialismus. Kritik desselben.
Bax, E. B., 2, 3. — Dalmasso, G. — Darimon, A. — Mehring, Frz., 3. — Stegemann, Dr. R., 3. — Wollny, Dr. F.

Socialismus. Litteratur.
Beobachter (Der). — Schuler-Libloy, Fr.

Socialismus, philanthropischer.
Cherbaliez, A. E., 9.

Socialismus. Philosophie des S.
Duprat, P., 1. — Guepin, A., 1, 2. — Philosophy. — Pontmercy, bar. M. — Schmidt, Frz. — World (The New Moral), 3. série VI.

Socialismus, Realisirung desselben (prakt. Soc.).
Bion. — Birkmyre, Ad. — Clive, G. — Gagneur, W. — Garcin, A. — Marield, J. — Morel, J. J. — Neumann, A. R.

Socialismus (Republikanischer).
Calderone-Cólajanni.

Socialismus (Wissenschaftl. u. unwissenschaftl.).
Bax, E. B., 5. — Degreef. — Deville, G., 4, 7. — Grundlagen (Die). — Kleinwächter, Fr., 3. — Laveleye, E. de, 14. — Osgood, H. L., 2. — Pinoff, Dr. J. — Potter, A. de, 6.

Socialismus. Zeitschriften.
L'Accusateur révolut. — L'Affamé. — L'Algérie sociale. — Ami du peuple 1789. — Ami du peuple 1848. — Ami du peuple en 1848. — Ami du peuple de Marseille. — Anzeiger des Westens. — Apôtre du peuple. — Arbeit (Köln). — Arbeiter-

halle (Deutsche). — Arbeiterstimme. — Arbeiterzeitung (New York). — Arbeiterzeitung (Leipziger). — Arrondissement (Le quatrième). — Avenir social. — Avenir des travailleurs. — Banquet social (Le). — Barrikade (Die). — Blatt des Volkes. — Blätter der Gegenwart. — Blätter (Fliegende). — Blätter (Freie). — Blätter (Sociale). — Blätter der Zukunft. — Bote (Der) aus dem Katzbachthale. — Botschaft (Die fröhliche). — Bouche de fer. — Branle-bas (Le). — Brüsseler Zeitung. — Bulletin socialiste. — Cahier social. — California freie Presse. — Combat (Le). — Commonweal of 1845. — Commonweal (The). — Communautaire. — Commune de Paris. — Concentration (La). — Courier belge. — Cri de l'infortune. — Cri de l'ouvrier. — Dampfboot (Das westphäl.). — Débat social. — Démocratie pacifique. — Demokrat (Der). — Demokratie (Die). — Dorfzeitung (Neue deutsche). — Droit du peuple. — Droit social (1840). — Droits du peuple. — Éclaireur du peuple. — Égalitaire (1840). — Égalité. — Enfer (L'). — Ennemi des tyrans. — Espérance (L'). — Evolution (Die). — Evolution (L') sociale. — Famille (La). — Fédération (La). — Forçat (Le). — Franc-Picard. — Fraternité (La). — Freiheit, Brüderlichkeit, Arbeit. — Freischärler (Der). — Gard (Le). — Gard (Le). — Gauntlet (The). — Geächtete (Der). — Gegenwart (Die). — Gesellschaftsspiegel. — Globe (Le). — Guillotine (La). — Gutenberg. — Harmonie universelle (L'). — Hilferuf (Der). — Homme libre (L'). — Homme libre (L'). — Hone, Will. — Horen (Pariser). — Hornisse (Die). — Hôtel de Ville. — Humanitaire (L'). — Illinois-Staatszeitung. — Indépendant (L'). — Intelligence (L'). — Investigator (The). — Jahrbücher (Deutschfranz.). — Jahrbücher (Rheinische). — Janus. — Journal d'instruction sociale. — Journal des ouvriers. — Journal officiel de la République. — Journal des travailleurs. — Justice sociale. — Konkordia. — Kriminalzeitung (New Yorker). — Languedoc (Le). — Leroux, P., 20. — Libre-pensée socialiste (La). — Libre-penseur (Le). — Lichtputze. — Lion (The). — Livesey, J. — Locomotive. — Lyon-Socialiste. — Merkur (Neuer Rheinischer). — Michel (Der deutsche). — Midi socialiste (Le). — Monatsschrift (Berliner). — Monatsschrift (Bielefelder). — Monde (Le Nouveau). — Moniteur patriote (Le). — Moniteur républicain (Le). — Montagne (La). — Movement (The). — Nationalist (The). — New-Age. — Nord und Süd. — Noth- und Hilfsblatt. — Opposition (Die). — Oracle of Reason. — Ordre social (L'). — Organisateur (L'). — Organisation du travail. — Ouvrier (L') normand. — Owen, R., 40, 47. — Owen's, R., Journal. — Parti (Le) ouvrier. — Patriote de 1840 (Le). — Patriote belge (Le). — Pecqueur, C., 4. — People (The). — Père Duchêne (Le). — Persifleur (Le). — Peuple (Le). — Peuple (Le), journal des proscrits. — Peuple (Le), journal du progrès social. — Peuple souverain (Le). — Peuple (Le) de 1850. — Peuple (Le) socialiste. — Phalange (La). — Phalanstère (Le). — Philadelphia-Tageblatt. — Philosophie (La) de l'Avenir. — Poor Man's Guardian. — Populaire (Le). — Populaire de 1841 (Le). — Presse (Die freie). — Producteur (Le). — Progrès (Le) social. — Prolétaire (Le). — Prolétariat (Le). — Proscrit (Le). — Protestation (La). — Question sociale. — Question sociale (La),

Revue. — Radical (Le) progressiste. — Radical (Le) socialiste. — Radikale (Der). — Reform (Sociale). — Représentant du peuple. — Républicain (Le). — Républicain (Le vrai). — Républicain (Le). — Republican (The). — Republican (The). — Republik (Die). — Republik der Arbeiter. — Republikaner (Der). — République (La). — République (La) sociale. — République démocratique et sociale. — République (La vraie). — République (La vraie). — Revanche (La). — Réveil du peuple (Le). — Réveil (Le) républicain. — Review (The Rational Quarterly). — Revolution (Die). — Révolution (La). — Révolution (La) démocratique. — Révolution (La) sociale. — Revue démocratique. — Revue indépendante. — Revue du progrès politique. — Revue du progrès social. — Revue républicaine. — Revue rétrospective. — Revue sociale. — Revue sociale. — Revue sociale. — Revue du socialisme chrétien. — Revue (La) socialiste. — Revue socialiste. — Rivista. — Salut du peuple (Le). — Salut social (Le). — Semaine (La) socialiste. — Shepherd (The). — Socialdemokrat (Der). — Socialdemokrat (Neuer). — Socialist (Der), Berlin. — Socialist (Der), New York. — Socialist (The American). — Socialist (The Christian). — Socialiste (Le), 5 nos. — Socialiste (Le) de Marseille. — Sonne (Die). — Sociademokrat (Der). — Sprecher (Der). — Staatsbürger (Der freie). — Staatszeitung (New Yorker). — Stimme (Die) des Volkes. — Tag (Es muss Tag werden). — Tagwächter (Der). — Telegraph (Der). — Tenaille (La). — To Day. — Toscin (Le) des travailleurs. — Travail (Le), véritable organe. — Travail (Le), journal. — Travail affranchi (Le). — Travail (Le) de Lyon. — Travailleur libre (Le). — Travailleur (Le), journal. — Travailleur (Le) Troyen. — Treizième (Le). — Tribun (Der deutsche). — Tribun du peuple (4 Nr.). — Tribune (La), 2 Nr. — Tribune (La) de 1848. — Tribune (La) nationale. — Tribune (La) du peuple. — Tribune (La) des peuples. — Tribüne (Die deutsche). — Truth. — Unabhängige (Der). — Union (L'). — Union (L') socialiste. — Union (L') socialiste révolutionnaire. — Urwähler (Der). — Urwähler-Zeitung. — Utopie (L'). — Va-nu-pieds (Le). — Vengeur (Le). — Verbrüderung (Die). — Verfolger (Die). — Vérité démocratique (La). — Vérité (La) au peuple. — Vérités sociales. — Voix (La) des femmes. — Voix (La) nouvelle. — Voix (La) du peuple (4 Nrn.). — Voix (La) du proscrit. — Volk (Das). — Völkerbund (Commerzieller). — Volksblatt (4 Nrn.). — Volksblätter. — Volksfreund (5 Nrn.). — Volkshalle (Westphälische). — Volksspiegel. — Volksstaat (Der). — Volkstribun (Der). — Volkstribun (Thüringischer). — Volkswohl. — Volkszeitung (Anhaltische). — Volkszeitung (New Yorker). — Volkszeitung (Schlesische). — Vorbote (Der). — Vorwärts. — Vorwärts! Pariser deutsche Zeitung. — Wage (Die). — Warte (Westphälische). — Wehr' Dich. — Werkstatt (Die). — Weserdampfboot (Die). — Wochenblatt (Demokratisches). — Wochenblatt (Kiel-Altonaer). — World (The New Moral). — Zeit (Die neue). — Zeit (Die Neue). — Zeitgeist (Der). — Zeitgeist (Der). — Zeitung des Arbeitervereines zu Köln. — Zeitung (Neue Bonner). — Zeitung (Demokratische). — Zeitung (Neue deutsche). — Zeitung (Neue Kölnische). — Zeitung (Neue Rheinische). — Zeitung (Neue

Socialismus   300   Socialreform

Rheinische). — Zeitung (Trierische). — Zeitung (Westdeutsche). — Zeitungshalle (Berliner). — Zukunft (Die), socialist. Revue. — Zukunft (Die), Wochenschrift. — Zuschauer (Deutscher).

Socialismus. Ziel.
Laveleye, E. de, 18, 19. — Olave y Diaz.

Socialismus. Zukunft des S.
Faliès, G. — Florent-Lefebvre, L. — Saisset, E.

Socialismus. Vide auch: Arbeiten, öffentl., u. Soc.
— — Arbeiterfrage u. Soc.
— — Arbeiterverbindungen u. Soc.
— — Arbeitseinstellung u. Soc.
— — Arbeitslosigkeit u. Soc.
— — Armee u. Soc.
— — Bildungswesen u. Soc.
— — Bodenbesitzreform u. Soc.
— — Branntwein u. Soc.
— — Capitalismus u. Soc.
— — Catechismus u. Soc.
— — Christenthum u. Soc.
— — Collectivismus u. Soc.
— — Credit u. Soc.
— — Criminalrecht u. Soc.
— — Darwinismus u. Soc.
— — Demokratie u. Soc.
— — Eigenthum u. Soc.
— — Evangelium u. Soc.
— — Fortschritt u. Soc.
— — Frauen u. Soc.
— — Freiheit u. Soc.
— — Gefühlssocialisten.
— — Gesellschaft u. Soc.
— — Individualismus u. Soc.
— — Judenthum u. Soc.
— — Juristensocialismus.
— — Kirche u. Soc.
— — Kirchenväter u. Soc.
— — Kunst u. Soc.
— — Landwirthschaft u. Soc.
— — Liberalismus u. Soc.
— — Maschinen u. Soc.
— — Moral u. Soc.
— — Mord u. Soc.
— — Naturrecht u. Soc.
— — Papst u. Soc.
— — Parlament u. Soc.
— — Politik u. Soc.
— — Politische Oekonomie u. Soc.
— — Protestantismus u. Soc.
— — Radikalismus u. Soc.
— — Rationalismus u. Soc.
— — Religion u. Soc.
— — Republik u. Soc.
— — Selbsthilfe u. Soc.
— — Socialpolitik u. Soc.
— — Staat u. Soc.
— — Statistik u. Soc.

— — Verfassung u. Soc.
— — Wissenschaft u. Soc.
— — Wohlthätigkeit u. Soc.

Socialistengesetz.
Assmussen, P. — Atzrott, O. — Bamberger, L. — Corvey, J. — Dehn, P. — Deputatus. — Fuld, Ld. — Gilles, F., 3. — Gneist, R. — Hartmann, Ed. v. — Hubert-Valleroux, P., 5. — Jahre (Zwölf). — Jahren (Nach 10). — Index curiae, 1, 2. — Kulemann, W. — Meyer, R., 6. — Muser, O., 2. — Schäffle, Dr. A., 2, 10. — Socialdemokratie (Die) in Deutschland. — Socialdemokratie (Die) vor dem deutschen Reichstage.

Socialistisches Budget.
Faucher, L., 1.

Socialistische Forderungen.
Dramard, L.
— — Vide auch: Arbeiterforderungen.
— — Programme.

Socialistische Gefahr.
Bamberger, L., 3. — Cossi, E. — Masseron, J., 1.

Socialistische Parteien.
Drumont, E. — Duverger, A., 2, 3. — Hammann, O., 2. — Lavisse, E. — Vermorel, A.
— — Vide auch: Parteien.

Socialistische Principien u. Doctrinen.
Azzali, L., 3. — Devillez, A. — Drumont, E. — Frühauf, J., 2. — Garnier, J., 4.

Socialistisches Programm.
Adler, G., 2. — Bernstein, E., 1. — Stamm, A. F. — Vaisse, J. L.
— — Vide auch: Programme.

Socialistische Systeme.
Courthe, A., 2. — Hirschberg, R. — Systeme (Geschichtsphilos. u. socialist.).

Socialistische Zukunftsbilder.
Brice, F. T. — Calland, V., 1. — Chainey, G. — Esquiros, A., 2. — Feuerbach, Fr., 1, 2. — Gedanken über die Socialw. — Goldenberg, G. — Ideal (Zum soc.) — Joubert, P. Ch. — Junqua, Dr, 2, 3, 4. — Knowlton, Ch. — Leroy, L. — Lilienfeld, P. v. — Marr, W., 4, 6, 7. — Morris, W., 2. — Neisser, M. — Owen, R, 25. — Perrot, J., 2. — Peuple et bourgeoisie. — Phalange (La), 1. — Richter, Eug., 2. — Rietmann, J. J. — Socialists Ideal (The). — Spencer, H. — Staat (Der wahre christliche). — Stern, J., 2. — Tolain, H., 2. — Varnbühler, Th. v.
— — Vide auch: Zukunftsstaat.

Social Movement. Vide: Sociale Bewegung.

Socialpolitik u. Socialismus.
Menger, A., 3. — Oberwinder, H., 3. — Schalk. Dr. K., 2. — Trost, K. — Wiss, Dr. Ed., 3.

Socialpolitische Parteien.
Joerg, J. E. — Scheel. H. v., 3, 4.
— — Vide auch: Parteien.

Socialreform.
Alvarez, Ser. — Architecture (Social). — Aulas de Courtigis. — Ballanche, P. S., 2. — Baltzer, Ed., 3. — Barnett. — Bebel, A., 18. — Berthelier, E. — Bradlaugh, C. — Delaire, A., 1. — Falk. — Forrest, H. J. — Golovine, N. — Goubareff. — Gratry, A. — Held, A., 4. —

Lahautière, R., 4. — La Sagra, 5. — Mismer, Ch. — Nieuwenhaus, F. D., 2. — Phalange (La) I, 3. série II. — Prometheus. — Raspail, F. V. — Reformation (Die sociale). — Réforme sociale (La). — Régénération sociale. — Saurlac, X., 2. — Schall, Ed. — Stand (Ueber den 4.). — Stöpel, Fr., 3. — Tracts (Social), 1. — Vidal, Fr., 4. — Vogelsang, Frh. C. v., 2. — Werner, Pfr. Jul., 2. — World (The New Moral), VI, 3. series V. — Zweifel, H.

Socialreform in England.
Hyndman, H. M., 4, 5.
— — Vide auch: England.

Socialreform in Frankreich.
Baignoux, P. Ph. — Catéchisme, 3. — Cochin, A., 2. — Delaire. — Le Play, P. F., 10. — Schäffle, Dr. A., 5. — Stahl, F. W., 2.
— — Vide auch: Frankreich.

Socialreform in Oesterreich.
Angerer, Dr. J. — Mandl, H.
— — Vide auch: Oesterreich.

Socialwissenschaft. Allg.
Baader, Fr. v., 1, 2. — Bellers, F. — Bergeret, A. — Bertauld, A. — Colins, 10, 11. — Drabitius, W. — Dühring, E., 2. — Dulk, A., 2. — Essai de sociologie. — Glinka, D., 1, 2, 3. — Hole, J., 1. — Janet, P., 11. — La Sagra, 1, 2, 3, 11. — Malon, B., 12. — Mill, J. St., 2, 3, 4, 5. — Morel, A., 3. — Phalange (La), II, III, 3. série V, VI, XVI₁ ₂, XVII₁ ₂. — Pompery, E., 3. — Potter, A. de, 4, 10, 11. — Samter, Ad., 8. — Tourville, H. — Wissenschaft (Die sociale). — World (The New Moral), V.

Socialwissenschaft. Zeitschriften.
Archiv f. soc. Gesetzgebung. — Archives. — Banquet social. — Monatsschrift für Gesellschaftswissenschaft. — Science sociale (La).

Société, Society. Vide: Gesellschaft.
Sociétés ouvrières. Vide: Arbeitervereine.
Sociétés secrètes. Vide: Geheime Gesellschaften.

Sonntagsruhe.
Bebel. A., 22. — Proudhon, P. J., 8, 9, 10. — World (The New Moral), VIII.

Spanien. Vide: Demokratie in Spanien.
— Socialdemokratie in Sp.
— Sociale Frage in Sp.
— Socialismus in Sp.

Staat u. Arbeiterfrage.
Passy, Fr., 3. — Steinheil, G., 2.

Staat u. Socialdemokratie.
Socialdemokratie u. der moderne Staat. — Stellung (Die) des Reiches. — Wolff, Osk.

Staat u. Socialismus.
Eras, W. H., 3. — Godin, A., 1. — Gumplowicz, L. — Holenia, Edm. — Monarchie. — Reichard, A., 1. — Socialismus (Der) u. die Staatsgewalt.

Staat vom socialdemokr. Standpunkte.
Greulich, H., 2. — Koch, Jul.

Staat. Vide auch: Arbeitseinstellung u. Staat.
— — Christlich-socialer Staat.
— — Lohnregulirung, staatl.
— — Verstaatlichung von Grund u. Boden.
— — Zukunftsstaat.

Staatsromane. Vide: Utopien.
Statistik u. Socialismus.
Losch, H.

Steuern u. Abgaben.
Boilley, P. — Boize, Pr. — Girardin, E. de, 3, 5. — Peuple (Le), 17. — Phalange (La), 3. série V. — Phalanstère (Le), II₂₁ ₂₂ ₂₈. — Proudhon, P. J., 21, 56, 61, 75, 76. — Stöpel, Fr., 3. — Thiers, L. A, 8, 12.
— — Vide auch: Arbeiterfrage u. Steuern.

Strafrecht. Vide: Criminalrecht.
Strikes. Vide: Arbeitseinstellung.
Systeme. Vide: Socialistische Systeme.

Tauschbanken.
Bonnard, A. de.

Texas.
Auswanderung. — Considerant, V., 22. — Fournel, H., 3. — Texas (An).

Theorien. Vide: Sociale Theorien.
Trades-Unions. Vide: Arbeiterassociationen in England.
Travail. Vide: Arbeit.

Trusts.
Donald, R. — Dwight, Th. W. — Gunton, G., 1. — Jenks, J. W. — Plimsoll, S.

Tyrannei.
Aristides. — Asti, V. A. — Coaxus, Ign. — Despoten. — Spirit (The).
— — Vide auch: Caesarismus.

Uebel. Vide: Sociale Uebel.
Ungleichheit des Besitzes u. der Stände.
Beyer, Jul. — Bourgeois et ouvriers — Curwen, J. Sp. — Favre, J. — Leroy-Beaulieu, P., 3. — Meiners, Cph. — Passy, H. P., 1. — Rousseau, J. J., 10, 11. — Royer, Cl., 1.

Unruhen. Vide: Arbeiterunruhen.
Unternehmer. Vide: Arbeitgeber.

Unterricht.
Dupré. — Dupuy, P., 1. — Le Globe, VII, 351, 357.

Unterricht u. Demokratie.
Durny, A.
— — Vide auch: Arbeiterunterricht.
— — Bildungswesen.
— — Erziehung.
— — Volkserziehung.

Utopien, Phantasiestaaten, Staatsromane.
An deux mille. — Andreae, J. Val. — Aventures. — Bacon. — Barclay, J. — Bellamy, Ed., 1, 2. — Bemardini, D. — Ben Saddi. — Bodek, A. — Bower, S. — Brasch, M., 42, 49—52. — Campanella. — Commonwealth of Oceana. — Consio-Jacques. — Dareste, A. C. — Decouverte (La) australe. — Dietsch, A. — Doni, A. F. — Entbüllung. — Entretien. — Faramond, E. L. v. — Fénelon. — Fick, H. — Fontenelle. — Gehrke, A. — Haller, 1, 2, 3. — Harrington. — Held, J. — Hertzka, Th., 1. — Hertzka's Ostafrikanaan. — Histoire des Severambes. — Isle inconnue (L').

— Jahr 2400. — Jahr 2500. — Kaufmann, M., 8.
— Kleinwächter, Fr., 5. — La Forge, A. de. —
Laicus, Ph. — Laveleye, E. de, 20. — Le Grand,
A. — Mac-All, R. W. — Memoirs. — Mercier
de Larivière. — Mohl, R. — More, Bacon etc.
— Morus, Th. — Mustone, E. — Nation (Die
glückliche). — Naufrages (Les). — Norris, J. —
Passy, H. P., 3. — Petzler, J. — Phalange (La),
XV$_1$. — Phalanstère (Le), I$_{6\ 7\ 8}$. — Plato. —
Rabiosus, A. — Ramsay, A. M. — Reise nach
der Insel Caphar. — Reybaud, L., 6, 7. —
Rouzade, L., 2. — Schlosser, J. G. — Sethos.
— Siden, Th. — Simplicius, Jun. — Staat (Der
wohleingerichtete). — Tambour, R. — Telemachi,
— Terson, J. — Utopie (Eine sociale). — Wahren-
burg, Const. v.

Verbesserung der Lage der Arbeiter. Vide:
Arbeiterlage, Verbesserung.
Verbrechen. Vide: Armuth u. Verbrechen.
— Criminalrecht.
Vereine. Vide: Arbeitervereine.
— Handwerkervereine.
Verfassung u. Socialismus.
Peuple (Le), 190.
Verfassungsentwürfe.
Entwurf. — Fröbel, J., 1. — Gedanken zu einem
Staatsgrundgesetz. — Guérin, M. — Lassalle, 30,
33. — Leroux, P., 4, 16. — Marat, J. P., 12.
— Monarcho-Republicanism. — Nees von Esen-
beck. C. G. — Rodrigues, O., 9. — Weill, A., 6.
Vernunftkultus, Vernunftreligion.
Bemetzrieder. — Constitution (The). — Gour-
melin, H.
— Vide auch: Religion.
— — Revolution 1789.
Verschwörung.
Chenu, A. — Crompton, H. — Wermuth und
Stieber.
Verstaatlichung von Grund u. Boden.
Blandford. — Bramwell, Lord, 2. — Clark, G.
B. — Delahaye, V. — Eichthal, E. d', 2. —
Fawcett, H., 2. — George, H., 4. — Helldorf-
Baumersrode. — Ruhland, G. — Salès, Mme. —
Soper, F. L. — Spence, Th. — Stirling, J. H.
— Stoffel, J., 1. — Thakeray, S. W. — Wagner,
Ad, 1. — Wallace, A. R., 1, 2, 3.
— Vide auch: Agrarsocialismus.
— — Bodenbesitzreform.
Vertheilung. Vide: Eigenthum, Theilung.
— Gütervertheilung.
— Ungleichheit des Besitzes.
Vierter Stand.
Feldmann, T. C. — Meyer, R., 2. — Riehl, W.
H. — Ripari, P. — Rohmer, Fr. — Rossbach,
J. J., 3. — Stand (Ueber den 4.).
— Vide auch: Arbeiter.
Volksbank.
La Sagra, 4. — Meeus, F. de. — Peuple (Le),
3, 72, 79, 93, 99, 147, 149. — Proudhon, P. J.,
3, 4, 5.
Volksemeuten.
Baudeau. — Sketches.
— Vide auch: Arbeiterunruhen.

Volksernährung.
Allais, Nic. — Schlosser, J.
— Vide auch: Ernährung.
Volkserziehung.
Address, 3. — Cabet, 2. — Thaulow, G.
— Vide auch: Erziehung.
Volksherrschaft.
Considerant, V., 20. — Kosegarten, W. — Mitis,
F. — Renncci. J. E., 1.
— Vide auch: Demokratie.
Volksrechte.
Défenseur (Le) des droits. — Erweiterung —
Godin, A., 8. — Rights (Our natural). — Sources.
— Wirth, J. G. A., 2.
— Vide auch: Recht.
Volkswirthschaftslehre. Vide: Politische Oeko-
nomie.
Volkswohl. Förderung.
Alexander, J. W. — Blätter (Menschenfreund-
liche). — Gray, J., 1. — Morgan, J. M., 2. —
Phalanstère (Le), II$_{25\ 26}$. — Say, J. B., 1, 2.

Wages. Vide: Lohn.
War. Vide: Krieg.
Weitling.
Communistes (Les) en Suisse. — Generation (Die
junge). — Hilferuf (Der). — Kaler, E. — Repu-
blik der Arbeiter. — Ruge, A., 2. — Weitling,
W. — Weitling (Der Schriftsteller W.). — Weit-
ling (Wilh.) u. sein System.
— Vide auch: Communismus in der Schweiz.
Wiedertäufer.
Beck, J. — Berichte. — Bouterwek, K. W. —
Bullinger, H. — Cornelius, C. A., 1, 3. — Dor-
pius, H., 1, 2. — Geist. — Hase, K. — Hast, J.
— Heath, R. — Histoire des Anabatistes. —
Hunzinger, Ab. — Keller, Ldw., 1, 2. — Kerssen-
broik. — Menius, H. — Ordnung. — Otto, J. —
Phalanges (La), XVI$_{1\ 2}$. — Reiswitz, Frhr. G.
L. v. — Seidemann, J. K. — Winter, Vit. Ant.
— Zeitung (Neue).
Wissenschaft u. sociale Frage.
Mannequin, Th., 2.
Wissenschaft u. Socialismus.
Cicchitti-Suriani. — Denayrouze, L. — Socialis-
mus (Der) und die Wissenschaft.
— Vide auch: Socialismus, wissenschaftl.
Wohlthätigkeit u. Socialismus.
Berton, Ch. — Platon, G.
— Vide auch: Socialismus, philanthrop.
Wohnungsfrage.
Engels, Fr., 21. — Lehn, M., 4. — Oppenheim,
H. B., 3. — World (The New Moral), VIII.
— Vide auch: Arbeiterstädte.
Women question. Vide: Frauenfrage.
Working classes. Vide: Arbeiter.
— Arbeitende Klassen.
Workshops (National). Vide: Nationalwerk-
stätten.

Zeitschriften. Vide: Anarchismus, Ztschr.
— Arbeiter, Ztschr.

— Socialismus, Ztschr.
— Socialwissenschaft, Ztschr.
Zukunft. Vide: Arbeiter, Zukunft.
— Demokratie, Zukunft.
— Revolution der Zukunft.
— Socialdemokratie, Zukunft.
— Socialismus, Zukunft.
— Socialistische Zukunftsbilder.
— Zukunftsstaat.
Zukunftsstaat.
Barth, Th., 2. — Blume, Th. — Bobée, A. — Caritas, M. — Dammann, Jul. — Dasbach, G. F. — Denker, P. — Dick, Th. — Dodd, A. B. — Engländer, S., 1. — Festerhand, Fr. — Fournière, E., 1. — Grotthuss, J. E. — Hieronymi, W., 2. — Landbevölkerung. — Reich, Ed. — Schäfer, Dr. W. — Siegwart, K., 1, 2. — Staat u. Gesellschaft der Zukunft. — Staat (Der isolirte socialistische). — Stellung (Die) der Frau. — Stephan. — Vollmar, G. v., 2. — Vuilmet. — Zukunftreich (Das socialdemokratische). — Zukunftsstaat (Der)
— Vide auch: Industrie im socialist. Staate.
— — Staat vom soc.-dem. Standpunkte.

Berichtigungen.

Seite 40, Spalte 2, Zeile 20 von unten u. } lies Buonarroti statt Buonaroti.
„ 41, „ 1, „ 1 von oben
„ 52, „ 1, „ 3 von unten setze hinzu: Vide Morelly.
„ 70, „ 2, „ 11 von unten lies Seiler statt Seiller.
„ 209, „ 2, „ 3 von oben lies Ruge, A. statt Ruge, H.
„ 222, „ 2, „ 9 von unten lies condamné statt condemné.
„ 223, „ 1, „ 26 von unten lies rédigée statt rédigé.
„ 252, „ 1, „ 6 von unten lies Cette 1. édition statt Cette. édition.